中伦研究院出品

1993-2023 | 中倫 ZHONG LUN

通讯与技术

法律驱动产业重构

中伦研究院 / 编

COMMUNICATIONS AND TECHNOLOGY

DRIVING RECONSTRUCTION AND GROWTH THROUGH THE LAW

法律出版社 LAW PRESS · CHINA
北京

图书在版编目(CIP)数据

通讯与技术：法律驱动产业重构 / 中伦研究院编
. -- 北京：法律出版社，2023
ISBN 978-7-5197-7996-2

Ⅰ. ①通… Ⅱ. ①中… Ⅲ. ①通信技术－信息产业－法律－研究－中国 Ⅳ. ①D922.84

中国国家版本馆 CIP 数据核字(2023)第 101676 号

通讯与技术
——法律驱动产业重构
TONGXUN YU JISHU
—FALÜ QUDONG CHANYE CHONGGOU

中伦研究院 编

责任编辑 李争春 翁潇潇
装帧设计 汪奇峰

出版发行 法律出版社
编辑统筹 法规出版分社
责任校对 王晓萍
责任印制 耿润瑜
经　　销 新华书店

开本 710 毫米×1000 毫米 1/16
印张 22.5 **字数** 368 千
版本 2023 年 7 月第 1 版
印次 2023 年 7 月第 1 次印刷
印刷 北京金康利印刷有限公司

地址:北京市丰台区莲花池西里 7 号(100073)
网址:www.lawpress.com.cn
投稿邮箱:info@lawpress.com.cn
举报盗版邮箱:jbwq@lawpress.com.cn
销售电话:010-83938349
客服电话:010-83938350
咨询电话:010-63939796

书号:ISBN 978-7-5197-7996-2
定价:126.00 元

凡购买本社图书,如有印装错误,我社负责退换。电话:010-83938349

中伦律师事务所创立于1993年，是中国最早获批设立的合伙制律师事务所之一。经过30年快速、稳健的发展壮大，中伦已成为中国规模最大的综合性、国际化律师事务所之一。来自全球18个办公室，包含420余位权益合伙人在内的2500多名专业人员，分别专精于特定的专业领域，通过合理的专业分工和紧密的团队合作，中伦有能力在各个领域为客户提供高质量的法律服务。

随着中国企业进一步迈向国际化，中伦与全球不同国家和法域的律师事务所建立了多维度、多渠道的合作关系，服务网络持续延伸，搭建了多元化、深层次的全球服务平台，形成了跨区域、跨领域、跨法域的综合发展格局，更加有效地为客户提供全方位、一站式的法律服务。

中伦研究院创立于2017年，依托中伦作为大型国际化律所的海量实践经验，集成中伦在行业内的前沿案例，结合全球化的法律与商业思维，致力于为法律服务注入前瞻性、创新性、综合性的知识成果与智力资产，推动法律行业变革与进步，并以科技解读法律，以法律赋能未来。

序　言

2023年，是中伦律师事务所成立三十周年。而立之年驻足回眸，一代代中伦人在朝与夕的传承中坚守，在变与革的创新中突围，融入助力国家法治发展的大潮之中，脱颖而出。在既往的耕耘中，中伦见证并参与了经济与社会的发展，也受益于中国与全球的交流融合，始终保持理性、充满信心、彰显韧性。

三十年来，中伦践行律师使命，以法为业，以律为师，夯实理论基础、坚持专业化升级，与客户风雨兼程、同舟共济，共同把握时代机遇，迎接历史挑战。今天，中伦已经成长为一家提供全方位法律服务的大型综合性律所，在三十多个业务领域处于国内乃至世界领先地位，整体专业实力持续领跑中国法律服务市场。同时，中伦以“立足中国，连接全球”为出发点，不断提高为客户在全球配置最优法律服务资源的能力，并在国际舞台上贡献属于中国律师的智慧。

三十年来，中伦不断探索现代化中国律所建设之路，注重科学的组织和制度建设，以文化塑造人、以事业凝聚人，力争打造有活力、有温度、有效率、有目标、有原则的专业机构，构建优质的企业生态系统。同时，中伦努力承担社会责任，致力于慈善公益、法律援助、法学教育、国际交流、建言献策、参与立法、对外共享研究成果，于不同层面参与法治建设，推动律师行业发展和社会进步。中伦与中伦人共同成长，互相成就，攥指成拳，合力致远。

最近五年面对世界大变局和诸多不确定因素，中伦努力把握时代脉搏，在发扬光大传统优势领域的基础上，积极适应新场景、学习新技术、运用新工具、创造新模式。其中一个重要方面就是以行业部门为入口，服务于国家产业政策，面向未来发展趋势，培养精通专业、熟谙行业、兼具全球视野和本地专长的业务团队，从而为客户提供更精准、更全面、更优质的全产业链服务。

这套中伦三十周年系列文集正是展现了这方面的成果，共六卷，分别聚焦房地产与基础设施、能源与自然资源、金融行业、通讯与技术、健康与生命科学、文化娱乐教育六大行业。它的问世离不开中伦合伙人和律师们的不辞辛劳；在繁忙的业务之暇，他们将执业中的经验凝结为一篇篇兼具专业性、针对性和实用性的文章。这是他们为中伦三十岁生日献上的一份厚礼，更是中伦奉献给读者们的一份答卷。

三十周年是“百年中伦”的一个重要里程碑，也是中伦面向未来的一个关键时刻。中伦将秉承“专业、进取、包容、共享”的核心价值观，以“制度化、专业化、国际化”为抓手，拥抱科技创新革命，为建设成为国际上受人尊敬的法律专业服务机构，为推进中国法治化进程，笃行不怠，踔厉风发。

志之所趋，无远弗届，穷山距海，不能限也。

是为序。

中伦律师事务所管理委员会主任

赵　靖

目　录

一、投融资及上市实务要点

二、通讯与技术行业合规与监管

反垄断与竞争法

网络安全与数据合规

出口管制与贸易合规

三、通讯与技术行业知识产权保护

CHAPTER 01

投融资及上市实务要点

全面注册制下红筹企业境内上市规则解析与展望

郭克军　姚启明*　胡怡静

* 作者简介：
郭克军，中伦律师事务所北京办公室资本市场部合伙人，电邮为：guokejun@ zhonglun. com。
姚启明，中伦律师事务所北京办公室资本市场部合伙人，电邮为：yaoqiming@ zhonglun. com。

红筹企业是指注册地在境外、主要经营活动在境内的企业。2018 年之前，在境内证券交易所上市的公司须为注册于中国境内的股份有限公司，因此红筹企业必须拆除红筹架构方能回归境内资本市场进行上市融资。为吸引独角兽企业回归 A 股，国务院办公厅于 2018 年 3 月 22 日转发了证监会《关于开展创新企业境内发行股票或存托凭证试点的若干意见》的通知（以下简称《试点意见》），允许符合试点企业条件的红筹企业在境内资本市场发行股票或存托凭证上市，从而打开了红筹企业保留红筹架构回归境内资本市场的大门。随着注册制改革的红利，中国证监会及证券交易所自 2019 年起陆续出台了一系列具体规则协助试点落地。2023 年 2 月，中国资本市场正式全面实行注册制，对红筹企业各板块上市的相关规则进行了整合以趋近统一。

一、红筹企业境内上市的主要条件

试点红筹企业保留红筹架构在境内直接上市的主要条件包括“行业条件”和“市值及财务指标条件”两个方面。

（一）行业条件

1. 监管规则

根据《试点意见》、《试点创新企业境内发行股票或存托凭证并上市监管工作实施办法》（以下简称《实施办法》）的相关规定，试点企业应当是符合国家战略、科技创新能力突出并掌握核心技术、市场认可度高，属于互联网、大数据、云计算、人工智能、软件和集成电路、高端装备制造、生物医药等高新技术产业和战略性新兴产业，达到相当规模，社会形象良好，具有稳定的商业模式和营利模式，对经济社会发展有突出贡献，能够引领实体经济转型升级的创新企业。除前述规定范围内的红筹企业外，属于新一代信息技术、新能源、新材料、新能源汽车、绿色环保、航空航天、海洋装备等高新技术产业和战略性新兴产业，或者具有国家重大战略意义的红筹企业，也纳入试点范围。

2. 红筹架构的平台企业境内上市迎来机遇

过去二十多年，平台经济在全球范围内强势崛起，多家中国平台企业都选择了境外上市融资。2022 年以来，国家多次部署支持和促进平台经济规范健康持续发展，相关监管机构也指出要支持平台经济合法合规地境内外上市融资，平台企业因而迎来新的发展机遇。

平台经济是指基于数字技术，由数据驱动、平台支撑、网络协同的经济活动单元所构成的新经济系统。作为一种新型的经济模式，平台经济将产品和服务的生产和销售过程中的环节进行整合，把消费者、生产者和服务提供者的关系联系起来，提供了一种新的经济发展模式。从本质上来说，平台经济是技术，特别是信息技术演化到新阶段的一个必然产物，其根植于互联网，数据要素贯穿其运行的始终。

从平台经济的特征看，平台企业整体应属于互联网产业，符合红筹企业境内上市的行业要求，但考虑目前尚无市场先例，故建议平台企业在回归境内资本市场前，与主管部门充分沟通，以确定是否符合在境内上市的行业要求。

（二）市值及财务指标条件

全面实行注册制后，通过修改主板、创业板相关上市规则，红筹企业在不同板块上市的市值及财务指标趋于一致，具体如下：

1. 已在境外上市的红筹企业

对于已在境外上市的红筹企业，主板、科创板、创业板的市值及财务指标均为：（1）市值不低于 2000 亿元人民币；（2）市值 200 亿元人民币以上，且拥有自主研发、国际领先技术，科技创新能力较强，同行业竞争中处于相对优势地位。

2. 尚未在境外上市的红筹企业

对于尚未在境外上市的红筹企业，主板、科创板、创业板的市值及财务指标均为：

（1）预计市值不低于 200 亿元，且最近一年营业收入不低于 30 亿元；

（2）营业收入快速增长，拥有自主研发、国际领先技术，同行业竞争中处于相对优势地位的尚未在境外上市红筹企业，其市值及财务指标应当至少符合下列标准之一：A. 预计市值不低于人民币 100 亿元；B. 预计市值不低于人民币 50 亿元，且最近一年营业收入不低于人民币 5 亿元。

前款“营业收入快速增长”是指：A. 最近一年营业收入不低于 5 亿元的，最近三年营业收入复合增长率 10%以上；B. 最近一年营业收入低于 5 亿元的，最近三年营业收入复合增长率 20%以上；C. 受行业周期性波动等因素影响，行业整体处于下行周期的，发行人最近三年营业收入复合增长率高于同行业可比公司同期平均增长水平。

处于研发阶段的红筹企业和对国家创新驱动发展战略有重要意义的红筹企业，不适用“营业收入快速增长”的上述要求。

二、红筹企业发行 CDR 与发行股票的差异

红筹企业可采取直接发行股票或发行中国存托凭证（Chinese Depository Receipt，CDR）两种方式实现在境内上市。存托凭证和股票均为权益性证券，但发行 CDR 相较于直接发行股票的法律结构而言更为复杂，参与 CDR 发行的主体增加了存托人及托管人，而存托凭证持有人需通过存托人间接行使股东权利。从上市审核的角度而言，除涉及可变利益实体（Variable Interest Entities，VIE）架构有不同的审核要求外，在存量股份的流通及减持、募集资金的外汇操作路径、股东权益保护等问题上，红筹企业直接发行股票或发行 CDR 上市不存在本质区别。

三、协议控制架构（VIE 架构）相关问题

VIE，也称为“协议控制”，即不通过股权控制实际运营公司而通过签订各种协议的方式实现对实际运营公司的控制及财务的合并。

《实施办法》第 9 条第 2 款规定：“申请发行股票的试点红筹企业存在协议控制架构的，中国证监会征求红筹企业境内实体实际从事业务的国务院行业主管部门和国家发展改革委、商务部意见，依法依规处理。”

上述规则主要针对的是 VIE 架构的红筹企业发行股票的情形，而针对 VIE 架构的红筹企业发行 CDR 的方式并未明确。根据笔者既往项目经验以及进一步了解的相关监管政策，上述征求相关部门意见的要求主要适用于 VIE 架构的红筹企业发行股票的情形，红筹企业发行 CDR 的暂不适用。因此，红筹企业如果存在 VIE 架构，在现行监管政策和实践下，建议采取发行 CDR 的方式在境内上市。在规则尚未明确的情况下，我们也保持开放审慎的态度，VIE 架构的红筹企业发行 CDR 是否会有进一步指引，也有待监管规则和实践操作的进一步验证。

另外，为加强对境内投资者合法权益的保护，存在 VIE 架构的红筹企业需要在招股说明书等申报文件中充分披露 VIE 架构存在的相关风险及公司治理信息，并须依法落实保护投资者合法权益的各项措施。

四、上市前存量股份的流通、减持问题

《实施办法》第 21 条第 2 款规定,“尚未境外上市红筹企业在境内上市的,应当在申报前就存量股份减持等涉及用汇的事项形成方案,报中国证监会,由中国证监会征求相关主管部门意见”,即就未上市红筹企业在境内上市前的存量股份的流通、减持问题,在规则层面明确了一事一议的原则。前述“相关主管部门”主要系指外汇管理相关政府部门。

此外,《实施办法》第 20 条规定:“试点红筹企业发行股票或存托凭证的,境外存量股票在境内减持退出的要求如下:(一)试点红筹企业不得在境内公开发行的同时出售存量股份,或同时出售以发行在外存量基础股票对应的存托凭证;(二)试点红筹企业境内上市后,境内发行的存托凭证与境外发行的存量基础股票原则上暂不安排相互转换。”

在目前的审核实践下,红筹企业在境内上市前的存量股份或其对应的存托凭证,仅在上市时享有是否在境内流通的一次性选择权利,在上市后不再享有该等选择权利。对于拟在境内实现流通减持的发行前股东而言,首先,其须书面明确选择将持有的证券(无论是股票还是存托凭证)在境内实现上市流通并将其持有证券登记和存管在境内证券登记结算机构,即中国证券登记结算有限公司;其次,发行前股东须遵守并落实发行人经国家外汇管理局同意的存量股份(或相应存托凭证)减持用汇方案;最后,发行前股东须比照境内公司股东的减持规则作出并遵守老股(或相应存托凭证)的限售及减持承诺。

五、募集资金的使用问题

根据《试点意见》的规定,试点企业境内发行股票或存托凭证,试点企业募集的资金可以人民币形式或购汇汇出境外,也可留存境内使用。即从规则层面,募集资金可以选择汇出境外或留存境内使用。

2019 年 5 月,中国人民银行、国家外汇管理局公布《存托凭证跨境资金管理办法(试行)》(中国人民银行、国家外汇管理局公告〔2019〕第 8 号),第 9 条就境内发行存托凭证的红筹企业对募集资金的使用做了进一步规定:“已办理登记的境外发行人,如需将募集资金汇出境外,应持业务登记凭证到开户行办理相关资金

汇出手续;如将募集资金留存境内使用,应符合现行直接投资、全口径跨境融资等管理规定。"同时,亦明确规定境外发行人在境内发行股票所涉的登记、账户、资金收付及汇兑等,参照适用该办法。

实际操作中,境外发行人在境内商业银行开立募集资金专用账户,在发行人办理完成向境内子公司增资或股东借款的外汇变更登记及其他相关主管部门的变更登记手续后,募集资金即可实现全部留存境内使用。

六、红筹企业相关股东权益保护的法律分析

在境外设立的红筹企业,因其注册地在境外,其注册所在地的公司法与境内的公司法往往存在明显差异。根据境内上市相关监管要求,红筹企业在境内上市,要求其在投资者权益保护水平,包括资产收益、参与重大决策、剩余财产分配等权益,总体上应不低于境内法律法规规定的要求,并保障境内股东或存托凭证持有人实际享有的权益与境外持股股东或基础证券持有人的权益相当。

就股东权益保障事宜,以在开曼注册的红筹企业为例,红筹企业可在开曼公司法框架下通过设计相关"任意性"条款以达到保障A股股东权益的目的。对于开曼公司法框架下无法允许的情况(如监事会),红筹企业可以通过独立董事行使类似职权予以保障。对于开曼公司法允许的而中国公司法禁止存在的情况,如存在未弥补亏损情况的利润分配、资本公积弥补亏损,可以论证此差异不会导致发行人投资者权益保护水平低于境内法律法规规定的要求。对于开曼公司法的强制性规定,如公司减资时需要开曼法院确认,可以论证该事项不实质损害境内A股股东权益。

实践中,红筹企业及相关当事方亦会从各自角度出具承诺,以保障发行人关于其投资者权益保护水平总体上不低于境内法律法规规定的要求。进一步,考虑到红筹企业很多运营通过境内子公司实际开展,故一般也会要求红筹企业的全部境内子公司针对红筹企业在招股说明书中存在虚假记载、误导性陈述或者重大遗漏致使投资者遭受损失等情形承诺承担连带赔偿责任,并承诺采取措施进一步保障境内相关证券诉讼的法院判决可以得到强制执行。

七、股票期权计划的行权落地问题

红筹企业往往会预留一定比例的股权或期权以实现员工激励。由于实践中

《国家外汇管理局关于境内居民通过特殊目的公司境外投融资及返程投资外汇管理有关问题的通知》(汇发〔2014〕37号,以下简称"37号文")仅允许境内个人以股权出资并不允许资金跨境出资,且实践中大规模办理"37号文"出境持股存在实践难度,因此如若红筹企业在上市前的员工激励计划对境内员工的激励范围较大、人数较多,则多以预留期权的形式授予实施,除非外汇管理部门另行审批,否则直接大规模资金出境并行权落地为股权持股存在一定操作困难。

此前,如红筹企业在境外上市,则其股票期权计划的激励对象可根据《国家外汇管理局关于境内个人参与境外上市公司股权激励计划外汇管理有关问题的通知》(汇发〔2012〕7号,以下简称"7号文")的规定集中委托境内代理机构统一办理外汇登记及相关资金划转事项,从而实现期权落地行权。但是,由于"7号文"中"'境外上市公司'是指在境外(含港、澳、台)证券交易场所上市的公司",因此在境内交易所上市的红筹企业可能无法直接适用"7号文"的规定办理期权行权事项。

虽然红筹企业境内上市后期权行权目前并无直接适用的外汇管理规定,其具体行权安排仍有待监管部门进一步厘清指导,但由于"7号文"已经为境外上市公司的境内员工期权落地规定了监管思路和实践路径,因而对红筹企业境内上市的类似处理具有一定的借鉴意义。

八、红筹企业境内上市税务合规问题及法律分析

(一)红筹企业税收居民身份认定问题

红筹企业税收居民身份认定问题是上市审核过程中重点关注的问题之一。目前,中国境内关于境外注册企业的居民企业身份认定及所得税管理的相关法规主要包括《企业所得税法》及其实施条例、《国家税务总局关于境外注册中资控股企业依据实际管理机构标准认定为居民企业有关问题的通知》(国税发〔2009〕82号,以下简称"82号文")、《境外注册中资控股居民企业所得税管理办法(试行)》(以下简称《办法(试行)》)。

根据"82号文"、《办法(试行)》等相关规定,境外注册中资控股企业被认定为居民企业需要同时满足以下条件,如表1所示:

表 1 境外注册中资控股企业被认定为居民企业需满足的条件

类　别	条　件
境外注册的中资控股企业	由中国内地企业或者企业集团作为主要控股投资者,在中国内地以外国家或地区(含中国香港、中国澳门、中国台湾)注册成立的企业
实际管理机构在中国境内	企业负责实施日常生产经营管理运作的高层管理人员及其高层管理部门履行职责的场所主要位于中国境内
	企业的财务决策(如借款、放款、融资、财务风险管理等)和人事决策(如任命、解聘和薪酬等)由位于中国境内的机构或人员决定,或需要得到位于中国境内的机构或人员批准
	企业的主要财产、会计账簿、公司印章、董事会和股东会议纪要档案等位于或存放于中国境内
	企业 1/2(含 1/2)以上有投票权的董事或高层管理人员经常居住于中国境内

目前,只有中资控股企业(控股股东为中国内地企业或者企业集团,且为主要控股投资者)才能依照“82 号文”去申请认定为中国居民企业,但我国更高位阶的《企业所得税法》及其实施条例本身对于居民企业的定义并没有“中资控股”这个限定。因此,笔者认为不排除未来国家税务总局结合所得税法的规定出台更进一步的规定,届时中国境内自然人作为控股股东的红筹企业亦存在被认定为中国税收居民并须就其所得适用更高税率的可能性。

(二)红筹企业历史沿革(主要为公司回购股东股权、股东转让股权的情形)所涉及的税务问题

红筹企业回购企业股东股权、企业股东转让股权的情形下,均涉及非居民企业所得税的缴纳问题。

根据现行相关税法规定,在红筹企业回购非居民企业股东股权或者非居民企业之间转让红筹企业股权时,相关交易虽然属于间接转让中国居民企业股权,但由于红筹企业主要业务和资产在中国境内,可能被重新定性为直接转让中国居民企业股权,需要依法缴纳 10%的企业所得税,而支付相关价款的一方(履行回购义务的红筹企业或者受让股权的非居民企业股东)为扣缴义务人;如果被回购股权的对象或者转让股权的主体是境内自然人及境内企业,则其自身需要按照现行的

税法规定依法缴税，红筹企业在该等交易中不具有扣缴义务；如果被回购股权的对象或者转让股权的主体为外籍自然人，则其是否需要缴税，视其是否符合境内纳税居民条件而有所不同(如符合纳税居民条件，则须缴纳个人所得税；如不符合则无须纳税)，但无论如何，均不涉及红筹企业的扣缴义务。

审核实践中，如果红筹企业存在回购非居民企业股东持有的公司股权而没有履行扣缴义务的情形，则至少需要在IPO申报前通知该股东及时履行缴税义务。同时，红筹企业应向主管税务机关申报交易信息以配合纳税工作，且中介机构应对主管税务机关进行必要的访谈，以争取获得主管税务机关不会因为红筹企业未能履行扣缴义务对其进行处罚的表态或者证明文件。

九、结语

随着全面注册制改革的深化以及监管机构对红筹企业回归境内上市配套工作的安排及部署，红筹企业回归境内上市迎来了更友好的政策环境和更完善的配套政策，符合条件的红筹企业境内上市融资将迎来难得的历史机遇。

(胡佩琳对本文亦有贡献)

动态博弈下的中概股赴美上市监管现状与展望

贾海波* 黄舒瑶 詹孟杰

* 作者简介：

贾海波，中伦律师事务所上海办公室资本市场部合伙人，电邮为：jiahaibo@zhonglun.com。

自2020年年底以来,受各方面因素影响,整个中概股市场形势急转直下,这既有外部环境持续恶化的原因,如全球疫情蔓延、俄乌冲突爆发、中美博弈加剧、美国货币政策调整,也有个案引发中概股整体波动的原因。受上述各方面复杂因素的叠加影响,中概股从2021年下半年开始经历了"至暗时刻":纳斯达克中国金龙指数自2021年2月至2022年10月经历了长期下跌,最大回撤幅度达80%;不仅是存量市场,中概股上市发行也是异常惨淡,自2021年7月起,12个月内仅不到10家中概股完成发行上市,多个月份无一家中概股上市。(见图1)

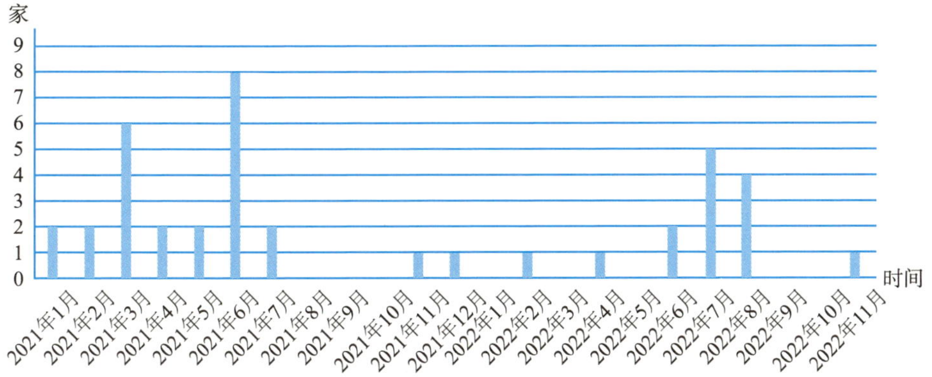

图1　2021年1月至2022年11月中概股上市数量

然而,2022年下半年中概股市场环境逐渐发生变化。首先,2022年6月起中概股发行上市状况有所恢复,数量明显增多。其次,2022年11月,中概股股价也实现了大幅回升,纳斯达克中国金龙指数的涨幅达到42.13%,创下了该指数自2003年有记录以来的最大单月涨幅。这些变化的背后固然有整体国际政治经济环境变化的影响,但中美两国于此期间在法律与制度层面展开的持续博弈——在审计监管问题上,中美双方从剑拔弩张到阶段性的握手言和;从中美两国各自针对中概股监管法规政策的密集出台到这些法规政策带来的不确定性逐渐降低、市场逐渐消化此期间的风险,都对中概股市场产生了深刻的影响并促进了中概股市场自2022年下半年起逐步回暖。

2023年2月17日,中国证监会发布了《境内企业境外发行证券和上市管理试行办法》及其相关配套指引与通知,填补了中国境内企业境外上市的监管空白,对中概股赴美上市产生极其重要的影响。

笔者团队深耕境外资本市场领域多年,曾助力并见证了一大批中概股公司赴美上市,也有幸参与了亚朵集团 2022 年 11 月纳斯达克成功上市的破冰之旅。基于过往的项目经验,本文对中美双方在审计监管问题、网络安全审查问题及境内企业境外上市监管问题方面的法规进行梳理与介绍,对中概股赴美上市的监管现状与发展趋势进行整体分析。

一、中美审计监管博弈的源头、发展与现状

(一)美国:《外国公司问责法案》及其实施细则

2020 年 4 月 21 日,美国证券交易委员会(U. S. Securities and Exchange Commission,SEC)主席联合美国公众公司会计监督委员会(Public Company Accounting Oversight Board,PCAOB)主席、SEC 首席会计师、SEC 公司财务部主任和 SEC 投资管理部主任发布了题为《新兴市场投资涉及重大披露、财务报告和其他风险;救济措施有限》的声明,该声明重点指出 PCAOB 面临一项持续性问题,即其长期无法监管位于中国境内的会计师事务所的审计工作底稿,并提请投资者注意该等问题所带来的投资风险。同年 12 月,《外国公司问责法案》(Holding Foreign Companies Accountable Act)落地,在法律层面对 PCAOB 无法有效监管的美股上市公司(主要针对中概股公司)设定了三年的“退市倒计时”;2022 年 12 月 29 日,美国总统签署《综合拨款法案》(Consolidated Appropriations Act),其中将上述三年时限进一步缩短为两年。《外国公司问责法案》的落地一时间激起了美股市场的轩然大波,使原本境况窘迫的中概股公司雪上加霜。

作为《外国公司问责法案》在程序上的细化规定,《实施〈外国公司问责法案〉披露与递交要求的最终修订》(以下简称《实施细则》)于 2021 年 12 月 2 日获得 SEC 通过并于 2022 年 1 月 10 日生效。《实施细则》具体规定了 SEC 对于发行人是否构成《外国公司问责法案》项下“SEC 认定上市公司”(Commission-Identified Issuer)的认定程序以及禁止证券交易的相关程序。

2021 年 12 月 16 日,PCAOB 发布了一份 2021 年认定报告,确认由于中国政府的国内政策原因,PCAOB 无法监管或调查总部位于中国内地及其香港特别行政区的经 PCAOB 登记的公众会计师事务所。该报告明确“点名”了受限于该等认定的 35 家中国内地公众会计师事务所和 28 家香港公众会计师事务所。截至 2022 年 12 月 31 日,已有 173 家上市公司被最终认定为“SEC 认定上市公司”,理

论上于2023年度将连续2年被认定为“SEC认定上市公司”,该等上市公司届时将可能会被实施交易禁令。

审计监管问题由来已久,过去十多年间中美双方不乏多次在平衡双方利益的情况下探索合作执法与联合检查的可行性,但受多方因素影响,在关键问题上双方仍存在未能解决的分歧。在美国《外国公司问责法案》实施后,该等博弈上升到了法律层面,致使双方不得不在更加紧迫的时间表下直面并解决矛盾与问题。

（二）中国:审计领域及证券监管领域的法律法规

与美国一样,中国政府也在不断推动法律法规的修订,以应对不断升级的审计底稿监管争端。

在审计领域,我国《审计法》第16条规定:“审计机关和审计人员对在执行职务中知悉的国家秘密、工作秘密、商业秘密、个人隐私和个人信息,应当予以保密,不得泄露或者向他人非法提供。”前述“工作秘密”、“个人隐私”和“个人信息”等表述为2021年修正时新增,符合国内近年来对于数据安全与个人信息保护着重关注的立法和政策倾向。此外,境内企业境外上市的审计工作更进一步受限于财政部2015年发布实施的《会计师事务所从事中国内地企业境外上市审计业务暂行规定》,该规定明确:(1)如果中国内地企业委托境外会计师事务所审计,则该境外会计师事务所应当与中国内地会计师事务所开展业务合作;(2)在境内形成的审计工作底稿应由中国内地会计师事务所存放在境内;(3)中国内地企业境外上市涉及法律诉讼等事项需由境外司法部门或监管机构调阅审计工作底稿的,或境外监管机构履行监管职能需调阅审计工作底稿的,按照境内外监管机构达成的监管协议执行。

在证券跨境监管领域,2019年12月28日修订的《证券法》被认为作出了原则性的规定。新《证券法》第177条[①]规定从三个角度出发就跨境证券监管活动划定了框架:就中国证券监管机构而言,授权开展跨境合作、实施监督管理;就境外证券监管机构而言,禁止其在境内从事调查取证活动;就单位和个人而言,原则上不得向境外提供证券业务活动有关的文件和资料,但经中国证券监管机构和国务院

① 《证券法》第177条规定:“国务院证券监督管理机构可以和其他国家或者地区的证券监督管理机构建立监督管理合作机制,实施跨境监督管理。境外证券监督管理机构不得在中华人民共和国境内直接进行调查取证等活动。未经国务院证券监督管理机构和国务院有关主管部门同意,任何单位和个人不得擅自向境外提供与证券业务活动有关的文件和资料。”

有关主管部门同意可以提供。证券法的修订一定程度上表明了我国政府对于证券跨境监管的态度——允许基于合作机制开展实施，但境外机构不得在境内调查取证。“调查取证”是开展执法的基础，因此境外证券监管机构除参与合作机制外，并无其他执法渠道。

而在上述原则性规定的基础上，2023 年 2 月 24 日中国证监会等部门发布的《关于加强境内企业境外发行证券和上市相关保密和档案管理工作的规定》（以下简称《境外上市保密规定》）则给出了更多细节方面的规定。

第一，就其规制的企业主体而言，相比于此前《关于加强在境外发行证券与上市相关保密和档案管理工作的规定》仅适用于“境外上市外资股的境内股份有限公司”（主要为 H 股上市公司）①，《境外上市保密规定》适用于“直接境外发行上市的境内股份有限公司和间接境外发行上市主体的境内运营实体”，即除 H 股上市公司外，还包括使用红筹架构的上市公司，其中就包括在美国上市的中概股。

第二，就与证券业务活动有关的文件、资料的管理而言，《境外上市保密规定》延续了审批制度，即境内企业向有关证券公司、证券服务机构、境外监管机构等单位和个人提供、公开披露，或者通过其境外上市主体等提供、公开披露涉及国家秘密、国家机关工作秘密的文件、资料的，应当依法报有审批权限的主管部门批准。其中，对接受披露的主体范围、涉及保密要求的信息范围均有所扩大。此外，《境外上市保密规定》还明确了保密协议的签订义务与采取补救措施义务。

第三，就跨境监管而言，《境外上市保密规定》再次明确境外证券监管机构及有关主管部门的调查取证或检查应当通过跨境监管合作机制进行，在《证券法》第 177 条的基础上进一步细化了各方的权利义务，规定了境内有关企业、证券公司和证券服务机构配合境外调查而提供文件资料前，应取得中国证监会或有关主管部门同意。值得关注的是，原法规中“现场检查应以我国监管机构为主进行，或者依赖我国监管机构的检查结果”的规定，在现行有效的《境外上市保密规定》中已被删除，该变化被业界普遍认为是对原有制度的适当放开。

从上述法律法规的延续发展可以看出，针对境外上市的境内企业包括审计工作底稿在内的境外上市工作底稿，我国始终秉持保密原则与限制跨境原则，而根据最新的立法动态，在双边监管协议之上，我国以法律的形式强调了建设证券跨

① “境外中资控股上市公司的境内股权持有单位”参照适用。

境监管合作机制，以及可以有条件地经合法程序向境外提供与披露与证券活动有关的文件、资料(见图2)。

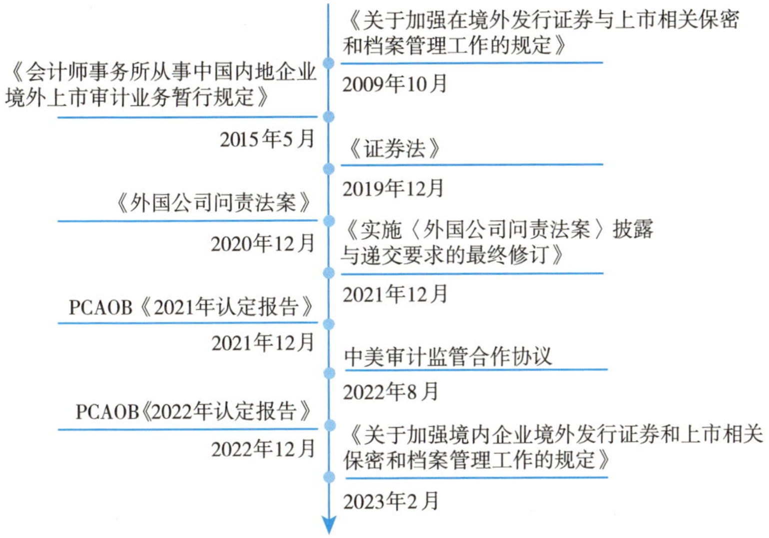

图2　相关文件公布时间线

(三)最新进展

2022年8月26日，中国证监会、中国财政部与PCAOB签署了审计监管合作协议。该协议为非公开文件。根据中国证监会负责人的答记者问，合作协议主要就双方对相关会计师事务所合作开展日常检查与执法调查作出了具体安排，约定了合作目的、合作范围、合作形式、信息使用、特定数据保护等重要事项，其特别提及“中方提供协助的范围也涉及部分为中概股提供审计服务、且审计底稿存放在内地的香港事务所”，而针对美方的调查取证工作，“美方须通过中方监管部门获取审计底稿等文件，在中方参与和协助下对会计师事务所相关人员开展访谈和问询”。中美审计监管合作协议的签订是继2013年执法合作谅解备忘录与2016年试点检查之后“双方在解决中美审计监管合作问题上迈出的重要一步”。

更具有历史意义的是，PCAOB于2022年12月15日发表公告称，其确认获得了对于总部位于中国内地与香港特别行政区的注册公众会计师事务所的完整的审查与调查权限，这也是“历史上首次”PCAOB确认其具备对于中国会计师事务所的审查权限，也由于该等情况的转变，其决定撤销此前《2021年认定报告》对于

PCAOB 无法对中国会计师事务所进行有效监管的认定结果。同日，其发布的《2022 年认定报告》，确认了上述决定。SEC 也在其官网上确认，基于 PCAOB《2022 年认定报告》，目前没有中概股发行人面临退市风险。PCAOB 的此项决定暂时消除了中概股公司被 SEC 根据《外国公司问责法案》及其实施细则要求强制退市摘牌的风险。

无论是合作协议的签订，还是 PCAOB 认定结果的反转，均表明中美双方在审计监管问题上有了实质性的进展，通过跨境合作机制解决审计监管问题是可行的且为双方执行层所互相认可。中美双方在美国部分政治势力强力施压的情况下仍坚持以专业、理性的方式推进跨境监管合作，该等过程中所展示出的解决问题的积极态度与不断推进的决心，注定了双方会不断加深合作与共识，为未来彻底解决审计监管问题带来了希望，也提振了市场对中概股赴美上市的信心。

二、赴美上市专项监管：网络安全审查

除中美审计监管问题对赴美上市环境及法规带来的影响外，随着《网络安全法》《数据安全法》《个人信息保护法》这三部我国网络空间安全基础法律及其配套的法律法规、部门规章的落地与不断完善，网络安全、数据安全亦已成为境外上市领域需关注之重点。

2022 年 2 月 15 日起生效的《网络安全审查办法》（以下简称《审查办法》）第 7 条明确规定，“掌握超过 100 万用户个人信息的网络平台运营者赴国外上市，必须向网络安全审查办公室申报网络安全审查”。虽然《审查办法》未进一步给出“网络平台运营者”的定义，但参考首次提及“互联网平台运营者”这个概念的《网络数据安全管理条例（征求意见稿）》，“互联网平台运营者是指为用户提供信息发布、社交、交易、支付、视听等互联网平台服务的数据处理者”，目前普遍理解“网络平台运营者”的内涵将辐射绝大部分的互联网企业。考虑到多数赴美上市的中概股均具有互联网属性，《审查办法》的前述规定将对后续中概股赴美上市产生重要影响，网络安全审查是否取得，或是否已就无须取得网络安全审查获得有关部门的书面通知，将成为 SEC 关注之重点。

网络安全审查重点评估相关对象或者情形的以下国家安全风险因素：（1）产品和服务使用后带来的关键信息基础设施被非法控制、遭受干扰或者破坏的风

险;(2)产品和服务供应中断对关键信息基础设施业务连续性的危害;(3)产品和服务的安全性、开放性、透明性、来源的多样性,供应渠道的可靠性以及因为政治、外交、贸易等因素导致供应中断的风险;(4)产品和服务提供者遵守中国法律、行政法规、部门规章情况;(5)核心数据、重要数据或者大量个人信息被窃取、泄露、毁损以及非法利用、非法出境的风险;(6)上市存在关键信息基础设施、核心数据、重要数据或者大量个人信息被外国政府影响、控制、恶意利用的风险,以及网络信息安全风险;(7)其他可能危害关键信息基础设施安全、网络安全和数据安全的因素。

"核心数据"是指关系国家安全、国民经济命脉、重要民生和重大公共利益等的数据。

"重要数据"是指一旦遭到篡改、破坏、泄露或者非法获取、非法利用,可能危害国家安全、公共利益的数据;"重要数据"包括以下数据:(1)未公开的政务数据、工作秘密、情报数据和执法司法数据;(2)出口管制数据,出口管制物项涉及的核心技术、设计方案、生产工艺等相关的数据,密码、生物、电子信息、人工智能等领域对国家安全、经济竞争实力有直接影响的科学技术成果数据;(3)国家法律、行政法规、部门规章明确规定需要保护或者控制传播的国家经济运行数据、重要行业业务数据、统计数据等;(4)工业、电信、能源、交通、水利、金融、国防科技工业、海关、税务等重点行业和领域安全生产、运行的数据,关键系统组件、设备供应链数据;(5)达到国家有关部门规定的规模或者精度的基因、地理、矿产、气象等人口与健康、自然资源与环境国家基础数据;(6)国家基础设施、关键信息基础设施建设运行及其安全数据,国防设施、军事管理区、国防科研生产单位等重要敏感区域的地理位置、安保情况等数据;(7)其他可能影响国家政治、国土、军事、经济、文化、社会、科技、生态、资源、核设施、海外利益、生物、太空、极地、深海等安全的数据。

"个人信息"是指以电子或者其他方式记录的与已识别或者可识别的自然人有关的各种信息,不包括匿名化处理后的信息。

根据《审查办法》,对于中概股赴美上市适用的网络安全审查而言,运营者除应当提交申报书、分析报告外,还应当提交运营者申报上市拟提交的首次公开募股(IPO)等上市申请文件。网络安全审查办公室应当自审查申报材料起10个工作日内，确定是否需要审查并书面通知当事人，当自向当事人发出书面通知之日起 30 个工作日内完成初步审查，如情况复杂或按照特别审查程序处理，则视情况进一步延长。此外，《审查办法》列举的网络安全审查的要点中包括“产品和服务提供者遵守中国法律、行政法规、部门规章情况”，“核心数据、重要数据或大量个人信息被窃取、泄露、毁损以及非法利用或出境的风险”以及“上市存在关键信息基础设施，核心数据、重要数据或者大量个人信息被外国政府影响、控制、恶意利用的风险”，其中多次提及核心数据、重要数据与个人信息这三类数据，其内涵和外延均需结合数据安全、个人信息保护等有关法律法规综合理解以及判断。因此，尽管《审查办法》相对上位法《网络安全法》《数据安全法》等就网络安全审查的内容与要点进行了细化，但整体而言，相关规定与表述仍较为原则性，对于拟赴美上市的企业而言，建议尽早获得主管部门的窗口指导意见或启动上市后尽早申报网络安全审查。

自 2022 年 2 月 15 日《审查办法》正式实施后，截至 2022 年 12 月 31 日，中概股赴美 IPO 上市企业中仅亚朵集团披露其作为掌握超过 100 万用户个人信息的网络平台运营者，已就发行上市行为申请并完成了的网络安全审查程序。上述期间上市的其他中概股企业，虽无相似披露，但均针对性地论证其无须通过网信办的网络安全审查，并同时披露其运营活动可能受限于网络安全相关法律法规未来的发展。该等中概股披露的其不受限于网络安全审查程序的理由主要包括：(1)业务活动范围内不包括采集用户信息的行为；(2)网络平台运营地位于中国内地以外地区(如中国香港)；(3)网络平台用户数量低于 100 万人或收集少于 100 万人的用户信息；(4)网络平台性质上属于 B2B 平台，面向机构客户及商业伙伴，收集信息类型不涵盖个人信息或不涉及大量个人信息等。同时，发行人也通常会特别说明自己未被认定为“关键信息基础设施运营者”，亦未被通知要求进行网络安全审查。由此可见，在现有监管体制下，无论是依规定取得网络安全审查批复后赴美上市，或是在论证无须取得网络安全审查批复的情形下进行申请，皆可视情况而为之，网络安全审查制度的实施并非阻碍企业赴美上市的政策性因素。

三、境外上市备案制

2023 年 2 月 17 日，中国证监会发布了《境内企业境外发行证券和上市管理试行办法》及其5项配套指引,2023年3月31日起正式实施。为做好施行日前后的相关工作安排,中国证监会发布了《关于境内企业境外发行上市备案管理安排的通知》(该通知与上述试行办法及其配套指引合称“备案新规”)。“备案新规”的发布与实施,对于中国资本市场监管制度是具有里程碑意义的,标志着中国境内企业境外发行上市备案制监管体系正式落地,自此,中国证券监管部门将对所有形式的境内企业境外上市适用全面且统一的监管备案程序,这其中自然包括了赴美上市的中概股企业。

“备案新规”的适用范围覆盖境内企业境外上市的各种形态。无论是直接境外发行上市(如H股)还是间接境外发行上市(目前赴美上市中概股采用的红筹模式)都在其适用范围内,并且该规定适用于境内企业发行任何具有股权性质的证券(如股票、存托凭证,可转为股票的公司债券等)。值得注意的是,针对发行人境外发行上市后在其他境外市场发行上市(如二次上市、双重上市)以及通过一次或多次收购、换股、划转以及其他交易安排实现境内企业资产境外直接或间接上市(如借壳上市、SPAC上市),也规定应当履行相应备案程序。因此,目前境内企业赴美上市的各种形态,均应履行“备案新规”下的中国证监会备案程序。

“备案新规”以负面清单的形式,列明了不得境外发行上市的若干情形①,规定属于负面清单内任一情形的,不得境外发行上市;已经办理相关程序但在发行上市前出现负面清单所列情形的,也应当暂缓或者终止境外发行上市。此外,除针对境内企业本身的负面清单,“备案新规”也通篇规范了针对境外发行上市活动的各项要求,既包含对境内企业或发行人在内控制度、公司治理、落实保密责任、维护国家安全等方面的相应约束,也对从事境内企业境外发行上市业务的证券公司、证券服务机构和人员等中介机构及人员的“看门人责任”予以相应规范。

从程序角度而言,“备案新规”对境内企业境外上市的申请流程亦将产生重要影响。“备案新规”要求发行人应当在境外提交首次公开发行上市申请文件后3

---

① 《境内企业境外发行证券和上市管理试行办法》第8条规定:“存在下列情形之一的,不得境外发行上市:(一)法律、行政法规或者国家有关规定明确禁止上市融资的;(二)经国务院有关主管部门依法审查认定,境外发行上市可能危害国家安全的;(三)境内企业或者其控股股东、实际控制人最近3年内存在贪污、贿赂、侵占财产、挪用财产或者破坏社会主义市场经济秩序的刑事犯罪的;(四)境内企业因涉嫌犯罪或者重大违法违规行为正在被依法立案调查,尚未有明确结论意见的;(五)控股股东或者受控股股东、实际控制人支配的股东持有的股权存在重大权属纠纷的。”

个工作日内，向中国证监会提交备案材料，主要备案材料包括备案报告、行业主管部门意见（如适用）、安全评估审查意见（如适用）、境内法律意见书、招股说明书或上市文件等，均须以中文制备；在增发及上市后发生重大变更等特定情形下，也应依照“备案新规”的规定履行备案义务。配套指引进一步对备案文件的形式、格式以及核查要点等做了细化规定，包括诸多压实证券服务机构及上市中介核查义务的细化规定，且诸多核查要求比照了境内上市实践进行规定。对于赴美上市企业而言，比照境内上市实践进行核查并按照规定以中文准备相关备案材料，或将对上市时间表及上市准备工作产生一定的影响。

“备案新规”的实施将境外上市活动全面纳入监管，扫清了原有的监管真空地带。备案制相比于审批制，多了一份对市场的尊重以及对监管力度的克制，又表达了境内监管的介入与对境外上市情况的持续监控。对拟赴美上市的企业而言，这固然增加了上市行为的成本，但备案制度下明确而清晰的路径与程序以及企业与监管机关之间更为通畅且聚焦的沟通渠道，会为赴美上市本身带来更多的确定性。

四、中概股赴美上市的趋势与展望

2022 年 11 月亚朵集团率先“破冰”上市以及 2023 年年初多家企业紧随其后的上市动作，均向市场发出了积极信号——首先，中美两国在寻求解决审计监管问题的道路上已有了突破性的进展，消除了中概股退市的“不确定性”风险；其次，中国网络安全与数据安全的监管已推行了不少时日，监管层与相关企业已有了充分的接触与磨合，各方就赴美上市的网络安全审查程序已有了一定程度的“确定性”预期。

基于上文我们对法律制度层面的讨论，可以看到，国内对于中概股赴美上市的监管由原先空白缺失的状态，已转向以中国证监会备案监管为核心、配套以网络安全审查等专项安全审查的全方位监管。

不同类型的赴美上市企业，未来所面临的境内监管程序可能有较大的差异：对于处于“敏感行业领域”①的企业，如从事敏感数据处理的企业、掌握海量个人

① 本文此处“敏感行业领域”用语，仅就相关赴美上市企业所处的行业及商业模式等因素是否构成影响通过网络安全审查、中国证监会备案等监管措施的障碍及难易程度而言所指的相关行业领域。

用户信息的互联网平台运营的企业、位于可能影响国家安全的重要行业或领域的企业等，由于包括网络安全审查在内的各项国家安全审查程序逐步完善，该等企业赴美上市需要在前期准备阶段投入更多的时间成本、资金成本与人力成本，以应对相关资料准备与沟通工作，也需要在上市时间表上预留出足够的时间以完成境内的前置审查程序；拟上市企业应当尽早引入专业中介机构提前筹划与准备，特别是为了应对网络安全审查，企业内的数据合规工作应当尽早开展与落实。

除网络安全审查外，作为提交中国证监会备案的文件之一，某些特定行业的申请人可能还需要提交该行业主管部门的监管或核准意见，而这些前置的行业部门审核意见往往又会增加相关赴美上市申请人顺利完成备案的难度。同时，位于“敏感行业领域”的企业，可以持续关注港股上市的可行性；随着“备案新规”的落地实施，企业可以获得更多信息以评估港股上市与美股上市在程序上的差异。虽然境外上市备案制度目前看来不会对两者有非常明显的差异对待，但网络安全审查方面港股上市与美股上市在法规表述上具有明显区别，未来实施细则的出台以及窗口指导与经验的积累可能对拟赴境外上市的企业有着更多的意义。而对于非敏感行业领域的企业，如一些生物医药研发企业、生产型企业，随着中概股市场回暖、中美审计监管出现转机以及各项监管政策陆续落地，其赴美上市将更加具有确定性；同时，由于无须或无障碍通过网络安全专项审查程序，相对敏感行业领域企业，其上市周期更短、前期成本更少。

不确定性一直是影响资本市场稳定的重要因素，从过去的这段时期，我们看到中概股市场充斥着各种不确定性，它们源于各个方面，其中比较重要的不确定性源于中美两国极其复杂且牵涉广泛的国家利益投射在法律制度层面的博弈与较量。即使我们有理由相信在全球化趋势不可逆的时代背景下，中美两国最终会不断向中间靠近，以彼此认可的方式达到平衡，但博弈过程中不断出现的冲突与矛盾仍令资本市场心惊胆战、踌躇不前。但令人欣喜的是，随着各项法律法规或公布草案，或颁布正式版本，或落地实施，该等立法层面与执法层面的变化都在向市场输出越来越多的确定性，而随着确定性的增加，中概股市场势必逐步趋于稳定并向好发展，而境内企业的赴美上市道路也会因此更具有确定性，也更加畅通。

当前环境下中资半导体企业跨境并购的可行性及风险控制

——基于近年海外典型并购案例

张启祥* 田维怡 夏 雨 蔡金会

* 作者简介：
张启祥，中伦律师事务所广州办公室资本市场部合伙人，电邮为：zhangqixiang@ zhonglun. com。

投资并购系境外平台型半导体巨头发展的共通之路，博通（Broadcom）等行业巨头的发展历程中，均有多次至关重要的收购奠定企业的发展地位。近年来，中资半导体企业也频频出手跨境收购，完成多项交易。但无论是闻泰科技子公司安世半导体已完成收购的英国芯片设计企业 Newport Wafer Fab（NWF）交易，被英国政府经过追溯审查程序要求剥离；还是之前 Z 公司收购韩国芯片方案设计及制造商 M 公司的交易因未能通过美国外资投资委员会（The Committee on Foreign Investment in the United States，CFIUS）的审查而被迫终止，都体现着中资企业在新的环境下，拟通过跨境并购方式实现企业发展所面临的种种挑战。本文从近年中资企业并购境外半导体行业公司的典型案例出发，对主要目的地国对于外资并购审查的相关规定进行讨论，分析在当前环境下中资半导体企业跨境并购的可行性及相应的风险控制要点。

一、近年中国半导体企业境外收购案例

近年来，受到多重国际因素叠加影响，许多中资半导体企业的境外收购项目均在不同程度上受到目标国投资审查制度的影响。笔者将基于近年中资半导体企业境外投资的几个典型案例，总结目标国的投资审查制度要点以及在半导体行业收购中相关审查制度的实践重点。

（一）从闻泰科技 NWF 收购案看英国《国家安全和投资法》的追溯审查机制

1. 闻泰科技 NWF 收购案

根据闻泰科技股份有限公司（以下简称闻泰科技）公开披露的信息，2021 年 7 月，闻泰科技的全资子公司 Nexperia B. V.（以下简称安世半导体）与 NEPTUNE 6 LIMITED 及其股东就收购 Newport Wafer Fab（NWF）事宜签署了有关收购协议，拟收购 NWF100.00%股权权益（以下简称闻泰科技 NWF 收购案）。NWF 系一家英国的半导体企业，主要从事半导体晶圆及相关产品和服务的设计、制造和销售。2021 年 8 月，前述收购涉及的股东权益变更登记手续于英国公司注册处完成。收购完成后，安世半导体作为其唯一股东即对 NWF 的生产经营活动进行了规划与管理。

英国《国家安全和投资法》生效后，英国政府即依据追溯审查机制对闻泰科技 NWF 收购案实施主动介入权，要求就该交易进行国家安全评估。在经历三次审

查延期后,英国政府主张该收购案会在两方面影响英国国家安全并最终于 2022 年 11 月决定要求安世半导体剥离 NWF86%的股权。

2022 年 12 月,安世半导体表示其已针对英国政府就该收购案的撤销命令申请司法审查,截至目前,尚未有关于司法审查情况的进一步公开信息。

2. 英国《国家安全和投资法案》的追溯审查机制

英国现行投资审查制度主要由《2002 年企业法》(The Enterprise Act 2002)、《收购准则》(Takeover Code),以及《国家安全和投资法》(The Investment Screening Act)[①]构成。在《国家安全和投资法》出台前,并购交易需满足的规则和条件包括:(1)不可大幅减少市场竞争、造成垄断;(2)不可损害公共利益,包括国家安全及公共安全、新闻媒体多元性、金融系统稳定等,且并未对并购参与方是否为外资进行区分[②]。2021 年 4 月颁布并于 2022 年 1 月 4 日生效实施的《国家安全与投资法案》给英国原有的并购安全审查制度带来了较大改变。根据该法案的要求,17 个敏感领域[③]的投资行为均须向内阁的投资事务署(Investment Security Unit, ISU)进行报告并接受监管。该法案赋予英国监管部门相当大的自由裁量权,使得拟实施的跨境交易相关方可能难以有效预测其是否落入法规审查范围;不仅如此,该法规首次确定了英国投资审查制度中的追溯审查机制,赋予英国监管部门对于过去已经发生的外国投资交易安排进行评估并介入监管的权力,给近年已完成的收购项目带来了不确定性[④]。

根据《国家安全与投资法案》第 1 条、第 2 条,如果英国内阁大臣合理怀疑一

① See *National Security and Investment Act* 2021: *Statement for the Purposes of Section* 3, GOV. UK (2 November 2021), https://www. gov. uk/government/publications/national-security-and-investment-statement-about-exercise-of-the-call-in-power/national-security-and-investment-act-2021-statement-for-the-purposes-of-section-3.

② 参见《对外投资合作国别(地区)指南:英国(2021 年版)》,载商务部网,http://www. mofcom. gov. cn/dl/gbdqzn/upload/yingguo. pdf。

③ 包括先进材料、先进机器人、人工智能、民用核能、通信、计算机硬件、为政府服务的关键供应商、紧急服务关键供应商、密码认证、数据基础设施、国防、能源、生物工程、军民两用、量子技术、卫星和太空技术、交通运输。

④ See *How UK Government can Best Guide Investors Through its Investment Screening Regime*, The City UK (09 March 2023), https://www. thecityuk. com/our-work/how-uk-government-can-best-guide-investors-through-its-investment-screening-regime/#:~:text=The%20National%20Security%20and%20Investment%20Act%202021%20established, Unit%20%28ISU%29%20which%20sits%20in%20the%20Cabinet%20Office.

项在交割后5年时间内的交易存在如下情形:(1)已经或者可能对英国国家安全造成风险;(2)有必要为了减轻或者预防这种风险而下达命令,则其有权行使“主动介入权”(call-in)以审查该交易①,且对于必须强制申报而未申报的交易,不适用该5年期限的限制。由于该法案系于2020年11月12日提交议会,根据相关规定,这一主动介入权还适用于2020年11月12日至法案正式生效前发生的交易。根据该法第25条、第26条,对于经审查后认为可能对英国国家安全造成威胁的交易,英国政府有权力禁止(取消)交易或者对交易作附条件批准。

如果投资方未经批准就强制申报交易完成交割,或未能遵守英国政府作出的临时或最终命令,其可能面临受到民事处罚甚至刑事处罚的风险。其中,民事处罚为不超过法定最高限额的罚款,具体罚款金额根据违法行为性质、违法主体因素确定,可能为不超过相关业务全球营业额的5%或1000万英镑的罚款(以较高者为准);不超过相关业务全球营业额的0.1%或200,000英镑的罚款(以较高者为准)等。刑事处罚则为6—12个月的监禁,且特殊情况下监禁期可能高达5年。

综上所述,现行《国家安全与投资法案》虽然并未完全取消外资并购英国半导体产业的可能性,但该规范实质赋予英国政府极大的交易审查权限,且对于外商投资的违规行为规定了更为严苛的民事及刑事责任,极大提高了该国的半导体并购交易的不确定性及风险成本。特别是在追溯审查机制的加持下,对于2020年11月12日后的交易,即使其已经完成交割,在相关交易发生后5年内,相关监管机构仍有权在获悉该交易6个月内,基于追溯审查机制对交易可能带来的国家安全影响进行评估,并不排除会要求对这一已经交割完成的交易提出需补正的交易条件,甚至要求取消交易、收购方出售标的。

(二)从Z公司并购M公司看美国CFIUS审查范围

1. Z公司并购M公司

根据美国半导体行业协会(The Semiconductor Industry Association, SIA)发布的数据,美国是全球第一大半导体供应国家,作为全球半导体产业的重要链条,其对于半导体行业的外商投资审查制度无疑对中资企业的海外并购具有重要影响。虽然近年中资企业赴美收购半导体行业相关资产也有个别成功完成的交易,如H

① See *National Security and Investment Act* 2021, legislation. gov. uk, https://www. legislation. gov. uk/ukpga/2021/25/contents.

公司收购美国 Akrion Systems LLC 公司资产，但总体而言，在 2018 年《外国投资风险评估现代化法案》（The Foreign Investment Risk Review Modernization Act of 2018）、2020 年《关于外国人士在美国进行特定投资的规定》和《外国人士在美国的特定房地产交易的相关规定》（合称为 FIRRMA 实施细则）赋予的审查权限下，CFIUS 审查都将是中资企业拟在美国进行的半导体领域收购中的重大不确定性因素。尤其是近年来，CFIUS 修法时不断扩大其审查范围，实际上将该法案的影响扩大到了美国地域以外的半导体收购案中。

2021 年 3 月，纽交所上市公司 M 公司发布公告称，同意 Z 公司及其有限合伙人成立的特殊目的公司及其他交易主体收购 M 公司股东持有的该公司股份。该公司从事系统集成电路芯片的开发、生产和分销，主要致力于显示驱动集成电路、CMOS（互补金属氧化半导体）影像传感器与应用解决方案处理器，并经营代工厂业务。根据各方签署的合并协议，本次收购拟于 2021 年下半年完成交割①。

2021 年 5 月，韩国决策部门对该收购案进行安全评估，认为 M 公司并没有掌握国家级核心技术，韩国方对 Z 公司收购 M 公司一案予以通过。但 M 公司作为在纽交所上市的在美韩国概念股，还受到 CFIUS 的管理。2021 年 5 月，M 公司收到美国财政部代表 CFIUS 发出的对该次交易的正式审查通知，以判断该次收购是否涉及核心技术，从而对美国构成"国家安全风险"。

经 CFIUS 审查，2021 年 8 月，美国财政部认为该次收购构成对美国的"国家安全风险"，虽然其后收购各方均争取继续推进该次交易，但最终无法取得 CFIUS 对合并协议的批准。2021 年 12 月，收购双方发布联合声明，宣布终止该次合并协议，且收购方需向 M 公司分期支付 7020 万美元的终止费②。

基于前述案例，我们理解，在该次交易中，虽然韩国审查部门对 Z 公司收购 M 公司一案予以通过，但由于该公司属于纽交所上市公司，交易最终仍因无法通过美国的外商投资审查而终止。

---

① See *Magnachip Enters into Definitive Agreement with Wise Road Capital in a Take Private Transaction Valued at $1.4 Billion*, Magnachip (2021-3-29), https://www.magnachip.com/cn/magnachip-enters-into-definitive-agreement-with-wise-road-capital-in-a-take-private-transaction-valued-at-1-4-billion-2/.

② See *Magnachip and Wise Road Capital Announce Withdrawal of CFIUS Filing and Mutual Termination of Merger Agreement*, Magnachip (2021-12-14), https://www.magnachip.com/withdrawal-of-cfius-filing-and-mutual-termination-of-merger-agreement/.

2. 不断扩大的 CFIUS 审查范围

CFIUS 成立于 1975 年,为美国政府的一个跨部门的行政机构,有权评估和审查外国在美投资兼并交易,以确定交易对美国国家安全的影响。设立之初时,CFIUS 的职能仅限于对外资调查和分析,协调外资政策的实施,并不具有实质审查权①。2007 年《外国投资与国家安全法案》(Foreign Investment and National Security Act of 2007,FINSA)首次将 CFIUS 明确为美国国家安全审查制度的权力机关,制定了安全审查程序;此后,到 2018 年,特朗普政府通过 2018 年《外国投资风险审查现代化法案》及 FIRRMA 实施细则使 CFIUS 的审查范围进一步扩大。

在 2018 年《外国投资风险审查现代化法案》生效前,美国政府对于外商投资的安全审查以控制权交易为界,当外国投资者的收购行为不涉及取得目标美国公司的控制权时,则不会落入 CFIUS 的审查范围②。而在 2018 年《外国投资风险审查现代化法案》及其实施细则生效后,前述规则将 CFIUS 的审查范围实质性地扩大至涉及"关键技术""关键基础设施""敏感个人数据"的"TID 美国企业"的非控制权交易。FIRRMA 实施细则对"关键技术"进行了定义,其中包括在 2018 年关键技术试点计划中基于 NAICS 代码列出的 27 个敏感行业③。因为半导体相关器件制造(Semiconductor and Related Device Manufacturing,NAICS Code：334413.)、半导体设备制造(Semiconductor Machinery Manufacturing NAICS Code：333242.)属于该 27 个敏感行业之一,与之相关的所有外国并购活动,无论其是否达到控制权交易的标准,均须向 CFIUS 强制申报审查。

实践操作中,CFIUS 还通过长臂管辖进一步扩大其管辖权,即使交易双方及目标公司并非美国主体,如目标公司在美国设有子公司或有当地业务或被 CFIUS 认为存在其他涉及"TID 美国企业"的情形,CFIUS 亦有权对其进行管辖。如本文介绍的 Z 公司收购 M 公司一案中,CFIUS 否决了 Z 公司对 M 公司的收购案。事实上,根据 M 公司发布的公告,虽然 M 公司为纽交所上市公司,但该公司认为其

---

① 参见戴巍:《美国外资国家安全审查法案新动向及其影响》,载《中国贸易报》2020 年 12 月 3 日,第 6 版。

② 2018 年《外国投资风险审查现代化法案》语境下"控制权"的定义比通常理解的更加广泛。如果没有特殊的股东表决安排或对重大事项的否决制度,并购份额在 10%以上的交易即被视为控制权交易;如果存在相关安排,即使并购比例未达到 10%,CFIUS 也可能综合考量认为已经构成控制权交易。

③ See Appendix B to Part 800—Industries, 31 C. F. R. Parts 800, FIRRM, https://home. treasury. gov/system/files/206/Part-800-Final-Rule-Jan-17-2020. pdf.

所有的制造和研发活动都在韩国进行,且基本上所有的销售活动都在韩国进行,在美国没有有形资产或 IT 系统,故该次收购无须获得任何美国的批准。但即便在该收购案已经取得韩国方面所需的批准后,仍然因 CFIUS 认定该交易对于美国构成安全风险而被否决。

基于前述,不难看出,受技术敏感性、地缘关系等多种因素影响,半导体行业历来为美国国家安全审查中的重点关注对象,涉及中国投资者的审查申报亦占据了其安全审查的很大比重。我们有理由担心中资企业在赴美半导体行业收购中可能面临更为严格的审查要求,并实质性地影响交易结果。

(三)从瑞典 S 公司对德国 E 公司收购案看德国外商投资审查要点

1. 瑞典 S 公司收购德国 E 公司相关半导体产线

2021 年 12 月 14 日,S 公司位于瑞典的全资子公司(以下简称瑞典 S 公司)与德国法兰克福证交所上市公司 Elmos Semiconductor SE(以下简称德国 E 公司)签署《股权收购协议》,约定瑞典 S 公司拟收购德国 E 公司位于德国某市的汽车芯片制造产线相关资产。根据协议约定,德国 E 公司拟将相关产线资产及相关员工、现有销售合同、雇佣合同及其他与产线相关的权利与义务转入其成立的 SPV 公司,交割完成后,瑞典 S 公司将持有 SPV 公司 100%股权。

根据德国及欧盟相关法规,该次交易需取得目标资产所在地主管部门审批,包括但不限于从德国联邦经济事务与气候行动部(Federal Ministry for Economic Affairs and Climate Action)(以下简称德国经济气候部)获得 FDI 证书①。

交易协议签订后,瑞典 S 公司于 2022 年 1 月向德国经济气候部递交了 FDI 申请,在经历了约 10 个月的投资审查后,2022 年 11 月,德国经济气候部根据《对外经济法》(Foreign Trade and Payments Act, AWG)及其实施条例《对外经济条例》(Foreign Trade and Payments Ordinance, AWV)最终决定禁止瑞典 S 公司收购目标资产。

2023 年 1 月 19 日,交易双方就本次收购签署终止协议,约定终止收购,并确认交易终止系因未获 FDI 审批,属于外部因素,买卖双方均无过错,任意一方均无

---

① 参见《关于瑞典子公司收购德国产线资产的公告》,载赛微电子网,http://www.cninfo.com.cn/new/disclosure/detail?stockCode=300456&announcementId=1211906456&orgId=9900023823&announcementTime=2021-12-15。

须向另一方予以任何赔偿①。

2. 德国外商审查:两套审查标准

德国对外商直接投资审查的主要法律依据即 AWG② 及其实施条例,近年来德国联邦经济和能源部(2021 年更名为德国经济气候部)多次修订 AWG 及其实施条例,下调对非欧盟国家企业并购或参股德国企业的审查门槛,扩大须审查的领域。2021 年 4 月,德国联邦内阁通过对 AWV 的修订。经修订,该条例将完全适配 2020 年 10 月 11 日起全面施行的《欧盟外商直接投资审查条例》。

修订后的规则将外商直接投资审查分为跨行业收购审查与特定行业收购审查两套标准。就半导体行业外商投资而言,其直接触发的为跨行业收购审查(主要包括关键基础设施行业领域和关键技术领域)。根据相关规则,涉及"关键技术领域"的跨行业收购投资审查可由德国经济气候部主动进行。2021 年,AWV 最新修正案将"关键基础设施领域"的范围从原来的 11 个领域扩大到 27 个,除原有的交通、医疗、能源等 11 个领域外,在人工智能、自动驾驶、半导体、光电子和量子技术等未来和高科技领域的投资,如并购份额超过 20%,也将触发强制性报告义务,主管部门有权对交易予以主动审查。也就是说,当半导体跨境并购的份额超过 20%,则明确落入德国外商直接投资审查的范围,需取得主管部门无异议函后方可实施。

另外,根据 AWV 相关规则,对于涉及国家安全领域的收购,如并购份额超过 10%,则触发审查标准,投资者需主动将交易提交审查。因此,如果中资企业拟收购的半导体企业被认为同时涉及武器军用设备行业或敏感信息安全行业(如目标公司生产的半导体设备同时为军民两用),则并购份额超过 10% 即触发特殊领域强制审查③。

根据该等规定,中资企业若谋求在德国进行半导体领域的并购交易,则大概

---

① 参见《关于收购汽车芯片制造产线交易签署〈股权收购协议终止协议〉的公告》,载赛微电子网,http://www.cninfo.com.cn/new/disclosure/detail?stockCode=300456&announcementId=1215685305&orgId=9900023823&announcementTime=2023-01-20。

② *Foreign Trade and Payments Act* (*AWG*), Federal Ministry of Justice, https://www.gesetze-im-internet.de/englisch_awg/englisch_awg.html#p0096.

③ 参见《对外投资合作国别(地区)指南:德国(2021 年版)》,载商务部网,https://www.investgo.cn/upfiles/swbgbzn/2021/deguo.pdf。

率将触发强制性报告义务。根据德国相关法律的规定,对于需要审查的交易,在政府批准交易前,并购合同的法律效力待定,这给相关交易带来更高的时间成本及交易不确定性。

此外,与英国类似,德国 AWV 后续修正案也确立了追溯审查制度,根据该法第 55 条的规定,在相关交易协议订立后 5 年内,德国经济气候部有权在其知晓相关交易后 3 个月内主动发起投资调查程序,并就该交易作出是否颁发无异议函的决定。

(四)从晶方科技及宏光照明 VisIC 收购案看以色列外商投资审查

1. 晶方科技及宏光照明收购 VisIC

近年中资企业在以色列地区的半导体行业主要收购案为苏州晶方半导体科技股份有限公司(晶方科技,603005. SH)及宏光照明控股有限公司(宏光照明,06908. HK)收购半导体氮化镓设备研发企业 VisIC Technologies Ltd.(以下简称 VisIC)。目标公司 VisIC 总部位于以色列 Ness Ziona,主要从事第三代半导体领域 GaN(氮化镓)器件及相关产品的研发、生产。①

2021 年 8 月,宏光照明发布公告,宣布已以其全资子公司 FastSemi Holding Ltd.(以下简称宏光半导体)投资以色列公司 VisIC。根据购股协议,宏光半导体以 2500 万美元认购 VisIC1,749,961 股股份,约占 VisIC 经扩大已发行股本之 21.86%。根据该公告,该次交易已于 2021 年 8 月 23 日完成股份交割。②

此后,晶方科技参与设立的私募基金苏州晶方贰号集成电路产业基金合伙企业(有限合伙)(以下简称晶方贰号产业基金)分别于 2021 年 8 月、2022 年 2 月与 VisIC 签订投资协议,合计购买 VisIC 17.12%的股权;2022 年 11 月,各方又进一步达成合作意向,由晶方科技、晶方贰号产业基金合计增加投资 5000 万美元购买 VisIC 34.25%股权,根据收购方相关公告,2023 年 1 月,该次交易已完成股份交割手续,晶方科技持有 VisIC 公司 18.06%股权,晶方贰号产业基金持有 VisIC 33.31%

---

① 参见《苏州晶方半导体科技股份有限公司关于晶方产业基金对外投资的公告》,载上海证券交易所网,http://static.sse.com.cn/disclosure/listedinfo/announcement/c/new/2021-08-10/603005_20210810_1_2i5qSeB7.pdf。

② 参见《宏光照明控股有限公司自愿性公布投资 VISIC TECHNOLOGIES LIMITED》,载披露易网,https://www1.hkexnews.hk/listedco/listconews/sehk/2021/0824/2021082401503_c.pdf?code=06908。

股权。[①]

2. 尚未趋紧的以色列外商投资审查

值得说明的是,除在涉及国防安全的领域中,外国投资者持有相关国防企业股权或者取得相关信息出口存在限制外,以色列对于外商投资几乎没有限制[②];在投资审查层面,以色列反垄断局与反垄断法庭负责主管合并、收购和反垄断法案件,审查时主要系从反垄断角度进行并购审查,要求持有以色列公司25%以上股份的外国投资者以其或其持股的以色列公司与另一家以色列公司合并时,须向以色列反垄断局递交并购通知。此外,若国内或跨境兼并收购交易达到一定的总营业额标准或企业合并会造成市场垄断的,须向以色列反垄断委员会申报并获批准,除前述规定外,以色列并无特殊的法律对外资并购进行处理[③]。

二、新全球形势下的境外收购可行性

(一)新全球形势下外商投资审查制度的变化

在过去的跨境交易项目中,交易各方对于外商投资审查程序的关注要点可能集中在本次交易是否可能被所在国视为垄断行为、是否涉及收购方的外汇管制、目标公司主营业务在当地是否存在产业投资限制等,但目标国的投资安全审查可能并非传统的核心判断要素。地缘政治影响虽然是跨境交易不可回避的议题,但除少数情境下,其在交易中的敏感性及重要性可能不太突出。但近年来,随着国际环境变化,许多国家对于外商投资审查的监管态度及执行力度都发生了变化,将这一议题的重要性提升到了新的高度。与英国的追溯审查制度类似,美国、德国、澳大利亚、加拿大等国家的外商投资审查制度中,也都有类似的追溯投资审查规定。

结合上述中资企业半导体跨境投资的主要目的地国的外商投资审查规定,各

---

① 参见《苏州晶方半导体科技股份有限公司关于公司及产业基金对外投资的进展公告》,载上海证券交易所网,http://static.sse.com.cn/disclosure/listedinfo/announcement/c/new/2023-01-10/603005_20230110_8IEF.pdf。

② 参见《对外投资合作国别(地区)指南:以色列(2021年版)》,载商务部网,https://www.invest-go.cn/upfiles/swbgbzn/2021/yiselie.pdf。

③ 参见《对外投资合作国别(地区)指南:以色列(2021年版)》,载商务部网,https://www.invest-go.cn/upfiles/swbgbzn/2021/yiselie.pdf。

国外商投资审查制度的变化可概括为以下几点：

第一，投资审查范围扩大。各个国家对外商投资的审查范围逐渐扩大，不仅仅限于国家安全领域，还涉及其他重要领域，如科技、基础设施、文化、农业等，不少国家已经将半导体行业明确列入投资审查范围。

第二，投资审查标准提高及宏观化。例如，法国、意大利等国家对于投资者投票权审查比例下降至10%，可能会引发大量的跨境投资案被纳入审查范围；韩国施行新的外商投资安全审查规定，明确对外商投资审查的标准为该投资事项对其国家安全的影响程度；在交易实践中，美国、加拿大对于外国投资审查的考量因素已超出股权审查，扩大到产品贸易，并存在泛化国家安全概念的趋势。

第三，审查程序加强。近年来，多个国家对外商投资的审查程序也在逐渐加强，主要体现在相关法规对于交易审查程序规定愈加细化，交易需面临的审查程序更为烦琐，审查时限长且可能被主管部门延长时限等。例如，在闻泰科技NWF收购案中，主管部门对该交易的审查历经多次延期，继2022年7月宣布对该交易的国家安全全面评估程序依法额外延期45个工作日后，其于2022年9月、10月又宣布了两次延期。

第四，处罚力度加强。从违规后果上看，多个国家对于外商投资违规行为的处罚力度也越来越强，包括罚款、撤销投资许可证、取消交易甚至处以刑事责任等。例如，英国《国家安全与投资法案》对于违反外商投资审查最终命令，规定了高额的罚款及严重的刑事责任。

以欧盟及其成员国为例，中资企业赴欧进行半导体行业投资时，需关注的外商投资审查要求包括欧盟层面相关制度及目标国专有制度；从欧盟层面来看，2020年10月实施的《欧盟外商直接投资审查条例》及2022年2月发布、尚未生效的《欧洲芯片法案》（European Chips Act）均包括了关于可能对半导体企业收购造成限制的规定。根据欧盟委员会于2022年9月1日向欧洲议会和欧洲理事会提交的《关于欧盟外国直接投资审查的第二份年度报告》①，在欧盟27个成员国中，仅两国（保加利亚和塞浦路斯）尚未宣布建立投资审查机制；其余国家或已设立外

① See *Second Annual Report on the Screening of Foreign Direct Investments into the Union*, European Commission（2022.1.9），https://ec.europa.eu/transparency/documents-register/detail?ref=COM(2022)433&lang=en.

商投资审查机制，或已进入相关立法、修订进程。欧盟成员国中，如意大利、法国、德国均已立法明确将半导体行业的外商投资作为审查对象。

综上所述，受逆全球化趋势等多重因素的影响，各国外商投资审查制度的审查范围、审查标准、审查程序及随之带来的处罚后果整体均呈现从严趋势。在此背景下，半导体行业作为各国均予以关注的核心科技行业，中资企业拟在该行业进行跨境收购无疑面临更高的门槛及更大的不确定性。

（二）中资半导体企业境外收购的可行性

新全球趋势下，中资半导体企业境外收购是否还具有可行性似乎不再是一个可以明确给出答案的问题。结合前述案例及对外商投资审查制度变化趋势的总结，笔者认为，就中资半导体企业跨境收购的主要目的国的外商投资审查规定来看，半导体行业并未被明确列入外商投资负面清单，相关收购从规则层面仍具有可行性；从上述案例来看，虽然各国外商投资审查制度总体趋严，但不同目的地国之间外商投资审查强度仍有较大差异，中资半导体企业仍有适时作出跨境投资战略调整的空间，加大对发达经济体之外其他目的地国的研究和考察，以提高跨境收购的可行性。此外，从目前的跨境投资实践可以看出，除上述案例外，中资半导体企业的海外收购虽有减缓但并未停滞，如 2021 年 4 月江苏亚威机床股份有限公司完成对韩国芯片测试机公司 GSI 公司的收购，闻泰科技在 2022 年年底完成了对荷兰半导体公司 Nowi 的收购。

尽管中资半导体企业境外收购仍具有一定可行性，但毋庸置疑的是，在全球化浪潮逆转、贸易保护主义抬头的背景下，全球范围内的外商投资制度均呈现从严趋势，且近年来，半导体产业对各国的战略意义和产业保护的价值更为凸显，以致半导体行业跨境收购受阻的案例似乎在近年频繁出现，这一行业内的跨境收购的不确定性及交易风险显著提高。尤其是在审查实践趋严、审查标准不断提高的目的国，相关收购的可行性需要结合个案谨慎判断，交易可能涉及的法域、交易标的的业务领域、产品类型、技术特征及收购方的背景等，均可能对交易可行性产生影响。

三、半导体行业企业境外收购风险控制要点

基于上述讨论，我们建议中资企业在未来的半导体行业海外并购中，从以下

几个方面考虑实现交易风险控制。

（一）多元化投资布局，谨慎选择交易标的（包括标的涉及的国家或地区、是否要剥离敏感产业等）

目前，不同国家、地区对于半导体行业跨境并购的审查态度仍存在一定差异，虽然英美欧等发达经济体逐步提高对半导体领域投资并购的保护力度，但发展中国家和地区及部分发达国家，如以色列、韩国等的外商投资审查制度仍然较为宽松。即使在半导体为强势产业的国家，也并非都像美国、英国一样予以较为严苛的投资审查政策。因此，我们建议投资者在选择交易标的时，可以在满足商业需求的前提下优先关注政策友好的国家、地区，适时作出投资战略调整。需特别提示的是，在类似美国的长臂管辖原则下，即使目标公司的注册地不属于某一国家，如其业务、资产、母公司或者实际控制人与某一国家存在联系，仍可能触发该国审查制度。选择标的资产时，应结合其股权、资产、业务情况等，提前考虑前述相关性因素以控制风险。

另外，在确定具体标的资产时，应结合目的国的投资审核政策及实践情况，尽量避免将敏感资产纳入收购范围。例如，涉及军用技术和军用设备的产业在许多国家的外商投资审核中都属于敏感行业，选择交易标的时就需谨慎考虑是否要涉足此类资产，必要时可将敏感产业从标的公司中剥离，以避免触发审查申报条件或被要求适用更高的审查标准。

（二）合理安排协议条款

在投资协议的交割前提条件条款、陈述保证条款及解除条款中作出投资审查相关约定，可以更好地避免有关交易风险或争议，具体而言：

第一，在协议的交割前提条件条款中，应当明确将国家安全审查等对交易实施存在重大影响的行政审查事项作为交割前提条件，并且明确约定负责这一事项的义务主体。作为买方的中资企业应当谨慎签订“绝对责任条款”（Hell or High Water Clause），该条款通常要求收购方承诺采取“所有必要步骤”来避免或消除相关行政审批对交割的影响，否则将被视为违约并承担责任。由于该条款赋予买方十分严苛的责任，交易协议中应当尽量避免签署该条款或对买方的努力义务及责任承担范围作出限制。此外，如有必要，双方可约定完成相关行政审批的最长期限，以避免交割时间被无期限地拉长。

第二,在陈述保证条款中,应当争取卖方和/或目标公司对交易涉及的行政审批程序的完整性、全面性作出陈述保证。鉴于目前越来越多国家明确规定未履行投资审批义务或主动申报义务需承担罚款等责任,以免不利影响,中资企业应在交易尽调过程中全面梳理可能涉及的审批程序,并争取在协议中要求卖方基于自身情况完整、全面地披露其签署、履行协议可能涉及的全部审批要求,并保证除此之外无须取得其他任何行政机关或有权部门的同意。

第三,在协议解除条款中,应将未在特定期限内获得相关主管部门审批作为协议解除条件,并且明确此种情形下的协议解除不涉及买方向卖方支付"反向分手费"(Reverse Break-up Fee)的义务,即未获得相关主管部门审批而导致的收购失败不构成买方的违约行为,其无须因此向交易对方支付任何赔偿金。

(三)针对追溯审查机制的风险控制建议

从比较法的角度来看,外商投资审查制度乃至对已完成投资的追溯审查制度在各个国家的法律和实践中并非一项新生制度。例如,美国 CFIUS 被授权对涉及国家安全的外国投资进行审查,包括对先前已经完成的投资进行追溯审查。在英国、德国、澳大利亚、加拿大等国家也都有类似的追溯投资审查规定。其中,根据德国 AWV、AWG 及其修正案的相关规定,德国经济气候部有权在交易文件签署后的 5 年内主动进行审查;英国的《国家安全与投资法案》也赋予内阁大臣在该法生效后的 5 年内对已完成交易启动审查程序的权力。因此,如果海外并购的目的地国的法律规定了追溯审查机制,且对需要申报的交易规定不甚明晰,为避免交易完成后的后续风险,交易双方可以谨慎考虑是否作出自愿申报。该等情形下,虽然自愿申报可能增加交易流程的时间成本和复杂程度,却能够规避后续风险,且为交易的效力确定性提供保障。对于存在追溯审查制度的国家,作为收购方,在可行的情况下,可以考虑在交易文件中要求增加相关的保护性条款,约定在交易完成后的一定期限内(结合当地法律的具体规定确定),若发生被当地政府通过追溯审查程序要求解除交易、剥离已收购资产时的特殊保护措施。此外,结合当前情况,对于已经完成交割的半导体并购案件,我们建议作为收购方的中资企业,对并购标的所在国的相关规定的审查范围变化、申报要求变化等事项保持持续关注。

从资本市场视野出发：新形势下，集成电路半导体行业境外布局关注要点

沈　进*

* 作者简介：
沈进，中伦律师事务所上海办公室资本市场部合伙人，电邮为：shenjin@ zhonglun. com。

一、新形势下，集成电路半导体行业境外布局的背景

美国特朗普政府上台以来，由美国政府挑起的中美贸易摩擦自 2018 年 4 月起即不断升级。在中美贸易摩擦中，我国的集成电路半导体行业是美国重点打击的行业之一。为限制我国集成电路半导体产业的发展，美国对我国部分集成电路半导体产品加征关税，并且限制我国企业在美投资及开展业务。美国政府近期也通过出口管制等方式打压我国的集成电路半导体行业，且其同盟国家间的联动执法趋势也不容忽视。如 2022 年年末以来不断传出的美国、日本和荷兰三国政府达成协议，对中国芯片制造施加新的设备出口管制和限制的消息。①

可以说，近年来，美国对我国集成电路半导体行业的限制形势越来越严峻，这对我国集成电路半导体行业的发展造成了严重的影响。面对新形势，一方面，我们清醒地认识到集成电路半导体行业自主可控的重要性，国家进一步加大了对集成电路半导体行业的政策扶持力度。另一方面，为分散贸易摩擦和出口管制的风险，也为遵守全球产业链分工的客观规律，越来越多的国内集成电路半导体行业也在考虑境外布局，在全球范围内设立运营主体，并实现本地化运营。

集成电路半导体行业作为国家重点政策扶持的行业，在我国资本市场占据着举足轻重的地位。本文拟从资本市场的角度出发，尝试解读在新形势下，集成电路半导体企业境外布局应当关注的一些问题。由于尚未成功上市的拟上市企业和上市公司面临的资本市场要求和环境不同，以下从拟上市企业和上市公司两个角度分别讨论。

二、新形势下，拟上市集成电路半导体企业境外布局关注要点

（一）概述

作为拟上市集成电路半导体企业（以下简称拟上市企业），其在境外布局而设立的境外业务在 A 股上市时将被视为拟上市企业的一部分，需要以与境内业务同样的标准来看待并进行核查。但同时，由于境外业务的特殊性，又有着区别于境

① 参见中国半导体行业协会：《就美日荷限制向中国出口相关芯片制造设备，中国半导体行业协会严正声明》，载微信公众号“中国半导体行业协会”2023 年 2 月 15 日，https://mp. weixin. qq. com/s/CMXerk1AO9T4bKek0sTANQ。

内业务的特别关注点。以下总结在A股上市过程中,境外业务需特别关注的几个方面。

(二)境外主体设立的合法性问题

境外业务设立的合法性问题,是有境外业务的拟上市企业在A股上市过程中需要面临的第一个问题。合法性问题包括两个方面:一是境内企业在投资设立境外主体时,履行境外投资手续的合法性问题;二是境外主体根据所在地规定设立的合法性问题。

1. 我国境外投资手续的合法性问题

作为设立在中国的企业,拟上市企业对境外投资受境外投资规定的监管,其在实施境外投资前需要取得相关主管部门的批准或备案。具体而言,根据我国《企业境外投资管理办法》等相关法律法规的规定,拟上市企业在境外投资前需向有管辖权的政府部门申请并取得包括但不限于国家发改委立项备案、商务部门颁发的中国企业境外投资证书和外汇管理部门的外汇登记等境外投资手续,即俗称的"ODI手续"。在办理完毕前述"ODI手续"后,拟上市企业方可办理境外投资的后续业务。

除由拟上市企业直接从事境外投资活动外,实践中,还可能存在实际控制人等个人在境外设立的实体,在后续上市过程中被拟上市企业收购从而成为其境外投资实体的情况。在这种情况下,首先,拟上市企业在收购该境外实体时,也需要履行ODI手续。其次,在收购之前,还需要关注个人在设立境外实体时是否存在违反我国境内个人境外投资法律规定的情况。如果境内个人在设立境外实体时存在合规性问题,则要在确定该合规瑕疵问题不会对上市造成重大障碍后再行收购。

2. 遵守所在地规定设立的合法性问题

境外实体是否根据所在地规定设立是涉及其是否有效存在的基本问题。因此,拟上市企业在履行完境外投资手续后,还需要特别关注所在地规定对境外实体设立的要求。特别地,需要关注所在法域是否存在对外商投资集成电路半导体行业的限制性要求。如有,则需关注拟设立的境外主体是否会违反当地的外商投资行业限制,或是否依法取得对该行业的投资审核或许可。需要注意的是,对于有外商投资行业限制的国家和地区,部分境内企业可能会通过当地员工代持等方式进行规避。如果该境内企业未来拟在境内上市，应尽量避免该安排。

（三）对境外主体的控制力问题

在境外开拓和发展业务常常会面临法律环境差异、人文差异、文化差异和语言差异等诸多差异，因此，能否保持对境外业务和境外主体的有效控制对拟上市主体而言非常重要。特别地，在拟上市主体对境外业务依赖性较高的情况下，这种有效控制更是至关重要。正因如此，拟上市企业对境外业务和境外主体的管控能力也是上市过程中重点关注的问题之一。通常而言，拟上市企业需要从以下几个方面来论证其对境外子公司的有效控制力，这也构成了境外主体在发展过程中需要重点关注的事项。

1. 拟上市企业行使股东权利的有效性

尽管不同的法域存在不同的公司治理法律规定，但是保障股东充分行使股东权利是每一个法域的基本法律原则，并且，可以通过公司章程的形式予以确定和保障。作为母公司，拟上市企业应当根据境外子公司所属地规定制定完善、有效的章程，在章程中明确约定股东所享有的权利。特别地，对于修改境外主体章程、任命董事和高级管理层、决定境外主体发展规划等重大事项的决定权在当地法律允许的情况下，建议都明确为股东的权利。在此基础上，拟上市企业可以通过股东决议、任命董事和高级管理层、决定重大事项等直接和间接地行使股东权利，并通过其任命的董事和高级管理层间接参与境外主体日常业务经营，从而有效地控制境外主体。

2. 拟上市企业和境外主体完善的管理制度

为加强对包括境外主体在内的各子公司的管理，确保其规范、有序、高效运作，也为有效控制经营风险，拟上市企业应当制定相关的子公司管理制度、对外投融资管理制度和内部审计制度等制度文件。同时，拟上市企业应指导境外主体在子公司层面就公司治理、日常运营、人事管理、财务管理、内部审计监督与检查等事项制定完善的制度，并确保境外主体的经营及发展规划能够服从和服务于拟上市企业的发展战略和总体规划，在拟上市企业发展战略和规划框架下进行。

3. 境外主体有效的人员管理机制

制度的落实关键在于人，因此，对境外主体的人员进行有效的管理是拟上市企业实现对境外主体有效管控的关键所在。通过行使股东权利，拟上市企业应能有效地委派和管理董事和高级管理人员，重要员工均应由境外子公司报拟上市企业批准，以加强对境外主体的领导和控制。当然，拟上市企业也应当尊重境外当地的人文和风俗习惯，注意处理好“空降兵”与“土著”之间的关系。

4. 健全的境外财务管理机制

在财务管理机制上，一方面，要做到拟上市企业的财务管理机制“一竿子到底”。所有境内外子公司的财务均应由拟上市企业实行统一的管理，由拟上市企业的财务部门对境外主体的会计和财务管理等方面实施管控和监督。另一方面，境外主体需要将财务管理权限开放给拟上市企业。境外主体应当按时向拟上市企业财务部门报送财务报表等财务会计文件，并接受拟上市企业的监督和核查。境外主体的大额资金使用和银行贷款及授信等，在拟上市企业批准后方可操作，重大对外投融资、担保、收购兼并等事项根据相应决策权限审议批准后方可实施。

（四）境外业务运营的合法性问题

在 A 股上市审核过程中，境外主体在当地运营的合法性与拟上市企业的境内子公司的标准基本一致。因此，拟上市企业如在境外设有子公司，千万不能放松对该境外主体合法合规运营的要求。并且，由于地域性差异，还可能需要特别关注劳工、行业政策和环保等特殊事项。对于集成电路半导体行业而言，更需要关注当地是否存在相关的行业限制，是否符合当地知识产权保护要求以及是否会受当地出口管制等的影响。

（五）境外业绩的真实性问题

由于境外业务天然存在核查的难度，因此，很容易引发监管对境外业务相关业绩真实性的担心。为此，在确保境外业绩真实性的同时，建议从以下几方面来强化境外业绩的合理性和可验证性：

1. 开展境外业务的商业合理性

首先，本文第一部分所述的新形势是集成电路半导体企业开展境外业务的大背景，也是很多企业在境外设立主体的直接原因。其次，由于集成电路半导体行业的目标市场中境外市场通常占比很大，很多企业通过在中国香港特别行政区等地设立子公司，从境内采购产品后再销售至其他境外主体或直接销售给境外客户。采取这种模式，通常是因为境内企业的境外销售大多数依赖于经销商渠道，而相比经销商渠道，自设境外销售子公司可以做到自主、可控，也能够更快地响应客户的需求，实现对客户更有效的管理。最后，日本、韩国以及我国台湾地区发达的集成电路半导体行业优秀人才资源充足，很多企业为更好地利用当地人才资源优势，会在当地设立研发中心。随着研发中心的设立和发展，企业销售和制造等业务也可能会随之跟进布局。这些都构成了开展境外业务的合理原因。

2. 境外业务客户背景和双方合作的背景

业绩真实性的一个重要方面是客户的独立性和真实性，因此，客户的背景情况对于证明业绩的真实性有很大的帮助作用。通常而言，知名企业客户的背书作用大于不知名企业；与拟上市企业及其关键人员不存在关联关系或疑似关联交易的客户业绩真实性大于有各种瓜葛的客户。另外，符合商业逻辑的开拓市场和客户的过程也会有益于证明业绩的真实性，因此，可以在境外业务合作过程中做好开拓、合作等方面的资料和信息的留痕工作。

3. 完善的制度保障和有效的执行

由于当地商业习惯等原因，很多境外客户接受中介机构访谈和函证的意愿较低。这就要求拟上市企业从自身角度做好相关工作，制定和执行完善的销售和财务归档制度。重视销售订单、物流提货单、签收单、发票等单据的保管和存档。通过银行转账系统进行资金的收付，要注意银行回单的妥善保管等。应制定完善的存货采购与管理相关的内部控制制度，合理设计存货采购、领用、管理、清查、盘点等关键控制点内控制度，并予以有效执行等。

（六）境外业务发展的可持续性问题

可持续性问题是 A 股上市需要关注的核心问题，境外业务也不例外。并且，由于境外业务的特殊性，如果拟上市企业的境外业务占比较大，可持续性问题更会被重点关注。对此，应当注重境外主体的发展与拟上市企业的发展战略的契合度，注重境外主体在拟上市企业未来发展规划中的定位和发展方向。同时，应当及时关注当地不同的法律、政策、人文等环境，特别是涉及集成电路半导体行业的政策，从而制定有针对性的预案等。

三、新形势下，集成电路半导体上市公司境外布局关注要点

上市公司由于其自身定位、所处阶段和发展目标等与拟上市企业存在明显差异，其境外布局除需要考虑前述拟上市企业需要考虑的大部分因素外，还存在其

他需要考虑的特殊因素。

(一)上市公司境外布局的目标

上市公司境外布局的目标不局限于在拟上市阶段所需考虑的。具体而言,从业务发展的角度关注境外布局的同时,还需要全方位考虑境外业务需要实现的目标;在开拓境外业务的同时,也要通盘考虑境外布局在上市公司体系内的定位;在利用境外资源的同时,也要统筹境外业务的发展方向等。不同的方向和思路,会对境外布局产生不同的影响。

举例而言,在上市之前,拟上市企业可能还没有能力考虑境外业务未来是否独立走上资本市场的道路。而上市后,上市公司自身有了长足的发展和境内资本市场的支持,此时境外业务就有机会考虑独立的资本市场发展的可能性。在这个时候,就要提前为境外业务规划好可行的架构、融资节奏和资本市场发展规划。与此同时,如果境外业务未来走独立的资本市场道路,其必须考虑境外业务与境内母公司甚至其他境外业务之间的关系。特别地,境外业务往往是境内业务的延伸,而如果境外业务拟独立上市则不可避免地需要面对与作为母公司的上市公司的同业竞争问题。因此,就需要从市场、产品、上下游产业链等方面,提前做好境外业务与上市公司其他业务之间的规划与分工。

(二)上市公司境外布局的架构设计

不同的境外布局目标,会决定不同的境外布局架构设计。如果希望加强境外布局与境内母公司的关系,强化境内对境外的控制力,那么采用母公司直接持股的方式将是首选方案。但在这种情况下,未来能否实现规避境外对我国集成电路半导体限制的目的,则需要视情况进行分析。如果为了方便对境外业务进行统一管理,在境外不同地区设立区域总部,并以此进行布局,则是一个不错的选项。而如果为了境外业务未来资本市场运作的考虑,则可能需要设立一个统一的境外总部,由该境外总部统管境外业务。除此之外,还需要考虑更多的因素。以下为境外业务在未来资本市场运作的情况下,架构设计上需要考虑的一些因素:

1. 境外主体的选择

在考虑境外业务未来资本市场运作的情况下,选择合适的境外主体作为境外业务的控股主体是首要问题。如果能够在现有境外主体中选择一个作为境外业务的控股主体,则可以视为第一选择。需要注意的是,如果选择现有境外主体,则需要考虑在该境外主体所在地设立的公司作为上市主体在全球主要资本市场的认可度。另外，还需要考虑母公司对该境外主体所在地法律、政策、人文等的熟悉程度，以及该地对我国境内投资的支持和认可程度，因为境外主体确定后，如有任何动荡将会对整个境外业务布局产生重大影响。

除在现有境外主体中选择外，还可以新设主体作为境外业务的控股主体。在此情况下，一方面可以根据境外业务发展方向在全球主要资本市场认可的所在地设立新主体；另一方面，也可以选择我们熟悉的传统红筹架构。只是红筹架构的控股股东由境内自然人变为境内上市公司。并且，随着境外上市新规的颁布，我国统一了大红筹、小红筹境外上市的监管，《国务院关于进一步加强在境外发行股票和上市管理的通知》（国发〔1997〕21 号，即 97 红筹指引）已经走进了历史[①]。我们理解，境内上市公司控制下的境外主体独立上市的通道已经打开。与上述拟上市企业设立境外主体相同，无论是在业务所在地新设主体，还是设立红筹架构下的主体，上市公司都需要履行完毕 ODI 手续方可合规地开展境外业务。在新设主体的情况下，还需要注意遵守上市公司对外投资的要求，履行完毕相应的上市公司决策流程才可进行新设主体的运作。另外，根据信息披露的要求，如需披露的，还要及时披露。

2. 上市公司在境外主体的持股

一般情况下，上市公司开展境外业务初期都是通过全资或控股子公司的形式进行。但是，如果考虑境外业务布局的目标，则需要统筹规划境外主体的未来股权结构。特别是在境外业务未来拟进行资本市场运作时，对上市公司而言，其在境外主体最终的持股结构将非常重要。在未来境外主体上市时，上市公司控制该境外主体与不控制该境外主体在 A 股规则下的流程完全不同。因此，需要考虑境外业务登陆资本市场前融资所稀释的股权比例，亦需要考虑境外业务登陆资本市场时对外释放的股权比例，并且，还需要考虑进行员工股权激励所需的股权份额。

在境外主体股权稀释的过程中，需要注意遵守上市规则关于上市公司重大交易的要求。比如，通过股权转让的方式引入投资者的情况，将被视为上市公司出

---

① 2023 年 2 月 17 日，经国务院批准，中国证监会发布了《境内企业境外发行证券和上市管理试行办法》，该办法自 2023 年 3 月 31 日起实施。国务院 2023 年 2 月 14 日发布《关于废止部分行政法规和文件的决定》，该决定自 2023 年 3 月 31 日起将《国务院关于进一步加强在境外发行股票和上市管理的通知》（国发〔1997〕21 号，即 97 红筹指引）正式废止。

售资产的交易，需要根据交易涉及的资产总额、资产净额、营业收入、净利润和成交金额等的指标对应的变动比例确定上市公司相应的决策流程。如果股权转让导致上市公司失去对境外主体的控制权、上市公司合并报表范围发生变更，应当将该股权所对应的境外主体的全部指标作为计算基础。而通过增资方式引入投资者的情况，在A股规则下，将被视为上市公司放弃对子公司优先认购增资的权利。在此情况下，同样需要根据因放弃权利而减少的权益比例来确定上市公司层面所需履行的交易流程。

3. 上市公司控股股东/实际控制人在境外主体中的持股

上市公司控股股东/实际控制人是否在境外主体持股，也往往是上市公司境外布局中面对的一个重要问题。控股股东/实际控制人在境外主体直接持股，可以更好地激励其对境外主体发展的关心和关注，有利于更好地发展境外业务。但同时，因为上市公司控股股东/实际控制人的特殊身份，其在境外主体持股有着需要特别关注的问题。一方面需要关注控股股东/实际控制人境外投资的合规性。与常见的返程投资的红筹架构不同，对于纯正的境外投资，在目前的监管体制下，控股股东/实际控制人只有通过办理ODI手续的方式实现。另一方面，由于境外主体系上市公司子公司，其控股股东/实际控制人入股上市公司子公司系关联交易的一种，因而需要履行关联交易的相关决策流程并进行披露。

如果上市公司董事、高级管理层等管理团队拟在境外主体持股，其也应从上述两方面进行考虑。

（三）上市公司境外布局的资金来源

总体来讲，上市公司境外业务的资金来源可以分为内部资金来源和外部资金来源两方面。

内部资金来源主要为上市公司对境外业务的投入。但是，如果控股股东/实际控制人以及上市公司董事、高级管理层在境外主体持股，则内部资金来源还包括这些主体的上述投入。在上市公司向境外业务提供资金来源方面，一方面可以利用上市公司经营所得沉淀资金来支持境外业务的发展；另一方面，如有需要，可以通过定向增发、发行H股或GDR等多种形式将境外业务作为募投项目募集经营所得资金。需要注意的是，如果该境外主体作为上市公司的子公司，在未来考虑独立上市的情况下，该境外主体的主要业务或资产不能为上市公司最近三个会计年度内募集资金投向的业务或资产,除非其最近三个会计年度使用募集资金合计不超过自身净资产的10%。

外部资金来源则主要是利用境外业务进行融资,获得产业投资人、财务投资人等各类社会资金的支持。具体的融资方式包括股权融资、债权融资和混合型的可转债融资等方式。不同的融资方式对应上市公司不同的审批流程。特别地,在债权融资的情况下,投资人往往还需要融资主体或上市公司等为融资提供担保,在此情况下,应特别注意上市公司对外担保的程序要求以及跨境担保和外债等方面的法规要求。

(四)上市公司境外布局的人员激励

在境外业务独立发展的情况下,实现员工激励制度,充分激发员工的活力与动力,强化员工与境外主体共同持续发展的理念,是境外业务长远可持续发展的必由之路。

1. 激励的对象

就激励对象而言,境外主体的董事、高管、核心技术人员和其他核心员工是重点考虑的对象,也是首要的激励目标。另外,上市公司母公司层面对境外业务有促进作用的人员,也可以考虑作为激励的对象。特别地,境外子公司业务的发展离不开母公司的管理支持、技术支撑和业务协同,因此,调动母公司相关人员对境外主体发展的积极性,对境外业务的发展同样至关重要。

2. 激励的实施主体

就员工股权激励而言,境外主体是首选的实施主体,这样可以有效促进激励对象与实施主体形成命运共同体,共同推动境外业务的发展。需要注意,在境外主体作为实施主体的情况下,在上市公司层面,只有对境外主体的发展有真实贡献的人员才适合作为激励对象,否则,其合理性可能受到监管的质疑。

在未来境外主体作为A股上市公司的子公司独立上市的前提下,境外主体实施股权激励,需要注意A股分拆上市规则对相关激励对象持股上限的要求,并且,不同的激励对象有不同的要求。具体而言:(1)境外主体的董事、高级管理人员及其关联方持有该境外主体的股份,合计不得超过该境外主体上市前总股本的30%,但其通过上市公司间接持有的除外;(2)上市公司董事、高级管理人员及其关联方持有境外上市主体的股份,合计不得超过该境外主体上市前总股本的

10%，但其通过上市公司间接持有的除外。

在上市公司实施股权激励时，亦可以将境外主体的员工作为激励对象，纳入上市公司股权激励的范畴。并且，上市公司股权激励相关规定也明确，外籍员工任职上市公司董事、高级管理人员、核心技术人员或者核心业务人员的，可以成为激励对象。这为境外主体员工参与上市公司股权激励扫除了障碍。

3. 激励的定价

无论是上市公司层面的股权激励，还是境外主体层面的股权激励，均应注意激励定价的合理性，避免被监管认定为存在利益输送的嫌疑。但是，基于激励的性质，定价的合理性并不代表就应当用市场公允价格进行定价，在公允价格的基础上进行一定幅度的折让具有合理性。

（五）上市公司境外布局的资本化运作

根据上市公司与境外主体的不同关系，境外业务的上市存在不一样的要求。如果境外业务经过多轮融资，上市公司在其中的股权被稀释不再并表，那么境外主体作为上市公司的参股公司，其上市就被视作完全独立的上市。而如果境外主体在上市时，其控股股东仍然是上市公司，那么就需要遵守上市公司分拆上市的相关规定。而且，自 2022 年起证监会统一了上市公司分拆子公司境内上市和境外上市的标准，合并为《上市公司分拆规则（试行）》。因此，无论是分拆在哪个证券交易所上市，从 A 股角度而言，都需要遵守同样的标准。根据《上市公司分拆规则（试行）》，总结而言，上市公司所属子公司分拆上市需要满足以下条件：

1. 对上市公司（母公司）的正面要求

上市公司需要同时符合以下条件："（一）上市公司股票境内上市已满三年。（二）上市公司最近三个会计年度连续盈利。（三）上市公司最近三个会计年度扣除按权益享有的拟分拆所属子公司的净利润后，归属于上市公司股东的净利润累计不低于人民币六亿元（本规则所涉净利润计算，以扣除非经常性损益前后孰低值为依据）。（四）上市公司最近一个会计年度合并报表中按权益享有的拟分拆所属子公司的净利润不得超过归属于上市公司股东的净利润的百分之五十；上市公司最近一个会计年度合并报表中按权益享有的拟分拆所属子公司的净资产不得超过归属于上市公司股东的净资产的百分之三十。"①

① 参见《上市公司分拆规则（试行）》第 3 条。

2. 对上市公司(母公司)的禁止性要求

上市公司存在以下情形的,不得分拆:"(一)资金、资产被控股股东、实际控制人及其关联方占用或者上市公司权益被控股股东、实际控制人及其关联方严重损害。(二)上市公司或其控股股东、实际控制人最近三十六个月内受到过中国证券监督管理委员会(以下简称中国证监会)的行政处罚。(三)上市公司或其控股股东、实际控制人最近十二个月内受到过证券交易所的公开谴责。(四)上市公司最近一年或一期财务会计报告被注册会计师出具保留意见、否定意见或者无法表示意见的审计报告。(五)上市公司董事、高级管理人员及其关联方持有拟分拆所属子公司股份,合计超过所属子公司分拆上市前总股本的百分之十,但董事、高级管理人员及其关联方通过该上市公司间接持有的除外。"①

3. 对拟上市子公司(被分拆子公司)的禁止性要求

拟上市子公司存在以下情形的,不得分拆:"(一)主要业务或资产是上市公司最近三个会计年度内发行股份及募集资金投向的,但子公司最近三个会计年度使用募集资金合计不超过子公司净资产百分之十的除外。(二)主要业务或资产是上市公司最近三个会计年度内通过重大资产重组购买的。(三)主要业务或资产是上市公司首次公开发行股票并上市时的主要业务或资产。(四)主要从事金融业务的。(五)子公司董事、高级管理人员及其关联方持有拟分拆所属子公司股份,合计超过该子公司分拆上市前总股本的百分之三十,但董事、高级管理人员及其关联方通过该上市公司间接持有的除外。"②

4. 独立性等要求

上市公司分拆上市需要做到:"(一)有利于上市公司突出主业、增强独立性。(二)本次分拆后,上市公司与拟分拆所属子公司均符合中国证监会、证券交易所关于同业竞争、关联交易的监管要求;分拆到境外上市的,上市公司与拟分拆所属子公司不存在同业竞争。(三)本次分拆后,上市公司与拟分拆所属子公司的资产、财务、机构方面相互独立,高级管理人员、财务人员不存在交叉任职。(四)本次分拆后,上市公司与拟分拆所属子公司在独立性方面不存在其他严重缺陷。"③

---

① 参见《上市公司分拆规则(试行)》第 4 条。

② 参见《上市公司分拆规则(试行)》第 5 条。

③ 参见《上市公司分拆规则(试行)》第 6 条。

在满足上述要求的情况下,境外上市主体还需要满足上市地上市规则要求的上市条件以及对分拆上市的相关特殊要求。比如,在我国香港特别行政区上市的情况下,需要确保A股母公司的保留业务与拟上市子公司的目标主营业务之间有清晰明确的划分,以及A股母公司的保留业务与拟上市子公司的目标主营业务并无(直接或间接地)实际或潜在的竞争,并要求拟上市子公司分拆后从财务、运营及管理角度分别展现其可独立于A股母公司运作等。

四、结语

以上系笔者对在从事资本市场业务过程中遇到的集成电路半导体企业境外布局关注的一些重要事项的总结。除前述关注事项外,在资本市场方面必然还有其他需要考虑的事项,因此,建议境内企业在进行境外布局时,无论是其自身未来拟进行资本市场运作,还是其境外主体未来考虑对接资本市场,均应提前布局、全面考虑相关事项。当然,新形势下,最根本地,还是提高我国集成电路半导体自主、可控的能力,在积极参与国际分工、国际合作的同时,早日实现“集成电路半导体自由”。

硬科技创业企业股权激励实务要点

邱　建* 韩雅华　张　冉

* 作者简介：
邱建，中伦律师事务所北京办公室私募基金与资管部合伙人，电邮为：qiujian@ zhonglun. com。

全球经济转型升级和数字化变革风起云涌,硬科技产业也日趋成为未来经济增长的重要引擎和核心竞争力。同时,在政治、经济、地缘等多重因素的相互作用下,全球产业链、供应链等复杂体系也正在经历着大规模调整和变革,这为硬科技行业带来了巨大的机遇,也带来了艰巨的挑战。

对于硬科技创业企业,有效吸引、留住并激励人才是形成和保持竞争力的重要基础和保障。股权激励机制,是实现上述目标的重要工具。一套完备有效的股权激励机制,可将员工收益与企业价值增长挂钩(尤其是对于硬科技企业来说,价值增长的空间巨大),能有效调动员工的积极性和主动性,激发团队的整体活力和创新能力,并为企业有力地控制现金支出。事实上,根据笔者对科创板已上市硬科技企业的统计分析,其中绝大部分都在上市前建立了完备的股权激励机制。

结合实务经验,笔者特将硬科技创业企业实施股权激励的若干要点梳理如下。

一、股权激励的形式

目前,我国并没有专门针对非上市公司股权激励的具体法律法规,因此非上市公司实施股权激励主要遵循《民法典》《公司法》《证券法》等一般性法律法规。股权激励的具体形式相对灵活,可分为两大类:一是权益类激励,如期权、限制性股权、员工持股计划等;二是现金类激励,如虚拟股票、股票增值权等。实践中,由于硬科技创业企业现金流通常较为紧张,因此多以期权、限制性股权和/或类似的权益类工具实施股权激励,并在公司整体变更成股份有限公司(通常所称的“股改”)前后,将该等股权激励固化为限制性股权或类似权益。

二、股权激励的架构

对于权益类的股权激励方案,实践中主要有两种持股模式。

(一)直接持股模式

在直接持股模式下,员工直接成为公司的股东,享有相应的股东权利和义务。这种模式相对简单明了,给员工带来强烈的归属感和成就感,并使被激励员工在特定条件下还可享受税收优惠。但是,实践中,这一模式存在诸多问题:

1. 人数限制

根据《公司法》的规定，有限责任公司、非上市股份公司的股东法定人数存在上限，分别为 50 人和 200 人。考虑到硬科技创业公司通常需要引入不少外部投资人，并且在硬科技行业“全员激励”的做法盛行，在公司直接股东名额有限的情况下，直接持股模式无法满足硬科技创业企业的激励需求。

2. 行政效率

如上所述，硬科技创业企业在其发展历程中往往需要多轮次、快节奏的融资，且每一轮融资都需要修订股东协议、公司章程，作出股东会决议、办理工商变更等。上述事项均涉及全体股东的批准、签字和配合。如果公司股东人数较多，在签批环节将有非常繁重的工作，且会大大拖慢整体融资的节奏，甚至影响融资的完成。

3. 行政风险

若激励对象直接持有企业股权，当企业和激励对象出现冲突时(如解雇)，员工可利用自己(小)股东的身份胁迫企业满足自己的不当要求，或者由于泄愤等原因拒绝配合签署股东文件。实践中，市监部门通常要求退出企业的股东签字同意股权变更。因此，如果拟清退的直接持股员工不同意配合，企业事实上很难将其从股东序列中清退。另外，企业融资中，投资人通常要求原有全体股东批准交易文件(特别是涉及优先认购权的放弃等)，如果任何直接持股的员工不同意签署有关交易文件，事实上将导致企业无法完成融资。

4. 公司治理风险

若激励对象直接持有企业股权，则其将根据《公司法》等拥有法定的股东权利(如信息权)和公司章程约定的股东权利。若其出于个人私利“恶意”行使这些权利，可能会严重损害公司利益。

(二)间接持股模式

在间接持股模式下，员工通过持有若干特定的持股平台(如有限合伙或有限责任公司)的权益间接持有公司股权。该等持股平台一般系由公司的实际控制人或其指定人士担任普通合伙人、法定代表人等主要管理者，员工仅作为该平台的有限合伙人或小股东，因而这一模式可以有效地降低和防范直接持股模式的上述风险。实践中，由于有限合伙的税务优势和在控制权等方面的灵活性，有限合伙是持股平台的主要形式。

综上所述,硬科技创业企业可在实施股权激励时优先考虑间接持股模式,尤其是针对创始团队之外的激励对象。当然,对于公司核心创始团队、管理团队成员的激励,出于税务、商务等因素的考量,不少硬科技创业企业仍会考虑直接持股的模式。

三、激励范围

对于激励范围,硬科技创业企业可从四个方面予以考量和确定。

(一)行业惯例

针对具体的企业而言,在决策激励范围时应考虑该细分行业的水平,确保其激励计划具有相当的行业竞争力。是否进行“全员激励”,很大程度上取决于行业惯例以及企业的具体竞争策略。

(二)管理成本

根据《公司法》《合伙企业法》等法律法规,一家有限合伙或有限责任公司最多可拥有 50 名合伙人或股东。因此,如果公司激励超过 49 名员工(假定该平台由另一名合伙人或股东控制),该公司就需要设立多个持股平台(亦有少量案例通过资管计划解决激励人数过多的问题,但实践中这一做法有较大的不确定性)。此外,硬科技创业企业的员工流动性较高,而每一名激励对象进入和退出激励计划都涉及若干文件的制备、签署乃至市监部门的登记变更等。因此,激励的范围越广、人数越多、流动性越高,则管理成本亦将越高(且有可能非线性地提高),企业需要在确定激励范围时充分预判该等因素的实操难度。

(三)外部人员(如外部顾问等)

硬科技创业企业出于研发、销售、管理等相关目的,通常有引入顾问等外部人员的商业需求。对于特殊重要的外部人员,硬科技创业企业往往会考虑提供股权激励。根据相关上市规则,如果公司拟对外部人员实施股权激励,外部人员会在持股平台之外被单独计算股东人数,且需要满足与其他公司股东合并计算人数后不超过 200 人的要求。此外,企业还需充分论证外部人员参与激励计划的合理性和合法性(包括被激励对象本身是否有任何对外兼职、持股的相关限制),尤其是否涉及代持、贿赂等事宜。

（四）激励对象的国籍

不少硬科技创业企业的团队成员来自不同国家，在制订股权激励计划时需要考虑不同国家的股权激励文化、法律差异以及实操便利性等。

四、股权激励计划的审批及管理

在股权激励计划的实施过程中，很多企业面临的首要可操作性问题是该计划如何和何时生效，以及如何管理。

一方面，《公司法》规定了有限责任公司股东会和董事会的权限范围，但并未明确股权激励的决策权限；很多创业公司的章程对此也未必明确审批层级。在股权激励计划的实施中，如涉及新增公司注册资本，则根据《公司法》的规定，须由公司股东会审议通过；如果涉及公司注册资本转让，则须根据公司章程、股东协议等规定相应获得股东会、有优先购买权的股东和/或董事会批准。如上述法律、公司章程和股东协议等无相关规定，笔者仍建议股权激励计划至少应获得公司董事会批准。

另一方面，股权激励计划获得公司权力机关批准后，公司还需特别重视实施过程中的管理机制。理论上，股权激励计划的管理机构可以是股东会、董事会和/或公司特别设立的股权激励管理委员会（以下简称管理委员会）。实践中，硬科技创业公司股东较多、股东会和董事会决策流程也不简单，而股权激励计划的具体实施和管理又有很高的时效性和保密性要求，所以，创业企业设置由实际控制人主导的管理委员会管理股权激励计划是更为务实的选择。在这一模式下，股东会和董事会仅作为股权激励计划（及其重大修订）的审议机构，审议计划的制订和重大变更，而不参与股权激励方案的具体实施——当然，公司可对管理委员会的权限设定某些限制（如对单个管理层或员工的授予比例上限等），以平衡利益和控制风险。

五、退出机制

硬科技创业企业员工流动率高，因此在制订股权激励计划时应设置切实可行的退出机制。通常，公司可根据员工退出对公司利益的影响级别分类处理，如“正面退出情形”和“负面退出情形”。“正面退出情形”，通常指未直接损害公司利益的非恶意退出情形。例如，激励对象死亡、失踪、因工伤丧失劳动能力、退休、劳动关系到期终止，或者激励对象被调离特定岗位（如核心研发岗位）等。“负面退出情形”，通常指有损公司利益的退出情形。例如，激励对象单方辞职，因犯罪、严重失职、渎职、营私舞弊、违反公司章程及相关规章制度、违反竞业禁止义务或保密义务等被公司开除的情形。

针对“正面退出情形”和“负面退出情形”，企业应考虑设置差异化的退出后果。例如，企业是否有权回购激励对象的激励份额、不同的回购价格等。通常而言，在正面退出情形下，企业可考虑在回购定价上给予员工适当的收益（如参考企业一定时点的净资产定价、年化收益定价、类比估值定价等），以及根据员工的服务期限适用不同的回购价格、回购比例等，以鼓励员工长期服务和提高员工的忠诚度；在负面退出情形下，企业则可考虑设定相对严苛的回购机制（例如，回购价为员工实际支付的行权价原价、行权价原价与激励份额对应的公司净资产孰低的金额），以加强对员工的约束。毋庸置疑，合理设计的退出机制，才能使企业做到赏罚分明，增强激励计划的有效性和公信力。

六、税收筹划

在股权激励实施过程中，税负问题也是企业以及员工均重点关注的问题。在硬科技行业，由于企业的估值提升很快，对于行权、退出、出售各个环节的税负，公司更需提前考虑。具体而言：

1. 在员工行权时，行权价格与股权公允价值之间的差额严格意义上应被视为“工资薪金所得”，并按照相应的超额累进税率缴纳个人所得税，除非税务机关允许递延纳税。而员工行权时并未实际获得现金收益，此时缴纳高额税赋并不公平，也可能无钱纳税，致使激励变成“压力”。因此，实践中，企业应尽可能地与税务机关良性沟通，争取递延此部分税负直至员工实现现金收益之时。

2. 若企业分红（当然，对于硬科技企业而言，在上市之前分红的情形并不多见），激励对象可能直接或（通过持股平台）间接收到公司分配的股息。此时，激励对象原则上应按照“利息、股息、红利所得”的20%税率缴纳个人所得税。

3. 若员工因企业上市或其他原因退出激励计划并实现现金收益，其应依法对收益部分按照“财产转让所得”计征的20%税率缴纳个人所得税。

综上所述，在设计和实施股权激励计划时，企业有必要进行必要的税收筹划和测算，以期提高员工的税后回报并在合理时点依法纳税。

七、股权激励计划与企业 IPO 计划的衔接

实践中，硬科技创业企业多以二级市场作为股权激励计划收益最终兑现的主要路径。因此，股权激励计划须以不妨碍甚至有助于企业实现 IPO 为前提。具体来说，硬科技创业企业应在设计和实施股权激励计划时注意以下与 IPO 有关的问题：

（一）落地时点

股权激励"落地"，系指已行权员工直接或间接取得已行权的股权，并在工商层面进行显名登记。在现行监管框架下，股权激励计划最晚需要在上市申报前完成全部落地，即将相关激励对象和持股平台实际登记为拟上市公司的直接或间接股东。然而，考虑到硬科技企业员工的高流动性，如果过早完成落地并进行工商登记，可能会对保密性和变更的便捷性等方面产生不利影响；但如果过晚进行落地又可能影响公司股份支付的计算以及对 IPO 的股东核查工作带来挑战。因此，拟上市公司需要结合股改、申报等各个基准日前后的公司股权变动限制，公司股份支付的处理需求，以及工商登记的可行性等方面因素，与上市相关中介机构协商确定最佳落地时点。

（二）股份支付

在企业实施股权激励计划时，为了提高员工积极性和激励效果，通常会对授予员工股权的定价基于股权公允价值给予激励对象一定的折扣，而该等折扣可能构成股份支付费用并对公司的财务报表数据产生影响，产生"股份支付"问题。股份支付会影响企业财务报表，进而会降低企业利润水平和现金流量水平，影响企业的财务指标表现（尤其在硬科技企业估值提升较快的情况下，股份支付对公司财务数据的影响更为显著）。因此，股权激励的落地时间、等待期设置、回购方式以及回购定价等诸多因素，均应从财务角度予以事先论证，确保企业在股份支付方面的会计处理对 IPO 进程无负面影响。

（三）等待期的设置

在企业实施股权激励时，通常会在授予员工一定数量和比例的激励股权的同

时，约定员工需要在公司连续工作特定时间才能获得部分或全部该等股权权益；此期限即为等待期（也称为服务期）①。

等待期的设置关系到对员工的激励效果，企业应综合行业惯例、自身商业考量等予以设定。如果等待期限过短，员工可能会失去对公司的长期利益的关注，更多着眼于现在或短期内的自身收益，这不利于促进核心员工长期为公司提供服务；相反，如果等待期限过长，可能消磨掉员工对于激励计划的兴趣，而且也会影响员工的工作积极性。

此外，等待期的设置也与股份支付处理密切相关。根据中国证监会 2023 年 2 月 17 日发布的《监管规则适用指引——发行类第 5 号》的规定，没有明确约定等待期等限制条件的，股份支付费用原则上应一次性计入发生当期；设定等待期的股份支付，股份支付费用应采用恰当方法在等待期内分摊。因此，在确定等待期时，企业也需要充分结合上市计划考虑股份支付的影响，并根据实际情况选择合适的分摊方法。

（四）上市之后的锁定与减持

员工间接持有的公司股权在上市之后会受到锁定期的限制。根据《公司法》第 141 条的规定，上市公司首次公开发行前发行的股份，在上市后至少锁定 12 个月。根据交易所的相关规则，实践中，员工持股平台的搭建方式以及持股平台取得公司股权的方式均可能直接关系到锁定期的长短。例如，持股平台 GP 如系上市公司的实际控制人，则持股平台所持上市公司股权通常需比照实际控制人持股进行锁定（至少为上市后 36 个月）等。

员工间接持有的公司股权经过锁定期之后，也不意味着员工能够马上自由处置、随时减持，仍需受制于中国证监会和交易所对股权减持的相关限定。此外，若员工持股平台与其他特定股东（如公司的实际控制人、董监高等）构成一致行动关系，其减持还将受到额度、窗口期等特殊限制。实操中，减持操作和向员工分配收益均需要一段时间，因此很多公司会考虑法定限制后设计合理的减持安排。

上述锁定期以及减持限制与公司持股平台的架构紧密相关，且公司上市报告期内控制权不能发生变更。因此，如果公司拟争取较短的锁定期和尽可能灵活的

① 《监管规则适用指引——发行类第 5 号》中对于该等期限采用的定义为“等待期”，因此本文亦相应采用该表述。

减持安排，最好在制订激励计划之初即遵从 IPO 的相关要求。

八、结语

科技创新是经济稳步发展的基石，而硬科技创业企业是科技创新的排头兵。硬科技创业企业要在竞争中取胜，吸引、挽留和激励人才至关重要。本文旨在结合硬科技创业企业的特点，对其股权激励的必要性、形式、架构、激励范围、管理方式、退出机制、税务问题和 IPO 衔接等要点予以梳理和剖析，希望能对相关企业有所助力。实践中，硬科技创业企业既有共性又有各自的特性，在具体制订和实施股权激励计划时，除需注意上述要点外，还应结合自身业务特点、团队特点和竞争策略等，制订个性化的激励计划，力争在竞争中建立强大的人才竞争优势。

私募股权投资视野下的数据和网络安全问题

陈 芳 高 欣 高也翔*

* 作者简介：

陈芳，中伦律师事务所上海办公室私募基金与资管部合伙人，电邮为：catherinechen@ zhonglun. com。

高欣，中伦律师事务所上海办公室私募基金与资管部合伙人，电邮为：shaungao@ zhonglun. com。

高也翔，中伦律师事务所上海办公室私募基金与资管部非权益合伙人，电邮为：Larrygao@ zhonglun. com。

一、数据和网络安全问题的法律监管框架

近十年是互联网信息产业爆炸式发展的时期，也是数据产业跨越发展的十年。从2015年国家“十三五”规划中提出大数据战略开始，我国的数据产业蓬勃发展，与此同时，数据和网络安全合规问题也成为立法和政府部门监管、治理和规范的重点。

2016年出台的《网络安全法》，搭起了网络安全领域的基础性法律框架。近几年数据网络安全领域的立法速度进一步加快，2021年连续颁布了《数据安全法》和《个人信息保护法》，同之前的《网络安全法》一并成为数据和网络安全领域的基础法律——“三驾马车”。

除“三驾马车”外，各项细化和细分领域的法规和规范性、标准性文件也不断出台，有着重于数据出境领域的《数据出境安全评估办法》《数据出境安全评估申报指南（第一版）》，有重点规范网络安全方面的《关键信息基础设施安全保护条例》《网络安全审查办法》《网络产品安全漏洞管理规定》，也有细化个人信息保护的《个人信息保护认证实施规则》《个人信息出境标准合同办法》，还有重点行业细分领域的《汽车数据安全管理若干规定（试行）》《工业和信息化领域数据安全管理办法（试行）》等，在短短几年内，迅速组成了一个初具规模的专门法律监管体系。

私募股权投资领域也常常会遇到涉及数据和网络安全方面的话题，尽管投资人的重点未必是监管合规本身，但如何在投资语境下准确识别和分析相关问题，并在尽职调查和交易文件的环节较为严谨和完善的应对风险和不确定性，仍然是新时期各行业投资人都可能会遇到的问题。本文希望更好地结合私募股权投资和数据网络安全合规领域，为涉及数据和网络安全领域的投资人提供一些有价值的简明扼要的参考。

二、投资人需关注的数据和网络安全关键词

数据和网络安全方面的法律合规体系十分复杂，作为投资人对于细致琐碎的规定并无太大需求，但对于关系目标公司业务模式能否发展甚至存续的核心合规要求却非常关注，就此我们提炼了从股权投资视野下需关注的若干“关键词”：

（一）关键信息基础设施

《关键信息基础设施安全保护条例》第2条规定，关键信息基础设施（Critical Information Infrastructure，CII），“是指公共通信和信息服务、能源、交通、水利、金融、公共服务、电子政务、国防科技工业等重要行业和领域的，以及其他一旦遭到破坏、丧失功能或者数据泄露，可能严重危害国家安全、国计民生、公共利益的重要网络设施、信息系统等”。

作为该等关键信息基础设施的运营者，需要符合《网络安全法》和《关键信息基础设施安全保护条例》等法律法规中规定的各项监管要求，如建立各项安全保护措施、进行网络安全教育、对重要系统和数据库进行容灾备份、向监管部门定期报告等。特别需要注意的是，关键信息基础设施运营者向境外提供个人信息数据时，应当向相关网信部门申报数据出境安全评估。

从投资人视角来看：如果目标公司涉及关键信息基础设施的运营，则会面临更严格更全面的监管合规要求，也会面临数据出境安全评估，需特别注意数据和网络安全方面的合规风险。

（二）数据出境安全评估

根据《数据出境安全评估办法》有关规定，数据处理者向境外提供数据，有下列情形之一的，应当向相关网信部门申报数据出境安全评估：“（一）数据处理者向境外提供重要数据；（二）关键信息基础设施运营者和处理100万人以上个人信息的数据处理者向境外提供个人信息；（三）自上年1月1日起累计向境外提供10万人个人信息或者1万人敏感个人信息的数据处理者向境外提供个人信息；（四）国家网信部门规定的其他需要申报数据出境安全评估的情形。”

从投资人视角来看：如果目标公司的核心业务涉及向境外提供数据，则需要结合数据的性质和数量评估是否涉及数据出境安全评估；如涉及，则在日常经营和后续上市中都会被监管部门和各相关方重点关注。

（三）重要数据、国家核心数据

《数据出境安全评估办法》第19条规定，重要数据是指“一旦遭到篡改、破坏、泄露或者非法获取、非法利用等，可能危害国家安全、经济运行、社会稳定、公共健康和安全等的数据”。“各地区、各部门应当按照数据分类分级保护制度，确定本地区、本部门以及相关行业、领域的重要数据具体目录，对列入目录的数据进行重点保护。”

国家核心数据，是指关系国家安全、国民经济命脉、重要民生、重大公共利益等的数据，对其实行更加严格的管理制度。

投资人视角：如涉及重要数据、国家核心数据，需注意符合数据出境安全评估要求，同时需注意各行业对相关重要数据的界定和特别规定（如电信行业、汽车行业、金融行业、医疗健康行业等）。

（四）个人信息、敏感个人信息

《个人信息保护法》第4条规定，个人信息是“以电子或者其他方式记录的与已识别或者可识别的自然人有关的各种信息，不包括匿名化处理后的信息”。

《个人信息保护法》第28条规定：“敏感个人信息是一旦泄露或者非法使用，容易导致自然人的人格尊严受到侵害或者人身、财产安全受到危害的个人信息，包括生物识别、宗教信仰、特定身份、医疗健康、金融账户、行踪轨迹等信息，以及不满十四周岁未成年人的个人信息。”

处理敏感个人信息应当取得个人的单独同意，还应当向个人告知处理敏感个人信息的必要性以及对个人权益的影响。

从投资人视角来看，涉及处理个人信息的目标公司，需要注意其个人信息获取和处理是否合规，包括上述提及的数据出境安全评估。如果涉及处理敏感个人信息，投资人更要特别注意，尤其是涉及医疗健康、金融、测绘等行业，会涉及相关行业高标准的严格监管。

（五）个人信息保护认证、标准合同

《个人信息保护认证实施规则》中规定了对个人信息处理者开展个人信息收集、存储、使用、加工、传输、提供、公开、删除以及跨境等处理活动进行认证的基本原则和要求。

《个人信息出境标准合同办法》规定了个人信息处理者通过与境外接收方订立个人信息出境标准合同的相关要求。

个人信息处理者向境外提供个人信息即使不涉及数据出境安全评估，也需进行个人信息保护认证或与境外接收方签订个人信息出境标准合同。

投资人视角：即便目标公司无须进行数据出境安全评估，也不意味着无须进行任何合规操作。个人信息保护认证或签订个人信息出境标准合同仍然是重要的合规环节。目前标准合同的备案实务仍在探索中,例如网信办 2023 年 5 月 30 日发布的《个人信息出境标准合同备案指南(第一版)》,实操流程和要求仍待进一步观察。

（六）个人信息保护影响评估

根据《个人信息保护法》的有关规定,有下列情形之一的,个人信息处理者应当事前进行个人信息保护影响评估(Personal Information Protection Impact Assessment,PIPIA),并对处理情况进行记录:

"(一)处理敏感个人信息;(二)利用个人信息进行自动化决策;(三)委托处理个人信息、向其他个人信息处理者提供个人信息、公开个人信息;(四)向境外提供个人信息;(五)其他对个人权益有重大影响的个人信息处理活动。"

从投资人视角来看:投资人需特别注意目标公司的业务运营是否依赖于个人信息的获取和分析,是否可能涉及对个人信息保护影响的评估,并且需要符合该等评估的哪些要求。

（七）网络安全审查

《网络安全审查办法》第 2 条规定,关键信息基础设施运营者采购网络产品和服务,网络平台运营者开展数据处理活动,影响或者可能影响国家安全的,应当进行网络安全审查。掌握超过 100 万用户个人信息的网络平台运营者赴国外上市,必须向我国网络安全审查办公室申报网络安全审查。

从投资人视角来看,如果目标公司涉及大量个人信息的网络平台运营,又有国外上市的预期,则投资人需关注其网络安全审查相关的问题。

三、部分投资赛道中的特别性规定

在不同的行业中,关于数据和网络安全可能会有更加定制化的监管要求,笔者结合私募股权投资高频涉及的部分投资赛道,对该等特别性规定进行提示。

（一）工业和信息化行业

2022 年 12 月 8 日,工信部发布了《工业和信息化领域数据安全管理办法(试行)》(以下简称《工信数据办法》),明确了工业和信息化领域的数据包括工业数据、电信数据和无线电数据等。

《工信数据办法》第 3 条规定,"工业数据是指工业各行业各领域在研发设计、生产制造、经营管理、运行维护、平台运营等过程中产生和收集的数据。电信数据是指在电信业务经营活动中产生和收集的数据……无线电数据是指在开展无线电业务活动中产生和收集的无线电频率、台(站)等电波参数数据”。

《工信数据办法》对工业和信息化领域数据的分类分级管理,重要数据和核心数据备案,数据全生命周期安全管理,数据安全监测预警与应急管理,数据安全检测、认证、评估管理进行了详细的规定。

从投资人的角度而言,如果涉及工业、电信、无线电等领域的目标公司,特别是其研发、运营和销售一定程度依赖于数据的收集和使用,则需特别注意上述的特别规定。

(二)汽车行业

2021 年 8 月 16 日,网信办等部门联合发布了《汽车数据安全管理若干规定(试行)》(以下简称《汽车数据规定》),明确了汽车数据,包括汽车设计、生产、销售、使用、运维等过程中的涉及个人信息数据和重要数据。

需注意,《汽车数据规定》特别明确了“涉及个人信息主体超过 10 万人的个人信息”属于“重要数据”,即该等重要数据的出境需要进行数据出境安全评估。

从投资人的角度而言,汽车行业是一个含义非常广泛的行业,导航测绘领域、人工智能领域、行车安全领域、半导体领域、物流运输领域都可能实质上被认定为“汽车领域”,从而可能受到《汽车数据规定》的监管。因此,在相关领域进行投资时,建议有关主体注意对于涉及汽车领域的监管内容的识别。

(三)医疗健康行业

医疗健康行业与数据和个人信息息息相关,特别是医疗健康作为重监管的行业有复杂完善的法律监管体系,对于相关的数据监管要求需特别注意。例如,临床试验时对于受试者个人信息的收集、使用和保护,药物警戒活动涉及用药情况和不良反应的患者个人医疗健康信息问题等。

需要特别注意的是,医疗健康行业还可能涉及一类特殊的个人信息,即“人类遗传资源”。《人类遗传资源管理条例》第 7 条规定:“外国组织、个人及其设立或者实际控制的机构不得在我国境内采集、保藏我国人类遗传资源,不得向境外提供我国人类遗传资源。”医疗健康个人信息作为敏感个人信息的一种,在涉及数据出境时,需要特别注意数据出境安全评估的问题。

四、投资尽职调查中的注意事项

(一)准确了解目标公司的商业模式和边界

在投资交易中,某些表面看上去与数据和网络安全并无关联的业务可能会落入其监管范畴。例如,一家半导体行业的相关公司,可能会因为其为汽车主机厂提供汽车芯片,并由此接触大量的汽车用户个人信息,从而落入汽车个人信息的特殊监管中。又如,一家软件服务提供商,也可能会因为其提供的软件服务涉及大量重要数据的传输、存储和处理,从而受限于工信数据的特别监管和数据出境安全评估程序。

在数据和网络安全监管日渐完善和严格的今天,投资人在每一个投资项目中都可能会遇到相关的监管要求,因此在尽职调查中准确了解目标公司的商业模式和边界,是识别和降低相关合规风险的重要方式,也是投资人外部律师和内部合规团队的重要关注事项之一。

(二)数据合规尽职调查

在法律尽职调查中,尽调团队往往会就数据合规方面进行相关的尽调,甚至对于重点关注的目标公司,会由专门的数据合规团队进行数据合规尽调。

数据合规尽调包含对各个角度的调查,从数据战略的规划与制定,数据收集、存储、使用、传输,数据对外提供,数据的物理和技术安全,数据删除等方面进行了解和关注。因此,如果投资人发现目标公司的数据和网络安全合规在其主营业务中扮演着关键的角色,甚至可能会成为未来上市申报时的重点关注事项,我们建议聘请专门的数据合规尽调团队进行专项尽调,以提供给投资人更全面和严谨的建议。

五、交易文件中的注意事项

如果该等投资项目已进入投资交易文件的谈判阶段,则法律条款对于数据和网络安全方面的恰当规定,也有助于投资人维护自己的投资权利,并督促目标公司尽快整改自己的合规问题。

(一)陈述和保证

尽管市面上通行的交易文件中已包含关于目标公司和创始团队遵守法律法

规的一般性表述，但如果目标公司涉及大量的数据处理或网络运营，我们仍然建议在陈述和保证中单独开辟关于数据安全的章节，特别是对于数据出境安全评估、个人信息保护影响评估、网络安全审查等特定领域，应进行更为具体和定制化的约定，避免未来出现条款争议。

如果目标公司已在披露函中披露了有关数据和网络安全方面的合规问题，投资人需特别注意在特殊赔偿责任条款中将其纳入，以避免目标公司在该等方面不承担违约赔偿责任。

（二）交割前提条件和交割后义务

在涉及数据出境安全评估、个人信息保护影响评估等关键的合规步骤时，如果投资人发现目标公司出现该等合规问题，可以考虑将该等合规整改作为交割前提条件，以避免因触发合规红线影响公司估值基础和未来上市。

如果目标公司存在数据和网络安全方面的合规瑕疵，即便经过相关专业团队的评估后认为并不触发合规红线，我们建议仍应专门将该等合规瑕疵的整改作为交割后义务并设置明确的整改期限，以督促目标公司尽早完成整改。事实上，数据和网络安全方面的合规已成为各大证券交易所在上市申报审查时的重点关注事项，作为目标公司和其投资人，均不可轻视一些所谓的“合规瑕疵”。

（三）回购触发情形

出于投资项目节奏或特殊情况的考虑，某些非常关键的数据和网络安全整改事项无法作为交割前提条件或者无法被交割前提条件完整覆盖时，也可以考虑在回购触发情形时将其进行囊括，特别是如果该等事项会严重影响或动摇本投资项目的交易估值基础与目标公司实质运营和未来上市时，回购条款很可能是保障投资人退出和收回投资成本的重要的甚至是唯一的途径。

在交易谈判时，投资人与目标公司对数据和网络安全重要性的充分理解和沟通，也是条款谈判顺利进行和确定的不可或缺的基础之一。

（四）法律和业务、技术的竞合

如上文所述，数据和网络安全绝不仅仅是单纯的法律合规问题，也广泛涉及业务、技术等领域。因此，投资人在投资项目时，应考虑综合法律团队、业务团队和技术团队的建议，协调进行多层次、多角度的沟通交流，确保各方均在对基础信息认知准确的前提下作出符合投资人利益的正确判断。

六、结语和展望

我国对于数据和网络安全的监管不断加强和完善,这既是挑战,也是机遇;既是未知性,也是确定性;既是合规风险,也是合规安全。

从投资人的角度而言,数据和网络安全的法律法规不断落地,为业界提供了明确的监管蓝图和框架,也给予目标公司清晰的合规完善方向和目标。一方面,初创企业往往合规意识较为薄弱,急需投资人在合规方面进行提示、督促和赋能;另一方面,高度专精化领域中的目标公司,也反向要求投资人有更加敏锐的合规嗅觉和合规意识,在商业收益和法律监管之间做好平衡。我们相信,随着我国数据和网络安全监管体系的完善,投资人和初创企业都可以更好地乘着大数据时代的东风,创造更加智能、更加高效和更加安全的行业未来。

私募股权基金投资中的“高校科技成果转化”

赵艳春　陈宥攸*

*作者简介：

赵艳春，中伦律师事务所上海办公室私募基金与资管部合伙人，电邮为：zhaoyanchun@zhonglun.com。

陈宥攸，中伦律师事务所上海办公室私募基金与资管部非权益合伙人，电邮为：chenyouyou@zhonglun.com。

科技成果转化，是指为提高生产力水平而对科技成果所进行的后续试验、开发、应用、推广直至形成新技术、新工艺、新材料、新产品，发展新产业等活动。近年来，国家陆续出台政策文件，鼓励、支持高校科研人员创业，推动科技成果转化。2015 年修正的《促进科技成果转化法》第 27 条规定："国家鼓励研究开发机构、高等院校与企业及其他组织开展科技人员交流，根据专业特点、行业领域技术发展需要，聘请企业及其他组织的科技人员兼职从事教学和科研工作，支持本单位的科技人员到企业及其他组织从事科技成果转化活动。"《促进科技成果转化法》第 45 条还规定了不低于 50%的科技成果转化奖励标准。国务院于 2016 年 2 月印发的《实施〈中华人民共和国促进科技成果转化法〉若干规定》（以下简称《若干规定》）要求高校、科研院所建立科研人员兼职、离岗创业从事科技成果转化的制度。基于政策支持，在私募股权基金投资中，我们遇到越来越多的高校科研人员离岗创业，从事与其学术领域有关的科技成果转化项目。科创板上市企业中也不乏相关案例。本文总结了科技成果转化背景下高校科研人员创业的主要场景，并结合各地区、高校的具体规定及案例，探讨私募股权基金投资高校科研人员创业项目的法律尽职调查要点及交易文本起草要点。

一、高校科技成果转化概况

2021 年 4 月，中国科技评估与成果管理研究会、国家科技评估中心和中国科学技术信息研究所共同编著的《中国科技成果转化年度报告 2020（高等院校与科研院所篇）》在全国出版发行。该报告对 2019 年 1378 家高校的科技成果转化进展和成效进行研究分析。根据统计数据，2019 年高校科技成果转化主要数据如表 1 所示：

表 1　2019 年高校科技成果转化主要数据

指标		2019 年	比上一年增长率
总体概况	总合同项数	199,744 项	9.7%
	总合同金额	7,063,712.9 万元	21.3%

续表

指　　标		2019 年	比上一年增长率
以转让、许可、作价投资方式转化科技成果	合同项数	11,406 项	42.0%
	合同金额	718,914.5 万元	-4.3%
	当年到账金额	196,940.0 万元	29.7%
	交易均价	63.0 万元	-32.6%
	单项科技成果转化合同金额超过 1 亿元的成果	9 项	-50.0%
	个人获得的现金和股权奖励金额	325,255.7 万元	12.9%
	奖励人次	3.0 万人次	23.2%
	人均奖励金额	10.7 万元	-8.3%
产学研合作	合同项数	188,338 项	8.2%
	合同金额	6,344,798.3 万元	25.1%
其他	与企业共建研发机构、转移机构、转化服务平台	9197 家	31.2%
	创设和参股新公司	1220 家	9.5%
	兼职从事成果转化和离岗创业人员数量	10,650 人	23.9%

根据统计数据，2016 年至 2019 年，高校兼职从事科技成果转化和离岗创业人数不断增加。2019 年，1378 家高校兼职从事科技成果转化和离岗创业人数为 10,650 人，比 2018 年增长 33.6%，平均每家高校兼职从事科技成果转化和离岗创业人数约为 7.7 人。（见图 1）

需要指出的是，高校以作价投资方式转移科技成果的，高校及科研人员往往会同时成为新设公司的股东。根据统计数据，2016 年至 2019 年，高校创设和参股新公司数量不断增加。2019 年，1378 家高校创设和参股新公司数量为 1220 家，比 2018 年增长 9.4%，平均每家高校创设和参股新公司数量约为 0.9 家。（见图 2）

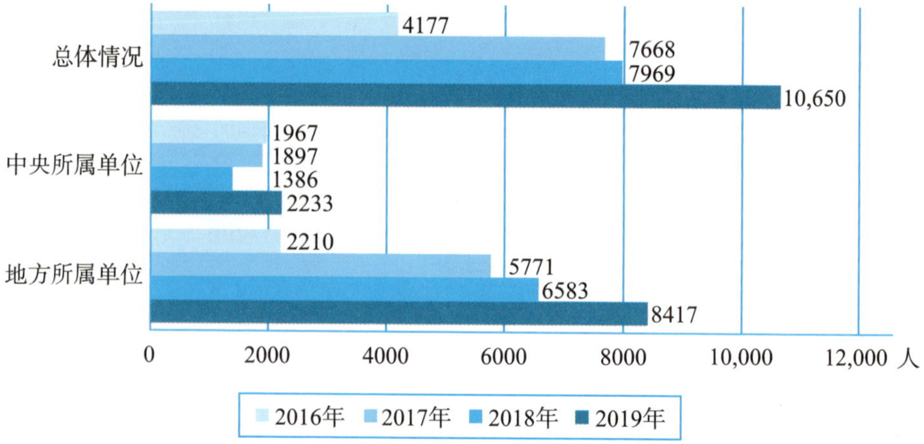

图 1　高校兼职从事科技成果转化和离岗创业人数情况

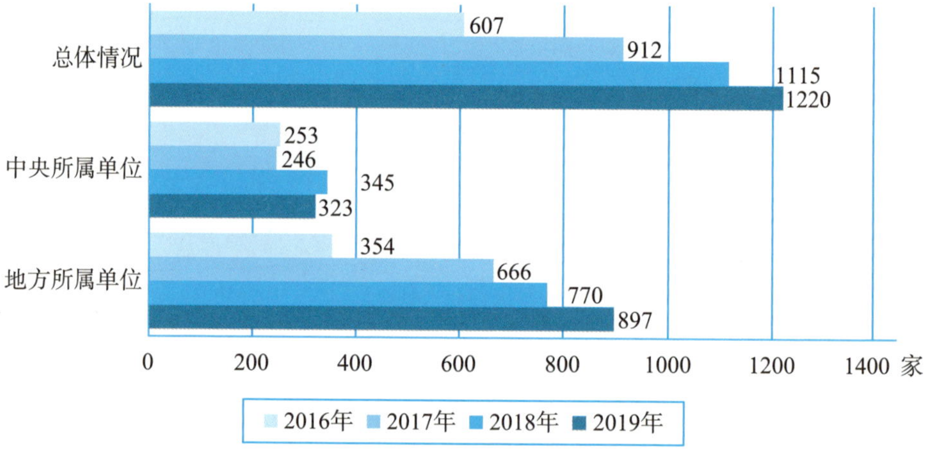

图 2　高校创设和参股新公司数量

二、科技成果转化背景下，高校科研人员创业的主要场景

根据《促进科技成果转化法》等法律法规的规定，高校、科研院所可采取转让、许可或者作价投资等方式转化科技成果，职务科技成果转化后，由科技成果完成单位对科研人员给予奖励和报酬。根据科技部等九部门于 2020 年 5 月印发的《赋予科研人员职务科技成果所有权或长期使用权试点实施方案》，40 家高校、科

研院所开展试点，探索建立赋予科研人员职务科技成果所有权或长期使用权的机制和模式。结合实践情况，我们总结了科技成果转化背景下高校科研人员创业的主要场景。

场景一：高校将职务科技成果作价投资到创业企业

作价投资包括先投后奖和先奖后投两种方式。先投后奖方式是指高校出资设立企业（以下称创业企业），以职务科技成果向企业出资，并将职务科技成果作价投资形成的部分股权奖励给科研人员。先奖后投方式是指高校将职务科技成果的部分奖励给科研人员，并与科研人员以职务科技成果共同出资设立企业。

先投后奖代表案例：理工导航（科创板提交注册）。2016 年 12 月，北京理工大学与成果完成人汪渤等主体收购了智贝咨询，并将其更名为北京理工导航控制科技有限公司。2017 年 9 月，根据《促进科技成果转化法》和《北京理工大学促进科技成果转化实施办法》的相关规定，北京理工大学下发《北京理工大学关于同意北京理工导航控制科技有限公司股权奖励方案的意见》，同意北京理工大学以无形资产（6 项发明专利和 4 个惯导装置产品专有技术）对理工导航的出资，并将占理工导航 30%股权中的 60%（理工导航 18%股权）奖励给汪渤等 7 名成果完成人。

先奖后投代表案例：上海安馨信息科技有限公司（以下简称上海安馨）是上海高校中首个采取先奖后投方式设立的公司。根据公开报道，上海海事大学安博文教授团队从事光纤传感技术的研究，形成了“光纤传感检测应用”项目职务科技成果，该技术可用于油气罐火灾探测、海底电缆巡检等领域的安全检测。之后，上海海事大学将该职务科技成果中的 75%奖励给安博文。2016 年 6 月，上海海大技术转移有限公司、安博文以无形资产“光纤传感检测应用”项目出资，与合作方共同设立上海安馨，其中上海海大技术转移有限公司持股 7.5%，安博文持股 22.5%，合作方合计持股 70%。后因合作方未履行出资义务，安博文接收了合作方所持全部股权。

高校将职务科技成果作价投资到科研人员创业企业的案例还有工大高科（688367）、上海上理太赫兹科技有限公司等。

不少高校鼓励、支持科研人员收购高校所持创业企业股权。例如，《东南大学促进科技成果转移转化管理办法（暂行）》规定，科研团队或其他股东方可以通过现金收购学校作价投资形成的权益。《江苏大学科技成果转化管理办法》规定，从取得公司股权起 3 年后，学校适时转让或减持所持股权，鼓励企业（成果完成人及其研发团队）回购，由成果完成人及其研发团队回购的，学校另奖励股权退出所得收益部分的 10%给成果完成人及其研发团队。

场景二：高校将职务科技成果转让给科研人员或其创业企业

代表案例：上海媒智科技有限公司（以下简称上海媒智）。根据公开报道，2018 年 7 月，上海交通大学与成果完成人王延峰团队成立的上海媒智签署合作协议。上海交通大学将职务科技成果的 70%以 1 元名义价格转让的方式奖励给王延峰团队，并在国有产权交易机构将职务科技成果的剩余 30%以评估价格 300 万元转让给王延峰团队。王延峰团队取得职务科技成果全部所有权后用于向上海媒智出资。

高校将职务科技成果转让给科研人员或其创业企业的案例还有集萃药康（科创板已受理并问询）等。

场景三：高校将职务科技成果许可给科研人员创业企业

代表案例：思必驰科技股份有限公司（以下简称思必驰）。根据公开报道，上海交通大学俞凯教授负责的上海交通大学智能语音实验室的研究开发，涵盖了语音识别、音频分析、合成、自然语言理解和对话交互等。2007 年，俞凯教授作为联合创始人创办了思必驰，专注人性化的智能语音交互技术，为企业和开发者提供自然语言交互解决方案。2015 年，思必驰在进行融资时，投资方律师要求解决公司核心技术权属不清晰的问题，为此，思必驰与上海交通大学进行了协商。考虑到国资股份会延缓思必驰未来的融资进程，双方形成了“零持股”方案：双方共有知识产权，上海交通大学授权思必驰独占实施，思必驰向上海交通大学支付使用费，若思必驰拟在境内外证券市场首次公开发行股票，上海交通大学享有现金收益权或股份收益权。目前，思必驰已完成 Pre-IPO 轮融资，并已于 2021 年 6 月 24 日进行上市辅导备案。

高校将职务科技成果许可给科研人员创业企业的案例还有铂力特（688333）、苏州如鹰生物医药有限公司等。

场景四：科研人员创业企业与科研人员任职的高校合作研发

为促进科研成果转化，大部分高校会给予创业的科研人员支持，如提供科技成果、资产、品牌、场地等物质技术条件，与科研人员创业企业合作研发。例如，

《北京理工大学学科性公司管理办法(暂行)》明确规定,学校在科研人员创业企业的制度建立、项目申报、办公场所租赁、财务、税务、法律、融资、人才聘用等方面给予必要帮助和支持。

代表案例:科前生物(688526)。科前生物成立于2001年,是一家专注于兽用生物制品研发、生产、销售及动物防疫技术服务的生物医药企业,主要产品是猪用疫苗和禽用疫苗。根据招股说明书披露,科前生物的7名创始人均为华中农业大学现任教职员工或曾在华中农业大学任职。在研发领域,科前生物主要依托与华中农业大学进行合作研发,在合作研发的过程中,华中农业大学主要负责前期基础性研究;科前生物除参与前期基础性研究外,主要负责中试研究和临床研究的核心环节;双方共同完成实验室研究。截至招股说明书签署日,科前生物共取得31项新兽药注册证书和43件专利,其中26项新兽药注册证书和16件专利为科前生物与华中农业大学通过合作研发取得。报告期内,科前生物与华中农业大学新签署协议合作研发的项目共计20项,其中12项研发项目正在进行。

三、创业企业相关技术权利归属的法律尽职调查要点

就高校科研人员创办企业的情形,涉及的法律问题包括创始人、核心技术人员在高校任职期间创办企业、获得股权奖励的合法性,创始人、核心技术人员在高校任职对创业企业经营的影响,创业企业相关技术的权利归属,利益输送问题,核心技术的依赖性等。其中最核心的法律问题是创业企业相关技术是否属于创始人、核心技术人员在高校的职务科技成果;若不属于,又如何证明。

《专利法》第6条规定,“执行本单位的任务或者主要是利用本单位的物质技术条件所完成的发明创造为职务发明创造”。《专利法》第8条规定:“两个以上单位或者个人合作完成的发明创造、一个单位或者个人接受其他单位或者个人委托所完成的发明创造,除另有协议的以外,申请专利的权利属于完成或者共同完成的单位或者个人;申请被批准后,申请的单位或者个人为专利权人。”根据上述规定,创业企业相关技术属于高校还是创业企业,主要看是否存在合作研发、委托研发情形,创始人、核心技术人员的科研行为是在执行高校还是创业企业的工作任务,利用了高校还是创业企业的物质技术条件。

若高校与创业企业签署了合作研发协议、委托研发协议或高校与创始人、核

心技术人员签署了离岗创业协议、聘用协议等，对相关技术权利归属有约定，则从其约定。

若不存在合作研发、委托研发情形，投资方律师可以通过获取创业企业的产品研发记录以及创始人、核心技术人员在高校的课题申报资料来分析相关技术的权利归属。一般而言，创始人、核心技术人员在创业企业的主要工作内容为与创业企业主营业务、核心产品相关的应用领域研究，多为核心产品的开发、升级迭代；创始人、核心技术人员在高校的主要工作内容为指导博士、硕士研究生，从事基础理论领域研究，所形成的研究成果主要体现在课题申报资料中。例如，在科创板审核问询回复中，某创业企业从创始人在创业企业和高校的工作内容及工作任务的明确区分、高校聘任合同、合作协议关于知识产权归属的具体约定等角度进行了分析。东微半导（科创板已受理并问询）则从研究内容、侧重方向、主要作用、主要课题等方面进行对比，以论证创始人在高校的研究工作与其在创业企业处从事的相关研发及商业应用存在实质性差异。

若创始人、核心技术人员在高校的主要工作内容与其在创业企业的主要工作内容的界限较为模糊，则知识产权归属的论证可能存在一定难度。我们注意到，科创板申报企业大多取得了高校出具的确认文件，以确认企业的核心产品的权利归属，具体如表 2 所示：

表 2　科创板申报企业取得高校确认文件情况

序号	申报企业	基本情况	是否属于职务科技成果	高校确认文件
1	龙软科技（688078）	发行人创始人、实际控制人毛某某于 2002 年 2 月创办龙软科技。自 1999 年 7 月博士后出站后，毛某某就留任于北京大学地球与空间科学学院遥感与地理信息系统研究所从事教学科研工作至今，现任北京大学教授、博士研究生导师	不属于职务科技成果	2019 年 4 月 28 日，北京大学出具《证明》：上述共有专利以及本校与龙软科技共同署名或被登记为共同权利人的其他知识产权（以下简称该等知识产权）为龙软科技在市场经营过程中独立研发形成。就本校和龙软科技作为共同权利人的该等知识产权，本校同意龙软科技及其全资或控股企业过去和未来均可在营业范围内无偿使用

续表

序号	申报企业	基本情况	是否属于职务科技成果	高校确认文件
				该等知识产权并享有全部收益,龙软科技同意本校仅为非营利的科研、学术研究目的无偿使用该等知识产权,不用于任何商业推广或许可任何第三方使用。[补充法律意见书(一)披露,北京大学之所以作为上述专利的共有权利人,系因毛某某担任北京大学遥感与地理信息系统研究所教师,为支持学校发展,在申请知识产权的过程中,将北京大学列为专利共有人]
2	工大高科(688367)	发行人实际控制人魏某于2000年12月创办工大高科。1995年7月至2001年7月,魏某任合肥工业大学电子所副所长、所长,微机所副所长、所长,副研究员、研究员;2000年6月至2003年10月,任合肥工业大学计算机与信息学院副院长;2003年10月至今,任合肥工业大学教授、博士研究生导师	职务科技成果已作价出资,其他技术不属于职务科技成果	2020年10月26日,合肥工业大学出具《情况说明》:除作价出资的无形资产"HJ04A铁路信号微机联锁系统"技术成果外,工大高科前述4人不存在其他使用学校研究经费形成学校职务成果的情形;工大高科相关专利的发明人包含上述4名教职工,该等专利系上述4人在工大高科兼职工作期间,执行工大高科工作任务,利用工大高科提供的物质技术条件完成的,属于工大高科所有,不属于上述人员在学校工作期间的职务发明。学校与工大高科的共有专利,未经双方同意,不得将该等专利向第三人转让、授权许可使用或以其他形式擅自使用,学校仅为教学和科研

续表

序号	申报企业	基本情况	是否属于职务科技成果	高校确认文件
				目的使用该等专利，不会就该等专利与工大高科发生商业上的任何竞争
3	国盾量子（688027）	发行人董事长、实际控制人之一彭某某等人于2009年5月创办国盾量子。 目前彭某某在中国科学技术大学微尺度物质科学国家研究中心担任研究员，董事王某在中国科学技术大学深圳研究院担任院长，核心技术人员杨某某曾在中国科学技术大学任职，唐某某从公司离职后去中国科学技术大学任职特任副研究员，工作结束后又返回公司任职	不属于职务科技成果	根据中国科学技术大学出具的《说明》，发行人核心技术中，不存在中国科学技术大学职务发明的情况，发行人拥有的各项专利技术与中国科学技术大学不存在纠纷，无须采取相应的防范风险、解决争议或潜在纠纷的措施
4	奥精医疗（688613）	发行人实际控制人之一崔某某1987年8月至2011年5月在清华大学材料学院担任副教授、教授职务；2004年12月至2012年12月担任发行人的总经理职务，2005年11月至今担任发行人的董事职务，2011年6月至今担任发行人的首席科学家职务	不属于职务科技成果	2019年8月13日，清华大学材料学院出具《确认函》，确认发行人所拥有的且发明人为崔某某的专利以及非专利技术涉及的相关技术，并不属于清华大学的职务发明。发行人及其子公司所拥有的专利及非专利技术与清华大学无任何纠纷或潜在纠纷

高校出具确认文件的案例还有久日新材（688199）、交控科技（688015）、新光光电（688011）、键凯科技（688356）等。在键凯科技第一轮审核问询中，交易所不仅要求发行人说明其专利中涉及创始股东的专利是否属于职务发明，还要求说明清华大学科技开发部是否有权出具不属于职务发明的确认函，相关文件是否具备有效性。

在具体项目法律尽调过程中，投资方律师应争取取得高校有权部门出具的确认文件，或与高校相关负责部门人员进行访谈，确认创始人、核心技术人员在高校的主要工作内容，其科研行为是否为执行高校的工作任务，其在科研过程中是否利用了高校的物质技术条件。

科研人员创业时，可能会依赖其过往在高校科研项目的职务科技成果。《促进科技成果转化法》已明确，科技成果完成人或者课题负责人不得将职务科技成果及其技术资料和数据占为己有，侵犯单位的合法权益。若发生科研人员利用职务科技成果创办企业的情形，创业企业需要解决一系列法律问题。在科研人员创办企业前或企业创办初期，科研人员与高校转化科技成果以及履行科技成果转让相应手续的难度相对较低。在创业企业经过一段时间的经营估值提高、进行了多轮融资的情况下，选择许可、转让、作价出资中的何种方式进行科技成果转化，选择作价出资的情形下估值如何确定，高校如何对科研人员进行奖励，科研人员以何种方式将科技成果投入创业企业，如何处理科技成果转化与投资方所享有优先认购权、优先购买权、共同出售权、反稀释权等特殊权利的冲突，如何合理筹划税费，如何避免控制权受到影响，如何保障对核心技术的权益，都是创业企业、投资方需要考虑的法律问题。以作价出资为例，若高校向创业企业增资并以科技成果作价出资，需要考虑投资方优先认购权的行使以及反稀释权涉及的股权或现金补偿。若高校受让创始人、核心技术人员所持未实缴的创业企业股权并以科技成果作价出资，需要考虑投资方优先购买权及共同出售权的行使，还需要与税务部门沟通股权转让的税务事项，避免税务部门核定股权转让价格。若不能妥善处理这些问题，轻则导致科研人员向高校承担侵权责任、向投资方承担违约责任，重则导致创业企业无法取得核心技术、触发投资方回购权的行使条件等。

四、职务科技成果转化程序的法律尽职调查要点

若创业企业相关技术属于创始人、核心技术人员在高校的职务科技成果，且职务科技成果已转化投入创业企业，投资方律师应关注转化程序是否合法合规，是否符合相关地区、高校的特别规定。科技成果转化程序一般包括项目负责人发起申请、成果评估、项目评审、签署科技成果转化合同、转化公示、奖酬公示、权属变更等。其主要法律问题包括规则适用、关联交易程序、国有资产管理相关的评

估、国有资产审批备案、交易方式/定价方式、股权奖励比例等。

(一)规则适用

我国部分科技成果转化相关政策未能及时体现在国有资产管理相关法律法规中，评估、审批备案、进场交易等相关规定散落在不同文件中，部分环节又缺乏实施细则。针对法律法规、政策相冲突或缺乏实施细则的事项，一般需要与相关部门进行沟通以确认科技成果转化程序的合法性与合规性。

除科技成果转化、国有资产管理相关法律法规外，投资方律师在审查科技成果转化事项时还依赖于高校的操作细则，这些操作细则有的是成文形式，有的是不成文形式，有的能够公开查询，有的可能无法公开查询，因此，建议投资方律师：(1)要求创业企业提供高校制定的科技成果转化制度文件以及科技成果转化各项程序的决策文件；(2)通过公开查询途径获取相应信息；(3)争取对高校的相关负责人进行访谈。

部分高校已制定了详尽的制度文件，给法律尽调工作带来了便利。以上海交通大学为例，2015 年 12 月，上海交通大学出台了关于科技成果转化的八项文件，之后几经修订、补充，对评估、备案、收益分配等事项做了进一步细化和补充，至今已形成覆盖全面、可操作性强且服从于学校组织结构和管理模式的科技成果转化文件体系。

(二)关联交易程序

对于高校而言，《促进科技成果转化法》未对高校与科研人员或其创业企业之间的科技成果交易程序作出特别规定，但部分高校的制度文件将其认定为关联交易并作出特别规定。例如，《复旦大学科技成果转化管理办法》规定，转化承接方(非上市企业)的股东、实际控制人、董事、监事、高级管理人员为科技成果完成人本人或其配偶与亲属，以及可能导致学校利益转移的其他关系的，属于利益关联的情形，成果完成人须主动提交成果转化利益关联的书面声明，报所在院系和学校主管部门备案，并且不得通过协议定价的方式确定最终成交价格。《上海海事大学科技成果转化管理办法(试行)》《南京大学科技成果转化条例实施细则》《武汉大学科技成果转移转化和收益分配管理办法》也有类似规定。

对于创业企业，创业企业的股东协议、公司章程等文件一般会约定关联交易的认定标准、议事规则以及表决机制，创业企业亦应根据该等规定履行相应的关联交易程序。

（三）国有资产评估

2019 年 3 月修正的《事业单位国有资产管理暂行办法》第 40 条规定：“国家设立的研究开发机构、高等院校将其持有的科技成果转让、许可或者作价投资给非国有全资企业的，由单位自主决定是否进行资产评估。”

财政部于 2019 年 10 月发布的《关于进一步加大授权力度　促进科技成果转化的通知》（财资〔2019〕57 号，以下简称《通知》）再次明确了单位的自主决定权。

但对于涉密科技成果的转化，根据《国防科工局关于促进国防科技工业科技成果转化的若干意见》（科工技〔2015〕1230 号，以下简称《若干意见》）第 15 条规定，应由具有相关资质的服务机构进行评估，以协议定价的方式确定价格。

在具体项目中，投资方律师需要关注高校的制度文件是否要求进行资产评估。例如，《南京大学科技成果转化条例实施细则》《中国地质大学（武汉）科技成果转化管理办法（试行）》规定，科技成果转化应进行资产评估。《武汉大学科技成果转移转化和收益分配管理办法》规定，涉及关联交易、作价投资或协议定价转让的科技成果，应进行资产评估。《兰州大学科技成果转化管理办法》《长安大学促进科技成果转移转化管理办法》《浙江大学科技成果转化审批细则的通知》规定，作价投资的科技成果应进行资产评估。《江苏大学科技成果转化管理办法》规定，作价投资的科技成果一般应进行资产评估。《上海海事大学科技成果转化管理办法（试行）》规定，存在关联交易情况的，应进行资产评估。《北京理工大学学科性公司管理办法（暂行）》规定，对科研人员创业企业作价投资的科技成果，原则上应进行资产评估。

此外，高校或科研人员以科技成果作价出资的，根据《公司法》第 27 条第 2 款的规定，应当对所出资的非货币财产进行评估。

因此，投资方律师需要判断科技成果是否涉密，并关注高校制度文件是否存在具体规定，若非涉密且无限制性规定，高校可自主决定是否评估；涉及以科技成果作价出资的，出资方仍应根据《公司法》的规定对科技成果进行评估。

（四）国有资产处置审批、备案

《促进科技成果转化法》第 18 条规定，国家设立的研究开发机构、高等院校对其持有的科技成果，可以自主决定转让、许可或者作价投资。

《实施〈中华人民共和国促进科技成果转化法〉若干规定》(以下简称《若干规定》)规定,国家设立的研究开发机构、高等院校对其持有的科技成果,可以自主决定转让、许可或者作价投资,除涉及国家秘密、国家安全外,不需审批或者备案。

《若干意见》第15条规定,科技成果转化的全过程,要确保国家秘密的安全。涉密科技成果要按照国家保密规定,由原定密单位履行解密、降密或知悉范围变更手续后实施转化。向具有与科技成果密级相同(或更高)资质的军工单位转化涉密科技成果的,应按照国家保密规定履行知悉范围变更手续;向民用领域转化涉密科技成果的,应按照国家保密规定履行解密程序。

《事业单位国有资产管理暂行办法》第56条中规定,国家设立的研究开发机构、高等院校对其持有的科技成果,可以自主决定转让、许可或者作价投资,不需报主管部门、财政部门审批或者备案。

《通知》规定,中央级研究开发机构、高等院校对持有的科技成果,可以自主决定转让、许可或者作价投资,除涉及国家秘密、国家安全及关键核心技术外,不需报主管部门和财政部审批或者备案。涉及国家秘密、国家安全及关键核心技术的科技成果转让、许可或者作价投资,授权中央级研究开发机构、高等院校的主管部门按照国家有关保密制度的规定进行审批,并于批复之日起15个工作日内将批复文件报财政部备案。

因此,科技成果转化不涉及国家秘密、国家安全以及关键核心技术的,无须主管部门、财政部门审批或者备案;涉及国家秘密、国家安全以及关键核心技术的,由主管部门按照国家有关保密制度的规定进行审批,并报财政部备案。

理工导航在第一轮审核问询回复中披露,2016年12月,北京理工大学将6项国防发明专利和4项涉密专有技术以科技成果转化方式增资理工导航。因相关科技成果涉及国家秘密、国家安全,该次科技成果出资须进行审批或备案。理工导航就该次科技成果出资履行的审批、备案程序如下:

(1)北京理工大学科技成果转化领导小组、中共北京理工大学委员会、北京理工大学对该次科技成果转化予以逐级确认。

(2)就相关产品转厂生产的审批,北京理工大学、理工导航、军事代表室将相关请示上报相关部门,并取得同意批复。

(3)就国防发明专利的专利权人变更审批,相关部门批准该国防专利转让。

(4)理工导航已就上述经济行为审批事项在《北京理工导航控制科技股份有限公司改制上市所涉国有股权管理方案》等申报文件中进行说明,并向工信部、财政部报告,取得财政部、工信部的批复。

(5)此外,北京理工大学已向工信部报送请示,提请工信部对科技成果转化有效性、国有股权管理有效性等事项予以专项确认,工信部就前述申请的复函履行内部程序,且相关事项不存在实质性办理障碍。

(五)交易方式/定价方式

《促进科技成果转化法》《若干规定》《事业单位国有资产管理暂行办法》《通知》均规定,科技成果转让、许可或者作价投资应当通过协议定价、在技术交易市场挂牌交易、拍卖等方式确定价格。通过协议定价的,应当在本单位公示科技成果名称和拟交易价格。对于涉密科技成果的转化,《若干意见》规定仅能以协议定价的方式确定价格。

在具体项目中,投资方律师需要关注高校的制度文件是否将该等交易认定为关联交易,是否对关联交易的交易方式作出限制。例如,《复旦大学科技成果转化管理办法》明确关联交易不得通过协议定价的方式进行。《武汉大学科技成果转移转化和收益分配管理办法》规定,关联交易的科技成果原则上通过挂牌交易或竞价拍卖定价。

因此,投资方律师需要判断科技成果是否涉密,并关注高校制度文件是否存在具体规定;若非涉密且无限制性规定,高校可自主决定交易方式。

根据统计数据,协议定价是高校科技成果转化的主要定价方式,2019 年高校转化的 11,366 项科技成果中,采用协议定价方式的占比为 97.7%。(见图 3)

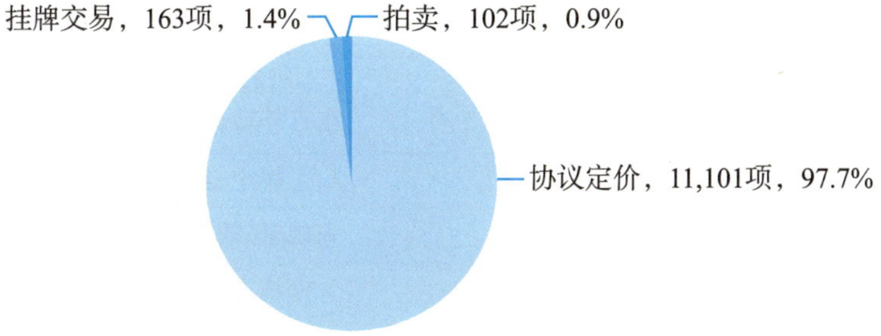

图 3　2019 年高校科技成果的定价方式情况

（六）股权奖励比例

《促进科技成果转化法》第45条规定，科技成果完成单位未规定、也未与科技人员约定奖励和报酬的方式和数额的，按照下列标准对完成、转化职务科技成果做出重要贡献的人员给予奖励和报酬：（1）将该项职务科技成果转让、许可给他人实施的，从该项科技成果转让净收入或者许可净收入中提取不低于50%的比例；（2）利用该项职务科技成果作价投资的，从该项科技成果形成的股份或者出资比例中提取不低于50%的比例；（3）将该项职务科技成果自行实施或者与他人合作实施的，应当在实施转化成功投产后连续三年至五年，每年从实施该项科技成果的营业利润中提取不低于5%的比例。

近年来，各地陆续出台促进科技成果转化条例，大部分地区已将转让、许可、作价投资收益的奖励比例下限提高到70%，各省级行政区奖励比例总结如表3所示：

表3　各省级行政区奖励比例

地　　区	奖励比例
宁夏、陕西	未规定、约定的，不低于80%
福建、广西、贵州、河北、辽宁（在本省转化）、山东、新疆、浙江	不低于70%
安徽、重庆、河南、黑龙江、湖北、内蒙古、青海、山西、四川、西藏	未规定、约定的，不低于70%
北京、上海、湖南、吉林、云南	未规定、约定的，可以不低于70%
海南	转让、许可奖励比例不低于70%，作价投资奖励比例不低于50%
江苏	在本省转化奖励比例不低于70%，在省外转化奖励比例不低于50%
甘肃、广东	未规定、约定的，不低于60%
江西（高校）	未规定、约定的，可以不低于60%
天津	未规定、约定的，不低于50%

根据统计数据，2019年高校科技成果转化中奖励科研人员的股权占作价投资形成股权的72.2%。（见图4）

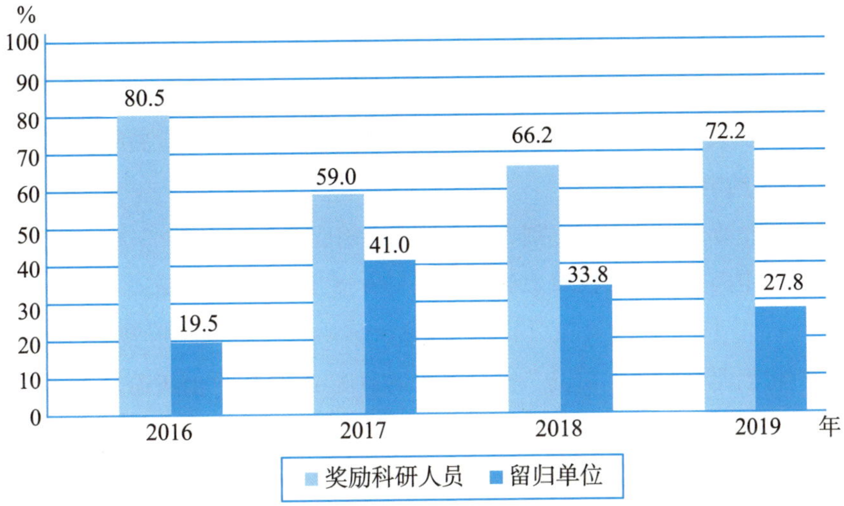

图 4　高校科技成果转化股权收入留归单位和奖励科研人员分配情况

在具体项目的法律尽调过程中,投资方律师还应取得反映各科研团队成员在该职务科技成果研发中地位和作用的证明文件,以判断科研团队股权奖励分配是否存在明显不当,是否存在纠纷或潜在纠纷。

根据统计数据,2019 年高校奖励研发与转化主要贡献人员的股权占奖励全体科研人员股权的 98.6%。(见图 5)

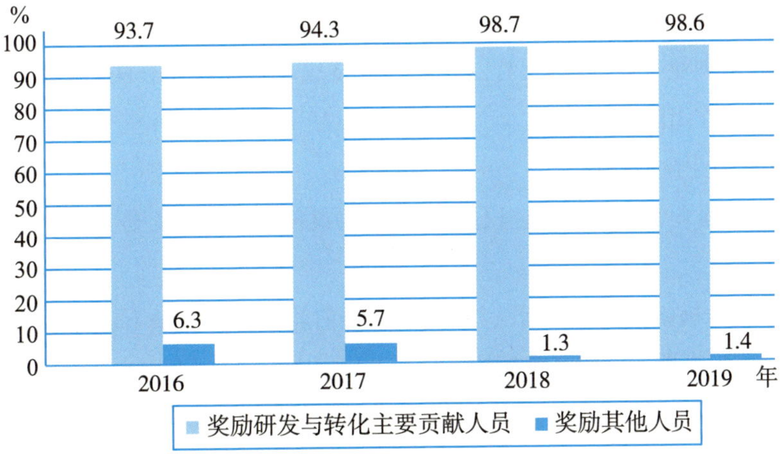

图 5　高校科技成果转化股权收入奖励科研人员分配情况

五、高校科研人员创业项目的交易文本起草要点

(一)投资方角度

若经法律尽调认定创业企业知识产权存在权属瑕疵,则建议投资方在交易文本中作如下约定:

(1)将整改方案落实为交割先决条件或交割后义务;

(2)约定因知识产权权属瑕疵导致投资方遭受损失的,创始人应向投资方赔偿;

(3)将创业企业核心知识产权存在权属瑕疵、与高校产生纠纷且无法协商解决等情形列为回购触发情形;

(4)对于整改方案中涉及高校向创业企业增资并以科技成果作价出资的,考虑设计相应的反稀释条款或估值调整条款;

(5)对于整改方案中涉及创始人、核心技术人员向高校转让股权的,合理限制转让股权的比例,以免对创业企业控制权造成影响;

(6)对于整改方案中涉及高校向创始人、核心技术人员转让科技成果的,约定创始人、核心技术人员向创业企业无偿转让科技成果并承担相应税费;

(7)对于整改方案中涉及高校向创业企业许可科技成果的,约定创始人、核心技术人员应向投资方赔偿或向创业企业补足许可费用。

若经法律尽调认定创业企业知识产权不存在权属瑕疵,则建议投资方在交易文本中要求创业企业、创始人对创业企业科技成果转化程序合法、知识产权权属清晰等方面作出陈述与保证。

(二)创业企业角度

若创业企业知识产权存在权属瑕疵,则建议创业企业在交易文本中作如下约定:

(1)充分披露事实并揭示法律风险,对于前轮投资协议项下已发生的违约事项,争取前轮投资方书面豁免违约责任。

(2)对于已协商确定整改方案的,明确创业企业拟采取的整改方案;对于未确定整改方案或未来可能发生整改的,明确创业企业可采取的各项整改方案。

(3)对于整改方案中涉及高校向创业企业增资并以科技成果作价出资的,应

明确各股东不享有优先认购权，且争取不适用反稀释条款。

(4)对于整改方案中涉及创始人、核心技术人员向高校转让股权的，争取明确该等股权转让不受限制，且各股东不享有优先购买权、共同出售权。

(5)对于整改方案中涉及高校向创始人、核心技术人员转让科技成果的，一般应由创始人、核心技术人员在取得科技成果后向创业企业无偿转让；但在各股东同意的前提下，可约定由创始人、核心技术人员以科技成果向创业企业作价出资。

(6)对于整改方案中涉及高校向创业企业许可科技成果的，一般应由创始人最终承担该等许可费；但在各股东同意的前提下，可约定许可费的标准，标准范围内的部分由创业企业承担，超出标准的部分由创始人赔偿投资方或补足创业企业。

六、结语

在高校科研人员创业热潮下，无论作为投资方还是创业企业，都应当重视其中涉及的法律问题。鉴于现行法律法规关于科技成果转化的规定较为原则，实践中处理科技成果转化事项时依赖于高校的操作细则。投资方应充分认识到这一情形，在法律尽调阶段争取取得高校的相关资料，对其负责人进行访谈确认，并通过交易文件防范创业企业相关技术权利归属问题以及科技成果转化程序瑕疵给投资方带来的潜在风险。创业企业应在厘清事实的基础上，征求高校、各股东的意见，形成合理的整改方案，并通过交易文件取得投资方以及其他股东的相应豁免，以保证整改方案顺利实施。

(郑恒驰对本文亦有贡献)

外商在华投资运营在线服务指南

斯响俊　蔡荣伟*　何静澜

* 作者简介：
斯响俊，中伦律师事务所上海办公室公司业务部合伙人，电邮为：jaysi@zhonglun.com。
蔡荣伟，中伦律师事务所上海办公室公司业务部高级顾问，电邮为：roncai@zhonglun.com。

中国拥有世界上最大的互联网用户数量。根据中国互联网络信息中心发布的报告,截至 2022 年 12 月,中国互联网用户数已达到 10.67 亿人。[①] 这一广阔又充满活力的市场吸引着全世界的互联网企业。然而,由于中国互联网市场的开放程度有限,且中国政府监管严格,外国投资者在华投资在线服务仍面临着挑战。充分了解中国的监管环境并精心规划进入中国市场的策略对取得成功至关重要。

一、中国的监管环境

(一)电信业务许可证的要求

在线服务在中国被视为一种电信业务,并受到中华人民共和国工业和信息化部(以下简称工信部)的严格监管。

1. 严格限制外商投资电信产业

根据《中华人民共和国电信条例》(以下简称《电信条例》)的规定,电信业务分为基础电信业务和增值电信业务。这两类电信业务受到不同程度的监管。

(1)基础电信业务是指提供公共网络基础设施、公共数据传送和基本话音通信服务的业务。实践中,基础电信业务几乎只对几家国有基础电信运营商(如中国移动、中国电信和中国联通)开放。

(2)增值电信(Value-Added Telecom,VAT)业务是指利用公共网络基础设施提供的电信与信息服务的业务。根据中国的"入世"承诺,理论上,只要外国投资者的股权比例不超过 50%,其便可以通过与中方合作伙伴合资设立的企业(以下简称合资企业)投资于 VAT 业务。但在实践中,政府的批准很难获得。

根据《电信条例》的规定,电信运营商必须为其开展的电信业务获得相应的许可证。《电信业务分类目录》进一步将基础电信业务和 VAT 业务划分为不同的子类别,每个子类别都需要获得相应的许可证。

2. 互联网信息服务业务经营许可证

VAT 业务的一个重要子类别为信息服务。通过互联网提供的信息服务称为互联网信息服务,即通常所称的互联网内容提供商(Internet Content Provider,

---

① 参见张岗:《截至 2022 年 12 月 我国网民规模达 10.67 亿》,载央视新闻客户端 2023 年 3 月 2 日,https://content-static.cctvnews.cctv.com/snow-book/index.html? item_id=6605902006436925390&toc_style_id=feeds_default&share_to=wechat&track_id=f4c1b04e-a26b-4b46-a08a-da1515a72092。

ICP)服务。这是一个非常广泛的类别,涵盖多种在线服务,如即时消息、应用商店、搜索引擎、在线社区和在线反病毒服务等。提供 ICP 服务需要取得 ICP 许可证。

理论上,外国投资者股权不超过 50%的合资企业可以取得 ICP 许可证。但在实践中,仍具有一定难度。中国信息通信技术研究院于 2020 年 6 月发布的报告显示,仅 117 家外商投资企业获得了 ICP 许可证,其中包括根据内地与香港特别行政区、澳门特别行政区之间《关于建立更紧密经贸关系的安排》(Closer Economic Partnership Arrangement,CEPA)进行投资的合资企业。

3. 其他 VAT 许可证

根据在线服务的不同特征,可能还需取得《电子业务分类目录》规定的其他 VAT 许可证。举例如下:

(1)电子商务平台的运营需要取得在线数据处理和交易处理的 VAT 许可证;

(2)云服务的运营需要取得互联网资源协作服务(Internet Resources Collaboration Service,IRCS)的 VAT 许可证;

(3)内容分发网络(Content Delivery Network,CDN)的运营需要取得 CDN 服务的 VAT 许可证。

4. 特殊开放政策

CEPA 项下或在某些特别区域,比如上海自由贸易区(以下简称上海自贸区),有一些特殊的开放政策。以下为两个例子:

(1)IRCS 许可证不向外国投资者开放。迄今为止,仅在 CEPA 项下有一例外:中国香港或澳门服务提供商可以通过在内地设立合资企业的方式提供 IRCS 服务,但其在合资企业中的股权比例不得超过 50%。

(2)在上海自贸区,外国投资者设立的外商独资企业(Wholly Foreign Owned Enterprise,WFOE)可以获得应用商店的 ICP 许可证。

特殊开放政策非常有限,并且在实践中,依据特殊开放政策获得 VAT 许可证也很困难。

(二)对其他特别许可证的要求

除工信部发布的电信许可证外,根据在线服务的性质,可能还需要不同政府机构颁发的其他特别许可证。举例如下:

某些在线娱乐服务的运营需要取得文化和旅游部颁发的网络文化经营业务许可证；

在线地图的运营需要取得自然资源部颁发的互联网地图服务许可证；

在线新闻的运营需要取得国家互联网信息办公室(以下简称网信办)颁发的互联网新闻信息服务许可证。

部分上述许可证并不对外国投资者开放。

(三)网络安全、数据安全及个人信息保护

1.《网络安全法》的颁布和现行立法状态

中国颁布了《中华人民共和国网络安全法》(以下简称《网安法》)以加强对网络安全的监管。《网安法》于2016年11月颁布,并于2017年6月1日生效。

2022年9月12日,网信办发布了《关于公开征求〈关于修改《中华人民共和国网络安全法》的决定(征求意见稿)〉意见的通知》,拟修改《网安法》并向公众征求意见。截至2023年5月成文前,修订稿尚未出台。

2. 关键信息基础设施(Critical Information Infrastructure,CII)运营者与非CII运营者

《网安法》适用于所有在中国的网络运营者。网络运营者的范围很广。在中华人民共和国境内建设、运营、维护和使用网络,以及网络安全的监督管理,都将适用《网安法》。即使运营者仅为了内部管理目的而建设、运营内部网络,也会被认定为属于受到《网安法》规制的"网络运营者"。网络运营者可以进一步分为CII运营者(或关键信息基础设施运营者,CIIO)和非CII运营者(或"非CIIO")。CIIO以外的网络运营者都是非CIIO。

CIIO指的是运营CII的网络运营者,即与国家安全和公共利益相关的、重点行业的重要网络设施和信息系统。CII的范围非常广泛。

由于CII的重要性,《网安法》《关键信息基础设施安全保护条例》等各法律法规均要求采取特别措施来保护CII。

3. 等级保护系统

信息系统的运营者必须确定其信息系统的安全保护水平,并根据相关规则采取相应的保护措施。这种机制被称为"等级保护制度"(以下简称等保)。

等保在《网安法》之前已存在多年。《网安法》之前的等保规定通常被称为

“等保 1.0”。《网安法》再次强调了等保的重要性，故《网安法》下升级的等保规定通常被称为“等保 2.0”。2019 年 5 月 10 日，作为等保 2.0 的一部分，中国政府发布了多项国家标准。

根据重要性水平，中国将信息系统的安全保护级别划分为五级，从等保一级到等保五级。信息系统等级越高，表明信息系统对国家安全越重要，要求采取更为严格的保护措施。

在等保定级时，需考虑网络在国家安全、经济建设、社会生活中的重要程度以及一旦网络系统遭到破坏后，对国家安全、社会秩序、公共利益以及相关公民、法人和其他组织的合法权益的危害程度。如果公司的网络设施被视为 CII，它们通常将适用等保三级保护措施。

对拟定为等保二级及以上的网络设施、信息系统，其运营者应当组织专家评审定级合理性，在评审后报请主管部门核准（如有），将结果报公安部门备案审核。如果审核不通过，则需要重新审核确定级别，或/和纠正不符合等级保护要求的情况。审核通过的，公安机关将颁发信息系统安全等级保护备案证明。

对拟定为等保一级的网络设施、信息系统，可以不开展上述专家评审、主管部门核准和备案审核。

4. 数据安全相关制度

《中华人民共和国数据安全法》（以下简称《数安法》）于 2021 年 6 月 10 日颁布，并于同年 9 月 1 日生效。《数安法》着重于规范数据处理活动，保障数据安全。根据《数安法》的规定，“数据”不仅包括电子数据，还包括以非电子形式记录或存储的数据（如纸质文件中记录的数据）。

《数安法》从法律层面明确了数据分类分级保护、重要数据保护等相关制度。

5. 保护个人信息的规定

2021 年 8 月 20 日，全国人民代表大会常务委员会发布《中华人民共和国个人信息保护法》（以下简称《个保法》），并于 2021 年 11 月 1 日生效。

《个保法》下的“个人信息”是指以电子或者其他方式记录的与已识别或者可识别的自然人有关的各种信息，包括但不限于自然人的姓名、出生日期、身份证件号码、个人生物识别信息、住址、电话号码等。

《个保法》提供了保护个人信息的重要原则。例如：

(1)知情同意:个人信息处理者必须告知个人信息处理者的名称或者姓名和联系方式,个人信息的处理目的、处理方式,处理的个人信息种类、保存期限,个人行使其权利的方式和程序等个人信息处理的相关规则,并获得个人的同意。

此外,对于特定的个人信息处理活动(如收集的信息是敏感个人信息①),则同意必须是单独同意。

(2)目的明确和最小必要性:处理个人信息应当具有明确、合理的目的,并应当与处理目的直接相关。个人信息处理者只能限于实现处理目的的最小范围收集个人信息,并且必须采取对个人权益影响最小的方式开展个人信息处理活动。

(3)合法收集:个人信息处理者收集的个人信息必须来自合法渠道。我国不允许出售或购买个人信息,甚至可能由此触发刑事责任。

(4)去标识化与匿名化:“去标识化”是指个人信息经过处理,使其在不借助额外信息的情况下无法识别特定自然人的过程。“匿名化”是指个人信息经过处理无法识别特定自然人且不能复原的过程。虽然去标识化可能会降低风险,但去标识化后的个人信息仍然属于《个保法》下定义的个人信息。匿名化的个人信息将不再被视为《个保法》下定义的个人信息,但在实践中,技术上是否真的可以做到匿名化仍颇有争议。

6. 数据及个人信息的本地存储和跨境传输

《网安法》、《数安法》和《个保法》对向境外提供数据及个人信息都有相关规定,对于 CIIO 在中华人民共和国境内运营中收集和产生的个人信息、重要数据以及达到网信办“规定数量”的个人信息处理者处理的个人信息,提出了本地存储的要求。如确需向境外提供,应当按照国家网信部门会同国务院有关部门制定的办法进行安全评估。但三部法律并未详细说明“规定数量”是多少,何谓“安全评估”,又要遵循什么“办法”来进行评估。

2022 年 9 月 1 日正式施行的《数据出境安全评估办法》(以下简称《评估办法》)以及配套的《数据出境安全评估申报指南(第一版)》进一步填补了空缺,形成了中国数据出境合规的基本框架。

---

① “敏感个人信息”指一旦泄露或者非法使用,容易导致自然人的人格尊严受到侵害或者人身、财产安全受到危害的个人信息,包括生物识别、宗教信仰、特定身份、医疗健康、金融账户、行踪轨迹等信息,以及不满 14 周岁未成年人的个人信息。

《评估办法》规定:数据处理者向境外提供重要数据,关键信息基础设施运营者和处理100万人以上个人信息的数据处理者向境外提供个人信息,以及自上年1月1日起累计向境外提供10万人个人信息或者1万人敏感个人信息的数据处理者向境外提供个人信息,均需报网信办进行安全评估。对于向境外提供个人信息,但未达到上述任一需要进行安全评估的情形的个人信息处理者,则应当进行个人信息保护认证,或与境外接收方订立标准合同后,方可出境个人信息。

2022年11月8日,全国信息安全标准化技术委员会发布了《网络安全标准实践指南——个人信息跨境处理活动安全认证规范V2.0(征求意见稿)》。2023年2月24日,网信办正式发布《个人信息出境标准合同办法》及其附件《个人信息出境标准合同》模板。两份文件进一步对认证及标准合同的个人信息出境路径提供了合规指引。

(四)无违禁的内容

《电信条例》和许多其他相关规定要求任何实体或个人不得制作、复制、发布或传播法律或行政法规禁止的信息。

国务院授权网信办管理和审查网上发布的内容。此外,一些其他政府机构也同样有权监控在线内容。

(五)被隔离的仅限中国的服务

如果外商投资企业希望在中国部署服务器以提供在线服务,则其在中国提供的服务通常需要与其离岸服务隔离且仅向中国提供。

二、进入中国市场的潜在方案

进入中国市场有几种方案。然而,没有一种方案是完美的,它们各有利弊。

1. WFOE:在大多数情况下,WFOE非外国投资者在中国境内落地在线服务的可选方案,因为WFOE无法获取大部分所必需的证照。

2. 合资企业:理论上,与中方合作伙伴设立合资企业是可行的,特别是当合资企业是根据CEPA设立的时候。但在实践中,该种模式下获取必需的许可证仍然非常困难,尤其在涉及云计算服务所需的IRCS许可证的时候。

3. 许可模式:向中方合作伙伴许可外国公司的技术和商标似乎更加可行,因为作为中国国内公司的中方合作伙伴将更容易获得所必需的许可证。但是,此种模式下外国公司只能对中方合作伙伴的运营施加有限的控制。

4. 可变利益实体(Variable Intarest Entities, VIE):在典型的 VIE 结构中,离岸控股公司将在中国设立一家 WFOE,以此控制并获得国内公司[其股东为中国个人(通常是创始人)或公司]的财务利益。该国内公司将持有外国企业无法合法拥有的证照和资产,其通常被称为 VIE。在外国证券交易所上市或拟上市的中国公司广泛采用这种 VIE 结构。

VIE 结构允许投资者控制在华服务的日常运营。然而,值得注意的是,在典型的 VIE 结构中,外国投资者大多是财务投资者,他们不参与企业的日常运营。创始人(通常为中国公民)控制着日常的经营管理。因此,如果外国投资者本身是技术公司或在线服务提供商,且 VIE 架构的搭建并不是出于在外国 IPO 之目的,中国政府可能对此保持警觉,其是否允许这种 VIE 结构可能存在很大的不确定性。

综上所述,在华提供不同的在线服务需要获取不同的许可证,不同的投资者可能对其投资有不同的策略和风险容忍度。适合一家公司的策略可能并不适合另一家公司。此外,中国在线服务的监管环境也在不断发展。因此,为确保成功投资,外国投资者需要咨询专业人士并在进入中国市场之前仔细地作出规划。

互联网行业的投资逻辑是否要重塑

——从外资电信新规生效说起

许世夺* 马嘉钰

* 作者简介：

许世夺，中伦律师事务所北京办公室私募基金与资管部合伙人，电邮为：xushiduo@zhonglun.com。

互联网行业是创业投资、股权投资的重点行业,互联网平台是众多创业项目的基础设施,而互联网行业以及涉及互联网的其他行业投资都受限于我国有关外资对电信行业投资的法律限制。因此,在过去互联网行业外商投资的实践经验中,企业通常以搭建 VIE 架构的方式完成融资,而后在美国或我国香港特别行政区上市,这一模式在过去我国互联网产业的发展过程中起了重要的作用。此外,众多欧美的先进互联网企业也因为外资限制未能进入我国市场。

2022 年修订的《外商投资电信企业管理规定》于当年 5 月 1 日开始施行,它修改了外商投资电信企业的组织形式、申请条件、许可程序、申请材料等方面的规定,特别是删除了外方主要投资者需要"具有经营增值电信业务的良好业绩和运营经验"的要求;该次修订或将对互联网行业的创业投资、股权投资,以及外国电信企业在我国开展业务的法律逻辑产生重要影响。

本文通过对现有规则的汇总整理,结合《外商投资电信企业管理规定》,拟从互联网行业的准入以及运行角度进行前瞻性探讨。

一、外资电信行业现状

根据中国信通院发布的各个时期《国内增值电信业务许可情况报告》,自 2020 年以来,在国务院工信部颁发牌照的增值电信业务经营者中,外资投资企业的数量和占比都显著提高(见图 1),我国在增值电信业务领域的对外开放趋势整体向好,但外商投资的增值电信企业总体比例仍然较低。

二、规则框架的更新

《外商投资法》及其实施条例、外商投资负面清单①和 2022 年修订的《外商投资电信企业管理规定》,构成了我国当前互联网领域外商投资准入管理法律体系的基本框架。在此基础上,自贸区特殊规定对于特定地域或业务领域范围内的外资电信行业又进行了一些特别规定。

---

① 外商投资负面清单包括《外商投资准入特别管理措施(负面清单)》(以下统称全国负面清单)和自由贸易试验区外商投资准入特别管理措施(负面清单)(以下简称自贸区负面清单)。

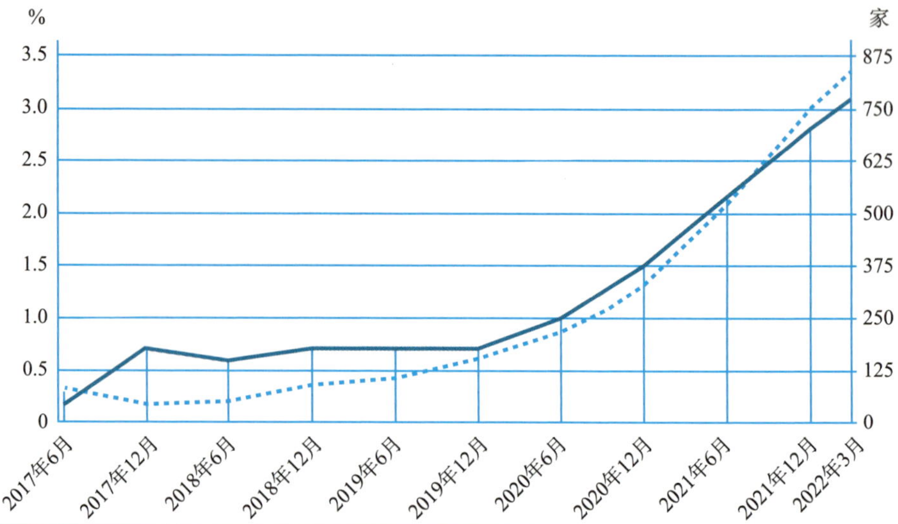

时间	2017年6月	2017年12月	2018年6月	2018年12月	2019年6月	2019年12月	2020年6月	2020年12月	2021年6月	2021年12月	2022年3月
—占比	0.2%	0.7%	0.6%	0.7%	0.7%	0.7%	1.0%	1.5%	2.2%	2.8%	3.1%
---总数	78	57	62	86	103	145	213	337	529	753	859

图1　外资企业持增值电信业务许可情况

（一）外商投资负面清单

在现行有效的全国负面清单中，对于增值电信业务的特别管理措施为“增值电信业务的外资股比不超过50%（电子商务、国内多方通信、存储转发类、呼叫中心除外）”。自贸区负面清单对此规定亦同。

（二）《外商投资电信企业管理规定》

2022年修订的《外商投资电信企业管理规定》实施后，外资电信企业在满足股权比例限制要求（增值电信业务外资比例不超过50%）的情况下，可以在完成工商登记注册后，向国务院工信主管部门报送资料申请相关电信业务经营许可。且其中的外方主要投资者无须再满足“具有经营增值电信业务的良好业绩和运营经验”的要求。

2022年的修订，针对原《外商投资电信企业管理规定》中与上位法、特别法不符的内容进行了梳理和衔接；特别是对于增值电信业务领域而言，该次修订可能使得外资电信企业的外方投资者在法规要求层面已不存在有别于内资投资者的实质性申请条件。

（三）其他电信行业外资准入特别规定

除一般性规定外，在自贸试验区、北京市服务业扩大开放综合试点示范区和示范园区等特殊地域或经营类电子商务等特殊业务领域范围内，对于参与增资电信业务的外国投资者施行更为开放的准入政策。其中：在上海自贸区内，自2014年起放开了部分增值电信业务的外资比例限制，可突破50%①，部分放宽措施后续扩大至整个上海市乃至全国范围②；在北京市服务业扩大开放综合试点示范区和示范园区，取消了存储转发类业务、国内多方通信服务业务、互联网接入服务业务（仅限为用户提供互联网接入服务）等增值电信业务的外资股比限制③。

三、外资电信新规对外商投资互联网企业的影响

（一）对美元基金创业投资及股权投资的影响

在原《外商投资电信企业管理规定》的要求下，外资PE/VC机构或其他财务

---

① 《工业和信息化部、上海市人民政府关于中国（上海）自由贸易试验区进一步对外开放增值电信业务的意见》（2014年1月6日）规定，“（一）已经对WTO承诺开放，但外资股比不超过50%的信息服务业务、存储转发类业务等两项业务外资股比可试点突破50%。其中信息服务业务仅含应用商店。（二）新增试点开放四项业务：呼叫中心业务、国内多方通信服务业务、因特网接入服务业务（为上网用户提供因特网接入服务）、国内因特网虚拟专用网业务。其中，呼叫中心业务、国内多方通信服务业务、因特网接入服务业务（为上网用户提供因特网接入服务）外资股比可突破50%；国内因特网虚拟专用网业务外资股比不超过50%。（三）在线数据处理与交易处理业务（经营类电子商务）外资股比不超过55%。（四）申请经营上述电信业务的企业注册地和服务设施须设在试验区内。因特网接入服务业务（为上网用户提供因特网接入服务）的服务范围限定在试验区内，其他业务的服务范围可以面向全国”。

② 《工业和信息化部关于在中国（上海）自由贸易试验区放宽部分增值电信业务服务设施地域限制的通告》（2015年5月29日）规定，“一、将呼叫中心业务坐席设置的地域范围由试验区放宽至上海市。二、将国内因特网虚拟专用网业务边缘路由器设置的地域范围由试验区放宽至上海市。三、允许网站加速服务器节点在全国范围内设置，但仅限于为自身网站提供加速，不得违规开展内容分发业务”。

《工业和信息化部关于放开在线数据处理与交易处理业务（经营类电子商务）外资股比限制的通告》（2015年6月19日）规定，“在中国（上海）自由贸易试验区开展试点的基础上，在全国范围内放开在线数据处理与交易处理业务（经营类电子商务）的外资股比限制，外资持股比例可至100%”。

③ 《国务院关于全面推进北京市服务业扩大开放综合试点工作方案的批复》（2019年1月31日）规定，“扩大电信业开放，在北京市服务业扩大开放综合试点示范区和示范园区，取消存储转发类业务、国内多方通信服务业务、互联网接入服务业务（仅限为用户提供互联网接入服务）等增值电信业务外资股比限制”。

《国务院关于深化北京市新一轮服务业扩大开放综合试点建设国家服务业扩大开放综合示范区工作方案的批复》（2020年8月28日）规定，“以中关村国家自主创新示范区海淀园为承载，打造云应用及开源软件生态集聚区。取消信息服务业务（仅限应用商店）外资股比限制”。“向外资开放国内互联网虚拟专用网业务（外资股比不超过50%），吸引海外电信运营商通过设立合资公司，为在京外商投资企业提供国内互联网虚拟专用网业务。”

投资机构只作为出资者，在没有经营电信业务经验的情况下，由于不符合“应当具有经营增值电信业务的良好业绩和运营经验”这一要求，直接投资互联网企业将导致运营主体难以申请增值电信业务经营许可证。在这一背景下，VIE 架构被广泛应用。

而在外资电信新规的背景下，对于增值电信业务领域的互联网企业，在符合外资股比限制的情况下，引入外资 PE/VC 机构及其他外资投资方、境外自然人股东等，可能不会对其申请取得增值电信业务经营许可证造成实质障碍，在此基础上预计会有更多的外资电信企业符合申请条件。相比过去而言，外资电信企业申请增值电信业务经营许可证的流程或许更为简便。在外资比例符合相关增值电信业务外资准入限制的情况下，互联网企业可以结合上市计划、未来业务类型扩张等需求，灵活设计集团架构，搭建 VIE 架构不再是吸收境外资本的必要选择，外国投资者也可探讨直接持有境内增值电信业务运营公司的股权，更直接地享有企业权益与收益。

（二）对外资电信产业准入的影响

在原《外商投资电信企业管理规定》中，要求“外方主要投资者应当具有经营增值电信业务的良好业绩和运营经验”，然而外方投资者往往不满足该项要求，即使有相关业绩与运营经验，也因“良好业绩和运营经验”标准不明而在是否能通过工信部门审批上存在一定不确定性。

从规则的角度而言，外资电信新规生效实施后，有相关经验的跨国电信企业在我国市场准入的规则也将更明确。在满足相关股权比例限制的情况下，拟在我国开展增值电信业务的跨国电信企业可在办理市场主体登记后，向国务院工信主管部门申请电信业务经营许可，无其他外资前置审批程序。而且，申请电信业务经营许可证时，针对外方投资者主要需要提供“外方主要投资者主营业务及业务性质”和“外方主要投资者对申请企业的控制情况说明文件”，而不再需要原来的“外方主要投资者电信业务运营经验证明材料”。在相关申请材料齐备的情况下，企业可以期待在提交申请材料之日起 60 日内获得批准与否的决定。

需要说明的是，以上为根据外资电信新规相关条款推测的理想状态，具体的申请材料填写要求及审核尺度有赖于进一步实践的考验，以及不同地方监管分支机构的具体意见以及实操。目前与之相关的配套法规及服务指南等尚未更新，如

《电信业务经营许可证管理办法》《电信业务经营许可审批服务指南》等相关配套细则仍有待进一步更新明确。尤其是针对内资电信企业再引入外资的情况，据笔者了解，目前实操中仍需办理经营许可证的变更手续，后续是否会进一步放开，尚有待考察。

四、后续互联网企业上市退出路径选择

如上所述，在外资电信新规的背景下，互联网企业的架构选择更为灵活多变，在此基础上，互联网企业的上市退出路径选择或也将发生变化，具体而言：

（一）港股 IPO：已搭建 VIE 架构的境内增值电信企业可能受到限制

搭建 VIE 架构的互联网企业如寻求在我国香港特别行政区上市，需要符合《香港交易所上市决策》（HKEx-LD43-3）以及《香港交易所指引信》（HKEX-GL77-14）中对发行人业务使用合约安排的相关规定，也即所谓"严格限缩"（narrowly tailored）原则。

在过去的实践中，上市申请人及律师往往通过分析法规与访谈监管部门来证明上市申请人采用 VIE 架构符合"严格限缩"的要求，其主要依据为原《外商投资电信企业管理规定》中的外方投资者应具有"良好业绩和运营经验"一条。

但本次外资电信新规删除了这一条件，对仅经营增值电信业务的企业而言，此前实践中论证 VIE 架构的逻辑在外资电信新规生效实施后可能无法继续成立，未来已搭建 VIE 架构的此类外资电信企业在我国香港特别行政区上市，可能需要对现有的股权架构重新调整，或探索新的论证思路，以符合港交所的"严格限缩"原则。

（二）美股 IPO：VIE 架构需充分披露信息

采用 VIE 架构的公司赴美上市，需满足美国《外国公司问责法案》（Holding Foreign Companies Accountable Act）等规定，公司不得利用 VIE 架构规避信息披露要求，除公司直接持有的子公司以外，通过 VIE 架构控制的实体也应当进行信息披露，包括披露 VIE 公司与发行人之间的财务关系等。

此外，随着我国新的《网络安全审查办法》等信息安全法规的生效实施，部分互联网企业赴美上市可能面临障碍；特别是涉及个人信息收集的互联网企业，能否赴境外上市，将受限于我国网络安全审查办公室的审查①。

---

① 《网络安全审查办法》第 7 条规定："掌握超过 100 万用户个人信息的网络平台运营者赴国外上市，必须向网络安全审查办公室申报网络安全审查。"

（三）境内 IPO：外资电信企业境内直接上市选择变多

根据 2018 年 3 月中国证监会发布《关于开展创新企业境内发行股票或存托凭证试点的若干意见》的规定，允许符合试点企业条件的红筹企业在境内资本市场发行股票或存托凭证上市。自此，红筹企业可以在满足一定条件的前提下，保留其红筹架构在境内资本市场进行上市融资，同时需要符合现有法律规定及相应资本市场板块的上市要求。2021 年 9 月，中国证监会发布《关于扩大红筹企业在境内上市试点范围的公告》，将试点企业范围从 7 个行业进一步扩大到 14 个行业。外资电信新规生效前，已有 VIE 架构通过发行 CDR 在境内上市的案例，我们理解，目前此路径仍然可行。

随着外资电信新规生效实施，在增值电信业务领域，在符合外商投资负面清单规定的外资比例限制的情况下，外资电信企业可采用更多样的公司架构及融资方式吸收境内外投资者的投资，同时其申请增值电信业务经营许可证的难度也将进一步降低。含有外资直接投资的境内互联网企业，在满足境内相关资本市场上市要求的前提下，其从中国境内资本市场实现退出的途径也将进一步拓宽。

五、结语

修改后的《外商投资电信企业管理规定》与《外商投资法》、外商投资准入负面清单以及外资电信行业准入特别规定相互衔接，共同形成了电信与互联网行业外商投资准入与管理的法律规则框架。这一修改顺应了电信业务领域扩大对外开放的趋势，一定程度上放宽了外资增值电信企业的申请条件，对我国增值电信领域企业的融资方式、股权架构设计、退出路径选择等方面可能产生重要影响，或将迎来我国外商投资增值电信业务的进一步增长。我们也将持续观察外资电信新规对于增值电信业务领域吸引外资的作用及成果，并期待外资电信新规成为增值电信业务领域吸引外商投资的新的催化剂。

DRAM 存储器行业投融资合规法律实务

宋成哲* 朴金姬 刘桂玲

* 作者简介：

宋成哲，中伦律师事务所北京办公室公司业务部合伙人，电邮为：songchengzhe@ zhonglun. com。

近年来，随着物联网、自动驾驶、AI、VR等新兴产业领域快速发展，DRAM存储器市场需求量呈现快速增长趋势。我国是全球主要的DRAM存储器消费市场之一，DRAM存储器需求庞大。但是，与庞大的国内DRAM存储器需求量相比，我国DRAM存储器的自给率却非常低。国外DRAM存储芯片寡头垄断的格局使得我国企业对DRAM存储器的议价能力较低，也使得DRAM存储器成为我国受国外制约极严重的基础产品之一。我国也早已意识到发展国内半导体行业对于国民经济发展和国家信息安全的重要性，并相继出台了多项产业扶持政策。由于各项政策的刺激，以及DRAM存储器国产化的迫切需求"造芯热"空前兴起，近几年我国DRAM存储器项目备受关注，投资人纷纷投向该行业。然而，不断出现的半导体芯品项目暴雷的消息也给DRAM存储器项目的投资敲响了警钟。

本文将围绕笔者国内DRAM存储器行业投融资项目法律服务的实践，结合DRAM存储器行业背景、特点、政策，就DRAM存储器行业投融资的法律实务关注要点以及投资风险进行解析，以期为投资人投资DRAM存储器IDM项目以及正在融资或将要融资的DRAM存储器项目公司的合规运营提供参考。

一、DRAM存储器行业概述

(一)DRAM存储器

DRAM(Dynamic Random Access Memory)存储器，即动态随机存取存储器，是半导体存储器的一种。半导体存储器分为随机存储器(RAM)和只读存储器(ROM)。随机存储器为易失性存储器，与CPU直接交换数据，可随时读写且速度快，断电后存储数据丢失。RAM进一步细分为动态随机存取存储器(DRAM)和静态随机存取存储器(SRAM)，DRAM具备运算速度快、成本低等特点，常应用于系统硬件的运行内存，需求量超过成本较高的SRAM。只读存储器(ROM)只能读取事先存储的信息，断电后所存数据不会丢失，ROM分为PROM、EPROM、OTPROM、EEPROM和Flash等。Flash是当前主流的只读存储器，具备电子可擦除可编程的性能，能够快速读取数据而且断电时不会丢失数据，往往与DRAM搭配使用。Flash进一步细分为NAND Flash和NOR Flash。目前，按照市场规模来看，DRAM和NAND Flash为最重要的两类半导体存取存储器，DRAM约占存储器市场53%，NAND Flash约占45%，二者份额合计达98%，为存储器市场主要构成产品。① 本文将着重介绍市场规模占比最高的 DRAM 存储器的相关内容。

(二)DRAM 存储器的应用需求

DRAM 存储器的传统应用领域主要为电脑,伴随技术发展,DRAM 存储器的应用已逐步扩大到服务器、移动终端领域以及新兴产业领域。

1. 服务器终端领域的应用需求

AI 及网络产业的发展带动服务器需求持续加温,除大型数据中心持续增建外,各大电信商也为了 5G 服务开始准备并自建数据中心。此外,新冠疫情三年企业远程办公、远程会议、学校在线教育等需求暴增,拉动了云服务需求的爆发性增长,云数据中心超级计算机需求不断提升。

2. 移动终端领域的应用

全球智能手机浪潮持续推动,每部手机加装的 DRAM 存储器容量也在不断增加。同时,随着智能手机存量时代来临,细节优化和性能提升成为行业趋势,多模多频、大屏超薄等新技术不断应用,未来几年,DRAM 存储器在手机中的容量将进一步增长。

3. 其他应用领域

近年 DRAM 存储器在物联网、自动驾驶、AI、VR 等新兴产业领域的需求量也呈现爆炸式的增长。在 VR/AI 领域,要想达到优良的用户体验,必须支持高清分辨率,否则使用者会感觉头晕,而要达到这样的体验,需要更大的存储器用量。在自动驾驶领域,DRAM 存储器是汽车朝着自动驾驶方向演进不可或缺的基础,随着未来自动驾驶技术的普及和渗透,汽车将成为 DRAM 存储器的新战场。

未来数年,随着服务器、手机、PC 以及新型终端及应用需求的不断增加及产品升级,对 DRAM 存储器的需求量及容量要求也将持续增长。

(三)我国 DRAM 存储器的市场供应情况

极高的技术壁垒导致全球 DRAM 存储器市场高度集中。全球著名的世界半导体调查机构 IC Insights 数据显示,2021 年全球 DRAM 存储器市场中,S 公司、L 公司、G 公司三家的市场份额分别达到 43.6%、27.7%、22.8%,合计约占整个 DRAM 市场总额的 94.1%。尽管全球对于 DRAM 存储器的投资研发不断加大,

---

① 参见《存储芯片行业深度报告:长期高成长赛道,本土厂商有望崛起》,载未来智库网 2022 年 4 月 7 日,https://www.vzkoo.com/read/202204071b6ce3e0b4e0bf9ad1da3ff6.html。

但是基于该行业极高的技术要求，短期内三大巨头的地位还是不可撼动的。

相较于庞大的DRAM存储器需求量，我国DRAM存储器的自给率较低。据笔者观察，我国于2014年依托国家大基金的生态体系才开始规模化地发展自己的DRAM IDM体系。2016年，DRAM储存器厂商晋华集成（福建省晋华集成电路有限公司）和长鑫存储（合肥长鑫存储技术有限公司）相继成立，两家企业均主攻DRAM存储器方向。2019年6月紫光集团有限公司也宣布组建DRAM事业群并为此成立了全资子公司紫光存储。截至2019年年底，我国DRAM存储器市场上形成了晋华集成、长鑫存储和紫光存储这三家公司，发展迅猛。[①] 此外，兆易创新、北京君正、紫光国芯、东芯国际也逐步开始了DRAM存储器产品的研发及量产。

近年来，韩国等厂商及先进技术人员赴我国布局DRAM存储器业务的新闻消息也层出不穷，包括富士康在中国大陆布局DRAM存储器业务等项目，不断推动着我国DRAM存储器行业的发展。

我国DRAM存储器业务起步较晚，技术力量薄弱，远远落后于国际领先厂商。从目前国内市场来看，根据相关报道，长鑫存储仍是我国大陆地区唯一拥有DRAM存储器自主研发、生产能力的公司，其也被市场看作我国大陆地区DRAM存储器业务的“希望”。但是，考虑长鑫存储近两年的放量，笔者认为，国内DRAM存储器的自给率可能仍有所不足。[②]

（四）我国DRAM存储器行业的国产化需求

如上所述，DRAM存储器行业主要被国外行业巨头垄断，寡头垄断的格局致使我国企业对DRAM存储器议价能力很低，也使DRAM存储器成为我国受外部制约极严重的基础产品之一。此外，随着越来越多经济、社会、科技、军事等保密信息和资源被存储器存储收集，存储器作为信息存储的核心载体，其安全性也受到更高的重视。积极探索DRAM存储器自主研发能力和生产能力，推动DRAM

---

① 参见《存储芯片行业深度报告：长期高成长赛道，本土厂商有望崛起》，载未来智库网2022年4月7日，https://www.vzkoo.com/read/202204071b6ce3e0b4e0bf9ad1da3ff6.html。

② Industry and Security Bureau, *Implementation of Additional Export Controls: Certain Advanced Computing and Semiconductor Manufacturing Items; Supercomputer and Semiconductor End Use; Entity List Modification*, *Federalregister* (Oct. 13, 2022), https://www.federalregister.gov/documents/2022/10/13/2022-21658/implementation-of-additional-export-controls-certain-advanced-computing-and-semiconductor.

存储器的国产化进程迫在眉睫。

二、我国 DRAM 存储器行业相关政策

DRAM 储存器行业是我国集成电路产业的重要组成部分，由国务院成立的国家集成电路产业发展领导小组以及国家科技领导小组统筹领导管理。

集成电路产业作为电子信息产业的核心，是国家战略性新兴产业，近年来国家高度重视和大力支持集成电路产业的发展，先后出台了一系列促进行业发展的政策，DRAM 储存器行业也因此受益。（见表 1）

表 1 我国促进 DRAM 储存器行业政策

类型	政策名称	制定机关及时间	相关要点
纲领性政策	《中华人民共和国国民经济和社会发展第十四个五年规划和 2035 年远景目标纲要》	全国人民代表大会 2021 年	强调要集中优势资源攻关半导体存储等多领域关键技术
	《新时期促进集成电路产业和软件产业高质量发展的若干政策》	国务院 2020 年	进一步强调快速发展集成电路产业、提高行业竞争力的重要性，从财税、投融资、研究开发、进出口、人才、知识产权等方面对集成电路产业提出政策优惠
	《产业技术创新能力发展规划（2016—2020 年）》	工业和信息化部 2016 年	将集成电路及专用装备项下半导体存储器列为电子信息制造业重点发展方向之一
	《中国制造 2025》	国务院 2015 年	明确把集成电路产业列为未来 10 年国家政策重点照顾领域
	《国家集成电路产业发展推进纲要》	国务院 2014 年	将集成电路产业发展上升为国家战略，明确了“十三五”期间国内集成电路产业发展的重点及目标

续表

类型	政策名称	制定机关及时间	相关要点
财税政策	《软件企业和集成电路企业税费优惠政策指引》	国家税务总局 2022 年	为便利软件企业和集成电路企业及时了解适用税费优惠政策,税务总局对针对软件企业和集成电路企业的税费优惠政策进行了梳理
	《财政部、海关总署、税务总局关于支持集成电路产业和软件产业发展进口税收政策的通知》	财政部、海关总署、国家税务总局 2021 年	对符合条件的集成电路企业(设计、研发、封装、测试等企业)进口国内不能生产或性能不能满足需求的自用生产性(含研发用)原材料、消耗品等的,免征进口关税
	《财政部、国家税务总局、国家发展改革委、工业和信息化部关于促进集成电路产业和软件产业高质量发展企业所得税政策的公告》	财政部、国家税务总局、国家发展改革委、工业和信息化部 2020 年	国家鼓励的集成电路线宽小于 28 纳米(含),且经营期在 15 年以上的集成电路生产企业或项目,第一年至第十年免征企业所得税。 国家鼓励的集成电路设计、装备、材料、封装、测试企业和软件企业,自获利年度起,第一年至第二年免征企业所得税,第三年至第五年按照 25%的法定税率减半征收企业所得税。 国家鼓励的重点集成电路设计企业和软件企业,自获利年度起,第一年至第五年免征企业所得税,接续年度减按 10%的税率征收企业所得税
知识产权政策	《集成电路布图设计审查与执法指南(试行)》	国家知识产权局 2019 年	进一步加大对集成电路布图设计专有权的保护力度,提高集成电路布图设计审查、执法工作的效率与水平,更有效地保护软件和集成电路知识产权
	《集成电路布图设计保护条例》	国务院 2001 年	

续表

类型	政策名称	制定机关及时间	相关要点
人才政策	《教育部等七部门关于加强集成电路人才培养的意见》	教育部等七部门 2016 年	提出扩大集成电路相关学科专业人才培养规模、加强集成电路相关学科专业和院系建设、建设产学合作育人服务平台等九项人才培养意见
	《国家集成电路产业发展推进纲要》	工信部 2014 年	对人才培养、人才引进以及人才服务等方面制定了相关人才保障政策
	《中国制造 2025》	国务院 2015 年	
国家大基金政策	《国家集成电路产业发展推进纲要》	国务院 2014 年	提出设立国家产业投资基金为国家集成电路产业发展提供有力支持。 据此,2014 年国家成立集成电路大基金,以 5 年为一期,截至 2023 年 3 月,国家大基金已进行至第二期。大基金一期共投资 49 家企业,涉及上市公司 24 家,累计有效决策投资 67 个项目,覆盖集成电路设计、制造、封装测试、装备和材料等各环节,实现了产业链上的完整布局。大基金二期于 2019 年 10 月注册成立,目前正在火热投资中

除上述国家层面的支持政策外,各部委和地方政府也相继出台各类文件,从财税、技术、人才等方面对集成电路行业发展作出有针对性的政策扶持。此外,为响应国家政策号召,包括北京、上海、深圳、江苏、青岛、厦门等全国多地成立了地方集成电路专项基金,将具有发展潜力的本地从事设计、制造、封测及材料装备等上下游产业链企业作为主要扶持对象,以支持本地集成电路产业的发展。

在各级政府政策的大力扶持下,国内集成电路产业的技术、资本、人才等资源得到了进一步整合,为包括 DRAM 储存器产业在内的集成电路产业发展营造了良好的政策支持环境，也为国内投资机构投资国内 DRAM 存储器产业创造了优势。

三、国内 DRAM 存储器行业投融资合规要点

近年，由于国家政策支持引导、国家集成电路产业投资基金建立，伴随半导体存储器国产化需求迫切，国内 DRAM 存储器项目充满极高的关注度，多方资本入局，对包括该行业在内的半导体芯片行业出手投资，投融资数量及规模不断增加。对此，我们结合实务经验，简要分析 DRAM 存储器行业投融资合规要点。

（一）核心技术能力

DRAM 存储器行业是技术密集型行业，技术迭代迅速，部分大制造商掌握着最先进的制程工艺，其工艺节点正在向 10nm 接近，量产产品也主要集中在 10nm+产品上。行业龙头们在 2016—2017 年进入 1X（16—19nm）阶段，2018—2019 年进入 1Y（14—16nm）阶段，2020 年后进入 1Z（12—14nm）阶段。最新的 1αnm 仍处于 10+nm 阶段。除行业龙头企业外，各家大厂也将继续向 10nm 逼近。而与全球主要 DRAM 存储器制造商的工艺节点相比，我国 DRAM 技术水平仍显落后，目前还停留在 17—19nm 工艺制程阶段。长鑫存储是当前国内唯一一家可与外国企业正面竞争的本土 DRAM 存储器厂商，其于 2019 年在国内投产 12 英寸 19nm 工艺制程的 DRAM 存储器，本预计 2022 年推出 17nm 工艺制程的 DRAM 存储器，但是截至目前尚未有投产的确切消息。可见，我国 DRAM 存储器行业的整体研发技术水平有待提升，仍一定程度上依靠全球主要制造商相关技术。但即使是向全球主要制造商购买技术，国际寡头企业往往也不会出售或者仅会出售落后其技术水平几代的技术。因此，自主掌握先进的核心技术能力是国内 DRAM 存储器企业提升自身核心竞争力的关键，也是吸引投资人投资的最重要基础。

而投资人投资国内 DRAM 存储器企业，也要着重关注被投企业的核心技术研发能力，包括目前研发水平处于何种工艺节点、克服该工艺制程技术难关的特殊能力、量产产品的工艺节点以及与该研发水平相对应的核心技术人员、核心技术知识产权情况、核心技术保护措施等。

（二）核心技术团队、管理团队层面

半导体行业系技术创新型尖端科技行业，而技术创新需要依托核心人才实

现;2023 年 3 月,美国商务部下属的国家标准技术研究所(National Institute of Standards and Technology,NIST)发布的半导体生产设施投资补助金申请所需的财务模型细则中,要求企业提供运营半导体工厂所需的人力资源成本,细化至工程师、技术人员、管理人员等各岗位类型人员的薪酬,这可以看出美国对于高端人力资源(核心技术人才、核心团队)的重视度。在 DRAM 存储器行业,部分“头部梯队”企业地位较为明显,因此在行业内部,吸引高端人才的客观需求和人才流动的主动性意愿呈现相辅相成之效应。近年来,我国对半导体行业扶持力度较大,应生出企业通过高薪吸引高端核心人才的趋势。被投企业是否拥有高端人才和核心人力资源是拥有核心竞争力的重要指标,在 DRAM 存储器行业的投融资场景下,务必要重点关注被投企业的核心人力资源的范围、过往以及现状情况,具体如下:

首先,明确核心人力资源的范围,应包括创始人、实际控制人、核心技术团队以及核心管理团队。对于核心技术团队,DRAM 存储器 IDM 模式至少需要 FAB 建设/厂务、设计技术、产品技术、制程技术、设备技术、封装测试、制造运营以及半导体专业经营等一系列工程所需技术人员,方可独自着手开展 DRAM 存储器业务。对于核心管理团队,应由具有半导体研发技术人才及具备管理经验、财务经验的人才共同组成。

其次,对核心人力资源进行必要的背景调查,包括学习经历、工作经历,是否与前工作单位存在劳动、人事方面的争议纠纷或其他纠纷隐患,是否与前工作单位签署过保密协议、竞业限制协议,并要求核心人力进行真实披露和承诺;如果签署过,应确认这些保密协议、竞业限制协议的条款和内容,是否与其在现单位的工作产生冲突或矛盾。

再次,确认核心人力资源是否与现单位签署了保密协议、竞业禁止协议,并确认保密协议的条款及内容是否足以覆盖现单位的保密信息保护范围,以及竞业禁止协议是否明确约定了核心人力的同业、竞业等禁止性义务以及具有足够震慑力的违约责任条款。

复次,确认核心人力资源是否签署了知识产权归属协议(尤其是针对技术研发团队),包括在现单位任职前知识产权的持有和许可、职务发明创造、任职期间产生的知识产权的归属、知识产权的登记备案协助义务等。

最后，确认被投企业是否拥有人才输送渠道以及持续的系统性培养体系，这也是被投企业能否在核心人力上持续“造血”以维持核心竞争力的衡量指标之一。

（三）核心技术知识产权

半导体行业属于技术创新型尖端科技行业，涉及集成电路布图设计专有权、专利、技术秘密等多项知识产权。DRAM 存储器品类并不多，但需要大批量生产，因此一家企业可能包揽 DRAM 存储器的芯片设计、生产制造、封装测试等几乎全套流程（IDM 模式）。具体到芯片设计，系指对芯片回路设计，在半导体领域通常会论及微细工程或纳米竞争，半导体芯片里的电路回路线宽数字越小，则在同样大小的芯片里能够设计更多的回路，因此芯片回路设计需要通过登记集成电路布图设计专有权的方式进行保护，并且还可以通过实用新型专利或者发明专利给予保护。

中国集成电路知识产权联盟于 2018 年发布的《集成电路专利态势报告》显示，在 DRAM 存储器领域，全球公开的专利申请达 14 万余件，日本、美国、韩国申请量位居全球前列，占比达 76%，中国的 DRAM 存储器产业技术基础薄弱，相关专利申请量很少，占比仅为 4%。[①] 全球市场规模超过 700 亿美元的 DRAM 存储器市场被韩国、美国等国家的企业垄断，DRAM 存储器技术于 20 世纪 60 年代开始出现，截至目前，技术趋于成熟，专利布局也基本完成。相比之下，我国 DRAM 存储器产业虽然在人才、政策、资金等方面初步具备条件，但如果企业自身的专利储备仍处于较为薄弱状态，将会面临较高的专利诉讼风险，因此通过获得有效的核心专利授权许可，并进行专利战略谋划与布局是企业突起制胜的关键。

投资者在投资 DRAM 存储器企业前，应通过知识产权尽调等方式对被投公司的专利情况进行全面、完整的评估，梳理专利状况，包括但不限于专利权利的产生、获得方式是否合法合规、权利及其链条是否存在瑕疵、权利是否稳定、权利归属是否清晰等，并评估被投企业的专利布局是否全面；在此基础上，还要衡量被投企业能否尽早完善专利布局方案，进一步加强核心专利的稳定性，构筑技术壁垒，以此来判断被投企业的价值以及潜在动力。

此外，投资者还应重点考量被投企业对其技术秘密的保护措施，包括但不限

---

① 参见《存储器芯片：专利数量悬殊，专利质量突围？》，载人民网，http://ip.people.com.cn/n1/2018/0925/c179663-30311866.html。

于是否与员工及提供劳务的其他人员签署《保密协议》、是否制定并执行保密相关规章制度，是否开展定期或不定期的保密培训；还应关注厂房、办公场所、电脑等终端设备的物理安保措施，以及权限管理、访问控制、操作留痕、加密机制等电子安保措施；更要关注是否通过定期或不定期的审计、检查等方式有效落实、监督保密措施的执行情况。

四、DRAM 存储器行业投资风险分析

（一）市场风险

DRAM 存储器的价格极易受市场供需关系的影响，价格波动性显著。库存量不足时价格上升，库存较为充足的情况下价格可能大幅下跌。TrendForce 数据显示，受市场供需方不平衡的影响，存储芯片价格自 2022 年年初以来一路走跌，DRAM 2022 年第四季度合约价跌幅更是在 20%上下。而价格的变化往往进一步带动企业利润率的持续变化。DRAM 存储器品类并不多，但需要大批量生产，因此企业通常采取 IDM 模式完成芯片设计、生产制造、封装测试等几乎全套流程，并采取大规模批量生产储备库存后销售的模式。该种模式下，企业的收益率不佳，可能因此导致企业决定减产，而出现未来盈利达不到预期目标的风险。因此，对于 DRAM 存储器产品的供需变化和未来景气度及价格展望的研究预判是对该行业进行投资的核心基础。

（二）技术风险

DRAM 存储器行业的工艺制程技术发展迅速，全球龙头制造商的工艺节点已经从 2016—2017 年进入 1X 阶段发展到现在的 1α（10+nm）阶段。这就要求 DRAM 存储器企业不断加强新产品开发力度，加大科研投入，以提升企业的技术研发能力，否则在竞争对手率先使用先进技术推出更新换代产品的情况下，将导致企业出现产品利润率下滑的风险。而对 DRAM 存储器企业来说，是否拥有稳定、高素质的核心人才队伍，决定着其是否拥有不断创新的技术研发能力。但 DRAM 存储器企业间的核心技术人才争夺十分激烈，在企业没有完善、科学的人力资源管理体系的情况下，极可能会出现核心技术人才队伍不稳定，从而给企业经营带来一定风险。因此，进行 DRAM 存储器行业投融资，在关注核心技术人员构成的同时，也应该重点关注被投企业人力资源管理制度，包括是否制定了较为

合理的员工薪酬方案、是否建立了公正合理的绩效评估体系、是否建立有效的国内外人才引进机制等保持核心技术人才的内容。

（三）环境影响风险

半导体制造是一个精度极高、对环境极敏感的产业，生产需要超净生产环境，任何自然灾害对建筑的晃动都有可能造成超净环境被污染，而维持超净环境本身也需要消耗大量电力；并且半导体的生产周期较长，通常需要 1—2 周，DRAM 存储器的生产周期则更长，生产线需要每天 24 小时不间断运转，一旦出现设备停机、工厂断电，乃至台风、地震等天灾，会造成精密设备损坏、半成品报废，甚至停产导致产能受损，损失将非常惨重。例如，1999 年我国台湾地区灾难性的 7.6 级大地震造成停电，使我国台湾地区微型芯片工业停产了两个星期，引发全球芯片尤其是 DRAM 供应紧张和价格飞涨；[①]2022 年 7 月，台风"艾利"登陆日本，导致某芯片公司设立在广岛当地的 DRAM 制造厂经历了长时间的断电。该公司预计，2022 财年第四季度和 2023 财年第一季度的生产力和芯片报废都会造成产量损失和相关成本影响。因此，投资 DRAM 存储器行业时，还要着重考虑企业及工厂的所在地的自然、地质等环境风险因素以及供水、供电等市政设施因素。

（四）政治风险

从 2022 年开始，受美国对我国芯片制造、半导体设备制造行业的政策限制，我国半导体芯品的发展进程受到严重影响。国内 DRAM 存储器行业亦是如此，技术研发能力不足、国外的光刻机等设备无法顺利引进等问题，不断考验着国内 DRAM 存储器行业的发展。对此，投资者需要密切关注美国《芯片法案》等相关管制制度的发展动态。美国《芯片法案》补贴限制条款的出炉，使部分芯片制造商面临中美"选边站"的两难抉择。美国拜登政府于 2023 年 3 月底公布了申请 390 亿美元的芯片制造补贴的限制规定，其中就包括半导体企业在接受美国纳税人税金补贴资助的情况下，在中国的大陆地区和其他受关注国家或地区的运营将可能面临的限制。除禁止获补贴厂商先进制程产量扩大超过 5%，成熟制程产量扩大超过 10%，禁止期限长达 10 年，还限制接受经费补贴的企业与中国等外国相关实体进行联合研究和技术许可。统计数据显示，截至 2022 年，仅某巨头公司无锡工

---

① 《台海强震引发整个电子产业链恐慌》，载速石科技网 2022 年 11 月 5 日，https://fastonetech.com/newszblog/post/14224.html。

厂的 DRAM 产量就约占全球总产量的 12%，这些生产线如果受到国外不确定性的影响，受到冲击的将不仅仅是 DRAM 存储器企业本身，全球供应链都会受到影响。

五、结语

DRAM 存储器在半导体产业中占有极其重要的地位，不但市场份额大，而且技术更新换代快，是最具有代表性的集成电路产品，未来几年其市场需求将会持续增长；同时，伴随我国政策的支持引导、国家集成电路产业投资基金的建立以及半导体存储器国产化的迫切需求，国内 DRAM 存储器企业将会持续受到各方投资人的高度关注。但是，无论是被投企业还是投资人，投融资都应重点关注被投企业本身的情况，包括被投企业的实际控制人、核心技术能力、核心技术团队、核心管理团队以及知识产权情况等重点问题。总之，被投企业应事先筹划，从而为公司将来的融资及资本化奠定基础；投资人应梳理投资中的不利因素，做好完备的风险防范工作。

CHAPTER 02

通讯与技术行业合规与监管

欧盟《数字市场法》对平台自我优待行为的合规启示

薛熠* 俞炜

* 作者简介：
薛熠，中伦律师事务所北京办公室合规与政府监管部合伙人，电邮为：xueyi@ zhonglun. com。

自2017年欧盟将平台自我优待的问题带入大众视野以来，平台自我优待问题一直是平台经济反垄断的热点议题之一。尽管我国目前尚无专门规制平台自我优待行为的生效法律法规，也尚无对平台自我优待行为的执法实例，但监管机构对平台自我优待行为的高度关注不言而喻，如国家市场监督管理总局于2022年6月发布的《禁止滥用市场支配地位行为规定（征求意见稿）》第20条，就拟将特定表现形式的平台自我优待行为列举为滥用行为加以规制。与此同时，随着对包括GAFA[谷歌（Google）、苹果（Apple）、脸书（Facebook）和亚马逊（Amazon）四大互联网巨头合称GAFA]在内的大型数字平台自我优待行为的持续调查、执法和诉讼，欧盟、美国等司法辖区正在积极讨论和探索平台自我优待行为的法律评价与规制路径。以欧盟通过《数字市场法》为典型，部分境外司法辖区正在或考虑尝试通过出台针对大型数字平台的事前监管规则，在传统的反垄断法监管框架之外来解决包括自我优待行为在内的平台竞争问题。

在此背景下，我国各大平台该如何借鉴该等有关自我优待行为的域外监管经验，提前做好风险研判和合规预警？

一、境外司法辖区对平台自我优待行为的法律监管框架

平台自我优待行为尚无一个权威、统一的定义，一般是指以双重角色开展业务的数字平台利用其高度整合的商业模式，对自营产品和服务给予优惠待遇的各类行为的总称。

当前，各境外主要司法辖区多认为，自我优待行为可使得大型数字平台借助传统的杠杆策略在不同相关市场上追求双重反竞争效果：一方面，自我优待可排除、限制竞争对手与平台基础业务的竞争（防御性杠杆）；另一方面，该行为可将平台在基础业务相关市场的力量扩展到另一关联的相关市场，排除、限制关联相关市场上的竞争（进攻性杠杆）。在该等法律监管框架下，平台自我优待行为不是一种当然违法的反竞争行为，而是需要适用合理分析原则，即在界定平台相关市场和平台市场支配地位的基础上，通过对特定平台自我优待行为所产生排除、限制竞争效果的分析及客观合理理由的考量，来评价平台自我优待行为是否违反反垄断法。这也符合当前欧盟、美国等主要司法辖区针对包括GAFA在内的大型数字平台自我优待行为的持续进行中的调查、执法和诉讼实例所体现的实际情况。就

此，个案差异之下，各主要司法辖区将如何适用合理分析原则对不同的平台实施自我优待行为进行分析，特别是有关自我优待行为对市场竞争及消费者福利的影响，以及对客观合理理由的论证，值得各方跟踪关注，以资借鉴。

在上述传统的反垄断法监管框架之外，部分境外司法辖区已经或正在考虑尝试通过出台针对大型数字平台的事前监管规则来解决包括自我优待行为在内的平台竞争问题。以欧盟通过《数字市场法》为典型，考虑到反垄断执法在应对平台竞争问题方面的事后性，欧盟期望通过《数字市场法》对符合“守门人”标准的平台施加包括不得自我优待在内的一系列事前义务，以确保“守门人”平台所在市场的可竞争性和竞争的公平性。这一新的监管模式已然跳出传统的反垄断法框架，使得监管者可以跳过相关市场界定，市场支配地位证明，排除、限制竞争效果分析和客观合理理由论证等烦琐的个案分析过程，径行对“守门人”平台施加自我优待行为禁令。

《数字市场法》已经于 2022 年 11 月生效并进入认定守门人平台的 6 个月关键执行期，行将对守门人平台自我优待行为监管产生重大影响。下文将聚焦《数字市场法》有关自我优待的具体规定进行分析，以期能够对我国平台自我优待行为的合规预警提供有益借鉴。

二、《数字市场法》下的自我优待行为禁止性规定的适用范围

（一）相关法条

《数字市场法》第 5—7 条列举了“守门人”平台需履行的义务以规制其可能限制竞争公平性的行为，其中，特别关注了“守门人”平台对自营业务进行排名优待这一典型自我优待行为，要求守门人平台不得在排名及其相关的爬取和索引方面优待自营业务①。

尽管与“守门人”平台义务相关的多项要求，均可能与自我优待行为产生直接或间接的联系，例如，“守门人”平台不得在其独立提供的其他服务中交叉使用来

① 参见《数字市场法》第 6.5 条。

自平台核心服务的个人数据①,不得强制消费者在使用平台核心服务时使用与“守门人”提供的其他产品、服务,或与之互操作②等,但《数字市场法》仅在禁止守门人平台在排名及其相关的爬取和索引方面优待自营业务时,直接使用了与自我优待相关的描述(如 preferential、favourably)。

事实上,欧盟委员会组织的有关有效实施《数字市场法》的技术工作讨论会的首次会议——《数字市场法》的自我优待行为禁令的适用:如何实践,已经于 2022 年 12 月 5 日召开③,其议题也限于《数字市场法》第 6.5 条所述自我优待行为的识别与查明,以及监测、确保行为禁令执行的具体措施。

在某种程度上,当前《数字市场法》下对自我优待行为的核心关注点就在于第 6.5 条所述相关排名优待行为。

（二）具体内容

《数字市场法》第 6.5 条规定,守门人平台不得在排名及与之关联的索引和爬取方面,以相较于对待提供类似产品或服务的第三方更优的方式对待自营产品或服务。守门人平台应以透明、公平、无歧视的方式进行此类排名。④

结合该条文本及相关立法背景,我们理解,尽管受限于排名优待这一特定自我优待行为,该等禁止性规定本身仍具有相当的广度,其要点包括:第一,涉及广泛商业场景。其所禁止的自我优待行为既涉及通用搜索引擎服务对自营产品或

① 参见《数字市场法》第 5.2(c)条。欧盟亚马逊反垄断调查案即为一实例:2019 年 7 月,欧盟委员会对亚马逊使用其市场卖家的非公开数据启动正式调查,欧盟委员会认为,亚马逊依赖市场卖家的非公开商业数据来校准其零售决策,扭曲了其平台上的公平竞争并损害了有效竞争。2022 年 12 月 20 日,欧盟委员会在官网上宣布接受亚马逊提出的反垄断和解承诺,认为亚马逊的承诺解决了委员会对亚马逊使用非公开市场卖家数据以进行自我优待所导致的竞争担忧。

② 参见《数字市场法》第 5.7 条。荷兰苹果反垄断调查案即为一实例:荷兰消费者与市场管理局于 2021 年 12 月对苹果作出处罚,认为苹果强制交友软件开发者使用苹果自身支付系统,并且要求应用程序开发者在自己的应用程序中,不得以任何方式提及苹果支付系统以外的支付选项,这一自我优待行为违反反垄断法。

③ See https://competition-policy.ec.europa.eu/dma/dma-workshops/self-preferencing-workshop_en#:~:text=DMA%20workshop%20-%20Applying%20the%20DMA%E2%80%99s%20ban%20on,of%20Regulation%20%28EU%29%202022%2F1925%2C%20the%20Digital%20Markets%20Act.

④ 参见《数字市场法》第 6.5 条原文:The gatekeeper shall not treat more favourably, in ranking and related indexing and crawling, services and products offered by the gatekeeper itself than similar services or products of a third party. The gatekeeper shall apply transparent, fair and non-discriminatory conditions to such ranking。

服务的优待,也涉及通过软件应用商店、视频共享平台、新闻推送等其他商业场景。第二,涉及多种手段。其所禁止的自我优待行为涉及法律、商业和技术手段。第三,涉及多种技术形式。其所禁止的自我优待行为的具体情形涵盖所有相对突出的形式,如展示方式、评级、链接等方式的突出,而且还包括仅提供唯一结果或选项的情形。第四,涉及多个技术阶段。其所禁止的自我优待行为涉及排名结果的优待,也涉及在爬取和索引阶段(信息发现、整理和存储的过程)实施的优待策略。

此外,《数字市场法》项下的禁止性规定本身还具有相当的灵活性。根据《数字市场法》第8条的规定,欧盟委员会可以通过另行发布实施细则的方式,来对守门人平台遵守包括不得进行排名优待行为在内的诸多义务而应采取的具体措施进行规定。

三、《数字市场法》下自我优待行为禁止性规定的实施要点

我们理解,从实际执行《数字市场法》第6.5条的角度来看,在相对宽泛的条款规定之下,仍然有多个方面的问题需要澄清,有待欧盟委员会在未来实际执法时给出最终答案,以下试举几例进行说明。

(一)关于自营产品或服务

如何区分平台核心服务与平台的其他自营产品或服务可能是一个重要的问题:当平台自营产品或服务实质上可以被认为是平台核心服务的一部分时,理论上也就不可能存在优待自营产品或服务的指控了。鉴于平台经济领域内各项高度整合的业务可能不再像传统产业那样具有明晰的横向、纵向、相邻或混合的关系,其界线可能并不总是那么明朗。举例而言,我们在使用百度搜索时可能会在搜索结果中发现百度百科的相关内容,那么百度百科是百度在提供通用搜索引擎服务之一项功能,还是在提供一项独立的自营产品或服务?

与此相类似,如何区分平台自营产品或服务和第三方产品或服务也可能是一个重要的问题:如果守门人平台选择对某一第三方的产品或服务进行排名优待,而并未对自营的产品或服务进行排名优待,是否违反《数字市场法》第6.5条的禁止性规定?

(二)关于类似产品或服务

如何界定“类似”产品或服务,可能是《数字市场法》第6.5条适用主要的问题

之一。根据欧盟委员会组织的技术工作讨论会,平台自营产品或服务与竞争对手产品或服务的相似性是守门人平台予以平等待遇之前提,否则,排名优待可能是合理的行为而不应受到《数字市场法》第6.5条的约束。就这一问题,守门人平台与其竞争者必然有着不同的立场,未来欧盟委员会在个案中究竟会倾向于广泛解读还是采取更加严格的方式进行判断至关重要。

(三)关于优待,以及透明、公平和无歧视

如何定义、识别与发现守门人平台自我优待的排名行为,以及如何监测及确保守门人平台以透明、公平、无歧视的方式进行排名也是《数字市场法》第6.5条实施的关键问题。

一方面,如何确定"公平、无歧视"可能存在争议。尽管《数字市场法》的序言表明其是基于效果的分析定义守门人平台自我优待的排名行为,任何同等效果的行为均属于《数字市场法》第6.5条禁止范围之内。但是,在缺乏细则指导和实践案例的情况下,界定什么是有违公平和无歧视原则的排名以及什么是同等效果的行为存在一定的困难:

第一,针对不同产品或服务确定爬取、索引和排名的参数可能是不同的,且可能涉及多个参数的复杂组合;

第二,用以确定爬取、索引和排名的参数的选择本质上却是主观的;

第三,在确定参数的基础上利用算法导出排名的结果还可能天然地带有算法偏见,而算法的可解释性又会给这一问题带来额外的复杂性。

另一方面,在上述可能争议的基础上,竞争对手和执法机构如何识别与发现守门人平台自我优待的排名行为也可能存在巨大的困难。爬取、索引和排名意味着数据驱动下的排名算法的运行过程,即便不考虑数据和算法自身的复杂性,在竞争对手和执法机构无法访问守门人平台的数据和算法的情况下,守门人平台是否实施了自我优待的排名行为也非总是显而易见的,更不必提如何确定"透明、公平、无歧视"的合规整改方案,监测并确保守门人平台予以执行了。

四、《数字市场法》下的自我优待行为禁止性规定带来的合规启示

总体来看,《数字市场法》不是解决平台自我优待问题的唯一答案,但其对我国平台经营者做好有关自我优待行为的风险研判和合规预警仍具有重要意义:

首先,欧盟《数字市场法》在传统反垄断法框架之外,为欧盟委员会提供了针对平台自我优待行为的全新执法武器,其在全球范围内产生何种示范效应有待进一步观察,值得平台经营者紧密跟进。

其次,从《数字市场法》第 6.5 条有关自我优待行为的条款内容本身来看,自我优待的排名行为将会是未来一段时间内受到欧盟委员会重点关注的一类高风险自我优待行为。国内平台经营者在涉及排名行为时,亦应当有高度的警觉。

最后,考虑到特定自我优待行为本身定性的问题即可能具有高度复杂性,《数字市场法》第 6.5 条的妥善适用有赖于欧盟委员会借助实施细则及执法案例提供的指引。这也意味着,在相关市场界定、市场支配地位认定以及排除、限制竞争效果分析和客观合理理由论证之外,自我优待行为性质本身的适当分析与考量,也可能是平台经营者在面临自我优待行为相关反垄断调查或诉讼时的重要抗辩思路。

当然,考虑到上述平台自我优待问题的复杂性和不确定性,平台经营者如何做好风险研判和合规预警需要结合具体情况进行个案分析,必要时应当及时寻求专业反垄断律师的意见。

数字经济领域市场支配地位认定的困境与出路

蒋蕙匡　贾　申*　陈清澄

* 作者简介：

蒋蕙匡，中伦律师事务所北京办公室合规与政府监管部合伙人，电邮为：jianghuikuang@ zhonglun. com。

贾申，中伦律师事务所北京办公室合规与政府监管部顾问，电邮为：jiashen@ zhonglun. com。

近年来，数字经济领域渐成全球主要法域的反垄断监管重点。我国《"十四五"数字经济发展规划》提出"强化协同治理和监管机制"，要"坚持发展和监管两手抓"，以及"实现事前事中事后全链条全领域监管"；《国务院反垄断委员会关于平台经济领域的反垄断指南》（以下简称《平台经济反垄断指南》）等对平台企业的竞争合规义务作出了指引；2020年以来，国家市场监督管理总局（以下简称市监总局）对多家平台企业的"二选一"限定交易、不公平高价等滥用行为和上百家互联网企业的应报未报交易进行查处。在国外，苹果、脸书（元宇宙）等大型平台受到欧美等地反垄断机关的持续关注，欧盟《数字市场法》《数字服务法》生效后，更是对在欧洲开展业务的数字服务商和平台企业提出更严格的合规义务要求。

2022年我国新修正的《反垄断法》进一步强化数字经济领域的反垄断规制，规定经营者不得利用数据和算法、技术、资本优势以及平台规则等从事垄断行为，并大幅提高违法行为的处罚力度。2023年3月10日发布并于2023年4月15日开始实施的《禁止滥用市场支配地位行为规定》（以下简称《禁止滥用规定》）和《禁止垄断协议暂行规定》（已失效）进一步强调数字经济领域垄断行为的违法性以及相关认定规则。第十四届全国人民代表大会第一次会议上政府工作报告提出，2023年政府工作重点之一是"大力发展数字经济，提升常态化监管水平，支持平台经济发展"。新形势下，平台数字经济领域的企业将面临更为常态化、精细化的监管要求。

综观全球，由于数字经济行业自身特点，滥用市场支配地位成为反垄断监管的重点行为。传统业态背景下形成的垄断违法行为认定方式，可能无法完全适配数字经济领域动态竞争、跨界竞争的特点，这为反垄断监管和企业抗辩和合规工作带来挑战。本文拟聚焦于数字经济领域经营者市场支配地位的认定，结合我们的实务经验和国内外理论和实践前沿，探讨如何科学合理认定数字平台企业是否具有市场支配地位，协助各数字平台企业提高对经营模式的风险把控和合规应对能力。

一、对经营者市场支配地位的传统认定思路

根据《反垄断法》以及《禁止滥用规定》的规定①，经营者的市场支配地位是指其在相关市场内具有能够控制商品或者服务价格、数量或者其他交易条件，或者

---

① 参见《反垄断法》第23条、第24条；《禁止滥用规定》第6—13条。

能够阻碍、影响其他经营者进入相关市场能力的市场地位。认定经营者具有市场支配地位需考虑的因素包括:(1)该经营者在相关市场的市场份额,以及相关市场的竞争状况;(2)该经营者控制销售市场或者原材料采购市场的能力;(3)该经营者的财力和技术条件;(4)其他经营者对该经营者在交易上的依赖程度;(5)其他经营者进入相关市场的难易程度等。相关份额的判断因素主要为特定商品的销售金额和销售数量,竞争状况等其他因素也需考虑供销模式和经营者对供销渠道的控制能力。此外,如果某经营者的市场份额达到一定标准,可推定该经营者具有市场支配地位。在执法和司法实践中,认定市场支配地位的考虑因素包括相关经营者的市场份额、对相关市场的控制能力、市场进入门槛等。

在经营者市场支配地位的传统认定思路中,界定相关市场是竞争分析的首要且必经步骤,经营者的市场份额、财力和技术能力、市场进入壁垒等也是重要考量因素,而实践中市场份额常被视为认定经营者是否具有市场支配地位的首要标准乃至唯一标准。在计算经营者市场份额的现有方法中,多以相关市场中经营者销售商品的销售额、营业额和销售量作为计算基础。

2014 年,国内数字经济领域反垄断第一案"3Q 大战"中,最高人民法院指出,对于互联网即时通信市场而言,由于该领域的"竞争更多的是争夺用户注意力的竞争,经营者以免费的基础即时通信服务吸引用户,并利用用户资源和注意力通过增值服务和广告来获取收益,因此用户的有效使用时间、使用频度、活跃用户数等通常是考察市场份额较为恰当的指标"①。同时,该案判决指出,由于互联网企业在竞争中更注重服务质量和创新而非商品价格,在免费服务已成为通用商业模式的情况下,SSNDQ(Small,Significant and Non-transitory Decrease in Quality)测试(数量不大但有意义且并非短暂的质量下降)比 SSNIP(Small but Significant and Non-transitory Increase in Price)测试(数量不大但有意义且并非短暂的价格上涨)更适合作为互联网领域的相关市场界定思路。以该标志性案例为起点,数字经济领域不同于线下业态的特点开始受到关注,而传统的市场支配地位界定思路面临的困境也开始显现。

① 参见最高人民法院(2013)民三终字第 4 号。

二、传统认定思路在数字经济领域的适用困境

数字经济平台企业具有双边或多边市场特征，通过在平台两边转移成本，平台企业向个人用户提供的服务通常是免费的；数字经济领域还呈现动态竞争的特点，市场份额低的平台企业并非完全不具有市场力量。因此，市场份额、商品价格、销量等传统认定思路中的重要考量因素在数字经济领域中的作用不一定突出，有时可能无法作为判断数字经济平台市场支配地位的“黄金指标”。

（一）数字经济领域的竞争特点

1. 双边、多边市场，价格具有非中性

平台企业的运营模式通常是向两边甚或多边用户提供不同的商品或服务，各边用户具有不同的需求但又相互依赖。以视频平台为例，其在一侧为消费者提供视频观看服务以满足用户娱乐需求，即基础服务；另一侧为广告商提供广告展示服务以收取推广费用，双边服务质量和用户规模相互影响。双边、多边市场结构下，平台对需求弹性较高的一边用户提供低收费或免费服务以增加用户黏性，对广告商等需求弹性较低一边用户收取较高费用以在双边之间转移成本，通过收益进一步吸引免费端用户。因此，对于平台企业而言，其价格具有非中性，并非根据边际成本定价，而是在双边市场进行分配①。

2. 网络效应和锁定效应

数字经济平台兼有直接网络效应（随着消费者数量的增加，商品或服务给消费者带来的价值会相应提高）和间接网络效应（双边用户互相影响，一边用户的参与能间接提高另一边用户的参与度）②，在两种网络效应的作用下，平台能够形成两边市场互相促进或者互相影响的正/负反馈机制。例如，微博、小红书等社交平台中，参与用户越多，平台赋予用户的体验价值就越高，而淘宝、京东等电商平台中，用户数量的增长吸引更多商家进驻，产品的丰富度则进一步吸引更多用户。此外，由于网络效应的影响，对于用户而言，平台价值也随着用户数量、用户使用频率的提升而增大，用户转移至其他平台的转移成本也相应更大，因此会更倾向

---

① 参见陈林、张家才：《数字时代中的相关市场理论：从单边市场到双边市场》，载《财经研究》2020年第3期。

② See Tim Stobierski, *What Are Network Effects*?, https://online.hbs.edu/blog/post/what-are-network-effects.

于留在原平台,被原平台"锁定",这种锁定效应决定了平台用户黏性的增长。

3. 动态竞争和多领域跨界竞争

数字经济领域中,平台企业的竞争行为通常会引起其他竞争者的回应,各平台间的关联程度较高,相互掣肘,呈现动态竞争的特点。平台企业如果希望持续扩大规模、增强竞争力,通常会利用其在基础服务市场上积累的优势开发新的增值服务,以实现多领域的跨界竞争。在基础服务市场上获得的用户黏性和注意力以及数字商品的低获取成本,让平台企业的跨界竞争更加容易。在动态竞争和跨界竞争的市场中,市场份额只能暂时性地反映平台企业的市场势力,一旦其他企业进行竞争性响应,或者新商业模式或新技术、新产品问世,市场份额的分配就可能迅速发生变化。例如,随着社交领域、直播领域具有独特定位和特性化服务的电商平台的快速崛起和发展,曾经独领风骚的 B2C 和 C2C 电商平台的市场份额受到冲击,竞争格局也发生深刻变化。

(二)传统认定思路与数字经济竞争属性的偏离

1. 市场份额指标弱化

如上所述,基于动态竞争和多领域跨界竞争等特点,即使某一平台企业占有较高的市场份额,也并不必然预示该企业具有较强的市场力量;相反,市场份额较低的企业同样可能具有较强的竞争潜力并迅速成为市场的领先者。因此,数字平台领域的市场份额对经营者市场势力的表征作用远不如传统业态,更非判断经营者是否具有市场支配地位的唯一标准。仅通过市场份额推断市场支配地位的结果不一定准确,须借助其他评判因素确定经营者实际具有的对市场的控制能力。

2. 价格考量效果打折

如上所述,由于数字经济平台经营实质为"注意力"经济,在"免费+增值"的商业模式下,平台一侧仅收取少数费用或者免费(甚至进行补贴),另一侧通过增值服务收取的营利用来反哺免费端服务,两侧价格结构非对称。因此,价格往往难以衡量提供产品或服务的成本和价值,而价格相关因素可能也难作为有效考量市场份额的工具,利用销售额、成交额等与价格挂钩的数据来计算平台企业的市场份额可能难以准确、真实地反映平台企业的市场支配地位。

3. 传统供求分析局限

在传统认定思路中,需求关系与供给关系始终是把握市场结构的根本所在,但是对于数字经济领域而言，在动态竞争和跨界多领域竞争特性的作用下，下游用户需求和上游服务或产品供给无法完全反映市场结构。平台企业在关联市场的市场力量以及其他竞争者的竞争响应，也会从供求以外的维度对市场结构产生影响，因此仅从需求与供给两方面切入分析市场结构具有一定的局限性，无法与数字经济平台的特征相适切，且双边或多边市场之间的相互作用同样需要考虑在内。

三、数字经济领域市场支配地位认定的最新动态

近年来，无论是立法、执法还是司法层面，针对数字经济平台的垄断监管都有许多新动态。就如何认定平台企业的市场支配地位而言，境内外规制思路的发展和变化可提供一定参考。

（一）境内数字经济领域市场支配地位认定思路

1. 相关立法动态

根据《禁止滥用规定》第 12 条的规定，对于平台经济领域等新经济业态而言，“相关行业竞争特点、经营模式、交易金额、交易数量、用户数量、网络效应、锁定效应、技术特性、市场创新、控制流量的能力、掌握和处理相关数据的能力及经营者在关联市场的市场力量”等，都可作为认定市场支配地位的考量因素，并不局限于市场份额等传统认定路径。

根据《平台经济反垄断指南》第 11 条的规定，“活跃用户数、点击量、使用时长”等因素也可以作为市场份额的判定标准；“经营者对上下游市场或其他关联市场的控制力、相关平台经营模式、网络效应”等可用于判断经营者控制市场的能力；“经营者的技术创新能力、数据掌握和处理能力”等可用以判断其财力和技术条件；而“锁定效应、用户黏性、用户转向其他平台的转移成本”等因素则可用来衡量其他经营者对平台企业的依赖程度。

2. 相关执法案例

（1）阿里巴巴“二选一”案①

该案中，市监总局界定的相关市场为网络零售平台服务市场，属于具有跨边网络效应的双边市场。当事人以“衡量网络零售平台服务市场份额的指标多元且

① 参见国市监处〔2021〕28 号行政处罚决定书。

不统一,不能以单一指标推定当事人具有支配地位”等为由,提出其不具有市场支配地位。市监总局认为“分析认定当事人是否具有市场支配地位需对有关因素进行综合考虑”,并从近5年的平台服务收入和平台商品交易额认定当事人的市场份额超过50%。此外,市监总局从控制平台内经营者获得流量和销售渠道的能力等方面认定当事人具有很强的市场控制能力,以近5年的净利润、市值和其先进的技术和算法算力认定当事人具有较强的财力和技术条件,并且通过当事人的网络效应和锁定效应、平台内经营者的转换成本、当事人在关联市场的优势等因素补充说明当事人的市场支配地位。

(2)餐饮外卖平台“二选一”案①

该案中,市监总局界定的相关商品市场为网络餐饮外卖平台服务市场,提出“需要综合考虑平台各边用户之间的关联影响,并主要从餐饮经营者和消费者的角度综合进行需求替代分析,同时进行供给替代分析”。市监总局通过当事人近三年的服务收入和平台外卖订单认定当事人的市场份额超过50%,通过算法和调度等系统论证当事人具有先进的技术条件,并提出平台内经营者的数据难以迁移至其他平台,以及当事人在关联市场的布局巩固和增强了其市场力量。

(3)上海食派士公司限定交易案②

该案界定的相关市场为提供英文服务的在线餐饮外送平台服务市场,并借助假定垄断者测试思路、通过临界损失分析法认定当事人的支配地位。执法机关提出了餐费、配送费、合作餐厅商户数量等与该案竞争分析相关的因素进行临界损失分析,并提出“该在线餐饮外送平台的市场环境不同于传统制造——分销模式的典型之处就是网络效应的出现”。此外,执法机关选取了平台用户数、日订单量、合作餐厅商户数量和销售额这四项数据作为市场份额的统计口径,最后认定当事人的市场份额超过80%,并提出当事人具有明显优于竞争对手的财力及技术条件、其他经营者进入相关市场的难度较大等支撑因素。

3. 相关司法实践

在某垄断纠纷案③中,虽然原告提出“平均月度覆盖人数”“平均日均覆盖人

① 国市监处罚〔2021〕74号行政处罚决定书。

② 参见沪市监反垄处〔2020〕06201901001号行政处罚决定书。

③ 参见深圳市中级人民法院(2017)粤03民初250号。

数”“月度总有效使用时间”“平均人均使用次数”等数据以证明被告具有显著较高的市场份额，但深圳市中级人民法院认为，“因互联网用户往往同时使用多个互联网应用导致了大量用户重叠”，因此该等数据“无法作为认定被告市场份额的客观依据”。就用户数量对认定市场支配地位的作用而言，深圳市中级人民法院开创性提出，“微信用户数量不等于具有天然垄断属性基础……平台内的用户总量与平台内个体所能获得的市场力量不具有必然联系”。

某滥用市场支配地位纠纷案①中，广东省高级人民法院提出“极高用户黏性和锁定效应、玩家有成瘾性需求、游戏收入高盈利能力强、游戏获奖多口碑好”等事实证据，“只能证明被告游戏具有市场竞争优势，而不足以证明网易公司的市场地位已经达到具备控制交易条件或者能够阻碍、影响其他经营者进入相关市场能力的程度”。此外，广东省高级人民法院通过被告网络游戏的销售额与中国大陆市场网络游戏实际销售收入之比得出被告的市场份额，认为其距离《反垄断法》所规定的“二分之一”尚有相当差距，而未参考用户游戏时长、活跃用户数等数据。

在上述两案中，相关市场界定仍是市场支配地位认定的必经之路，并且平台企业的市场份额近乎起着决定性作用，但数字经济领域市场特征也已开始纳入考量范围。

（二）境外数字经济领域市场支配地位认定思路

1. 美国相关立法及案例

2020 年 10 月 6 日，历时 16 个月的反垄断调查后，美国众议院发布对四大平台企业涉嫌垄断的《数字市场竞争调查报告》。在该报告中，美国众议院从互联网平台的网络效应、平台转换成本以及数据访问三个方面论证社交网络市场具有较高的市场壁垒，以及相关经营者具有市场垄断地位。

近年来，美国联邦贸易委员会（Federal Trade Commission，FTC）频频对大型平台企业提起反垄断诉讼。其中，在 FTC 对脸书的诉讼中，美国联邦地区法院于 2021 年 6 月驳回了 FTC 的起诉，理由是除脸书超过 60%的市场份额以外，FTC 未能提供足够的事实证明脸书的垄断力量，并提出在平台为用户提供免费服务的情况下，如果以销售或收入衡量市场份额，那么潜在竞争对手的市场份额将难以确定，无法准确判断其市场力量。

---

① 参见广东省高级人民法院（2018）粤民终 552 号。

2. 欧盟相关立法及案例

2022 年 11 月 1 日，欧盟《数字市场法》正式生效，该法赋予大型平台企业额外的义务要求，规定当平台满足营业额和用户数指标时就被推定具有“守门人”地位，承担“守门人”义务。该法实施后，欧盟反垄断执法机关或可越过传统范式下界定相关市场和认定市场支配地位的步骤，直接认定相关平台企业滥用市场支配地位。

2021 年 1 月 19 日，德国《反对限制竞争法》第十次修订正式生效，新增了条款第 18(3a)条以强调多边市场及其产生的网络效应，提出在判断市场力量时需考虑：(1)直接和间接网络效应；(2)同类服务的多栖性和用户的转移成本；(3)网络效应给经营者带来的规模效益增长；(4)经营者的获取数据能力；(5)创新驱动型竞争压力。

四、数字经济市场支配地位认定的可能出路

(一)准确界定相关市场

在仍以相关市场界定作为认定市场支配地位前提的思路下，数字经济平台领域相关市场界定的难点在于互联网平台企业通常会在基础服务上整合多种不同类型的增值服务，双边/多边市场和多领域竞争的特征导致相关商品市场中的基准产品难以确定。笔者认为，确定数字经济相关商品市场的基本思路可以是，紧密围绕平台企业的争议行为明确其对应的服务内容，以及该等服务主要发生在平台企业的哪一边市场上，在此基础上通过替代分析(同时考虑需求替代和供给替代)划定相关商品市场范围，必要时可以从多维度综合判断，包括商品或服务的功能和质量、用户体验、平台转移成本、市场扩张的难易度，以及 SSNDQ 测试等定量分析等。

(二)合理选择认定指标

1. 重构市场份额判断标准

如上所述，由于数字经济平台的经济模式实质是注意力经济，通过获取消费者的注意力实现变现，以价格和销售为基准的交易额、销售额、销售量等指标或难以发挥表征作用，可考虑对市场份额的确定因素进行重构。根据《平台经济反垄断指南》第 11 条的规定，除交易金额、销售额等价格性指标外，活跃用户数、点击量、使用时长等平台特有指标也可作为确定市场份额的依据。通常，日活量、使用

频率、访问量、浏览量等也被视为衡量平台活跃度和影响力的代表性指标。但是,并非所有情况下的价格指标都不宜适用,如交易类平台的销售额和交易量等仍能反映平台的经营状况。

2. 弱化市场份额的影响权重

由于数字经济平台企业的市场份额具有高度动态性和时效性,并且与市场力量并非完全呈正相关,因此市场份额在认定数字经济领域市场支配地位中的权重可以相应弱化。在动态竞争的市场中,市场份额仅能提供判断市场竞争状况的参考价值,不一定都起到决定性作用,可结合互联网平台竞争的特点选取其他考量因素以综合认定平台企业的市场支配地位,如选取平台企业的技术条件、数据收集和处理能力,以及用户转移至其他平台的转移成本和市场壁垒等。

3. 重视市场壁垒考察指标

根据我国《反垄断法》第 22 条的规定,市场支配地位指经营者具有控制价格等交易条件,或者阻碍、影响其他经营者进入相关市场的能力。无论是对交易条件的控制,还是对其他经营者进入相关市场的影响,都在一定程度上体现为其他经营者面临的市场壁垒,特别是在数字经济领域,跨领域规模效应以及企业之间的数据竞争、动态竞争更凸显了市场壁垒考察的重要性。

在传统线下业态中,市场壁垒主要体现为资金投入、技术壁垒、消费者偏好等,但对于数字经济产业而言,由于平台具有显著规模经济效应,资金投入虽为必要,但产生的影响较为有限。相较而言,平台企业对技术创新的依赖程度更高。此外,用户多栖性和转换成本、数据获取的难易程度、用户习惯等也是衡量数字经济领域市场进入难易程度的重要指标。

4. 参考必需设施理论

在数字经济时代,数据是重要的生产要素,是企业竞争优势的重要来源,对于平台企业的生存和发展更是至关重要,《平台经济反垄断指南》首次明确将数据能力作为认定平台是否构成必需设施的综合考虑因素之一。在数字经济领域,如果某平台企业所具有的数据能力被其他企业依赖,并成为其业务开展的必备和基础条件,满足必要性、独占性、不可复制性、不合理性、可开放性等要件①,那么平台企

① 具体包括:(1)必要性:该设施对于其他经营者参与竞争是必不可少的;(2)独占性:独占者控制了该必需设施;(3)不可复制性:竞争者不能在合理的范围内再复制同样的设施;(4)不合理性:独占者不合理地拒绝竞争者利用该必需设施;(5)可开放性:独占者提供该必需设施是可能的。

业具有的数据能力或知识产权可能被认为是“必需设施”，其持有必需设施的事实或可作为判断其具有市场支配地位的认定因素之一。

5. 直接证据考察竞争效果

在国内监管和司法实践中，虽然相关市场界定和市场支配地位的认定仍是判断经营者是否滥用市场支配地位的前置必经步骤，但也有观点认为，并非所有情况下都需要认定竞争者的市场支配地位，而应重点关注其行为是否具有排除、限制竞争效果的直接证据。

《平台经济反垄断指南》的征求意见稿曾表述，“在特定个案中，如果直接事实证据充足，只有依赖市场支配地位才能实施的行为持续了相当长时间且损害效果明显，准确界定相关市场条件不足或非常困难，可以不界定相关市场，直接认定平台经济领域经营者实施了垄断行为”。这一简化做法可能避免因无法准确界定相关市场和认定市场支配地位导致的事实偏差，但判断平台企业滥用市场支配地位的难度将聚焦于其行为排除和限制竞争效果的量化事实评估，实践中可能同样面临实操上的困境。

（三）在供求分析外引入市场联动的第三维度

对于传统业态而言，从供求两方面分析是贯穿相关市场界定、市场支配地位认定的基本思路，但基于数字经济平台的动态竞争和跨领域竞争特点，仅进行供求分析可能忽视经营者在关联市场和对其他竞争者的影响力。例如，脸书在即时通信的基础服务之上利用用户积累进一步开发了电子支付、理财投资、交通出行、生活服务等一系列关联服务，该等关联市场中原有竞争者可能面临份额降低乃至退出市场的局面，如果不考虑该等关联市场中的影响力，市场支配地位的认定可能失之偏颇。有观点认为，即使从供求两方面都无法得出某平台企业具备显著市场力量的结论，该企业也可能因在关联领域或对其他经营者具有较强影响力而具备事实上的市场支配地位，反之，则不应当然认定其具有市场支配地位。因此，对于数字经济领域而言，可考虑在供求分析的双维度之外引入第三维度，即经营者在关联市场的影响力以及对其他竞争者的影响力，进一步在供求分析的基础上补强证明力。

五、结语

随着数字经济产业的高速发展，国内外对于数字经济平台企业的反垄断实践也在不断摸索和创新,监管力度也呈现持续增强和常态化的趋势。对于涉足数字经济领域的企业而言,相关数字经济领域的反垄断立法进展和实践情况值得重点追踪观察,尤其是监管机关和司法机构对相关经营者的市场支配地位的认定关系着企业商业战略和经营模式,建议紧密关注相关进展。

万舸此中来

——知识产权领域的反垄断合规相关问题

蒋蕙匡* 李梦涵 陈清澄

* 作者简介：
蒋蕙匡，中伦律师事务所北京办公室合规与政府监管部合伙人，电邮为：jianghuikuang@ zhonglun.com。

近年来，随着数字经济、信息技术、生命健康等新兴产业的快速发展，知识产权领域的反垄断合规问题正引发境内外监管的持续关注。2023 年 4 月 27 日，欧盟委员会发布标准必要专利监管新规提案，旨在提高标准必要专利许可的透明度，预计将对标准必要专利治理产生深远影响。我国 2019 年发布的《国务院反垄断委员会关于知识产权领域的反垄断指南》（以下简称《知识产权领域反垄断指南》）和 2020 年修订的《国家市场监督管理总局关于禁止滥用知识产权排除、限制竞争行为的规定》，为知识产权领域的反垄断合规与监管提供了系统指引；2022 年新修正的《反垄断法》强调滥用知识产权的反竞争行为将受到反垄断规制，其实施细则《禁止滥用知识产权排除、限制竞争行为规定（征求意见稿）》对滥用知识产权反垄断行为进一步明确，截至 2023 年 4 月，该规则尚未正式出台；2023 年，《国务院机构改革方案》将国家知识产权局调整为国务院直属机构，旨在全面提升知识产权创造、运用、保护、管理和服务水平，实现知识产权保护与监管的平衡。据统计，截至 2022 年，我国涉及知识产权密集型行业的反垄断处罚案件占比已超 1/5。如何实现促进知识产权保护和防止知识产权滥用之间的动态有序平衡，是我国反垄断监管现阶段亟须攻克的难题。

在知识产权保护和反垄断监管持续加强的背景下，对于知产密集型企业而言，技术许可、技术合作等日常经营活动中的反垄断风险以及监管趋势值得关注。本文结合近年来境内外反垄断立法和监管发展趋势，探讨以技术许可安排为代表的知识产权相关行为可能涉及的反垄断合规风险，为企业知识产权战略的实施以及专利技术许可活动中的合规风险管理提供借鉴。

一、知识产权领域的反垄断监管

（一）知识产权领域反垄断规制思路

知识产权具有天然排他性和垄断属性，专利技术许可等知识产权许可和授权安排有利于技术创新与发展，同时有利于促进市场竞争，因此知识产权领域的反垄断规制一般采取谦抑、谨慎的态度。

根据我国《反垄断法》第 68 条的规定，依法行使知识产权并不构成垄断，只有滥用知识产权排除、限制竞争的行为才可能受到规制。[①] 在此基础上，《知识产权

① 《反垄断法》第 68 条特别规定："经营者依照有关知识产权的法律、行政法规规定行使知识产权的行为，不适用本法；但是，经营者滥用知识产权，排除、限制竞争的行为，适用本法。"

领域反垄断指南》第2条规定了以下4项认定经营者是否存在知识产权反垄断违法行为的基本原则:“(1)采用与其他财产性权利相同的规制标准,遵循《反垄断法》相关规定;(2)考虑知识产权的特点;(3)不因经营者拥有知识产权而推定其在相关市场具有市场支配地位;(4)根据个案情况考虑相关行为对效率和创新的积极影响。”①

因此,知识产权领域反垄断合规的关键在于对相关行为(如技术许可行为)的竞争影响进行评估,并将知识产权相关行为对创新与效率的积极影响和对竞争产生的潜在负面影响进行综合比较,如果相关行为可能产生的促进技术传播、提高资源利用效率等积极作用超过潜在反竞争效果,那么该等行为不应被禁止。

(二)境内知识产权领域的反垄断监管

1. 立法情况

2019年1月4日,《知识产权领域反垄断指南》正式发布,对涉知识产权领域相关市场的界定,可能排除、限制竞争的知识产权协议,涉知识产权的滥用市场支配地位行为,涉及知识产权的经营者集中以及其他可能排除、限制竞争的情形均有涉及,为企业知识产权领域反垄断合规提供了指引。

2022年8月1日,《反垄断法》修正生效后,作为实施细则之一的《禁止滥用知识产权排除、限制竞争行为规定(征求意见稿)》进一步明确认定知识产权领域经营者是否具有市场支配地位时的考虑因素,包括“知识产权的替代性”“下游市场对利用知识产权所提供商品的依赖程度”“交易相对人对经营者的制衡能力”等,并规定了滥用知识产权限制性行为的具体情形,包括“限制被许可人与另一许可人交易”“在知识产权许可时强制被许可人接受‘一揽子’许可”“在专用的回授条款之外附加不合理的独占性回授”等。截至2023年4月,该征求意见稿未正式公布实施。

2. 执法趋势

近年来,包括互联网、电子通信技术、医药健康领域在内的知识产权密集型行

① 以标准必要专利为代表的垄断问题更为复杂。《广东省高级人民法院关于审理标准必要专利纠纷案件的工作指引(试行)》第25条规定,法院在审理标准必要专利垄断纠纷案件时,应根据个案情况考虑相关行为对市场竞争的影响,关注行为对创新和效率、消费者福利的影响。《北京市高级人民法院关于加强知识产权审判促进创新发展的若干意见》第19条也规定,竞争损害分析应考虑相关行为对竞争的影响,以及对促进创新和提高效率产生的影响。

业成为反垄断执法的关注重点。据统计,截至 2022 年,涉及知产密集型行业(信息和通信技术、电子、医药)的行政处罚案例占比超过 20%,具体行业分布如图 1 所示。

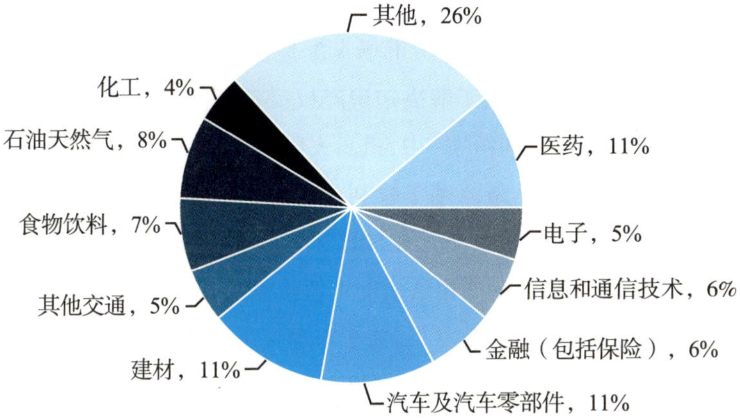

图 1　反垄断行政处罚行业分布(截至 2022 年年底)

3. 司法实践

2019 年年初,最高人民法院设立专门的知识产权法庭,统一审理全国范围内专利、垄断等技术类知识产权上诉案件。2022 年 11 月 18 日,最高人民法院发布《关于审理垄断民事纠纷案件适用法律若干问题的规定(公开征求意见稿)》,对程序性事项、相关市场界定、反垄断违法行为的认定、垄断违法行为实施方需承担的民事赔偿责任等作出了更细致的规定,特别是明确列举了对法院认定知识产权领域经营者市场支配地位时可以考量的因素,包括“特定知识产权的可替代性及替代性知识产权的数量”“利用该特定知识产权所提供的商品的可替代性及该商品的市场份额”“交易相对人对拥有该特定知识产权的经营者的制衡能力”“相关市场的创新和技术变化情况”等。①

我国法院积极审理知识产权相关垄断纠纷。2020 年,八家 KTV 企业诉音集协垄断纠纷案②中,最高人民法院提出,“音集协作为著作权集体管理组织,应当严

① See Frank Jiang, John Jiang, Megan Li, Shirley Chen, *China SPC Seeking Comments to Revise Anti-trust Litigation Rules*, Zhonglun (2022-12-23), https://www.zhonglun.com/Content/2022/12-23/1241135198.html.

② 参见北京知识产权法院(2018)京 73 民初 780 号、最高人民法院(2020)最高法知民终 1458 号。

格按照反垄断法、著作权法、条例等法律法规的要求，履行著作权集体管理组织的职能，既要有效维护著作权人和与著作权相关的权利人的合法权益……又要保障KTV经营者等著作权使用人及时有效获得授权，力求使用费收取的程序标准公开透明精准"，并认定音集协虽然具备市场支配地位，但不存在滥用市场支配地位的垄断行为。2021年，某日本企业滥用市场支配地位纠纷案①中，宁波市中级人民法院首次将"必需设施"理论用于解决知识产权反垄断问题。2022年，"涉中超联赛图片"滥用市场支配地位纠纷案②中，最高人民法院阐释了体育赛事商业权利独家授权中的垄断问题分析思路，"基于权利内在的排他属性形成的垄断状态并非天然权利滥用行为，只有排他性权利的不正当行使才可能涉嫌违反反垄断法"。

标准必要专利领域的反垄断司法活动也值得关注。2018年，广东省高级人民法院和北京市高级人民法院相继发布《关于审理标准必要专利纠纷案件的工作指引（试行）》和《关于加强知识产权审判促进创新发展的若干意见》，系统提出涉标准必要专利相关反垄断案件的审理思路和原则。2013年华为诉IDC案③是我国法院审理并作出终审判决的第一个涉及标准必要专利的反垄断诉讼案件。在华为诉康文森确认不侵害专利权及标准必要专利纠纷案中，2020年最高人民法院作出国内首例禁诉令裁定④。同年9月23日，武汉市中级人民法院在小米诉IDC案中，首次确认中国法院对全球FRAND许可费纠纷具有管辖权⑤。

（三）境外知识产权领域的反垄断监管

我国境内知识产权领域反垄断监管趋严，美国和欧盟等境外司法辖区也持续加强知识产权保护和知识产权反垄断监管，尤其关注专利（特别是标准必要专利）领域的发展动向，相继发布许可和专利相关政策文件和研究报告等。（见表1）

---

① 参见浙江省宁波市中级人民法院（2014）浙甬知初字第579号。
② 参见最高人民法院（2021）最高法知民终1790号。
③ 参见广东省高级人民法院（2013）粤高法民三终字第306号。
④ 参见最高人民法院（2019）最高法知民终732、733、734号之一。
⑤ 参见湖北省武汉市中级人民法院（2020）01知民初169号之一。

表 1　美国和欧盟反垄断监管

美国监管	欧盟监管
2017 年 1 月，美国司法部和联邦贸易委员会发布新修订的《知识产权许可反垄断指南》，规定知识产权不被推定为具有市场支配地位，鼓励创新与竞争[1]	2020 年 11 月，欧盟委员会通过《知识产权行动计划》，以升级欧盟的知识产权框架，鼓励中小企业充分利用知识产权，加大知识产权侵权打击力度[2]
2021 年 12 月，美国司法部、专利商标局和国家标准与技术研究所联合发布《关于受 FRAND 承诺约束的标准必要专利许可谈判和救济的政策声明草案》(2021 年声明草案)[3]，对标准必要专利禁令救济采取了更温和与审慎的立场	2022 年 1 月，欧亚经济委员会发布《关于独占性知识产权的反垄断监管》[4]审查报告，涉及知识产权专有权属边界和限制竞争问题
2022 年 2 月，美国专利商标局发布《5G 专利活动分析报告》[5]，对向欧洲电信标准化协会宣称的 5G 专利族进行了比较分析，以获知当前无线通信领域标准必要专利的专利技术分布情况	2023 年 4 月 27 日，欧盟委员会正式发布关于标准必要专利的监管新规提案[6]，以建立公平、平衡的标准必要专利许可框架

[1] 参见《美国修订〈知识产权许可反垄断指南〉》，载 WTO/FTA 咨询网，http://chinawto. mofcom. gov. cn/article/ap/o/201706/20170602590158. shtml。

[2] 参见《欧盟委员会公布〈知识产权行动计划〉以促进经济复苏》，载中国保护知识产权网 2020 年 11 月 30 日，http://ipr. mofcom. gov. cn/article/sjzl/gj/tsbg/202011/1957499. html。

[3] *Public comments—draft policy statement on licensing negotiations and remedies for standards-essential patents*, The United States Department of Justice, https://www. justice. gov/atr/guidelines-and-policy-statements-0/public-comments-draft-policy-statement-licensing-negotiations-and-remedies-standards-essential.

[4] 参见《欧亚经济委员会发布知识产权领域的反垄断审查报告》，载中国国际贸易促进委员会网，https://www. ccpit. org/a/20220112/20220112gpit. html。

[5] See Patenting activity by companies developing 5G, https://www. uspto. gov/sites/default/files/documents/USPTO-5G-PatentActivityReport-Feb2022. pdf.

[6] See *COM*(2023)232 - *Proposal for a regulation of the European Parliament and of the Council on standard essential patents and amending Regulation* (*EU*) 2017/1001, European Commission (2023-4-27), https://single-market-economy. ec. europa. eu/publications/com2023232-proposal-regulation-standard-essential-patents_en.

二、涉及技术许可的滥用市场支配地位问题

(一) 如何界定相关市场

相关市场界定通常是竞争分析的出发点，而知识产权的“地域性”以及保护期

间等因素可能对市场界定产生影响。例如,在 2014 年附条件批准赛默飞世尔科技公司收购立菲技术公司案①中,对于生产技术含量高或拥有准入性专利、全球市场依赖大型生产商供应的少数产品而言,其相关地域市场被界定为全球市场;对于其他绝大多数产品,由于生产技术难度不高、没有准入性专利,且国内外供应商均能生产销售,其相关地域市场被界定为中国境内市场。

在技术转让或许可安排中,技术本身也可能被界定为一个独立的相关市场。相关技术市场不一定与被许可知识产权涵盖的所有技术完全重合,根据《知识产权领域反垄断指南》第 4 条的规定,"在考虑一项技术与知识产权所涉技术是否具有替代关系时,不仅要考虑该技术目前的应用领域,还需考虑其潜在的应用领域"。

在标准必要专利相关许可中,目前的执法和司法实践②倾向于将单独的标准必要专利界定为独立的相关商品市场。对于组合许可来说,相关商品市场通常被界定为由每个单独标准必要专利相关商品市场组成的集合,而相关地域市场一般界定为相应国家或地区市场的集合。例如,在 2015 年诺基亚收购阿尔卡特朗讯股权案③中,执法机关将相关市场界定为通信标准必要专利许可,并根据诺基亚的标准必要专利占 2G 和 3G 标准所涵盖的所有标准必要专利的比例来评估其市场控制力。

(二)如何认定市场支配地位

虽然知识产权具有排他性,但某一经营者持有某项专利技术的事实本身并不必然等同于具有市场支配地位。除认定市场支配地位的传统考量因素以外,《知识产权领域反垄断指南》指出,在技术许可领域通常纳入考虑的因素,还包括"交易方转向替代性技术或产品的可能性及转换成本、下游市场对使用该技术产品的依赖程度、交易方对许可人的制衡能力"等。对于持有标准必要专利的许可人而

---

① 《商务部公告 2014 年第 3 号 关于附加限制性条件批准赛默飞世尔科技公司收购立菲技术公司案经营者集中反垄断审查决定的公告》,载反垄断局网,http://fldj.mofcom.gov.cn/article/ztxx/201401/20140100461603.shtml。

② 参见广东省高级人民法院(2013)粤高法民三终字第 306 号、发改办价监处罚〔2015〕1 号行政处罚决定书。

③ 参见《商务部公告 2015 年第 44 号 关于附加限制性条件批准诺基亚收购阿尔卡特朗讯股权案经营者集中反垄断审查决定的公告》,载商务部网,http://www.mofcom.gov.cn/article/b/c/201510/20151001139748.shtml。

言,“标准的市场价值、应用范围和程度”“是否存在具有替代关系的标准或者技术,包括使用具有替代关系的标准或者技术的可能性和转换成本”“行业对相关标准的依赖程度”“纳入标准的相关技术被替换的可能性”等,同样是衡量该许可人是否具有市场支配地位的考量因素。

《广东省高级人民法院关于审理标准必要专利纠纷案件的工作指引(试行)》指出,“市场份额并非判断标准必要专利权人在相关市场上是否具备市场支配地位的唯一因素。根据个案情况,可考虑相关市场的竞争状况,公平、合理、无歧视承诺的约束力,涉案专利在交易条件中所受限制,交易相对人对标准必要专利经营者的依赖程度和制衡能力等其他因素”。实践中,标准必要专利实施方的市场力量及其利用公平、合理、无歧视承诺对抗标准必要专利持有人的能力,通常也可作为判断标准必要专利持有人是否具有市场支配地位的考虑因素。

(三)典型滥用市场支配地位行为

1. 收取过高许可费

我国滥用知识产权的垄断纠纷多与许可费有关。除主张许可费本身过高之外,专利权人对失效或无效专利收取许可费,或要求实施方免费授予交叉许可或反向许可等情况,同样可能构成实施方主张许可费不合理的滥用市场支配地位行为。对于标准必要专利而言,其许可费是否合理的衡量方法主要包括可比许可协议法和自上而下法。①

2. 拒绝许可

拒绝许可通常被认为是企业行使其知识产权时的固有权利。然而,如果某企业具有市场支配地位,特别是持有标准必要专利或其知识产权构成生产和经营的“必需设施”时,无正当理由拒绝许可其知识产权则存在被视为滥用市场支配地位的风险。

---

① 比如,在(2013)粤高法民三终字第306号中,广东省高级人民法院经过比较被告对苹果、三星和其他被许可方的许可费率,认定被告对华为收取的许可费过高,并提出许可使用费数额的确定应当考虑以下诸多因素:实施该专利所获利润多少;专利权人是否仅能够就其专利权而不能因标准获得额外利益;专利权人在技术标准中有效专利的多少;专利许可使用费是否超过产品利润一定比例范围等,以实现专利许可使用费在专利权人之间的合理分配。又如,由美国法院审理的一系列标准必要专利案例中采取了自上而下法,此法被认为能更准确地评估“一揽子”许可的FRAND费率,解决许可费叠加问题,但目前国内尚无使用自上而下法的案例。

在某日本企业滥用市场支配地位纠纷案[1]中，宁波市中级人民法院认定被告的涉案专利已构成必需设施，而被告拒绝向原告开放烧结钕铁硼相关专利许可的行为“构成《反垄断法》第十七条规定的滥用市场支配地位的‘拒绝交易’行为”。这是国内首例明确引入必需设施理论分析知识产权反垄断问题的司法案件，在判定涉案专利已构成必需设施的前提下，宁波市中级人民法院认为被告拒绝许可该专利的行为应受反垄断审查，并在此基础上判断其拒绝许可行为对下游市场竞争的影响。[2]

3. 许可中的搭售安排

技术许可中的搭售安排可能涉及搭售另一项知识产权（如将标准必要专利和非标准必要专利捆绑许可）或者搭售其他实体产品。对技术许可中搭售行为的认定基本采取与实体产品搭售同样的思路，即考虑搭售行为“是否违背交易相对人意愿”“是否符合交易惯例或者消费习惯”“是否无视相关知识产权或者商品的性质差异及相互关系”“是否具有合理性和必要性”“是否排除、限制其他经营者的交易机会”“是否限制消费者的选择权”[3]。

4. 附加不合理许可条件（包括排他性安排）

知识产权相关交易中的不合理许可条件，包括限制交易方使用竞争性技术、强迫交易方与第三方交易或禁止与第三方交易、要求免费交叉许可、排他性回授或独占性回授，以及承诺不挑战专利的有效性等。如果技术许可方拥有较强势的市场地位并实施上述行为，则可能被视为附加不合理许可条件（一些不合理或不具有正当性的排他性安排也可能被视为实施限定交易行为），从而被认定为滥用市场支配地位。

（四）其他可能涉及滥用市场支配地位的行为

1. 寻求禁令等救济措施

寻求禁令是知识产权许可人维护自身合法权益的固有救济方式，许可人寻求禁令救济行为本身并不一定构成滥用支配地位。在认定标准必要专利持有人是

---

① 参见宁波市中级人民法院（2014）浙甬知初字第 579 号。

② 参见蒋蕙匡、李梦涵：《经营自由或互联互通？“必需设施”理论的反垄断法实践》，载中伦网，https://www.zhonglun.com/Content/2021/11-24/1601061501.html。

③ 参见《知识产权领域反垄断指南》第 17 条。

否存在滥用行为时，法院通常会审查相关实施方是否善意，包括寻求停止实施禁令是否具备正当理由、是否迫使实施方接受其提出的过高许可费或其他不合理许可条件，以及寻求禁令行为是否导致排除、限制竞争的后果。另外，由于权利人可能因提起侵权诉讼或寻求禁令救济而被认定为违反《反垄断法》或实施专利劫持，被许可人可能会利用其有利地位恶意拖延许可合同的谈判、签署，或者拒绝支付任何使用费。①

2. 其他违反 FRAND 承诺的行为

基于标准必要专利的特殊性以及为实现公众的标准化需求等考虑，国际标准组织要求标准必要专利持有人应对实施人作出 FRAND（fair，reasonable and non-discrimination，公平、合理、无歧视）许可的承诺。除设定不合理许可费、拒绝许可以及附加其他不合理交易条件外，违反 FRAND 承诺的行为还可能体现为专利权人对处于相似地位的标准实施人给予不同的许可待遇，以及任一方故意拖延或拒绝许可谈判等恶意磋商行为，但并非所有差别待遇行为都会被认定为违反 FRAND 承诺。② 对于可能具有市场支配地位的企业而言，其实施涉嫌违反 FRAND 承诺的行为可能存在（但不必然）同时被认定为滥用市场支配地位行为的风险，但仍需根据具体案情进行判断。

三、涉及知识产权许可的横向或纵向垄断协议

存在竞争关系的许可人可能会实施固定价格、限制产量、分割市场、限制新技术、联合抵制等横向垄断协议行为。其中，固定价格、限制产量/销售量、市场分割通常被视为“核心”垄断协议，无法向反垄断执法机构提出中止调查申请。此外，竞争者之间就标准化或专利池的合作也存在被认定为横向垄断协议的风险③，具

---

① 在（2016）京 73 民初 482 号（2017 年高通诉魅族案）中，北京知识产权法院提出，“一方合法权益受损且经过合理长时间无法自力解决或通过其他正当途径解决时，应当允许就整个争议一并提起诉讼，而不必就许可条件是否合理、许可条件是否构成垄断等纠纷分别起诉”，从而免除了专利权人通过司法途径解决纠纷的后顾之忧。

② 例如，在［2018］EWCA Civ 2344；［2020］UKSC 37 中，上诉法院提出 FRAND 原则并不等同于最惠国条款，英国最高法院也认为 FRAND 原则是单一且复合的义务，并非意味着所有实施方都要接受相同的许可费率。

③ 即两个或者两个以上的专利权人通过某种形式将各自拥有的专利共同许可给第三方的协议安排，也称为“专利联营”，若专利联营成员交换价格、产量、市场划分等有关竞争的敏感信息，可能构成垄断协议行为。

有市场支配地位的企业还可能利用专利池实施滥用市场支配地位行为。两个及以上的实施方对共同许可人的联合抵制，也存在构成横向垄断协议的风险。

技术许可协议主要体现为许可人和被许可人之间的纵向关系，许可人对被许可人附加转售价格限制（Resale Price Maintenance，RPM）等交易条件可能被认定构成纵向垄断协议。

值得注意的是，《知识产权领域反垄断指南》提出了涉知识产权垄断协议的"安全港规则"，即如果"具有竞争关系的经营者在相关市场的市场份额合计不超过 20%"或"经营者与交易相对人在受到涉及知识产权的协议影响的任一相关市场上的市场份额均不超过 30%"或"在相关市场上除协议各方控制的技术外，存在四个或者四个以上能够以合理成本得到的由其他经营者独立控制的具有替代关系的技术"，除非有相反证据证明相关协议对市场竞争具有排除、限制作用，那么不认为该等协议构成违法垄断协议。新修正的《反垄断法》明确规定仅纵向垄断协议可以适用安全港制度，横向垄断协议不适用安全港制度，而市监总局于 2023 年 3 月 10 日发布的《禁止垄断协议规定》中并未明确"安全港规则"的标准。此前，《禁止垄断协议行为的规定（征求意见稿）》中曾规定安全港标准为"经营者与交易相对人在相关市场的市场份额低于 15%"，低于《知识产权领域反垄断指南》规定的标准。① 由此看来，"安全港"规则的确切适用范围与标准可能还有待执法机关进一步判定。

四、涉及知识产权许可的经营者集中

（一）许可本身是否构成经营者集中

如果知识产权许可本身构成一项独立业务，经营者对另一经营者许可技术本身的控制可能构成经营者集中；若该部分知识产权产生的营业额超过申报标准，则该交易可能需要进行经营者集中反垄断申报。根据《知识产权领域反垄断指南》，除技术转让外，排他性许可安排同样可能构成经营者集中，具体取决于许可的方式和期限等具体条件。

---

① 参见余昕刚等：《扬帆采石华——〈反垄断法〉四部配套新规，深度解读十问十答》，载中伦网，https://www.zhonglun.com/Content/2023/03-27/1318547505.html。

（二）竞争影响评估的考量因素

在评估经营者集中可能产生的竞争影响时，反垄断执法机关通常会考虑相关经营者的市场份额及其对市场的控制力、市场集中度、市场进入、促进创新和技术进步的影响，对消费者和其他有关经营者的影响，以及对国民经济和产业发展的影响。在知识产权领域，技术因素对于判断市场准入门槛以及消费者或其他经营者的依赖程度的重要性更加凸显。

（三）涉及专利的限制性条件

根据《知识产权领域反垄断指南》的规定，涉及专利的限制性条件包括结构性条件、行为性条件和综合性条件。在结构性条件方面，相关技术和研究设施可能构成剥离资产的一部分，或作为确保有效剥离的支持条件。而行为性条件包括持续提供承诺、不歧视、FRAND 承诺和报告义务等。

五、结语

在强化知识产权保护以及反垄断监管常态化的宏观背景下，境内外有关机关将如何在知识产权领域寻求鼓励创新与保护竞争之间的平衡，值得进一步观察。对于互联网、电子通信技术、医药健康等知识产权密集型产业而言，知识产权保护、实施、转让与许可中的反垄断合规风险关系着企业知识产权发展战略和规划的实现，也决定了企业可能面临的反垄断监管成本。因此，我们建议在知识产权相关交易和日常经营行为中尽可能把握其中的反垄断合规要求，紧密关注相关立法政策与实践动态，以提高合规风险应对与处理能力。

数据流转过程涉数据不正当竞争案件的裁判要点

赵　刚[*]　王叶子

[*] 作者简介：

赵刚，中伦律师事务所北京办公室知识产权部合伙人，电邮为：zhaogang@ zhonglun. com。

数字社会中，数据扮演着关键生产要素和国家基础性战略资源的双重重要角色。2023 年 3 月 10 日，数据要素市场发生重大变动，第十四届全国人民代表大会第一次会议第三次全体会议表决通过了国务院关于提请审议《国务院机构改革方案》的议案，组建国家数据局势在必行。根据《国务院机构改革方案》的要求，国家数据局负责统筹数据资源整合共享和开发利用，统筹推进数字中国、数字经济、数字社会规划和建设等。数据要素时代的到来，也使得互联网经营者对于数据权益的竞争日趋激烈，反映在司法实践中即关于数据的不正当竞争纠纷频繁发生。数据流转过程涉及多个主体、数据分类维度多样、不正当竞争行为更为复杂等，致使当前的数据不正当竞争司法实践并未形成统一裁判规则，仍以个案判断为主。因此，为了更好地把握此类案件的特殊裁判要点，本文将基于数据流转过程即数据产生、加工、使用的过程，结合相关数据不正当竞争裁判案例，深入探讨我国《反不正当竞争法》视域下数据纠纷案件的裁判要点。

一、平台数据的类型

数据的流转过程一般包括原始数据产生、数据加工、数据使用等重要环节。对于每个环节中数据的类型、所涉主体、价值叠加行为的区分与判断，直接影响涉数据不正当竞争案件中重点考量因素的判断。在探讨具体环节之前，有必要按照当前司法实践中存在的分类方式对平台数据类型予以明确。

（一）“原始数据”与“衍生数据”

在大部分涉数据不正当竞争案件中，司法裁判机关在判断权利人（诉讼中主张就相关数据享有财产性权益或竞争性权益的主体）是否就涉案数据享有权益或在判断被诉行为的性质时，首先会就相关数据是“原始数据”或“衍生数据”展开论述。在“生意参谋”不正当竞争案件①中，原始数据与衍生数据作为法律意义上的数据分类概念被用作论证被诉行为是否具有不正当性的基础。法院认为，信息是数据的内容，数据是信息的形式，原始数据指电商平台网络用户浏览、搜索、收藏、加购、交易等行为痕迹信息外化为数字、符号、文字、图像等方式的表现形式，其所具有的实用价值在于其所包含的网络用户信息内容，而不在于形式。衍生数

① 参见浙江省高级人民法院（2019）浙民申 1209 号、浙江省杭州市中级人民法院（2018）浙 01 民终 7312 号。

据，则是指在收集海量原始数据基础上，经过深度分析处理、整合加工而形成的数据内容。据此可以初步判断，法律意义下的原始数据，应指因用户信息、互联网行为等而客观产生的痕迹记录，而衍生数据是指经分析、过滤、提炼、处理、整合等加工后所形成的数据，判断重点在于附加价值的叠加。

（二）“公开数据”与“非公开数据”

按照是否被公开，数据还可以分为社会公众能够通过公开渠道获取的“公开数据”和不能获取的“非公开数据”。在“鹰击系统”不正当竞争案件[①]中，一审法院认为，从规范层面看，将平台数据作公开和非公开数据之分，更能体现法律意义。该案中，原告、被告双方均使用“前端数据”和“后端数据”的概念区分 WB 平台数据，但原告所称前端数据是指普通用户在使用产品时能够看到或直接识别出的内容，即后端数据经过其产品处理流程后，最终呈现在用户面前、供其浏览的数据。后端数据则是指用户无法获取、识别和理解的数据，系服务器存储和发出的数据，除上述最终呈现于用户面前的内容之外的数据均属后端数据，如服务器发出的代码。然而，被告则不同意原告关于前端数据与后端数据的区分和解释。被告认为，在 WB 平台用户未登录状态下显示在网页 HTTP 代码中的数据均为前端数据，包括可以通过网络爬虫获取的以及用户可公开浏览的信息，而后端数据则应指无论是用户未登录还是登录状态下均无法查看的信息，如用户账号名称、注册手机号等用户个人隐私。在此情况下，法院考虑到双方对该两类数据的理解和定义存在较大差异，且从技术角度看，使用上述概念区分 WB 平台数据或可能存在范围重叠之情形，或可能出现分类不严谨的问题，因此在判决中明确使用“公开数据”和“非公开数据”的概念作为数据类型的法律区分，以便对被诉不正当竞争行为性质予以评述。

此外，在该种分类下，就“公开数据”而言，还需要特别注意其与“公共数据”的区分。根据相关裁判案例中所体现的含义，法律意义上的“公开数据”系针对权利人具体互联网产品而言，即权利人在其产品中向公众公开展示的、使公众能够直接浏览查阅的数据。而“公共数据”则是指国家机关、司法机构、具有管理公共事务的组织或提供公共服务的运营单位，在履行职责或提供公共服务过程中收

---

① 参见北京市高级人民法院（2021）京民申 5573 号、北京知识产权法院（2019）京 73 民终 3789 号、北京市海淀区人民法院（2018）京 0108 民初 28643 号。

集、产生的数据。由于公开数据的收集、授权及使用均有明确的法律条例规定，因此反不正当竞争视角下被广泛探讨的多系两者中的“公开数据”。

（三）未进行数据分类的情形

在部分涉及完整照搬使用权利人数据的案件中，法院在判断被诉行为性质时，并未就数据类型进行专门分类，而是通过判断被诉不正当竞争行为是否对权利人就相关数据享有的财产性或竞争性权益造成损害进行正当性评价。例如，在“车来了交通软件”不正当竞争案①中，法院并未对被告所使用的原告数据类型进行明确区分，而是认为被告利用网络爬虫技术获取并无偿使用的原告“酷米客”软件实时公交信息数据的行为，系一种“不劳而获”“食人而肥”的行为，具有非法占用他人无形财产权益、破坏他人竞争优势、为自己不正当获取竞争优势的主观故意，扰乱了竞争秩序，构成不正当竞争。同样，在“99 房产网站”不正当竞争案②中，法院也未对被告大规模抓取、存储的涉案数据本身类型进行区分，而是通过确认原告对其网站内海量房源数据整体享有竞争性权益，判断被告对这一整体成果实施抓取、使用和传播行为违反商业道德、造成原告权益损害、影响消费者福利，从而认定涉案行为构成不正当竞争。

二、数据的产生过程

在探讨数据产生的过程时，按照上述“原始数据”与“衍生数据”的法律分类能够更准确地把握数据产生过程中所涉及的主体，从而在司法实践中准确确定相关数据权益的归属主体。

（一）平台中网络用户提供的原始数据

如上所述，原始数据泛指权利人基于运营平台或产品而收集和存储的用户海量数据集合。实践中，根据数据内容不同，又可以进一步分为网络用户个人身份信息数据以及用户因平台内行为痕迹而产生的数据。此外，实践中司法裁判机关有时还将原始数据分为单个用户数据与数据资源/数据库整体。这些对原始数据的区分方式直接影响着数据权益的归属主体，即在具体案件中确定哪一个主体可以就相关数据主张权利、进行诉讼维权。

---

① 参见广东省深圳市中级人民法院（2017）粤 03 民初 822 号。

② 参见北京市海淀区人民法院（2021）京 0108 民初 9148 号。

1. 关于网络用户个人信息数据与平台内用户行为痕迹数据的归属

当前法律实践中，任何主体均较难就单一网络用户信息主张权利或权益。为了使用网络经营者提供的服务，网络用户在注册平台账号时就会向平台提供包括其个人姓名、出生日期、身份证号码、电话号码、住址等在内的个人信息。就相关个人数据的权益归属问题，法院在上述“生意参谋”不正当竞争案①中曾作出过明确认定。法院认为，在探讨原告对于其“生意参谋”数据产品是否享有合法权益、享有何种法定权益时，首先应当明确原告作为网络经营者与相关网络用户对于网络用户信息、原始网络数据、数据产品的权利边界。在法律关系层面，网络运营者与网络用户之间系服务合同关系，网络用户向网络经营者提供个人用户信息的真实目的是获取相关网络服务。因此，网络用户的个人信息作为单一信息加以使用，通常情况下并不当然具有直接的经济价值，在无法律规定或合同特别约定情况下，网络用户对于其提供给网络经营者的单个用户信息尚无独立的财产权或财产性权益。从法院的认定可以看出，单个网络用户信息通常不具有当然经济价值，也非法定权益，故而任何主体均较难基于相关单一用户数据主张权利或权益。

平台内用户进行浏览、搜索、交易、投诉等具体操作的行为痕迹本身，一般仍属于原始数据范畴。但当其被平台以可视化方式展示于前端时，网络经营者便可能不再仅仅是数据收集者角色，而是通过付出人力、物力、财力、时间等经营成本对原始数据进行特定格式加工，使其转化为衍生数据。此时，网络经营者便可以基于相关具有经济价值的衍生数据主张权利或权益。在“汽车门”不正当竞争案②中，被告汽车门网站中的涉案 5 万余条投诉信息中完整包含原告网站内的汽车投诉信息，具体包括标题、品牌、车型、车款、投诉内容、投诉回复等详细投诉内容。法院认为，涉案投诉信息属于原告建立数据模型、进行大数据分析、提供产品研发咨询服务、辅助提升售后服务的基础数据，相关投诉数据的收集更是汽车研发机构建立沟通机制、进行商务合作的必要基础与前提，投诉信息的展示更能带来规模效应。因此，原告投诉数据系经过长期经营、管理、维护而形成的信息，具有较高市场经济价值，应当受到法律保护，原告可以基于相关数据主张权利。

① 参见浙江省高级人民法院（2019）浙民申 1209 号、浙江省杭州市中级人民法院（2018）浙 01 民终 7312 号。

② 参见北京知识产权法院（2022）京 73 民终 3718 号。

2. 关于单个用户数据及数据库/数据资源整体的权益归属

目前司法实践中,网络经营者一般无法对特定的单个用户数据主张权利或权益,仅可就数据库或数据资源整体主张财产性或竞争性权益。在“聚客通群控软件”案①中,法院特别指出,网络平台中的数据,以数据资源整体和单一数据个体划分,网络平台经营者所享有的是不同的数据权益。据此,原告主张享有 WX 平台数据权益,其主张享有权益的对象实际可分为两种数据形态,一是数据资源整体,二是单一数据个体。就数据资源整体概念而言,原告依法可以享有竞争性权益,但就 WX 平台单一数据个体概念而言,原告仅享有有限的使用权。作出该种区分认定的原因主要包括:(1)该部分数据只是 WX 平台将用户提供的信息进行数字化记录后形成的原始数据,并非 WX 平台产品所产生的衍生数据,WX 平台虽在采集过程中付出了劳动但并未提升数据的价值;(2)单一用户数据权益归属不能遵从谁控制谁享有原则,在遵从“合法、正当、必要、不过度、征得用户同意”的原则下,可以使用他人控制的个人用户数据。

(二)平台因研发生产、收集管理、整理加工而形成的衍生数据

1. 平台使用的衍生数据的类型及归属

在复杂的商业经营模式下,平台所使用的衍生数据类型大致可分为以下三种:

第一种,网络平台因自身研发行为而产生的数据,其最大特点即平台自身是数据生产者,如专门提供考试题题库的 App 运营主体、提供行业研报资讯的门户网站等。

第二种,平台基于对网络用户数据加工、整理、汇总而得到的数据。这类数据最大特点即经济价值明显提高,也即平台通过投入资金、技术、时间、运营等成本,对原始数据进行了价值叠加,如电商平台对商家及消费者用户数据提炼整合而形成的衍生数据、社交网站平台对网络用户数据进行算法过滤形成的大数据分析内容等。

第三种,平台本身系依赖于其他平台数据开展商业活动的市场主体,即该平台获取其他平台的衍生数据后,有可能直接照搬使用,也有可能进行二次深度开

---

① 参见杭州铁路运输法院(2018)浙 8601 民初 1987 号。

发利用，从而形成自己的“新衍生数据”，如“超级星饭团”不正当竞争案①中，涉案“超级星饭团”App 提供的重要服务内容之一便是基于对原告社交平台内相关明星数据的使用。

从产生过程看，衍生数据中的内容虽然源于原始数据，但经过平台的深度开发利用，其已不同于普通的原始数据，而成为具有较高经济价值的数据。因此，平台通常可以基于相关衍生数据主张权利或权益。在上述“生意参谋”不正当竞争案②中，法院对于平台如何将原始数据深度加工为衍生数据以及该过程中价值的叠加做了详细论述。首先，原告产品提供的数据内容不再是原始数据，而是在巨量原始数据基础上通过一定算法，经过深度分析过滤、提炼整合以及匿名化脱敏后形成的预测型、指数型、统计型衍生数据；其次，该产品呈现数据内容方式系可视化的趋势图、排行榜、占比图等图形方式，可以给予用户全新体验；最后，该产品将巨量枯燥的原始数据通过算法过滤，整合成为适应市场需求的数据内容。

2. 能够受到法律及司法实践保护的平台衍生数据类型

衍生数据对于平台重要性的差异、所发挥经济效益价值的高低，一定程度上决定了衍生数据受到法律及司法实践保护的可能性与程度。平台对于衍生数据的使用情况大致可分为三类：第一类，未将数据作为重要资源予以运营和保护的平台，其衍生数据具有的商业价值较低，一般较难形成值得法律保护的权益；第二类，衍生数据系其核心竞争优势的平台，如社交媒体平台、电商平台等，这类平台往往能够基于对数据的长期深度开发而享有相关数据的竞争性权益；第三类，以衍生数据作为服务内容的平台，如考试题库平台、专业的数据产品经营者，这类平台往往因自身知识产权及经营成本的投入，其产品具有值得法律保护的财产性或经营性权益。

三、涉侵权主体获取他人数据的方式

（一）破坏技术保护措施

根据我国《反不正当竞争法》第 12 条第 2 款之规定，经营者不得利用技术手

① 参见北京市海淀区人民法院（2017）京 0108 民初 24512 号。

② 参见浙江省高级人民法院（2019）浙民申 1209 号、浙江省杭州市中级人民法院（2018）浙 01 民终 7312 号。

段，通过影响用户选择或者其他方式，实施妨碍、破坏其他经营者合法提供的网络产品或者服务正常运行的行为。由此可见，通过破坏他人设置的技术保护措施方式获取数据，同样具有《反不正当竞争法》层面的违法性。

实践中，涉侵权主体使用他人数据的事实可以被直观反映，但侵权人具体通过何种“技术破坏”方式获取数据通常难以确定，影响着《反不正当竞争法》的具体法律适用，即对于涉数据这类非类型化、未明确列举的不正当竞争行为，是适用《反不正当竞争法》第 2 条还是第 12 条，并不确定。

在极少数案件中，侵权人采取的“技术破坏”行为具体明确。例如，在“女装网”不正当竞争案①中，被告对数据获取的方式进行了自认。在原告提供服务器访问日志、关于被告员工通过“撞库”②方式在原告“女装网”登录、查看相关信息资料的情况说明文件后，被告在庭审过程中主动承认，其在得知相关账号和密码后，不断尝试登录原告“女装网”付费会员账号，以“撞库”方式成功登录后，又查看、获取、使用了涉案经销商数据库信息。

在更多案件中，“技术破坏”行为无法具体明确，实践中法院会通过“举证责任平衡”的方式判断侵权人究竟是否系通过采取破坏技术保护措施方式获取数据。一般情况下，法院会要求原告基于被告“数据获取可能性及数据展示效果”的考虑，对被告可能采取的破坏措施进行初步举证，如被告无法提供解释或其回复明显不合常理、前后矛盾，将推定被告系通过采取破坏技术措施方式获取数据。例如，在“超级星饭团”不正当竞争案③中，原告通过初步举证证明涉案数据是限制非用户访问的、被告运营的 App 中展示了原告平台前端未予展示的部分数据内容、法庭勘验结果显示被告抓取了原告平台后端数据、涉案 App 中的涉案数据规模大且系实时展示等情况，从正常爬取如此大规模数据难度大、两平台数据展示方式相同、涉案 App 展示了原告平台内“非公开数据”内容等角度，成功将举证责任转移至被告。在被告未能就相关情况提出合理解释说明情况下，法院适用《反

① 参见杭州铁路运输法院(2018)浙 8601 民初 956 号。

② 撞库，是指黑客通过收集互联网已泄露的用户和密码信息，生成对应的字典表，尝试批量登录其他网站并得到一系列可登录用户的行为。当前，很多网络用户会在不同网站中使用相同的账号、密码，当一个网站的账户、密码泄露后，获取到相关账号、密码的主体会利用该信息尝试登录其他网站，即撞库攻击。

③ 参见北京市海淀区人民法院(2017)京 0108 民初 24512 号。

不正当竞争法》第 12 条第 2 款第 4 项之规定对涉案行为进行了认定。

在“小葫芦”不正当竞争案①中,法院更是明确提出,由于利用技术手段获取数据具有隐蔽性,数据运营方难以掌握数据获取方通过何种手段获取数据的直接证据,而数据获取方对此是清楚知晓的,使用该种技术手段获取证据。因此,在数据运营方已经穷尽所有其所能掌握的证明材料,初步证明数据获取方采用不当技术手段获取其数据的高度可能性时,应当由数据获取方就此给出合理解释并提供相应证据证明。该案中,尽管并无在案证据显示被告是通过突破原告技术保护措施直接从其后台抓取涉案数据,但就具体通过何种技术手段获取的直播间数据,被告并未给出令人信服的说明。且经过法院仔细分析,即便按照被告自述的其系通过真机或虚拟机方式进入视频直播间,用预设程序操控机器以自动化方式不断轮巡直播间截图,并通过 OCR 识别技术识别截图中信息,据此整理、计算得出涉案数据的,其陈述也与客观实际出入较大。首先,被告对直播间的轮巡期间周期,前后表述不一致,现场勘验时陈核素为 5—15 分钟/次,出现新页面就会截图,之后庭审中又称 1 小时/次,每次轮巡才截图,前后矛盾;其次,如被告采取的是所谓 OCR 识别截图技术,在其自研 OCR 每日识图仅十几万张、其调用的百度 OCR 每日调用次数又有限的情况下,按照其所述直播间轮巡频率,也会每日产生几十万张甚至上百万张截图,与其 OCR 处理能力明显不符;最后,被告官网上展示的主播直播收入数据与原告“后台数据”偏差较小,针对此种数据精确度,被告无法给出合理说明。综合种种情况,法院依据《反不正当竞争法》第 12 条第 2 款第 4 项之规定,认定被告系通过破坏他人技术保护措施方式获取数据,构成不正当竞争。

(二)通过网络爬虫爬取

1. 爬取非公开数据

在是否构成不正当竞争上,爬取其他平台的非公开数据,因明显具有违法性,故实践中争议不大。例如,在上述“超级星饭团”不正当竞争案②及“小葫芦”不正当竞争案③中,被告均涉及使用网络爬虫爬取原告平台内非公开数据后在自己运营的涉案 App 中使用,相关行为均被认定为构成不正当竞争。

---

① 参见杭州市余杭区人民法院(2021)浙 0110 民初 2914 号。
② 参见北京市海淀区人民法院(2017)京 0108 民初 24512 号。
③ 参见杭州市余杭区人民法院(2021)浙 0110 民初 2914 号。

2. 爬取公开数据

如果涉侵权人爬取的是平台的公开数据,因平台前端所展示的数据一般都是经营者根据平台用户数据筛选、过滤、整合后按照特定排列、格式、图表等方式予以展现的,故其大多属于衍生数据范畴。当前实践中,基于"互联互通""数据共享"的互联网精神影响,爬取他人数据并非一律构成不正当竞争,但数据的爬取与使用应当限定在合理、最小、必要限度之内。

(1)法律所允许的数据爬取

互联网信息互通共享之目的在于使数据在更大范围和更深层次共享利用,而非通过数据爬取对数据进行明显的替代性或同质化利用。因此,如果爬取数据的主体对数据进行了更深层次的开发利用,或该平台本身系依赖于其他平台数据开展商业活动的市场主体,而其在具体使用爬取数据的过程中符合合理、最小、必要限度的要求,虽然目前未见类似裁判案例,但我们倾向于认为相关行为不应当被轻易评价为不正当竞争。

(2)平台使用 Robots 协议限制他人进行数据爬取的正当性

在搜索引擎环境中,无理由以 Robots 协议限制网络爬虫行为构成不正当竞争。需要特别说明的是,Robots 协议作为一种技术规范,其作用只在于标注该网站是否准许网络机器人的访问以及准许哪些网络机器人访问。但实际上,网络机器人在识别到该 Robots 协议后,无论是否遵守,Robots 协议都不会起到强制禁止访问的结果。现 Robots 协议已经成为国内"搜索引擎"行业普遍遵守的技术规范。网络服务商或网站所有者既可以在 Robots 协议中列明准许或禁止网络机器人抓取的网站内容,也可以列明准许或不准许抓取其网站内容的网络机器人,即通常所说的"白名单""黑名单"制度。

而在"QH、BD"不正当竞争案①中,原告 QH 公司即被排除在被告 BD 公司允许国内外主流搜索引擎机器人抓取数据的"白名单"之外,原告认为被告通过设置 Robots 协议的方式限制原告搜索引擎机器人对其网站内页面信息进行抓取,与 Robots 协议初衷背道而驰,构成不正当竞争。最终,法院经审查认定,被告对于 Robots 协议的使用行为属于对原告搜索引擎采取的有针对性地限制抓取行为,有违公平竞争秩序,影响了原告浏览器正常运行,进而导致其网络用户流失,同时损

① 参见北京市高级人民法院(2017)京民终 487 号。

害了原告搜索引擎竞争优势与相关消费者的权益,认定涉案行为构成不正当竞争。

(3)使用网络爬虫爬取他人数据是否构成不正当竞争,更多考虑爬虫使用场景是否为"搜索引擎环境"

根据当前实践案例,使用网络爬虫爬取他人数据是否会构成不正当竞争,相关使用场景是否为"搜索引擎环境"是重要考量因素,即如果并非使用搜索引擎爬虫,那么相关爬取行为则有较大可能被认定为构成不正当竞争。例如,在"TBspider"不正当竞争案①中,法院认为,尽管 Robots 协议客观上可能造成对某个或某些经营者的"歧视",但在不损害消费者利益、不损害竞争秩序的情况下,应当允许网站经营者通过 Robots 协议对其他网络机器人的抓取进行限制,这是网站经营者经营自主权的一种体现。因此,该案中原告主张被告在平台内设置 Robots 协议限制其"TBspider"网络机器人的行为不构成不正当竞争。值得注意的是,该案中,法院还同时说明,随着网络机器人应用场景的不断扩展,在非搜索引擎应用场景下,网络机器人不仅仅是抓取检索网站内的信息并编制成为索引供用户访问,还往往会抓取网站内公开的各种数据。因此,在当前数字经济时代,Robots 协议某种程度上已成为维系互联网企业核心竞争力、维持市场秩序的一种手段,故应当允许相关平台在非传统搜索引擎使用场景下有自主决定及利用 Robots 协议的空间。此外,在"鹰击系统"不正当竞争案②中,被告蚁坊公司也因自认其系非搜索引擎类爬虫而最终被认定相关爬取行为构成不正当竞争。相似裁判观点在"大众点评与百度地图"不正当竞争案③及"极致了"不正当竞争案④中也均有体现。

(三)其他数据获取方式

1. 通过此前合作过程中获取的 API 接口继续使用他人平台数据

在"脉脉"不正当竞争案⑤中,法院认定,被告在与原告通过 OpenAPI 模式进行的合作结束后,仍通过相关 API 接口等方式抓取使用原告平台数据,构成不正当竞争。

---

① 参见北京市高级人民法院(2021)京民终 281 号。
② 参见北京知识产权法院(2019)京 73 民终 3789 号。
③ 参见上海知识产权法院(2016)沪 73 民终 242 号。
④ 参见杭州铁路运输法院(2021)浙 8601 民初 309 号。
⑤ 参见北京知识产权法院(2016)京 73 民终 588 号。

2. 伪装成普通用户从其他平台获取数据

实践中被广泛讨论的“VIP视频账号分租”，即属于伪装成普通用户获取他人平台数据使用权益后，将相关数据使用权益作为自己的付费服务内容向其他公众予以提供的不正当竞争行为，如“淘卓视频账号分租”不正当竞争案①。

四、当前数据不正当竞争案件中的常见裁判规则

虽然在当前数据不正当竞争案件的司法个案中，有部分原则常常被适用于判断涉案行为的不正当性，但这些原则都有其适用范围与特点，并非放之四海而皆准。其中常见的裁判规则包括：

（一）“三重授权”原则

实践中，有观点认为，在具体涉数据不正当竞争诉讼实践中，涉案数据收集者只有符合该原则，才能证明其收集的数据具有正当性，不构成不正当竞争。但从确定该原则的“脉脉”不正当竞争案②本身看，该原则的适用前提应当是涉案各方采用了OpenAPI的开发合作模式，即在OpenAPI开发合作模式中，第三方通过OpenAPI获取用户信息时应当坚持“用户授权”“平台授权”“用户授权”三重授权原则。第一重授权即“用户授权”，体现在用户通过同意平台隐私政策的方式，授权平台使用其个人用户数据；第二重授权即“平台授权”，由平台授权第三方使用数据；第三重授权即“用户授权”，系用户授权第三方使用自己的个人用户数据。“三重授权”原则系建立在用户与平台之间的网络服务合同关系及平台与第三方之间的合作协议关系之上，而针对其他场景，该原则仅可一定程度上作为参考，而不必一定遵循。

事实上，在部分场景下，“三重授权”原则存在无法适用的弊端，尤其是在爬取对象是衍生数据，判断相关行为是否构成不正当竞争时。具体而言，如果数据是经过用户同意通过平台公开在互联网当中的，即用户不仅允许平台使用其自身数据，也同时允许平台对外公开其个人数据，是否意味着第三方可以不必遵守“三重授权”原则，不必单独获得相关用户个人的数据使用许可，而径行爬取和使用平台内的公开个人数据内容？此外，如果用户许可第三方爬取、使用自己的原始数据，

① 参见北京知识产权法院（2022）京73民终1154号。

② 参见北京知识产权法院（2016）京73民终588号。

那么是否意味着爬取、使用衍生数据就不再需要获得平台的单独许可？更进一步，如果平台允许第三方爬取的是其自身利用用户原始数据深度加工而成的衍生数据，是否意味着第三方不再需要获得用户的单独许可？毕竟第三方爬取使用的数据早已不再是用户原始数据。这些问题在“三重授权”原则下都无法得到有效解释，利用该原则也无法具体判断上述行为是否具有不正当性，只能交由裁判者基于个案中其他具体表现作出进一步判断。

（二）利益平衡视角下“三元叠加”的权益保护目标

根据当前裁判案例，在涉数据不正当竞争案件中，《反不正当竞争法》意图在规制数据不正当竞争行为同时，实现“三元利益叠加”的保护目标，即兼顾并平衡社会公共利益、用户个人利益以及经营者利益——“三元利益”。当然，值得注意的是，对于某一平台所形成的特定平台数据而言，“三元利益”所占据的比例并非完全相同，需要通过个案所涉及的具体平台类型予以具体确定、综合判断。例如，在“极致了”不正当竞争案①中，法院在考量被告对原告数据进行抓取的行为是否构成不正当竞争时，就综合考量了该数据抓取行为对公共利益、经营者利益以及用户个人利益带来的影响。且法院在该案中进一步明确，《反不正当竞争法》规定“三元叠加”保护目标，将竞争者自由竞争利益、消费者自由决策利益和“不受扭曲的竞争标准”所产生的社会公共利益作为评价要素，以认定行为的不正当性。

（三）“实质性替代”原则

部分法院在认定被告获取并使用原告数据的行为是否构成数据不正当竞争时，会适用“实质性替代”原则判断涉案行为的不正当性，即如果被告在其产品中使用原告数据构成了对原告产品的实质性替代，那么相关行为构成不正当竞争。无论是在上述“生意参谋”不正当竞争案②中，还是在“大众点评与百度地图”不正当竞争案③中，该原则都被明确用作涉案行为不正当性的判断准则。毕竟，正如法院在“TBspider”不正当竞争案④中所述，“互联网领域中消费者福利的增加，依赖于数据在更大范围和更深层次的共享利用，而非通过数据爬取对数据进行明显替

① 参见杭州铁路运输法院（2021）浙 8601 民初 309 号。

② 参见浙江省高级人民法院（2019）浙民申 1209 号、杭州市中级人民法院（2018）浙 01 民终 7312 号。

③ 参见上海知识产权法院（2016）沪 73 民终 242 号。

④ 参见北京市高级人民法院（2021）京民终 281 号。

代性或同质化利用”。

综上所述,具体商业实践中涉数据不正当竞争的场景极为复杂,是上述多种因素不同维度的叠加,而当前涉及数据的不正当竞争司法裁判案例数量并非特别多,至少未覆盖当前商业实践中所有情况。因此可以说,对于数据不正当竞争案件的一般性裁判规则,我国司法实践尚处于探索中。当前阶段,在个案中具体情况具体分析和具体判断仍然是主要的方式。由于当前裁判案例有限,因此我们对既有裁判进行分析和解读时力求避免断章取义、以偏概全,也不意图提炼出所谓的裁判规则,仅从数据具体流转过程出发,以当前裁判案例为样本,就涉数据不正当竞争案件中可能被长期关注的裁判重点进行分析探讨。

从互联网平台企业与社交电商营销软件公司的不正当竞争纠纷看数据权益的权属争议

刘新宇* 葛 舒

* 作者简介：
刘新宇，中伦律师事务所上海办公室知识产权部合伙人，电邮为：jeffreyliu@ zhonglun. com。

一、案件基本情况[①]

原告某计算机系统有限公司、某科技有限公司(以下简称两原告)共同开发运营某通信产品,为消费者提供即时社交通信服务。该通信产品中的数据内容主要为用户的账号数据、好友关系链数据、操作数据等个人身份数据和个人行为数据。

被告浙江某网络技术有限公司、杭州某科技有限公司(以下简称两被告)开发运营聚客通“某通信产品管理系统”群控软件(以下简称聚客通群控软件),利用Xposed外挂技术将该软件中的“个人号”功能模块嵌套于两原告所开发运营的通信产品中运行,为购买该软件服务的用户在该通信产品的平台中开展商业营销、商业管理活动提供帮助,如自动化、批量化操作该通信产品的行为(包括该通信产品社交平台内容自动点赞、群发消息、用户账号被添加自动通过并回复、清理“僵尸粉”、智能养号),监测、抓取用户账号信息、好友关系链信息以及用户操作信息(含该通信产品社交平台点赞评论、支付等)存储于其服务器,攫取数据信息。

两原告认为其对于自己所控制的通信产品平台数据享有数据权益,两被告擅自获取、使用案涉数据行为妨碍其所开发的通信产品的正常运行,且损害了其对于该通信产品数据享有的数据权益,已构成不正当竞争。两原告遂诉至杭州铁路运输法院,请求判令两被告停止侵害、赔礼道歉、消除影响并连带赔偿经济损失及合理支出500万元。其中停止侵害包括:(1)停止通过聚客通群控软件以突破原来通信产品限制实现功能的方式,妨碍、破坏该通信产品的正常运行;(2)停止收集并销毁已经收集到两被告服务器中的用户数据;(3)关闭聚客通网站;(4)停止销售聚客通定制的群控手机;(5)停止运营群控软件。

两被告辩称:(1)案涉数据的内容系该通信产品用户提供的用户信息,用户信息所形成的案涉数据应当归用户所有,用户享有个人数据携带权,其将个人数据选择以何种方式备份、存储与该数据控制者无关,原告方并不享有任何数据权益,无权就此主张权利;(2)被控侵权软件增加了该通信产品未实现的功能,该部分新增功能契合了该通信产品电商用户提升自身管理与运营效率的需求,属于创新性

---

① 参见深圳某计算机公司、某科技(深圳)公司与浙江某网络公司、杭州某科技公司不正当竞争纠纷案,杭州铁路运输法院(2019)浙8601民初1987号、浙江省杭州市中级人民法院(2020)浙01民终5889号。

竞争，且并没有妨碍或破坏原告所开发的通信产品的正常运行，不应被认定为不正当竞争。

二、争议焦点

1. 案涉被诉行为是否构成不正当竞争？是否违反了《反不正当竞争法》的规定？

2. 案涉被诉行为是否损害了两原告的合法权益？

3. 若案涉被诉行为构成不正当竞争，损害了两原告的合法权益，两被告应如何承担侵权责任？

三、法院判决

杭州铁路运输法院经审理认为，两被告的案涉被诉行为违反了《反不正当竞争法》第 2 条、第 12 条规定，已构成不正当竞争且损害了两原告的合法权益，依法应承担相应的侵权责任。综合考量后，杭州铁路运输法院判决：(1)两被告停止案涉不正当竞争行为，包括立即销毁已收集、存储的原告所开发的通信产品用户数据，停止案涉侵权软件中个人号模块功能的使用与运营，停止相关广告宣传活动；(2)酌定两被告共同赔偿两原告经济损失及为制止不正当竞争行为所支付的合理费用共计 260 万元；(3)两被告在指定网站刊登声明为两原告消除影响。

四、案件评析

该案由案涉通信产品群控软件引发，系国内首个探讨该广泛被使用的通信产品数据权益认定的案件。该案判决首次明确了就网络平台所控制的用户信息，网络平台与用户享有不同性质的数据权益，对网络平台和个人数据权益的边界以及涉数据竞争行为的正当性认定等热点问题进行了详尽分析。

(一)网络平台和个人数据权益的边界

1. 数据权益归属区分的重要意义

随着互联网经济的蓬勃发展，数据被不断运用于各个领域，数据的价值性、安全性、流动性等问题也随之涌现。与高速发展的数字经济和数据产业相比，数据治理的法律理论研究和立法进程则相对滞后，各国立法甚至在最基本的数据权属问题上仍留有大片空白，如用户使用互联网平台时，产生的数据应属于个人，还是属于平台？个人信息权益与企业数据权益何者应优先保护？在先平台对源自用户数据所能享有的权益边界何在？若在用户同意的情况下，在先平台是否有权阻止单个用户在平台上的相关数据的流动和共享？如何合理划分个人信息权益和企业数据权益的边界，平衡数据资源的权益分配，已经成为数据时代极为重要的法律前沿问题之一。

此前涉数据的不正当竞争纠纷多为企业间数据权益产生的法律纷争，极少触及个人数据权益与企业数据权益的边界划分问题。如此前引起热议的两大知名互联网头部平台之间有关违规使用用户头像的不正当竞争案中，法院认为具有身份识别作用的头像、昵称等用户信息数据，已经成为可以为 T 平台带来竞争优势的商业资源，支持了其禁令申请。又如，淘宝诉美景案①，法院确认了在先企业对用户数据享有某种“竞争性财产权益”。

讨论平台控制下的用户数据权属划定，不仅关系到个人与企业的数据权益边界，还会对企业间的数据共享和流转、数据资源的竞争秩序产生重要的法律影响。

2. 该案就个人与企业数据权益归属提出的开创性讨论

在该案中，法院明确区分了涉诉通信软件所储存用户数据的两种数据形态：一是数据资源整体，二是单一数据个体。

法院认为：第一，对数据资源整体而言，两原告为所开发的通信产品数据资源投入了大量人力、财力、物力，并经过了长期经营积累聚集而成，该数据资源能够给两原告带来商业利益与竞争优势，两原告对于该通信产品数据资源应当享有竞争性权益。如果两被告使用该数据资源会对两原告持有的数据资源整体以及两原告合法提供的网络产品与服务的正常运行造成破坏，则构成不正当竞争，两原告有权要求获得赔偿。

第二，对单一数据个体而言，两原告仅享有有限使用权。该案中两原告主张享有数据权益的案涉数据均为用户的个人身份数据或个人行为数据，该部分数据只是将用户信息做了数字化记录后形成的原始数据，并非该通信产品所产生的衍生数据。对于原始数据，两原告只能依附于用户信息权益，依其与用户的约定享

---

① 参见浙江省杭州铁路运输法院（2017）浙 8601 民初 4034 号、浙江省杭州市中级人民法院（2018）浙 01 民终 7312 号。

有原始数据的有限使用权。网络资源具有“共享”的特质,单一用户数据权益的归属并非谁控制谁享有,使用他人控制的用户数据只要不违反“合法、正当、必要、不过度、征得用户同意”原则,一般不应被认定为侵权行为。

因此,法院认为,两被告擅自收集、存储或使用单一用户数据仅涉嫌侵害该用户个人信息权,两原告不能因此而主张损失赔偿。同时,法院还明确,在该通信产品用户的个人数据安全受到威胁时,两原告作为通信产品用户数据的收集、存储、使用方,对于用户数据负有提供安全保障的法定义务,其对于两被告侵害用户个人信息权益、损害产品安全的行为应当有权请求予以禁止。

该案中,被诉侵权软件具有收集、存储及监控原告所开发的通信产品数据的功能。即便两被告经过了该通信产品相关经营性用户的授权许可或者经营性用户对于自己提供予该通信产品的信息享有数据携带权,案涉数据也非相关经营性用户单方持有的信息,其还涉及作为经营性用户好友的其他用户个人身份数据,以及经营性用户与其好友通过相互交集而共同产生的用户行为数据。两被告擅自将该部分并不知情的用户的数据进行存储或使用,违反了《网络安全法》相关规定,侵犯了用户个人信息权益。用户在产品使用过程中对社交信息安全性的用户体验直接关系到用户使用产品的意愿,该通信产品的安全性是产品经营生态的底线。两被告的该等侵权行为势必导致用户对该通信产品丧失应有的安全感及基本信任,减损该通信产品的用户关注度及其对用户数据流量的吸引力,已实质性损害两原告对于数据资源享有的竞争性权益。两被告的行为不仅有违商业道德,且违反了《网络安全法》的相关规定,构成《反不正当竞争法》第 2 条、第 12 条规制的不正当竞争行为。

（二）涉数据竞争行为的正当性认定

大数据时代下,数据已成为互联网平台的重要竞争资源。拥有数据的企业拒绝向竞争者开放数据,以及大平台以用户规模为基础而建立的难以逾越的市场竞争壁垒,都可能会进一步导致经营者支配地位的形成和巩固。率先占据数据高地的企业,经过长期经营和竞争,在数据量级和管理方面都具有比较优势。后来的竞争者在竞争过程中利用优势企业的平台数据之正当性如何界定,是数据竞争中的一个突出问题。在现实市场经济中,各大互联网巨头之间的擅自抓取和利用他人数据引起的不正当竞争纠纷层出不穷,在缺少系统法律规制的情况下,我国法院主要依据《反不正当竞争法》第2条作为审查依据，在实践中发展出包括“三重授权”原则①在内的涉数据的不正当竞争司法裁判规则。

在该案中，关于被诉行为是否属于创新性竞争，法院认为，网络竞争行为应当符合“合法、正当、必要、不过度、征得用户同意”的原则；如果一项网络竞争行为对竞争效能的破坏性大于建设性，即便能够给部分消费者带来某些福利，若不加以禁止，其不仅会损害其他多数消费者的福利，还将损害其他市场主体的创造积极性，进而影响消费者整体与长远利益的提升。该案中，该通信产品作为一款社交产品在国内外拥有巨量活跃用户，深受广大消费者的欢迎，其对于市场的贡献是显而易见的。被诉侵权软件虽然提升了少数经营性用户使用该通信产品的体验，但恶化了多数用户使用该通信产品的体验，如果不加以禁止，会危及原告所开发的通信产品的整体效能发挥与后续发展，进而影响广大消费者的福祉。两被告此种所谓创新竞争活动，在竞争效能上明显弊大于利，难谓有效率的创新竞争，因而不具有正当性。

基于此，我们理解：对单一原始数据而言，如果一方未经许可擅自使用他人控制的单一原始数据，只要不违反“合法、正当、必要”的原则，且具备合法性基础，一般不应被认定为不正当竞争；对整体数据资源而言，如果一方未经许可在他人既有数据资源基础上开展创新竞争，应当符合“合法、正当、必要、不过度、征得用户同意”的原则；规模化、破坏性地使用他人所控制的数据资源且竞争效能上对于市场而言弊大于利的，应当认定为不正当竞争。

个人信息权益和平台对于整体数据资源所拥有的竞争性权益之间，有复杂的共生关系。由于数据本身具有多重属性，而其法律性质又往往依赖于具体应用场景，因而数据权属问题的最终解决需要在长期的数字经济实践中、在各方共同实践和努力下得以实现。仅从该案出发，我们可以借鉴法院的判决思路作出如下数据权益归属的裁判思路总结：第一，平台方对其投入了大量人力、财力、物力，经过长时间积累形成的，能够给平台方带来商业利益和竞争优势的整体数据资源，应确认平台方对其享有竞争性权益，司法实践中应该加以保护。第二，对于平台中的单个原始数据，平台方依据其与用户的约定和平台运营等的需要对该等数据享

① “三重授权”原则源于新浪微博诉“脉脉”案，系指第三方通过开放平台获取用户信息时应遵循的原则，具体而言指的是“用户授权+平台方/公司授权+用户授权”。

有适当的使用权,而非绝对的控制权。司法实践应在保护单个个体对其数据的控制权和支配权的基础上,平衡单个个体与平台之间的权利义务边界。第三,对于对平台整体数据资源的“搭便车”行为,应该本着“共享”经济的原则,实质考量“搭便车”行为的恶意和破坏程度。在“搭便车”行为对他人数据资源不具备破坏性或有违法律法规规定,且能够给消费者带来利益的情况下,一般不应认定为不正当竞争。

个人信息出境标准合同落地，企业应对的“道”与“法”

蔡　鹏* 　肖莆羚令　胡云浪

* 作者简介：

蔡鹏，中伦律师事务所北京办公室知识产权部合伙人，电邮为：caipeng@ zhonglun. com。

我国《个人信息保护法》第 38 条确立了个人信息出境的四条合规路径，即(1)通过网信部门组织的安全评估；(2)通过专业机构的保护认证；(3)签订网信部门制定的标准合同；(4)符合法律、行政法规或网信部门规定的其他条件。

2023 年 2 月 22 日，国家网信办公布《个人信息出境标准合同办法》(以下简称《办法》)，正式宣告个人信息跨境传输“四选一”的第三条路径——个人信息跨境传输标准合同——开始落地。结合实务经验，本文对个人信息出境标准合同(以下简称标准合同)的重点内容逐一分析，希望能对相关企业开展数据出境合规工作有所帮助。

一、标准合同的特点

(一)国家“格式条款”

“意思自治”原则是现代社会合同法的基石，这一原则几乎被所有国家的立法和判例以及国际条约认可。除了违反效力性强制规定而导致合同无效的情形以外，合同当中的绝大多数商业安排可以由合同双方自由约定。但与之并存的还有格式合同。格式合同最初是为了提高交易效率、提供标准化服务而由合同一方当事人创设的。随后为了平衡交易双方的地位，保护弱者利益，由国家制定的格式合同也相继出台。此前我国也曾发布《特定资产管理合同内容与格式指引》《网络交易平台合同格式条款规范指引》，用以规制特殊领域的合同格式。

而标准合同无疑是目前我国法律最严格的格式合同。其内容完整、全面，且境内个人信息主体与境外接收方须严格按照国家网信办提供的制式条款签订与履行。企业在签订标准合同或进行补充约定时，注意两层“不得冲突”的要求：

(1)合同双方在补充约定时，不得与标准合同中的制式条款相冲突。依据《办法》第 6 条的规定以及官方答记者问①，有权变更标准合同的主体是国家网信办，企业在签订标准合同时可以约定其他条款，但不能与标准合同当中的制式条款相冲突。也就是说，制式条款优先适用于双方约定的其他条款。

(2)合同双方的其他“法律文件”不得与标准合同相冲突。依据《个人信息出境标准合同》第 9 条第 1 款，标准合同优先于双方所签署的其他任何“法律文件”

---

① 参见《〈个人信息出境标准合同办法〉答记者问》，载国家互联网信息办公室网，http://www.cac.gov.cn/2023-02/24/c_1678884829601935.htm。

适用。也即合同双方签订的标准合同生效后，优先于合同双方之间的其他协议、制度或政策适用。

鉴于上述两层“不得冲突”的要求，标准合同虽名为“合同”，但“法定赋权”的色彩十分浓厚，其赋予合同双方自由约定的空间十分有限。

（二）行政备案

除对合同内容的规制外，个人信息处理者被要求在所签署标准合同生效之日起10个工作日内向所在地省级网信部门备案。

合同备案并非标准合同首创，在专利许可、商标许可、建设工程领域，合同备案往往是合同双方确权的有效保护手段。但又有所区别的是，标准合同备案所具备的行政管理色彩浓厚。结合《办法》和《个人信息保护法》的相关规定，未完成“标准合同”备案义务可能面临警告、罚款、吊销业务许可、公示信用档案记录等处罚；构成犯罪的，依法追究刑事责任。

此外，值得注意的是，标准合同备案并非一劳永逸。在标准合同有效期内出现下列情形之一的，个人信息处理者应当重新履行相应备案手续：（1）向境外提供个人信息的目的、范围、种类、敏感程度、方式、保存地点或者境外接收方处理个人信息的用途、方式发生变化，或者延长个人信息境外保存期限的；（2）境外接收方所在国家或者地区的个人信息保护政策和法规发生变化等可能影响个人信息权益的；（3）可能影响个人信息权益的其他情形。

这意味着合同双方在签署标准合同时，应具备对个人信息出境后处理条件变化的前瞻和预判，为合同履行提前预留一定余裕空间；而在标准合同签署后，需要建立有关内外部流程，密切跟进个人信息处理实况以及境外接收方所在地法律环境的变化情况，防止未能及时重新备案而导致的违法结果。

（三）利益第三人合同

标准合同在内容设置上，主要体现为三方的权利义务关系，即境内个人信息处理者的义务、境外接收方的义务以及个人信息主体的权利与救济。境内个人信息处理者与境外接收方作为合同相对方签订并履行合同，而个人信息主体则作为第三方受益人，通过合同双方的约定被赋予了相应的权利。

原则上，合同具有相对性，用以规制当事人发生权利义务关系。当事人只能向合同相对方提出请求或提起诉讼，不能向没有合同关系的第三人提出基于合同关系的请求,也不能擅自为第三人设定合同义务。但出于对个人信息主体的保护,标准合同直接吸收了《民法典》第522条利益第三人合同的精神,赋予个人信息主体直接起诉个人信息处理者与境外接收方的权利。此外,标准合同还设置了连带责任条款,为个人信息主体行使诉讼权利提供了便利。尤其值得注意的是,主流国家对合同约定事项的认可程度极高,个人信息主体以标准合同作为诉讼请求权基础,无疑更有利于个人信息主体向境外接收方行使有关的诉讼救济权利。

二、标准合同的适用场景

2022年《数据出境安全评估办法》出台之际,我们已发表解读文章《谋定后动、知止有得——三法齐出,企业如何有效选择数据跨境方案》,对企业适用三种数据出境路径进行分析和典型场景解读,帮助企业选择合适的数据跨境之路。从正式生效的《办法》来看,标准合同主要适用于两类场景:

一是中小型企业的个人信息跨境传输。根据《办法》第4条的规定,适用标准合同需要同时满足以下四个条件:(1)个人信息处理者并非关键信息基础设施运营者;(2)个人信息处理者处理个人信息不满100万人;(3)个人信息处理者两年内累计向境外提供个人信息不满10万人次;(4)个人信息处理者两年累计向境外提供敏感个人信息不满1万人次。换言之,标准合同为《数据出境安全评估办法》适用情形的"补集",企业只有在无须申报数据出境安全评估的前提下,才能选择适用标准合同。

从跨境数据处理者类型并结合实际情况分析,首先,目前国内互联网企业或TO C类型的大中型企业所掌握的用户数量普遍超过100万人;其次,重知识产权和高研发投入企业往往涉及重要数据(如汽车数据)或大量敏感个人信息(人脸数据),极易落入《数据出境安全评估办法》的监管范围;最后,大型国防企业、电信公司、金融机构以及医疗机构因其行业属性和行业地位亦有较高概率构成关键信息基础设施运营者,进而被排除在"标准合同"的适用范围之外。

因此,"标准合同"的适格主体将以中小型企业居多,而适用的情形则限于少量个人信息与敏感个人信息的跨境传输。

二是跨境投资并购交易。在跨境投资并购交易中,尤其是中国企业境外投资或收购境外企业时，个人信息多由境外流入境内，需出境的个人信息数量不大，往往可通过一次性的交易安排完成。在该场景下，建议境内企业选择适用“标准合同”作为个人信息跨境传输的合规路径。

当然，在个人信息双向跨境的交易中，买卖双方均受限于本国的数据隐私法律要求，谈判签署标准合同对于交易本身而言增加了一道关卡，故相关合同的谈判磋商亦是该场景下的重点问题。

《办法》第 4 条特别指出，个人信息处理者不得采取数量拆分等手段，将依法应当通过出境安全评估的个人信息通过订立标准合同的方式向境外提供。至此，关于集团公司等通过将个人信息出境业务拆分给其他分子公司，以此降低个人信息出境数量，从而规避数据出境安全评估的行为是否涉嫌违法，已有定论。因而，企业应当如实、严格评估其跨境传输的个人信息数量，切勿存在侥幸心理。

三、适用标准合同的合规落地建议

标准合同看似仅一纸合同，却覆盖丰富的内容。从合同全面履行的角度，我们认为标准合同对合同双方设置了极高的合同责任和义务。从境内个人信息处理者的角度出发，我们谨提出三个“尽早”建议，以期为企业及时、有效打通个人信息跨境传输第三条路提供一点启发和帮助。

（一）尽早梳理数据资产与个人信息跨境传输数量

《办法》自 2023 年 6 月 1 日起施行。施行前已经开展的个人信息出境活动应签而未签署标准合同的企业，应当自《办法》施行之日起 6 个月内完成整改。换言之，标准合同的整改期至 2023 年 12 月 1 日为止。

结合我们在数据出境安全评估工作中的经验，监管一般会要求符合条件的企业尽早完成整改，在截止日期前申报并拿到受理通知。故应用到标准合同备案流程中，我们有理由认为，企业应当为有关路径确认以及相关材料准备留出充足的时间，勿以 2023 年 12 月 1 日为冲刺目标。

我们建议，企业尽早对其数据资产、数据出境情况进行全面、清晰的梳理，并确定其所适用的个人信息跨境传输合规路径。

（二）尽早推进标准合同的谈判与签署

标准合同的落地并非一蹴而就。

首先,境外接收方往往为外国机构,以外文为工作语言。目前国家尚未发布标准合同的官方英文翻译,考虑到网信办对标准合同制式条款的严苛限定,合同双方可能需要一定时间对合同内容逐项说明,达成一致理解。

其次,标准合同条款的强制性可能影响企业正在进行或计划进行的商业安排,合同双方应妥善协商商业部分的调整。

再次,在涉及个人信息双向跨境传输的场景下,境内个人信息处理者可能面临签署"海外版"SCC 或配合境外接收方履行外国法相关合规义务的要求。境内个人信息处理者应谨慎评估其签署的其他文件或履行的合规义务是否可能违背包括《办法》在内的我国强制法的要求。

最后,根据《办法》第 7 条的规定,个人信息处理者在合同备案时需同时提交个人信息保护影响评估报告。境内个人信息处理者在推进签署标准合同的同时,还需兼顾个人信息保护影响评估事宜。

综上所述,选择适用标准合同路径进行数据出境的企业应尽快推进合同的谈判与签署,为合同签署前的准备工作预留充足的时间。

(三)尽早部署标准合同所需的企业内控措施

标准合同既是意思自治的产物又是合规监管的法定要求,企业在签署标准合同前,应当确保其已经具备履行合同条款所设定义务的能力,并对合同义务的履行承担举证责任。我们梳理了六项标准合同内嵌的合规措施,供境内个人信息处理者对照参考:

1. 履行告知义务

境内个人信息处理者负有告知义务。除法律、行政法规规定无须告知的情形外,境内个人信息处理者应向个人信息主体告知以下内容:

其一,境外接收方的名称或者姓名、联系方式,个人信息出境的处理目的、处理方式,个人信息的种类、保存期限,以及行使个人信息主体权利的方式和程序等事项。

其二,个人信息主体为标准合同的第三方受益人,可以依据该合同享有第三方受益人的权利。

其三,如境内个人信息处理者计划向境外提供敏感个人信息,还应当向个人信息主体告知提供敏感个人信息的必要性以及对个人权益的影响。

2. 取得合法性基础

《个人信息保护法》第 13 条规定了七类个人信息处理的合法性基础。境内个人信息处理者当且仅当具备合法性基础时，才能开展个人信息处理活动，包括跨境传输个人信息。

在以“同意”作为合法性基础的情形下，境内个人信息处理者需取得个人信息主体的单独同意。所谓单独同意，其排斥的是“一揽子”同意、概括式同意，一键勾选式同意。因此，在个人信息跨境传输之类强监管场景下，我们建议企业采用单独的文本形式取得个人信息主体的同意。如涉及不满 14 周岁未成年人个人信息跨境传输的，境内个人信息处理者应当取得该未成年人的父母或者其他监护人的单独同意。

此外，法律、行政法规规定应当取得书面同意的，应当取得书面同意。例如，《征信业管理条例》第 14 条规定，征信机构采集个人的收入、存款、有价证券、商业保险、不动产的信息和纳税数额信息的，应当取得个人的书面同意；《人类遗传资源管理条例》规定，采集我国人类遗传资源的，也应取得人类遗传资源提供者书面同意。对于跨境传输上述个人信息的场景，我们理解也应当取得个人信息主体的书面同意。

3. 审慎选择境外接收方并做好评估记录

根据标准合同的规定，境外接收方应当具备充分的安全管理制度、技术手段和保障能力，且需达到我国相关法律法规规定的个人信息保护标准。因此，选择具备保障能力的境外接收方对于标准合同的落地至关重要。

在基于第三方供应链出境导致的个人信息“被动跨境”的场景下，境内个人信息处理者通常具有较高的话语权以选择适格的软硬件供应商，建议信息处理者详细评估境外接收方（软硬件供应商）的相关资质；而在数据处理者“主动跨境”传输个人信息的场景下，企业应与境外接收方妥善协商，辅导、帮助境外接收方建立符合标准合同所要求的安全管理制度，完善其技术保障能力。

具体而言，境内接收方可以从以下方面评估境外接收方：其一，是否采取加密、匿名化、去标识化等技术措施；其二，是否设计定期检查机制，确保出境的个人信息安全；其三，是否以一定形式对授权处理个人信息的境外接收方人员要求履行保密义务；其四，是否建立最小授权的访问控制权限；其五，此前有无类似的个人信息跨境传输和处理相关经验；其六，是否曾发生个人信息安全相关事件及是否进行了及时有效的处置；其七，是否曾收到其所在国家或者地区公共机关要求其提供个人信息的请求，以及境外接收方应对的情况。

4. 评估境外接收方所在国或地区的法律环境对合同履行的影响

对境外接收方所处法律环境的评估是标准合同的重要条款。具体表现在：

（1）境外接收方遵守合同将违反其所在国家或地区的法律规定的，个人信息处理者有权直接解除合同。

（2）境外接收方所处法律环境变动导致其无法履行合同的，个人信息处理者有权暂停跨境传输，直至违约行为被改正或者合同被解除。

因此，在签署标准合同前对境外接收方所处法律环境开展全面、前瞻性的评估对于标准合同全面、持续地履行至关重要。在具体评估中，境内个人信息处理者应当考虑以下要素：

（1）境外接收方所在国家或地区现行的个人信息保护法律、法规及普遍适用的标准，包括任何提供个人信息的要求或者授权公共机关访问个人信息的规定。

（2）境外接收方所在国家或地区加入的区域性或者全球性的个人信息保护方面的组织，以及所作出的具有约束力的国际承诺。

（3）境外接收方所在国家或地区落实个人信息保护的机制，如是否具备个人信息保护的监督执法机构和相关司法机构等。

另外，我们建议境内个人信息处理者进一步查阅过往案例或执法记录，确定境外司法或监管机构是否有较大可能，认定以中国法为准据法的合同存在无效的风险。

5. 建立个人信息主体行权机制

境内个人信息处理者应当在签署标准合同之前建立有效的个人信息主体行权机制。具体包括以下方面：

（1）保障个人信息主体的知情权、决定权，限制或者拒绝他人对其个人信息进行处理的权利，查阅、复制、更正、补充、删除其个人信息的权利。

（2）就合同双方个人信息处理规则向个人信息主体进行解释和说明。

（3）就个人信息主体行权与境外接收方建立良好的沟通渠道。当个人信息主体直接向境外接收方行权，或境内个人信息处理者无法实现个人信息主体的行权要求时，能够通知并要求境外接收方协助实现。

6. 完成个人信息保护影响评估

根据《办法》第 7 条的规定，标准合同的备案材料包括个人信息保护影响评估报告，且个人信息处理者应当对所备案材料的真实性负责。

通过梳理《办法》对个人信息保护影响评估的重点要求，不难发现其本质与标准合同对合同双方设定的义务有着异曲同工之处。因此，境内个人信息处理者协商推进合同签署、部署上述合规内控措施的过程，实质上也是对其个人信息跨境处理活动进行个人信息保护影响评估的过程。

为及时输出真实、完整、准确的个人信息保护影响评估报告，具有个人信息出境相关业务的企业应当及时开展个人信息跨境处理全流程的尽职调查、合规分析，并完成相关整改工作。

四、结语

随着《网信部门行政执法程序规定》等法规的出台，2023 年将开启“执法元年”。网信办作为执法主体所依据的行政执法程序将真正落地，并加强对数据违法违规活动的行政执法力度。尽管上述规定正式稿中对征求意见稿中的违规处罚措施进行了修订，从“禁止跨境”改为“约谈或整改”，但笔者认为这仅是正式稿遵循《行政处罚法》的立法规则而进行的修订，并非对此类违规行为的“缓和措施”。

标准合同的出台落地，标志着规制个人信息跨境活动的法规“拼图”已不存在空缺。不同跨境量级的企业都应当按照适用的合规路径完成申报或备案。对于各类有数据跨境需求或场景的企业而言，切勿因不及时或怠于整改而导致数据合规工作存在“阿喀琉斯之踵”。

2022—2023 年度 IPO 数据合规观察概览

蔡　鹏[*]　肖莆羚令　苏阳阳

[*] 作者简介：
蔡鹏，中伦律师事务所北京办公室知识产权部合伙人，电邮为：caipeng@ zhonglun. com。

发展数字经济的关键是激发企业实体的活力,而 IPO 无疑是当下极重要的为企业“输血”的方式之一。证券监管部门也在探索如何平衡有效监管和促进发展的关系。2022 年,境内 A 股、港股和美股三个市场均就数据监管呈现新的动向和趋势,企业上市数据合规也面临更高的合规标准和更严的监管要求。

面对这样的趋势,准备 IPO 的企业应该如何有效应对?本文通过对 2022 年三个主要市场的 IPO 数据合规观察和分析,从实务应对角度,总结数据合规相关问题的要点和高频风险,并提出一些应对建议,旨在为 IPO 企业提供参考和启示。

一、境内 IPO 数据合规观察

(一)数据分析

截至 2022 年 12 月 31 日,本年度公开可查的涉数据合规风险披露及数据合规相关问询的企业总量为 57 家,各上市板块涉数据合规的企业数量数据统计如图 1 所示:

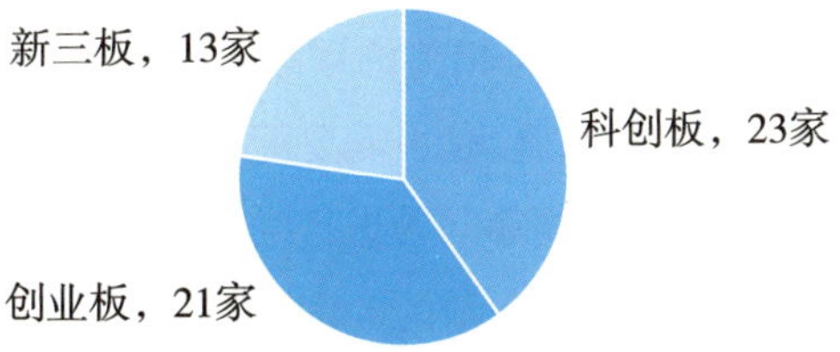

图 1 涉数据合规的企业数量

上述 57 家发行人覆盖多个行业。其中软件、人工智能、医药、电子商务等行业与数据安全、个人信息保护等问题关联度较高,故主动进行数据合规风险披露或受到发审委问询的比例较高。(见图 2)

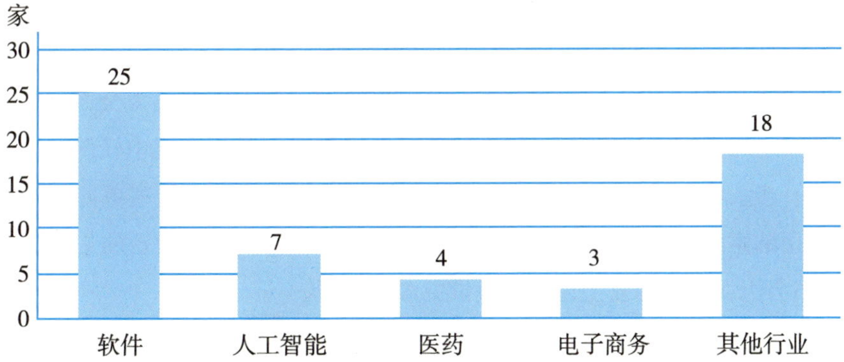

图 2 涉数据合规企业的所属行业

（二）监管趋势

通过梳理上述57家发行人的数据合规风险披露及数据合规问询内容，我们对2022年度境内IPO数据合规的五大监管趋势总结如下：

1. 重者恒重，问询"颗粒度"更细

作为IPO数据合规类的基础性和普遍性问题，从收集到销毁的数据处理全生命周期合规与企业数据内控管理合规，仍为2022年度IPO数据合规问询的重点。与此前问询相比，2022年度对于上述问询的"颗粒度"更加细化，聚焦具体业务环节的数据合规风险、可能的违规情形、数据合规管理的有效性等问题，对于发行人回复的全面性和严谨性也提出了更高要求。

2. 网络安全审查风险受到特别关注

随着《网络安全审查办法》的生效，网络安全审查风险受到发审委的重点关注。与港股、美股IPO有所区别，境内IPO重点并不关注赴境外上市的网络安全审查风险，而是关注"关键信息基础设施运营者"（Critical Information Infrastructure Operator，CIIO）采购网络产品和服务相关的网络安全审查风险。通常对CIIO认定、是否需要主动申报网络安全审查、是否需要配合申报网络安全审查、采购政策变化对于网络安全审查风险的影响等问题进行细化问询。

3. 算法合规与科技伦理问题成为新的问询重点

对于涉算法应用的企业而言，随着《互联网信息服务算法推荐管理规定》《互联网信息服务深度合成管理规定》《生成式人工智能服务管理办法（征求意见稿）》等人工智能产业监管规定的出台，除基础性的数据合规问询外，算法合规与科技伦理问题成为新的问询重点，相关企业需要结合法律规定、行业监管政策、企业实际等维度进行细化回复。

4. 数据交易与数据权属分析类问询逐步增加

与前述基础问询相比，数据交易与数据权属的问题则需要更为全面的分析和有效反馈。此类询问的出现和增加，体现了发审委对于数据合规中较深层次问题的更进一步关注。随着《中共中央、国务院关于构建数据基础制度更好发挥数据要素作用的意见》的出台，监管层面对于数据交易与数据权属问题的规则会越发清晰，亦会为发行人回复上述问询提供更多的参考。

5. 违规 App 及数据安全负面事件受到更高关注

除 App 的监管逐渐常态化外，约谈、行政处罚等监管手段也逐渐规范。发审委在 2022 年重点对于此前受过通报、处罚的 App 进行问询。我们理解，后续待其他数据合规监管行为逐步深入后，发审委对外部数据合规风险的关注范围会有所扩大。此外，若发行人涉及数据安全等负面舆论，可能有较高的概率被发审委问询，这需要在有所预期的基础上予以有效应对。

二、港股 IPO 数据合规观察

（一）数据分析

2022 年为港股 IPO 的“小年”，无论是新股数量还是募资额，较之往年，均有所下滑。地缘政治、全球经济通胀等因素都拖慢了企业赴港上市的进程。我们对成功上市以及正在申请的企业进行了梳理，发现其中已上市的企业以软件行业最多，物业、医药和营销行业次之。（见图 3）

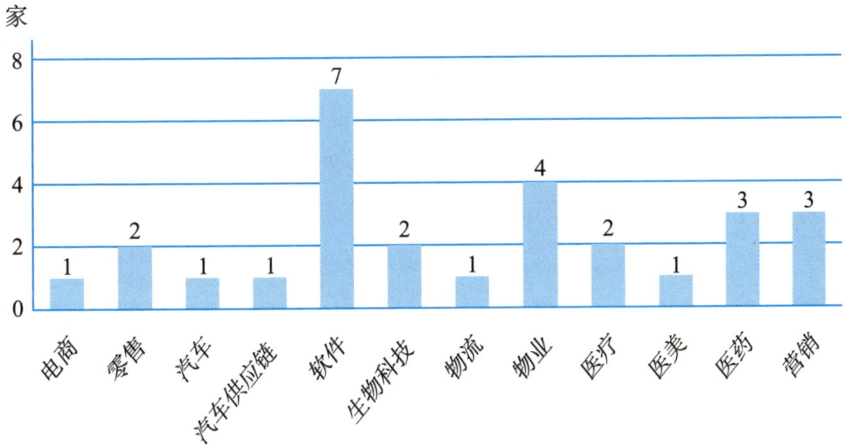

图 3　2022 年港股 IPO 涉数据合规事项的上市企业行业分布

我们对这些企业的上市材料做了重点梳理，结合现仍在审核期的企业情况，总结了以下观察（见图 4）：

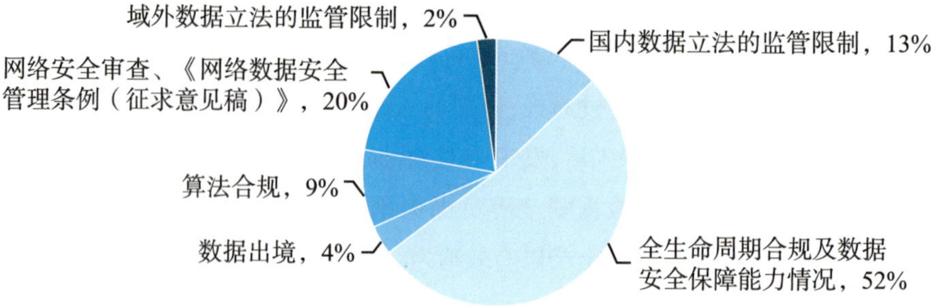

图 4　2022 年港股 IPO 数据合规监管重点

（二）监管趋势

1. 网络安全审查风险不可忽视

赴港上市并非触发网络安全审查的充分要求，但这并不意味着赴港 IPO 企业就自动归属于安全区。约有 1/3 的涉数据合规事宜企业在申请过程中对其是否应当完成网络安全审查进行了披露。而在暂缺乏明确判定指引的情况下，征询网信办咨询窗口以及中国网络安全审查技术与认证中心（网信部授权负责接收网络安全审查申请的机构）逐渐变成赴港 IPO 企业的标配动作，中国网络安全审查技术与认证中心的回复意见也往往成为港股 IPO 中律师发表意见的基础。

此外，2021 年公布的《网络数据安全管理条例（征求意见稿）》对赴港上市的企业也造成了很大影响。根据该条例，数据处理者赴港上市影响或可能影响国家安全的，需要完成网络安全审查。虽然该条规定也加了一个“宏大”的前提——影响或可能影响国家安全，但其将“赴港上市”作为单独的一种情形罗列，无疑对赴港 IPO 企业一定程度上也起到了“敲山震虎”的作用。虽然该条例仅为征求意见稿，但在实践中，绝大部分的企业在披露网络安全审查问题时也会引用该规定，并作出风险预测或说明。

2. 数据出境需重视

个人信息出境为近年数据合规的热点问题。与网络安全审查所限定的“国外上市”不同，向我国香港特别行政区、澳门特别行政区和台湾地区传输数据亦属于跨境传输。根据我们的统计，上市企业对数据跨境的应对大致分为两类：一类是认为自己不属于《数据出境安全评估办法》的约束对象；另一类表示已完成整改，不再属于《数据出境安全评估办法》的约束对象，因此也无须再进行数据出境安全评估。

随着《数据出境安全评估办法》《个人信息保护认证实施规则》《个人信息出境标准合同规定》等规则的相继出台，个人信息出境三条路径正式落地，可以预见此后数据出境合规在 IPO 项目中的重要程度将有所上升。

3. 应对网信办与中国证监会的配合监管

在上市数据合规监管方面，中国证监会是除网信办以外不可忽视的重要监管机构。《境内企业境外发行证券和上市管理试行办法》的生效将中国证监会的监督权力进一步扩大至所有上市项目，无论境内境外。港股 IPO 与美股 IPO 都应仔细研究上市备案的要求，做好充分的材料准备和时间规划，同时在上市发行过程中做好档案管理、数据保密工作。

三、美股 IPO 数据合规观察

（一）合规披露要点

鉴于美股 IPO 数据合规数据披露样本较少，我们对在 2022 年度赴美上市企业和 2022 年以前赴美上市企业在 2022 年更新的涉数据合规的招股书、年报情况进行了统计。赴美上市企业主要披露了以下数据合规风险因素：网络安全审查相关风险；《网络数据安全管理条例（征求意见稿）》实施影响风险；网络安全、数据安全与个人信息保护相关风险；数据跨境、个人信息跨境相关风险；其他风险，如包括网信办在内的中国监管机构监管不确定性风险、算法应用风险、人类遗传资源数据监管风险等。

（二）监管趋势

1. 拟上市企业的网络安全审查风险披露要点

网络安全审查风险是赴美上市企业极重要的风险披露项之一。从招股书披露情况来看，自 2022 年 2 月 15 日我国《网络安全审查办法》开始实施至 2022 年 12 月 31 日，部分拟上市企业作为掌握超过 100 万用户个人信息的网络平台运营者，已经就 IPO 申请并完成了网络安全审查。除此之外，其他拟赴美上市企业披露的招股书均需论证自身并不涉及网络安全审查，并披露其运营活动可能受制于网络安全相关法律法规的变化带来的不确定性。因此，对于拟赴美上市的企业来说，网络安全审查风险仍是企业的重点风险披露项。是否真正触发网络安全审查,企业需要在上市前进行谨慎和周全的法律评估,并预留一定的时间完成有关审查流程。

2. 网络安全、数据安全与个人信息保护风险披露要点

从已上市企业披露的内容来看,技术和信息系统的可靠性和安全性、网络安全事件相关风险、公司业务中收集和处理用户数据的合规性、数据跨境传输的情况,均为美股上市企业的风险披露要点。但在风险披露的"颗粒度"方面,与境内上市及港股上市的披露相比,"颗粒度"更粗。美国证券交易委员会(United states Securities and Exchange Commission,SEC)于2018年发布的《关于上市公司网络安全信息披露的声明和指导意见》,对拟上市企业的网络安全风险披露提供了指导,企业可参照实际,选择性对如下风险因素进行披露①:(1)以前发生的网络安全事件,包括其严重程度和频率;(2)网络安全事件发生的概率和潜在规模;(3)为减少网络安全风险而采取的预防行动的充分性和相关费用,包括酌情讨论公司预防或减轻某些网络安全风险的能力局限性;(4)公司业务和运营活动中引起重大网络安全风险的方面,以及此类风险的潜在成本和后果;(5)潜在的声誉损害;(6)可能对公司在网络安全方面(以及公司的相关成本)产生影响的现有(或待定)法律法规;(7)与网络安全事件有关的诉讼、监管调查和补救费用。

四、拟上市企业数据合规建议

在上述分析梳理的基础上,对于拟上市企业,无论其选择上市地为何,都面临类似但又有所侧重的数据合规问题。这些问题不仅关乎企业能否成功上市,也是企业健康、长久运营的前提。我们总结如下经验,供拟上市企业参考。

(一)针对不同行业进行准备

对于不同行业的拟上市主体,在全面梳理一般数据合规义务的前提下,还应当重点关注行业监管特色。在立法方面,目前各行业数据合规立法正在逐步开展中,一些虽未生效的行业数据合规监管征求意见稿亦值得关注;在执法方面,一方面应当对监管部门的重点执法案例予以关注,另一方面还应当关注执法行动的开

---

① U. S. Securities and Exchange Commission, *Commission Statement and Guidance on Public Company Cybersecurity Disclosures*, Federal Register (February 21, 2018), https://www.federalregister.gov/documents/2018/02/26/2018-03858/commission-statement-and-guidance-on-public-company-cybersecurity-disclosures.

展及本企业的应对情况，如金融行业开展的“银行保险机构侵害个人信息权益乱象专项整治工作”等。

（二）数据合规整改应当“有的放矢”

在拟上市企业的上市准备工作中，数据合规工作通常可能面临“时间紧、任务重”的难题。为了解决这一难题，建议拟上市企业关注以下三点：

（1）划清合规红线。在数据合规的整改工作中，存在合规红线和可优化项两类事项。其中，合规红线类事项是指法律明确规定的数据处理者“应当”履行的法定义务；可优化事项是指为了实现企业的全面合规或深层次合规，参照法律规定或不具有强制力的国家标准、行业标准等“可以”进一步优化的事项。拟上市主体在设计和落地合规整改计划时，可优先部署合规红线类事项。

（2）优先外部合规。监管机构对于外部数据合规工作的开展更易开展执法行动，故该类事项的开展紧迫度更高。在时间有限的情况下，建议优先进行外部合规整改工作，如App合规、小程序合规、第三方数据处理合规等。同时，拟上市企业亦可以外部合规工作的开展作为起点和支点，衔接开展内部其他合规整改工作。

（3）重视整改留痕。“如何证明”已经履行了法定合规义务亦是整改工作开展全程需要关注的要点。除外部合规的协议文本外，内部数据合规相关制度文本、针对法定处理场景的风险评估报告、签订版的数据处理协议等，均是合规留痕的重要证明，企业应当进行全面、充分的准备。

（三）积极应对监管询问

监管机构的问询已经成为常态化监管事项。在收到监管问询时，不同企业应当关注不同的应对策略：

（1）对于已经开展数据合规工作的企业，建议与外部律师共同评估监管关注重点、同类问询情况、企业实际情况等，共同制定回复策略，在规定的时限内通力配合、积极回复问询问题；

（2）对于未开展数据合规工作的企业，在收到问询时，建议首先要引入专业和经验丰富的数据合规律师，尽快对企业数据合规风险及监管关注要点进行“短平快”的合规评估，以回复问询为目标进行迅速地合规整改工作。

此外，拟上市企业可以前车为鉴、对症下药。可以参考类似业务模式的已成功上市企业的披露或回复要点，对可能的披露或问询要点有所预期，并提前准备相关数据合规工作。

（四）各方协作是成功关键

对于拟上市主体而言，顺利上市是各方通力协作的成果。在上市数据合规工作方面，亦是同理。对于涉数据合规风险的企业，建议尽早引入专业的数据合规团队，在上市过程中全程“陪伴”企业进行合规工作。在整个过程中，既需要外部律师对于数据合规监管动向的准确把控，又需要拟上市企业内部技术、信息安全、合规、法务、审计等团队的通力配合与具体实施。

五、结语

总体上看，2022 年的境内 A 股延续了监管机构对于网络安全和数据合规的监管思路，并且随着法律法规的逐步完善，未来的监管要求和询问将会趋严趋细；在港股层面，预计未来联交所将会贯彻以往的严监管态度，对于绝大多数在港 IPO 的境内企业会继续核查其数据业务的合规情况；2023 年赴境外上市企业将会大幅增加，而随着“备案新规”以及后续的法规落地，笔者认为，网络安全审查以及境外上市中的核心数据的风险控制，将成为拟上市企业需要重点面对的问题。

行则将至
——个人信息保护认证程序九问九答

陈际红*

* 作者简介：

陈际红，中伦律师事务所北京办公室知识产权部合伙人，电邮为：chenjihong@ zhonglun. com。

自我国《个人信息保护法》确立了公司数据跨境传输合规三条路径以来，关于个人信息跨境处理活动如何进行安全认证，《网络安全标准实践指南——个人信息跨境处理活动安全认证规范》（V1.0-202206，以下简称《认证规范1.0》）、《网络安全标准实践指南——个人信息跨境处理活动安全认证规范2.0》（V2.0-202212，以下简称《认证规范2.0》）先后公布，给予进行数据跨境传输活动的公司合规义务指引。2022年11月4日，国家市场监管总局与网信办联合发布了《个人信息保护认证实施规则》（以下简称《实施规则》），认证程序揭开面纱。2023年1月底，中国网络安全审查技术与认证中心（以下简称认证中心）在其门户网站上公开了个人信息保护认证申办系统链接，并公开了《个人信息保护认证申请书》（以下简称《认证申请书》）①，认证程序正式落地。由此，我们选取了公司实务中所关注的个人信息保护认证的九个问题进行解答，以期给予以个人信息保护认证作为跨境数据传输合规路径的公司较为明确的义务履行指引。

一、哪些公司适用于认证程序

《个人信息保护法》第38条确立了公司数据出境的三条合规路径：数据出境安全评估、个人信息保护认证以及网信办制定的标准合同。其中，数据出境安全评估在满足一定的触发条件后，为强制性义务。个人信息保护认证与标准合同则在未触发数据出境安全评估义务的前提下可由公司选用。结合《数据出境安全评估办法》第4条的要求，公司可选用认证程序的前提为（以下需同时满足）：（1）公司非关键信息基础设施运营者；（2）公司处理信息不满100万人；（3）出境数据中不包含重要数据；（4）自上年1月1日起累计向境外提供个人信息不满10万人；（5）自上年1月1日起累计向境外提供敏感个人信息不满1万人。

同时，《认证申请书》还要求公司在认证申请中作出明确说明，近12个月内未发生过重大个人信息安全事件。

除上述进行数据跨境提供的情形外，根据《认证规范2.0》，满足《个人信息保护法》第3条第2款规定的境外个人信息处理者，即境外公司以向境内自然人提供产品或服务为目的或分析、评估境内自然人的行为而在境外处理境内自然人个

① 具体见中国网络安全审查技术与认证中心门户网，https://isccc.gov.cn/zxyw/sjaq/grxxbhrz/index.shtml。

人信息的，也可通过其在境内设置的专门机构或指定代表申请认证。

二、认证活动的范围是什么？一个认证是否可以同时包含数据跨境传输活动认证与普通个人信息保护认证？关联公司是否可以合并认证

认证范围包括个人信息收集、存储、使用、加工、传输、提供、公开、删除以及跨境等处理活动全流程，可以涵盖跨境认证和普通个人信息保护认证，一次认证可对前述两种处理活动进行认证。

关联公司可以合并认证。依据《认证规范2.0》的规定，跨国公司或者统一经济、事业实体下属子公司或关联公司之间的个人信息跨境处理活动可由境内一方申请认证。

三、认证的模式与实施方式为何

根据《实施规则》第3条的规定，个人信息保护认证的认证模式为：技术验证+现场审核+获证后监督。

技术验证由认证中心指定的技术验证机构进行，认证中心将提供多家合作的技术验证机构供公司选择，技术验证机构名单将在进行验证前通过认证申办系统通知公司。技术验证的内容，主要根据《网络安全法》《个人信息保护法》等相关法律规范、结合公司具体系统及行业特点确定。实施技术验证后，技术验证机构将向认证中心及公司出具技术验证报告。

现场审核将由认证中心实施，并向公司出具现场审核报告。审核内容主要根据申报系统内的自评估表确定，主要审核两个方面：一是核实公司在系统内提交材料的真实性，二是核实材料中无法直接确认或比较模糊的事实。

获证后监督则采用“1+2”的模式，即初次认证后的第1年不会再进行监督；从第2年开始，认证中心每年会就初次认证中存在的问题或重大风险进行抽查一次，整体的流程与初次认证类似，但会根据公司的实际情况进行简化。每年具体的时间由认证中心与公司讨论决定。

四、针对符合《个人信息保护法》第3条第2款的情形、跨境直接收集中国境内个人信息的境外公司，认证程序如何实施

根据《认证规范2.0》，《个人信息保护法》第3条第2款规定的境外个人信息

处理者，可由其在境内设置的专门机构或指定代表申请认证，并承担法律责任。据此，境外公司可通过委托境内机构或代表申请的方式进行，提供的材料需能够反映境外公司的真实情况。值得注意，由于认证程序包含现场审核，实践中对于境外公司如何开展现场审核仍有待进一步观察。

五、认证的流程有哪些

公司如需申请个人信息保护认证的，可致电认证中心，由认证中心为公司开设申办系统账号，公司在申办系统内提交认证申请，具体流程如图1所示：

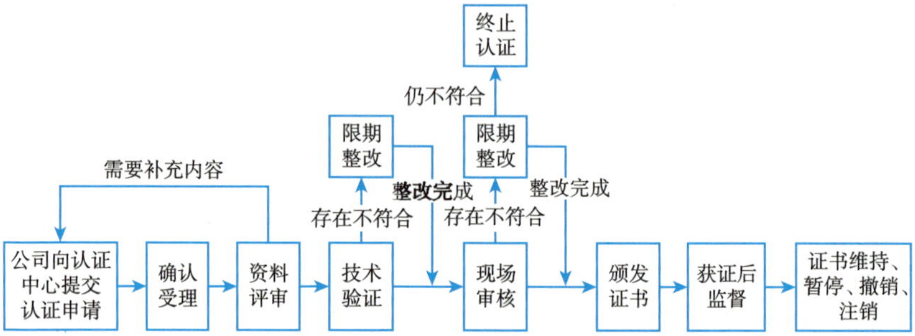

图1 认证流程

六、申请认证所需的资料有哪些？ 公司在申请个人信息保护认证前是否需开展自评估工作

根据《认证申请书》第3条的规定，申请认证需具备如下材料：(1)申请方法律证明文件，包括营业执照或法人证书复印件、每个场所的法律地位证明文件，如房租合同或产权证明；(2)自评价表及相关证据材料；(3)业务流程及描述；(4)组织机构图或职能表述；(5)申请方数据目录；(6)其他补充材料。

针对开展跨境数据传输活动的公司，根据《认证规范2.0》的规定，公司可能需提交的相关证据材料至少包括：(1)公司与境外接收方签订的具有法律约束力和可执行的文件；(2)公司及境外接收方个人信息保护负责人的姓名及联系方式；(3)公司及境外接收方个人信息保护机构的相关信息；(4)公司对跨境数据传输活动开展个人信息保护影响评估形成的评估报告；(5)个人信息主体行权机制的说明。

根据《个人信息保护法》第 55 条的规定，如公司开展如下个人信息处理活动的，应在申请个人信息保护认证前开展个人信息保护影响评估，并向认证中心提交相关评估报告：(1)处理敏感个人信息；(2)利用个人信息进行自动化决策；(3)委托处理个人信息、向其他个人信息处理者提供个人信息、公开个人信息；(4)向境外提供个人信息；(5)其他对个人权益有重大影响的个人信息处理活动。

七、认证程序是否会影响公司业务的正常开展

与《个人信息保护法》第 38 条第 1 款第 1 项所规定的数据出境安全评估机制不同，认证程序并非强制程序。根据《认证规范 2.0》的自愿认证原则，公司可以自主选择是否开展认证活动，认证中心无权决定公司关于数据出境活动的业务是否开展或暂停。如在进行技术审核的过程中发现可能危及个人信息安全的技术问题，技术验证机构仅会建议公司暂停相关技术或系统的使用直至整改完成。

八、如认证结果认定公司需进行合规整改的，公司应如何开展整改活动

在进行技术验证中，如发现公司存在可能危及个人信息安全的技术问题，将由技术验证机构协助公司进行技术整改。如认证中心认定跨境提供活动依据的法律文件有问题，公司可自行或聘请第三方机构相应完善。整改活动应在 60 个工作日内完成。

九、认证所需的时间？公司获得认证后，认证的有效期及认证结果延续机制为何

认证中心进行个人信息保护认证的总体时间为 110 个工作日，该时间不包括公司在申办系统内填写资料的时间以及公司进行整改的时间。

在公司通过认证后，认证中心将向公司颁发认证证书。认证证书有效期为 3 年，在此期间认证中心将持续监督。公司如需延续证书，应在证书有效期届满前 6 个月内，向认证中心提出认证委托。认证中心将通过获证后监督的方式，对符合认证要求的委托换发新证书。

（于楚佳对本文亦有贡献）

当数据合规遇见刑事追诉

——首例数据合规不起诉案件所带来的分析和启示

蔡　鹏　葛　燕[*]　胡云浪

[*] 作者简介：

蔡鹏，中伦律师事务所北京办公室知识产权部合伙人，电邮为：caipeng@ zhonglun. com。

葛燕，中伦律师事务所北京办公室争议解决部合伙人，电邮为：geyan@ zhonglun. com。

一、一起数据合规不起诉案件要点回顾

（一）案件基本情况

上海普陀区检察院公布了全国首例数据合规不起诉案。该案中，Z 网络科技有限公司（以下简称 Z 公司）向普陀区检察院提出合规不起诉申请，普陀区检察院审查后向 Z 公司制发了合规检察建议，并启动范式合规审查。Z 公司在整改期间积极开展数据合规整改工作，最终在普陀区检察院举行公开审查听证，参与听证的各方均认为 Z 公司数据合规整改到位，并一致同意对 Z 公司及其人员作出不起诉决定。（见表 1）

表 1　案件基本情况概览

项目	具体内容
涉嫌犯罪事实	2019 年至 2020 年，Z 公司在未经授权许可的情况下，为运营需要，由公司首席技术官陈某某指使多名技术人员，通过数据爬虫技术，非法获取某外卖平台数据，造成某外卖平台直接经济损失 4 万余元
涉案企业、个人	Z 公司、首席技术官陈某某及其所指使的多名技术人员
涉案罪名	非法获取计算机信息系统数据罪
适用法律	《刑法》第 285 条
案件情节	企业认罪认罚、积极赔偿并取得被害单位谅解
案件处理（合规不起诉）	（1）提出申请：Z 公司提出合规不起诉申请，普陀区人民检察院根据 Z 公司的申请向其制发合规检察建议，并启动范式合规审查。 （2）整改建议：普陀区人民检察院根据 Z 公司经营现状，从数据合规管理、数据风险识别、评估与处理、数据合规运行与保障等方面提出整改建议。 （3）积极整改：Z 公司收到整改建议后积极整改，并引入外部法律顾问协助整改。 （4）听证：整改期结束后，经过听证评议，各参与听证方认为 Z 公司数据合规整改到位，一致同意对涉案单位及其人员作出不起诉决定

（二）案件涉及的合规流程

案件涉及的合规流程及其要点如图 1、表 2 所示：

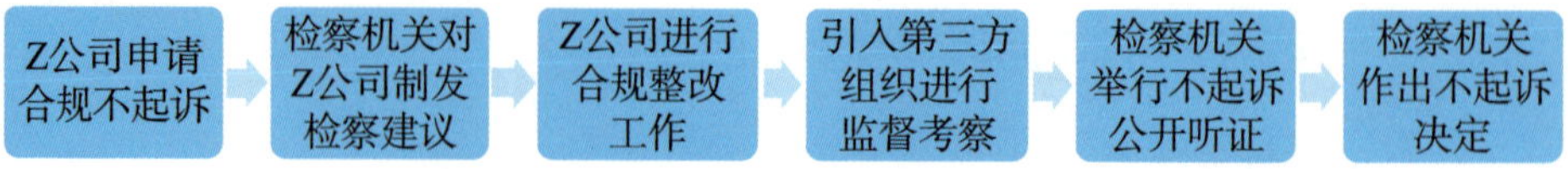

图 1　合规流程

表 2　合规不起诉流程要点

序号	合规不起诉流程	具体要点
1	Z 公司申请合规不起诉	(1)前提:Z 公司犯罪情节较轻,主观恶性较小,认罪认罚,积极赔偿损失并取得被害单位谅解。 (2)申请:Z 公司向检察机关申请适用合规整改
2	检察机关对 Z 公司制发检察建议	(1)了解 Z 公司经营情况:普陀区人民检察院实地走访 Z 公司查看经营现状,会同监管部门研商 Z 公司运营情况; (2)提出整改建议:普陀区人民检察院从数据合规管理、数据风险识别、评估与处理、数据合规运行与保障等方面提出整改建议,指导 Z 公司作出合规承诺; (3)具体的整改意见包括: ①构建数据合规管理体系:设置专门的数据合规管理部门,特别针对数据来源合法性制订并不断完善数据合规计划,消除内部管理盲区。 ②提高数据合规风险识别、应对能力:规范技术汇报审批流程,建立技术应用合规评估制度,避免技术滥用。 ③促进数据合规运行:建立数据合规咨询机制与数据不合规发现机制,建立数据分级分类管理制度及员工数据安全管理制度,填补制度空白
3	Z 公司进行合规整改工作	(1)整改:Z 公司作出合规承诺,并围绕管理、技术、制度进行自查整改; (2)聘请外部法律顾问:Z 公司还聘请外部法律顾问团队制订数据合规整改计划,严格按照合规承诺扎实推进
4	引入第三方组织进行监督考察	(1)第三方组织成员:国家互联网信息办公室、某知名互联网安全企业、产业促进社会组织等专家成员; (2)全程监督:通过询问谈话、审查资料、会议培训等形式全程监督 Z 公司数据合规整改工作; (3)评定整改合格:考察期满后,第三方组织评定 Z 公司合规整改合格

续表

序号	合规不起诉流程	具体要点
5	检察机关举行不起诉公开听证	(1)听证参与人:听证员、侦查人员、企业合规第三方考察员和被害单位等参与不起诉公开听证,四名全国人大代表受邀旁听; (2)听证内容:围绕合规评估合格、社会危害性和是否可作不起诉处理进行公开听证
6	检察机关作出不起诉决定	(1)听证会意见:参与听证各方认为 Z 公司数据合规整改到位,一致同意对涉案单位及其人员作出不起诉决定; (2)不起诉决定:人民检察院根据听证结果作出不起诉决定

二、涉数据类犯罪案件适用合规不起诉分析

(一)检察机关推进三阶段简要回顾

2020 年,最高人民检察院(以下简称最高检)对我国企业刑事合规不起诉制度的探索拉开帷幕,同年 3 月,最高检启动涉案违法犯罪依法不捕、不诉、不判处实刑的企业合规监管试点工作,并确定上海市浦东新区、金山区人民检察院,广东省深圳市南山区、宝安区人民检察院,江苏省张家港市人民检察院,山东省郯城县人民检察院 6 个检察院为试点单位。此次试点在我国刑事司法领域初步确立了合规不起诉的概念。

2021 年 3 月,最高检发布《关于开展企业合规改革试点工作方案》(以下简称《试点工作方案》),企业合规试点范围进一步扩大至北京、上海、浙江等 10 个省地的 27 个市级人民检察院、165 个基层人民检察院。同年 6 月 3 日,最高检联合多个机关共同发布《关于建立涉案企业合规第三方监督评估机制的指导意见(试行)》(以下简称《指导意见》),明确:涉案企业合规第三方监督评估机制是指人民检察院在办理涉企犯罪案件时,对符合企业合规改革试点适用条件的,交由第三方监督评估机制管理委员会选任组成的第三方监督评估组织,对涉案企业的合规承诺进行调查、评估、监督和考察。考察结果作为人民检察院依法处理案件的重要参考。

2022 年 4 月 19 日全国工商联、最高检等发布《涉案企业合规建设、评估和审查办法(试行)》,明确企业合规的本质内涵是改造企业治理结构和重塑企业文化。

（二）涉数据类犯罪外延

我国《刑法》设立了多项与数据安全密切相关的罪名，从法益侵害角度来分析，这些罪名大致可分为三大类：一是危害计算机信息系统安全的犯罪。包括非法侵入计算机信息系统罪和破坏计算机信息系统罪这两类犯罪，具体有非法侵入计算机信息系统罪，非法获取计算机信息系统数据、非法控制计算机信息系统罪，提供侵入、非法控制计算机信息系统程序、工具罪，破坏计算机信息系统罪 4 项罪名；二是侵害具体数据类型安全的犯罪。包括侵犯公民信息安全和侵犯商业秘密两类犯罪，具体有侵犯公民个人信息罪、侵犯商业秘密罪两项罪名；三是围绕信息网络相关罪名。具体有拒不履行信息网络安全管理义务罪、非法利用信息网络罪以及帮助信息网络犯罪活动罪。

对于公司来说，司法实践中应当关注的罪名当属非法侵入计算机信息系统罪，非法获取计算机信息系统数据、非法控制计算机信息系统罪，侵犯公民个人信息罪，侵犯商业秘密罪，拒不履行信息网络安全管理义务罪以及帮助信息网络犯罪活动罪。

（三）涉数据类犯罪特点

涉数据类犯罪罪名及其行为特点如表 3 所示：

表 3　涉数据类犯罪罪名及其行为特点

罪　　名	行　　为
非法侵入计算机信息系统罪（《刑法》第 285 条第 1 款）	自然人或者单位违反国家规定，侵入国家事务、国防建设、尖端科学技术领域的计算机信息系统
非法获取计算机信息系统数据、非法控制计算机信息系统罪（《刑法》第 285 条第 2 款）	违反国家规定，侵入国家事务、国防建设、尖端科学技术领域的计算机系统以外的计算机信息系统或者采用其他技术手段，获取该计算机信息系统中存储、处理或者传输的数据，或者对该计算机信息系统实施非法控制，情节严重
侵犯公民个人信息罪（《刑法》第 253 条之一）	违反国家有关规定，“向他人出售或者提供公民个人信息”，或“窃取或者以其他方法非法获取公民信息”，情节严重
拒不履行信息网络安全管理义务罪（《刑法》第 286 条之一）	网络服务提供者不履行法律、行政法规规定的信息网络安全管理义务，经监管部门责令采取改正措施而拒不改正，致使违法信息大量传播的；或致使用户信息泄露，造成严重后果的；或致使刑事案件证据灭失，情节严重的；或具有其他严重情节严重的行为

续表

罪名	行为
侵犯商业秘密罪(《刑法》第219条)	以盗窃、贿赂、欺诈、胁迫、电子侵入或者其他不正当手段获取权利人的商业秘密;披露、使用或者允许他人使用以前项手段获取的权利人的商业秘密的;违反保密义务或者违反权利人有关保守商业秘密的要求,披露、使用或者允许他人使用其所掌握的商业秘密
帮助信息网络犯罪活动罪(《刑法》第287条之二)	明知他人利用信息网络实施犯罪,为其犯罪提供互联网接入、服务器托管、网络存储、通讯传输等技术支持,或者提供广告推广、支付结算等帮助

我国《刑法》第285条确立了非法侵入计算机信息系统罪,以及非法获取计算机信息系统数据、非法控制计算机信息系统罪这一类犯罪。非法侵入计算机信息系统罪(《刑法》第285条第1款)指自然人或者单位违反国家规定,侵入国家事务、国防建设、尖端科学技术领域的计算机信息系统的行为。主观方面,该罪的成立需要满足故意要件;如果是无意中进入计算机信息系统,但经警示仍不退出的,应当视为故意非法侵入。非法获取计算机信息系统数据、非法控制计算机信息系统罪(《刑法》第285条第2款)为《刑法修正案(七)》规定的新罪,客观方面,指违反国家规定侵入国家事务、国防建设、尖端科学技术领域的计算机系统以外(《刑法》第285条第1款规定以外)的计算机信息系统或者采用其他技术手段,获取该计算机信息系统中存储、处理或者传输的数据,或者对该计算机信息系统实施非法控制,情节严重的行为,该罪属于选择性罪名。首例数据合规不起诉案中的Z公司的客观行为就表现为利用"爬虫"非法获取其他计算机信息系统中存储、处理或者传输的数据,若其未进行合规整改,则将以此类罪名被追诉。

我国《刑法》第253条之一确立了侵犯公民个人信息罪。根据最高人民法院和最高检的司法解释,该罪的违法性构成有:一是违反国家有关规定;二是存在"向他人出售或者提供公民个人信息",或"窃取或者以其他方法非法获取公民个人信息"的行为;三是行为达到情节严重的程度。"两高"司法解释对作为入罪标准的情节严重作出了规定,个人或者单位侵犯公民个人信息,只需要数量或者情节上达到一般标准，例如：非法获取、出售、提供“重大敏感信息[①]”50条以上；非法获取、出售、提供“一般敏感信息[②]”500条以上；非法获取、出售或者提供行踪轨迹信息，被他人用于犯罪的；等等。随着互联网的发展，大数据企业、电子商务企业等都依托网络平台，其业务开展不可避免需要收集大量公民个人信息和数据。2021年，全国公安机关深入推进“净网2021”专项行动，针对人民群众关注的个人信息保护问题，全力组织开展侦查打击工作，共破获侵犯公民个人信息案件9800余起，抓获犯罪嫌疑人1.7万余名，维护了网络空间秩序和人民群众合法权益。2022年1月，公安部公布了侵犯公民个人信息犯罪十大典型案例[③]，其中，典型案例六为公司非法获取个人信息案例，该案例中山东某网络科技公司从网上购买公民信息，在辽宁阜新石某团伙的技术支撑下，突破游戏公司验证机制，非法注册实名网络游戏账号1.8万余个，向未成年人出售，非法牟利170余万元。

我国《刑法》第286条之一确立了拒不履行信息网络安全管理义务罪。该罪是指网络服务提供者不履行法律、行政法规规定的信息网络安全管理义务，经监管部门责令采取改正措施而拒不改正，致使违法信息大量传播的；或致使用户信息泄露，造成严重后果的；或致使刑事案件证据灭失，情节严重的；或具有其他严重情节的行为。该罪为真正不作为犯，其成立要求经过监管部门责令采取改正措施而拒不改正。2021年4月，昆明市盘龙区人民法院判处了全国首例“因运营商拒不履行信息网络安全管理义务”案例。该案例中，虚拟运营商某通信技术有限公司，因拒不履行信息网络安全管理义务，董事长及部分高管被一审判处1年4个月至1年10个月的有期徒刑或拘役。法院认为：虚拟运营商某通信技术有限公司明知山东某通信代理公司在从事违法行为而拒不履行其网络管理责任者的义务，涉嫌拒不履行信息网络安全管理义务罪被法院依法判决。

我国《刑法》第219条确立了侵犯商业秘密罪，《刑法修正案（十一）》对其进行了部分修改。侵犯商业秘密罪的犯罪主体是一般主体，既可以是自然人，也可以是公司、企业等单位。在实务中，触犯该罪的多为企业的中高级管理人员、进行

---

① 重大敏感信息包括：行踪轨迹信息、通信信息、征信信息、财产信息。

② 一般敏感信息包括：住宿信息、通信记录、健康生理信息、交易信息等可能影响人身、财产安全的公民个人信息。

③ 参见《打击侵犯公民个人信息犯罪这一年：公安部公布十大典型案例》，载公安部政府信息公开网2022年1月8日，https://app.mps.gov.cn/gdnps/pc/content.jsp?id=8314457。

技术研发的核心骨干或者是因合作关系而知悉企业商业秘密的交易第三方。在主观方面,侵犯商业秘密罪需满足故意要件。在客观方面,侵犯商业秘密罪需要从行为对象、行为方式以及行为结果三个方面进行判别:(1)侵犯商业秘密罪的行为对象是商业秘密,商业秘密是企业的无形资产,能使企业在激烈的竞争环境中取得竞争优势,商业秘密一旦泄露,将给企业带来不可估量的损失;(2)侵犯商业秘密法定的行为方式包括:以盗窃、贿赂、欺诈、胁迫、电子侵入或者其他不正当手段获取权利人的商业秘密;披露、使用或者允许他人使用以前项手段获取的权利人的商业秘密的;违反保密义务或者违反权利人有关保守商业秘密的要求,披露、使用或者允许他人使用其所掌握的商业秘密;(3)成立侵犯商业秘密罪,要求侵犯商业秘密行为给权利人造成重大损失以上的结果,目前侵犯商业秘密的重大损失数额标准为30万元①。实践中,若企业利用员工跳槽带来的其他企业的机密数据,或者利用其他企业尚未公开的技术相关数据进行业务拓展、新品开发等,则可能面临数据合规风险,甚至构成侵犯商业秘密罪。

我国《刑法》第287条之二确立了帮助信息网络犯罪活动罪,该罪是指明知他人利用信息网络实施犯罪,为其犯罪提供互联网接入、服务器托管、网络存储、通讯传输等技术支持,或者提供广告推广、支付结算等帮助的行为,其主观方面体现为明知。根据司法实践,目前该罪客观行为主要表现为两个方面,一是通过手机卡、银行卡向犯罪行为人提供结算功能,帮助实施信息网络犯罪的人犯罪的行为;二是针对提供互联网技术服务从而帮助犯罪行为人实施信息网络犯罪的行为。根据最高检公布的2021年全国检察机关主要办案数据,2021年,起诉帮助信息网络犯罪活动罪近13万人,同比上升超8倍,位居各类刑事犯罪的第3位;根据最高检公布的2022年1月至3月全国检察机关主要办案数据,帮助信息网络犯罪活动罪仍处高位,上述办案数据引起很多互联网企业高度关注。因此,在目前检察机关正高度关注此罪的大背景下,若互联网企业、大数据企业明知他人利用网络平台实施犯罪仍提供互联网技术服务,很可能面临数据合规风险,甚至构成帮助信息网络犯罪活动罪。

---

① 参见《最高人民法院、最高人民检察院关于办理侵犯知识产权刑事案件具体应用法律若干问题的解释(三)》第4条。

(四)合规不起诉适用于涉数据类犯罪案件的可行性论证

若涉数据类犯罪案件进入检察院合规审查阶段,那么首先要做的是判断其是否符合第三方机制的适用条件,具体而言:

《指导意见》中明确规定企业合规不起诉适用于经济犯罪和职务犯罪案件。经济犯罪指的是在商品经济的运行领域中,为谋取不法利益,违反国家法律规定,严重侵犯国家管理制度和破坏社会经济秩序,依照刑法应受刑罚处罚的行为。[①]因而,数据合规视域下企业在生产经营过程中若涉嫌侵犯商业秘密罪,则亦在经济犯罪规制范畴之内。而在"互联网+"的技术驱动下,经济犯罪也正在大规模地向网络空间转移,并衍生出一种全新的犯罪形态——"网络经济犯罪",数据合规领域涉及的非法侵入计算机信息系统罪,非法获取计算机信息系统数据、非法控制计算机信息系统罪,侵犯公民个人信息罪,拒不履行信息网络安全管理义务罪等恰为"经济犯罪"所包含。因而,涉数据类犯罪案件属于企业合规不起诉的适用对象。

根据最高检下发的《试点工作方案》、《指导意见》以及当前试点地区的司法实践来看,试点地区的检察机关基本上将合规考察制度的适用对象设定为"相关责任人"可能被判处 3 年有期徒刑以下刑罚的涉企刑事案件。也有部分检察院将重罪纳入合规不起诉的适用范围,如辽宁省人民检察院等机关出台的《关于建立涉罪企业合规考察制度的意见》,规定"直接负责的主管人员和其他直接责任人员依法应当被判处三年以上十年以下有期徒刑的,具有自首情节或者在共同犯罪中系从犯,或者直接负责的主管人员、其他直接责任人员具有立功表现的,可以适用合规考察制度"。结合上文所述,涉数据类犯罪主要涉及的罪名中,非法侵入计算机信息系统罪、拒不履行信息网络安全管理义务罪、帮助信息网络犯罪活动罪法定最高刑为 3 年,非法获取计算机信息系统数据、非法控制计算机信息系统罪、侵犯商业秘密罪、侵犯公民个人信息罪情节严重的法定最高刑为 3 年,符合合规不起诉适用刑罚范围规定。

(五)涉案企业合规不起诉程序的相关流程

涉案企业合规不起诉程序相关流程如表 4 所示:

---

① 参见高铭暄、王作富主编:《中国惩治经济犯罪全书》,中国政法大学出版社 1995 年版,第 101 页。

表 4　涉案企业合规不起诉程序相关流程

阶段	流程	具体规定
第一阶段：启动程序	检察院对企业进行合规审查	(1)依职权审查：人民检察院在办理涉企犯罪案件时，应当注意审查是否符合企业合规试点以及第三方机制的适用条件，并及时征询涉案企业、个人的意见； (2)依申请审查：涉案企业、个人及其辩护人、诉讼代理人或者其他相关单位、人员提出适用企业合规试点以及第三方机制申请的，人民检察院应当依法受理并进行审查
	签署认罪认罚具结书和合规承诺书	实践中，一般以涉罪企业及其人员在值班律师或辩护律师在场的情况下，签署认罪认罚具结书和合规承诺书为前提
	启动第三方监督评估机制	《指导意见》中明确规定要建立涉案企业合规第三方监督评估机制，人民检察院在办理涉企犯罪案件时，对符合企业合规改革试点适用条件的，交由第三方监督评估机制管理委员会选任组成的第三方监督评估组织（第三方组织），对涉案企业的合规承诺进行调查、评估、监督和考察，考察结果作为人民检察院依法处理案件的重要参考
第二阶段：合规计划制订与评价	制订合规计划	涉案企业（可委托刑事辩护律师或专项合规律师辅助）应当根据第三方组织的要求而提交专项或者多项合规计划
	第三方组织评价合规计划	(1)第三方组织对涉案企业合规计划的可行性、有效性与全面性进行审查，提出修改完善的意见建议； (2)根据案件具体情况和涉案企业承诺履行的期限，确定合规考察期限（有试点单位将涉罪企业的合规考察期定为3个月至5个月，也有定为6个月至1年，甚至更长）
第三阶段：合规计划执行	合规计划执行	(1)涉案企业应当按照合规计划进行合规整改，定期或者不定期接受第三方组织对合规计划履行情况的检查和评估； (2)如第三方组织有要求，涉案企业需定期书面报告合规计划的执行情况，同时抄送负责办理案件的人民检察院
第四阶段：全面评估考核	全面评估考核	在合规考察期届满后，第三方组织对涉案企业的合规计划完成情况进行全面检查、评估和考核，并制作合规考察书面报告，报送负责选任第三方组织的第三方机制管委会和负责办理案件的人民检察院

续表

阶段	流程	具体规定
第五阶段：检察院处理	听证程序（非必需）	人民检察院对于拟作不批准逮捕、不起诉、变更强制措施等决定的涉企犯罪案件，可以根据《人民检察院审查案件听证工作规定》召开听证会，并邀请第三方组织组成人员到会发表意见
	检察院作出决定	人民检察院结合第三方组织合规考察书面报告、涉案企业合规计划、定期书面报告等合规材料作出批准或者不批准逮捕、起诉或者不起诉以及是否变更强制措施等决定，必要时提出检察建议或检察意见

三、数据合规为什么能够帮助企业避免刑事责任

数据合规之于企业的意义，除通过“数据合规不起诉”帮助涉刑企业完成经营模式整改，将企业从犯罪的边缘重新拉回发展正轨外，更核心的价值在于帮助企业防患于未然：通过评估合规边界、给出贴合企业发展阶段与商业模式的合规解决方案，助力企业将原本刑事责任红线以下的风险，转变为新的商业机会。综观当前的司法环境，立足刑事责任的特性，我们将从以下几个角度分析企业为什么要开展数据合规工作，以及将数据合规工作贯穿企业发展全生命周期的实际意义。

（一）刑事责任是企业数据业务面临的终极风险

不同于民事责任、行政责任，刑事责任是指国家依据刑法通过一系列最为严厉的强制措施，对罪犯施以惩戒，使其接受改造的法律责任承担形式，是企业数据业务可能面临的终极风险。我国刑法针对单位犯罪采取双罚制，即单位犯罪的，对单位判处罚金，同时对直接负责的主管人员和其他直接责任人员判处刑罚。被刑事追责的企业的商誉往往会因此遭受重创，难再获得市场信任，而从此一蹶不振。目前，我国针对数据类犯罪的判定已逐渐明朗，主要涉及以下罪名：侵犯公民个人信息罪；非法侵入计算机信息系统罪；非法获取计算机信息系统数据、非法控制计算机信息系统罪；提供侵入、非法控制计算机信息系统程序、工具罪；破坏计算机信息系统罪；拒不履行信息网络安全管理义务罪；非法利用信息网络罪；帮助信息网络犯罪活动罪；掩饰、隐瞒犯罪所得、犯罪所得收益罪；非法获取国家秘密罪，为境外窃取、刺探、收买、非法提供国家秘密、情报罪，故意（过失）泄露国家秘

密罪,非法获取军事秘密罪,为境外窃取、刺探、收买、非法提供军事秘密罪,故意(过失)泄露军事秘密罪等;侵犯商业秘密罪,为境外窃取、刺探、收买、非法提供商业秘密罪。

例如,在广东省深圳市南山区人民法院(2019)粤0305刑初193号案中,深圳市某互联网科技有限公司的技术总监以及核心技术人员因使用爬虫技术导致深圳市住房系统瘫痪,构成"破坏计算机信息系统罪"。由于核心人员被定罪,该公司如今难以继续展开正常经营,其各项协议先后无法继续履行,法定代表人亦被列入失信名单。

(二)数据类罪名增加,刑事案件呈上升趋势

近年来,我国数据类的罪名在数量上呈现上升趋势,在适用范围上亦呈现扩张趋势。例如,《刑法修正案(七)》在《刑法》第253条之一增加规定了侵犯公民个人信息罪。而随后的《刑法修正案(九)》则将《刑法》第253条中出售、非法提供公民个人信息罪和非法获取公民个人信息罪的犯罪主体由原来的特定主体(国家机关或者金融、电信、交通、教育、医疗等单位的工作人员)改为不特定主体,所有违反该罪的单位与个人皆可被追责。

互联网模式的快速更新和技术迭代,导致网络犯罪呈现复杂化与多元化的趋势。未来可预计的是,随着各种法律的逐渐落地,实践中各种涉及数据的新的犯罪形式将会涌现,国家针对数据违法的罪名设计上将更为专门化、精细化,相关的刑事执法活动也将呈现更加活跃的态势。(见图2、图3)

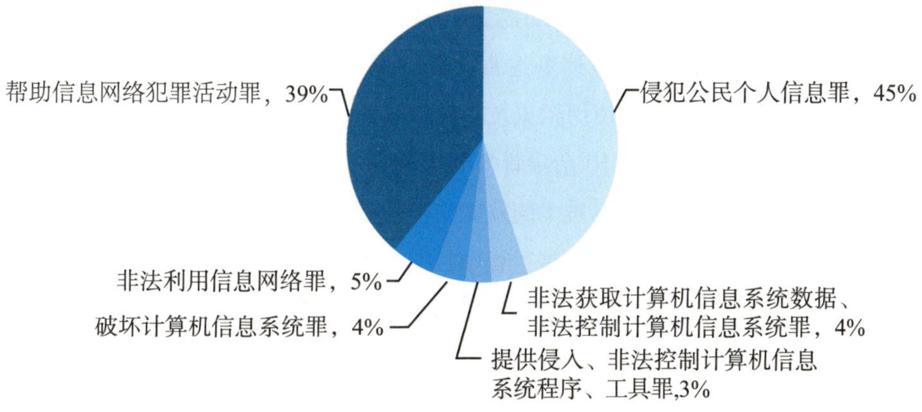

图2 2020年数据类刑事案件分布

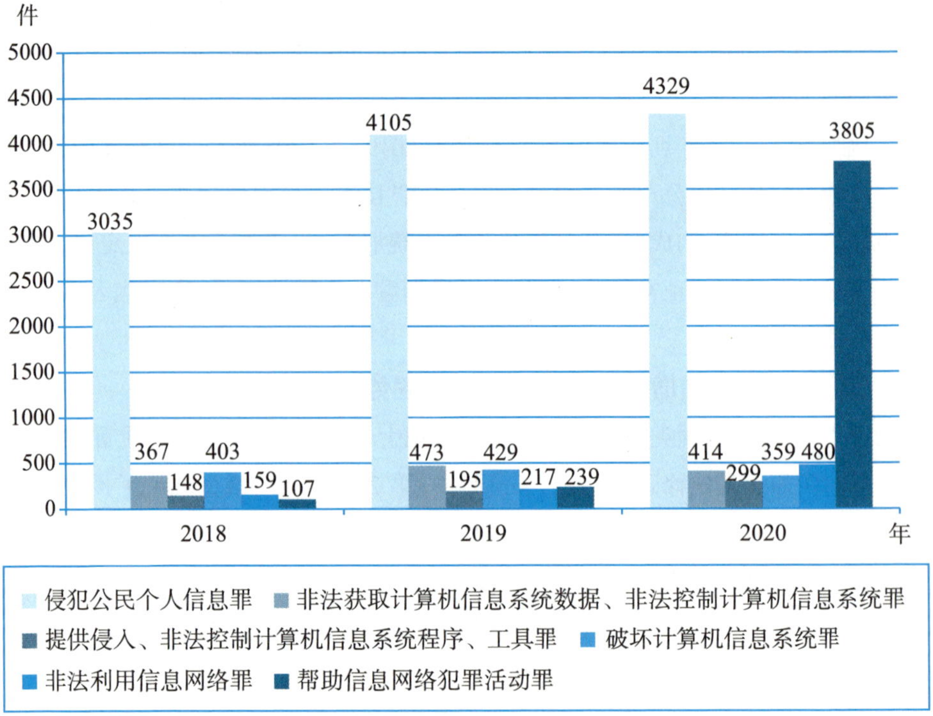

图 3　2018—2020 年数据类刑事案件分布

（三）监管日趋严格，行为违法界限不清晰

当今互联网行业的营商环境已非“劣币驱逐良币”，而将“技术中立”等同于合法使用的理念也已在日趋严格的监管下多次被证伪。忽视数据合规边界而试错，企业付出的代价可能是被刑事追责。在首例数据合规不起诉案中，Z 公司正是因为缺乏合规意识，盲目使用爬虫技术抓取第三方平台致使该平台直接经济损失 4 万多元，使自身从手握 10 余项计算机软件著作权，有着光明发展前景的“高新技术企业”最终成为罪犯。技术的发展与企业壮大并不等同于法律意识的增强，该案件鲜明反映出一类企业在发展过程中长期忽视数据合规而可能产生的后果。

另外，当前针对数据类犯罪的行为在违法认定上并不清晰。刑法所规制的是被社会谴责的，对法益具有严重侵害的犯罪行为。而在一些已知披露的案例中，撇开复杂的技术问题，从造成损害的结果上来看，似乎并没有较为严重的法益侵害。因此这些案件是否应当被定性为刑事意义上的、可被谴责的社会危害行为，也在业内引起诸多讨论。

可见，数据类案件往往由于存在较强的技术属性，在定罪和量刑方面会有较多的考虑因素。当下日益凸显的矛盾和难点在于：如何在数据安全和个人隐私日益增强的监管要求下，穿透复杂的技术问题，从而精确识别犯罪和准确量刑。

（四）刑法威力极大，存在“溢出效应”

我国刑法对单位犯罪采取双罚制，即对单位判处罚金的同时，还对其直接责任人包括高管以及技术人员等实施限制人身自由刑罚措施。实践中，犯罪人因利用职业便利实施犯罪，或者实施违背职业要求的特定义务的犯罪被判处刑罚的，法院可以在刑罚终止后，禁止其从事相关职业。而在刑事案件追诉过程中，侦查机关有权对涉案的财物采取查封、冻结等强制措施。上述种种，无不说明刑法本身威力巨大，对罪犯的社会关系造成“灭顶之灾”。

尽管事后的刑事合规从“出罪”的角度为企业指明了一条救赎路径，但企业应当尽早通过合规识别从源头上防范终极刑事风险，避免刑事“入罪”，免遭刑法的巨大威慑。

（五）数据合规在刑事危机中不同阶段的意义

1. 事前合规，将危机化为无形

探索新的商业模式往往伴随着未知的风险，故企业至少应当以刑事责任为红线，尽早引入专业人士开展合规评估。在首例数据合规不起诉案中，Z 公司虽然看到数据抓取本身技术中立且未被禁止，却忽视了对企业应用数据抓取的商业模式进行合规评估的必要性。若 Z 公司尽早引入专业人士对爬虫技术使用场景进行调查与合规分析，并及时知悉利用技术手段绕过第三方平台的身份验证系统、访问频率限制，情节严重的则可能构成非法获取计算机信息系统数据罪，那么早已将相关风险消灭于萌芽阶段。

另外，企业通过非法安装 SDK、绕过用户授权默认安装 APK 的方式向用户手机装载程序非法获取商业利益，则可能构成非法控制计算机信息系统罪。其他涉及以未授权的方式收集、获取、出售用户个人信息，或通过植入木马、伪装系统等行为，皆有可能承担刑事责任。而上述行为如何界定罪与非罪的边界，则需要借助法律、技术、安全方面的专业人士，通过详尽的合规评估，识别其中的巨大风险。

因此，技术型企业，尤其是处理大量数据的企业，当数据来源或处理方式存在不确定性时,应当尽早引入合规评估,从根源上排查合规风险,避免落入刑事追责的窘境,化危机为无形。

2. 事中合规,转危为机

在发展过程中,企业应当定期梳理数据资产,针对高风险数据处理活动开展专项数据合规的评估与整改。只有这样,在日趋严格的国内监管环境以及日趋激烈的以数据为核心的国际竞争大背景下,企业才能具备足够的适应性,领先竞争对手,并将危机转化为机遇。正如业内讨论较多的雀巢员工侵犯公民个人信息案中,企业通过在经营中坚持不懈的合规工作,在工作中全流程落地了合规措施并进行专项整改。相关合规成果在刑事追诉的关键时刻起到了积极显著的作用,帮助企业妥善处理了相关风险,不仅为企业发展保驾护航,也为企业赢得了赞誉。

3. 事后合规——最后的救济

当然,若企业在事前、事中环节因合规重视不足而落入刑事追诉的,在现有机制下,还可以通过积极的措施进行补救,通过取得被害人、被害单位的谅解,与检察院以及第三方机构通力合作,开展数据合规工作,完成指定整改并取得各方谅解而“出罪”。

我们认为,尽管有事后的救济手段,但是在整体合规流程中,事后合规已经是“最后一根稻草”。是否能抓住,取决于行为本身的性质以及社会危害程度等各方面因素,具有一定的“偶然性”。如何把这种“偶然性”转化成不被追诉的“必然性”,还是需要企业紧紧守住合规义务,将合规工作前置。

四、企业如何建立数据合规体系

(一)建立数据合规体系是法律的要求

我国《个人信息保护法》《数据安全法》等上位法中,明确提出企业应当建立数据合规体系。例如,《个人信息保护法》第 51 条要求企业:“……采取下列措施确保个人信息处理活动符合法律、行政法规的规定,并防止未经授权的访问以及个人信息泄露、篡改、丢失:(一)制定内部管理制度和操作规程……”《个人信息保护法》第 58 条要求:“提供重要互联网平台服务、用户数量巨大、业务类型复杂的个人信息处理者,应当履行下列义务:(一)按照国家规定建立健全个人信息保护合规制度体系,成立主要由外部成员组成的独立机构对个人信息保护情况进行监督……”

《数据安全法》第 27 条要求企业开展数据处理活动：“……应当依照法律、法规的规定，建立健全全流程数据安全管理制度，组织开展数据安全教育培训，采取相应的技术措施和其他必要措施，保障数据安全。”因此，企业开展数据合规工作是企业履行其法定义务的表现。

(二)重点突出，逐步完善

企业，尤其是处于发展初期的企业往往存在成本控制的压力。因此，开展合规工作需要与企业的业务场景、发展阶段及监管热点结合，对症下药，突出合规重点，逐步完善数据合规体系。举例来说，对于互联网企业，可以重点关注爬虫技术的合法性问题，以避免如 Z 公司一般落入刑事问责的窘境。我们将利用爬虫技术可能触及刑事责任的一般情形总结如图 4 所示：

数据抓取妨碍网站正常运营的

- 以数据抓取的方式造成网站、信息系统瘫痪或暂时瘫痪的，可能构成“破坏计算机信息系统罪”。例如在广东省深圳市南山区人民法院（2019）粤0305刑初193号案件中，被告使用爬虫技术导致“深圳市居住证系统”停止运行两小时，从而被告被认定其爬虫行为构成“破坏计算机信息系统罪”

数据抓取违反平台技术限制及访问要求的

- 绕过平台技术访问限制、身份限制等爬取个人信息的，将可能如Z公司般构成“非法获取计算机信息系统罪”

抓取特定领域内的非公开信息的

- 利用爬虫技术抓取特定领域内的非公开信息的，将可能被认定为构成“非法侵入计算机系统罪”

图 4 利用爬虫技术可能触及刑事责任的一般情形

除图 4 所列情形外，利用爬虫技术，擅自使用其他经营者征得用户同意、依法汇集且具有商业价值的数据，实质性替代其他经营者提供的部分产品或服务，损害公平竞争的市场秩序的，还可能构成不正当竞争，从而被平台方追究侵权责任。

(三)建立数据合规体系的几个基本步骤

1. 梳理合规风险

企业应当摸清现有数据资产的类别，并梳理其在数据处理各个环节中的风险，同时结合企业业务需求及自身能力，确定企业数据安全目标，制定数据安全战略，并定期进行审查修订。

2. 建章立制，做好"顶层设计"

企业应当通过制度安排、SOP 流程设置等方式，落实各项数据合规工作。例如，为保障个人信息主体行权，企业应当建立数据安全事件应急响应机制，在发生数据安全事件时，应当立即采取处置措施，按照规定及时告知用户并向有关主管部门报告；针对数据安全事件应急预案定期进行演练，以做到对数据安全事件的快速响应；对于企业内部其他部门对数据的使用，企业可根据岗位职责设置各级数据处理权限，按照最小必要、职权分离等原则，授予不同员工为完成各自承担任务所需的最小权限，在各账号间形成相互制约的关系。同时，明确数据权限授权审批流程，对数据申请和变更权限严格控制并定期审核，与能够接触重要数据或个人信息的员工签订数据保护协议。

3. 建立专门保护部门和人员安排

企业应当在发展过程中设置专门监测数据安全的部门及人员，且数据安全部门应当与人力资源管理部门、IT 部门、法律合规部门、售后服务部门等积极联动，防范员工管理、技术措施设置乃至售后过程中存在的数据安全风险。

4. 做好上下游及第三方的管理

业务运营中，应当针对上下游严格落实全闭环审核管理。前期审核包括审核服务对象的数据内容、使用范围是否明确，以及要求的数据提供方式是否安全等；中期审核包括合同审核、合作伙伴资质审核、明确数据使用范围、确保针对个人信息的隐私保护技术切实有效；后期审核包括通过使用审计或者定期报告等手段，监测整个数据共享链条上的供应商及代理等是否有效履行了合规义务。

5. 重视保护数据安全

针对企业数据资产的收集、存储、使用、共享、删除等，我们建议开展围绕数据处理的全生命周期的合规专项工作，主要体现在以下几个方面：(1)依据《数据安全法》、网络安全等级保护 2.0 相关标准，评估各类数据资产的等级、建立数据安全等级保护制度、进行 ISO 27001 信息安全体系认证，对不符合等级保护要求的处理场景完成安全整改。(2)善用数据合规工具，如使用符合个人信息保护影响评估基本原理及方法论的合规清单，调查各类数据处理场景；借助分类分级工具，建立密码管理系统(Privileged Identity Maragement,PIM)。(3)通过技术加密、数据清洗、匿名化、去标识化等手段,防范未经授权的数据访问或数据泄露。

6. 积极开展数据合规培训

积极开展数据合规培训,增强和提升员工的数据安全保护意识和保护能力,并从数据合规角度,考察员工能力与特定岗位职责的匹配程度。

7. 定期开展数据合规审计

针对企业日常运营,尤其是高风险项目,建议企业聘请外部专业人员,通过内外部合作定期开展数据合规审计。

(刘颖琪对本文亦有贡献)

虚拟运营商通往物联网“星辰大海”的合规之路

李启茂* 张力玮 罗丹奇

* 作者简介：

李启茂，中伦律师事务所广州办公室公司业务部合伙人，电邮为：leo_li@ zhonglun. com。

一、虚拟运营商物联网业务简介

虚拟运营商(Virtual Network Operator,VNO)是指依靠租用传统电信运营商的通信资源,经营电信基础业务或者电信增值业务的新型电信运营商[①]。虚拟运营商是在移动通信市场中基于移动网络资源和运营商网络平台,以代理或转售方式为用户提供移动通信服务的一种运营模式。虚拟运营商不需要自己建设网络,而通过购买移动网络资源,利用其业务支撑平台提供与实体运营商相似的移动通信服务。随着虚拟运营商的兴起,移动通信转售业务应运而生。移动通信转售,指通过购买移动通信网络运营商的网络服务,以自己的品牌或商标等身份为终端用户提供相同或类似的移动通信服务。转售业务在我国于 2013 年开始试点,最初的主要运用范围是通信产业的移动通信转售业务,主要内容是虚拟运营商向三大电信运营商购买移动通信服务、租用网络资源,重新包装成虚拟运营商自有品牌并销售给用户。

物联网是指利用物品间的通信和信息交换,实现物品之间互联互通的新型信息技术系统[②]。物联网将传感器、设备、计算机、网络技术等融合在一起,实现物品间的信息交互和实时监测。物联网的应用范围非常广泛,它可以应用于交通、制造、医疗、农业、城市管理等各个领域,随着应用范围的不断扩展,物联网转售业务应运而生,虚拟运营商从移动通信转售业务转向物联网转售业务,其业务重心也有较大的差别,虽然都是售卖 SIM 卡,但是在物联网转售业务中,虚拟运营商的服务更注重的是根据客户的需求提供物联网连接解决方案,提供端到端的打包解决方案或者产品,将一张张 SIM 卡服务于解决方案,而非像移动通信转售一样单纯依靠价格战赚取差价。

与移动通信转售业务一样,物联网转售中最重要的一环仍是虚拟运营商。相比服务代理商,虚拟运营商能够更深入地参与对最终客户的服务中,满足不同企业的物联网服务需求。例如,针对物联网设备需要长时间在线的特点,虚拟运营商可以提供更加灵活的流量套餐,满足不同设备的流量使用需求;同时,对于物联

---

① 参见尹晓静:《虚拟运营商与传统运营商的竞合演化博弈研究》,青岛大学 2016 年硕士学位论文。

② 参见刘陈、景兴红、董钢:《浅谈物联网的技术特点及其广泛应用》,载《科学咨询》2011 年第 9 期。

网设备的全球部署和管理,虚拟运营商也可以提供全球漫游和统一管理的服务,大大降低企业的运营成本,为物联网企业提供更加定制化和个性化的物联网服务。通过与物联网企业的深度合作,虚拟运营商还可以为企业提供更加全面的物联网解决方案,实现物联网的全面覆盖和普及。

总的来说,物联网转售是进一步深化电信领域改革的重要举措,2022 年 8 月中国的移动物联网连接数 16.98 亿户,超过了移动电话用户总数 16.78 亿户,中国成为全球人口大国中首个实现移动物联网连接规模超过移动电话用户规模("物联"超"人联")的国家①,物联网广阔的市场空间与发展前景,无疑给了虚拟运营商企业更多的发展创新空间,同时虚拟运营商也为物联网的发展提供了新的动力和支持。随着物联网技术的不断发展和应用场景的不断拓展,虚拟运营商将为物联网的普及和发展带来更加广阔的前景和机遇。

二、我国移动物联网转售业务的发展与问题

(一)我国移动物联网转售业务发展历程

1. 物联网转售业务的发展情况

从 2013 年至今,虚拟运营商这一群体在国内经历了多次起伏。最初虚拟运营商试点方案和牌照发布的时候,我国的移动互联网正处于快速发展时期,加上各种政策利好,不少人认为虚拟运营商能够为具有较高壁垒的电信业带来一股新的力量。但是近十年来,转售业务的路走得坎坷,从最开始实名制把控不严、渠道管理失控,使转售业务成为电信诈骗以及骚扰电话的温床,到之后我国移动用户已经饱和,手机通信用户数量已见顶,传统移动互联网市场的增量留给虚拟运营商的空间已经不大。

经过多年的发展,通信行业格局的决定因素还是在三大运营商手里,虚拟运营商并未搅动行业格局。2022 年 8 月,通信世界全媒体联合中国信通院发布的《移动通信转售业务发展报告(2022)》显示,截至 2022 年 6 月底,移动转售在网用户规模为 8007 万户,较 2021 年年底减少 1011 万户,移动转售行业收入累计为 20.7 亿元,同比增长 16.9%,但收入正增长的企业数量为 22 家,较 2021 年减少 7

---

① 参见张辛欣:《我国移动物联网连接数已达 16.98 亿户》,载中华人民共和国中央人民政府网,http://www.gov.cn/xinwen/2022-09/21/content_5710943.htm。

家。与2022年上半年移动电话用户16.7亿人、电信业务收入8158亿元相比,虚拟运营商对电信业市场没有形成重大影响。另外,根据工业和信息化部(以下简称工信部)公布的数据,截至2022年11月末,三家基础电信企业的移动电话用户总数达16.84亿户,比2021年末净增4149万户,如此增量留给虚拟运营商的空间非常小。虚拟运营商现有的8000多万用户,全国持牌虚拟运营商有30多家,平均每家仅200万户,没有规模效应,增值服务效应无法显现。加上当前通信行业“提速降费”政策的实施,通过提供人与人通信服务实现规模扩大的难度越来越大。

随着物联网时代的来临,在移动连接上,对物与物之间的连接需求超过了人与人之间的连接需求,物联网为通信产业带来的增量肉眼可见,转售业务也从之前依靠人口红利的用户端做到了设备端,物联网转售业务随之催生而出。业界均认为,物联网将成为虚拟运营商的重要出路。过去几年,虚拟运营商的各类大型研讨会以及相关市场研究成果中,几乎无一例外地将加大物联网业务探索作为虚拟运营商探索新出路的方式。以《移动通信转售业务发展报告(2022)》为例,该报告认为,三大运营商物联网用户2022年上半年的规模已经接近移动个人用户规模,基础运营商收入增值更多是面向企业市场以及如物联网的新领域。

在政策文件方面,从2018年工信部发布的《关于移动通信转售业务正式商用的通告》中指出要“发展物联网行业应用等新技术新应用”,鼓励物联网转售的探索和试点到2020年工信部相继出台的两个试点办法及通知,重申了支持移动转售企业开展物联网等相关业务的发展,提出从2020年5月开始为期3年的试点工作以及试点企业需要满足的条件。仅仅经过2年的时间,工信部就同意了中国联通和优友互联正式进行物联网转售工作,比工信部定下的3年试点时间还要提前,这也可以看出主管部门对于此前试点的认可,开展移动物联网转售的条件已经较为充分。2021年1月,中国联通在其虚拟运营商合作伙伴大会期间举行了物联网转售试点启动仪式,联想懂的通信、优友互联、红豆电信等7家虚拟运营商成为中国联通物联网转售的首批试点合作企业,这也是国内首批物联网转售业务试点。2023年1月,工信部发布了《关于中国联通和优友互联合作开展移动物联网业务转售的批复》,正式启动了移动物联网业务转售试点工作,优友互联成为首家获得物联网转售批复的民营企业。

在市场主体方面,早在转售业务批复之前,各虚拟运营商对于物联网的探索已经开始进行。2017 年年底,国内就已经有 1/3 以上的虚拟运营商开始强势进击物联网市场。例如,小米于 2015 年启动虚拟运营商业务“小米移动”,小米移动在 2017 年宣布其物联网卡发行量突破千万大关,成为国内首个突破千万的虚拟运营商;联想懂的通信在其公司介绍中明确提出“致力于成为全球领先的智能物联网服务提供商”的定位,目前业务已涵盖智能车联、智能交互、智能政务及金融、共享经济、新零售、智能支付、工农业物联网等领域;阿里巴巴于 2014 年正式发布的阿里通信也是其旗下的虚拟电信业务品牌,2016 年被评选为中国工业品牌指数通信榜单第一名;另外还有中麦通信的智能穿戴设备以及中兴视通对于物联网的深度介入。这些虚拟运营商早在中国移动进行物联网转售试点之前,就已经部署物联网业务多年,许多获得移动转售牌照的企业也通过物联网扭转了单一移动转售业务的经营困境。根据 IDC 研究报告预测,物联网连接规模在 2022 年达 56 亿个,到 2026 年将增至约 102.5 亿个,复合增长率约 18%①,物联网转售将迎来新的发展节点。

2. 我国物联网转售业务的相关法律法规与政策

我国的转售业务从 2013 年开始试点以来,工信部下发的各种政策均提出了鼓励转售业务探索和试点的意见,也出台了多项行政法规和管理办法。在鼓励物联网转售业务发展的同时,给物联网卡安全管理提供强而有力的保障,无不体现着监管的智慧。相关法律与规范性文件梳理如表 1 所示:

表 1 我国物联网转售业务的相关法律法规与政策

序号	名　称	发文时间	主要内容
1	《工业和信息化部关于鼓励和引导民间资本进一步进入电信业的实施意见》	2012 年	鼓励支持和引导民间资本进一步进入电信业,为民间资本参与电信业竞争创造良好的发展环境
2	《移动通信转售业务试点方案》征求意见稿	2013 年	对于移动通信转售业务的审批条件及程序进行相应规定

① 参见《IDC:2026 年,供需联动将推动中国物联网连接规模超百亿》,载 IDC 网 2023 年 2 月 12 日,https://www.idc.com/getdoc.jsp? containerId=prCHC50346423。

续表

序号	名　　称	发文时间	主要内容
3	《工业和信息化部关于加强规范管理促进移动通信转售业务健康发展的通知》	2016 年	规定了一系列的整改措施，如办卡必须持身份证并通过识别、禁止随意发展下级代理等
4	《工业和信息化部关于贯彻落实〈反恐怖主义法〉等法律规定进一步做好电话用户真实身份信息登记工作的通知》	2016 年	提出了针对物联网行业卡的实名制要求
5	《工业和信息化部办公厅关于全面推进移动物联网（NB-IoT）建设发展的通知》	2017 年	宣告以 NB-IoT 网络部署为主的物联网生态链迈入产业初期
6	《工信和信息化部关于移动转售业务正式商用的通告》	2018 年	四年多的移动转售试点基本宣告结束，移动转售业务正式商用。同年 7 月，工信部向 15 家虚拟运营商下发第一批正式商用牌照
7	《工业和信息化部办公厅关于加强源头治理进一步做好移动通信转售企业行业卡安全管理的通知》	2018 年	细化了物联网卡在各环节的安全要求
8	《支持和规范移动通信转售企业开展移动物联网业务转售试点办法》	2020 年	鼓励移动转售企业开展移动物联网转售业务试点，要求自 2020 年 5 月 1 日起开展移动物联网业务转售试点，并将物联网转售纳入 2020 年工信部的重点工作范畴
9	《工业和信息化部办公厅关于深入推进移动物联网全面发展的通知》	2020 年	重申支持移动转售企业开展物联网等相关业务
10	《工业和信息化部、公安部关于依法清理整治涉诈电话卡、物联网卡以及关联互联网账号的通告》	2021 年	启动“断卡行动 2.0”，进一步强调物联网卡实名制工作
11	《反电信网络诈骗法》	2022 年	针对物联网卡管理，明确了物联网卡相关主体的义务

续表

序号	名　　称	发文时间	主要内容
12	《工业和信息化部关于中国联通和优友互联合作开展移动物联网业务转售的批复》	2023 年	正式启动了移动物联网业务转售试点工作

现就上述法律及规范性文件中重要或影响较大的内容具体展开：

2016 年，工信部发布了《关于贯彻落实〈反恐怖主义法〉等法律规定进一步做好电话用户真实身份信息登记工作的通知》《关于进一步防范和打击通讯信息诈骗工作的实施意见》等文件，提出了针对物联网行业卡的实名制要求。例如，《关于贯彻落实〈反恐怖主义法〉等法律规定进一步做好电话用户真实身份信息登记工作的通知》明确提出：电信企业在设计用于车联网、物联网、可穿戴设备等行业应用的无线上网卡产品时，要对行业卡功能、业务范围、使用场景、产品形态等进行严格的限定和绑定，防止行业卡被用作其他用途；在销售行业卡时，对购买单位要从严审核，如实登记使用人信息，对难以与实际使用人一一对应的行业卡产品，要登记责任单位和责任人信息，并在协议中明确不得进行二次销售；在行业卡使用过程中，电信企业要加强监测，发现违反有关规定和协议使用行业卡时，要依法依规进行处置。

2018 年，工信部发布了《关于移动通信转售业务正式商用的通告》，移动通信转售业务的虚拟运营商终于迎来正式牌照。该通告第 10 条提出："鼓励转售企业落实'互联网+'、数字经济等国家战略，结合企业优势资源和能力，加大服务和商业模式创新力度，在确保落实行业卡实名登记和网络安全的前提下，发展物联网行业应用等新技术新应用。基础电信企业应积极为转售企业提供必要的资源和技术支持，做好网络等支撑保障工作。"

2018 年，工信部发布了《关于加强源头治理进一步做好移动通信转售企业行业卡安全管理的通知》，细化了物联网卡在各环节的安全要求，如明确功能限制要求，按照"功能最小化"原则，关闭语音功能，原则上不得开通短信功能，规范发展每月 100M 以下的小流量行业应用；建立行业卡安全评估制度，发展行业用户要进行安全评估，评估通过后方可和行业用户签订合同；完善行业用户合同内容，要在合同中明确实名制责任及违约处罚等内容；加强行业卡技术监测能力等。

2020 年 3 月，工信部印发《支持和规范移动通信转售企业开展移动物联网业务转售试点办法》，鼓励移动转售企业开展移动物联网转售业务试点，要求自 2020 年 5 月 1 日起开展移动物联网业务转售试点，并将物联网转售纳入 2020 年工信部的重点工作范畴。另外，该办法还提出了试点企业需要满足五大条件，包括获得转售牌照、信息安全保证、公众电话码号清退等，对基础电信企业也提出明确管理办法。

除工信部外，其他机关针对反电信网络诈骗也出台了多个行政法规和管理办法，并加强了与工信部的联动。例如，2021 年 6 月，最高人民法院、最高人民检察院、公安部联合发布《关于办理电信网络诈骗等刑事案件适用法律若干问题的意见(二)》，对依托物联网卡进行违法行为的犯罪地、犯罪行为等方面的认定进行解释；2021 年，工信部、公安部联合发布《关于依法清理整治涉诈电话卡、物联网卡以及关联互联网账号的通告》，作为启动“断卡行动 2.0”的重要文件，并进一步强调物联网卡实名制工作。

2022 年 12 月 1 日，《反电信网络诈骗法》开始施行，其第 12 条和第 39 条中，有专门针对物联网卡管理的具体规定，尤其是第 12 条中，明确了物联网卡相关主体的义务，包括：(1)电信业务经营者建立物联网卡用户风险评估制度，评估未通过的，不得向其销售物联网卡；严格登记物联网卡用户身份信息；采取有效技术措施限定物联网卡开通功能、使用场景和适用设备。(2)单位用户从电信业务经营者购买物联网卡再将载有物联网卡的设备销售给其他用户的，应当核验和登记用户身份信息，并将销量、存量及用户实名信息传送给号码归属的电信业务经营者。(3)电信业务经营者对物联网卡的使用建立监测预警机制。对存在异常使用情形的，应当采取暂停服务、重新核验身份和使用场景或者其他合同约定的处置措施。此外，该法也明确了对未履行相关义务的法律责任，包括对单位和个人处罚的额度。

(二)我国移动物联网转售业务发展中所面临的问题

随着物联网的广泛运用，其面临的网络安全和数据合规挑战日益突出，物联网企业遭受网络攻击或数据泄露事件呈多发态势，2022 年物联网转售业务的正式批复也意味着物联网转售行业的发展走向正轨，从其业务目前的发展来看，当前我国物联网转售业务的发展主要存在以下问题：

1. 实名制仍需得到进一步有效的落实

虚拟运营商从 2013 年年底正式进入通信市场，虚拟号段相比传统运营商售卖的手机号段，其价格更低且购买更加方便，在三大运营商严格实施“实名制”之后，相比在正规运营商购买一个手机号码需要通过实名认证，虚拟运营商的办卡更加便利，于是许多社会代理商转向监管要求更低的虚拟运营商，使虚拟运营商在两年试点期间总用户数不断上升。但在用户数高速发展的背后存在虚拟运营商实名制落实严重不到位的问题，虚拟号段也似乎成为垃圾短信、骚扰电话的主要通道。自 2016 年起，手机号码（尤其是虚拟电话号）的实名制成为监管的重要方面。

随着手机号码实名制政策不断收紧和严格执行，具有移动互联网流量功能的物联网卡成为黑色产业链的重要工具。物联网卡被黑色产业盯上的原因除物联网卡大多数只要求企业身份实名以及可以批量办理的特点外，也与物联网卡本身的属性有关。实践中，物联网卡中存在一类非定向且大流量的卡，这类物联网卡理论上用于 Cat. 4 及以上等级的终端中，如视频监控、具有视频功能的可穿戴设备、笔记本电脑、车联网终端、直播设备、随身 WiFi 等，相对于中低速物联网卡，这类卡给运营商带来的 ARPU（Average Revenue Per User）值较高，而且这些物联网卡往往没有机卡绑定的管控要求。这本来是为了灵活地应用于大量合法的场景，却沦为黑色产业的工具，因此物联网卡的实名制仍需得到进一步有效的落实。

针对上述情况，工信部连续出台《工业和信息化部办公厅关于加强物联网卡安全管理工作的通知》（工信厅网安〔2020〕9 号）、《关于印发〈物联网卡安全分类管理实施指引（试行）〉的通知》（工网安函〔2020〕1173 号，以下简称“1173 号文”）进行整治。其中“1173 号文”提出，对于非定向大流量的物联网卡，需要采用贴片、eSIM、异性卡等限定的形式使用，并进行个人实名登记。采用限定的形式，保证这些物联网卡真正用于物联网终端；个人实名登记则让这些物联网卡的流向更易监测。

但是正是“1173 号文”，使全国蜂窝物联网连接数在经历了数十个月持续增长后首次出现负增长，总连接数从 11. 1 亿户骤降至 10. 7 亿户，接下来几个月一直徘徊在 11 亿以下的低谷，直至当年 11 月才恢复。由此，当时业界普遍反馈针对非定向大流量物联网卡的限定使用形式的管理规定会造成劣币驱逐良币的效应，给合法使用者造成了一些困境。但是毋庸置疑,“1173 号文”所体现的对物联网卡实名制监管思路是大势所趋,实名制将继续深入电信行业的方方面面,并进行有效的落实。

2. 物联网卡存在的网络侵权问题

虚拟运营商曾在 2015 年年底一度陷入“失控”,成为诈骗、垃圾信息的重灾区。虚拟号段之所以沦为电信诈骗重灾区,除上文所阐述的原因外,还和虚拟运营商发展的早期为了吸引客户实现薄利多销,往往采取比较简单的办理手续有关,在这期间大批虚拟号段卡流入“卡商”手中。

2016 年 8 月发生的一起案件将虚拟运营商经营乱象推上了风口浪尖,骗取准大学生 9900 元学费致其悲伤过度不幸死亡的诈骗团伙正是使用了虚拟运营商“远特国际”提供的 171 号段。之后,工信部出台了《关于加强规范管理　促进移动通信转售业务健康发展的通知》,规定了一系列的整改措施,如办卡必须持身份证并通过识别、禁止随意发展下级代理等,这些措施起到了一定的积极整治作用。在 2020 年公安部组织的“断卡行动”之后,虚拟运营商转售的乱象有一定改善,黑卡的存量大幅下降,像“卡农”“接码平台”等网络黑产也受到了打击。然而,随着物联网卡在我们生活中运用的不断扩大,物联网卡所带来的犯罪也成为新的监管难题。根据公安部网安局在 2020 年发布的“净网行动”十大典型案例中,半数与物联网卡有关,案件中有相当部分是运营商、虚拟运营商以及代理商在其中发挥作用①,公安部 2021 年 3 月通报的公安机关侦办网络黑产类案件中,扣押“手机黑卡”548 万张,阻止流入黑市的物联网卡数量高达 1850 万余张,物联网卡实施犯罪行为的数量已经是手机黑卡的 3 倍以上。

为了防止电信网络的网络诈骗犯罪不断扩张到其他行业,2021 年 6 月,工信部、公安部发布了《关于依法清理整治涉诈电话卡、物联网卡以及关联互联网账号的通告》,开启“断卡行动 2. 0”。从公安机关 2021 年发布的通报来看,电信网络诈骗犯罪立案的数据环比下降了 14. 3%②,案件增多的势头得到了一定的遏制。但是由于大量实名不实人的“黑卡”此前已流入市场,加上“卡商”“卡农”等网络

① 参见《公安部公布“净网行动”十大典型案例,大多数与“物联网卡”有关》,载搜狐网 2021 年 1 月 18 日,https://www. sohu. com/a/445223589_100194686。

② 参见《工信部:近期全国电信网络诈骗犯罪立案数据环比下降 14. 3%》,载人民网,http://finance. people. com. cn/n1/2021/0706/c1004-32150368. html。

黑产的推波助澜，使这些整改措施仍然面临着不小的压力。

3. 虚拟运营商的合作方存在不合规的问题

虚拟运营商在实际工作运营中有各种合作方，为了快速拓展线上业务，会与一些合作方开展业务合作，完成销售。在这个过程中，一些合作方为了业务开展的需要，往往会擅自发展下线代理，甚至存在多级代理的情况，这就导致合作模式中不合规的情况发生。

针对这一现象，工信部早在 2017 年就发布了《关于清理规范互联网网络接入服务市场的通知》，依法对互联网接入服务市场中存在的无证经营、超范围经营以及“层层转租”等违法行为强化管理，要求对以技术合作等名义为无证企业提供资质或资源等违规行为进行整治，维护市场秩序。

但是该乱象并没有完全得到解决，2020 年 4 月，工信部再次向中国电信、中国移动等发布通知，认为多家违规使用“黑宽带”的互联网企业，均是通过与以上公司签署各类专线合同替换违规通信资源①。为推动相关企业整改工作，工信部要求其提供 2019 年度以来签署的专项合同等信息。此次发布通知要求运营商上报相关情况，说明之前存在的违规问题并没有完全清理干净，运营商仍需要进一步规范其市场秩序。

4. 个人信息保护不够到位

传统互联网环境下个人信息的收集主要依赖于用户的自行输入，而在物联网环境下，信息的收集主要通过各种物联网设备进行收集，如在使用智能手机、智能摄像头的时候，包括用户的地理位置、健康数据以及生活习惯等都可能以用户自己难以察觉的方式被收集。随着物联网卡真正进行大规模产业化落地，全球范围内的物联网安全漏洞事件也频频发生。比如 2020 年，一家美国人脸识别初创企业对外证实遭遇重大数据泄露，称其整个客户名单被盗，包括美国警方、执法机构和银行。之后，该公司又遭到两名伊利诺伊州公民代表提起诉讼，称该公司未经许可非法获取人们的生物特征信息，从社交媒体上抓取了超过 30 亿张照片。同样是在 2020 年，俄罗斯一家快递服务公司宣称，一位神秘黑客利用网络攻击打开了位于莫斯科 2732 个快递寄存柜的门，使用户包裹暴露在失窃风险中。

为了提高对于物联网设备的网络安全保护，全球逐渐出台相关法律法规对网

---

① 参见工业和信息化部司局简函（工信管函〔2020〕509 号）。

络信息安全进行规制。我国也在不断加强对网络安全和个人信息的保护工作，从个人信息保护法的制定到针对电信行业的电信和互联网用户个人信息保护规定的出台，相关法律法规也在逐步完善。但由于物联网场景下收集个人数据的情形要比传统意义上复杂得多，虚拟运营商在售卖物联网卡以及设计物联网方案的过程中应该如何保证保护好用户的个人隐私，仍然是企业面临的问题。

三、虚拟运营商如何加强物联网业务的合规性

（一）加强物联网转售业务合规建设

我国相关法律或规范性文件中强调了虚拟运营商物联网转售业务合规的重要性，具体如表2所示。

表2　工信部关于虚拟运营商物联网转售业务合规相关政策

文件名称	具体内容
《工业和信息化部关于进一步防范和打击通讯信息诈骗工作的实施意见》（工信厅网安函〔2016〕452号）	（十）建立健全业务使用动态复核机制。2016年年底前，各基础电信企业要采取必要的管理与技术措施，建立随机拨测、现场随机巡检、用户资质年度复核等制度，加强对重点电信业务使用的动态管理。发现违规使用的，依据相关管理规范和业务协议从严从重处置，并通报通信管理部门依法依规处理，涉嫌违法犯罪的通报公安机关
《工业和信息化部办公厅关于深入推进移动物联网全面发展的通知》（工信厅通信〔2020〕25号）	（五）建立健全移动物联网安全保障体系 1. 加强移动物联网安全防护和数据保护。建立移动物联网网络安全管理机制，明确运营企业、产品和服务提供商等不同主体的安全责任和义务。加强移动物联网网络设施安全检测，强化对网络安全漏洞收集、报告和修复的指导规范。依托试点示范、工业互联网创新发展工程等，支持网络安全核心技术攻关。开展移动物联网重点产品安全评测，加速形成匹配移动物联网场景特征和安全需求的产品、服务和解决方案。加强移动物联网用户信息、个人隐私和重要数据保护
《反电信网络诈骗法》	第12条第1款、第2款　电信业务经营者建立物联网卡用户风险评估制度，评估未通过的，不得向其销售物联网卡；严格登记物联网卡用户身份信息；采取有效技术措施限定物联网卡开通功能、使用场景和适用设备 单位用户从电信业务经营者购买物联网卡再将载有物联网卡的设备销售给其他用户的，应当核验和登记用户身份信息，并将销量、存量及用户实名信息传送给号码归属的电信业务经营者

虚拟运营商应当建立移动物联网安全防护和数据保护相关制度，加强内部控制，认真履行企业主体责任，将物联网卡安全管理作为企业内部绩效考核的指标，明确物联网卡安全责任部门，细化工作措施，确保物联网卡安全管理责任有效落实。此外，还应健全企业内部责任追究制度，定期进行监督检查；建立物联网用户风险评估制度，细化企业内部的分类管理。

（二）对相关合作方进行监督与管控

我国相关法规及规范性文件中对电信经营资质以及相关转售业务的要求具体如表 3 所示：

表 3　电信经营资质以及转售业务相关的规定

文件名称	具体内容
《电信条例》	第 7 条第 3 款：未取得电信业务经营许可证，任何组织或者个人不得从事电信业务经营活动
《工业和信息化部关于移动通信转售业务正式商用的通告》	二、申请经营移动通信转售业务的企业，应当按照《中华人民共和国电信条例》《外商投资电信企业管理规定》《电信业务经营许可管理办法》等有关规定，向工业和信息化部或者省、自治区、直辖市通信管理局提交申请材料，申请相应电信业务经营许可证
《工业和信息化部关于加强规范管理促进移动通信转售业务健康发展的通知》	一、（二）转售企业应加强对实体、网络代理渠道的监督管理，严格代理渠道的准入条件，为代理渠道配发统一标识，禁止签约代理渠道擅自发展下级代理。 （四）转售企业应建立实名登记定期自查制度，加大对自有营销和委托代理渠道的检查力度。对检查发现的违法违规行为和相关责任人，转售企业要严肃处理。对存在违法违规的代理商，要按照约定予以处理，不得委托不符合实名登记规定有关要求的代理商代办相关手续

首先，提供通信服务所必需的开户、办卡等应由虚拟运营商依靠自身的能力、技术、资质完成工作，不得委托给不具备移动转售业务资质的合作方进行。其次，需要加强对合作方的管控。在合作开始之前，虚拟运营商应对合作方进行一定的背景调查，调查其是否存在违法违规记录以及行政处罚记录；其次，虚拟运营商还应该在内部形成对合作方的考核机制，定期对合作方进行评估考核，形成相应的考核记录，对于考核不合格的合作方应当及时发送相关函件，并根据相关合作协

议的约定选择中止、终止或解除合作协议;定期向合格的合作方发送合规指引、合规须知,要求合作方制定相关业务合规制度。

(三)完善实名制登记

我国相关规范性文件对于实名制登记有如下规定。(见表 4)

表 4 我国相关规范性文件对实名登记的规定

文件名称	具体内容
《电话用户真实身份信息登记规定》	第 5 条:电信业务经营者应当依法登记和保护电话用户办理入网手续时提供的真实身份信息
《工业和信息化部关于加强规范管理促进移动通信转售业务健康发展的通知》(工信部通信〔2016〕160 号)	一、依法依规经营,严格落实实名登记要求 (一)转售企业要认真落实《全国人民代表大会常务委员会关于加强网络信息保护的决定》《中华人民共和国反恐怖主义法》等相关法律规定,严格执行电话用户真实身份信息登记要求,依法保护电话用户真实身份信息
《工业和信息化部关于贯彻落实〈反恐怖主义法〉等法律规定进一步做好电话用户真实身份信息登记工作的通知》(工信部网安〔2016〕182 号)	二、切实从严做好新入网用户实名登记; (一)从严做好用户身份信息核验; (二)从严审核一证多卡用户办理新卡; (三)强化行业用户实名登记管理
关于进一步做好电话用户实名登记管理有关工作的通知》(工信厅网安〔2019〕68 号)	一、加强电话用户实名登记基础管理……(二)网络渠道加大人工抽查复核力度……

实名登记是电信领域的基础要求之一,虚拟运营商应完善技术手段,如全面实施人像比对技术,建立并执行相关的网络营销渠道实名登记巡查制度,对系统检测异常的用户进行线下身份检验。另外,还需要加大人工抽查复核力度。在开卡过程中,除人像对比之外,还应对身份证件进行人工复核,以确保开卡信息真实可靠;同时建议虚拟运营商参照通信管理局组织对号码实名制落实开展责任倒查。虚拟运营商还应建立定期的自查制度,对于其运营过程中的实名制情况进行查验,提高内部的自我约束和规范。

(四)加强个人信息保护

我国对于个人信息保护的相关法律及规范性文件具体如表 5 所示:

表 5 我国对于个人信息保护的相关法律及规范性文件

文件名称	具体内容
《个人信息保护法》	第 2 条：自然人的个人信息受法律保护，任何组织、个人不得侵害自然人的个人信息权益
《网络安全法》	第 42 条第 2 款：网络运营者应当采取技术措施和其他必要措施，确保其收集的个人信息安全，防止信息泄露、毁损、丢失……
《电信和互联网用户个人信息保护规定》	第 7 条：国家鼓励电信和互联网行业开展用户个人信息保护自律工作
《工业和信息化部办公厅关于深入推进移动物联网全面发展的通知》	（五）建立健全移动物联网安全保障体系 1. 加强移动物联网用户信息、个人隐私和重要数据保护

虚拟运营商主要在公司内部的系统、日常的业务以及与第三方合作共享的过程中接触用户的个人信息。首先，从第三方平台获取用户个人信息，针对第三方已有的用户个人信息，应当重新征得个人用户的同意和授权；对于第三方平台提供的新获取用户个人信息，应当由第三方平台在相关隐私协议和隐私政策中明确说明收集的目的和用途，征得用户的同意和授权。

其次，对于虚拟运营商自行通过 App 或其他手段收集用户个人数据的，应严格遵守我国个人信息保护法及相关行业规定对于个人信息的收集、管理以及相关技术的要求。

最后，对于由合作方以及代理渠道收集的用户个人数据，应该尽量将虚拟运营商自己作为收集主体或者在合作方的收集信息协议中将自己纳入合同主体，并适用自身的相关信息收集协议文件以及隐私政策，在收集和使用过程中秉持收集范围最小、必要原则；如果基于商业合作之目的必须向合作方提供用户个人信息，应在收集时明确告知用户，征得用户的同意和授权，并在传输给合作方之前，对个人信息进行安全影响评估，在能够传递有效信息的基础上对个人信息数据进行必要的匿名化处理。

（五）重视反腐败和反商业贿赂

我国对于反腐败和反商业贿赂的相关法律及规范性文件，具体如表 6 所示。

表 6　我国对于反腐败和反商业贿赂规定

文件名称	具体内容
《反不正当竞争法》	第 7 条：经营者不得采用财物或者其他手段进行贿赂，以谋取交易机会或者竞争优势
《国家工商行政管理局关于禁止商业贿赂行为的暂行规定》	第 4 条：任何单位或者个人在销售或者购买商品时不得收受或者索取贿赂

虚拟运营商移动转售业务中可能会存在公司内部人员与外部人员勾结，不按照程序引入不合格代理商的风险。为了加强合规建设，首先，建议虚拟运营商在与代理商、客户或其他第三方合作对象合作协议的时候，加入“廉洁保证”条款，或另行签署廉洁协议作为合同附件，将公司的反腐败合规政策明确告知合作方或第三方，并要求其学习及遵守；其次，虚拟运营商应在公司内部建立健全相关商业行为准则以及反腐败、反贿赂合规指引，设置独立的内部审计机构，开展定期或专项审查，并建立廉洁举报系统。

（六）建立完善内控管理制度

鉴于虚拟运营商移动转售经营特点，应建立一批符合法律规范且严谨完善的内控制度，具体可以包括：用户实名登记制度、代理商管理制度、业务内控制度、用户管理制度、物联网卡分类管理与风险评估支付制度、企业内部责任追究制度以及用户风险评估制度等，以此来为虚拟运营商经营的合规性保驾护航。

四、总结与展望

虚拟运营商的转售业务从 2013 年开始经过了近十年跌宕起伏的发展，终于在 2022 年工信部正式发布了物联网转售业务批复文件之后开启了移动物联网转售业务的新时代。在近十年的发展历程中，为了更好地保障物联网卡的运营与管理，国家出台多项行政法规和管理办法进行指引，在物联网大规模增量市场时，提高虚拟运营商自身的合规性、健全风险控制体系是保证其业务持续向上发展，在物联网转售业务中实现新的突破的双翼，可以帮助其更好地拥抱物联网新时代的“星辰大海”。

ChatGPT 热的冷思考
——以 ChatGPT 法律风险及防范为例

樊晓娟* 印 磊 黄海逸

* 作者简介：
樊晓娟，中伦律师事务所上海办公室私募基金与资管部合伙人，电邮为：fanxiaojuan@zhonglun.com。

自 2022 年 11 月 ChatGPT 横空出世以来，其研发进度和受关注程度一样势如破竹。2023 年 2 月，微软推出由 ChatGPT 支持的最新版本人工智能搜索引擎必应（Bing）；时隔 1 个月，必应的日活用户数在史上首次破亿，GPT-4 正式发布并引起广泛讨论。

当下，各行各业都在关注并讨论 ChatGPT 将会对我们的社会、政治、经济等产生什么样的冲击和影响。正如埃隆·马斯克（Elon Musk）在 2023 年 2 月 15 日召开的世界政府峰会上对人工智能潜在的担忧一般，从法律角度来看，ChatGPT 的兴起已经对传统法律制度带来了一定的挑战。

一、ChatGPT 简介

要从法律视角对 ChatGPT 进行分析，我们需要了解何为 ChatGPT 以及其工作原理。

（一）ChatGPT 概述

ChatGPT 是 OpenAI 开发的一种语言生成模型，专门用于人工智能生成内容（Artificial Intelligence Generated Content，AIGC）。它目前主要以文字方式交互，实现人类与 AI 机器人之间的对话，可以在短时间内生成大量高质量的文本内容。

虽然通过 ChatGPT 可以生成接近一般人水平的文章，但是因其所输出结果准确性的参差不齐以及可能存在的语言顺序错误等问题，ChatGPT 的生成内容仍然需要人类使用者进行校对与矫正。

（二）ChatGPT 工作原理

ChatGPT 是在 GPT-3 基础上诞生的 OpenAI 最新的语言模型。OpenAI 基于人类反馈强化学习训练（Reinforcement Learning from Human Feedback，RLHF）机制，通过人类干预以增强机器学习的效能，从而获得更为符合人类需求的结果。当下，ChatGPT 处于 Beta 测试阶段，其面向全世界免费开放，来自全球各个国家和地区的人都可以随意地与其进行沟通互动。①

① 受限于 ChatGPT 实际提供服务的法域范围。

二、ChatGPT 的法律风险

（一）ChatGPT 著作权问题

从 ChatGPT 的工作原理来看，ChatGPT 生成物属于 AIGC 的一种。目前各法域均未对 AIGC 是否可以成为“作品”进行明确规定，我国亦无规定。

在我国，若想成为《著作权法》意义上的作品需要满足三个条件：(1) 属于文学、艺术、科学领域；(2) 具有独创性；(3) 智力成果。

在我国司法实践中，对 AIGC 是否属于作品存在不同的观点。例如：在北京互联网法院（2018）京 0491 民初 239 号案中，法院认为，只有自然人才是我国《著作权法》规定的主体，因此 AI 作品不是受法律保护的“作品”。在广东省深圳市南山区人民法院（2019）粤 0305 民初 14010 号案中，法院认为，在特定情形下可以将符合我国《著作权法》所规定的“独创性”要求的 AIGC 视为受法律保护的“作品”。

综上所述，对于 AIGC 的可版权性问题，目前仍有探讨的空间。实践中，用户在使用 ChatGPT 生成物及其他 AIGC 之前，应查看用户协议中有无须要授权方可使用条款，还应确定生成内容数据来源的合法性等问题，以免产生不必要的法律纠纷。

（二）ChatGPT 有害内容风险

现阶段，OpenAI 的防范措施无法完全应对用户恶意等行为。在 ChatGPT 官网上，OpenAI 表示，其虽然已经努力使模型拒绝不适当的请求，但 ChatGPT 有时仍然不可避免地会表现出偏见或对有害的指令作出反应。

例如，ChatGPT 被利用提供犯罪方法，曾有用户利用 ChatGPT 为他们提供入室行窃的方法或制作莫洛托夫鸡尾酒（燃烧瓶）的指南。另外，ChatGPT 还存在生成假新闻或其他误导性内容的风险。这可能会造成非常严重的后果，如损害声誉、传播错误信息，甚至煽动暴乱、危害国家安全等。

ChatGPT 产生有害内容的原因之一是算法本身——统计语言模型的局限。ChatGPT 很多时候产生一些不正确甚至有害的答案是因为 RLHF 期间可能使用了一部分带有偏见的甚至错误的训练数据。

ChatGPT 产生有害内容的原因之二是用户恶意利用系统漏洞、技术不成熟绕过一些可能会被审查机制所监控的不当词语，通过语言的再组织令 ChatGPT 产生有害内容，比如生成钓鱼邮件等。

（三）侵害隐私风险

ChatGPT 作为一种人工智能技术，对用户数据的收集是其底层支持，在用户使用 ChatGPT 的过程中，个人隐私可能在不经意之间就被泄露出去。此外，OpenAI 在其隐私政策中并未赋予使用者“被遗忘权”。

我们在给 ChatGPT 提供数据以获取回答的同时，可能使敏感个人信息无意间进入“公共领域”。例如，律师利用该工具审查离婚协议草案，则 ChatGPT 数据库可能会包含该等信息。另外，OpenAI 在数据储存或处理过程中的失误可能导致数据泄露事件的发生。前段时间某著名电动汽车公司就遭到攻击并导致用户个人信息大规模泄露。

除 ChatGPT 侵害隐私风险以外，类似的 AI 技术都可能侵害个人隐私，譬如 AI 伴侣。近年来，以虚拟恋爱为主题的游戏和人性化 AI 伴侣的应用不断出现，但该等应用也包含侵害隐私的风险。

用户可能会通过语音、文字、肢体动作等方式与 AI 伴侣交互，这些智能化的技术会基于用户数据进行算法分析，收集的数据可能会包含用户个人喜好、使用习惯、家庭关系、通信录、地理位置，甚至是声纹、人脸等生物识别特征等。[①] 虽然收集用户个人信息可以使 AI 伴侣显著提升用户的体验效果，但是对信息的不当处理或储存可能会出现信息滥用、窃取等风险，从而对个人权益产生侵害。

三、ChatGPT 法律风险的防范措施

国家近几年加大网络生态治理力度，注重互联网信息内容的监管，旨在整治网络乱象、肃清不良风气、营造健康的网络生态。ChatGPT 及与之类似的应用如在中国运营，互联网信息服务提供者在内容管理方面需要履行以下几方面义务。

（一）有害内容报告义务

《互联网信息服务管理办法》第 15 条规定：“互联网信息服务提供者不得制作、复制、发布、传播含有下列内容的信息：（一）反对宪法所确定的基本原则的；

① 参见赵语涵：《AI 伴侣升温　隐私保护别落下》，载新华网，http://www.news.cn/fortune/2022-08/05/c_1128891384.htm。

（二）危害国家安全，泄露国家秘密，颠覆国家政权，破坏国家统一的；（三）损害国家荣誉和利益的；（四）煽动民族仇恨、民族歧视，破坏民族团结的；（五）破坏国家宗教政策，宣扬邪教和封建迷信的；（六）散布谣言，扰乱社会秩序，破坏社会稳定的；（七）散布淫秽、色情、赌博、暴力、凶杀、恐怖或者教唆犯罪的；（八）侮辱或者诽谤他人，侵害他人合法权益的；（九）含有法律、行政法规禁止的其他内容的。”

根据《互联网信息服务管理办法》第16条的规定，当运营ChatGPT的互联网信息服务提供者发现平台或网站内传输的信息明显属于上述规定中的有害内容之一的，应当立即停止传输，保存有关记录，并向国家有关机关报告。

（二）内容审查和平台侵权阻断义务

根据《民法典》的规定，平台应采取必要措施，防止网络用户利用网络从事的侵权行为之损害后果的扩大。《民法典》第1195条规定：“网络用户利用网络服务实施侵权行为的，权利人有权通知网络服务提供者采取删除、屏蔽、断开链接等必要措施。通知应当包括构成侵权的初步证据及权利人的真实身份信息。网络服务提供者接到通知后，应当及时将该通知转送相关网络用户，并根据构成侵权的初步证据和服务类型采取必要措施；未及时采取必要措施的，对损害的扩大部分与该网络用户承担连带责任。权利人因错误通知造成网络用户或者网络服务提供者损害的，应当承担侵权责任。法律另有规定的，依照其规定。”

2021年9月15日，国家互联网信息办公室发布的《关于进一步压实网站平台信息内容管理主体责任的意见》也对网站平台明确提出了健全内容审核机制的要求，要求网站“严格落实总编辑负责制度，明确总编辑信息内容审核权利责任，建立总编辑全产品、全链条信息内容审核把关工作机制。完善人工审核制度，进一步扩大人工审核范围，细化审核标准，完善审核流程，确保审核质量。建立违法违规信息样本库动态更新机制，分级分类设置，定期丰富扩充，提升技术审核效率和质量。健全重点信息多节点召回复核机制，明确重点信息范围、标准、类别等，对关系国家安全、国计民生和公共利益等重点领域信息，增加审核频次，加大审核力度，科学把握内容，确保信息安全。”

运营ChatGPT的网络服务提供者如果未能依据法律规定及时采取阻断侵权的必要措施，则可能承担相应的法律责任。例如，在某T社区网络公司与袁某某名誉权纠纷案中，二审法院认为，某T社区的用户M于2016年4月26日起在T

社区某板块连续发表 5 篇网贴，使用侮辱性的语言对袁某某进行人身攻击。某 T 社区网络公司作为网络服务提供者，未尽到严格审查的管理责任，也未及时采取有效措施删除侵权网贴。原审法院认定某 T 社区网络公司在合理期间内未履行监管义务，致使网络用户侵犯袁某某名誉权的损害后果扩大，某 T 社区网络公司存在明显过错，应承担相应的法律责任。

（三）用户协议与隐私政策的设置

在我国，数据处理者使用个人信息需要向被收集对象说明收集何种个人信息、使用范围并获取用户同意。因此，用户协议以及隐私政策在企业日常合规收集个人信息过程中扮演了重要的角色。例如，根据《App 违法违规收集使用个人信息行为认定方法》的规定，App 中没有隐私政策，或者隐私政策中没有收集使用个人信息的规则可被认定为“未公开收集使用规则”。违反该认定方法的 App 运营者可能面临承担《网络安全法》规定的责令改正、警告、没收违法所得、罚款、责令暂停相关业务、停业整顿、关闭网站、吊销相关业务许可证或吊销营业执照等法律责任。

2020 年 3 月 6 日，国家市场监督管理总局、国家标准化管理委员会发布了推荐性国家标准《信息安全技术个人信息安全规范》（GB/T 35273—2020）。该标准附录 D 系个人信息保护政策模板，数据处理者可以根据自身实际运营需求，设置相关条款，以应对不同业务场景下对个人信息的收集使用。

用户协议与隐私政策可以理解为“协议”，但不同于一般的民商事合同，其主要出发点是确保数据处理者处理个人信息行为的合规。因此，数据处理者应尽可能参照前述国家标准中的模板并在此基础上去设计用户协议与隐私政策。

四、ChatGPT 使用的合规建议

国内公司以及个人在使用 ChatGPT 作为辅助工具的同时，应当注意其中可能存在的法律风险。结合国内的法律法规以及相关实务经验，笔者提出如下的合规意见。

（一）及时更新公司保密制度，向员工强调保密义务

员工在使用 ChatGPT 时难免需要输入与公司运营有关的信息，难以保证其中不含有商业机密。公司应向员工强调其保密义务，并及时更新相应的公司管理制

度，健全公司的商业秘密保护体系。

（二）使用 ChatGPT 应申请国际专线，并明确使用目的

ChatGPT 目前对我国内地及我国香港特别行政区尚未开放，公司若需要使用该软件需要申请相应国际专线，否则依据《计算机信息网络国际联网管理暂行规定》第 6 条、《计算机信息网络国际联网管理暂行规定实施办法》第 7 条的规定可能会被科以行政处罚等。

（三）及时向有关主体公示 ChatGPT 的使用

如果公司业务运营中需要使用 ChatGPT 为用户提供服务，可能涉及用户个人信息，根据我国《个人信息保护法》的相关规定，个人信息数据处理者需要告知个人信息主体并获得相应同意。

（四）使用生成内容应避免侵权等情形发生

ChatGPT 生成内容依赖于其训练数据，该等训练数据可能来自书籍、影视作品、用户输入等。在文学创作等情形中，其可能不自觉地生成侵害他人知识产权的内容，建议公司在使用其生成内容时严格审查内容的来源。

（五）ChatGPT 应当在严格规制下使用

ChatGPT 可能会产生一些有害内容，如提供犯罪方法等。公司应当在使用过程中时刻保持控制与监测，如在人工智能客服问答方面应设定审查系统，对特定问题予以屏蔽或人工处理，避免因使用不当而产生法律风险。

五、结语

ChatGPT 是一项具有划时代意义的技术，也是当下飞速发展的人工智能影响人类社会政治、经济和日常生活等方面的典型例子。然而，ChatGPT 仍然存在诸多法律问题并可能阻碍其广泛使用。回望过去，工业革命期间，人们也对自动化和蒸汽机等新技术产生过焦虑，但是工业革命所带来的成就促使人类实现了生产力的飞跃。当下，在看到 AI 技术发展带来机遇的同时，我们也应当保持审慎的态度，对 AI 技术潜在的风险进行充分的考虑，并采取必要的防范措施来确保技术的安全使用。

ChatGPT 的概念、监管和展望

周 洋[*] 徐颖蕾

[*] 作者简介：

周洋，中伦律师事务所上海办公室知识产权部合伙人，电邮为：zhouyang@ zhonglun. com。

2022年11月底，美国人工智能公司OpenAI推出人工智能聊天机器人ChatGPT。此后，ChatGPT在全球掀起一股热潮，国内外互联网巨头纷纷入局。微软先后推出由ChatGPT支持的搜索引擎必应（Bing）和浏览器Edge，并在Office办公软件中植入人工智能助手Microsoft 365 Copilot；谷歌发布了其AI聊天机器人巴德（Bard），并宣布将生成式AI的功能导入Workspace；百度于2023年3月16日发布首个"中国造ChatGPT"产品"文心一言"；4月7日，阿里版的ChatGPT产品"通义千问"开放内测；4月9日，360宣布其人工智能产品"360智脑"落地搜索场景，将面向企业用户开放内测；京东宣布将在今年发布产业版ChatGPT"ChatJD"；网易宣布其为教育场景研发的类ChatGPT产品"子曰"将于近期开放内测；腾讯、华为等企业的类ChatGPT产品也呼之欲出。

"ChatGPT"①究竟是一种什么样的技术，将带来哪些法律问题？对于这个新事物，现有的监管框架是否应作出调整？ChatGPT将带来怎样的风险？本文将从ChatGPT的概念和优势入手，讨论此类生成型人工智能产品可能引发的法律问题以及安全和伦理风险，并思考在未来的法律体系中，ChatGPT应以什么样的形式被规制。

一、ChatGPT的概念和优势

（一）什么是ChatGPT？

ChatGPT全称是Chat Generative Pre-trained Transformer，该名称直截了当地揭示了ChatGPT的原理和特征。其中，"Chat"指"聊天"，表示ChatGPT以人与人对话（相对于人机对话）的方式进行交互；"Generative"指"生成的"，表明ChatGPT具有文本生成能力；"Pre-trained"指"预训练的"，通过连接大量的语料库来训练模型，使ChatGPT具备上知天文、下知地理，以及根据聊天的上下文进行互动的能力；"Transformer"指转换器模型，这是一种基于深度学习的语言模型，ChatGPT通过转换器模型来处理自然语言，把文本转换成可以被计算机理解的数据结构，并用来生成文本和回答问题。简单来说，ChatGPT是一款能够以对话方式与使用者

---

① 本文为探讨之目的，这里的ChatGPT泛指人工智能生成内容式的技术和产品，不限于OPEN AI公司的产品及其中文版。本文不仅是对ChatGPT在中国法项下的实证分析，还包括探讨对现有法律框架的影响及展望等开放问题。

进行交互的生成内容式“人工智能聊天机器人”。

提到 ChatGPT，人们往往会将其与另一个概念“AIGC”联系在一起。“AIGC”，即 Artificial Intelligence Generated Content，指“人工智能生成内容”，也就是利用人工智能技术自动生成内容。AIGC 按照模态，可划分为文本生成、音频生成、图像生成、视频生成以及图像、视频、文本间的跨模态生成等，而 ChatGPT 就是“文本生成”模态的代表产品，是 AIGC 技术发展的里程碑。

（二）ChatGPT 有哪些独特优势？

ChatGPT 常常会被拿来与搜索引擎比较。与搜索引擎基于关键词的搜索提供用户需要的信息和网页，由用户从中筛选具体的答案不同，ChatGPT 是基于自然语言的搜索，它可以理解自然语言中的语义和上下文，并生成更加准确、高效和个性化的结果。

在 ChatGPT 诞生前，传统的聊天机器人产品如 Apple 的“Siri”、百度的“小度”、小米的“小爱”早已在生活中得到应用。然而，这些传统的智能助手仅能进行简单的关键字搜索以及根据指令进行相应的操作，给出的回答大多程式化，缺乏组织能力。与这些智能助手相比，ChatGPT 不仅能够理解复杂的语言结构和语义，还能将多个文本进行重新组织，并且知识范围更广，可以回答各种类型的问题。因此，ChatGPT 能够与用户进行更自然有效的对话，给用户的感觉也“更聪明”。

除了与用户聊天，ChatGPT 还能完成文学创作、文案撰写、语言翻译、代码编写、数据分析等多种任务。ChatGPT 能够准确理解用户的需求并进行满足，给出具有可操作性、完整性的回答，能够同时满足不同层次的需求。这样强大的功能使 ChatGPT 具有广阔的应用前景，在教育、医疗、专业服务等多个领域的应用场景都展现出卓越的能力。

二、我国对 ChatGPT 的监管体系

尽管 ChatGPT 属于新事物，但我国监管机关已经对此类技术和产品有所应对。2022 年 11 月 25 日，国家互联网信息办公室、工业和信息化部以及公安部联合发布《互联网信息服务深度合成管理规定》（以下简称《深度合成规定》），自 2023 年 1 月 10 日起施行。《深度合成规定》第 23 条第 2 款规定，“深度合成技术，

是指利用深度学习、虚拟现实等生成合成类算法制作文本、图像、音频、视频、虚拟场景等网络信息的技术,包括但不限于:(一)篇章生成、文本风格转换、问答对话等生成或者编辑文本内容的技术;(二)文本转语音、语音转换、语音属性编辑等生成或者编辑语音内容的技术;(三)音乐生成、场景声编辑等生成或者编辑非语音内容的技术;(四)人脸生成、人脸替换、人物属性编辑、人脸操控、姿态操控等生成或者编辑图像、视频内容中生物特征的技术;(五)图像生成、图像增强、图像修复等生成或者编辑图像、视频内容中非生物特征的技术;(六)三维重建、数字仿真等生成或者编辑数字人物、虚拟场景的技术”。

ChatGPT 作为智能聊天机器人,属于以问答对话形式生成文本内容的深度合成技术,因此自然进入了《深度合成规定》的监管范围。根据《深度合成规定》的规定,深度合成服务提供者需履行包括信息安全、用户身份认证、内容管理、技术管理、显著标识、隐私保护、安全评估、算法备案等多项义务。

除上述直接针对 ChatGPT 类产品的《深度合成规定》外,基于 ChatGPT 的服务内容、技术要素和服务模式,其提供者还可能需符合网络出版、电信监管、网络安全、数据安全、隐私保护、算法规制、知识产权、反不正当竞争等领域的相关监管要求。

国家互联网信息办公室于 2023 年 4 月 11 日发布《生成式人工智能服务管理办法(征求意见稿)》。根据该规定,利用生成式人工智能产品向公众提供服务前,应当按照《具有舆论属性或社会动员能力的互联网信息服务安全评估规定》向国家网信部门申报安全评估,并按照《互联网信息服务算法推荐管理规定》履行算法备案和变更、注销备案手续。此外,《生成式人工智能服务管理办法(征求意见稿)》还对生成式人工智能产品的预训练、优化训练数据,生成式人工智能产品的研制和服务提供提出了具体要求。

三、ChatGPT 引发的法律问题

(一)如何对 ChatGPT 生成的内容进行管理?

ChatGPT 提供的回答是以大规模的训练数据为基础的。ChatGPT 从人们提供的大量数据中学习并生成内容,而训练数据本身的错误、偏见、立场、意识形态和价值观都可能反映在 ChatGPT 生成的内容中。除了不当的训练数据,算法设计

者主观认知偏见、算法设计过程中的技术漏洞,如算法缺乏信息甄别和过滤机制,都可能影响 ChatGPT 生成内容的可靠性、正当性。因此,ChatGPT 有可能“胡说八道”,甚至输出包含分裂国家、种族歧视、性别歧视、暴力、血腥、色情、低俗等违法违规或不当信息。一方面,法律、医疗等专业领域的错误答复可能使用户作出错误的判断和决策,从而危害人身和财产安全。另一方面,违法违规或不当信息的传播则可能对公共秩序带来严重后果。因此,如何对人工智能生成的内容进行管理,防止违法违规或不当信息的传播,是 ChatGPT 在应用中必须首先关注的问题。

根据《网络信息内容生态治理规定》的要求,网络信息内容生产者不得制作、复制、发布含有反对宪法所确定的基本原则、危害国家安全等内容的违法信息,且应当采取措施,防范和抵制制作、复制、发布含有低俗、庸俗、媚俗内容,煽动人群歧视、地域歧视等内容的不良信息;同时,网络信息内容服务平台应当履行信息内容管理主体责任,建立网络信息内容生态治理机制,健全用户注册、账号管理、信息发布审核、跟帖评论审核、版面页面生态管理、实时巡查、应急处置和网络谣言、黑色产业链信息处置等制度。对于 ChatGPT 而言,其兼具内容生产者和内容服务平台的双重角色,因此,在内容管理措施上也需要同时考虑内容生产和平台管理两方面。

《深度合成规定》就 ChatGPT 类深度合成服务的提供者如何加强内容管理提出了具体要求,包括:(1)采取技术或者人工方式对深度合成服务使用者的输入数据和合成结果进行审核。(2)建立健全用于识别违法和不良信息的特征库,完善入库标准、规则和程序,记录并留存相关网络日志。(3)发现违法和不良信息的,应当依法采取处置措施,保存有关记录,及时向网信部门和有关主管部门报告;对相关深度合成服务使用者依法依约采取警示、限制功能、暂停服务、关闭账号等处置措施。(4)建立健全辟谣机制,发现利用深度合成服务制作、复制、发布、传播虚假信息的,应当及时采取辟谣措施,保存有关记录,并向网信部门和有关主管部门报告。

此外,如 ChatGPT 类产品涉及互联网新闻、网络出版、网络直播、网络视听节目、网络文化活动等服务,还需遵守《互联网新闻信息服务管理规定》《网络出版服务管理规定》《互联网直播服务管理规定》《互联网视听节目服务管理规定》《互联网文化管理暂行规定》等互联网内容服务相关监管规定。

（二）提供 ChatGPT 服务是否需要电信资质？

根据《电信条例》的规定，经营电信业务，需依法取得电信业务经营许可证。电信业务分类的具体划分由《电信业务分类目录》列出。此外，根据《互联网信息服务管理办法》的规定，互联网信息服务分为经营性和非经营性两类。其中，经营性互联网信息服务是指通过互联网向上网用户有偿提供信息或者网页制作等服务活动；非经营性互联网信息服务是指通过互联网向上网用户无偿提供具有公开性、共享性信息的服务活动。国家对经营性互联网信息服务实行许可制度；对非经营性互联网信息服务实行备案制度。

ChatGPT 通过互联网向用户提供信息属于互联网信息服务，而对于“经营性”和“非经营性”的判断，不宜简单以服务是否收费来判断。实践中，ChatGPT 类产品无论是否收费，都具备经营属性，与科研、公益等非经营性活动有明显区别。因此，监管实践中，判断是否属于经营性互联网信息服务从而需要电信许可，往往会以服务是否符合《电信业务分类目录》所列业务类别进行判定。

根据《电信业务分类目录（2015 年版）》的规定，信息服务业务是指通过信息采集、开发、处理和信息平台的建设，通过公用通信网或互联网向用户提供信息服务的业务，主要包括信息发布平台和递送服务、信息搜索查询服务、信息社区平台服务、信息即时交互服务、信息保护和处理服务等。其中，信息发布平台和递送服务是指建立信息平台，为其他单位或个人用户发布文本、图片、音视频、应用软件等信息提供平台的服务。平台提供者可根据单位或个人用户需要向用户指定的终端、电子邮箱等递送、分发文本、图片、音视频、应用软件等信息。信息搜索查询服务是指通过公用通信网或互联网，采取信息收集与检索、数据组织与存储、分类索引、整理排序等方式，为用户提供网页信息、文本、图片、音视频等信息检索查询服务。

ChatGPT 通过对训练数据和用户输入对话的采集和处理以及与平台（ChatGPT 与用户的交互界面）的建设，通过互联网向用户提供信息内容，符合信息服务业务的范畴。从具体的业务类别来看，ChatGPT 更接近信息发布平台和递送服务，而非信息搜索查询服务。ChatGPT 提供的内容不是经检索与排序的原始信息，而是基于对用户对话的理解和训练数据的分析、编辑后生成的文本。可以理解为，ChatGPT 根据用户的要求通过平台向用户提供信息，且 ChatGPT 本身也参与了信息的生产过程。因此，ChatGPT 可能落入增值电信业务中信息服务业务的范围，从而该服务提供方需取得互联网信息服务的增值电信业务经营许可。

（三）如何处理 ChatGPT 带来的数据安全和隐私保护问题？

ChatGPT 作为史上用户数增长最快的消费者应用，在短短两个月内即突破了1亿用户。ChatGPT 的提供方 OpenAI 在其官网公布的隐私政策中提到，其产品会收集用户账户信息、对话内容、社交媒体信息、以及 Cookies、日志信息、使用情况、设备信息等个人信息，[①]而用户在与 ChatGPT 进行对话时，可能会进一步透露自己的财产信息、健康信息等敏感个人信息，甚至商业秘密、机密数据。因此，手握大量敏感数据的 ChatGPT 一旦出现数据泄露、损毁、丢失等安全问题，则可能产生严重的后果。

2023 年 3 月 20 日，ChatGPT 被爆因故障导致用户个人信息泄露，有用户的 ChatGPT 聊天历史栏出现了其他人的聊天记录，还有用户的 ChatGPT Plus 的支付页面上出现了其他人的号码和电子邮件地址。对此，ChatGPT 发布了事后分析报告，解释为其客户软件开源库的一个漏洞导致 ChatGPT 服务器泄露了其他用户的聊天查询和 1.2% 的 ChatGPT Plus 用户的个人信息。[②] 虽然漏洞已被修复，但 ChatGPT 在数据和隐私安全方面存在的漏洞引发了广泛担忧。2023 年 3 月 31 日，意大利个人数据保护局宣布禁止使用 ChatGPT，限制 ChatGPT 的开发公司 OpenAI 处理意大利用户信息，并开始立案调查。2023 年 4 月 3 日，德国联邦数据保护专员发言人称，出于数据保护方面的考虑，可能会暂时禁止在德国使用 ChatGPT。[③]

除 ChatGPT 系统漏洞外，ChatGPT 自身的工作原理也增加了数据泄露的风险。由于用户输入的信息可能被用于进一步训练 ChatGPT，而 ChatGPT 向其他用户输出内容时就可能包含该用户提供的个人信息、机密数据或重要数据，从而引起数据泄露。2023 年 3 月 30 日，据媒体报道[④]，已有公司内部发生涉及 ChatGPT

---

① *Privacy policy*, OpenAI(27 April, 2023), https://openai.com/policies/privacy-policy.

② 参见《OpenAI 道歉：Redis bug 致 ChatGPT 故障、数据泄露》，载网易网 2023 年 3 月 25 日，https://www.163.com/dy/article/I0N6HEIT0511D6RL.html。

③ 参见《大规模封亚洲 IP、遭意大利禁用、泄露芯片机密……ChatGPT 遇滑铁卢？》，载澎湃网 2023 年 4 月 10 日，https://www.thepaper.cn/newsDetail_forward_22643886。

④ 参见《大规模封亚洲 IP、遭意大利禁用、泄露芯片机密……ChatGPT 遇滑铁卢？》，载澎湃网 2023 年 4 月 10 日，https://www.thepaper.cn/newsDetail_forward_22643886。

的数据泄露事件。而数据泄露的根源均是员工将企业机密信息以提问的方式输入 ChatGPT 中,导致相关内容进入 ChatGPT 的学习数据库,从而可能对外泄露。

如果 ChatGPT 落地中国,还将存在数据出境的问题。根据 OpenAI 公布的隐私政策①,在用户使用 ChatGPT 服务时,其个人信息都将传输至 OpenAI 位于美国的设施和服务器上。因此,用户在使用 ChatGPT 服务中,其与 ChatGPT 交互时可能提供的个人信息、商业秘密甚至可能关系国家安全、经济运行、社会稳定、公共健康和安全的重要数据都将发生数据的跨境流动。根据目前的数据跨境监管框架,ChatGPT 提供服务中如涉及向境外传输重要数据,或 ChatGPT 处理或者向境外提供的个人信息达到《数据出境安全评估办法》所规定的门槛,则服务提供者需向向网信部门申报数据出境安全评估。

(四)ChatGPT 采集第三方数据用于训练是否构成"合理使用"?

ChatGPT 能够生成各类文本或文案,这些都源于对已有作为训练数据的文本或文案的复制、修改、改编、翻译、汇编等处理。如果前述文本或文案是他人拥有著作权的作品,那么 ChatGPT 使用作品的行为是否构成对他人著作权的侵犯?近日,据媒体报道,拥有《纽约邮报》《巴伦周刊》《华尔街日报》等的美国新闻集团正准备向 OpenAI 等公司提起诉讼,要求赔偿其内容在 ChatGPT、Bard 等 AI 工具中被使用的费用。②

根据我国《著作权法》的规定,使用他人作品应经著作权人许可,并支付报酬,除非符合法律规定的合理使用的情形。关于合理使用,《著作权法》第 24 条规定,在该条所列的 13 种情形下使用作品,可以不经著作权人许可,不向其支付报酬,但应当指明作者姓名或者名称、作品名称,并且不得影响该作品的正常使用,也不得不合理地损害著作权人的合法权益。《著作权法》对于合理使用情形的规定采用了封闭式的列举,而 ChatGPT 对于训练数据中作品的使用难以符合《著作权法》所规定的"个人使用"(为个人学习、研究或者欣赏,使用他人已经发表的作品)、"适当引用"(为介绍、评论某一作品或者说明某一问题,在作品中适当引用他人已经发表的作品)、"科学研究"(为学校课堂教学或者科学研究,翻译、改编、

---

① *Privacy policy*, OpenAI(27 April, 2023), https://openai.com/policies/privacy-policy.

② 参见文巧:《训练 ChatGPT 模型不付钱?文字版权商怒了:微软、谷歌、OpenAI,法院见!》,载新浪网,https://finance.sina.cn/2023-03-23/detail-imymwmqz9976978.d.html。

汇编、播放或者少量复制已经发表的作品,供教学或者科研人员使用,但不得出版发行)等合理使用情形。因此,ChatGPT 使用作品在我国依然需要相应知识产权授权。对于 ChatGPT 的用户而言,如果直接使用了 ChatGPT 给出的侵犯他人著作权的内容,也可能面临著作权侵权风险。

目前,已经有国家和地区开始探索将人工智能使用作品的情形作为著作权侵权的例外。例如:《日本著作权法》中将计算机在必要的限度内使用作品纳入合理使用的范畴;欧盟则通过《单一数字市场版权指令》,设置"文本与数据挖掘"的版权例外规则。我国《著作权法》目前未对人工智能使用作品是否构成合理使用的问题进行回应。

(五)ChatGPT 生成内容是否构成作品?谁享有该作品的著作权?

1. 人工智能生成内容的可版权性

根据我国《著作权法》第 3 条的规定,受著作权法保护的作品是指文学、艺术和科学领域内具有独创性并能以一定形式表现的智力成果。因此,要成为《著作权法》所保护的作品,不仅需要具有独创性,还需是智力成果。虽然《著作权法》没有明确作品必须为人的智力成果,但通常认为,受《著作权法》保护的作品必须由人类创造。因此,我国司法实践中往往不承认人工智能生成内容的可版权性。在 2019 年全国首例人工智能生成内容著作权纠纷案(菲林案)①中,法院认为,虽然计算机软件智能生成的文字内容体现了针对相关数据的选择、判断、分析,具有一定的独创性。但是,自然人创作完成应是《著作权法》上作品的必要条件。人工智能软件利用输入的关键词与算法、规则和模板结合形成的文字内容,某种意义上讲可认定是人工智能软件"创作"了该内容。但即使人工智能软件"创作"的文字内容具有独创性,也不属于《著作权法》意义上的作品,不能认定人工智能软件是其作者并享有《著作权法》规定的相关权利。

不仅我国不承认人工智能"创作"内容的可版权性,美国版权局也规定②,并且仅当 AIGC 具备"作者的创造性想法(智力活动)、(由作者)赋予表现形式"时,才有可能获得版权法的保护。但也有国家保护在没有人类创作者情况下的计算

---

① 参见北京知识产权法院(2018)京 0491 民初 239 号。

② *Copyright Registration Guidance for Works Containing AIi－Generated Material*, https://www.govinfo.gov/content/pkg/FR-2023-03-16/pdf/2023-05321.pdf.

机生成作品。例如,英国在《1988 年版权、外观设计和专利法案》便有保护计算机生成物的规定。立法者将这种作品的保护期设为 50 年,而人类作者创作的作品保护期为 70 年①。

不过,关于人工智能生成内容是否构成作品,我国司法实践也在进行探索。虽然人工智能的法律主体资格有待法律予以明确规定,但对于人工智能自动生成的内容仍需要加以保护。在上述菲林案中,虽然法院认为计算机软件智能生成的文字内容不构成作品,但并不意味其进入公有领域,可以被公众自由使用。计算机软件智能生成的文字内容既凝结了软件研发者的投入,也凝结了软件使用者的投入,具备传播价值。② 而在 2020 年的深圳市腾讯计算机系统有限公司与上海盈讯科技有限公司著作权纠纷案(Dreamwriter 案)中,法院对人工智能生成内容的可版权性进行了探索。在该案中,法院认为,原告主创团队人员在数据输入、触发条件设定、模板和语料风格的取舍上的安排与选择属于与软件生成文章的特定表现形式之间具有直接联系的智力活动。软件自动生成文章的过程虽然没有人的参与,但该软件自动运行的方式体现了原告主创团队人员的选择,也由该软件的特性所决定。因此,从文章生成过程来分析,该文章的表现形式是由主创团队个性化的安排与选择所决定的,体现了人的智力活动,其表现形式并非唯一,具有一定的独创性,构成作品。③

2. 人工智能生成内容的版权归属

由此引发的问题是,如果人工智能生成内容构成作品,那么著作权属于谁?人工智能生成作品的著作权归属主要涉及人工智能软件的开发环节与使用环节。如果人工智能软件的开发者与使用者竞合,那么权利归属不存在异议,但当人工智能生成软件的开发者和使用者不同一时,人工智能生成内容的著作权归属便存在一定争议。

在菲林案判决中,法院认为,计算机软件智能生成文字内容的过程有两个环节有自然人作为主体参与,一是软件开发环节,二是软件使用环节。软件开发者(所有者)没有根据其需求输入关键词进行检索,该分析报告并未传递软件研发者

① Copyright, Designs and Patents Act 1988, https://www.gov.uk/government/publications/copyright-acts-and-related-laws.

② 参见北京知识产权法院(2018)京 0491 民初 239 号。

③ 参见深圳市南山区人民法院(2019)粤 0305 民初 14010 号。

(所有者)的思想、感情的独创性表达,故不应认定该分析报告为软件研发者(所有者)创作完成。同理,软件用户仅提交了关键词进行搜索,应用"可视化"功能自动生成的分析报告亦非传递软件用户思想、感情的独创性表达,故该分析报告亦不宜认定为使用者创作完成。综上所述,软件研发者(所有者)和使用者均不应成为该分析报告的作者。①

在 Dreamwriter 案中,法院认为,涉案文章是原告获授权使用 Dreamwriter 软件后,在原告的主持下,由包含编辑团队、产品团队、技术开发团队在内的主创团队运用 Dreamwriter 软件完成,因此,认定涉案文章是原告主持创作的法人作品,即著作权归软件使用者所有。

对比两个案例可以看出,人工智能生成作品的著作权归属,很大程度上取决于开发者或使用者的智力活动对人工智能生成内容的独创性的贡献。就 ChatGPT 生成的内容而言,用户作为使用者大多是以简单的语言文字进行提问,对于人工智能生成内容的独创性作用较为有限。ChatGPT 生成内容更多依赖于其开发者 OpenAI 的设计、训练和引导。因此,从对内容独创性的贡献上来说,开发者 OpenAI 似乎更符合 ChatGPT 内容的著作权人。

不过,根据 OpenAI 的《服务条款》②的规定,在法律允许的范围内,OpenAI 将所提供的工具(包括 ChatGPT)所产生内容的所有权利转移给用户。用户有责任确保生成的内容不违反法律或 OpenAI 的《服务条款》。此外,《服务条款》还明确指出,生成的内容不一定具有唯一性,多个用户可能获得相同或非常相似的内容。因此,尽管 OpenAI 可能被认为是 ChatGPT 生成内容的著作权人,鉴于 OpenAI 主动将其权益转让给用户,故该等情形下,ChatGPT 生成内容的著作权应当属于用户。

(六)ChatGPT 抓取第三方数据用于训练是否构成不正当竞争?

ChatGPT 训练使用的数据大多来自互联网上公开的网站、信息资源库、数字图书馆、专业数据库、社交媒体平台等。数据收集过程可能涉及利用爬虫协议等底层技术对数据进行搜索、抓取、分析,再用于训练 ChatGPT。如果抓取的数据属于数据主体采用技术措施加密或未公开的内容,ChatGPT 的提供方通过绕开数据

① 参见北京知识产权法院(2018)京 0491 民初 239 号。

② See Terms of Use, OpenAI(March 14,2023),https://openai.com/policies/terms-of-use.

主体设置的访问限制（如网站用户对隐私内容设置为“他人不可见”）或绕开部分网站设置的真人审核（如验证码方式）获取该等数据，那么不仅爬取行为本身可能存在非法获取计算机信息系统数据、侵犯个人信息或商业秘密的风险，ChatGPT使用该等训练数据向用户输出内容还存在不正当竞争的风险。

根据我国反不正当竞争相关司法实践，关于爬虫技术的使用是否构成不正当竞争，法院往往会根据《反不正当竞争法》第2条第2款的原则性条款，即“经营者在生产经营活动中，违反本法规定，扰乱市场竞争秩序，损害其他经营者或者消费者的合法权益的行为”，综合考虑数据抓取方和被抓取方间是否具有竞争关系、被抓取方是否对抓取的数据享有权益、抓取方的行为是否具有正当性、抓取方对抓取数据的使用是否具有正当性、是否给被抓取方造成相应的危害结果等因素后，判断是否构成不正当竞争。对于竞争关系的认定，在互联网经济领域，法院往往采用广义的理解，认为竞争方式主要表现为通过争夺消费者注意力获取竞争优势，实现经营利益，即使经营者之间不存在直接的竞争关系，经营者也因破坏其他经营者的竞争优势与其产生了竞争关系。①

因此，ChatGPT完全有可能被认定为与被抓取数据的数据库、社交媒体存在竞争关系。如果ChatGPT抓取的数据对于被抓取方而言存在商业利益和竞争优势，ChatGPT的抓取行为存在违反Robots协议或法律声明、违反用户协议、行业自律公约等不正当的情形，从而对被抓取方的预期利益、合法市场份额、消费者信任度等造成损害，那么ChatGPT抓取训练数据的行为就可能构成不正当竞争。

另外，ChatGPT的爆红也引发了另一个不正当竞争问题。截至2023年6月，ChatGPT虽然未向中国用户开放，但国内以“ChatGPT”“OpenAI”等字眼为名称的小程序、公众号数量激增。这些产品的图标与ChatGPT类似，有些程序号称是ChatGPT的“国内版”，连通ChatGPT的API接口并提供转接服务，实际对话时答非所问，对话质量和ChatGPT相去甚远，显然属于“山寨货”。这些公众号小程序使用与ChatGPT相同或相似的名称及标志，宣传中刻意突出使用“ChatGPT”、误导用户认为与美国人工智能研究实验室OpenAI的ChatGPT有特定性关联，使消费者产生混淆误认，可能构成《反不正当竞争法》第6条规定的商业混淆不正当竞争行为。

① 参见浙江省杭州市人民法院（2020）浙01民终4847号。

四、ChatGPT 的发展和展望

虽然目前 ChatGPT 并不完美,但它的出现对人工智能产业将产生深远影响。ChatGPT 与其他模态 AIGC 工具的组合,如 ChatGPT 与图片生成、音视频生成、虚拟数字人等工具的集成,以及与其他 AI、云计算等技术集成,都让人们充满期待。

但是,除能大幅度提高人类的生产效率、带来经济收益之外,作为人工智能产品,ChatGPT 也面临着人工智能长期以来面临的安全和伦理问题。例如,ChatGPT 可能成为网络犯罪的有力工具,ChatGPT 模仿人类自然语言对话的能力已然达到以假乱真的程度,一旦被用于进行电信诈骗,可能会产生大量无法辨别真伪的受害者;而如果用 ChatGPT 编写的代码进行黑客入侵,则可能会带来难以估量的经济损失和严重的网络安全风险。在教育和学术领域,ChatGPT 的运用可能使得学术不端、作弊行为更加隐蔽,学生对于 ChatGPT 的过分依赖也将影响自主能动性和创造性的发挥。此外,ChatGPT 的内容输出承载着后台技术操控者的话语权,从而可能成为技术操控者价值渗透的工具。如果技术操控者本身的价值观存在历史和文化偏见、歧视,那么这些偏见和歧视可能通过 ChatGPT 生成的答案误导、煽动公众,破坏社会的公平正义。同时,ChatGPT 的推出也引发了人们对于大规模失业的担忧,ChatGPT 可能会替代人们在电话销售、客户服务、文字编辑、广告设计、教育咨询、程序员等岗位的工作。甚至人们产生了"人工智能超越人类"的恐慌心理。

人工智能是"人工"的,无论人工智能如何进化,其动力都是人类。ChatGPT 的研发、训练、使用都离不开人类的设计、控制和规范,与其说人类与 ChatGPT 等人工智能是人机关系,不如说实质上依然是人与人的关系、是个体与群体的关系(是单个个体与人工智能背后古今中外的群体智慧的关系)。如何构建人工智能伦理规范,引导人工智能积极发展,控制人工智能带来的风险,设定技术发展的边界,是人工智能发展的永恒议题,也是人工智能法律规范健全道路上绕不开的重心。

关键技术领域投资的美国国家安全审查观察

张国勋* 王大坤 张雪晨

* 作者简介：

张国勋，中伦律师事务所北京办公室合规与政府监管部高级顾问，电邮为：zhangguoxun@zhonglun.com。

近年来,为了捍卫美国在关键技术领域的全球领先优势地位,美国进一步收紧国家安全审查措施,以保护半导体、人工智能和量子计算等领域的关键技术和供应链。同时,美国拟建立全新的对外投资审查机制,加强美国对外投资关键技术的审查,在中美科技交流通道上单方面设置双向投资限制。涉美中资企业应当关注美国立法和执法动态,提前开展尽调和溯源,避免投融资项目风险。

一、关键领域的外资安全审查

(一)《外国投资风险评估现代化法案》

近年来,美国以“国家安全”为名限制外国投资,强化对内投资的审查。2018年7月26日和8月1日,美国众议院、参议院相继通过了《外国投资风险评估现代化法案》(Foreign Investment Risk Review Modernization Act, FIRRMA)。8月13日,该法案被纳入美国《2019财年国防授权法案》,经时任美国总统特朗普(Donald Trump)签署后正式生效。

FIRRMA代表了自2007年以来首次对美国外国投资委员会(The Committee on Foreign Investment in the United States, CFIUS)的流程进行立法改革,扩大了CFIUS的审查权限,赋予其快速审查特定交易的权利,加强对来自重点关注国家投资交易的审查力度,并扩大其对特定交易活动的审查范围。

FIRRMA赋予CFIUS更广泛的管辖权,加强了对非控制性投资交易的审查,同时FIRRMA对“关键技术”的含义进行了更新,包括:在《国际武器贸易条例》(International Traffic and Arms Regulations, ITAR)或《出口管理条例》(Export Administration Regulations, EAR)下受到出口管制的物品或技术;国防情报或其他国家安全领域的新兴技术,特别强调了对美国重点关注国家维持和扩大技术优势至关重要的新兴技术;美国重点关注国家想要获得本国尚不存在技术优势领域的优势技术等。

(二)第14083号行政令

2022年9月15日,美国时任总统拜登(Joe Biden)签署第14083号行政令①,

---

① *Ensuring Robust Consideration of Evolving National Security Risks by the Committee on Foreign Investment in the United States*, Federal Register (2022.9.15), https://www.govinfo.gov/content/pkg/FR-2022-09-20/pdf/2022-20450.pdf.

要求 CFIUS 确保美国对不断变化的国家安全风险进行强有力的审查,明确要求 CFIUS 对其审查的交易进行评估时必须对新增国家安全因素作出界定。

尽管第 14083 号行政令没有改变 CFIUS 的审查程序或法律管辖范围,但该行政命令详细阐述并扩展了 CFIUS 在审查国家安全风险交易时考虑的现有因素清单,并描述了关键领域潜在的国家安全影响,给各方也提供了一些指引和参照。该行政令指示 CFIUS 在对其审议的涉及外国投资的交易进行评估时具体考虑下列五项国家安全因素:(1)某交易对有可能危及国家安全的美国关键供应链韧性的影响;(2)某交易对美国在影响美国国家安全的领域的技术领导地位的影响,包括但不限于微电子、人工智能、生物技术与生物制造、量子计算、先进清洁能源和适应气候变化技术;(3)某交易因产业投资趋势可能带来的后果而对美国国家安全造成的影响;(4)有损害国家安全的网络安全风险,即某些外国投资可能会促使外国人进行网络入侵或进行其他恶意网络活动,因此对美国国家安全构成风险;(5)对美国公民的敏感数据的风险,即数据作为监视、追踪、跟踪和锁定个人或群体的一个日益强大的工具,对国家安全有潜在的不利影响。

二、美国计划加强关键领域的对外投资安全审查

长期以来美国主要针对外国投资进行审查,FIRRMA 中首次提出美国的海外投资审查程序(outbound review process)。随着限制投资外国竞争对手的措施升级,如何对从美国境内流出的对竞争对手国家的投资予以必要审查成为美国政策制定者的重点工作内容之一。

(一)对外投资安全审查运行机制

1. 美国国会立法

2022 年 6 月,美国国会共和党参议员约翰·科宁(John Cornyn)和民主党参议员鲍勃·凯西(Bob Casey)向参议院提出《2022 年国家关键能力防御法案》(the National Critical Capabilities Act of 2022,NCCDA),取代了 2021 年 5 月提出的 NCCDA 版本。该法案拟设立新的跨部门协调和执法机构——国家关键能力委员会(The Committee on National Critical Capabilities,CNCC),主要负责审查美国对特定国家的投资,包括任何可能对“国家关键能力”(National Critical Capability)构成威胁的美国企业或与美国企业开展的合并、收购等活动。

为涵盖不符合“交易”定义的持续活动，经修订的 NCCDA 适用于范围广泛的活动，包括：向相关国家或在相关国家开发、生产、扩展或销售“国家关键能力”；共享、披露、转让或许可与“国家关键能力”相关的某些技术、设计和专有技术；有助于相关实体获得“国家关键能力”所需的财政资源的投资、资本供应、咨询和“指导”。

“国家关键能力”涉及的领域和技术包括：(1)涉及拜登政府 14017 号行政令[①]中对供应链至关重要的领域，具体包括半导体制造和先进封装、大容量电池、关键矿物和材料、药物和活性药物成分；(2)国家情报总监认定为关键和新兴技术的技术，包括生物科技、人工智能、量子信息科学和技术；(3)生产关键货物和材料以及其他基本货物和材料所需的制造能力和其他能力，如基础供应链；(4)2022 年 2 月美国国家科学技术委员会关键和新兴技术清单[②]更新中指定的行业，如先进计算、先进工程材料、先进制造、先进核能技术、人工智能、生物技术、金融科技、可再生能源发电和存储技术等；(5)其他被确定为国家关键能力的行业、技术和供应链。

CNCC 将以类似于 CFIUS 的方式运作。从事或计划从事“涵盖的活动”的美国人和外国实体都必须在从事该活动前 45 天提交强制性书面申报。提交申报后，CNCC 将进行审查，以确定该活动是否可能导致对一个或多个“国家关键能力”造成不可接受的风险。如果确定存在此类风险，它将向总统提出解决风险的建议，包括实施缓解措施，可能包括撤资。如果未提交申报，CNCC 还有权对“涵盖的活动”展开调查。

修订后的 NCCDA 仍然缺乏关于提交 CNCC 审查申报的实际过程的重要细节，缺乏任何明确的上诉或对 CNCC 决定进行司法审查的机制。如果获得通过，NCCDA 将可能以国家安全为由禁止对外交易。

---

① *Executive Order on America's Supply Chains*, The White House (2021. 2. 24), https://www.whitehouse. gov/briefing-room/presidential-actions/2021/02/24/executive-order-on-americas-supply-chains.

② Fast Track Action SubcommitteeOn Critical And Emerging Technologies Of The National Science And Technology Council, *Critical And Emerging Technologies List Update*, The White House (2022. 2), https://www. whitehouse. gov/wp-content/uploads/2022/02/02-2022-Critical-and-Emerging-Technologies-List-Update. pdf.

2. 行政命令

目前美国两党、国会两院以及白宫方面对于建立对外投资审查机制已经初步达成共识,但各方尚未一致明确如何具体呈现该机制。在短期内,美国发布行政命令的可能性比立法行动更大。美国政府官员已经表示,有针对性的行政命令将作为监管境外投资的第一步,提出专门且具体的审查机制,以解决特定部门的具体国家安全风险,防止美国人资助和支持中国本土开发敏感技术。

目前,有关对外投资监管的讨论主要集中在中国,涵盖领域包括“少数”(handful)“极其敏感”(extremely sensitive)的部门,预计半导体、人工智能和量子计算,即美国政府近期出口管制行动所针对的领域将被涵盖。

(二)对华关键技术领域投资审查趋势加强

从美国出口管制与外国投资国家安全审查的日益频繁的动态可以看出,美国政府越来越关注关键技术向中国的转让以及美国企业可能通过某些投资帮助提升中国能力的风险。许多美国议员建议加强审查对中国在少数国家安全敏感领域的关键技术发展的风险投资和私募股权投资。

2022 年 9 月 16 日,美国国家安全顾问沙利文(Jake Sullivan)在全球新兴技术峰会上发言表示,美国正在制定关于敏感技术对外投资审查机制的政策,尤其是出口管制未能覆盖但有助于提升竞争对手敏感技术能力的对外投资。担任美国众议院外交委员会主席的迈克尔·麦考尔(Michael McCaul)支持广泛的对华投资审查,以解决供应链以及国家安全问题。担任美国众议院新设中国事务专责委员会主席迈克·加拉格尔(Mike Gallagher)表明将计划重点审查美国企业在中国的投资,“如果说过去五年是加强对中国在美国投资的审查,那么下一阶段将是加强对境外投资的审查进入中国”。加拉格尔表示,无论是通过行政行动还是立法,或两者兼而有之,基于国家安全问题来规范对华投资的措施是“不可避免的”①。对华投资将是新设中国事务专责委员会关注的众多领域之一。

在关键技术领域中,芯片与半导体行业备受关注。美国《2022 年芯片与科学法案》授权在未来 5 年为美国半导体制造业提供约 527 亿美元的政府补贴,并提

---

① DanielFlatley, *New House Panel on China to Scrutinize US Investments in Country*, Bloomberg (2022. 12. 20), https://www. bloomberg. com/news/articles/2022-12-19/new-house-panel-on-china-to-scrutinize-us-china-investments.

供25%的投资税收抵免。同时,该法案明确要求获得美国资助的半导体企业签署相关协议,自受援之日起10年内禁止在我国大陆进行先进制程半导体制造业务的实质性扩建,以限制接收美国相关财政资助的半导体企业在中国等地发展先进制程半导体制造业产能,确保半导体制造商将其下一轮投资集中在美国及其盟国。中国半导体行业将面临更加严峻的外部形势,国产半导体从外部获取投资会受到更加严格的限制。

三、对中国企业风险提示

从上述美国一系列相关立法政策信号可以看出,在全球经济体间日益激烈的竞争中,为了捍卫美国在关键技术领域的优势,美国将进一步加强关键技术领域的国家安全审查的控制措施。目前,为保护美国的关键技术和供应链,在收紧对美投资安全审查的同时,美国国会拟以推动NCDDA的颁布以及总统发布相关行政命令等方式,建立全新的对外投资审查机制,负责对美国企业关键技术领域的全面投资审查。

美国加强对华投资审查、限制关键技术和资本外流至中国,在中美科技交流通道上单方面设置双向限制,影响中国与第三方国家之间的要素流动。关键技术目标行业和相关领域的中国企业应做好技术与资本层面的布局准备。

(一)技术层面

美国对华投资审查机制在限制资本的同时阻碍了中美企业间交流合作的机会。中国企业,尤其是半导体、人工智能和量子技术领域和“国家关键能力”所涉及相关领域的中国企业,未来将可能面临技术断供、学习交流受阻,以及指导和研发合作中断等技术层面困境,中国企业应当提前做好人员布局、知识产权保护以及技术信息保存等措施。

(二)资本层面

美国对华投资管控的加强实则是竞争,其本质为投资和资本的“选边站队”。无论以何种形式,美国建立对华投资审查机制,境外资本在华投资时都将面临“选边站”难题,对于中国企业吸引外资是重大挑战。

对于已完成的投融资业务,中国企业应当参考NCCDA的要求进行全面评估,预防被回溯审查的风险。对于正在进行或者即将进行的投融资项目,进展过程中应当防止美国政府对华投资限制的行政令突然发布造成的影响，通过制定合同条款、承诺或分拆其高度敏感的业务部门等方式保护中国企业利益。同时，中国企业应当参考 NCCDA 对投资主体、投资标的和供应链等美国对华投资审查因素进行尽职调查，提前预防未来美国国会相关法案立法通过对投融资项目带来的风险，将损失影响降到最低。

四、结语

交易各方应当从交易事项初期就关注政治形势和动态，一方面，应密切关注 2023 年拜登政府关于美国对外投资限制的行政令进展情况，尤其关注半导体、人工智能和量子技术领域的投融资或合资项目；另一方面，密切关注美国国会相关法案的立法动态，跟踪 NCCDA 版本更新情况，并且积极准备潜在安全问题的解决方案，必要时可提前开展尽调和溯源。

《2022 年芯片与科学法案》对芯片产业知识产权交易的影响与应对

张　鹏*

* 作者简介：

张鹏，中伦律师事务所南京办公室知识产权部高级顾问，电邮为：zhangpeng@ zhonglun. com。

2022 年 8 月 9 日，美国总统签署《2022 年芯片与科学法案》，标志着针对芯片产业的高额补贴法案正式生效。在此之前，《2022 年芯片与科学法案》获得参众两院通过。8 月 12 日，美国商务部工业和安全局（Department of Commerce, Bureau of Lndustry and Security, BIS）发布临时决议，自 8 月 15 日起将四类芯片和航空发动机相关物项①列入商业管制清单，对这些技术出口进行管控。其中，基于 GAAFET 架构的先进芯片 ECAD 软件工具主要用于 3nm 及以下芯片设计。

一、总体演进：从《无尽前沿法案》到《2022 年芯片与科学法案》和《2022 年降低通胀法案》

《2022 年芯片与科学法案》是美国拜登政府促进创新的系列政策之一，起源于通过促进创新的方式应对我国不断增长的技术实力的考虑，其重要方面之一在于运用知识产权促进产业创新、形成产业竞争力。为了深入了解《2022 年芯片与科学法案》的背景，我们需要以时间轴为线索考虑《2022 年芯片与科学法案》与其他法案之间的关系。

1.《无尽前沿法案》

2020 年 5 月，参议院民主党领袖查尔斯·舒默（Chuck Schume）和共和党参议员托德·杨（Todd Young）提出《无尽前沿法案》（Endless Frontier Act, S. 3832）②，促进增强美国在人工智能、高性能计算、高端制造等方面基础研究的领先优势，促进政府资助研发项目的加快推进以实现公共政策目标。在此之后，美国参议院曾于 2020 年 12 月提出《美国半导体生产制造促进措施法案》（Creating Helpful Incentives for Producing Semiconductors for America and Foundries Act, S. 4982）③，用于促进美国半导体的研发、生产、制造与投资，该法案未能最终落实。2021 年 4 月 21 日，民主党参议员查尔斯·舒默提交了新版的《无尽前沿法案》（H. R.

① 具体为金刚石、氧化镓（Ga_2O_3）两种超宽带隙基板半导体材料，设计 GAAFET 架构全栅场效应晶体管的先进芯片 ECAD 软件工具，以及用于燃气涡轮发动机的压力增益燃烧技术。

② See *S. 3832 - Endless Frontier Act*, CONGRESS. GOV, https://www.congress.gov/bill/116th-congress/senate-bill/3832.

③ See *S. 4982 - Creating Helpful Incentives for Producing Semiconductors for America and Foundries Act*, CONGRESS. GOV, https://www.congress.gov/bill/116th-congress/senate-bill/4982/text.

2731)[1],推动5年内向美国科学基金会提供1000亿美元促进半导体、人工智能等十大战略技术发展。

2. 第14107号行政命令

2021年2月24日,新当选的美国总统拜登发布第14107号行政命令(Executive Order 14017),强调美国需要具有韧性、灵活性并且安全性的供应链以确保经济繁荣和国家安全。其中,第3部分明确提出要开展为期100天的供应链安全评估,第3部分(b)项(i)部分明确要求美国商务部会同其他相关机构,对半导体制造和先进封装工艺的供应链风险进行评估。

3.《2021美国创新与竞争法案》

《2021美国创新与竞争法案》脱胎于上述《无尽前沿法案》。2021年5月,参议院民主党领袖查尔斯·舒默提出了《2021美国创新与竞争法案》(United States Innovation and Competition Act of 2021),该法案在《无尽前沿法案》的基础上整合了多个法律提案,包括《2021年战略竞争法案》《2021年迎接中国挑战法案》等。2021年6月28日,美国国会参议院以68票赞成、32票反对的结果,通过了《2021美国创新与竞争法案》。

4.《构建韧性供应链、振兴美国制造业、促进广泛增长——基于14017号行政命令的供应链百日报告》

2021年7月,美国白宫发布了《构建韧性供应链、振兴美国制造业、促进广泛增长——基于14017号行政命令的供应链百日报告》(以下简称《供应链百日报告》)。《供应链百日报告》指出,半导体产业是美国经济增长和就业机会的主要动力源,然而,美国半导体制造能力占全球半导体制造能力比例从1990年的37%下降到2019年的近12%,与2019年同期的中国台湾地区占20%、韩国占19%、日本占17%、中国(不含中国台湾地区)占16%以及欧盟占9%相比没有明显竞争力(如图1所示)。同时,就半导体行业的设计、制造、封装测试、材料和生产设备等上下游领域进行了分析,得出如下结论:(1)美国半导体设计具有世界领先地位,但是美国公司高度依赖在中国的销售以保证利润增长和持续的研发投入;(2)美国在半导体制造方面缺乏足够的能力,主要依赖中国台湾地区制造前沿逻辑芯

① See *H. R.* 2731 - *Endless Frontier Act*, CONGRESS. GOV, https://www.congress.gov/bill/117th-congress/house-bill/2731/text.

片,主要依赖中国台湾地区、韩国和中国(不含中国台湾地区)制造成熟节点芯片;(3)美国在封装测试方面针对低技术含量的半导体封装严重依赖亚洲地区,美国缺少必要的关键生态系统从而受到来自中国的投资对市场的影响;(4)在半导体材料方面,美国在半导体制造所需要的气体和湿式化学品上具有优势,但是其他国家和地区在晶圆、掩膜、光刻胶等其他材料的供应方面占据优势;(5)在生产设备方面,美国在晶圆制造的前道工艺设备上具有显著的全球市场份额,但是光刻机生产集中在荷兰和日本,同时由于美国具有有限的半导体产能,所以生产设备制造商严重依赖在美国国外的销售。进而,《供应链百日报告》提出了供应链的脆弱性、知识产权窃取、获取创新利益的挑战等影响半导体供应链安全的因素。同时,该报告也高度关注我国国家集成电路基金等措施。

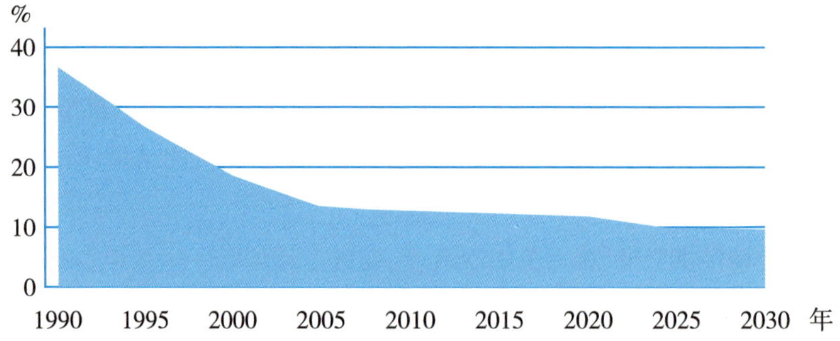

图 1 美国半导体制造能力占世界半导体制造能力的比例(1990—2030 年)

5.《2022 年芯片与科学法案》和《2022 年降低通胀法案》

《2022 年芯片与科学法案》和《2022 年降低通胀法案》形成于拜登政府上任伊始对美国供应链安全的关注,基于对 100 天时间的供应链安全评估进行分析的结果,旨在通过专项拨款以及促进研发的政策促进形成产业竞争力。2022 年 7 月,为了保住《无尽前沿法案》以及《2021 美国创新与竞争法案》的有关资金投入,在保留上述《2021 美国创新与竞争法案》的创新提案的基础上,形成了《2022 年芯片与科学法案》。《2022 年芯片与科学法案》针对《供应链百日报告》提出的问题,针对性地对芯片产业进行政策部署。与《2022 年芯片与科学法案》同期,作为民主党谈判代表乔·曼钦(Joe Manchin)和参议院民主党领袖查克·舒默所述及的和解方案的一部分,促进光伏、储能、风电、电池等清洁能源发展的《气候法案》在美国参议院通过,总额高达 3690 亿美元。2022 年 8 月 12 日,美国参众两院通过

《2022年降低通胀法案》,预计将带来7400亿美元的财政收入,同时政府投资4300亿美元作为对能源、气候变化及医疗补贴的投入,其中3690亿美元用于气候变化和清洁能源。目前,该法案在拜登总统签字后将发生效力。可见,美国通过在信息通信产业和清洁能源产业的多重发力,意图通过促进创新的方式应对我国不断增长的技术实力,保持和扩大美国相关产业的竞争力。

二、主要内容:促进芯片产业发展、提升基础研究能力

《2022年芯片与科学法案》的总体内容包含三个方面:芯片法案、研究与创新促进法案、美国最高法院的拨款。《2022年芯片与科学法案》内容纷繁复杂,需要全面加以研究。其中,2022年芯片法案主要是为半导体产业提供专项拨款与税收抵免政策,涉及总计542亿美元;研究与创新促进法案为促进研发提供政策支持,为航空航天、清洁能源等关键技术领域和理工类基础学科建设提供经费支持,涉及总计超过2000亿美元。

1. 为芯片产业提供资金支持

2022年芯片法案主要是为半导体产业提供资金支持与税收减免政策。在未来5年,美国政府将投入527亿美元作为半导体产业发展的专项扶持资金。具体如表1所示:

表1　半导体产业专项资金情况分析

序号	资金名称	时间节点	资金规模与用途
1	美国芯片产业专项资金(Chips for America Fund)	2022—2026财年	投入500亿美元用于建设美国国内半导体产能。其中,390亿美元用于半导体制造激励计划(包括用于先进制程芯片制造激励的370亿美元和用于成熟制程芯片制造激励的20亿美元),110亿美元用于建设国家半导体技术中心、国家先进封装制造计划等,旨在提高美国的高端芯片研究

续表

序号	资金名称	时间节点	资金规模与用途
2	美国芯片国防资金（Chips for America Defense Fund）	2023—2027 财年	每财年 4 亿美元，共 20 亿美元，为美国国防部在半导体方面的科研活动提供支持，实现军民共享计划，促进将实验室技术尽快转化为军事使用
3	美国芯片国际技术安全和创新资金（Chips for America International Technology Security and Innovation Fund）	2023—2027 财年	每财年 1 亿美元，共 5 亿美元，用于美国国务院、美国进出口银行、美国国际开发署、美国国际开发金融公司等与外国政府开展半导体、通信技术等先进技术及供应链的合作
4	促进美国芯片产业发展的美国劳动力和教育资金［Creating Helpful Incentives to Produce Semiconductors（chips） for America Workforce and Education Fund］	2023—2027 财年	2023 财年、2024 财年各 2500 万美元，2025 财年、2026 财年、2027 财年各 5000 万美元，共 2 亿美元，用于解决半导体产业美国的劳动力不足和技能短缺问题

同时，美国商务部等在上述四项资金的基础上提供进一步资金支持。例如，公共无线供应链创新资金（Public Wireless Supply Chain Innovation Fund）投入 15 亿美元，用于推动开放式架构协助 5G 无限部署，促进美国供应商提供更多 5G 服务，减少对国外供应链的依赖。

2. 为芯片产业提供税收减免支持

2022 年芯片法案对先进制程半导体制造生产线的投资提供 25%的投资税收减免，并激励半导体制造以及半导体制造过程中所需要的专业设备的制造。该项税收减免可以由股东享受。同时，2022 年芯片法案明确要求上述税收减免不得适用于受到关注的外国公司。如果享受税收减免的公司在此后 10 年内在中国开展与扩大先进制程半导体制造业务相关的实质性重大交易，那么需要退还所有减免的税收。

3. 为芯片产业的基础研究和关键技术领域的创新提供支持

2022年研究与创新促进法案投入超过2000亿美元,提供更多的科学、技术、工程与数学的教育培训与就业机会,加强微电子领域的教育和劳动力培训,建立美国微电子教育网络,加大微电子教育投入。同时,通过对美国国家科学基金会的支持,持续加强人工智能、量子计算、航空航天、网络安全等关键技术领域的创新。笔者认为,上述部署与美国国家人工智能安全委员会提及的限制中国半导体支撑技术至少落后美国两代的建议是一致的,旨在强化半导体产业创新,促进形成半导体产业的核心竞争力。

4. 对中美之间的芯片产业技术交流设置法律和政策障碍

这是《2022年芯片与科学法案》的重要目的,这一点从法案签署当天白宫发表的、名为《〈芯片与科学法案将降低成本、创造就业、强化供应链并反制中国〉的情况说明书》①可以清楚地看出。一方面,与上述第一部分所述的大规模的资金支持和税收减免政策同步的是,《2022年芯片与科学法案》部分设置了专门的“护栏条款”(Guardrail Provision),要求接受美国政府基于2022年芯片法案资助的实体以及享受税收抵免政策的实体,不得与包括中国在内的受关注国家开展实质性扩大半导体制造能力的任何重大交易,上述重大交易不包含成熟制程芯片的制造设备,主要针对先进制程芯片的相关交易。笔者认为,这一安排旨在限制接受美国财政资助和税收减免的半导体企业在中国发展先进制程半导体制造业的产能,研发先进制程半导体制造的相关技术。另一方面,2022年研究与创新促进法案禁止和限制中国企业参与美国制造项目。2022年研究与创新促进法案设置审查甚至拒绝中国企业参与美国制造项目,明确提出,在未经豁免的情况下中国企业严禁参加美国制造项目。同时,严禁美国联邦研究机构的研究人员参与外国人才招聘项目,使未经授权转让美国实体拥有的知识产权、数据或者其他非公开信息,或者使用联邦研发资金产生的知识产权、数据或者其他非公开信息换取个人资助。

---

① *FACT SHEET*: *CHIPS and Science Act Will Lower Costs*, *Create Jobs*, *Strengthen Supply Chains and Counter China*, https://www. whitehouse. gov/briefing-room/statements-releases/2022/08/09/fact-sheet-chips-and-science-act-will-lower-costs-create-jobs-strengthen-supply-chains-and-counter-china/.

三、《2022年芯片与科学法案》对芯片产业的可能影响

《供应链百日报告》述及中国的半导体产能正在飞速提升，预计将从2019年的占全球总产能的16%提升至2030年的28%。与此同时，中国政府计划投入超过1000亿美元的补贴用于半导体产业，包括建设60条全新的产线。《2022年芯片与科学法案》在一定程度上会对我国半导体产业的发展产生一定影响，主要体现在以下三个方面：

一是对跨境知识产权交易有所限制。从2021年7月以来，美国多名议员先后致函美国商务部，要求将中国最大的存储芯片代工厂列入实体清单，并要求将对相关实体的出口管制政策适用于中国全境①。美国商务部工业和安全局临时决议自2022年8月15日起将四类芯片和航空发动机相关物项列入商业管制清单，对这些技术出口进行管控，也体现了这一点。由此可见，在《2022年芯片与科学法案》背景下，中美跨境知识产权交易将受到相当大的影响。

二是对人才引进和技术引进有所限制。美国联邦研究人员参与中国的人才引进项目将会受到严格审查，这将对我国的人才引进产生一定的影响。同时，自2021年5月起，美国游说主要半导体生产国家和地区组建CHIP 4联盟，以为美国盟友提供新的替代市场机会，推动资金、人才、产业链向美国转移。在这一背景下，《2022年芯片与科学法案》将对我国的技术引进特别是对我国在先进制程芯片相关技术的技术引进方面产生直接障碍。

三是对对外投资和引进外资有所限制。随着《2022年芯片与科学法案》的出台，美国外国投资委员会对涉及美国国家安全的知识产权交易项目的审查将进一步加强，中国企业在美国投资的难度和不确定性大大增加。同时，随着《2022年芯片与科学法案》的出台，美国商务部工业和安全局的出口管制有加强的趋势，对我国引进外资将构成一定的障碍。

四、芯片产业创新发展的应对建议

《2022年芯片与科学法案》对芯片产业的创新发展产生直接影响，以下方面

---

① *McCaul, Hagerty Urge Raimondo to Include the CCP's YMTC on Commerce Department Entity List*, Foreign Affairs Committee (2021.7.12), HYPERLINK, https://gop-foreignaffairs.house.gov/press-release/mccaul-hagerty-urge-raimondo-to-include-the-ccps-ymtc-on-commerce-department-entity-list/.

需要芯片产业企业高度关注。

（一）对芯片领域跨境知识产权交易风险提前管控

如前所述，随着《2022 年芯片与科学法案》的出台，美国外国投资委员会对涉及美国国家安全的知识产权交易项目的审查将进一步加强。为此，我们需要对芯片领域跨境知识产权交易风险提前管控。第一，在芯片领域跨境知识产权交易意向形成前开展知识产权尽职调查，就特定跨境知识产权交易是否属于《2022 年芯片与科学法案》的规制范围进行分析，特别是分析是否属于先进制程芯片的相关交易，确定《2022 年芯片与科学法案》对交易目标的影响。第二，在芯片领域跨境知识产权交易意向形成后开展针对交易主体与交易内容的进一步尽职调查，确定交易主体是否属于《2022 年芯片与科学法案》护栏条款所针对的接受美国政府基于 2022 年芯片法案资助的实体以及享受税收抵免政策的实体，确定交易内容是否属于与受关注国家开展的实质性扩大半导体制造能力的重大交易。第三，在芯片领域跨境知识产权交易谈判中就上述内容设定担保与保证条款。

（二）对芯片领域开展专利导航提前规划技术路线

加强知识产权信息分析，开展先进制程芯片（28nm 以下制程芯片）的专利导航工作，积极促进我国先进制程芯片产业的创新发展。目前在国内半导体产业里面，有很多学者都在讨论要发展第三代半导体，即基于氮化镓和碳化硅众多稀有金属如碳化钾等构建一个理想中的状态，比如，第三代半导体上游碳化硅衬底材料行业实现突破，制造耐高压、高频的功率器件，如先进的超薄芯片或柔性芯片。如前所述，美国致力于抢占半导体技术的制高点，这就需要我国充分发挥知识产权在半导体技术创新中的导航作用，进一步加强半导体技术的创新。

（三）以知识产权为导向建立芯片领域创新策源地

芯片是信息通信产业发展的基础。我们需要充分发挥知识产权的利益分享机制作用，有效组合知识产权的所有权、使用权、收益权、处分权等权能权项，促进信息通信产业的上下游构建产业创新生态，形成产业创新合力。以知识产权为纽带，建立以知识产权为核心的利益分享机制，促进先进制程芯片产业的协同创新，以知识产权为导向建立芯片领域创新策源地。

CHAPTER 03

通讯与技术行业知识产权保护

判定侵害软件著作权的主要法律依据及认定方法

马远超*

* 作者简介：
马远超，中伦律师事务所上海办公室知识产权部合伙人，电邮为：myc@ zhonglun. com。

2022年2月28日,最高人民法院知识产权法庭发布了2021年度工作报告。该报告显示,在新收的2569件民事二审实体案件中,侵害实用新型专利权纠纷806件,计算机软件纠纷593件,侵害发明专利权纠纷576件,专利申请权及专利权权属纠纷213件,技术类知识产权合同纠纷153件,技术秘密纠纷79件,植物新品种权纠纷68件,垄断纠纷25件,集成电路布图设计纠纷2件,其他类型纠纷54件。可见,计算机软件纠纷案件数量已位居第二,仅次于侵害实用新型专利权纠纷。为此,本文拟就计算机软件著作权侵权判定主要法律依据及认定方法做详细梳理、介绍。

一、判定侵害软件著作权的主要法律依据

1.《著作权法》及《著作权法实施条例》

在我国,计算机软件作为著作权保护客体进行法律保护。《著作权法》就著作权人对作品享有的著作权权利进行了详细规定,并明确规定计算机软件为作品之一,同时授权国务院另行规定计算机软件的保护办法。《著作权法实施条例》对《著作权法》中的著作权保护制度予以了细化,但没有就计算机软件保护进行专门规定,因而在司法实践中,法院在计算机软件著作权侵权纠纷案件的民事判决书中,一般不会直接适用《著作权法实施条例》。

2.《计算机软件保护条例》

国务院根据《著作权法》授权,制定并发布了《计算机软件保护条例》。该条例是计算机软件著作权保护的核心制度,就计算机软件的定义、软件著作权人享有的各项权利、计算机软件著作权的归属、侵害计算机软件著作权的法律责任等问题进行了规定。

3.最高人民法院《关于审理著作权民事纠纷案件适用法律若干问题的解释》

该司法解释就《著作权法》适用时的具体问题作了进一步规定。该司法解释除第21条规定“计算机软件用户未经许可或者超过许可范围商业使用计算机软件的,依据著作权法第四十八条第(一)项、《计算机软件保护条例》第二十四条第(一)项的规定承担民事责任”外,其他条款没有专门就计算机软件保护问题作出司法解释。

4.最高人民法院《关于深圳市帝慧科技实业有限公司与连樟文等计算机软件

著作权侵权纠纷案的函》(〔1999〕知监字第18号函)

最高人民法院的该函件就个案中比对计算机软件实质性相似问题,给出了指导性意见,即认为需要排除构思、运行结果、缺乏独创性的数据库结构之后对剩余代码进行比对,同时应当结合比对软件文档。

5. 国家版权局《关于对计算机软件版权保护问题的意见》(国权办〔2003〕26号)

国家版权局的该意见就举证责任转移、有限表达抗辩适用条件等问题,给出了指导性意见。国内法院在审理计算机软件著作权侵权纠纷案件中,一般不会直接适用该意见,但会参考该意见中的思路。事实上,该意见思路也与国内法院的主流司法实践思路一致。

6. 北京市高级人民法院《关于审理计算机软件著作权纠纷案件的几个问题的意见》

该意见发布于1995年6月21日,对审理计算机软件著作权纠纷案件中的管辖、证据、侵权认定办法、赔偿等问题,给出了指导性意见。

7.《北京市高级人民法院侵害著作权案件审理指南》

该审理指南发布于2018年4月20日,第十一章对侵害计算机软件著作权的认定给出了较为全面的指导性意见。相较于1995年北京市高级人民法院的意见,后者发生了较大变化。

二、法院判断侵害软件著作权的主要认定方法

(一)国内法院判断软件著作权侵权时,存在以下四种对比内容的方法:

方法一:对比双方的软件运行界面,推定双方的软件代码具有同一性。

这种方法主要适用于最终用户计算机软件著作权侵权纠纷,即一般适用于企业安装标准化的盗版软件著作权侵权案件,不适用于员工跳槽等造成源代码泄露导致的计算机软件著作权侵权纠纷。例如,在北京市第二中级人民法院审理的计算机软件著作权纠纷案①中,法院并未对原被告计算机软件的源代码进行比对,而是根据执法记录、保全记录中固定的被告安装软件的运行界面等信息,即推定被告安装的系原告享有著作权的两款软件。

---

① 参见北京市第二中级人民法院(2003)二中民初字第6227号。

方法二:对比双方的源代码。

通常认为这是最有效、最直接的内容比对方法。但是在相当一部分案件中,法院无法同时获取双方的源代码进行比对。在司法实践中,原告一般愿意在法院采取保密措施的情况下主动提交自己的源代码,法院获得被告的源代码相对较难,一般通过分配举证责任责令被告提交、被告主动提交、通过证据保全固定、通过获得被告目标程序反编译等方法获得被告的源代码。例如,在浙江省高级人民法院审理的计算机软件著作权侵权纠纷案①中,一审法院对被告的软件源代码进行了证据保全,与原告主动提供的源代码与被告源代码进行了对比,得出了双方软件构成实质性相似的结论,二审法院维持了一审结论。

方法三:根据原告的源代码与被告的目标程序进行对比,即将原告提交的源代码转化为目标程序,在被告拒绝提交源代码的情况下,将两者的目标程序进行对比。

案例一:在北京市第一中级人民法院审理的计算机软件著作权纠纷案②中,一审阶段,将原告提交的源代码转化而得的目标程序与被告的目标程序进行对比,得出了实质性相似的结论,法院两次要求被告提交源代码,被告都拒绝提交,由此推定双方的软件构成实质性相似,二审法院维持了一审结论。

案例二:在最高人民法院审理的计算机软件著作权纠纷案③中,法院认为:"同业竞争软件运行结果即使有类似功能运行界面、选项和参数选择设置以及内容相同的数据库信息等,也并不能因此而确定无疑地推定在后软件系抄袭自在先软件。但是,本案的特殊之处在于,元图公司股东/员工为龙软公司权利软件的研发参与者,可直接接触并知悉权利软件源代码,在此情形下,被诉软件与权利软件如在功能运行界面、选项和参数选择设置、数据库信息以及特定数据导入功能甚至设计缺陷等方面存在相同之处,则难言合理,元图公司需提交反证证明被诉软件系其独立开发。现因元图公司以服务器硬盘损坏为由明确表示无法提供被诉软件源代码,亦未能提交其他被诉软件独立开发证据,故元图公司需对其举证不能承担不利的法律后果。"

---

① 参见浙江省高级人民法院(2001)浙经二终字第110号。

② 参见北京市第一中级人民法院(2010)一中民终字第14256号。

③ 参见最高人民法院(2020)最高法知民终1639号。

方法四：在无法比对双方源代码也无法获得被告目标程序的情况下，根据双方软件运行过程存在的共同缺陷即个性化特征，推定双方软件构成实质性相似。

例如：在江苏省高级人民法院审理的计算机软件著作权侵权纠纷案①中，一审法院认为，原告没有提供被告软件的源代码和目标程序，未完成自己的举证责任，即使两者的软件功能相同相似，也不能推定双方软件实质性相似，因此驳回了原告诉讼请求。二审法院认为，根据计算机软件设计的一般性原理，在独立完成设计的情况下，不同软件之间出现相同的软件缺陷概率极小，而如果软件之间存在共同的软件缺陷，则软件之间的源程序相同的概率较大。结合原被告双方软件在加电运行时存在相同的特征性情况、两者使用说明书基本相同、HX-Z 和 HR-Z 型控制器的整体外观和布局基本相同等相关事实，在被告拒绝提供源代码以供比对的情况下，可以推定两者软件构成实质性相似。

从软件编程技术角度而言，同样的编译环境下，一个源程序只能转换成唯一对应的目标代码，而相同的目标代码一般情况下也源于相同的源代码。因此，在一方没有提供反证的情况下，当双方软件目标代码完全相同时，应当认定双方的计算机软件之间构成相同；或者目标代码实质性相同且有其他证据予以佐证时，应当认定双方计算机软件之间构成实质性相似。例如，在北京知识产权法院审理的计算机软件著作权纠纷案②中，法院即肯定了上述判断规律。

（二）在比对双方软件实质性相似过程中，需要首先排除一些特定内容

在司法实践中，由于原被告双方对第三方开源代码、第三方在先源代码不享有排他性著作权，有限表达导致的代码一致不可归责为抄袭，编程人员可能使用相同的独创性较低的编程固定语法，运行参数属于软件编制过程中的构思而非表达，因而需要首先予以排除，再将剩余的软件代码进行相似性比对。在《软件相似性鉴定实施规范》（SF/Z JD0403001—2014）“4.4　程序的比对检验”部分，也有类似的要求。在著作权侵权比对专业术语上，称为运用“思想表达二分法”以及“过滤法”，即在原告主张的计算机软件代码或者其他作品中，首先区分哪些属于思想部分，哪些属于表达部分，著作权法不保护思想，只保护表达；在属于表达的部分中，需要进一步过滤，即将属于公有领域的表达、不具有独创性的表达、由于

① 参见《最高人民法院公报》2009 年第 3 期。

② 参见北京知识产权法院（2016）京 73 民初 517 号。

表达方式有限导致的一致性表达，都需要予以排除，然后再对剩余的表达部分进行比对。

例如，在上海知识产权法院审理的计算机软件著作权纠纷案[①]中，法院即排除了第三方开源代码、有限表达性质代码、缺乏独创性的编程固定语法等内容后，进行了两者软件相似性比对判断。

（三）法院判断软件抄袭的认定标准时的相似程度、比例要求

在我国现有的法律、法规、行政规章、地方立法、司法解释、司法鉴定规范中，没有明文规定具体的相似程度和比例要求。

在司法实践中，在上述方法一、方法三、方法四中均不涉及代码相似比例的问题，在上述方法二中存在认定软件实质性相似的比例要求，较为常见的为70%。例如：

案例一：在重庆市第一中级人民法院审理的著作权侵权纠纷案[②]中，法院认为，被告索鼎软件与原告世茂软件源代码完全相同行数占索鼎实现软件功能源代码总行数的59.70%，部分相同的占10.61%，共计70.31%，结合其他因素，认定两者软件构成实质性相似。

案例二：在北京知识产权法院审理的计算机软件著作权纠纷案[③]中，原告认为，被告的13个代码文件中均存在大面积复制、抄袭原告代码的情形。比对软件输出的结果中显示不匹配的情况中存在双方代码的错行，在原告纠正了错行的情况下，匹配行占原告代码文件总行数的比例高达70.15%、84.26%、78.94%、71.07%、71.61%等。并且原告代码中多处极具个人特色的注释、标记信息等同样出现在被告的代码文件中。同时，被告代码与原告代码的编写在功能、逻辑、结构等方面都存在完全相同的情况。一审法院采信了原告的上述比对结果，判定两者软件构成实质性相似。

案例三：在上海市第三中级人民法院审理的侵犯著作权罪案[④]中，辩护人主张计算机软件实质性相似的比例应以85%为限，上海辰星电子数据司法鉴定中心以双方软件源代码实质性相似内容大于等于70%作为比例标准，两级法院均采信了

① 参见上海知识法院（2018）沪73民初535号。
② 参见重庆市第一中级人民法院（2015）渝一中法民终字第04837号。
③ 参见北京知识产权法院（2016）京73民初1111号。
④ 参见上海市第三中级人民法院（2019）沪03刑终7号。

上海辰星电子数据司法鉴定中心的鉴定意见,没有采信辩护人提出的85%比例标准。

案例四:在上海知识产权法院审理的计算机软件著作权纠纷案[①]中,上海辰星电子数据司法鉴定中心以双方软件源代码实质性相似内容大于等于70%作为比例标准,该法院采信了上海辰星电子数据司法鉴定中心的鉴定意见。

法院在判定软件实质性相似时,源代码相似性比例并非唯一的判断标准,通常会结合其他参考因素予以综合判断。例如,双方软件中是否存在相同的注释、相同文档、相同缺陷(BUG)、相同目录结构、相同个性化文件名等因素。因为这些因素都有利于法院判断两者软件实质性相似的原因,究竟是否存在巧合,还是一方抄袭另一方的可能性更大。即使在比对双方源代码相似性比例时,由于不同比对方法将不同的代码样本作为"分子""分母",也会导致相似性比例实质性含义存在差异。例如上述案例一,是将双方的完整源代码进行对比,70.31%是两者完整源代码的实质性相似比例,又如上述案例二,是将被告的13个代码文件与原告对应的代码文件进行比对。

软件源代码不仅受到《著作权法》保护,还可从商业秘密角度保护,权利人不仅可以寻求民事保护,也可以寻求行政保护,甚至刑事保护。计算机软件著作权纠纷往往由员工跳槽或者自立门户引发。为此,权利人如何保护好软件代码的著作权或者商业秘密,预防由于人员流动发生被侵权风险,避免企业经济损失,离职员工如何避免因离职行为引发自身或者新任职单位的民事侵权责任、行政处罚责任、甚至刑事责任,真正做到尊重保护原就职单位的知识产权,都是需要慎重思考的问题。

① 参见上海知识产权法院(2015)沪知民初字第57号。

泛主体虚假宣传之诉的分歧与归一

——最高人民法院与北京、上海、广州知识产权法院的裁判思路辨析

张白沙*

* 作者简介：

张白沙，中伦律师事务所广州办公室合规与政府监管部合伙人，电邮为：baisha_zhang@ zhonglun.com。

一、问题的提出

虚假宣传见于《反不正当竞争法》的第 8 条第 1 款:“经营者不得对其商品的性能、功能、质量、销售状况、用户评价、曾获荣誉等作虚假或者引人误解的商业宣传,欺骗、误导消费者。”

虚假宣传行为的构成要件,最高人民法院在 2009 年黄金假日诉某在线票务服务公司机票预订不正当竞争案①的判决中明确为三点:(1)经营者之间具有竞争关系;(2)有关宣传内容足以造成相关公众误解;(3)对经营者造成了直接损害。

自此,虚假宣传构成要件在司法实践中出现了一系列分歧,并集中于上述第 3 点直接损害的认定上。由于原《侵权责任法》对于侵权行为认定的构成要件,也仅要求“损害”结果,无法为“直接损害”提供依据和参考,而最高人民法院也未在该案中对“直接损害”的内涵充分释明,故各地法院的实践和观点差异较大。

问题的根源或在于《反不正当竞争法》的公法性质使其规制的不正当竞争行为的损害并不限于特定对象,而包含了对“竞争秩序”“消费者利益”等公益的损害。因此,当虚假宣传行为未针对特定的经营者(泛主体)而被诉,其是否因不存在对原告的“直接损害”而无法得到司法支持?若“直接损害”要件是为避免滥诉发生,那是否是以牺牲了《反不正当竞争法》的公益性作为代价?

2022 年 3 月 20 日,《最高人民法院关于适用〈中华人民共和国反不正当竞争法〉若干问题的解释》(以下简称新反法司法解释)正式施行新反法司法解释增设了第 18 条规定:“当事人主张经营者违反反不正当竞争法第八条第一款的规定并请求赔偿损失的,应当举证证明其因虚假或者引人误解的商业宣传行为受到损失。”

新反法司法解释的出台引发了新问题。其第 18 条的“损失”证明要件是否对应为司法案例中的“直接损害”构成要件?“损失”证明是否不影响虚假宣传行为的成立和定性,只影响判赔?

由于新反法司法解释施行不久,尚未有具体分析,故笔者对最高人民法院和北京、上海、广州三地知识产权法院近年来的泛主体虚假宣传案例进行了检索,总

---

① 参见最高人民法院 (2007)民三终字第 2 号。

结了相关裁判思路,分享如下。

二、各知识产权法院存在的分歧

(一)北京知识产权法院:证明责任轻,不严格要求原告证明虚假宣传行为对其造成直接损害

在近5年相关案例中,北京知识产权法院(以下简称北知院)的倾向相对统一,即有同业竞争关系且商业宣传内容虚假、引人误解的前提下,则被告虚假宣传行为将导致原告存在“受损可能性”(竞争优势被削弱、竞争机会丧失、竞争利益被侵占),故推定损害存在,构成虚假宣传行为。而后综合考虑双方同业竞争关系和行为违法性程度,酌定经济损失赔偿。

下述案例均为泛主体虚假宣传纠纷,宣传内容并未针对原告,而被告的宣传行为被最终认定为构成虚假的、引人误解的商业宣传。

在汽车爆胎案[①]中,原被告均运营汽车爆胎安全装置产品,为同业竞争者。被告使用“国内首家”“国内首创”“首屈一指”“产品独一无二”“中国唯一”“市场第一”等词汇,“这是一款有国家强制安装标准的产品”等表述进行了商业宣传。

北知院二审认为,判断某一商业宣传行为是否构成虚假宣传,需从两个方面进行考量:“一是该商业宣传本身是否具有事实依据,是否属于虚假陈述;二是该商业宣传是否达到“引人误解”的程度,是否会影响消费者的判断,进而影响公平竞争的市场秩序和经营者、消费者的合法权益。”由于被告不能证明宣传内容是真实和符合客观事实的,易使消费者对此产生误解,最终影响了消费者的选择,从而“不正当提升了被告自身的竞争优势及获得更多的交易机会,同时也在一定程度上损害了原告及其他同行业经营者的合法权益”,因此即使内容不针对原告,仍构成虚假宣传。

在压缩软件案[②]中,原被告均为压缩软件开发运营者,被告使用了“压缩首选利器,永久免费”“压缩效果比同类解压软件高出10%—30%”“市场占有率第一”“中国用户量最大的免费压缩软件”等表述进行宣传。相似地,在高尔夫俱乐部

---

① 参见北京知识产权法院(2021)京73民终1336号。

② 参见北京知识产权法院(2021)京73民终971号。

案①中，原被告均为高尔夫相关网站和服务提供者，被告使用了“2003 年，已拥有中国最大的高尔夫会员俱乐部”“延续了中国年度订场量的最高纪录”等进行了宣传。

一审法院在两案中均采取了“受损可能性”裁判标准。一审法院认为，对于可能导致不特定经营者受损的虚假宣传行为，“只要被诉不正当竞争行为是特定的、具体的，且被诉行为具有‘损人利己的可能性’，该行为即具有损害其他经营者利益的可能性，经营者会基于这一行为而获得现实或潜在的经营利益”，则任何可能受损害的不特定经营者原则上都可以主张权利。

北知院在两案二审中均维持了一审法院判决，并在高尔夫俱乐部案中指出，被告实施了涉案虚假宣传行为，“不正当地获得了竞争优势，同时减损了同行业者的竞争优势。其虚假宣传行为造成的后果，应包括其通过虚假宣传扩大自身正面影响的同时，对同行业者造成了相应的负面影响，在获得更多交易机会的同时，因损害了公平竞争的市场秩序而造成同行业者的相应的经济损失”。并进一步说明虽然被告行为并没有专门针对原告，但是原告“系经营高尔夫相关活动的同行业者之一，其所承受的不良影响和经济损失属于三上诉人实施虚假宣传行为造成的同行业所有经营者所承受的后果的其中之一”，因此被告仍应承担损失赔偿责任。

在某二手车案②中，被告车好多旧车经纪公司运营该二手车平台，使用“成交量遥遥领先”“某二手车直卖网目前已成长为中国最大的二手车直卖平台”等宣传语进行商业宣传，人人车公司作为同行业的二手车交易平台经营者，起诉其虚假宣传。北知院二审认为，虽然车好多旧车经纪公司实施的虚假宣传行为并非专门针对人人车公司，但基于人人车公司在同行业排名中处于较为稳定的、位居前列的地位，其必然是车好多旧车经纪公司不正当竞争行为的受侵害者，并会因此遭受经济损失。

上述案例的事实相似点和特征在于被告在商业宣传中均使用了类似“国家级”“最高级”“最佳”等表述。根据 2016 年北京市高级人民法院出台的《关于涉及网络知识产权案件的审理指南》的第 36 条第 2 项的规定，被告通过信息网络，“在宣传自身及其相关产品或者服务时，使用‘国家级’、‘最高级’、‘最佳’等用

① 参见北京知识产权法院（2020）京 73 民终 2186 号。
② 参见北京知识产权法院（2020）京 73 民终 302 号。

语”，足以造成相关公众误解的，可以认定为《反不正当竞争法》规定的引人误解的虚假宣传行为。因此，笔者认为北知院在类案中的认定和裁判思路一定程度上是参考和遵照上述审理指南的结果。

下述未涉及“最高级”表述的虚假宣传案例，一定程度上更能体现北知院对于此类泛主体虚假宣传之诉的裁判标准和倾向。

在下述案例中，被告的宣传内容并未针对原告，但北知院均未要求原告证明直接损害，而认定被告的宣传行为构成虚假的、引人误解的商业宣传，并根据具体事实酌定了经济损失赔偿。

在教育培训案①中，原被告均为教育培训行业经营者，被告公司在其网站进行的宣传中，部分商业内容与其实际经营的情况不符，师资情况、学校规模、历史业绩、获得荣誉情况等相互矛盾，部分内容过于夸张。

一审法院认为，“反不正当竞争法制止虚假宣传的目的，系为维护公平的市场竞争秩序，保护其他经营者和消费者的合法利益，禁止具有直接竞争关系的经营者之间，以不正当方式获取竞争优势，并不以被侵权人是否产生直接损害为起诉依据。”被告针对上述考研行业的核心要素和卖点进行虚假宣传，“进而取得竞争优势，可能造成对启航学校商业机会的直接损害”，故启航学校有权要求被告公司停止上述不正当竞争的行为。北知院二审维持了一审判决，认为原被告存在直接竞争关系，被告的虚假宣传行为“会削弱作为同业经营者的启航学校的竞争优势，启航学校会因此受到直接或间接的损害”，故启航学校有权就该虚假宣传行为提起诉讼。

在摄像头案②中，原被告为销售摄像头器材的同业竞争者，被告威巨特公司在其公司网站及三家网站上发布信息中宣称，其产品系“韩国 VET”及简介中的“荷兰 VET”、“我公司是韩国 VET 系列视频监控系统及门禁系统产品的授权总代理商”等。

一审法院认为，被告宣传不符合客观事实，通过这种宣传方式抬高了己方的企业形象和产品影响力，进而“获得了不正当的竞争优势，致使相关领域的消费者对其宣传销售商品的生产者方面产生误解，进而造成同行业其他经营者在相关市

① 参见北京知识产权法院（2019）京 73 民终 3643 号。

② 参见北京知识产权法院（2019）京 73 民终 251 号。

场上公平、平等的竞争机会受到了损害”,故被告发布上述宣传内容已构成虚假宣传行为。北知院二审维持了一审判决,认为由于双方同为存在市场竞争关系的经营者,“涉案虚假宣传行为导致同行业竞争者丧失了公平的竞争机会,其利益一定程度上会受到损害,产生了损害与被损害的关系,在侵权人、侵权行为和损害后果是特定、具体的情况下,威巨特公司应当就其行为承担一定的赔偿责任”。

2017 年,北知院作出了一个相对特殊的判决。该判决认定虚假宣传行为成立,但以无“直接损害”为由,驳回了原告的经济损失赔偿诉请。

在该企业软件案①中,被告进行了内容不实的商业宣传,内容包括:将原告开发的软件、案例以及擅长从事的内容作为自己的成果;将原告的客户列为自己的合作伙伴;成立时间短但宣传为“国内最早一批进行企业移动信息化建设的团队”,有“移动信息化服务 3 年以上经验”,“企业信息化服务 10 年以上行业经验”等。

就宣传内容而言,该案不完全属于泛主体提出的虚假宣传之诉,因为被告在部分商业宣传内容中援引了原告的案例、客户等,存在与原告有关联的商业宣传内容,有一定的指向性。特殊之处在于,北知院在二审中,支持了一审认定构成虚假宣传的定性,但改判被告不向原告承担经济损失赔偿责任。

北知院认为:“只有某一特定经营者有充分的证据证明涉案虚假宣传行为对其合法利益造成了直接损害的情况下,从事虚假宣传的经营者才需要对该特定经营者承担赔偿经济损失民事责任;如果该特定经营者不能提交相应证据证明涉案虚假宣传行为对其合法利益造成了直接损害,即使涉案虚假宣传行为确实成立,从事虚假宣传的经营者也不应对该特定经营者承担赔偿经济损失的民事责任。”

由上述案例可知,在虚假宣传的认定上北知院采取了较为有利于原告的证明标准,相对减轻了原告对“直接损害”的证明责任。在存在同业竞争关系且商业宣传内容虚假、引人误解的情况下,原告存在“受损可能性”,客观推定其因虚假宣传行为受到了损害,进而构成虚假宣传行为。

北知院企业软件案的认定和思路,一定程度上与新反法司法解释存在一致性,即将赔偿责任“损失”的证明与构成要件“损害”的证明剥离,要求虚假宣传纠纷的原告需要证明有直接的经济损失,方可获得赔偿,以平衡《反不正当竞争法》

---

① 参见北京知识产权法院(2016)京 73 民终 846 号。

保护竞争的立法目标和避免滥诉滥赔浪费司法资源的实务需求。

（二）广州知识产权法院：不深入损害要件，强调构成虚假宣传行为关键是导致相关公众的误解这一要件

广州知识产权法院（以下简称广知院）审理的泛主体虚假宣传纠纷数量较少，就现有案例来看，广知院并未过多深入“直接损害”要件，而是强调了虚假宣传行为认定的关键要件是“是否引人误解”。对于不导致误导公众结果的宣传行为，即使内容与事实不符，也不成立虚假宣传行为。

在玻璃球帐篷案①中，被告未经许可，在阿里巴巴国际网站、微信朋友圈、微信聊天记录中擅自使用原告的成功案例和照片。广知院在二审中指出，是否引人误解，是判定被诉行为是否构成虚假宣传的关键。引人误解是指商业宣传的内容足以使一般相关公众对于被宣传的产品产生错误认识，进而影响其购买的选择。虽然被告使用了非自身业绩的照片，但仅是在介绍产品时使用了涉案图片，并非作为其工程案例进行宣传，这种使用方式难以影响到购买者的购买选择，从而不构成虚假宣传。

在蓝品盾案②中，被告使用源于原告的产品进行的装饰工程竣工实景图和广州办公室和北京办事处的办公室实景图进行商业宣传。广知院二审认为，被告发布的涉案图片内容与客观事实不符，但被告使用相应的图片时并非作为其工程案例进行宣传，相应的图片也不具有商品识别来源的功能，单凭涉案宣传内容不足以使相关公众对蓝品盾公司的产品质量、性能或者生产者等产生误解，加上原告亦未能举证证明因上述宣传行为使其受到了直接损害，因此不构成虚假宣传。

严格来说，就宣传内容而言，上述两个案件并不完全属于泛主体提出的虚假宣传之诉。被告在商业宣传中盗用原告的业绩、案例、物料等，宣传内容与原告存在关联。但基于有限案例，我们仍可了解广知院对虚假宣传纠纷的裁判思路。

广知院的认定标准强调了商业宣传的误导性，将审查重点放到“虚假或引人误解”构成要件的判定中。在商业宣传足以引人误解的情况下，广知院倾向于认定存在损害，构成虚假宣传行为。笔者认为，广知院的裁判思路与北知院较为相似，北知院对于损害推定的思路也是建立在商业宣传行为“足以引人误解”之上，

---

① 参见广州知识产权法院（2020）粤73民终4187号。

② 参见广州知识产权法院（2019）粤73民终3553号。

进而推定有损于竞争秩序或消费者利益，构成虚假宣传行为。

此裁判思路合理之处在于“引人误解”不仅是一个行为要件，也包含了损害结果的发生，即虚假宣传行为产生了误导、欺骗消费者的效果，这必然导致的就是消费者利益、社会公益的损害。

广知院强调引人误解要件的裁判思路，衍生问题是，如果商业宣传内容虚假，是否足以认定其引人误解？当然，作为一个可展开探讨的独立问题，暂不在本文详作讨论。

（三）上海知识产权法院：证明责任重，原告需证明虚假宣传行为对其造成直接损害

整体上，上海知识产权法院（以下简称上知院）对虚假宣传的总体认定较为严格。该院认为，直接损害是虚假宣传行为的构成要件，原告无法证明虚假宣传行为对其造成直接损害时，即使原被告存在竞争关系、被告商业宣传内容存在虚假、可能造成误导性后果，也不构成可受《反不正当竞争法》救济的虚假宣传。

1. 泛主体虚假宣传纠纷中，商业宣传内容对原告不具有针对性，原告无直接损害，不构成虚假宣传

在薪得付案①中，原被告均为从事人力资源管理服务行业的公司，被告佩琪公司作出了多项不实的商业宣传，内容主要是虚构合作伙伴、典型案例和服务业绩。

一审法院认为上述宣传内容确有虚假和误导性，可能会引起相关公众对于佩琪公司经营能力的误解，“但薪得付公司尚需证明因此遭受损害，不能简单地以相关公众可能产生与薪得付公司无关的误导性后果而代替其对自身受到损害的证明责任”。一审审理中，薪得付公司虽称受佩琪公司涉案宣传影响而流失多位客户，丧失了交易机会，但经一审法院释明，就其因佩琪公司涉案宣传遭受损害一节未能提供证据证实，应承担举证不利的法律后果，一审法院最终认定不构成虚假宣传。上知院二审维持了一审判决，分别评述了虚假宣传内容对原告不具有针对性，原告并未因为三项虚假宣传内容受到实际损害，因此被告不构成虚假宣传。

在电磁案②中，原告新益公司与被告益麦公司存在同业竞争关系，被告一共被诉四项虚假宣传内容，包括虚构注册资本、进驻南通滨海新区，虚构北京分公司、

---

① 参见上海知识产权法院（2019）沪73民终79号。

② 参见上海知识产权法院（2017）沪73民终330号。

西安分公司、成都分公司、深圳分公司，在网站中虚构与其有交易或者合作关系的客户等。

一审法院认为，“益麦公司这种虚假、不真实的宣传，可能会使相关公众对益麦公司的规模、技术水准造成误认，但是无论相关公众是否会产生混淆或者误认，新益公司并未举证证明益麦公司的上述宣传行为使新益公司自身受到了直接损害，即使益麦公司的上述宣传行为可能违反相关管理规定，可以由有关行政主管部门处理，但并不能得出新益公司遭受了直接损害的结论”。上知院在二审中维持了一审判决，进一步明确了“只有当提起泛主体不正当竞争纠纷之诉的被侵权人同时举证证明其合法权益因被控虚假宣传行为已遭受直接损害时，其才有权要求被控侵权行为实施者对其承担相应的民事责任”，并且“对同业者造成直接损害”是被控虚假宣传构成与否的认定基本条件之一。

在 ABC 案①中，被告的不实商业宣传包括虚设 VIPABC 的成立时间、用含糊的语言宣传 DCGS 专利、没有依据地宣传师资力量和客户数量、没有提供推荐文件却宣传受多所知名大学的推荐等。

一审法院认为被告行为不构成虚假宣传，指出依据《反不正当竞争法》的相关规定主张因其他经营者实施了不正当竞争行为而遭受损失的经营者，“应当是与该被诉经营者存在直接的竞争关系的经营者”，由于原被告仅有间接竞争关系，不受《反不正当竞争法》调整。并且，“涉案宣传行为已具有虚假的成分，超出了广告宣传允许适当美化、夸大的度，但仍属于明显夸张、自吹自擂的范围，不会造成相关公众误解”，更不会直接造成原告经济损失，因此一审法院认定不构成虚假宣传。上知院在二审中维持了一审判决，再次强调了原告并未举证证明相关虚假宣传给其造成了直接的损害，其并不能以宣传内容可能对相关公众造成误导性后果来替代对自身受到损害的证明责任。

在房金所案②中，原告房金所公司与被告新居公司均从事融资牵线服务，被告在对外宣传中使用了“系出名门”“强力联合背书，顶级阵容联袂推出”“国内首家互联网房地产金融平台”“联手打造”“房金所控股股东为境外上市的著名企业”等。

---

① 参见上海知识产权法院（2017）沪 73 民终 201 号。

② 参见上海知识产权法院（2016）沪 73 民终 107 号。

上知院在二审中认为，虽然被告宣传内容确有不当之处，可能造成相关公众对被告股东身份的混淆或者误认，但原告并未举证证明被告上述宣传行为包括上述误导性后果使原告自身受到了直接损害，不能简单地以相关公众可能产生上述与原告无关的误导性后果而代替原告房金所公司对自身受到损害的证明责任。

此案的事实情况与黄金假日诉某在线票务服务公司机票预订不正当竞争案较为相似，差异在于后者中最高人民法院并未以不满足损害要件认定不构成虚假宣传，而是以宣传内容并非虚假或引人误解认定虚假宣传行为不成立。

与上述案例的裁判思路类似、从严认定不构成虚假宣传的上知院终审案例，还包括南翔馒头案①、布线案②、吸氢机案③、土豆网案④等，不再一一赘述。

2. 非泛主体虚假宣传纠纷，被告宣传内容与原告存在关联，但原告无直接损害，不构成虚假宣传

即使在被告宣传内容对原告的指向性较为明显的情况下，也存在由于不具有直接损害而被判不构成虚假宣传的案例。

在豪大大鸡排案⑤中，原被告均为经营鸡排店的公司，原告龙旗公司将其商标、经营模式、资源等授权被告豪爽公司进行合作经营。而后，被告在其被诉网站、商品外包装袋、促销传单等进行了不实的商业宣传，使用了原告商标，并将其法定代表人介绍为“首先引进并改良了台湾豪大大鸡排”“全球第一片大鸡排缔造者”等。

就宣传内容而言，该案不完全属于泛主体提出的虚假宣传之诉。原被告曾有合作经营关系，后被告冒用原告的品牌和经营资历进行宣传，内容与原告有较大关联，且侵犯了原告的商标权，指向性较为明显。但是，法院仍以不具有直接损害为由，认定不构成虚假宣传；即使该行为需要予以制止，也应由行政手段救济，不属于《反不正当竞争法》救济范围。

一审法院认为，虽然原被告的“经营内容显然存在彼此替代的直接竞争关系”，相关商业宣传“内容确有背离事实之处，可能对相关公众产生误导。但因龙

① 参见上海知识产权法院（2021）沪73民终444号。
② 参见上海知识产权法院（2019）沪73民终311号。
③ 参见上海知识产权法院（2019）沪73民终133号。
④ 参见上海知识产权法院（2017）沪73民终219号。
⑤ 参见上海知识产权法院（2018）沪73民终404号。

旗公司并未举证证明上述宣传内容对其造成了直接的竞争损害,故不可以误导后果的可能产生,替代自身受到直接损害的证明责任"。鉴于缺乏直接损害后果这一要件,无法认定被告的宣传对原告构成了虚假宣传。并且,"倘若豪爽公司所发布的不实信息确已扰乱市场秩序,则可由行政执法机关依法处置",不应由《反不正当竞争法》进行救济。上知院最终维持了一审判决,但并未对其中的虚假宣传部分进行审理。

3. 泛主体虚假宣传纠纷,构成虚假宣传,但类案较少

在上知院终审的虚假宣传纠纷中,也存在与上述案例完全不同的倾向和认定。但多为孤例,其裁判思路未被广泛参照适用。

在欢乐颂案①中,上知院认为虚假宣传的构成要件应为:一是主观上存在与其他竞争者进行不正当竞争的故意;二是客观上对商品或者服务的相关信息做了内容虚假或者引人误解的宣传;三是效果上宣传行为造成了欺骗、误导消费者的后果或者可能性。

在食用菌案②和百花案③中,从内容指向性上,被告的商业宣传均未针对原告,与原告关联性不大。一审均认为宣传内容为虚假表述,构成虚假宣传,二审予以维持。

但是,三案中:欢乐颂案上知院并未真正论述损害要件,而是认定涉案宣传内容基本符合客观情况,因而不属于虚假或引人误解的信息,不构成虚假宣传行为。食用菌案和百花案均是一审法院认定构成虚假宣传行为,上知院无论述分析。并且,百花案为2016年作出判决,同年的房金所案与其裁判标准差异较大,而上海业内律师指出,房金所案在2016年至2018年是上海法院重要的类案指导④,说明百花案未被普遍参照适用。

由此可知,上知院在虚假宣传案件中,多数均从严把握了"直接损害"构成要件,原告需证明相关虚假宣传行为对其自身造成了直接的实际损害,或该实际损

① 参见上海知识产权法院(2018)沪73民终284号。

② 参见上海知识产权法院(2018)沪73民终115号。

③ 参见上海知识产权法院(2015)沪知民终字第643号。

④ 参见丁华:《虚假宣传不正当竞争民事诉讼中"给经营者造成直接损害"的证明问题探析》,载微信公众号"锦天城律师事务所"2019年11月14日,https://mp.weixin.qq.com/s/YypThjPw3RYbHUyhl48WHg。

害的发生具有高度盖然性的情况下,上知院才认为成立应由《反不正当竞争法》进行救济的虚假宣传。

上知院的裁判标准大大加重了原告在虚假宣传纠纷中的举证责任,且在商业宣传虚假且误导相关公众时,若并非针对特定对象并造成直接损害,也不对其予以制止,这显然有悖于《反不正当竞争法》所着重保护之法益——公平竞争秩序、消费者利益。标准稍显严苛。

三、最高人民法院的修正、上知院的再审

带着三地知识产权法院的裁判标准分歧,让我们再回顾 2009 年最高人民法院在黄金假日诉某在线票务服务公司机票预订不正当竞争案中提出"直接损害"要件的背景。

被告无机票销售代理业务资质,只是提供机票信息的中介,在其网站上宣传"电子客票服务供应商"、从事"机票直客预订销售""预订机票""可在…43 个出票城市随时随地轻松预订机票"等,并且因为违规从事机票销售代理业务曾受到过原上海市工商行政管理局的处罚。

原告黄金假日公司是有机票销售代理业务资质的经营者,以被告公司虚假宣传起诉至河北省高级人民法院,河北省高级人民法院一审判决驳回原告黄金假日公司的全部诉请,认为本案中的某在线票务服务公司不构成虚假宣传行为。

最高人民法院在二审判决中,首次提出了虚假宣传行为的三构成要件,《反不正当竞争法》第九条第一款规定的引人误解的虚假宣传行为,也并非都是经营者可以主张民事权利的行为,也应当符合经营者之间具有竞争关系、有关宣传内容足以造成相关公众误解、对经营者造成了直接损害这三个基本条件。最高人民法院认为原告黄金假日公司并未举证证明被告公司的有关行为使自身受到了直接的损害,不能简单地以相关公众可能产生与原告无关的误导性后果而代替原告对自身受到损害的证明责任。

不可忽略的是,最高人民法院的前文完整表述:假设有关行为构成违反行政许可法律、法规的非法经营行为,也并不必然同时构成不正当竞争行为并需要承担民事责任。也就是说,非法经营并不当然等于民事侵权,民事诉讼原告不能仅以被告存在非法经营行为来代替对民事侵权行为的证明责任。无论经营者是否

属于违反有关行政许可法律、法规而从事非法经营行为，只有因该经营者的行为同时违反反不正当竞争法的规定，并给其他经营者的合法权益造成损害时，其他经营者才有权提起民事诉讼，才涉及该经营者应否承担不正当竞争的民事责任问题。

笔者认为，最高人民法院在该案中提出"直接损害"要件，在早期不正当竞争实践中，是为避免虚假宣传规制范围被无限扩大，导致竞争者的非法经营行为均可被诉虚假宣传，失去《反不正当竞争法》保护之要义。

更重要的是，在该案中，最高人民法院并未真正适用上述第三点"直接损害"要件来评价案件事实，而是基于被告某在线票务服务公司的行为不满足"有关宣传内容足以造成相关公众误解"这一要件，就已经得出不构成虚假宣传、驳回原告诉请的结论。最高人民法院认为，被告公司的宣传内容是对实际经营情况和业绩的客观表述，并非虚构，也不足以造成相关公众的误解，故不构成引人误解的虚假宣传行为。因此，结合判决从全文来看，最高人民法院的裁判思路仍是立足于被告的虚假宣传内容并非虚假、不足以造成相关公众误解，进而认定不构成虚假宣传。广知院的思路与此较为相似。

这一案之后，最高人民法院也通过案例对其提出的虚假宣传要件进行了释明和修正。在某饮料企业诉加多宝案①中，最高人民法院明确了从反不正当竞争法规制虚假宣传的目的来看，其并不以被侵权人的直接损害为要件判断虚假宣传行为是否成立，指出《反不正当竞争法》规制的虚假宣传行为立足点在于引人误解的虚假宣传，如果对商品或者服务的宣传并不会使相关公众产生误解，则不是《反不正当竞争法》上规制的虚假宣传行为。

与此修正类似，2020年上海高级人民法院裁定指令上海知识产权法院再审前文提到的薪得付案②，撤销了原二审判决。上知院于2022年7月作出了再审判决③，认定被告在网站上对于自己提供的人力资源服务确实做了不真实的宣传介绍，会导致相关公众的误解，使处于同一行业的经营者在面对客户选择、市场竞争时处于劣势，直接损害了同行业的其他经营者的利益，无论佩琪公司在宣传中有

① 参见最高人民法院(2015)民申字第2802号。
② 参见上海市高级人民法院(2020)沪民申139号。
③ 参见上海知识产权法院(2020)沪73民再1号。

没有提及或者暗示薪得付公司的存在,薪得付公司作为同业经营者中的一员,也属于这种泛主体不正当竞争行为的受害者。鉴于此,上知院最终改判被告构成虚假宣传行为,并将直接损害要件的裁判标准修正为:"根据反不正当竞争法的相关规定,对于虚假宣传行为的规制重点在于阻止虚假陈述,法院不宜对直接损害的针对性作出过于严苛的限制。"

四、待验证的结论

综上可见,经过多年司法实践分歧后,结合最高人民法院案例以及新反法司法解释,笔者认为,目前对于直接损害是否为虚假宣传之构成要件有了较为明确的思路和裁判标准:首先,对原告的直接损害并非虚假宣传行为成立的构成要件,虚假宣传行为成立的核心仍在于虚假、引人误解的商业宣传行为;其次,直接损害应当是原告主张虚假宣传行为的损失赔偿的必要条件,原告应当证明其因虚假宣传行为受到直接损害,方可要求被告承担赔偿经济损失的民事责任;最后,若原告能够证明其受到损害,但被侵权所受到的实际损失、侵权人因侵权所获得的利益难以确定的,法院仍可根据侵权行为的情节酌定 500 万元以下的赔偿。

基于上知院再审改判的薪得付案判决于 2022 年 7 月作出,新反法司法解释也于 2022 年 3 月方才正式施行,司法实践对于虚假宣传行为成立和经济损失赔偿责任承担的构成要件的裁判标准和倾向,仍有待后续实务案件进一步明确和验证。

(葛蓝忆对本文亦有贡献)

人工智能企业知识产权管理实践探讨

王红燕* 陈 茜

* 作者简介：
王红燕，中伦律师事务所杭州办公室知识产权部合伙人，电邮为：gracewang@ zhonglun. com。

相关统计显示,目前人工智能产业正从发展期向成熟期过渡,步入了稳步增长阶段。2022 年人工智能核心产业规模预计达到 2476 亿元,带动相关产业规模 9396 亿元,到 2026 年预计核心产业规模将超过 6000 亿元。其中,核心产品包括计算机视觉、智能语音、对话式 AI、机器学习(含自动驾驶)、知识图谱、自然语言处理、AI 芯片等。人工智能产业的发展,也打开了新一轮的城市和区域竞争变局。中国新一代人工智能发展战略研究院 2018—2021 年针对区域人工智能科技产业竞争力评价指数的追踪研究表明,2021 年长三角总评分首次超过京津冀位列第一。[①] 人工智能企业主要集中在应用层,京津冀以及长三角地区基础层、技术层企业占比高于珠三角及川渝地区。

知识产权是重要的无形资产。智力资本商业银行公司 OCEAN TOMO 调查显示:1975 年标准普尔 500 企业的市值组成中,83%是有形资产(工厂、机器、房产等),而到了 2015 年,企业市值的 84%已由无形资产决定,主要是知识产权。[②] 在人工智能被认为是未来国际竞争制高点的格局下,人工智能企业作为创新主体,必须提高知识产权的管理水平,才有可能保证企业的竞争力和可持续发展。下面笔者将从人工智能企业知识产权管理策略和重点、人工智能企业知识产权管理制度、人工智能企业知识产权保护及风险管理三个方面展开讨论。

一、人工智能企业知识产权管理策略和重点

企业要做好知识产权管理,首先要明确知识产权管理的目标,而就这一点来说,人工智能企业与其他产业并无不同,其根本目标都是在与企业的总体经营目标相匹配的前提下,提升企业的商业竞争力。在知识产权管理目标确定后,就需要进一步制定知识产权管理策略,明确知识产权管理重点。

通常来说,在制定知识产权管理策略时,需要考虑企业的主营业务类型、企业规模、市场地位、财务预算等多种因素,并且在不同发展阶段,适时调整策略以适应企业的发展。例如,初创型人工智能企业应该更关注核心知识产权尤其是对占据细分市场具有强竞争力的自主创新技术的保护,而且相比于知识产权的数量和

---

① 参见《2021 年中国人工智能产业研究报告(Ⅳ)》,载艾瑞咨询网 2022 年 1 月 21 日,https://www.iresearch.com.cn/search? type=1&keyword=2021 年中国人工智能产业研究报告。

② 参见《企业知识产权保护指南》,载国家知识产权局网,https://www.cnipa.gov.cn/art/2022/4/22/art_2431_174919.html。

广泛布局，更需要关注知识产权的质量。此外，在知识产权保护区域的选择上要优先选择法律制度健全且产品销量较大的主要市场，在有限的财务预算内做到最优的资源配置。

随着技术的发展，知识产权保护对象的外延也在不断扩展，包括了专利、商业秘密、版权、商标、域名、数据等类型，不同类型的知识产权具有不同的特点。例如：专利权是国家依法在一定时期内授予专利权人或者其权利继受者独占使用其发明创造的权利。专利权保护范围较广，可保护产品（包括形状、构造或其结合）、方法或者其改进有关的新技术方案，但授权需要经过国家知识产权局审查，且需满足新颖性、创造性和实用性等法定要求，流程较为复杂。商业秘密是指不为公众所知悉，具有商业价值并经权利人采取相应保密措施的技术信息、经营信息等商业信息。商业秘密无保护期限限制，但不是绝对垄断的权利，权利证明和侵权取证难度都较大。软件著作权保护计算机程序及其有关文档。该权利自作品完成之日起即自动享有，但保护不延及开发软件所用的思想、处理过程、操作方法或者数学概念等。企业在进行知识产权管理时应熟悉不同类别知识产权的特点，并据此把握知识产权管理的侧重方向。人工智能企业发展的关键要素包括算法、数据、算力，因此，在知识产权管理方向上，不同于传统行业，人工智能企业将更侧重于人工智能算法、芯片的商业秘密和专利保护，计算机软件的著作权保护，数据合规和安全等方面的知识产权管理。

二、人工智能企业知识产权管理制度

从国家层面来讲，知识产权法律制度的主要目的是在保护公众利益的同时，最大限度地激励人们进行发明创造、智力创作或者合法经营。落实到企业层面，企业的知识产权制度同样要起到激励创新的作用，因此，创新激励制度是人工智能企业必不可少的知识产权管理制度之一，包括专利奖励制度、标准参与及制定奖励制度、创新项目申报奖励制度等。

人工智能企业的创新源泉通常来自技术人员，但不同于20世纪八九十年代。目前技术人员的流动性和跳槽频率明显提高，导致职务发明纠纷频发，这一点可以在科创板上市企业的问询中体现。自2019年6月13日科创板开板以来，核心技术人员在拟上市企业中所研发形成的核心专利是否与原单位或者高校存在权属争议,一直是上市审核委员会重点关注问题。例如,人工智能企业虹软科技股份有限公司,在上市申报过程中被上市审核委员会要求回复问题11:关于知识产权请发行人:……(2)说明实际控制人、董事、高级管理人员、核心技术人员是否存在违反与曾任职单位之间的竞业禁止协议或保密协议的情况……(5)D某与Z某发明专利数占公司所有发明专利比例高于10%,两人已于2005年从公司离职,以上两人离职的原因,是否与发行人在专利权属方面存在纠纷。由此可见,职务发明管理制度同样是人工智能企业必不可少的知识产权管理制度之一。

无论是初创型企业还是大型企业,在具体到知识产权保护的操作层面时,都需要制定相应的知识产权保护评审制度,对内部的软件、硬件技术进行筛选和识别,判断哪些技术需要保护,选择什么手段进行保护,保护的级别是什么,等等。例如,可制定专利保护评审制度。通过设立由发明人、技术专家、专利工程师、市场人员等组成的专利评审委员会,定期对技术交底书进行评审,评审维度可包括技术先进性、市场应用范围、可专利性等,由此得出技术交底书中的内容是否适合申请专利、选择哪种专利申请类别(发明、实用新型、外观设计)、专利的等级是什么(核心、外围、预研)、专利申请的地域选择等结论,从而保证申请的专利真的有价值。同时,如能配合较高的专利撰写水平,则更能保证有较高的专利质量,能够切实保护到企业的技术,也能构建技术壁垒。

在落实知识产权管理的过程中,始终离不开人的意识和行为,只有在企业内部培养和构建知识产权保护意识,形成良好的知识产权保护文化和氛围,才能更好地推进工作。因此,必须建立完善的知识产权培训制度,对不同部门不同层级的企业人员进行分类和分级培训。例如,分类培训可以包括:(1)对知识产权内部团队进行相关法律法规、经典案例、专利挖掘、检索分析、布局等方面的培训,提升知识产权管理人员的专业能力和水平;(2)对市场销售团队就商务拓展中的专利风险、侵权取证保全、专利资产的运用等方面进行培训;(3)对人力资源团队就入职离职调查制度、奖励考核制度等方面进行培训。分级培训可以包括:(1)与企业高层管理者就企业所处的竞争环境、企业所面临的知识产权风险、挑战和机遇等方面进行讨论和规划;(2)与企业中层管理者进行沟通使其与高层管理者达成共识,并制定细化的实施方案;(3)对企业基层员工进行侧重于技术交底书撰写、专利挖掘等具体操作实务方面的培训;(4)对企业新员工进行侧重于知识产权相关制度的培训。

此外，根据企业的不同发展阶段，可逐步完善和细化知识产权管理制度，建立数据合规审查制度、开源软件审核规范、技术进出口审核机制、人工智能伦理安全风险治理等管理规范。

三、人工智能企业知识产权保护和风险管理

如前所述，人工智能企业的知识产权管理更侧重于人工智能算法、芯片的商业秘密和专利保护，计算机软件的著作权保护，数据合规和安全等方面，因篇幅所限，本文将仅针对专利、商业秘密和数据合规三个方面展开讨论。

1. 专利保护和风险管理

首先，根据企业的不同发展阶段，专利保护工作具有不同的目标和重点。在企业起步阶段，通常专利保护工作在合理布局的前提下以专利资产积累为主，工作重点主要在专利挖掘、申请及流程和文档管理等；在企业发展阶段，除继续积累专利资产以外，还需要进一步提高对专利质量的要求，增加风险控制和防范的需求，工作重点将同样增加专利检索与分析，以及专利风险管理等；在企业成熟阶段，将增加对专利资产运营的需求，此时工作重点将增加专利价值评估、维护管理及运营管理等。

其次，企业的专利保护工作需从不同维度展开。(1)专利申请数量方面：应当与同行可比竞争对手相比，具有合理的专利申请数量及授权数量；而科创板拟上市企业还需满足《科创属性评价指引(试行)》4项常规指标之(3)形成主营业务收入的发明专利5项以上。(2)专利保护内容方面：可根据专利评审结果，优先保护核心技术，然后保护与核心技术相关的外围技术，在企业财务及规划允许的情况下，再增加对前瞻性技术、与竞争公司对抗的相关技术的保护；同时，要注意保障核心专利与主要产品、核心技术、主营业务收入的对应关系。(3)专利申请时间方面：在技术开发过程中，应持续做好专利保护工作，确保核心专利的申请时间与核心技术的迭代时间相匹配，并且务必在技术公开之前提交专利申请，避免因市场推广活动或开源共享而导致技术被提前公开最终影响专利的授予。(4)专利申请地域方面：要综合考虑公司的市场规划、拟申请地域的法律和资源环境、竞争对手的布局地域等。(5)专利发明人方面：应尽量避免发明人挂名现象，以防后期产生

法律纠纷。

随着人工智能创新的快速发展,全球人工智能相关专利申请以平均每年 28% 的速度增长,中国人工智能技术专利同样也保持爆发增长态势。截至 2021 年 9 月,中国人工智能领域申请专利共计 909401 件,授权专利 253811 件。[①] 庞大的专利数据背后,也暗藏诸多专利风险,因此,人工智能企业在进行专利风险管理时,必须关注专利侵权风险,结合专利的自由实施(Freedom to Operate,FTO)分析结果评估侵权风险的高低,并配合规避设计、无效请求、现有技术抗辩、先用权抗辩、合法来源抗辩、寻求许可转让等手段进行风险应对。同时,还需关注专利的使用风险,避免合作或委托开发过程中未对使用权和收益权进行约定或约定不明,且尤其关注涉诉专利的使用风险。

2. 商业秘密保护和风险管理

由于目前各国对人工智能专利申请的保护客体适格性判断上有不同的标准,人工智能技术方案容易被认定为"抽象概念""智力活动的规则"而被排除在保护客体之外,并且,人工智能专利因为可视化程度较低,存在举证困难的问题,使得人工智能技术在专利保护和维权上存在一定的难度。在人工智能领域,数据、算法、计算机程序及其有关文档等非公知信息是主要的技术秘密,因此,人工智能企业在做好专利保护和风险管理的同时,尤其需要关注商业秘密的保护和风险管理。

根据《反不正当竞争法》第 9 条第 4 款的规定,商业秘密需要具备秘密性、价值性以及保密性。在商业秘密侵权纠纷案件中,权利人必须先行明确其商业秘密的秘密点,否则将会因为权利范围不清楚而难以获得法律保护。例如,人工智能企业在智能软件的开发过程中通常会在开源代码的基础上开发,若针对开源代码部分并没有修改,则法院会要求在除去开源代码的其余有独创性的代码范围内确定秘密点。在"中国无人驾驶第一案"的百度诉王某侵害商业秘密纠纷案中,百度公司认为王某在百度在职及离职期间的下述行为构成对百度公司商业秘密的侵犯:(1)违反竞业协议,创立与百度有直接竞争关系的公司并挖走部分核心员工;(2)离职时未上交存储有百度商业秘密的物品。但因为百度公司始终无法证明商

① 参见《国家工信安全中心、工信部电子知识产权中心发布〈中国人工智能高价值专利及创新驱动力分析报告〉》,载 IPR DAILY 中文网 2021 年 10 月 15 日,http://www.iprdaily.cn/article_29366.html。

业秘密的存在，也无法证明王某有侵害商业秘密的行为，最终撤回起诉。①

因此，在进行商业秘密管理时，应明确哪些属于商业秘密，依据商业秘密的价值、商业秘密的载体形式等具体情况对商业秘密设定不同的密级、保密期限和保密措施。很多人工智能企业会涉及算法推荐服务，《互联网信息服务算法推荐管理规定》第16条要求算法推荐服务提供者应当以显著方式告知用户其提供算法推荐服务的情况，并以适当方式公示算法推荐服务的基本原理、目的意图和主要运行机制等。人工智能企业在披露算法规则时应注意避免涉商业秘密的细节，可通过示例、流程图等方式告知用户满足合规要求。例如：国内某头部外卖平台在2021年9月首次公开骑手配送中“预估到达时间”的算法规则，其中并未披露技术细节，但对于基本原理（四层算法模型）、目的意图（为骑手提供充裕送餐时间）、运行机制（在模型预估时间的基础上增加三层保护时间）均予以告知。②

实践中，大部分商业秘密侵权纠纷的产生与员工离职有关。在人工智能领域，人才的流动相对于传统行业显得更为频繁，但是公司的技术秘密往往与员工自身的知识和技能交织在一起，有时很难确定两者的界限，商业秘密被披露的风险自然难以避免。因此，除要求员工签署保密协议之外，往往还需通过与员工签署竞业限制协议的方式避免员工离职导致的商业秘密泄露或被不正当使用。

无论是有意泄漏还是无意泄漏，商业秘密信息一旦泄露，就不再是商业秘密，人工智能企业可根据《关于审理侵犯商业秘密民事案件适用法律若干问题的规定》第6条的规定，采取保密措施，包括：(1)签订保密协议或者在合同中约定保密义务；(2)通过章程、培训、规章制度、书面告知等方式，对能够接触、获取商业秘密的员工、前员工、供应商、客户、来访者等提出保密要求；(3)对涉密的厂房、车间等生产经营场所限制来访者或者进行区分管理；(4)以标记、分类、隔离、加密、封存、限制能够接触或者获取的人员范围等方式，对商业秘密及其载体进行区分和管理；(5)对能够接触、获取商业秘密的计算机设备、电子设备、网络设备、存储设备、软件等，采取禁止或者限制使用、访问、存储、复制等措施；(6)要求离职员工登记、

---

① 参见《“中国无人驾驶第一案”尘埃落定，法庭宣判在即、百度撤诉王劲》，载腾讯网2020年2月28日，https://new.qq.com/rain/a/20200228A0BTCP00。

② 陈际红、陈煜烺：《算法推荐新规生效：五大视角厘清算法治理新格局》，载微信公众号“中伦视界”2022年3月1日，https://mp.weixin.qq.com/s/p4mdveA6ZOZTnIlpVZEm1w。

返还、清除、销毁其接触或者获取的商业秘密及其载体,继续承担保密义务等。

3. 数据保护和风险管理

人工智能的实现,与海量的数据基础密不可分,在人工智能技术的运用过程中,通常会涉及数据的收集、存储、处理和使用。

在数据收集环节,收集的数据内容可能包括用户姓名、出生日期、证件号码、电话号码、住址、生物识别信息、邮箱、健康信息等个人信息;收集渠道可能包括从第三方购买、自行收集、网络爬虫等多种方式。《民法典》、《数据安全法》及《个人信息保护法》均规定自然人的个人信息受法律保护;《网络安全法》规定个人信息控制者应当“遵循合法、正当、必要的原则”,并禁止收集“与其提供的服务无关的个人信息”;《刑法》第 253 条之一规定,侵害他人的个人信息不仅要承担民事责任,还可能承担刑事责任。人工智能企业在数据收集环节,需尤其注意合法获取个人信息,在“中国人脸识别第一案”——郭某诉杭州野生动物世界有限公司服务合同纠纷中,二审法院认为:人脸识别信息相比其他生物识别信息而言,呈现敏感度高,采集方式多样、隐蔽和灵活的特性,不当使用将给公民的人身、财产带来不可预测的风险,应当作出更加严格的规制和保护。经营者只有在消费者充分知情同意的前提下方能收集和使用,且须遵循合法、正当、必要原则。杭州野生动物世界有限责任公司在涉指纹识别的“年卡办理流程”中规定“至年卡中心拍照”,郭某亦同意在办卡时拍摄照片,但提供照片仅系为了配合指纹年卡的使用,不应视为其已授权同意杭州野生动物世界有限责任公司将照片用于人脸识别。杭州野生动物世界有限责任公司虽自述其并未将收集的照片激活处理为人脸识别信息,但其欲利用收集的照片扩大信息处理范围,超出事前收集目的,违反了正当性原则。同时,鉴于收集照片与人脸识别利用的特定关系,杭州野生动物世界有限责任公司又以短信通知等方式要求郭某激活人脸识别,表明其存在侵害郭某面部特征信息之人格利益的可能与危险。①

数据存储贯穿于人工智能技术的整个过程,最大的风险在于因系统漏洞而导致数据的泄漏。例如,在北京 T 技术有限公司、北京 T 科技发展有限公司与某网络技术有限公司不正当竞争纠纷案中,二审法院认为,被上诉人某网络技术有限公司经营的新浪微博拥有数亿用户,该公司通过 Open API 向众多第三方应用软

① 参见杭州市中级人民法院(2020)浙 01 民终 10940 号。

件提供接口，在该公司认为没有授予上诉人北京T技术有限公司、北京T科技发展有限公司相应权限的情况下，上诉人北京T技术有限公司、北京T科技发展有限公司已然通过Open API接口获取了相应信息，暴露出被上诉人对于Open API权限控制的漏洞。该公司在Open API接口控制权限的设置、信息通过Open API接口调用的检测以及调用过程的记录等方面存在严重的缺陷。鉴于Open API合作开发模式的巨大潜力以及在互联网大数据时代的积极作用，互联网企业在运用Open API开展合作开发时，不仅应将用户数据信息作为竞争优势加以保护，还应将保护用户数据信息作为企业的社会责任，采取相应的技术措施提升Open API合作模式中相应权限的控制，不断完善Open API合作模式。①

人工智能企业在处理数据相关事项时，应注意遵守合法、正当、必要和最小范围原则，获取权利人的充分授权、不过度收集个人信息，在存储和使用的过程中采取必要措施，确保数据安全，防止泄漏、被窃取、被篡改或丢失，不非法出售或未经授权向他人提供数据。同时尽量对合法获取的数据进行清洁处理，避免侵犯个人隐私。在收集、处理和使用过程中遵守公开处理原则，确保数据主体的知情权和控制权。另外，如果涉及业务确需向境外提供数据，且属于《数据出境安全评估办法》规定的特定情形，应当对数据出境进行安全评估申报和风险自评估。

四、结语

人工智能技术的发展，对国家、经济和社会的进步产生了深远的影响，也引发了许多新的知识产权保护问题，如何合法合规地开发、运用人工智能技术，如何做好人工智能企业的知识产权保护和管理，从基础创新保护到转化运用进行全方面全流程的知识产权体系建设，需要在当前法律法规的引导下，结合实际案例和企业经营状况，不断调整和完善。

① 参见北京知识产权法院(2016)京73民终588号。

信息通信产业专利纠纷中发明构思的实务考量

张　鹏*

* 作者简介：

张鹏，中伦律师事务所南京办公室知识产权部高级顾问，电邮为：zhangpeng@ zhonglun. com。

在笔者作为被上诉人诉讼代理人代理的专利侵权纠纷案以及笔者作为原审第三人诉讼代理人代理的专利行政诉讼纠纷案中，最高人民法院认为："对于发明构思的考量应当结合发明与现有技术的技术领域、希望解决的技术问题和解决该问题采取的技术手段之间存在的相同或者近似因素，解释相关技术方案亦应结合说明书及各权利要求的技术方案进行具体理解，权利要求未涵盖的技术方案对创造性判断不具有实质性影响。"①在本案中，最高人民法院明确了"发明构思"在专利创造性判断中的地位与考虑因素，本文拟以此为切入点，探讨专利纠纷中发明构思的实务考量。

一、发明构思在专利创造性判断中的地位与应用

我国现行专利授权确权法律规则关于发明构思的规定集中在单一性判断方面，并不涉及专利创造性判断。同时，我国专利创造性判断的法律实践将发明构思作为重要考量因素。在创造性判断"三步法"中的区别技术特征的认定、发明实际解决的技术问题的认定以及技术启示的认定中，均需要考虑发明构思。

1. 发明构思在专利创造性判断中的地位

我国现行专利授权确权法律规则关于发明构思的规定集中在单一性判断方面，并不涉及专利创造性判断。《专利法》、《专利法实施细则》以及《专利审查指南》对于发明构思的规定集中在单一性判断方面。《专利法》第 31 条第 1 款规定："一件发明或者实用新型专利申请应当限于一项发明或者实用新型。属于一个总的发明构思的两项以上的发明或者实用新型，可以作为一件申请提出。"《专利法实施细则》第 34 条进一步规定："依照专利法第三十一条第一款规定，可以作为一件专利申请提出的属于一个总的发明构思的两项以上的发明或者实用新型，应当在技术上相互关联，包含一个或者多个相同或者相应的特定技术特征，其中特定技术特征是指每一项发明或者实用新型作为整体，对现有技术作出贡献的技术特征。"《专利审查指南》涉及发明构思的所有规定亦集中在单一性的判断方面。在"单一性"判断的法律实践中，确实将发明构思作为重要判断标准。例如，最高人民法院在讨论分案申请是否可以弥补"整体驳回"的缺陷、从而国家知识产权局执

① 参见最高人民法院知识产权法庭(2020)最高法知行终 307、308 号；参见最高人民法院知识产权法庭(2020)最高法知民终 339、340 号。

行人民法院部分撤销被诉决定的判决是否存在行政程序障碍时①指出,分案申请适用于同一个专利申请包含多个发明构思的情形,用分案申请方式弥补“整体驳回”这一实践做法对专利申请人的不利影响,这种适用方式并非分案申请制度的初衷。

我国专利创造性判断的法律实践将发明构思作为重要考量因素。虽然我国现行法律规则在专利创造性判断中并未涉及发明构思,但是发明构思在法律实践中是非常重要的考量因素,我国司法实践中也有诸多案例体现出发明构思在专利创造性判断中的考量。本文开头引用的判决即体现了这一点。其他可以参考的案例如在一起实用新型专利权无效行政纠纷案②中,上诉人国家知识产权局主张,本专利与证据 1 发明构思相同,根据本专利说明书第 000 段记载的“本实用新型涉及隧道检测技术,特别是一种基于机器视觉的隧道检测装置”、说明书第 000 段记载的“如何快速、准确掌握隧道质量状态,是隧道维护人员当前面临的重要难题。……本专利涉及技术领域是隧道检测技术,其发明目的在于针对现有的获取隧道服役状态主要依赖人工巡道目测的问题,提供基于机器视觉的隧道检测装置,实现隧道内自动检测,提高隧道内部情况巡检效率。本专利针对现有的获取隧道服役状态主要依赖人工巡道目测的问题,提供基于机器视觉的隧道检测装置,发明点在于提供能够实现隧道内自动检测的隧道检测装置,实现隧道内自动检测,提高隧道内部情况巡检效率。并且根据本专利说明书的记载可知,本专利关注点在于隧道质量状态,其检测对象是隧道,检测方法是摄像装置先拍摄隧道内图像,然后传输进行后续处理,生成隧道内全息成像。此外,权利要求 1 保护的是一种隧道高清全息成像装置及其各个组成部件以及各个部件之间的连接关系。基于证据 1 公开的内容可知,证据 1 涉及隧道检测技术,其隧道壁面展开图像获取系统无须依赖人工巡道目测,能够实现隧道内的自动检测,提高隧道内部情况巡检效率。也就是说,证据 1 与本专利的技术领域相同,均能解决现有的获取隧

---

① 参见上诉人伊拉兹马斯大学鹿特丹医学中心、罗杰金登克雷格与被上诉人国家知识产权局发明专利申请驳回复审行政纠纷二审民事判决书,最高人民法院知识产权法庭(2020)最高法知行终 6 号。相关详细讨论参见张鹏:《最高人民法院知识产权法庭发展观察与案例评述》,法律出版社 2020 年版,第 237—262 页。

② 参见国家知识产权局第 37627 号无效宣告请求审查决定书、北京知识产权法院(2019)京 73 行初 149 号以及最高人民法院知识产权法庭(2020)最高法知行终 428 号。

道服役状态主要依赖人工巡道目测的技术问题，均能实现隧道内自动检测，提高隧道内部情况巡检效率。故本专利与证据 1 的发明构思相同”。一审法院认可创造性判断中需要考虑“技术构思”，但是认为技术构思存在不同。换言之，一审法院认为，在通常采用的“三步法”判断创造性过程中，要从发明或实用新型与现有技术的整体技术方案出发，注意避免“事后诸葛亮”，不能因为区别特征属于较为简单的技术手段，而在不考虑两者的技术构思、区别特征在发明或实用新型中的作用及实际解决的技术问题的情况下，片面作出发明或实用新型不具备创造性的认定。尤其是，对于发明或实用新型的发明点，一般不宜在无相应证据的情况下直接认定其为本领域公知常识。最高人民法院直接进行“三步法”判断，认为原审法院认定本专利权利要求 1 所述 360°视场摄像装置与证据 1 中的摄像机的检测对象不同，检测方法及其最终目的亦存在差异，并在此基础上认定权利要求 1 相对于证据 1 具备《专利法》第 22 条第 3 款规定的创造性有误。下面对最高人民法院作出的判决进行大数据检索分析所得的在专利创造性判断中应用发明构思的 36 件案例进行分析。

2. 专利创造性“三步法”判断对发明构思的应用

第一，在“三步法”的区别技术特征认定中需要对发明构思加以考量，如果发明构思在于对各个技术要素的结合，则需要将相互结合的多个技术要素认定为一个区别技术特征。《最高人民法院知识产权案件年度报告（2020）》指出，在上诉人欧瑞康纺织有限及两合公司、国家知识产权局与被上诉人浙江越剑智能装备股份有限公司发明专利权无效行政纠纷案①中，最高人民法院指出，如果发明构思就在于对各个技术要素的结合，且现有技术既没有公开这种结合的教导，也没有公开这种结合所能产生的技术效果，则在确定本专利与最接近现有技术的区别技术特征时，可以将相互结合的多个技术要素视为一个整体，认定为一个区别技术特征。从法律实践来看，将发明构思这一考量因素在专利创造性判断的“三步法”中的各个步骤中加以考虑，是法律实践的主流做法。在该案中，一审法院认为，本专利与证据 1 或证据 2 的区别技术特征仅在于，本专利的第三输送机构为夹紧输送装置，欧瑞康纺织有限及两合公司和国家知识产权局上诉主张，应将不同类型的输

① 参见国家知识产权局第 32984 号无效宣告请求审查决定、北京知识产权法院（2018）京 73 行初 787 号、最高人民法院知识产权法庭（2020）最高法知行终 279 号。

送机构配合使用,即输送机构的整体设置作为一个区别技术特征。对此,最高人民法院认为,根据本专利说明书的记载,本专利相较于证据1的改进和完善在于:将缠绕输送机构与夹紧输送机构这两种不同类型的输送机构进行组合,构成新的丝线输送机构,实现对丝线的高质量变形和处理。具体而言,根据说明书第[0011]段记载的内容,通过将第一输送机构和第二输送机构设置成缠绕输送机构,使丝线在变形和拉伸区中进行引导,并且不损伤地将其引导到后处理区中,再通过夹紧输送装置,使得丝线张力在后处理区能够保持恒定,在卷绕换筒过程中不会导致后处理区内的松弛。由此可见,本专利的发明构思是:通过不同类型的输送机构的组合配置,即将第一输送机构和第二输送机构设置为一个缠绕输送机构,将第三输送机构设置为一个夹紧输送机构,实现"将丝线不损伤地引导到后处理区,并保证丝线张力在后处理区能够保持恒定,在卷绕换筒过程中不松弛"的技术效果。证据1公开了一种假捻变形机,其说明书所公开的第一实施例中三个供料装置均为缠绕输送机构,第二实施例中三个供料装置均为夹紧输送机构,因此,证据1第一、第二实施例中所公开的丝线输送装置均系由单一类型输送机构组合构成,并未给出由不同类型输送机构组合配置而成的供料装置的教导,也没有公开由不同类型输送机构组合配置所能达到的技术效果,因此,在确定本专利与最接近的现有技术的区别技术特征时,应将本专利不同类型输送机构的组合配置作为一个整体予以对待。……本专利相对于证据1的区别技术特征应为:第一输送机构和第二输送机构分别构成为一个缠绕输送机构;而第三输送机构构成为一个夹紧输送机构。……原审法院未从本专利的发明构思出发,忽略了本专利三个输送机构的内在配合联系及其所能带来的技术效果,未能将本专利不同类型输送机构的组合配置作为一个整体予以对待,不当地将每一个输送机构单独作为判断是否构成区别技术特征的基本对象,认定有误,应当予以纠正。欧瑞康纺织有限及两合公司和国家知识产权局的上诉主张成立,最高人民法院予以支持。

第二,在"三步法"的权利要求实际解决的技术问题认定中对发明构思加以考量,从发明构思出发分析权利要求实际解决的技术问题。在一起发明专利权无效行政纠纷案①中,最高人民法院认为,"权利要求1与对比文件1的区别特征在于,

---

① 参见原国家知识产权局专利复审委员会第29689号无效宣告请求审查决定、北京知识产权法院(2017)京73行初652号、最高人民法院知识产权法庭(2020)最高法知行终26号。

本专利权利要求 1 将 2,3,3,3-四氟丙烯进一步与 3,3,3-三氟丙炔形成组合物。本专利的发明构思在于研究制备 HFO-1234yf 时产物组合物中附带含有其他化合物的问题,这些附加化合物以微小的含量比例存在,说明书中没有提供包含 HFO-1234yf 和 3,3,3-三氟丙炔的组合物,没有对其作用和/或效果进行相关研究,仅是一般性地描述了包含 HFO-1234yf 的组合物可用作热传递组合物,此类热传递组合物还可用作循环中的制冷剂等用途。因此,权利要求 1 实际解决的技术问题是提供一种含有 HFO-1234yf 的制冷剂组合物”。

第三,在“三步法”的技术启示判断中对发明构思加以考量,属于不同的发明构思的现有技术不存在结合的技术启示。应对创造性争议的一个有效方式是从发明构思角度理解发明创造性的技术方案,如再现发明构思、根据发明构思重构发明、从发明构思角度拉开发明与现有技术的距离。[①] 在使用“三步法”判断过程中,应当站在本领域技术人员的角度客观地看待发明,不能将发明的技术方案割裂开分别进行比对,而应整体把握发明构思,从发明的背景技术出发,在发明所要解决的技术问题、所采用的技术手段以及所取得的技术效果的基础上,将发明与现有技术的技术方案进行整体比较,从而确定发明和最接近现有技术的发明构思之间是否存在本质差异。若发明的权利要求的技术方案在整体上体现了其发明构思,而现有技术并未就其整体给出相应的技术启示,则该发明的权利要求具备创造性。[②] 在上诉人陈某平与被上诉人国家知识产权局、厦门天福原电子科技有限公司实用新型专利权无效行政纠纷案[③]中,最高人民法院认为,“虽然证据 2 公开了与权利要求 3 的附加技术特征实质相同的技术方案,且该区别技术特征在证据 2 中也起到了与本专利相同的技术功能和效果,但是,判断将其运用于证据 1 的结合对于本领域技术人员来说是否显而易见,仍需考虑现有技术中是否给出将该区别特征应用到该最接近的现有技术中以解决其存在的技术问题的技术启示,这一技术启示的审查也包括对区别技术特征和最接近的现有技术两者在整体技术方案上进行结合的可能性。就专利权利要求 3 的技术特征来看,其明确了支撑

① 参见喻学兵、曾浩:《从发明构思的角度对创造性争议的思考》,载《专利代理》2020 年第 1 期。

② 参见林甦:《在创造性评述中如何整体把握发明构思》,载《中国知识产权报》2017 年 11 月 1 日,第 9 版。

③ 参见原国家知识产权局专利复审委员会第 35214 号无效宣告请求审查决定、北京知识产权法院(2018)京 73 行初 3263 号、最高人民法院知识产权法庭(2020)最高法知行终 437 号。

件穿过弹性件并可在设于阀座孔下部的技术中空圆柱体内上下运动的技术特征，该特征虽被证据2所公开，但证据1的技术方案作为最接近的现有技术，所公开的阀门是向下翻开的挡片，作为结合基础的证据1的技术方案，无法应用证据2所公开的上下运动的支撑件和弹性件。对于权利要求3的附加技术特征来说，证据1和证据2所公开的技术方案属于不同的发明构思，本领域技术人员无法获得将证据2所公开的区别特征、公知常识与证据1相结合的技术启示。据此，被诉决定对于本专利权利要求3、引用权利要求3的权利要求4、9的创造性判断错误”。

3. 发明构思认定与“三步法”创造性判断方法的互补

第一，发明构思是弥补“三步法”创造性判断存在的割裂技术特征联系的缺陷的重要方式。有观点认为，专利创造性判断的“三步法”至多是发明构思判断的一个子集，完全可以被用发明构思判断专利创造性的方法替代。① 多数观点仍然认为，发明构思并非创造性判断的新方法，更不是与“三步法”相互独立甚至对立的判断方法，而是创造性的立法本意及其判断方法的应有之义。② 通常认为，创造性中突出的实质性特点判断所运用的“问题—解决方案”思路中，一般遵循“三步法”：确定最接近的现有技术；确定发明的区别特征和发明实际解决的技术问题；判断要求保护的发明对本领域普通技术人员而言是否显而易见。所谓“三步法”评价缺陷，是指专利审查实践要求审查标准的客观化、具体化，将创造性判断方法描述为三个步骤，特别是第二步以特征对比为手段进而确定发明实际解决的技术问题，由于强调特征的比对和对应，在确定发明区别特征时，容易发生特征割裂现象，因为不合理拆分技术特征，割裂发明和现有技术的整体性，从而在“非显而易见性”的判断中，对于功能上彼此相互支持、存在相互作用关系的技术特征，未能从整体上考虑所述技术特征和它们之间的关系在要求保护的发明中所达到的技术效果，从而得出了偏离创造性实质的错误结论。与之相互弥补的是，发明构思是整体原则的具体体现，将发明作为一个整体来看，用全面理解发明的方法来理解现有技术，重视对权利要求每个技术特征在整个技术方案中所要解决的技术问

① 参见姚建军：《创造性判断的新方法——“发明构思法”——兼评传统“三步法”与“发明构思法”的关系》，载《中国专利与商标》2020年第4期。

② 参见刘丽伟：《从“餐馆服务系统”案看发明构思在创造性判断中的应用》，载《中国专利与商标》2021年第1期。

题以及产生的技术效果在说明书中的明确记载。创造性判断中的发明构思是基于专利文件本身所记载的背景技术、客观完成发明内容所确认的技术改进思路，是依据专利文件本身的记载能够确认的发明对现有技术有所贡献的内容。[①] 例如，在“一种电磁水泵的组合式保持架装置”专利无效纠纷案[②]中，国家知识产权局专利局复审和无效审理部合议组认为，该案为了解决现有技术中存在的上述问题达到保持架安装方便和结构小巧的目的，所采用的技术手段就是将套管与相应的框板一体冲压成型，将框形保持架分为卡接的两部分，装配时，先将电磁线圈套在左套管和右套管上，然后将左 L 形框板的左套管和右 L 形框板的右套管套接在容纳电磁水泵活塞组件的圆柱管的外圆周面上，最后再将左 L 形框板和右 L 形框板卡接成框架结构，形成保持架，从而实现了安装方便和结构小巧的目的。套管与相应的框板一体成型，安装后两套管之间就可以自然形成间隙，而无须像证据 1 中那样需要使用塑料圈来将二者隔开，从而省略了用于将两磁轭圈隔离开来的衬套，进一步减少了零件数量，使安装更加方便。本领域技术人员通过综合分析上述技术问题、技术手段与技术效果之间的关联关系之后不难发现，该案解决上述“安装较麻烦和结构不够小巧”的技术问题的技术思路是将整体的框形保持架拆成两部分并将拆成两部分的框形保持架与其邻近的套圈一体成型，不仅因为省略了衬套而简化了安装过程和结构，也因为结构上的改造而方便了安装。基于该案的上述发明构思可知，套管与框板一体成型和框形保持架分为卡接的两部分属于一个整体的技术构思，两者共同解决了使保持架安装方便结构小巧的技术问题。因此，该案合议组确定的上述全部区别特征对于所要解决的技术问题“安装较麻烦和结构不够小巧”而言是不可分割的。

第二，技术方案发明构思相同或相似的判断标准是技术原理、技术手段相同或相似，解决的技术问题也基本相同。在上诉人湖北中桥科技有限公司与被上诉人国家知识产权局、原审第三人湖北坤能科技有限公司发明专利权无效行政纠纷案[③]中，关于本专利权利要求 1 与对比文件 1 的发明构思，湖北中桥科技有限公司

---

① 参见最高人民法院知识产权法庭(2020)最高法知行终 38 号。

② 参见胡建英、张琪:《创造性判断中对发明构思的整体考量》,载《中国知识产权报》2015 年 11 月 11 日,第 9 版。

③ 参见国家知识产权局第 32474 号无效宣告请求审查决定、北京市知识产权法院(2017)京 73 行初 7180 号和最高人民法院知识产权法庭(2020)最高法知行终 38 号。

（以下简称中桥公司）主张，为解决相同的技术问题如低水灰比下的流动性问题，本专利通过加入方解石粉并限制其含量和粒度来解决，而对比文件 1 通过控制外加剂的组分及其配比来解决，二者采用了不同的技术构思。国家知识产权局认为，组合物发明的技术效果是各组分相互作用整体综合发挥作用的结果，本专利中方解石粉的作用与对比文件 1 中的包括方解石粉在内的矿物填料的作用并无不同，实施例记载的技术效果并不能代表权利要求 1 整体技术方案能够达到的技术效果。湖北坤能科技有限公司认为，方解石粉作为矿物填料加入，其填充作用是已知的，方解石粉与矿物材料配伍，作为矿物填料加入，方解石粉填充到水泥和矿物材料颗粒间的空隙中，使粉体颗粒之间发生紧密堆积效应，混合体系的堆积密实度增大，可填充空隙减少，需水量降低。换言之，在保持混凝土需水量一致的情况下，其流变性能提高，该作用和应用是公知的；对于配方而言，如果两个配方的成分是相同的，那么该成分在配方中所起的作用必然相同。对比文件 1 中组分可以改善灌浆料的流动度，实施例 3 中对应记载了高流动度的技术效果；中桥公司虽然反复强调方解石粉的作用，但是在本专利中无法明确方解石粉的工作机理以及与初始流动度的关联趋势，因此，和对比文件 1 实施例 3 相比，本专利并没有采用新的技术方案、实现新的技术效果、解决新的技术问题。最高人民法院认为，各方对本专利与对比文件 1 实施例 3 属于相同的技术领域、需要解决相同的低水灰比下的流动性的技术问题意见一致，分歧在于方解石粉在本专利权利要求 1 与对比文件 1 实施例 3 中，是否均属于矿物填料加入，方解石粉在对比文件 1 实施例 3 中的功能作用，与本专利中方解石粉的功能作用是否相同。根据现有证据，独立评价方解石粉及其粒径选择，无法区分方解石粉在对比文件 1 实施例 3 中所起的作用，与方解石粉在本专利权利要求 1 中所起的作用之间是否具有实质差别。中桥公司关于发明构思不同的上诉理由不能成立，对其关于本专利与对比文件发明构思不同故本专利具有创造性的上诉主张不予支持。

第三，在公知常识认定中中对发明构思加以考量，具备创造性的关键在于其解决技术问题的技术手段是否容易想到。在上诉人托马斯 · F. 小奎恩与被上诉人国家知识产权局发明专利申请驳回复审行政纠纷案①中，关于对比文件 1 是否

① 参见原国家知识产权局专利复审委员会第 109156 号复审决定、北京知识产权法院（2016）京 73 行初 5956、最高人民法院知识产权法庭（2020）最高法知行终 16 号。

公开技术特征(9)向翻译合作方发送所述命令表格信息中的至少一些,托马斯·F.小奎恩主张,对比文件1没有公开技术特征(9);国家知识产权局辩称,命令表格信息属于本领域公知常识,对比文件1说明书第[0071]段公开的“表单”即是命令表格信息。最高人民法院认为:“本申请和对比文件1的发明构思相同,本申请是否具备创造性的关键在于其解决技术问题的技术手段是否容易想到。为了便于对包括指定多个数据项的信息的提交命令信息的管理及存储、修改、发送等操作,以表格的方式来对提交命令信息进行组织是本领域技术人员容易想到的,因此,发送命令表格信息属于本领域公知常识。”

二、发明构思在专利侵权比对中的地位与应用

我国现行专利侵权法律规则几乎没有涉及发明构思对侵权判定的影响,特别是等同侵权判定的影响。《最高人民法院关于审理专利纠纷案件适用法律问题的若干规定》《最高人民法院关于审理侵犯专利权纠纷案件应用法律若干问题的解释》《最高人民法院关于审理侵犯专利权纠纷案件应用法律若干问题的解释(二)》都没有关于发明构思对侵权判定的影响特别是等同侵权判定的影响的规定。北京市高级人民法院《专利侵权判定指南(2017)》第55条规定:“权利要求与被诉侵权技术方案存在多个等同特征,如果该多个等同特征的叠加导致被诉侵权技术方案形成了与权利要求技术构思不同的技术方案,或者被诉侵权技术方案取得了预料不到的技术效果的,则一般不宜认定构成等同侵权。”其基本定位是,为专利侵权诉讼的被告提供一种抗辩手段,如果被告能够证明被诉侵权技术方案与权利要求技术方案在整体上不等同,如采用不同的技术构思,则一般应当得出不构成等同侵权的结论。反之则不然,不能仅以采用相同的技术构思认定相应技术特征全部相同或者等同。①

我国专利侵权比对的法律实践中将发明构思作为重要考量因素,特别是在权利要求解释中需要将发明构思作为整体考量的角度。虽然我国现行法律规则在专利侵权比对中并未涉及发明构思,但是发明构思在法律实践中是非常重要的考

---

① 这一逻辑的基本根据在于,因文字语言表达的限制,专利权人较难通过权利要求足够好地描述其发明构思,在权利要求公示的基础上,通过引进等同物来扩大专利权的保护范围,充分保护专利权人的发明构思,成为各国的通行做法。参见沈世娟、刘海锋:《专利保护平衡机制的实现——兼议最高人民法院相关司法解释》,载《知识产权》2012年第2期。

量因素，我国司法实践中也有诸多案例体现出发明构思在专利侵权比对中的考量。例如，在一起侵害发明专利权纠纷案件①中，最高人民法院指出，要准确识别说明书记载的相关内容属于对权利要求用语的特别界定还是具体实施方式。在说明书中没有明显的提示性语句，无法仅从形式上判断说明书记载的相关内容属于对权利要求相关用语的特别界定还是具体实施方式的情况下，应当结合发明目的、发明构思以及发明要求保护的技术方案，从整体上予以考量。如果说明书记载的相关内容属于对权利要求中出现的、本领域中没有确切含义的自造词作出的专门定义，或者属于对权利要求相关用语作出的有别于本领域通常含义的特别说明，则应当认定说明书记载的相关内容属于对权利要求用语的特别界定；除此之外，一般应认定为属于权利要求的具体实施方式。需注意的是，判断特别界定与具体实施方式时，通常先要确定权利要求中的相关用语在本技术领域是否具有通常含义，这往往需要引入本领域的技术词典、技术手册、工具书、教科书、国家或者行业技术标准等属于本领域技术人员已经取得一致认识的公知常识性证据，作为确定通常含义的依据。当然，主张相关事实的当事人应就此举证或者进行充分说明。同时，判断被诉侵权技术方案是否落入涉案专利保护范围时，应分别将其与前述涉案专利中各组发明构思的技术方案进行对比。②

三、发明构思在职务发明认定中的地位与应用

职务发明的适用条件“执行本单位任务”，需要判断涉案专利的发明构思是否属于其原本职工作的合理延续。在判断一项发明创造是否为“执行本单位任务”所完成的发明创造的关键是审查该发明创造与发明人的本职工作或单位分配任务是否密切相关，对于二者关联性的认定，应主要审查涉案专利与本职工作或单位分配任务在技术领域、发明构思、技术方案是否直接相关或是否系其合理的延续。如果该发明创造与发明人执行本单位任务所涉的在先技术方案直接相关或系对在先技术的进一步改进，即使二者存在区别，也属于“执行本单位任务”所完成的发明创造。在北京泷涛环境科技有限公司、北京环科环保技术有限公司等专

① 参见最高人民法院知识产权法庭（2020）最高法知民终 580 号。
② 参见最高人民法院知识产权法庭（2019）最高法知民终 533、534 号。

利权权属纠纷案①中，最高人民法院认定，涉案专利技术方案与涉案课题项目及环科公司、环科院等在先专利的技术领域相同，均属于低氮气体燃烧器领域；发明构思相同，均通过采取分级燃烧、加强旋流混合的方式提高燃烧稳定性并减少氮的排放；技术方案相近，均通过设置分级燃料喷管、相同结构的旋流盘以达到混合及分级燃烧从而减少氮排放。因此，涉案专利与涉案课题项目具有紧密关联，北京泷涛环境科技有限公司所主张的二者存在的区别并不影响对二者关联性的认定。因涉案课题项目属于涉案发明人的工作任务范畴，故涉案专利与发明人的工作任务密切相关。

员工离职一年内作出的发明创造归属原单位所有，需要分析是否属于员工离职后利用其在原单位工作期间产生的研发构思进行后续发明创造的情况。对于发明创造的研发而言，一个好的技术构思对最终技术方案的形成具有重要意义。实践中，员工在原单位从事相关研发时，基于技术认知和专业素养获得新的研发构思，在离职后进一步研发取得成果的现象比较普遍。《专利法实施细则》第 12 条第 1 款关于员工离职一年内作出的发明创造归属原单位所有的规定，充分考虑技术研发具有的连续性特点，评估了员工离职后利用其在原单位工作期间产生的研发构思进行后续发明创造的情况，一方面是支持人员正常流动，保障劳动者的择业权；另一方面是保证原单位的合法利益的立法选择。根据《专利法实施细则》第 12 条第 1 款的规定，确认涉案发明创造为职务发明创造应同时满足以下条件：一是作出发明创造的发明人曾是主张权利的原单位员工；二是该员工对发明创造的实质性特点作出了创造性贡献；三是发明创造是员工离职后 1 年内作出的；四是发明创造的内容与该员工在原单位承担的本职工作或者原单位分配的任务有关。在某专利申请权权属纠纷案②中，最高人民法院认定，根据审理查明的情况，杨某、赖某某从 L 公司离职后 1 年内对涉案发明创造的实质性特点作出了创造性贡献，是涉案发明创造的发明人，涉案发明创造与该两人在 L 公司承担的本职工作有关，具备上述四个条件，符合确认涉案发明创造为职务发明创造的情形。即使涉案发明创造是由 W 公司组织研发或者主要利用了 W 公司的物质技术条件取得，同时涉案发明创造的研发思路和采用的技术手段与 L 公司已有专利技术方

① 参见最高人民法院知识产权法庭（2020）最高法知民终 1475 号。

② 参见最高人民法院知识产权法庭（2020）最高法知民终 338 号。

案或技术成果存在区别,亦不能得出涉案发明创造归属于 W 公司的结论。根据审理查明的事实,W 公司在杨某、赖某某加入该公司之前并没有涉案发明创造技术领域的相关发明创造,也没有确定的相关研发团队。本案属于员工离职 1 年内作出的发明创造,依法属于原单位所有。

电商平台知识产权治理的“权”与“责”

赵　刚[*]　王叶子

[*] 作者简介：
赵刚，中伦律师事务所北京办公室知识产权部合伙人，电邮为：zhaogang@ zhonglun. com。

随着互联网尤其是移动互联网的发展，互联网平台作为可以吸引并促成供求方之间直接交易的高效交易场所，其通过商业交易聚集、用户规模扩大、数字技术驱动等活动形成了一种新的经济模式，即所谓平台经济。虽然平台经济已经成为经济增长新引擎，但以电商平台、长短视频平台为代表的平台经济在发展过程中其实一直面临着知识产权保护的压力。2019 年 1 月 1 日《电子商务法》正式施行，其以立法方式将电子商务平台知识产权保护制度融入电子商务整体交易规范之中，不仅为电商平台，更为其他平台知识产权侵权处理提供了启示与借鉴。本文从当前电商平台所涉侵权案件司法实践出发，结合《电子商务法》立法释义，分“通知—必要措施规则”“平台义务”“平台权利与维权”三部分就电商平台知识产权治理措施的发展历程以及电商平台经营者在其中的权利与义务进行重点探讨。

一、“通知—必要措施规则”

我国《电子商务法》第 41 条至第 45 条详细规定了电商平台的知识产权保护制度，主要分为知识产权保护规则、治理措施与平台侵权责任三个部分，并分别对应第 41 条、第 42 条至第 44 条、第 45 条。其中，第 42 条关于“通知—必要措施规则”的规定涉及对版权领域“避风港”制度中“通知—删除规则”的借鉴改造，因此常常与电商平台经营者责任的认定与承担相关联讨论。实际上，虽然“通知—必要措施规则”借鉴了作为特定免责制度的“通知—删除规则”，但随着电子商务的发展，该规则早已不仅是侵权责任限制制度或者抗辩事由，而是融合到互联网治理的框架之中，系前所未有的互联网治理新举措。该规则一定程度上加重了平台经营者的知识产权治理义务，也直接影响着平台经营者责任的判定。由于删除、断链等必要措施的采取与平台侵权责任承担之间具有直接关联，但又并非简单的因果关系，现实表现较为复杂，因此理解该项规则的性质与定位十分重要。我国《电子商务法》中关于电商平台知识产权保护制度的规定具体见表 1。

表 1 《电子商务法》中关于电商平台知识产权保护制度的规定汇总

知识产权保护制度分类	《电子商务法》规定
保护规则	第 41 条　电子商务平台经营者应当建立知识产权保护规则，与知识产权权利人加强合作，依法保护知识产权

续表

知识产权保护制度分类	《电子商务法》规定
治理措施	第 42 条　知识产权权利人认为其知识产权受到侵害的，有权通知电子商务平台经营者采取删除、屏蔽、断开链接、终止交易和服务等必要措施。通知应当包括构成侵权的初步证据。 电子商务平台经营者接到通知后，应当及时采取必要措施，并将该通知转送平台内经营者；未及时采取必要措施的，对损害的扩大部分与平台内经营者承担连带责任。 因通知错误造成平台内经营者损害的，依法承担民事责任。恶意发出错误通知，造成平台内经营者损失的，加倍承担赔偿责任。 第 43 条　平台内经营者接到转送的通知后，可以向电子商务平台经营者提交不存在侵权行为的声明。声明应当包括不存在侵权行为的初步证据。 电子商务平台经营者接到声明后，应当将该声明转送发出通知的知识产权权利人，并告知其可以向有关主管部门投诉或者向人民法院起诉。电子商务平台经营者在转送声明到达知识产权权利人后十五日内，未收到权利人已经投诉或者起诉通知的，应当及时终止所采取的措施。 第 44 条　电子商务平台经营者应当及时公示收到的本法第四十二条、第四十三条规定的通知、声明及处理结果
平台侵权责任	第 45 条　电子商务平台经营者知道或者应当知道平台内经营者侵犯知识产权的，应当采取删除、屏蔽、断开链接、终止交易和服务等必要措施；未采取必要措施的，与侵权人承担连带责任

(一)从“通知—删除规则”到“通知—必要措施规则”的立法发展

1998 年美国《千禧年数字版权法》(Digital Millennium Copyright Act，DMCA)在原来的版权免责条款(如合理使用和法定许可)以外创设了限制或免除网络服务提供者侵权责任的“避风港”制度。该制度核心为“通知—删除规则”，即当著作权人发出符合法律规定的合格通知后，网络服务提供者立即移除侵权内容或断开对侵权内容链接，可以进入“避风港”，免除其承担侵权赔偿责任。我国 2006 年实施的《信息网络传播权保护条例》借鉴了 DMCA 的规定。根据二者规定，能够成功驶入“避风港”的网络服务商必须先从互联网中移除相关涉侵权内容，否则不能受“避风港”保护。可见，“避风港”制度具有免责功能，系一种免责抗辩事由，同时法律也为其适用设定了“通知—删除”的程序性条件。随着电子商务的飞速发展，“通知—删除规则”逐渐扩展至电商领域，用于与电商交易相关的知识产权侵权纠纷处理，并通过逐步立法演进，过渡到当前《电子商务法》中的“通知—必要措施规则”。

“避风港”制度引入我国后的发展可大致分为两阶段，即第一阶段，“通知—删除规则”的确立阶段；第二阶段，“通知—必要措施规则”的逐步形成阶段。就重点法律规定发展情况梳理如表2所示。

表2 避风港制度在我国的发展历程汇总

阶 段	法律规定
“通知—删除规则”确立	《信息网络传播权保护条例》(2006年7月1日起施行，2013年修订) 第14条 对提供信息存储空间或者提供搜索、链接服务的网络服务提供者，权利人认为其服务所涉及的作品、表演、录音录像制品，侵犯自己的信息网络传播权或者被删除、改变了自己的权利管理电子信息的，可以向该网络服务提供者提交书面通知，要求网络服务提供者删除该作品、表演、录音录像制品，或者断开与该作品、表演、录音录像制品的链接…… 第15条 网络服务提供者接到权利人的通知书后，应当立即删除涉嫌侵权的作品、表演、录音录像制品，或者断开与涉嫌侵权的作品、表演、录音录像制品的链接，并同时将通知书转送提供作品、表演、录音录像制品的服务对象…… 第23条 网络服务提供者为服务对象提供搜索或者链接服务，在接到权利人的通知书后，根据本条例规定断开与侵权的作品、表演、录音录像制品的链接的，不承担赔偿责任；但是，明知或者应知所链接的作品、表演、录音录像制品侵权的，应当承担共同侵权责任
“通知—必要措施规则”逐步形成	(1)《侵权责任法》(2010年7月1日生效，现已废止) 第36条第2款 网络用户利用网络服务实施侵权行为的，被侵权人有权通知网络服务提供者采取删除、屏蔽、断开链接等必要措施。网络服务提供者接到通知后未及时采取必要措施的，对损害的扩大部分与该网络用户承担连带责任 (2)《电子商务法》(2019年1月1日生效) 第42条第1款 知识产权权利人认为其知识产权受到侵害的，有权通知电子商务平台经营者采取删除、屏蔽、断开链接、终止交易和服务等必要措施。通知应当包括构成侵权的初步证据 (3)《民法典》(2021年1月1日生效) 第1195条第1款、第2款 网络用户利用网络服务实施侵权行为的，权利人有权通知网络服务提供者采取删除、屏蔽、断开链接等必

续表

阶 段	法律规定
	要措施。通知应当包括构成侵权的初步证据及权利人的真实身份信息 网络服务提供者接到通知后,应当及时将该通知转送相关网络用户,并根据构成侵权的初步证据和服务类型采取必要措施;未及时采取必要措施的,对损害的扩大部分与该网络用户承担连带责任

根据上述梳理,第一阶段,即"通知—删除规则"确立阶段,《信息网络传播权保护条例》借鉴 DMCA 经验,针对信息空间储存服务提供者、搜索链接服务提供者规定了"通知—删除规则",并规定明知或应知侵权时应承担责任。

在"通知—删除规则"与侵权归责的关系上,2011 年 12 月在《最高人民法院关于充分发挥知识产权审判职能作用推动社会主义文化大发展大繁荣和促进经济自主协调发展若干问题的意见》第 6 条中提出:"要维护'通知与移除'规则的基本价值,除根据明显的侵权事实能够认定网络服务提供者具有明知或者应知的情形外,追究网络服务提供者的侵权赔偿责任应当以首先适用'通知与移除'规则为前提,既要防止降低网络服务提供者的过错认定标准,使'通知与移除'规则形同虚设;又要防止网络服务提供者对于第三方利用其网络服务侵权消极懈怠,滥用'通知与移除'规则。"

据此,在"通知—删除规则"与"明知或应知"归责的适用关系上,可以说前者是一般性原则,后者则可以导致前者无法适用(当然在赔偿责任的大小确定上会有进一步考量)。在法律判断逻辑上,平台对侵权内容不具有"明知或应知"情节时,通常情况下网络服务提供者经权利人通知移除了侵权内容,就不再承担赔偿责任;而经通知后不移除或不及时移除,则会被认定为具有过错并据此归责,该情况在司法实践中最为常见。当然,对于虽然未经过通知但具有过错的情况,仍然会被追究法律责任。由于此种"明知或应知"主观状态较难举证,且立法和实践均要求网络服务提供者在具有"明显过错"的情况下才予以归责,所以该情况在实践中并不常见。因此,也不难解释为何在第一阶段,平台似乎总能通过"通知—删除规则"驶入"避风港",最终判令平台承担侵权责任的案例并不多见。

第二阶段,即"通知—必要措施规则"逐步形成阶段,在此期间传统避风港制度的内涵发生了变化。首先,原《侵权责任法》通过第 36 条对"通知—删除规则"

进行了扩充改造。(1)在适用对象上,不排除对提供信息存储空间或搜索链接服务以外的其他网络服务提供者的适用,也就当然包括为消费者和商家提供网络经营场所以及交易撮合、信息发布等服务的电商平台。(2)明确措施的采取应以“必要性”为限度,并通过一个“等”字进行开放式列举,为未来可能针对不同平台、基于不同技术产生的措施预留空间。“必要措施”一般指足以防止侵权行为的继续和侵害后果的扩大并且不会给网络服务提供者造成不成比例损害的措施。(3)在规制范围上,已不限于著作权领域的网络侵权行为,而是涵盖所有互联网侵权行为,且将保护范围扩展至知识产权所有领域。其次,《电子商务法》第 42 条及第 45 条继续扩充了“必要措施”种类,纳入适用于电商特点的“终止交易和服务”措施。最后,《民法典》通过第 1194 条至第 1197 条对原《侵权责任法》第 36 条规定的“通知—必要措施规则”进行了重述,并进一步明确了合格通知要件、提出了转通知义务、规定了必要措施考量要素、增加了错误通知的侵权责任,并综合《信息网络传播权保护条例》、原《侵权责任法》、《电子商务法》规定,设置了“通知—必要措施—转通知—不侵权声明—反通知—投诉或诉讼—终止必要措施”的具体操作程序。至此,“通知—必要措施规则”正式上升到适用于所有网络服务提供者的基本法高度。

综上所述,从立法层面来看,“通知—删除规则”在引入我国后,已经随着互联网产业的发展被不断调整、扩充,并最终形成了当前更注重权利人、网络用户、平台方之间权利义务平衡的“通知—必要措施规则”。

(二)电子商务领域中“通知—必要措施规则”的定位与作用

1. “通知—必要措施规则”的性质与定位

虽然《电子商务法》借鉴“避风港”制度形成了“通知—必要措施规则”,但该规则在性质上早已不再是单纯的侵权责任限制制度或抗辩事由,而是作为“电商平台知识产权治理措施”中的一环,融入互联网治理框架内,系用于判断平台过错的重要考量因素。

如上所述,“通知—删除规则”系法律所明确规定的免责事由,在诉讼中也可成为抗辩事由,但《电子商务法》并未将“通知—必要措施规则”规定为免责事由,而是用第 45 条单独规定了电商平台经营者知识产权侵权责任的标准,即“电子商务平台经营者知道或者应当知道平台内经营者侵犯知识产权的,应当采取删除、屏蔽、断开链接、终止交易和服务等必要措施；未采取必要措施的，与侵权人承担连带责任”。由此可见，电商平台经营者为平台内经营者的知识产权侵权行为承担过错责任而非严格责任，即仅在“知道或应当知道”情况下方才承担责任。故“过错”才系电商平台责任的核心内容，是责任体制的安全阀，保证该负责的负责、该免责的免责，并直接决定责任的成立和范围。

2. 电商平台知识产权治理措施与侵权责任的关系

如果“通知—必要措施”不是《电子商务法》所规定的免责事由，那么其与电商平台经营者侵权责任的承担具体有什么关系呢？对该问题的回答，有赖于对知识产权治理措施与平台侵权责任关系的进一步理解和把握。

首先，“通知—必要措施规则”仅系“电子商务平台知识产权治理措施”中的一环。如上所述，《电子商务法》第 42 条至第 44 条构成了电商平台知识产权治理措施的完整规范，分别由知识产权权利人的通知、平台内经营者的声明、电子商务平台经营者采取的措施、信息公示及各方法律责任几部分构成，而“通知—必要措施”仅仅是整个治理措施中的部分环节。

其次，《电子商务法》规定的电商平台经营者侵权责任制度与知识产权治理措施应当视作两种并行的法律制度，各自有其构成要素与标准。如上所述，《电子商务法》第 45 条单独规定了平台经营者知识产权侵权责任，强调在电商平台经营者侵权责任判断上，应始终以“过错”作为核心要素。如果电商平台经营者对于治理措施中其应当采取的“通知—必要措施”“反通知—终止措施”义务的履行具有“过错”，则其可能因此承担相应侵权责任，这是二者的关联。

最后，除知识产权治理措施规定的义务外，电商平台还负有一般性注意义务，一般性注意义务的违反仍旧可能导致“过错”。电商平台经营者拥有平台治理权，即有权依据平台服务协议与交易规则对平台内经营者违反法律、法规、平台政策的行为予以制止或处罚，负有制止平台内知识产权侵权的一般性注意义务，违反此义务，则有过错，应当承担法律责任。据此，权利人的“通知”固然可以让平台经营者“知道”平台内侵权行为的存在，但是没有“通知”并不等于平台经营者就可以逃避一般性注意义务，对平台内的侵权行为视而不见、无所作为。因此，无论是否收到知识产权权利人的通知，平台经营者均应尽到一般性注意义务，否则即有过错。

综上所述，根据《电子商务法》第 45 条的规定，在知识产权权利人没有发出通知或者平台经营者收到通知之前，如果知识产权权利人能够证明平台经营者未尽到一般性注意义务，知道或应当知道平台内侵权行为而不采取必要措施予以制止，则知识产权权利人仍然可以追究平台经营者与平台内实施具体侵权行为的经营者之间的连带责任。但是，如果平台经营者在收到知识产权权利人通知后，采取了必要措施制止平台内经营者的侵权行为，则其连带侵权责任截至采取必要措施时。反之，本身就具有过错的平台经营者，如收到知识产权权利人通知后仍不及时采取必要措施，将还要为知识产权权利人由此扩大的损害与平台内经营者承担连带责任。以“过错”作为平台经营者侵权责任核心要素，结合《电子商务法》第 42 条至第 44 条规定的平台知识产权治理措施，笔者对平台经营者责任承担情况进行了分类整理。（见图 1）

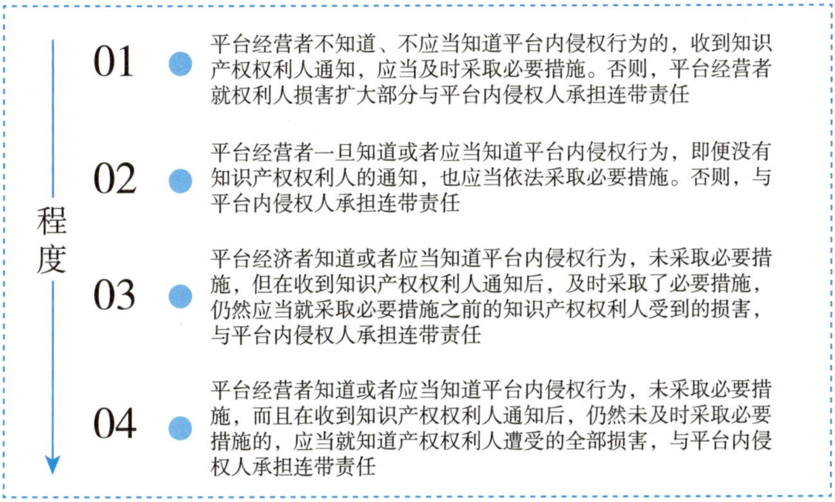

图 1　关于电商平台经营者“过程”责任承担情况的梳理汇总

（三）司法实践中知识产权权利人的“通知”

“通知—必要措施规则”系电商平台知识产权治理措施的重要组成部分，权利人发出的“通知”系后续一系列治理措施的第一步。产生法律效力并能够促使平台从“不知晓或无理由知晓”向“明知”状态转化且直接影响平台责任的通知必须符合特定要求，司法实践在对合格通知的把握上仍有一定灵活性。

1.“合格通知”至少应当包含权利人身份权属、侵权定位信息、初步侵权证据三类

最高人民法院2020年9月颁布的《关于审理涉电子商务平台知识产权民事案件的指导意见》第5条规定,“知识产权权利人依据电子商务法第四十二条的规定,向电子商务平台经营者发出的通知一般包括:知识产权权利证明及权利人的真实身份信息;能够实现准确定位的被诉侵权商品或者服务信息;构成侵权的初步证据;通知真实性的书面保证等。通知应当采取书面形式。通知涉及专利权的,电子商务平台经营者可以要求知识产权权利人提交技术特征或者设计特征对比的说明、实用新型或者外观设计专利权评价报告等材料”。

在“BF”商标侵权案①中,法院适用《关于审理涉电子商务平台知识产权民事案件的指导意见》第5条规定的“合格通知”认定要求,结合案件情况认定M公司在起诉前向电商平台经营者邮寄发送的律师函不构成有效通知。法院认为,该案中商标权人M公司委托律师于2017年10月13日向XM公司发送的律师函因:(1)未提供涉案商标的权利证明及权利人的真实身份情况,故无法核实权属情况及权利状态;(2)未提供权利人的委托材料和发函律师的律师执业证书复印件等材料,故仅凭律师函无法证明发函人获得有效授权;(3)未提供指向明确的被诉侵权商品网络地址或链接信息,导致XM公司在海量商品信息中无法准确定位被诉侵权商品或服务,难以核查是否存在侵权;(4)未提供证明侵权事实的初步证据,除文字描述外并未提供其他佐证,根据“商标权用尽”原则,商标权人不能限制他人通过合法渠道购买产品后再次销售,因此仅凭律师函所述权利人并未在电商平台上销售或许可第三方销售BF产品、该平台上销售的产品均系假冒等声明内容,并不足以对侵权行为是否构成作出初步判断。该案中,法院详细论述了有效通知应当包含的身份权属、侵权定位信息、初步侵权证据具体内容,并进一步分析了电商平台之所以要求权利人提供相关文件的原因,为“合格通知”的构成提供了较为全面的借鉴。

2.初步侵权证据应明确具体侵权链接或产品名称

关于侵权定位信息,司法实践中一般要求权利人明确到具体的侵权链接,对于仅提供店铺链接或提供同类侵权链接要求下架同款商品的行为,不认定为准确

① 参见广东省中山市中级人民法院(2020)粤20民终5486号。

定位信息。例如，在“飞鱼服”著作权侵权案[①]中，法院认为陈某于 2017 年 7 月向天猫公司发送的律师函并未明确涉案服装的链接或产品名称，在涉案店铺有众多商品分类情况下，天猫公司难以准确定位涉案服装信息，未认定构成有效通知。在“沙驰”商标侵权案[②]中，法院同样以权利人发送的律师函没有对涉案侵权产品具体定位及指向进行描述，仅是笼统提供店铺链接为由，认定该律师函不属于有效通知。

3. 委托他人投诉的，一般须提供授权证明方才构成“合格通知”

在“磁悬浮地球仪”专利侵权案[③]中，福建省高级人民法院认为知识产权作为一种私权，行使该权利的方式不外乎是由权利人直接进行，或者由权利人授权他人行使。如果他人未得到权利人的授权而行使，除非得到权利人事后的追认，或者由公权力部门为了社会公共利益而进行执法，否则行使该知识产权的行为应属无效。因该案中，涉案投诉由律师代为进行，故法院认为电商平台经营者要求投诉人补充授权材料符合当前电商交易实际，在投诉人未补齐授权及其他材料情况下，应当认定投诉人的投诉系无效通知。

但值得注意的是，也有裁判案例在投诉人未提供委托材料的情况下，仍认定律师函构成“有效通知”。例如，在景某针对 XM 公司发起的著作权侵权案[④]中，在电商平台经营者抗辩称涉案律师函缺少权利人景某身份证明即身份证复印件，无法确认权利人身份情况，并且函内未附有权利人委托材料及发函律师执业证复印件，无法证明发函人已获合法授权的情况下，法院仍以电商平台通过律师函、著作权权属材料、公证书等应当知晓涉案商品链接存在为由，判令其依法承担赔偿责任，以判决方式认可了通知的有效。

4. “初步侵权证据”无明确标准，但侵权对比文件可作为初步侵权证据

在“朗科专利侵权案”[⑤]中，针对专利权人朗科公司向电商平台提交的侵权对比分析表，平台认为该表仅系简单的技术特征对应，并无与实物产品对应关系，更缺乏检测报告。对此，最高人民法院认为，涉案电商平台的治理规则并未对侵权

① 参见北京市海淀区人民法院(2017)京 0108 民初 37083 号。
② 参见江门市蓬江区人民法院(2021)粤 0703 民初 13091 号。
③ 参见福建省高级人民法院(2016)闽民终 1345 号。
④ 参见济南市莱芜区人民法院(2021)鲁 0116 民初 2025 号。
⑤ 参见最高人民法院(2019)最高法民申 5971 号。

初步证据作出明确要求，对于涉及专利的通知可以根据权利的类型要求权利人提供更具体的侵权证据，但该证据不应不合理地增加权利人举证负担。本案中，朗科公司提交的侵权对比表符合平台制定的知识产权平台治理规则，也符合此前投诉惯例。在此情况下，即使平台认为该侵权初步证据证明力尚未达到有效通知标准，亦应给出回复，以实现信息交流的顺畅。因此，二审判决认定涉案通知构成有效通知并无不当。该案中，法院将侵权比对文件在性质上定位于初步侵权证据。

此外，在“道路工程教材”著作权侵权案①中，法院认为权利人某出版社向XM公司发送的警告函及附件中，仅有涉案图书著作权权属证据、正版图书售价、侵权人店铺、被诉侵权商品名称及链接、权利人营业执照等材料，而并没有正版图书与被诉侵权图书的侵权对比分析或检测报告等材料，因此权利人未完成侵权投诉初步举证，涉案通知不属于有效通知。该案中，法院直接、明确地指明“侵权对比表”属于初步侵权证据，未提交的，不属于有效通知。

5. 将侵权商品购买取证作为初步侵权证据的，侵权商品收货状态影响有效通知的成立

在投诉时，知识产权权利人常常选择在进行侵权店铺取证购买后，将相关过程取证及鉴定报告等材料作为投诉证据，向电商平台进行侵权投诉。针对此类投诉，平台一般会重点审核侵权商品购买的环节是否真实发生，尤其是确认侵权商品是否系从侵权店铺购买，确认的方式即审查商品交易状态、物流配送情况。

在“金啦哩”商标侵权案②中，商标权人昆泰公司使用从侵权网店购买“金啦哩”香脆椰子片商品过程而形成的订单详情页、物流信息截图，以及购买侵权商品后所做的鉴定报告作为投诉证据向电商平台发起商标侵权投诉。法院经审理后认为，权利人提供的物流信息截图虽显示卖家已发货、签收人签收，但订单信息中宝贝状态仍为“未确认收货”，无法证明货物已实际签收。此外，电商平台无权查看涉案订单详情页，且订单形成时间距离投诉过久，故平台无法在物流查询系统查询订单物流。因此，法院最终认可了电商平台提出的权利人投诉材料并未达到“构成侵权初步证据”要求的主张，未判令平台承担赔偿责任。在云南昆泰广大贸易有限公司与深圳市龙华区美味象零食店、浙江淘宝网络有限公司侵害商标权纠

① 参见山东省青岛市中级人民法院(2022)鲁02民终2225号。

② 参见浙江省杭州市中级人民法院(2020)浙01民终5040号。

纷案[①]中,也存在类似认定。

6. 未完全按照平台设置的规则进行投诉,不影响“合格通知”生效

在“嘉易烤”专利侵权案[②]中,专利权人嘉易烤公司向电商平台提供权利人身份、专利权属、被投诉主体及商品信息、技术特征对比表后,平台进一步要求嘉易烤公司“详细填写被投诉商品落入贵方提供的专利权利要求的技术点,建议采用图文结合的方式一一指出”。对此,法院认为电商平台经营主体所确定的投诉规则并不对权利人维权产生法律约束力,权利人只需在法律规定的框架内维权即可,投诉方完全可以根据自己的利益考量决定是否接受平台所确定的投诉规制。最终,法院认为电商平台对侵权投诉通知的要求超过了合理限度,该类不合理要求不属于权利人投诉通知有效的必要条件。

综上可见,“合格通知”的要求正在被司法实践不断细化,这就要求权利人通过发送律师函、提交平台投诉进行“通知”时重视投诉材料的准备,否则可能无法构成有效通知。至于为什么要为“通知”设置特定要求,实践中不乏对平台投诉材料过多导致权利人行权障碍的争议与讨论。但笔者认为这恰恰是权利义务对等原则的体现,是绝不能少的要求。根据《电子商务法》第 42 条第 2 款的规定,电子商务平台经营者接到通知后,仅需进行形式审查,无须对通知内容进行法律上的判断,也无须对通知指控内容进行调查,就应当及时根据通知要求,对平台内经营者采取删除、屏蔽、断链、终止交易等必要措施。据此,《电子商务法》本身对于电商平台处理“通知”提出了更高的效率要求,要求平台仅以形式审查为限在接到通知后就立即采取措施。因此,如果不在第一步“通知”环节严格把握、设置要求,将可能使电商平台经营者治理负荷过重,更可能造成对平台内被投诉经营者的不公。

综上所述,《电子商务法》涉及知识产权保护的五个条文中,关于平台经营者侵权责任的条文仅有一条。可见,相关法律规范并非着眼于解决平台内知识产权侵权发生后如何追责、处罚的问题,更多在于促进与规范平台治理。相应地,借鉴“通知—删除规则”而来的“通知—必要措施原则”早已不再是单纯的免责制度,而是作为治理措施巧妙地融合于电商平台治理框架之中,焕发着新的生机与活力。

---

① 参见深圳市龙华区人民法院(2020)粤 0309 民初 6544 号。

② 参见浙江省高级人民法院(2015)浙知终字第 186 号。

二、平台义务

（一）知识产权治理措施的流程

1. 电商平台经营者知识产权侵权处理流程

2018 年颁布的《电子商务法》最终明确了电商领域所有知识产权投诉都适用的侵权处理流程，即“通知—必要措施—转通知—不侵权声明—转送反通知—投诉或诉讼—终止必要措施”各环节。相关规定在 2020 年《民法典》中得到重申，不同的是，《电子商务法》将电商平台经营者转送不侵权声明后终止必要措施的时限规定为 15 日。就具体法律规定整理。（见表 3）

表 3　网络服务提供者的侵权处理流程

《电子商务法》	《民法典》
第 42 条　知识产权权利人认为其知识产权受到侵害的，有权通知电子商务平台经营者采取删除、屏蔽、断开链接、终止交易和服务等必要措施。通知应当包括构成侵权的初步证据。 电子商务平台经营者接到通知后，应当及时采取必要措施，并将该通知转送平台内经营者；未及时采取必要措施的，对损害的扩大部分与平台内经营者承担连带责任。 因通知错误造成平台内经营者损害的，依法承担民事责任。恶意发出错误通知，造成平台内经营者损失的，加倍承担赔偿责任。	第 1195 条　网络用户利用网络服务实施侵权行为的，权利人有权通知网络服务提供者采取删除、屏蔽、断开链接等必要措施。通知应当包括构成侵权的初步证据及权利人的真实身份信息。 网络服务提供者接到通知后，应当及时将该通知转送相关网络用户，并根据构成侵权的初步证据和服务类型采取必要措施；未及时采取必要措施的，对损害的扩大部分与该网络用户承担连带责任。 权利人因错误通知造成网络用户或者网络服务提供者损害的，应当承担侵权责任。法律另有规定的，依照其规定。
第 43 条　平台内经营者接到转送的通知后，可以向电子商务平台经营者提交不存在侵权行为的声明。声明应当包括不存在侵权行为的初步证据。 电子商务平台经营者接到声明后，应当将该声明转送发出通知的知识产权权利人，并告知其可以向有关主管部门投诉或者向人民法院起诉。电子商务平台经营者在转送声明到达知识产权权利人后十五日内，未收到权利人已经投诉或者起诉通知的，应当及时终止所采取的措施	第 1196 条　网络用户接到转送的通知后，可以向网络服务提供者提交不存在侵权行为的声明。声明应当包括不存在侵权行为的初步证据及网络用户的真实身份信息。 网络服务提供者接到声明后，应当将该声明转送发出通知的权利人，并告知其可以向有关部门投诉或者向人民法院提起诉讼。网络服务提供者在转送声明到达权利人后的合理期限内，未收到权利人已经投诉或者提起诉讼通知的，应当及时终止所采取的措施

可见,整个侵权处理环节涉及了电商平台经营者、平台内经营者、知识产权权利人等多方法律责任,故有必要从具体环节入手,明确每个环节所涉义务主体,以便进一步探讨其中属于电商平台的平台责任。

2. 电商平台经营者在侵权处理流程中的义务

根据上述规定,我们将电商平台经营者接到知识产权权利人通知后的操作流程整理如图 2 所示:

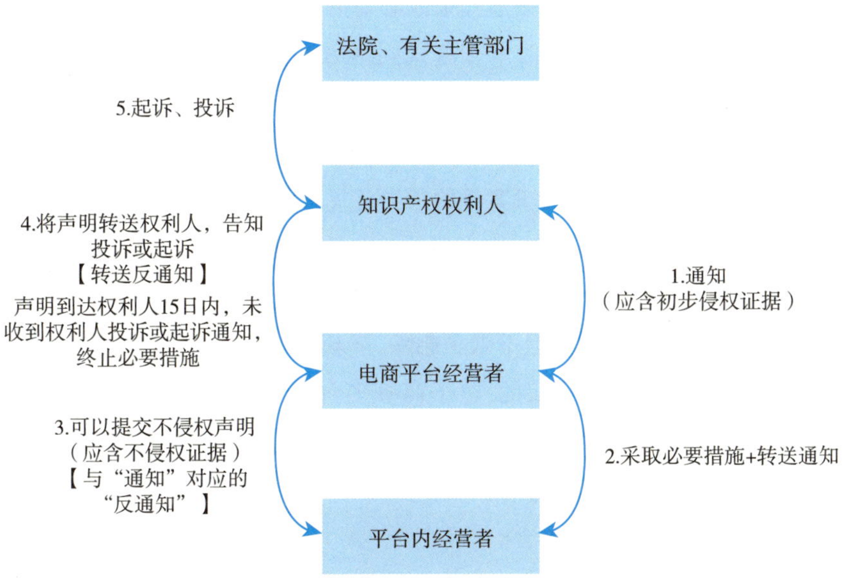

图 2 电商平台知识产权投诉处理流程

根据图 2,电商平台经营者义务的产生主要源于两个阶段:一是“通知—必要措施”阶段。该阶段电商平台经营者需根据权利人的通知,决定是否采取必要措施、采取何种必要措施。二是“转送反通知—终止必要措施”阶段。该阶段电商平台需将平台内经营者即侵权人的不侵权声明转送给权利人,告知其起诉或投诉,如果转送声明到达权利人 15 日内,未收到权利人已经投诉或起诉通知,应当及时终止已采取的必要措施。

(二)“通知—必要措施”与“转送反通知—终止必要措施”中的平台义务

《电子商务法》第 42 条规定,知识产权权利人认为其知识产权受到侵害的,有权通知电子商务平台经营者采取删除、屏蔽、断开链接、终止交易和服务等必要措施,而平台经营者接到通知后,应当及时采取必要措施。实践中,平台因收到权利人通知后不履行或怠于履行必要措施而被权利人单独或作为共同被告诉至法院的案件十分常见,相关司法裁判案例可为电商领域内“必要措施”的判断提供参考。此外,就“转送反通知—终止必要措施”过程中转送反通知是否构成平台法定义务、违反该要求是否需要承担法律责任等未有明确标准的问题,通过相关裁判案例也可见一斑。

1. 电商平台根据权利人有效通知采取必要措施、转送通知的义务

《电子商务法》第 42 条采取半开放式列举方式,将必要措施明确为删除、屏蔽、断开链接、终止交易和服务及其他具有必要性的措施。关于何为“必要措施”,当前法律规范并未给出明确定义。但最高人民法院 2020 年 9 月发布的《关于审理涉电子商务平台知识产权民事案件的指导意见》明确了电商平台采取必要措施的考量要素,即电商平台经营者“应当根据权利的性质、侵权的具体情形和技术条件,以及构成侵权的初步证据、服务类型,及时采取必要措施。采取的必要措施应当遵循合理审慎的原则,包括但不限于删除、屏蔽、断开链接等下架措施。平台内经营者多次、故意侵害知识产权的,电子商务平台经营者有权采取终止交易和服务的措施”。可见,必要措施的采取应根据权利性质和侵权情节具体判断,且应限于必要强度,既能防止侵权行为的继续和侵害后果的扩大,又不会给电商平台、平台内经营者造成不成比例的损害。

(1)“必要措施”的采取方式

目前,涉及电商平台责任承担的知识产权侵权案例中,大多数“必要措施”仍仅限于《电子商务法》列举的删除、屏蔽、断开链接。部分案件中,“必要措施”还包括特定产品的平台禁售。

例如,在“不倒翁醒酒器”侵害实用新型专利权纠纷案①中,专利权人钱某以涉案线上店铺制造、销售的产品落入其专利权保护范围为由,将涉案店铺经营者及电商平台共同诉至法院。该案中,涉案电商平台知晓侵权行为后,不仅于 2021 年 2 月下架了涉案“不倒翁醒酒器”商品链接,还对该产品采取了禁售措施(禁止上架)。最终法院也以判决平台不担责的方式认可了平台采取的“禁售”必要措

① 参见上海知识产权法院(2021)沪 73 知民初 417 号。

施。在“XM”商标侵权案①中，涉案电商平台同样在知晓商标侵权行为后，将“禁售”作为必要措施，将商品ID作为一类产品（同一ID可能包括多个型号）禁止销售了三种产品，该措施同样为法院所认可。

虽然上述案例中的“禁售”措施被当作与下架商品链接并列的必要措施，但具体禁售范围是仅限于涉案店铺还是整个电商平台，仍不甚明确。从权属性质及侵权情形来看，在上述两案中采取“禁售”措施具有一定合理性。在专利侵权案件中，当一种商品落入权利人专利权保护范围、被初步判定构成侵权后，同种产品的不同规格（颜色、大小、额外附加功能等）一般不会对侵权判断产生根本性的影响，故针对同一种产品的禁售可以实现。在上述商标侵权案件中，涉案店铺系将与原告权利商标近似的标识作为其自身品牌，作为侵权商品的商标予以使用，在其生产的商品上附加了相关侵权标识，而不是仅在相关商品销售页面或包装上使用。因此，平台对此类商标侵权商品采取禁售措施，符合必要措施的基本要求。

（2）“转通知”与“必要措施”的关系

《电子商务法》第42条第2款规定，电商平台接到通知后，应当及时采取必要措施，并将该通知转送平台内经营者。根据该规定，“转通知”应当是与必要措施并列的平台义务。但实践中，有裁判观点认为“转通知”一定条件下可以构成“必要措施”。

在最高人民法院2017年3月发布的第83号指导案例“嘉易烤”案②中，“转通知”被划入了必要措施的范畴。法院认为，“必要措施”应根据所侵害权利的性质、侵权的具体情形和技术条件等因素综合确定。考虑到涉案电商平台对于发明专利侵权判断的主观能力、侵权投诉胜诉概率以及利益平衡等因素，并不必然要求涉案电商平台在接到投诉后对被投诉商品立即采取删除、屏蔽措施，对被诉商品采取的必要措施应当秉承合理审慎原则，以免损害被投诉人合法权益。但是，将有效的投诉通知材料转达给被投诉人并通知其申辩则属于平台应当采取的必要措施之一。

在某侵害发明专利权纠纷案③中，涉案电商平台参考上述第83号指导案例关

---

① 参见上海知识产权法院（2021）沪73民初450号。

② 参见浙江省高级人民法院（2015）浙知终字第186号。

③ 参见最高人民法院（2019）最高法民申5971号。

于“转通知属于必要措施”的认定,主张其已经履行了转通知义务、完成了“必要措施”,故不应当承担相关平台责任。对此,法院认为虽然“转通知”属于电商平台经营者应当承担的最低义务,但不能由此反推履行了转通知义务就已经完成了法律规定的采取必要措施的义务。转通知是电商平台经营者承担的最低义务,转通知后是否还需要进一步采取必要措施,仍需进一步结合通知内容作出判断。在“转通知”的履行标准上,法院认为通知、转通知及反通知构成了完整的信息交流渠道,为了保证信息交流顺畅,实现平台治理规则的有效运行,电子商务平台经营者应积极履行转通知的义务,当通知达到能够转送的最低限度时就应当完成转送。因此,只要通知载明了权利人基本信息、权属、侵权定位信息、要求平台采取的具体措施,以及构成侵权的初步证据,平台就应当履行转送义务,而无须对侵权证据进行实质审查。

此外,在某些特定情况下,如网络服务提供者有时很难判断究竟是否侵权或者权利人要求采取的措施基于现有技术难以实现时,使法院不得不将转通知纳入必要措施范畴,以免给平台施加不合理的负担。例如,在“我叫 MT”著作权侵权案[①]中,二审法院认为云服务器中运行的软件系统和存储的信息无法直接控制,故在技术上不能针对具体信息内容采取“删除、屏蔽、断开链接”的措施。涉案云计算服务提供主体所能采取的与上述措施同效的“关停服务器”或“强行删除服务器内全部数据”,系互联网领域可以采取的最严厉措施之一,可能给云计算行业乃至整个互联网行业带来严重影响,不符合审慎合理原则。在此情况下,转通知体现了网络服务提供者“警示”侵权人的意图,一定程度上有利于防止损害后果扩大,可以成为“必要措施”从而使网络服务提供者达到免责条件。

综上所述,“转通知”是否可直接被归入“必要措施”仍有待探讨。笔者认为,结合法律规定本身来看,“转通知”仅系流程和环节性规定,并无直接阻断侵权的实际效果,与必要措施在性质上可能无法直接予以等同。故而在涉及电商平台的大部分知识产权侵权案件中,不宜直接认可转通知作为一种侵权制止措施。但是,在特定情形下,仍应允许法院在司法个案中结合具体实际将转通知划入必要措施范畴,以免给平台施加不合理的负担,尤其是当权利人要求平台履行的必要措施受限于技术和平台特性而在客观上难以实现时。

---

① 参见北京知识产权法院(2017)京 73 民终 1194 号。

2. 电商平台转送反通知后终止必要措施的义务

在“转送反通知—终止必要措施”阶段,电商平台收到平台内经营者提供的不侵权声明后,应当采取转送反通知、终止必要措施行为。在转送反通知之前,电商平台首先需要对平台内经营主体提供的不侵权声明即“反通知”进行审查,这就涉及对“有效反通知”的判定等问题。

(1)“有效反通知”的判定标准

“反通知”是被投诉人享有的权利,指“平台内经营者在接到电子商务平台经营者转送的知识产权权利人行使通知权的通知后,认为自己不存在对方所指控的知识产权侵权行为的,通过向电子商务平台经营者提交不存在侵权行为的声明,以对抗知识产权权利人提出的通知,并且撤销依据该通知而对自己实施的电子商务行为所采取的必要措施的权利”①。

反通知的目的是使得权利人的通知失效并终止平台已采取的必要措施。虽然当前法律规定及司法裁判并未就“有效反通知”的判定提出具体要求,但根据反通知的目的,结合与之对应的“合格通知”构成要件,“有效反通知”至少应当包括:(1)被投诉人的具体信息,包括姓名、公司名称、联系方式等,以便投诉人获取侵权主体的身份信息,确定具体投诉或起诉对象;(2)被投诉商品或服务的名称及具体链接,以便平台采取终止措施;(3)不存在侵权行为的声明及详细理由,即证明并未侵犯投诉人合法权利的客观描述,并且应当附有初步证据,以协助平台居中“裁判”,尽快恢复已下架商品链接,防止损害进一步扩大。

(2)“转送反通知—终止必要措施”是否构成电商平台的法定义务

根据《电子商务法》第 43 条的规定,电商平台在反通知到达知识产权权利人后 15 日内,未收到权利人已投诉或起诉通知的,应当及时终止所采取的必要措施。该条针对电商平台规定的“转送反通知—终止必要措施”是否属于法定义务,直接影响实践中平台终止措施的采取与责任的承担。有观点认为,此条文中的“应当”并非法定义务的设立,仅仅是形式的指引性规定。② 换言之,“转送反通知—终止必要措施”并非电商平台的法定义务,法律并不强制平台必须及时终止

① 杨立新:《电子商务交易领域的知识产权侵权责任规则》,载《现代法学》2019 年第 2 期。

② 参见姚志伟:《“反通知—终止必要措施”并非电商平台的法定义务》,载《法治日报》2020 年 8 月 18 日。

所采取的必要措施。

对此,笔者十分认同,无论从法律规定本身还是平台定位来看,均不能将“转送反通知—终止必要措施”认为是平台的法定义务,否则将出现极不合理的效果:直接影响下架链接恢复时间,不利于保障平台内经营者权益,也无法使电商平台积极地履行反通知审查义务,不利于知识产权侵权治理效果整体提升。

平台内经营者作出反通知、平台转送反通知的过程在电商平台实践中表现为申诉机制环节。对于电商平台而言,最易于操作、自身风险最小的做法是完全按照法律规定的流程“机械”操作,即收到反通知后就立即转送,只要权利人未在规定的15日内投诉或起诉,就终止必要措施。实际上,平台内经营者提交反通知的最核心目的即尽快恢复链接上架商品,恢复正常经营,避免损失扩大,尤其是在特定时期如“双11”“618”等电商节时,其尽快恢复链接的需求十分迫切。如果将终止措施的采取设定为法定义务,将使平台不得不等15日维权期限过后才能终止措施。目前实践中,当电商平台根据平台内经营者提供的反通知初步判定其不构成侵权时,电商平台一般会主动、积极地恢复商品链接,而不是被动等待权利人的起诉通知。

电商平台目前采取的做法与其服务特点、定位相适宜,在电商生态中,平台为交易双方提供网络经营场所、撮合交易,一端连接消费者,一端连接商家(平台内经营者),二者都是平台提供服务的对象。尤其是商家,平台通过特定营销推广手段,利用自身积累的用户资源与技术能力为入驻商家提供服务,保障商家能够正常开展经营是平台的核心服务目的。“转送反通知—终止必要措施”作为法定义务,既会影响商家权益,也将反向影响平台在商家端建立的信誉,破坏双方信赖关系,最终不利于平台治理。

虽然目前已有涉及电商平台反通知义务的生效裁判,但笔者认为相关案例仍建立在“过错”作为判断电商平台转送反通知过程中是否应当担责的核心因素这一基础之上,并非对反通知法定义务化的认可,与上述观点并不矛盾。

在“美伊娜多”网络侵权责任纠纷案①中,涉案电商平台基于权利人的两次投诉对平台商家作出了删除商品、限制销售、罚没保证金等处罚。两次投诉中,涉案商家均向平台进行了申诉并提交了未侵权证据。该案中,涉案电商平台是否因未

---

① 参见上海市第一中级人民法院(2020)沪01民终4923号。

转送反通知继而未及时终止必要措施行为承担侵权责任是案件争议焦点。对此，法院认为《电子商务法》第43条、《民法典》第1196条明确电商平台“应当”转送不侵权声明，该“应当”二字不应理解为一种真正的、可以被独立诉请要求履行的、独立的义务，而只是一种提示性的、注意性的规定。因此，电商平台对其被诉行为承担责任仅需满足具有主观过错这一要件。结合涉案电商平台在审查双方证据过程中的具体情况，法院最终认定涉案电商平台在处理投申诉时有违程序正义，对涉案店铺采取的必要措施未因反通知程序及时终止，对涉案店铺造成一定损害，应按过错比例承担侵权责任。

（三）电商平台经营者基于技术发展产生的新义务

当前各大网络服务提供者除提供信息存储空间、搜索链接等服务外，还增加了算法推荐服务。算法推荐①是一种技术工具，用于降低网络用户检索成本，实现受众精准投放。由于网络服务提供者利用算法推荐的核心目的已不仅仅是精准推送，更是为留住用户注意力，并将这些注意力转化为收益。故而在著作权领域，已经有部分长短视频内容平台因加入算法推荐服务而被苛以更高的注意义务，从而在个案中被认定具有过错、构成侵权。

1. 著作权领域的算法推荐技术

在A公司与B公司侵害作品信息网络传播权纠纷案②中，法院认为涉案平台向用户提供的并不仅仅是信息存储空间服务，而是同时提供了信息流推荐服务。涉案侵权短视频的大范围传播，是用户侵权行为与上述两种服务相结合的结果。尽管涉案平台实施的信息流推荐所基于的算法推荐技术本身并不针对某一短视频的具体内容进行识别，权利人的发函通知也并未包括能实现精准定位侵权内容的URL，但不能据此得出涉案平台不知晓侵权行为存在的结论。算法推荐是平台服务不可或缺的重要部分，但不是全部。在算法推荐环节之外，平台仍可以通过在其他环节施加必要注意，采取必要措施防范制止侵权发生及后果扩大。最终法院结合具体侵权情形认定涉案平台构成帮助侵权，与其平台用户承担连带责任。

该案中，法院通过判决明确了两点：第一，风险与利益并存，与仅提供信息存

---

① 算法推荐一般是指通过抓取用户日常使用数据，分析得出用户行为、习惯和喜好，进而实现精准化信息推荐及分发的技术。

② 参见北京市海淀区人民法院（2018）京0108民初49421号。

储空间等服务的其他经营者相比,同时采取算法推荐的平台理应对平台内侵权行为负有更高注意义务;第二,实施帮助侵权的并非具有实质性非侵权用途的信息流推荐技术,而是作为这一技术应用者或工具使用者的涉案平台。相关案件对电商平台使用类似技术下可能产生的争议具有指导、参考意义。

2. 对电商领域算法推荐的启示

电商领域的算法推荐主要体现于搜索技术的应用,体现在商品搜索结果排序中。通常情况下,电商平台会基于用户输入的关键词内容和系统中的商品做匹配,并根据商品匹配程度和其他相关因素对商品进行排序,最后将结果展示给消费者。相关影响因素一般包括:(1)商品的文本描述信息和搜索关键词是否相匹配,描述包括商品标题、类目名称、品牌名、图书类商品还有作者、出版社等;(2)商品人气,人气一般系根据商品销量、销售额、消费者评价等综合得出;(3)用户搜索反馈,即消费者使用某关键词查询后的后续浏览换页、购买消费行为,该因素能反映所显示的商品是否为用户真正想要购买,也能反映其对商品的满意程度。无论是常见的价格、销量、信用排序还是平台另外提供的综合排序法,在具体算法建模时都涉及对上述影响因子的复杂叠加,这也是互联网技术发展、服务能力提高的表现。

与视频内容平台算法推荐相关的司法裁判案例,同样能为电商平台上述技术应用提供有益指引,但笔者认为应把握电商平台的独特特点:

首先,算法推荐、搜索排序等技术本身是中立的,法律并不禁止某项技术,但因相关技术本身就包含引导、引流的属性,且有时和平台收益关联,故相关技术的使用可能会提高平台应负的一般性注意义务,即平台可能会需要为此承担更重的治理责任。

其次,在个案中判断平台责任时,无论是何种平台,仍应以“过错”为核心要素,平台可考虑在算法推荐服务环节外的其他流程中积极采取措施预防、制止侵权行为发生,防范侵权后果扩大化。

最后,电商平台与其他以用户生产内容为核心的平台不同,电商平台是既连接消费者端又连接商家端(平台内经营主体)的双边平台。电商平台使用算法推荐技术不仅是为了向消费者提供服务,将其需要的商品服务信息迅速地展示在其面前,也是为商家提供服务,帮助新入驻的无任何店铺信誉积累的商家、产品在市场上尚不具有知名度的商家、销售同质化商品但凭借其他方面广受消费者认可的商家等能够在电商平台海量商品信息中获得生存空间，从而建立可持续的电商生态。在此情况下，电商平台是否应当类比视频平台就算法推荐技术的应用被科以更高注意义务，尚有探讨空间。

综上所述，电商平台可能因知识产权治理措施中各环节义务的未履行或未有效履行导致责任的承担，这无疑为电商平台的知识产权侵权治理提出了更大挑战。面对不断增长的海量侵权投诉，电商平台不得不付出更多的财力、物力、时间及技术成本落实相关治理措施。值得注意的是，《电子商务法》在保护权利人“通知”并为平台设置系列义务的同时，也进一步强化了对于错误、恶意通知者的法律责任承担。

三、平台权利与维权

在复杂的商业环境中，平台投诉已不再仅仅是权利人正当维权的手段，而是逐渐成为“恶意控制零售价格”“打击竞争对手”“控制品牌销售渠道”的常见商业手段。因此，除处理大量的权利人正当维权投诉外，电商平台还需要为处理恶意、批量的商业投诉额外投入更多时间及人力成本。由于此类恶意通知只能通过人工审核发现，故即便监控系统注意到相同权利人在平台内持续发起批量投诉，受制于《电子商务法》对知识产权侵权处理流程的严格要求，电商平台还来不及判断具体权利人是否属于“恶意通知”就需要对投诉作出处理。即便后续审查确认属于恶意通知，平台早已被迫付出了更多治理成本、遭到投诉的平台内经营者也早已受到权利损害。

幸运的是，《电子商务法》第42条在要求电商平台承担义务的同时，也强化了“错误通知者”的法律责任，无疑为平台内经营者主动维权提供了强有力的法律依据，也是督促权利人“合法正当”投诉的有力武器。此外，由于恶意通知行为还涉及对电商平台正常经营秩序的扰乱，故部分电商平台也会依据《反不正当竞争法》相关规定针对“恶意通知”行为发起诉讼维权。

笔者拟通过对当前维权实践的分析总结，为电商平台有效行使“平台权利”、平台内经营者有力维护自身合法权益从而对“恶意通知”行为发起的反制诉讼维权提供有益思路借鉴。

（一）“恶意通知”行为的认定

1. 关于“错误通知”及“恶意通知”的法律规定

《电子商务法》第 42 条第 3 款首次对知识产权权利人因“通知错误”及“恶意通知”行为所需承担的民事责任作出了规定。此后，在 2020 年 9 月 10 日发布的《最高人民法院关于审理涉电子商务平台知识产权民事案件的指导意见》中对“恶意通知”的考量因素及诉讼维权主体进行了细化。在此期间，浙江省高级人民法院还于 2019 年 12 月 23 日发布《涉电商平台知识产权案件审理指南》，结合电商平台知识产权案件审判实际，以专章方式为“错误通知”和“恶意通知”的定义、认定标准、损害赔偿确定等细节问题考量提供了详细指引。现就相关规定梳理如表 4 所示：

表 4　关于电商平台“错误通知”及“恶意通知”的法律规定汇总

法律法规	条　款	内　容
1.《电子商务法》(2018 年 8 月 31 日通过，2019 年 1 月 1 日生效)	第 42 条第 3 款	因通知错误造成平台内经营者损害的，依法承担民事责任。恶意发出错误通知，造成平台内经营者损失的，加倍承担赔偿责任
2.《关于审理涉电子商务平台知识产权民事案件的指导意见》	第 6 条	人民法院认定通知人是否具有电子商务法第四十二条第三款所称的“恶意”，可以考量下列因素：提交伪造、变造的权利证明；提交虚假侵权对比的鉴定意见、专家意见；明知权利状态不稳定仍发出通知；明知通知错误仍不及时撤回或者更正；反复提交错误通知等。 电子商务平台经营者、平台内经营者以错误通知、恶意发出错误通知造成其损害为由，向人民法院提起诉讼的，可以与涉电子商务平台知识产权纠纷案件一并审理
3.《涉电商平台知识产权案件审理指南》	25.	“错误通知”是指通知人发出的通知错误从而对被通知人造成损害的行为。司法机关或行政机关最终认定被通知人不构成侵权的，属于通知人通知错误
	26.	被通知人以通知错误为由要求通知人承担民事责任的，可以提起一般民事侵权之诉

续表

法律法规	条　款	内　容
3.《涉电商平台知识产权案件审理指南》	27.	“恶意通知”是指通知人明知自己无权通知或通知依据不足，仍然发出通知，从而对被通知人造成损害的行为
	28.	认定通知人是否存在恶意，应重点考量是否存在以下情形： (1)伪造、变造权属证明； (2)明知权利状态不稳定或有瑕疵； (3)知道通知错误后不及时撤回； (4)提供虚假鉴定意见； (5)前后同类通知理由冲突
	29.	被通知人以恶意通知为由要求通知人承担民事责任的，既可以提起不正当竞争之诉，也可以提起一般民事侵权之诉，且均有权基于《电子商务法》第四十二条第三款的规定要求通知人加倍承担赔偿责任
	30.	因错误通知或恶意通知导致的损害赔偿数额应当按照被通知人因通知行为受到的实际损失计算；实际损失无法确定的，可以按照通知人因侵权获得的利益计算；上述两项均无法确定，由人民法院根据个案具体情况裁量。 赔偿数额应当包括被通知人为制止侵权行为而支出的合理开支
	31.	被通知人因错误通知或恶意通知受到的实际损失包括利润损失、商誉损失以及恢复成本等

2.“错误通知”与“恶意通知”的区别

根据上述规定可以看出，“错误通知”与“恶意通知”具有明显区别，主要表现在三个方面。首先，在归责方式上，“错误通知”强调的是事实状态，只要权利人的错误通知行为造成了平台内经营者的损害，依法就应当承担相应侵权责任。该种责任在性质上属于过失侵权责任，不以通知人是否存在主观过错为构成要件，即适用无过错责任归责原则。“恶意通知”则不同，其成立前提便是通知人具有主观上的恶意，即适用过错归责原则。其次，在被通知人维权路径的选择上，被通知人无论是以错误通知还是恶意通知造成损害为由提起诉讼,法院均可与涉电商平台知识产权纠纷案件一并审理。但是,被通知人以“错误通知”为由要求通知人承担民事责任的,通常只可提起一般民事侵权诉讼;而被通知人以“恶意通知”为由提起诉讼的,既可以提起一般民事侵权诉讼,也可以提起不正当竞争之诉。最后,在侵权责任承担上,因“错误通知”造成的侵权损害赔偿适用“填平原则”,一般以被通知人受到的实际损失为限;而因“恶意通知”行为遭受损害的被通知人,无论是提起一般民事侵权之诉还是不正当竞争之诉,均有权基于《电子商务法》第 42 条第 3 款的规定要求通知人承担加倍赔偿责任。从“恶意通知”对应的具有惩罚性赔偿性质的责任承担方式也可推知,其不仅要求通知人客观上实施了错误通知行为,更要求通知人主观上明知通知错误。

3. “恶意通知”的认定标准及常见情形

根据上述规定,“恶意通知”的构成一般须具备四个要件:第一,权利人客观上实施了向电商平台发出通知的行为;第二,该通知系错误通知;第三,权利人明确知晓该通知错误,即要求权利人具有发出错误通知的主观故意;第四,权利人的错误通知行为给平台内经营者即被通知人造成了损害。

《关于审理涉电子商务平台知识产权民事案件的指导意见》及《涉电商平台知识产权案件审理指南》分别列举了五种电商平台知识产权治理过程中常见的“恶意通知”情形,现笔者结合司法实践,对前述规定列举的六种“恶意通知”常见情形梳理总结如下:

(1)提交伪造、变造的权利证明。该情形主要指权利人依据明知虚假或具有重大瑕疵的权属证明文件发起投诉。例如,在“嘉瑞宝”案[①]中,投诉人与被投诉人均系在 TB 网开设店铺并从事地毯销售的经营者,在同一地域经营,且二者经营模式、销售平台、商品类别、用户群体高度重合。在此情况下,投诉人明知徐某并非涉案 3 幅美术作品著作权人,仍旧以徐某名义办理著作权登记,并以相关作品登记证书作为权属证明发起多次投诉,致使被投诉人商品链接被删除、商品下架。对此,法院认定投诉人通过上述伪造权利依据方式,利用平台知识产权保护机制对被投诉人高销量商品发起多次投诉,具有打击竞争对手、破坏其竞争优势以获取自身利益的主观恶意,属于典型的“恶意投诉”。

---

① 参见天津市滨海新区人民法院(2019)津 0116 民初 5880 号。

实践中，该情形通常还包括利用恶意抢注的商标作为权利依据针对被抢注商标人发起平台投诉的行为。例如，在“确美同”案①中，法院认为投诉人明知被投诉人对涉案图案享有在先权利并在先使用于涉案防晒霜产品上，仍然利用被投诉人未及时注册商标的漏洞，将其主要识别部分申请注册为商标，并依据该恶意抢注商标针对涉案产品发起投诉以谋取利益，相关行为属于典型的攫取他人在先成果及商誉的不劳而获行为，并最终判决投诉人立即停止恶意投诉不正当竞争行为。

(2)提交虚假侵权对比的鉴定意见、专家意见。该情形多发于品牌方进行的售假投诉中，通常表现为投诉人通过提交虚假的品牌鉴定报告、专家意见，或利用非正品图片或并非源于被投诉店铺的商品进行售假鉴定。例如，在“阳光新视界”案②中，法院认为，投诉人明知被投诉人销售的商品外观实际与其正品外观一致，作为注册商标专用权人及上游经销商，其有能力在购买相应商品后通过正当程序鉴定商品真伪却另行变造正品图片，以不实鉴定报告进行投诉，主观恶意明显，构成恶意投诉。

实践中，该情形还表现为提交虚假的侵权认定文件以左右平台侵权判定，包括提交伪造的裁判文书或提交未生效、已经改判的司法裁判文书。例如，在“黄金视力眼贴”案③中，法院认为，投诉人在缺少投诉商品构成侵权的初步证据情况下，通过上传伪造判决书的方式向涉案 TB 店铺发起投诉，造成平台审核人员错误认定投诉成立并作出处罚措施，致使被投诉人店铺及店铺内商品近 2 年无法通过搜索方式被消费者查找到，投诉人主观上具有恶意，相关行为属于不当投诉，即构成“恶意通知”。

(3)明知权利状态不稳定仍发出通知。该情形下，虽然权利人发起投诉所依据的权利基础真实存在，其也能够提供权利证明，但相关权利基础并不稳定。依据明知不稳定的权属持续发起多次投诉，具有被认定为超出正常维权合理范围的可能性。例如，在“ANKER”案④中，被投诉人在 2018 年 6 月遭到投诉人针对其数据线商品发起的投诉后，立即于 2018 年 7 月对投诉人“ANKER”商标提出无效宣告。2018 年 8 月，被投诉人提起本案诉讼，并同时向长沙市中级人民法院提起确

---

① 参见杭州市余杭区人民法院(2017)浙 0110 民初 18627 号。
② 参见四川省成都市中级人民法院(2021)川 01 民终 9454 号。
③ 参见北京市朝阳区人民法院(2020)京 0105 民初 70328 号。
④ 参见深圳市福田区人民法院(2018)粤 0304 民初 32610 号。

认不侵害商标权之诉。法院认为,上述司法程序启动后,投诉人应当知道其投诉所依据的权利基础存在不确定性、被投诉人使用涉案商标的行为是否构成侵权亦存在争议。在此情况下,投诉人未遵循司法渠道主张权利,仍于 2018 年 9 月在影响力较大的电商平台对被投诉人商品发起投诉,致使被投诉人商品下架,明显未对自身行使投诉权利尽到审慎注意义务。最终,法院认定投诉人于 2018 年 9 月发起的平台投诉明显超出正常维权需要,构成恶意投诉不正当竞争。

(4)明知通知错误仍不及时撤回或者更正。在该情形下,一开始权利人进行投诉时可能权利是正当、明确的,但在投诉过程中尤其是被投诉人提出反通知、提交申诉材料后,权属变得模糊或权利状态变得不稳定。此时,权利人应当更为审慎地行使投诉权利,及时撤回或更正通知,避免对他人合法权益造成损害。例如,在"瓷砖贴"案①中,权利人依据其对创意瓷砖贴系列作品进行的著作权登记,向被投诉人发起著作权侵权投诉。反通知阶段,被投诉人向平台提供了包含第三方图库网站提供的涉案图案授权书在内的申诉材料。法院认为,该种情况下,投诉人应更审慎审查自身权利基础,在自身并无可以证明创作完成时间底稿或其他形式材料,也无在先发表涉案图案依据的情况下,应认定投诉人明知自己权利基础存在重大瑕疵,却并未及时主动向平台撤回投诉,致使被投诉人商品链接被删除,导致其利益受损。综观整个过程,应当认定投诉人系明知自身缺乏著作权权利基础而进行投诉。

(5)反复提交错误通知。该情形下,权利人一般先后发起了多次投诉,在电商平台已经判定在先投诉不成立情况下,权利人明知通知错误或具有错误可能,仍旧以相同或类似理由继续发起投诉,妨碍他人正常经营活动,同样符合恶意之情形。例如,在"金牛管"案②中,投诉人在 2018 年 2 月至 2020 年 3 月针对被投诉人店铺发起 8 次投诉,投诉理由均为"商标权—假货"或"商标权—不当使用他人权利"。其中一次通知因不合格,平台直接作退回处理。而在剩余 7 次投诉中,被投诉人针对前 6 次投诉均提出了申诉且被平台审核通过,即投诉人前 6 次通知均系错误通知。在此情况下,投诉人第 7 次再次以相同理由对同一商品发起投诉,构成恶意通知。

---

① 参见义乌市人民法院(2021)浙 0782 民初 11011 号。

② 参见重庆市高级人民法院(2021)渝民终 1083 号。

(6)前后同类通知理由冲突。电商平台根据不同投诉理由设定了不同的证据要求,商标、著作权、专利侵权投诉所需提供的权属材料各不相同,初步侵权材料也有一定差异。即便针对同类型投诉,如商标侵权投诉,平台也进一步区分为售假、不当使用他人商标等情况,针对性作出证据要求。如果投诉理由存在明显的前后矛盾,而权利人无法给出合理解释,则可能会被推定构成恶意投诉。例如,在"加收米"案①中,投诉人针对被投诉人店铺内"加收米"农药商品发起了三次投诉。法院认为,在未购买产品实物也未比对情形下,投诉人直接以"假货—不存在此样式或型号"为由向平台发起第一次投诉。然而,在被投诉人第一次申诉成立后短短9日内,投诉人再次以"销售的是我司生产的产品,但在标题中使用'CL 霉素',系滥用商标权"为由发起第二次、第三次投诉,该理由恰恰印证了其认可第一次投诉商品系其销售正品,与第一次投诉理由明显矛盾。对此,投诉人并未给出合理解释,主观上存在明显恶意,构成恶意通知。

(二)电子商务经营者针对"恶意通知"的诉讼维权实践

自《电子商务法》实施至今,针对权利人实施的上述"恶意通知"行为,已经有越来越多的平台内经营者及电商平台选择主动发起诉讼维权。

1. 电商平台的诉讼维权实践总结

根据案例检索发现,当前已有部分电商平台开始尝试针对长期、持续在电商平台内发起恶意投诉的主体发起诉讼维权。现就我们检索到的案例汇总摘要如表5所示。

表5　电商平台针对恶意投诉权利人发起诉讼维权的司法案例汇总

序号	案件名称	案号、审理法院	裁判要旨
1	TM 公司与张某、郁某不正当竞争纠纷案	(2020)浙0110民初13525号,杭州市余杭区人民法院	【构成恶意投诉不正当竞争】本案中,原告主张两被告篡改专利权评价报告,进行恶意投诉,扰乱平台竞争秩序,构成对原告的不正当竞争。法院认为,判断是否属于《反不正当竞争法》第2条规制的不正当竞争行为,应考虑如下因素: • 被诉行为是否系经营行为。本案中,被告依据外观设计专利对平台卖家产品发起投诉,并实施付费撤诉行为获得个人利益,系经营行为。

① 参见浙江省杭州市中级人民法院(2020)浙01民终581号。

续表

序号	案件名称	案号、审理法院	裁判要旨
			●被诉行为是否扰乱市场竞争秩序。本案中,被告利用篡改的专利权评价报告,向大量平台内卖家的产品发起投诉,被投诉链接多达528个,显然超过正常经营或自身知产维权所需,系恶意打击竞争对手、谋取非法收益的行为,破坏正当有序市场秩序。 ●被诉行为是否具有不正当性。被告违反诚实信用原则,篡改专利评价报告,充作无缺陷的专利发起大量投诉,牟取非法收益,损害他人合法权益,不仅具有不正当性,而且属于"恶意"范畴。 ●原告的合法权益是否受侵害。被告投诉对象虽系平台内卖家,但扰乱了电商平台市场竞争秩序。规范、公平、有序的市场环境,是平台吸引卖家、消费者的重要因素,也是其参与市场竞争的核心要素之一。被诉行为扰乱了平台市场竞争秩序,必然损害商城经营者竞争利益。大量不当投诉导致商城卖家链接下架,直接影响平台经营收入。被告的不当投诉额外占用平台资源,影响原告正常经营活动,原告合法权益不可避免受到侵害
2	TB公司与北京微海联合电子商务有限公司网络侵权责任纠纷案	(2019)京0491民初1601号,北京互联网法院	【构成侵权】本案中,原告主张被告恶意投诉电商平台内商家,扰乱平台经营秩序,增加原告管理成本,降低平台信誉和披露数据价值,侵犯原告合法权益。关于原告主张的投诉行为是否构成侵权,法院认为: ●根据查明事实,被告实施投诉所依据的司法文书系伪造,被告亦未提交证据证明被投诉人存在侵权行为,故其投诉应认定为虚假投诉行为; ●原告依据被告虚假投诉作出删除链接等处罚措施,可能导致平台内商家向有关管理机构投诉或向法院起诉,原告商誉存在受损风险。同时,虚假投诉行为导致原告基于法律规定、经营策略建立并维护的网络购物生态环境、维权体系受到质疑、无法有效运转,平台面临提高投诉门槛以保障平台商家经营的诉求。如提高投诉门槛的措施不合理,又会使合法权利人、消费者权益受损。上述潜在风险将为原告带来经营困难,进而导致竞争力下降。综上,法院认定被告恶意投诉行为侵害原告合法权益,应承担相应民事责任

2. 电商平台内经营者的诉讼维权实践总结(仅选取 10 件典型案例)

根据案例检索发现,当前普遍存在的恶意投诉维权案例系电商平台内经营者针对恶意投诉权利人发起不正当竞争的诉讼维权案例。现就我们检索到的案例汇总摘要如表 6 所示。

表 6 电商平台内经营者针对恶意投诉权利人发起不正当竞争维权的司法案例汇总

序号	案件名称	案号、审理法院	案件概述/裁判结果/法律适用
1	宁波 KDJ 公司与成都 LSXH 公司不正当竞争纠纷案	(2021)川 01 民终 9454 号,四川省成都市中级人民法院	【案件概述】原告系“阳光新视界”品牌权利人,多次向电商平台投诉被告经营的 TB 店铺出售假冒眼罩商品,并提供鉴定为假的鉴定报告,平台根据投诉下架了商品链接,并对店铺进行处罚 【裁判结果】恶意投诉构成不正当竞争(售假投诉) 【法律适用】《反不正当竞争法》第 2 条
2	安克创新科技股份有限公司与厦门超人科技有限公司、厦门商盾品牌管理有限公司不正当竞争纠纷案	(2020)粤 03 民终 6793 号,广东省深圳市中级人民法院	【案件概述】原告是 ANKER 品牌方,注册了相关“ANKER”商标。被告申请注册“安壳(ANKER)”等商标,并依据相关商标在各大电商平台针对原告产品发起投诉、警告。原告以不正当竞争为由将被告诉至法院,要求其立即停止恶意投诉、恶意警告不正当竞争行为 【裁判结果】恶意投诉构成不正当竞争(明知权利状态不稳定仍发出通知) 【法律适用】《反不正当竞争法》第 2 条
3	肖某与 BRD 公司不正当竞争纠纷案	(2021)沪 73 民终 634 号,上海知识产权法院	【案件概述】被告 BRD 公司是 BRD 品牌水杨酸面膜品牌方,从原告经营的平台店铺购买 BRD 面膜商品后,自行制作了“鉴定报告”,判定原告销售面膜为假货,并据此向电商平台进行了投诉。原告以被告恶意投诉构成对其不正当竞争为由,诉至法院 【裁判结果】投诉行为不构成商业诋毁不正当竞争 【法律适用】《反不正当竞争法》第 11 条

续表

序号	案件名称	案号、审理法院	案件概述/裁判结果/法律适用
4	刘某与武汉金牛经济发展有限公司等不正当竞争纠纷案	(2021)渝民终1083号,重庆市高级人民法院	【案件概述】2011年10月,原告在某电商平台开设店铺,经营建材。被告先后委托专业知识产权代理机构以"售假"为由针对原告店铺商品发起多次投诉,持续两年。原告认为被告行为导致其店铺人气和销量急剧降低,造成重大经济损失,要求被告立即停止恶意投诉不正当竞争行为 【裁判结果】恶意投诉构成不正当竞争(反复提交错误通知,委托专业知产维权机构投诉,具有明显恶意) 【法律适用】原《侵权责任法》第36条第1款;《电子商务法》第41条、第42条、第43条、第59条、第63条;《反不正当竞争法》第2条、第17条;《最高人民法院关于审理涉电子商务平台知识产权民事案件的指导意见》第4条、第5条、第6条
5	朱某与河北微海联合电子商务公司、北京微海联合电子商务有限公司不正当竞争纠纷案	(2020)京0105民初70328号,北京市朝阳区人民法院	【案件概述】2018年6月,原告在电商平台开设店铺,主营被告生产的黄金视力眼贴产品。2018年7月13日,被告以伪造判决书的形式对原告店铺发起投诉,导致平台对原告作出处罚、关停,原告认为其销售商品系正品,被告恶意投诉行为构成不正当竞争 【裁判结果】恶意投诉构成不正当竞争(伪造认定商标侵权的判决书进行投诉) 【法律适用】《反不正当竞争法》第2条
6	XN公司等与哈尔滨SS公司、姚某等不正当竞争纠纷案	(2021)京73民终2185号,北京知识产权法院	【案件概述】原告是"T*****"品牌运营主体,在各大电商平台注册了专营店铺。2019年10月以来,被告依据"T*****"商标在电商平台对原告进行了十次投诉,致使原告产品多次遭到下架,严重干扰原告正常经营活动,给原告造成巨大经济损失。原告认为,根据《反不正当竞争法》第2条的规定,被告恶意投诉行为构成不正当竞争。 【裁判结果】恶意投诉构成不正当竞争(投诉人通过抢注他人商标、抢先进行著作权登记获权后,以此作为权利基础针对他人在平台店铺中销售的商品进行投诉) 【法律适用】《反不正当竞争法》第2条、第17条;《电子商务法》第5条、第17条、第41条、第42条

续表

序号	案件名称	案号、审理法院	案件概述/裁判结果/法律适用
7	深圳市BL公司与JW科技公司不正当竞争纠纷案	(2019)粤03民初4905号,广东省深圳市中级人民法院	【案件概述】原告系手环生产商,其经销商购买手环后在各大电商平台销售。被告在其外观设计专利权稳定性极差情况下,向平台多次投诉原告经销商销售的手环侵害其专利权,原告认为被告投诉行为导致其经销商销售的手环产品下架,构成不正当竞争 【裁判结果】多次投诉行为属于正常、合法维权,不构成不正当竞争
8	天津市JRB公司与天津OH公司、徐某、邓某等不正当竞争纠纷案	(2019)津0116民初5880号,天津市滨海新区人民法院	【案件概述】原告在电商平台开设店铺,经营地毯地垫销售。被告依据其对涉案地毯图案享有的美术作品著作权,在平台内对原告所售多款商品发起多次投诉。原告认为,被告的恶意投诉行为致使其店铺销量大幅下滑,给其造成重大经济损失,构成不正当竞争 【裁判结果】恶意投诉构成不正当竞争(明知不享有著作权仍发起多次投诉) 【法律适用】《反不正当竞争法》第2条、第17条;原《侵权责任法》第8条、第9条第1款、第14条第1款;《电子商务法》第42条第3款
9	黄某与普洱TEA公司、TB公司不正当竞争纠纷案	(2020)浙01民终585号,浙江省杭州市中级人民法院	【案件概述】原告在电商平台开设店铺,销售茶叶。2017年12月19日至2018年2月27日,被告以“售假”为由针对原告店铺所售茶叶进行了共七次知识产权投诉,投诉依据为其“LCG及图”注册商标。原告均申诉成功,平台判定投诉不成立。但是,2018年3月及4月,被告再次发起投诉,理由为购买鉴定为假货,平台对原告作出删除链接、扣分等处罚。原告认为其所售商品均系正品,被告恶意投诉行为构成不正当竞争 【裁判结果】恶意投诉构成不正当竞争(通过变造正品图片、隐瞒实际生产事实、伪造鉴定报告等形式进行投诉) 【法律适用】《反不正当竞争法》第2条

续表

序号	案件名称	案号、审理法院	案件概述/裁判结果/法律适用
10	BY 公司等与李某、TB 公司不正当竞争纠纷案	(2018)浙 01 民终 4546 号,浙江省杭州市中级人民法院	【案件概述】原告是“确美同”品牌系列防晒霜生产者,拥有相关商标、著作权。自 2016 年 8 月起,被告以商标侵权为由针对原告电商平台店铺内销售的两款确美同防晒霜商品发起投诉。原告认为被告恶意抢注商标发起投诉行为构成不正当竞争。 【裁判结果】恶意投诉构成不正当竞争(利用抢注的商标发起平台投诉) 【法律适用】《反不正当竞争法》第 2 条

(三)电子商务经营者的反制诉讼维权路径

在“恶意通知”情形下,电商平台内的经营者作为被投诉的直接主体,因恶意投诉行为所遭受的商品链接下架、店铺屏蔽、店铺降级降权、商品禁止销售等平台处罚,不仅妨碍其经营,更直接影响其经营利润、商誉积累,使其负担本不必要的恢复成本。对平台而言,虽然投诉对象仅系平台内的经营者,但大量无法甄别的恶意通知无疑增加了平台的审查负荷,扰乱了平台内正常稳定的经营秩序,影响平台在商家端辛苦建立的信赖与口碑。在品牌权利人发起的诉讼维权中,电商平台常因未及时履行“通知—删除”义务被要求承担平台责任。在平台内经营者发起的恶意投诉不正当竞争维权案件中,经营者又时常以平台审查失误、对其店铺采取处罚措施不当、损害其权益为由,要求平台承担责任。该种情况下,平台可谓腹背受敌,诉累负担严重。因此,笔者结合司法实践,为电商平台及平台内经营者行使权利,主动发起反制维权进行了诉讼路径总结建议。

1. 电商平台的反制维权诉讼路径建议

以表 5《电商平台针对恶意投诉权利人发起诉讼维权的司法案例汇总表》为基础,我们就电商平台可以针对恶意投诉行为采取的诉讼维权路径进行了梳理并总结,见表 7。

表 7 电商平台针对恶意投诉行为发起诉讼维权的可选路径汇总

原告	电子商务平台
被告	具有恶意通知情形,并在平台内针对多个商家、发起众多投诉的投诉人

续表

案由	• 不正当竞争纠纷，主要法律依据：《反不正当竞争法》第 2 条 • 一般侵权责任纠纷，主要法律依据：《民法典》第 1165 条
侵权行为	六种恶意通知情形
原告受到损害的权益	• 电商平台通过设置知识产权投诉机制、完善支付体系、退换货规则、交易评价体系、消费者权益保护规则等，辛苦建立并完善的电商运营体系，以及据此形成的良好电商生态； • 电商平台规范、公平、有序的市场竞争秩序
裁判要点	• 实施被诉侵权行为（平台投诉）时没有合法正当的权利依据，一方面表现为权利无效或不稳定，例如商标权已经被宣告无效或并非合法有效、状态稳定的商标；另一方面表现为据以维权的权属文件或初步证明构成侵权的材料系伪造； • 投诉人短期内在电商平台发起投诉的链接达到一定数量，且所涉及的平台内商家较多，即针对一个商家发起多条投诉无法证明对整个平台竞争秩序的扰乱，仅当相关恶意投诉行为持续时间长、所涉主体多、影响范围广的情况下，才有可能通过《反不正当竞争法》予以规制。例如，在“花盆套件专利投诉案”[1]中，投诉量级达到“2020 年 6 月 27 日到 7 月 6 日期间，共投诉五百余个商品链接，涉及四十余名平台卖家，并导致其中部分商品链接被删除”的程度，才使得平台依据《反不正当竞争法》成功维权； • 具有恶意情节，例如投诉人以撤销投诉为由与被投诉店铺进行沟通和解，要求支付和解款后撤销投诉，体现出明显以投诉牟利的目的； • 原告即电商平台的权益遭受实际损害，一般要求被诉行为已经影响到商城内竞争秩序、导致平台错误下架了被投诉商家的部分商品链接、占用了投诉渠道审核时间等平台资源

[1] 参见杭州市余杭区人民法院（2020）浙 0110 民初 13525 号。

2. 电商平台内经营者的反制诉讼维权路径建议

（1）反制诉讼维权路径

以表 6《电商平台内经营者针对恶意投诉权利人发起不正当竞争维权的司法案例汇总表》为基础，我们对电商平台内经营者可以针对恶意投诉行为采取的诉讼维权路径进行了梳理并总结，见表 8。

表 8 电商平台内经营者针对恶意投诉行为发起诉讼维权的重点汇总

原告	平台内经营者(电商平台内的店铺经营者)
被告	发出错误通知或恶意通知的投诉人(不要求平台投诉的数量和范围,但需要证明被诉行为造成的损害)
案由	• 不正当竞争纠纷,主要法律依据:《反不正当竞争法》第 2 条 • 一般侵权责任纠纷,主要法律依据:《民法典》第 1165 条 • 确认不侵权诉讼,主要法律依据:《关于审理侵犯专利权纠纷案件应用法律若干问题的解释》第 18 条【注:实践中,针对恶意通知行为发起确认不侵权诉讼的案例极少,考虑到该类诉讼具有严格程序性要求、时限要求,且作为确认之诉,无法通过判赔形式打击恶意投诉人,故不在下文展开说明】
侵权行为	• 发出错误通知,并造成实际损害 • 六种恶意通知情形
原告遭受的损害	• 平台惩罚措施,包括删除链接、店铺降级、店铺降权、屏蔽商品或店铺、禁止销售等; • 利润损失,即店铺无法正常期间的经营利润损失; • 商誉损失,即被通知人的商品链接或店铺因恶意通知行为受到平台处罚,导致其店铺信誉积分受损而产生的损失; • 恢复成本,即被通知人为消除通知行为带来的不利影响而额外支出的推广费、技术服务费等费用
裁判要点	• 只要投诉人与被投诉人均在同一电商平台内开设店铺、经营相同类别商品或服务,一般都会被认定为具有直接竞争关系; • 如果投诉人专门委托第三方知识产权代理机构提供投诉服务,对其他经营者进行恶意商业投诉,损害其他经营者合法权益,则可能构成不正当竞争; • 如果投诉人是涉案商品的生产商或品牌方,那么其对于是否售假具有较强辨别能力。在此情况下,法律对其采取购买实物进行鉴定的方式来判断被投诉商品是否为侵权商品具有法律和实操层面的可期待性。投诉人作为品牌方投诉时,如果未实际购买被投诉商品用以鉴定,反而存在变造正品文件、提供虚假鉴定意见、投诉理由明显前后不符却无法作出合理解释等情况,则大概率构成不正当竞争; • 被投诉店铺提交材料申诉成功,说明电商平台已经对被投诉人是否构成侵权作出初步论断,即判定不构成侵权。在此情况下,投诉人负有更加审慎的投诉注意义务,其应当知晓对方行为很有可能不构成侵权,应当谨慎投诉,防止因自身不当投诉行为而给他人合法经营利益造成损害。如果继续发起投诉,有被推定恶意可能;

续表

	• 只要权利人拥有的权利是现时、合法、有效的，无论其获取方式是否正当，一般会被认定系正当维权。但是，如果有确凿证据证明投诉人发起投诉所依据的权利基础，例如商标权，系抢注获得，则依据被抢注商标发起的投诉仍属恶意投诉，不论该商标是否处于有效状态

(2)要求投诉人停止平台投诉的反向行为保全

由于部分恶意投诉中的侵权证明材料具有较强专业性或蒙蔽性，平台内经营者无法提供充分证据证明其未构成知识产权侵权，故平台有时也无法对是否构成侵权这一专业问题作出判断。此时若不主动采取行动寻求公力救济，可能使得平台内经营者继续遭受恶意投诉、无法及时恢复正常经营活动，从而遭受难以弥补的经济损失。尤其是在“双 11”“618”等重要购物节期间，部分商品具有较强时效性，若平台内经营者在这一时期遭受恶意投诉，致使相关商品链接被全部下架，对于商家来讲可谓是毁灭性的打击，将导致其失去辛苦积累的商业信誉和预期交易机会。因此，在紧急情况下，平台内经营者可考虑通过反向行为保全要求投诉人立即停止平台投诉，目前能够通过公开途径可以查询到的典型司法案例如表 9 所示。

表 9　电商平台内经营者申请反向行为保全的司法案例汇总

序号	案件名称	案号、审理法院	裁判要旨
1	郑州 YT 公司与丁某、TM 公司等侵害外观设计专利权纠纷案	(2020)浙 0110 民初 13525 号，杭州市余杭区人民法院	【案件背景】被投诉商品为蚊帐，系夏季季节性产品，正处销售旺季，在商品链接被删除之前，该产品已做到同类第一，并即将迎来“6. 18”推广活动。 【裁判要旨】权利人向电商平台投诉或起诉平台内销售商侵害其知识产权，平台断开相关商品链接，销售商申请法院裁定要求电商平台先予恢复销售链接的，人民法院应当综合审查销售商品侵权的可能性、是否给销售商造成难以弥补的损害、销售商提供担保情况、删除或恢复链接是否有损社会公共利益等事实和法律要件，决定是否应当先予恢复被删除的链接

续表

序号	案件名称	案号、审理法院	裁判要旨
2	慈溪市BS公司与永康市LY公司、TM公司等侵害实用新型专利权纠纷案	(2020)最高法知民终993号,最高人民法院	• 涉电商平台知识产权侵权纠纷案中,被诉侵权人提出行为保全申请,要求平台取消删除、屏蔽、断链、终止交易服务等措施,人民法院应予审查。 • 在确定"难以弥补的损害"时,可以考量不采取行为保全措施是否会严重损害申请人名誉、商誉等权利,是否会使申请人市场竞争优势严重受损或者商业机会严重丧失等因素。即使有关损失可以请求金钱赔偿,但损失巨大且难以计算的,也可以认定其构成"难以弥补的损害"。 • 有关行为保全担保可以采取固定担保金加动态担保金的方式,动态担保金可以根据取消上述措施后的可得利益确定
3	徐某与山东SBWH公司、田某、刘某侵害著作权纠纷案	(2019)浙0110行保1号,浙江省杭州市余杭区人民法院	• 针对《电子商务法》规定的"恶意通知"行为,被通知人可以向法院申请诉前或诉中行为保全,请求法院责令通知人撤回通知或者禁止通知人继续发出通知。 • 法院可以从通知人的恶意程度、通知人恶意通知行为对被投诉店铺的影响程度、不采取行为保全措施对被通知人造成的损害是否超过采取行为保全措施对通知人造成的损害以及采取行为保全措施是否损害社会公共利益等多个方面审查认定是否准许保全

综上所述,侵权通知本身就是知识产权权利人行使权利的一种体现,它既能维护权利人合法权益,也可以实现对侵权人或竞争对手的打击。因此,投诉行为一定程度上可视为市场竞争行为的一种,受到《反不正当竞争法》的规制。虽然鼓励权利人对侵权假冒商品积极投诉是电商平台维护其公平竞争秩序的需求。但是,权利人始终应当基于客观事实、采取适当方式投诉,做到审慎行权。如果权利人意图利用平台投诉规则,影响作为直接竞争对手的被投诉人的正常经营,掠夺其交易机会以谋取不当利益,那么笔者建议各大电商平台积极利用诉讼手段维护自身"平台权利",也建议平台内经营者善用、巧用上述维权措施,主动追责投诉人,遏制恶意投诉。

低轨卫星通信的核心技术及法律风险

张　鹏*

* 作者简介：

张鹏，中伦律师事务所南京办公室知识产权部高级顾问，电邮为：zhangpeng@ zhonglun. com。

信息传递是人类最基本的需求之一。传统信息传递的原理是当传递者与接收者相向而立时,传递者的声带产生振动,振动在介质(如空气)中传播形成声波(波是传递信息的主要载体),传递者说出不同的文字时声带的振动不同,因此空气中传播的波形出现了差别,接收者的耳朵依靠波形的不同识别出了不同的文字,最终实现了信息的传递。依靠波传递信息是通信的基本原理,但前述传统方式受到了通信距离、传播介质、保存方式等限制。

从无线电通信之父伽利尔摩·马可尼(Guglielmo Marconi)将无线电技术应用到通信领域开始,到1G时代模拟通信拉开移动通信的大幕、2G时代实现了从模拟信号到数字信号的转变、3G时代实现了富媒体的传输、4G时代开启了移动互联网纪元,再到5G推开万物互联的大门,甚至到未来6G万物智联的期待,通信发展所追求的一直是解决前述通信过程中的限制,即怎么能让信息尽可能少受时空限制的更快更准的进行传播,或者说怎么能实现随时随地的通信。

如今的手机市场和人才市场一样,不断"卷"出新高度。各大厂商在屏幕、电池、摄像头、算法、系统等各个细分领域想方设法地提升,努力去争取哪怕只比友商产品性能高出百分之零点几的改善。但当人们认为智能手机的发展只能沿着既定方向继续"卷"时,却被一个新消息刷屏:据说某型号的手机产品未来将搭载卫星通信功能,准确地说,是低轨卫星通信功能。

一、什么是低轨卫星通信

根据轨道高度,卫星可以分为典型高度为500千米至2000千米的低地球轨道(Low Earth Orbit, LEO)卫星、典型高度为8000千米至20000千米的中地球轨道(Medium Earth Orbit, MEO)卫星和高度约35786千米的对地静止轨道(The Geostationary Orbit,GEO)卫星等。虽然相较中、高轨卫星存在覆盖范围不足的问题,但低轨卫星具有发射成本低、距离地面近、传输时延短、路径损耗小、数据传输率高等优点,[①]同时对终端的功率要求也较低,适合在手持移动终端上搭载。

摩托罗拉公司曾在20世纪90年代构想并实现了"铱星计划",这是世界上第一个低轨卫星系统。该系统使用传统的窄带星座,共布置6个轨道面,每个轨道均匀分布11颗卫星,组成完整星座,覆盖全球区域(包括南北两极),提供全球任

① 参见陈山枝:《关于低轨卫星通信的分析及我国的发展建议》,载《电信科学》2020年第6期。

何地点的电话通信业务。但因为时代、技术等限制，“铱星计划”并没有得到广泛使用。

随着时间的推移，火箭发射（可回收及一箭多星）、卫星制造（组件化和模块化）、集成电路（小型化和材料）等技术大幅进步，宽带星座逐渐成为发展热点，逐渐出现了一批新的卫星通信计划，其中 starlink、OneWeb、O3b、TeleSat、LeoSat 等是域外的典型代表，我国也推出了“虹云”“鸿雁”等计划。

低轨卫星通信技术也被认为是未来通信的新发展方向之一，在 6G 通信系统中已经确定会使用卫星通信+地面基站的组网方式，以实现空天海地一体化，卫星通信技术被纳入民用移动通信中。在这个时间节点，哪家厂商能率先克服天线、成本、基带芯片等问题将卫星通信功能加入自己的产品，尤为值得大家关注。

二、低轨卫星通信的核心技术

国家知识产权局知识产权发展研究中心在 2021 年 4 月发布的《6G 通信技术专利发展状况报告》中记载，卫星通信技术领域的全球专利申请总量为 25509 项，来自中国的专利申请量最多，达到 9159 件，占比 31%。其中，全球前 10 位申请人中仅有 1 家中国企业，美日韩三国企业类型的申请人位列前茅，其中日本 NEC 公司、韩国大宇通信公司、日本三菱电子公司排名前三。通过专利检索及对近年来国内外学者和研究机构的主流研究成果的分析，高集成星载相控阵天线技术、星上处理技术和星间激光链路技术极有可能是未来低轨卫星通信的核心技术。

高集成星载相控阵天线技术是突破卫星系统增益困难的关键技术，传统的卫星天线只能提供较低增益，因而数据传输速率不高。随着应用需求的发展，传统的低增益天线已经逐渐不能满足用户需求。相控阵天线技术是利用天线的空间分集技术实现多波束覆盖，同时还可实现波束间通信容量和波束形状的调整。[①]除此之外，相控阵天线还具备可靠性高、易于安装和电气性能佳等特点。根据波束的功能不同，相控阵天线可分为区域覆盖相控阵天线、宽角扫描相控阵天线和有限区域扫描相控阵；根据是否存在发射源，相控阵天线可分为有源相控阵天线和无源相控阵天线。

星上处理技术是接收卫星多源载荷数据并对其进行信息融合处理，实现全探

① 参见阎鲁滨：《星载相控阵天线的技术现状及发展趋势》，载《航天器工程》2012 年第 3 期。

测场景海量数据下目标的在线检测、精准识别与持续跟踪，为卫星/星座/载荷的自主调度运用、目标位置确定、信息快速应用提供支撑的技术集，①是一系列技术的统称，包括空间交换技术、多址接入技术、前向纠错技术、功率控制技术等，综合以保障通信的带宽、时延、质量等。

星间激光链路技术是以激光为信息载体，通过激光在自由空间传输而进行的点对点无线通信技术，可以有效缓解由于世界各国发射的人造通信卫星数目与日俱增而造成各卫星微波链路之间的串扰。② 与传统的卫星微波通信相比，激光通信存在频率高且束散角小，卫星激光通信具有传输数据率高、通信容量大、保密性好、终端设备体积小、功耗低等优势。

三、法律风险及解决路径

1. 标准缺乏

标准是通信领域的核心，设备商、运营商和其他上下游的厂商都致力于参与标准的制定并围绕标准构建专利库。标准的制定能够实现产品互联、效率保障和成本降低等，但卫星通信暂未形成统一的标准，于是难以形成有效的市场壁垒和市场引导，也会增加重复的网络建设投资。

涉及卫星通信的标准制定已在进行当中，第三代合作伙伴计划（3rd Generation Partnership Project，3GPP）中针对卫星通信的标准研究目前主要在 TR38. 811 和 TR38. 821 中，3GPP TR 38. 811 对“面向非地面网络中的 5G 新空口”进行专门研究，定义了非地面网络（Non-Terrestrial Networks，NTN）部署场景和 4 种卫星 NTN 网络架构（如高度、参数等）。TR38. 821 在 TR38. 811 的成果基础上进一步研究卫星接入的问题，针对典型场景研究无线接入网的框架和对应的接口协议，标准化的工作需继续推进。

2. 监管规则复杂

空间业务国际法规包括《外层空间条约》《国际电信联盟组织法》《国际电信联盟公约》《无线电规则》《程序规则》等对各成员有约束力的文件。其中《外层空

---

① 参见乔凯等：《星上智能信息处理技术发展趋势分析与若干思考》，载《航天返回与遥感》2021 年第 1 期。

② 参见李鑫：《星间激光通信中链路性能及通信性能优化研究》，哈尔滨工业大学 2013 年博士学位论文。

间条约》被认为是空间法宪法性文件,其订立目的之一是消除部分国家对外空提出的主权要求,第 1 条就规定探索和利用外层空间的权利属于全人类。我国关于空间通信的相关法律法规包括《电信条例》、《建立卫星通信网和设置使用地球站管理规定》和《空间物体登记管理办法》等。

由于与地域跨度无关,甚至能绕过运营商直接进行通信,卫星通信一直面临通信过程难以监测、通信终端难以监管的问题。在提供卫星通信服务之前,一定要充分考虑国际法与国内法的衔接,与相关主管部门、运营商等进行政策、频段等协调,以满足相关法律和法规的规定。

3. 数据安全风险

卫星通信的数据交互通常跨越地域在空间进行,必然会涉及数据跨境传输的问题。数据可分为构成个人信息的数据和非个人信息的数据两种,其中《个人信息保护法》明确了个人信息跨境提供的基本规则,此前的《网络安全法》《个人信息和重要数据出境安全评估办法(征求意见稿)》等也规定了个人信息和重要数据的境内储存原则。

《个人信息保护法》正式确立了个人信息出境的条件,《网络安全法》对个人信息出境的安全评估仅作原则性规定,"因业务需要,确需向境外提供的,应当按照国家网信部门会同国务院有关部门制定的办法进行安全评估;法律、行政法规另有规定的,依照其规定"。之前公布的《个人信息出境安全评估办法(征求意见稿)》也对安全评估框架、评估流程、评估材料申报要求等作了较明确的规定(目前尚未生效)。

当卫星通信交互的数据,如语音通话、短信、电子邮件等涉及个人信息或重要数据等,则按规定需要进行监管,所以需要确保该传输的合规性。

4. 国家安全风险

国家安全是一个需要单独强调的问题。各种计划中的卫星通信系统涉及卫星数量巨大,当这些卫星具有监测功能时,我国的重要设施等将可能处于完全暴露的状态。《数据安全法》规定国家核心数据包括关系国家安全、国民经济命脉、重要民生、重大公共利益等数据,并对其实行更加严格的管理制度。当卫星通信中交互的数据涉及国家秘密、军事秘密时,或卫星进行测绘活动时,甚至可能触发刑事责任。

四、结语

卫星通信不仅是国内也是国际市场的热点。卫星通信网络将是民用基础设施不可或缺的组成部分,在未来通信网络中扮演着重要的角色,所以其核心技术和法律风险需要各方主体重点关注。

(李梦欢对本文亦有贡献)

陈忠海 1961年9月生，河南信阳人，历史学博士，郑州大学信息管理学院院长，郑州大学特聘教授，博士生导师。兼任中国档案学会理事、中国档案学会基础理论委员会委员、河南省档案学会副理事长。自1986年以来，长期从事档案学教学和科研工作，受聘担任2001－2005年、2006－2010年、2013－2017年、2018－2022年四届教育部高等学校档案学专业教学指导委员会委员。

学术成果　主持国家社会科学基金项目 3 项，其中重点项目 1 项，一般项目 2 项，项目重点围绕档案法立法和档案行政执法展开研究，取得了丰富的成果，多次参加国家档案局和中国法学会召集的《档案法》修订工作座谈会，提出许多建设性意见。出版专著 3 部：《中国图书档案损毁史实的调查与书厄观研究》《档案法立法研究》《档案鉴定的理论与实践》。在核心期刊上发表论文、综述和研究报告 110 余篇，其中刊登在 CSSCI 来源期刊、本学科权威期刊《档案学研究》《档案学通讯》文章 48 篇，《论国家治理现代化视角下的档案守法》《众筹模式在档案馆档案信息资源开发中的应用研究》等 12 篇文章被中国人民大学复印报刊资料全文转载。

获奖情况　2018 年被国家档案局聘为首批“全国档案专家”，2014 年被河南省档案局评为首批“河南省档案专业‘十百千’档案领军人才”。《档案鉴定的理论与实践》被评为 1998–2001 年度河南省社会科学优秀成果奖一等奖，《中国图书档案损毁史实的调查与书厄观研究》被评为 2014 年度河南省社会科学优秀成果奖三等奖，《档案法立法研究》被评为 2013 年度河南省社会科学优秀成果奖三等奖。

耕耘理论沃土　绽放出彩华章

习近平总书记在哲学社会科学工作座谈会上的讲话中指出，一个没有发达的自然科学的国家不可能走在世界前列，一个没有繁荣的哲学社会科学的国家也不可能走在世界前列。坚持和发展中国特色社会主义，哲学社会科学具有不可替代的重要地位，哲学社会科学工作者具有不可替代的重要作用。为深入贯彻落实习近平总书记在哲学社会科学工作座谈会上的重要讲话精神，大力实施以育人育才为中心的哲学社会科学整体发展战略，更加有效地发挥社科理论研究服务全省大局的重要作用，中共河南省委宣传部、省社科联组织了“河南社科名家”评选和“河南社科名家文库”（以下简称“文库”）的编纂工作。

“文库”收录了韩国河、余丽、张先飞、刘志伟、陈忠海、孙先科、李恒、李伟昉等八位首批“河南社科名家”的代表性理论研究成果，内容涵盖考古、古代文学、现当代文学、比较文学、国际政治、档案管理、区域经济等多个领域，集中展示了首批“河南社科名家”漫漫科研路上的不断求索和丰硕成果，从整体上看，“文库”主要体现了以下几个鲜明特点。

一是聚焦学术前沿问题。理论思维的起点决定着理论创新的结果。“文库”坚持马克思主义指导地位、坚持以人民为中心的研究导向，立足于我们所经历的伟大时代变革，以强烈的使命担当，敏锐的学术自觉，感知、关切、探究、解答各自学术研究领域的核心性、关键性、前沿性问题。有从理念、方法到技巧方面对考古学的学科建设探索，有对现代中国关于人的形而上思考、“人间”本位的解析，有从中华文化观念发生视角对中华文化思想起源发展的探究，有对中西方文学比较研究、比较文学实证方法与审美批评之间的辩证关系研究等。这些都充分体现了“文库”作者用思想观照时代、观照现实的探索精神，为河南社科理论界专家学者严谨治学、开拓创新的品格作出了生动注解。

二是聚焦重大现实问题。问题是创新的起点、理论的生长点。马克思曾深刻指出:“主要的困难不是答案,而是问题。”与时代同步伐,与人民共命运,关注和回答时代和实践提出的重大课题,是马克思主义永葆生机活力的奥妙所在。“文库”收录的研究成果充分利用河南文化优势、区位优势,对源远流长、博大精深的中原优秀传统文化进行了追本溯源和创新创造。同时,扎根于中原更加出彩的伟大实践,坚持问题导向,解决实际问题。或以经济发展与转型为主题,从区域、产业和农村三大领域探究我国经济发展和转型的过程、性质、结构和绩效;或深挖中原文化潜力,以传承创新华夏历史文明和建设全国重要文化高地为己任,推进中原优秀传统文化创造性转化创新性发展。这些研究最大限度地遵循规律、探究缘由、寻找对策、服务现实,以河南社科理论界专家学者的实干担当,为中原出彩贡献了自己的力量。

三是聚焦思想舆论问题。当前,世界正处于百年未有之大变局,中国与世界的关系正在发生历史性变化。身处大变局中,我们既有木秀于林的骄傲,也有风必摧之的风险;既有乘风破浪的自信,也有积羽沉舟的忧患。“文库”收录的成果以学术的方式,参与到当代中国思想文化领域重要问题的讨论中:通过剖析20世纪中国人与全人类不断觉醒、共同进步的心灵探寻历程,以及中国人对“人学”新观念的话语建构与实践创造,不断塑造着热切追求进步与崛起的百年中国人的精神世界与生活方式;通过分析阐释互联网与国际政治的内在逻辑,对互联网在国际政治中的作用与应对策略、网络空间国家大数据主权安全保障和治理机制进行了探索性和前瞻性研究,提出了全球网络空间“观念治理”的中国方案等。这些研究聚焦思想文化领域重要问题开展深入思考,对一些错误思潮进行了批驳,为社会注入了更多的正能量,巩固壮大了主流思想舆论。

习近平总书记强调:“这是一个需要理论而且一定能够产生理论的时代,这是一个需要思想而且一定能够产生思想的时代。”“文库”的出版,对于进一步激发河南社科理论界专家学者干事创业热情,推出更多名家大家、精品力作，在围绕中心、服务大局中出新出彩，很有价值、很有意义。

一是有助于加快构建中国特色哲学社会科学。新时代哲学社会科学发展的重要使命是加快构建中国特色哲学社会科学，其重中之重是加快构建中国特色哲学社会科学学科体系、学术体系、话语体系。在一定意义上讲，“文库”的出版，是河南省加快构建中国特色哲学社会科学的积极探索。从学科体系上看，体现了深耕厚植中原历史文化这一传统优势学科与积极探究区域经济、国际关系等新兴学科的有机结合；从学术体系上看，反映了从古今中外丰富的学术思想中汲取营养、推陈出新与从改革开放的实践中挖掘新材料、发现新问题、提出新观点、构建新理论的辩证统一；从话语体系上看，是立足当代中国社会变革伟大实践的理论探索，在一定程度上为解读中国实践、构建中国理论贡献了新概念、新范畴、新表述。

二是有助于发挥“河南社科名家”的引领示范作用。构建中国特色哲学社会科学是一个系统工程，需要统筹各方面力量协同推进，更需要加强顶层设计，发挥高端人才的引领示范作用。“文库”的出版，既是对“河南社科名家”的重要宣传推介，也是对河南哲学社会科学事业不断发展和壮大的阶段性成就展示。实践没有止境，理论创新也没有止境。实现“两个一百年”奋斗目标、实现中华民族伟大复兴的中国梦需要中原更加出彩，需要“河南社科名家”再接再厉，主动担当、积极作为，提高为党和人民述学立论、建言献策的责任感、使命感和理论自觉，在为国为民、立德立言中成就自我、实现价值。

三是有助于激励社科工作者投身中原更加出彩的伟大实践。党的十八大以来，习近平总书记三次亲临河南视察指导工作，并参加全国人代会河南代表团审议，充分体现了对中原人民的关怀厚爱、对河南工作的肯定支持。实现总书记对中原更加出彩的殷殷嘱托，为理论创造、学术繁荣提供了强大动力和广阔空间，也为河南哲学社会科学工作者聚焦重大理论和现实问题指明了方向。“文库”的出版，将进一步增强河南社科界的政治责任感和时代使命感，激发更多的专家学者在把握时代脉动、面向实践需求、解决实际问题的具体实践中，不断去深思、去体悟、去实践，为河南经济社会发展提供更多既有理论高度又有实践深度的研究成果。

神州大地风雷激荡，中原出彩潮水澎湃。站在新时代的起点，广大哲学社会科学工作者要高举习近平新时代中国特色社会主义思想伟大旗帜，树牢“四个意识”、坚定“四个自信”、做到“两个维护”，以“为天地立心，为生民立命，为往圣继绝学，为万世开太平”的社会责任感，把实现中华民族伟大复兴中国梦与中原更加出彩紧密联系起来，勇于立时代之潮头、通古今之变化、发思想之先声，努力成为先进思想的倡导者、学术研究的开拓者、社会风尚的引领者、党执政的坚定支持者，共同推动哲学社会科学建功新时代、展现新作为、书写新篇章。

刘伟

2019 年 10 月

目录 CONTENTS

学术小传

代表性学术成果

学术年谱

◆学术小传

求学经历

我父亲是当时人民公社一家集体企业的手工业工人，收入微薄，母亲和奶奶打一些零工贴补家用，姊妹6人，全家9口，日子过得很是清苦。1968年全家被下放到距离公社所在镇子两公里外的一个大队——张庄，那里临时办了一所小学，由一个刚刚初中毕业的女老师教十几个孩子的语文和算术，这是我接受启蒙教育的开始，也是我至今还记得过去的起点。

翌年，我家返回小镇，秋季正式进入公社小学，那年我8岁，至今依然记得获得“三好”学生，飞奔上台领取奖状时摔了一跤引起哄堂大笑的情景。时值“文化大革命”，课业不重，寒暑假作业不多，开学前几天打一下突击基本能够完成任务，遇到难题求助于姐姐，被拒后哭闹、在地上打滚的事情也时有发生。整个小学期间的课外生活，除了偶尔玩耍外，多数时间是在拾柴、烧火做饭和洗碗中度过。母亲多病，缝缝补补、打扫庭院，自然是我们分内的事情。好在自己一直担任班长，带头打扫教室和校园卫生，维持上课纪律，组织广播体操，约束自己不打架、不骂人、不说脏话，这些都慢慢养成了习惯。

及至初中，两个姐姐作为知识青年被下放到距离小镇10公里外的高粱店大队接受贫下中农再教育，她们节衣缩食接济家庭，家人的日子好过一些，能够吃上饱饭了。姐姐留下不少书籍，如《西游记》《上海的早晨》《钢铁是怎样炼成的》《红旗飘飘》和《解放军》杂志等，自己也向同学借一些图书。自初中一年级开始，我白天上学，晚上在家里的煤油灯下如饥似渴地阅读，有时一读就是一个通宵。一年多下来，眼睛近视了，戴上了眼镜，十分引人注目。1975年参加高中升学考试，以公社所在镇第三名的成绩超过了高中录取分数线，但意外发生了。早先，我出于好感和懵懂，给一位女同学送了一块手帕和一首《阿诗玛》影片中的歌词，但她的母亲将其上交到公社教育组，要求取消我的高中生录取资格。教育组几经协商，最终达成对我予以录取但延迟一个月上学以示惩戒的协议。赋闲在家的一个多月里，我始终处于自责和羞愧之中，几近崩溃。上学后，我性情大变，逐步养成了低头走路不抬头看人的习惯，无法集中精力学习。1979 年高考名落孙山后，几经求助无果，秋季被迫从理科转到文科复读，这时我已经比其他复读生晚到课堂一个多月了。因为没有学习历史和地理的缘故，再加上还得补上数学的缺项，只好没日没夜地学习，时常以"有志者事竟成"的警句来激励自己，坚持一天只睡 4 至 5 个钟头。在班主任和其他老师的鼓励下，我的学习成绩逐步提高，期末考试的总成绩达到文科第一名，这一记录一直保持到高考前夕。1980 年秋天，我以高出本科分数线 44. 3 分的成绩，进入郑州大学历史系历史学专业学习，成为我所在人民公社高中第一个被大学本科录取的学生，也成为后来高中校长和其他老师激励农村考生的一个经典案例，影响到以后的几届高中学生。这是我人生的第一次重大转折。

大学四年的学习生活过得还算充实。我爱看课外书籍，四年花了家里 400 元钱，其中大半用于购书。大二时，我开始阅读《文史知识》。从大三起，我陆续阅读了《文史哲》《世界历史》《近代史研究》《历史研究》，逐步对学术产生了兴趣，开始有了致力于学术研究的志向。毕业时，获得留在郑州工作的机会，当时我仅仅选择了河南省委党校和郑州大学两个有可能从事教学和学术研究的单位，最终有幸留在了郑州大学工作。

从大学二年级开始，我就积极准备攻读硕士研究生，老师们也给予了极大的鼓励。大三时与家人商量，父母和姐姐不同意。原因在于，父母体弱多病，几近丧失劳动能力，还有两个妹妹正在读书，经济极为困难，已经无力再支持我进一步求学，大家都急切盼望我尽早工作以支援家庭。尽管我顺利地走上了工作岗位，但由此带来的遗憾长久地影响着我的生活和职业生涯。

受人民公社中学教师教学能力和水平的限制，多数同学的英语学习程度比较差，我也不例外。进入郑州大学之初，学校对同学们的英语水平进行了测试，将程度较好的同学分到英语班，将程度较差的同学转到俄语班，俄语班的同学只好从字母学起，难度可想而知。好在自己努力，俄语水平达到了同班同学的先进水平，这为我后来申报职称和报考博士研究生外语考试奠定了良好的基础。

20 世纪 90 年代后期,博士化兴起,全国高校掀起了教师攻读博士学位的热潮。2000 年和 2001 年,中国人民大学的一位博士生导师连续两年书信于我,建议我报考他的博士生。第一年,我感到准备不足,没有报名。第二年,在现场确认报名照相时,我感到自己身体严重不适,不得不放弃。后来经咨询医生才得知,自己已经处于比较严重的亚健康状态,急需调整和休息。一年后,我想报考郑州大学中国古代史博士研究生,遗憾的是,郑州大学博士研究生考试限报英语,这对学习俄语的我来说,等于被拒之门外。领导工作岗位的限制,家庭生活的困难,迫使我永久放弃了攻读“985 工程”高校博士学位的梦想。除了干好管理岗位工作、做好自己的专业教学和学术研究外,我只能扎实地学习俄语,耐心地等待时机。

2005 年,在国家教育部的督促下,郑州大学博士生考试开设了俄语、法语、德语和日语等语种,我得以考取中国古代史博士研究生。2006 年至 2007 年,我参加了为期一年的郑州大学升达经贸管理学院学生维稳工作。2007 年,我获批第一个国家社科基金项目,这也给我带来了一个艰难的选择:是先完成博士学位论文,还是先完成国家社科基金项目?权衡再三,我决定先完成国家社科基金项目,然后再完成博士论文。2011 年,国家社科基金项目成果得以顺利结项并获得鉴定结果优秀等次。2012 年夏天,我完成了博士学位论文答辩,终于拿到了博士学位。这一年,我已经 51 岁了。

治学之路

1984 年秋,我正式走上工作岗位,担任郑州大学历史系政治辅导员和团总支书记,其间有机会给郑州铁路局广播电视大学学生主讲中国近代史,获得了初步的教学经验。1986 年,我在《郑州大学学报(哲学社会科学版)》第 5 期发表第一篇历史学学术论文《北洋时期的彰德兵变》。同年,郑州大学申报的档案学本科专业获得教育部的批准,为补充师资,我被系领导选派到中国人民大学档案学院进修。这是我人生的第二次重大转折，它为我打开了从事专业教学和学术研究的大门。在中国人民大学学习的一年时间里，我用了不到半学期的时间就自学完了档案学专业的主要课程，每学期只选修2—3门课程，以获得教学方法方面的知识和技巧，其他时间泡在档案学院的资料室，逐一阅读几十种档案事业和档案学类期刊，尽管十分费力，但学术的吸引力促使我逐步地坚持了下来。在此期间，令我庆幸的有两件事，一是遇到了和宝荣先生。档案学院指派著名档案学家和宝荣先生担任我的指导老师，他告诉我，首先阅读所有专业期刊中比较重要的和自己感兴趣的文章，以获得最新学术动态，然后再往前看三年的期刊文章，以了解学术的来龙去脉，之后订几种权威期刊，一直看下去，不要问为什么，这是自己一生的治学经验。他还叮嘱我：你回去后到河南省档案馆待上两个月，每个部门都熟悉一下，只干活，不说话，多动脑子。几十年来，我就是按照和先生的教导，哪怕经济上再困难，每年也要订几种专业期刊，买几本专业书籍，见缝插针地阅读、思考，从来都不敢懈怠。二是接受了担任《档案学概论》《档案管理学》主讲教师的任务。当时系里的两位中年教师和新来的两位青年教师以及同期到中国人民大学档案学院进修的另外两位教师都选择了自己所要担任的专业课程，余下的《档案学概论》《档案管理学》的教学任务自然就由我来承担。这两门课程涉及档案学基础理论和应用理论的核心内容，是教学难度最大的课程。为了讲好这两门课程，我不得不广泛涉猎与专业知识相关的学术知识，特别是对基础理论、应用理论提供支撑的背景性知识，这为我后来确定自己的研究领域，寻求切合自身实际的学术方向规定了基本的目标和方向。

1990年，我在《郑州大学学报（哲学社会科学版）》第3期和《档案管理》第3期分别发表了《论档案意识》《关于档案馆网问题的几点思考》，初入档案学术之门。1992年，我在中国档案学会主办的《档案学研究》第4期发表了《档案馆信息资源开发的含义和形式》，学术研究开始登堂入室。1994年11月，郑州大学历史系撤销，组建文博学院，我被任命为副院长，分管行政工作。2000年，原郑州大学、原郑州工学院、原河南医科大学合并组建新的郑州大学。2001年，学校进行专业和学科调整，档案学专业整体调入信息管理系，组织任命我担任副主任，负责教学和科研管理工作。2005年至2009年，我担任信息管理系党总支书记，其间，2007年6月系主任调出，我主持系全面工作。2009年至2013年担任信息管理系主任，2013年信息管理系更名为信息管理学院，学校任命我担任院长，直至今日。繁重的院（系）管理工作和社会工作占据了我大量时间，耗费着有限的精力，因此，保持应有的学术定力就异常重要。从1997年开始，我将工作重心由行政管理和业务管理逐步向学术研究转移，在1998年晋升副教授专业技术职务后，致力于档案鉴定研究，在核心期刊和权威期刊上发表相关论文10余篇，出版专著1部，主持河南省社科规划项目1项，2004年晋升教授专业技术职务。这一时期的成果比较显著，在国内档案学界小有名气。2003年至2006年，我进入了学术低谷期，陷入迷茫、烦躁和痛苦之中，幸得学长们的不时提醒，我坚持阅读学术期刊和专业书籍，在不断学习和积累中偶得一丝安慰。2007年，国家档案局将《档案法》的修改列入工作日程，同年全国社科规划办将《档案法立法思想与立法原则研究》列入年度国家社科基金项目申报指南，我和濮阳市档案局（馆）刘东斌副研究馆员、开封市档案局（馆）吴雁平副研究馆员就申请立项一事达成共识，经过努力，课题组获得了承担国家社科基金项目的任务，开辟了以国家课题为依托，长期专注于档案法立法和执法研究并不断取得丰富成果的新阶段。这是我学术生涯的一次重大事件，也是我人生的第三次转折。

两年过去，课题组围绕国家社科基金项目发表5篇论文之后，发现无法再展开进一步的研究，于是向全国社科规划办申请将《档案法立法思想与立法原则研究》题目改为《档案法立法研究》，以便在宏观研究的基础上向中观的立法技术和微观的具体法律法规修改展开延伸性研究，并获得批准。为此，我在全国高校组织力量，邀请了福建师范大学的杨立人、南昌大学的周林兴、黑龙江大学的刘迎红、上海大学的刘泾等学者参与课题研究，于2011年3月结项并获得优秀鉴定等次。

在课题研究即将结束之际，我与刘东斌、吴雁平等商量，确定下一步关注的重点是档案执法问题研究，并于2013年第二次向全国社科规划办申报了国家社科基金自选项目《依法治档研究》并获批。该课题进展顺利，于2017年1月结项。2017年3月，课题组第三次向全国社科规划办申报了国家社科基金自选重点项目《法律规制视域下中国档案工作规范体系建设研究》并获批，目前研究进展顺利。

学术贡献

1998年至2002年，我重点从事档案鉴定研究，在核心期刊上发表论文12篇，其中在学科权威期刊《档案学研究》《档案学通讯》上发表论文5篇。论文主要界定了档案价值和档案鉴定的概念，分析了我国档案鉴定工作滞后的原因，理清了档案鉴定的若干关系，介绍了外国的社会分析和职能鉴定论，明确了我国档案鉴定的重点和方法，主张建立《档案鉴定学》。1999年，我在中国档案出版社出版了国内第一部关于档案鉴定的专著《档案鉴定的理论与实践》，重点对自己和国内其他学者的理论成果加以提炼和系统化，对国内档案鉴定的实践进行总结和升华，提出了推动档案鉴定工作正常、有序开展的意见和建议。该书获得1998—2001年河南省社会科学优秀成果奖一等奖。上述成果在档案学界产生了一定的影响，初步奠定了自己的学术地位。

2007年至2011年，课题组成员研究国家社科基金一般项目《档案法立法研究》期间发表论文23篇，其中核心期刊论文20篇。我作为主持人，以独著或合著第一作者的身份在核心期刊发表论文15篇，其中刊登在CSSCI来源期刊、档案学权威期刊《档案学研究》《档案学通讯》论文5篇。上述论文涉及我国传统立法理念向现代立法理念转变的路径，档案法立法原则体系构建的原则和具体内容，档案法立法技术的一般理论、问题与解决途径，依法治档中"法"和"治档"内涵的界定，地方性档案法规、中央部门规章和地方规范性文件存在的问题分析与改进建议等研究主题，自己提出的一系列见解，丰富了这一领域的理论和知识内容。2013年，课题组以已有的学术成果为主、其他专家学者的相关学术成果为辅，以专著的形式由上海世界图书出版公司出版了国家社科基金项目结项报告《档案法立法研究》。该书共分10章:档案立法的演进、档案法的特点与立法导向、档案立法的原则、档案立法的理念、档案立法的衔接、档案立法技术的一般原理、档案立法技术与规范性文件制定技术分析、中外档案立法现状的比较、档案法体系的建设、依法治档的内涵。这是国内专门探讨档案法立法问题的第一部学术专著,得到了档案学术界的认可和好评。该书获得2013年度河南省社会科学优秀成果奖三等奖。

2014年12月,我的博士论文《中国图书档案损毁史实的调查与书厄观研究》由武汉大学出版社出版,该著作获得2014年度河南省社会科学优秀成果奖三等奖。

2013年,由我组织的以刘东斌、吴雁平、刘子芳为主要骨干的课题组获得第二个国家社科基金项目《依法治档研究》,这是《档案法立法研究》课题研究内容的延续。课题组于2016年6月完成研究任务,2017年1月顺利结项。该课题重点探讨了档案依法行政的理论与实践问题,并从科学立法、严格执法、公正司法、全民守法四个角度展开研究,取得了丰硕的成果。课题组成员发表论文、调研报告和综述共42篇,其中《档案学研究》刊载6篇,《档案学通讯》刊载4篇,《档案管理》刊载31篇,《档案》刊载1篇,总字数达39万字,于2018年7月由郑州大学出版社以《依法治档研究》为题结集出版。在该课题的研究中,我独著或以第一作者身份发表论文和调研报告14篇,其中刊登在CSSCI来源期刊、档案学学科权威期刊《档案学研究》《档案学通讯》10篇,其他刊登在《档案管理》等核心期刊上。

2017年,由我牵头的课题组成员再接再厉,第三次获得国家社科基金重点项目《法律规制视域下中国档案工作规范体系建设研究》,该课题试图在过去研究成果的基础上,对我国档案工作的法律法规和标准建设作出全面检视,揭示法律法规体系和标准体系各自的内在联系以及二者之间的相互关系,提出完善和发展两个体系的对策和建议。截止到2019年4月,课题组成员已经发表期刊论文22篇,其中我以第一作者的身份在CSSCI来源期刊、本学科权威期刊《档案学研究》《档案学通讯》上发表论文5篇,在《北京档案》《档案管理》等核心期刊上发表论文 6 篇。这些成果基本勾勒出了课题目标所确定的核心内容，对下一步的持续研究和结项报告的撰写打下了良好的基础。

鉴于我所取得的学术成就和在行业系统所作出的贡献，2014 年 1 月，我被河南省档案局评为首批“河南省档案专业‘十百千’档案领军人才”。2017 年 12 月，我被河南省人力资源与社会保障厅评为“河南省事业单位 2017 年度专业技术二级岗位人选”，次年 3 月被郑州大学聘为二级教授。2018 年 2 月，我被郑州大学学术委员会评为郑州大学信息资源管理特色学科“学科方向带头人岗位特聘教授”，简称郑州大学学科特聘教授或郑州大学特聘教授，随后上岗。同年 4 月，我被国家档案局聘为首批“全国档案专家（档案法规标准领域）”，聘期为 2018 年 4 月至 2020 年 3 月。2019 年 3 月，我被河南省委宣传部、河南省社会科学联合会评为首批“河南社科名家”。

这些荣誉和兼职为我更好地发挥自身的学术专长，贡献学术智慧提供了很好的平台和难得的契机。我将不负期望，加倍努力，一方面做好学术研究工作，多出精品；另一方面当好智囊，多出好主意、多拿好办法、多做具体服务工作。

治学心得

（一）教学需要是大学教师开展学术研究的出发点和落脚点

在 1980 年至 1984 年大学学习期间，作为学习委员，我自觉遵守课堂纪律，不迟到、不早退、不旷课，学习成绩优良。可让我多少心存遗憾的是，一些老师在课堂上照本宣科，学生听课与看课本没有什么两样。好在自己爱买书、爱看书，爱到文科阅览室看期刊，靠课外的不断自修丰富着渴望知识的内心世界，如此，在物质与文化极度匮乏时代的大学生活才不至于那么枯燥乏味。1986 年至 1987 年在中国人民大学进修期间，有些老师的课堂讲授也不尽如人意，个别老师从教材第一章、第一节的第一段落第一句读起，一字一句，甚至连标点符号都不会念错，更谈不上肢体语言的交流和课堂提问、讨论。这也是我不愿多选课，更多地选择自学和泡在资料室阅览期刊的主要原因。

1987年在郑州市第三职业中等专业学校兼职上课时,我的知识积累和教学方法让学生耳目一新,学校教务主任转达了不少学生对我的肯定和表扬,这为我第二年给档案学专业本科生上课增添了信心。即便如此,在大学的课堂上,很多书本知识同样困扰着我,如档案的起源与形成被当成了一回事;档案定义与《档案法》中的法定档案范围极其相似,但二者有何不同没有被提及;同样是科学文化性质的档案馆与图书馆、博物馆社会表现差异巨大,档案馆个性化的原因无人论及;有对档案工作实行集中统一管理内容的阐释,但并没有交代其内在逻辑;对国有档案的选择来说,原始记录性和价值性是并重的,这与一般意义上的档案的原始记录性是有区别的,但也将二者混在一起泛泛而论;档案鉴定的对象是文件、记录、数据,还是档案本身等问题都需要自己先搞明白,否则就无法给学生讲清楚。

2005年我开始担任硕士研究生导师,课堂教学的知识组织着实令人为难:自己的研究成果讲几节课就结束了,贩卖别人的内容又无法持久,况且这些内容又无法形成具有逻辑联系的知识体系传授给学生。如今自己又担任博士生导师了,但何以为"师",如何去"导"又是一个很大的问题。

上述所有问题归根结底就是学术研究问题。大学教师不是专职科研人员,对他们来说,教学始终是摆在第一位的任务。为了做好教学工作,就必须坚持不懈地从事学术研究,这是大学对教师终身的职业要求,对我来讲也是一样。我之所以三十年如一日地坚持学术,只是认识到大学教师的职责所在并努力加以实现而已。

(二)主持国家项目是做好学术研究的最好平台

年轻的时候,我也主持过河南省教育厅、河南省档案局科研项目和河南省社科规划项目,但它们的体量小,自己又是因申报职称而为之,应景性和目的性都很强,这也是不少大学教师走过的路子。2004年我获批教授职称,虽然每年都要接受额定的科研工作量考核,但成就知名学者已经成为我的终极目标。自2007年获批第一个国家社科基金项目以来,我和课题组主要成员逐步探索出一个清晰的研究方向,即档案法立法——档案法执法——档案工作规范体系建设的学术路径。各个项目所要解决的问题,在档案学术领域要么处于空白状态,要么少数学者蜻蜓点水似的做了一些研究,成果少且不成知识体系,学术价值不高。三个项目的阶段性成果之所以比较多,除了自己和课题组成员的持续努力外,一个重要的原因就是回应国家需求,填补研究空白,形成理论知识体系。这些成果在为学术界作出贡献的同时,也成为自己给研究生授课的理论知识来源和方法论来源。

(三)保持相对稳定的科研骨干队伍是持久开展学术研究的基本保障

2006 年年底,我巧遇刘东斌和吴雁平先生,三人就合作申报 2007 年度国家社科基金项目《档案法立法思想与立法原则研究》达成共识。按照约定,刘东斌、吴雁平二人先拟定初稿,之后由我修改,几经完善形成定稿,最终获得批准。在课题研究的过程中,课题组遇到了一定的困难,不得不申请将题目改为《档案法立法研究》,在兄弟高校几位专家的支持和帮助下得以顺利结项。这次的经历让我们收获颇多,一是取得了如何把控课题大小的经验,二是提交结项后,三人就决定今后自选题目申报,随后就有了 2013 年的国家社科基金一般项目《依法治档研究》和 2017 年的国家社科基金重点项目《法律规制视域下中国档案工作规范体系建设研究》。从 2006 年至今,我们三人的合作长达 13 年之久,主要原因在于:一是志同道合,致力于学术的兴趣使然;二是高校教授与档案部门具有丰富经验的实际工作者合作,可以发挥各自的优势,实现职业和知识互补;三是做到利益平衡;四是共同提高和进步。所以,若想持久地开展学术研究,特别是依托若干国家级项目解决某一领域的重大问题,建立一支稳定的科研骨干团队是最基本的保障。

(四)以不间断的学术研究推动研究生培养质量的提升

从 2007 年开始,我的学术研究分为了两个主要方面:一是围绕国家社科基金项目展开的重点研究;二是围绕提高硕士研究生培养质量开展的合作研究。在第一个方面,我每年结合硕士研究生课程《档案学理论与方法》《国家档案事业管理与档案法规》,适时地将各个国家社科基金项目研究的过程和最新的研究成果与学生们分享,特别是讲授《国家档案事业管理与档案法规》时，系统地介绍科研项目申报的体会、具体的研究进展和取得的学术成果，能够引起学生们的兴趣。每一届都有学生参与到我主持的项目研究中来，我们也合作发表了一些文章，这对学生的成长和进步帮助很大。也有不少学生受到启发，硕士学位论文选题与我研究的课题相关，这对我来说也是一种启发和促进。在第二个方面，尊重每一个学生的学术兴趣，及时对每一个学生的论文选题予以指导，坚持修改每一个学生的每一篇作业，对很多学生论文的修改次数达到几遍甚至十遍以上，直至能够在核心期刊甚至权威期刊上发表为止。这一方面的成果往往是以学生与我合著的方式发表，内容涉及应用理论、法律法规调查与修改建议、研究方法调查与改进建议以及述评等诸多领域。2013 年以来，我指导的硕士研究生中有 4 位获得郑州大学“十佳研究生”称号，有 6 位硕士研究生考取了中国人民大学、武汉大学、南京大学和吉林大学的博士研究生。可喜的是，已经有 3 位学生获得博士学位学成归来，对郑州大学档案学学科师资队伍建设起到了很好的支撑作用。

（五）结交同行和服务社会是获得学术认同与实现学术价值的重要途径

一般来说，一个学者生产出能够得到同行们认可的一批高质量的学术论文和专著，可以提升自己的学术品格，增强自己的学术自信，进而丰富自己的精神世界。我深知，要做好学术就必须走近同行、结交同行，逐步进入同行这个“小圈子”。1998 年，我第一次参加了在西北大学召开的教育部高等学校档案学专业教学指导委员会年会暨档案系主任联席会议。此后，我逐步与全国高校同行们相识、相知和相惜。2001 年开始，我受聘担任 2001—2005 年、2006—2010 年、2013—2017 年、2018—2022 年四届教育部高等学校档案学专业教学指导委员会委员。无论是当时还是现在看来，担任教学指导委员的教授们都是各个学校档案学学科的领军人物，不少还是学院的行政领导，与他们共处，既可以交流工作经验和个人情感，又可以开阔学术视野，增强学术认同。2001 年，我才 40 岁，那时见到的长者多是学术大咖，从他们身上，我学习到了很多优秀品质，如低调、谦虚、宽容、自强、付出和家国情怀等，对我来说，他们的存在既是标杆，同时又是有形的鞭策。后来，自己不断得到长者和同龄学者的鼓励、支持和帮助，逐步成长起来，所取得的学术成绩也获得国内档案学术界和全国档案系统的认可。就此而言，在感谢同行们的同时，自己也要像前辈们那样提携后生、关心和帮助他人、奉献自己所能付出的一切。

我在河南省档案界担任了20余年的河南省档案学会理事、常务理事、副理事长和河南省档案局科技项目评审委员会副主任、组长及科技项目结项成果评奖委员会副主任、组长，担任了近20次河南省档案系列高级职称评审委员会委员，同时长期担任河南省档案局主办的《档案管理》杂志社专家组成员、审稿专家、顾问。这些任职大多与学术直接相关，自己的学术积累与专长得以有效发挥，作用得到实际体现，价值受到充分肯定。在付出辛勤劳动的同时，也直接了解到河南省档案系统的职业状况、发展动态和变革趋势，这对从事应用学科——档案学专业教学和学术研究的一名学者来讲，是万分值得庆幸的事情。

2014年和2015年，我分别参加了国家档案局政策法规司在太原、重庆召开的《中华人民共和国档案法》修改座谈会。2016年我参加了国务院法制办委托中国法学会召集的《〈中华人民共和国档案法〉修订草案（送审稿）》专家研讨会，在会上发表了自己的看法，提出了建设性的意见和建议。同时，我长期担任中国档案学会理事和中国档案学基础理论委员会委员，积极参加相关学术活动，多次在会议上发言或做学术点评。在尽到一份责任之外，也结识了不少全国各地档案部门的朋友，了解到许多地方的发展状况，学到了如何既干好本职工作，又结合自身实际做好学术研究的经验，受益良多。

今后，我仍将继续在学界和业界努力工作，力争取得新的成绩，争取作出更大的贡献。

◆代表性学术成果

第一编
档案学原理与方法

试论档案意识

档案意识是档案科学理论中的一个重要问题，也是影响和制约档案作用发挥及整个档案事业发展的不容忽视的因素。本文拟就档案意识及其特点、社会档案意识薄弱的原因及其发展规律和如何增强社会档案意识，谈一些自己的看法，不妥之处，敬请指正。

一

档案意识是社会意识的一部分，属于意识形态范畴，是指档案客观现象在人们大脑中的能动反映，是人们对那些具有查考利用价值的文件材料加以保存和开发利用的意识。它不同于归档意识，既包含判定文件材料价值，也包括不断认识档案价值并加以开发利用；又别于档案观念，不是一种完全被动的主观印象，包含了主观上指导人们行为的愿望。就其特点来说，它有以下三个方面：

（一）动态性

档案意识是以档案为客体的主观印象。档案形式特征及其内在价值是在不断发展变化的，而每一次变化都必然在人们的大脑中产生相应的意识。因此，档案意识也是发展变化的，而不是停滞、静止的，它必将随着档案这种客观事物的发展变化而不断更新自身的内容。

（二）能动性

档案意识对档案和档案工作具有能动的反作用。一个人、一个组织、一个社会档案意识强，就会重视档案和档案工作，就会理解和支持档案工作者的劳动，从而促进档案事业的发展；反之，就将阻碍档案事业的发展。

（三）相关性

由于档案意识属于社会意识范畴，就必然同社会意识的其他各种形式之间存在着相互联系、相互影响的关系。同时，由于档案是意识术语在档案科学领域中的具体应用，属于档案科学范畴，必然同档案科学的其他概念和问题存在着千丝万缕的联系。就档案意识而言，它对价值意识、时间意识、竞争意识、精神文明意识这些社会意识形式的形成和发展有一定的作用和影响，而这些意识又反过来给档案意识提供一定的内容，直接或间接地影响着档案意识的形成和发展。毋庸赘言，档案意识的研究及其深化，对档案学的一系列问题，如文件材料的归档、档案需求、档案发挥作用的规律性、档案工作的社会性和开放性以及档案工作者的职业道德等都会产生明显的影响，而对这些问题的深入探讨，又会促使人们进一步加深对档案意识的认识。

我们研究档案意识的目的，是为了促进档案客观现象在人脑中反映的速度和强度，刺激档案需求，提高档案信息供给能力，充分发挥档案的社会效益和经济效益，从而推动我国档案事业进一步向前发展。

二

近年来，档案界对档案意识，特别是社会档案意识问题进行了广泛的探讨，这对深化人们的认识无疑具有十分重要的意义。但是，从研究的整体性上进行观察和分析，以下两个问题仍有加以说明或阐述的必要。

（一）增强社会档案意识不是一次性的过程，而是档案事业发展过程中的一项长期的任务

因为社会档案意识是档案事业发展到一定阶段的产物，档案事业每前进一步，都会产生与其发展水平和影响相适应的社会档案意识，反过来说，社会档案意识必然伴随着档案事业的发展而不断增强，并不断赋予新的内容。在档案事业继续发展的条件下，社会档案意识只存在增长快慢的问题，而不存在增长与不增长的问题。档案事业要发展，社会档案意识就要相应增强，再发展，又会提出新的要求，又有一个增强的问题。发展—增强—再发展—再增强，循环往复不断进步。由此可见，增强社会档案意识绝不是一朝一夕的事情，它贯穿于整个档案事业发展过程的始终。但是，社会档案意识的增长又不是自然的，它还有人们的主观能动性问题。我们的任务是，在档案事业发展的每一时期、每一阶段，采取各种手段，通过各种渠道，保持社会档案意识随着档案事业的发展而同步协调增长。

（二）目前社会档案意识薄弱是档案工作薄弱的表现，探讨社会档案意识薄弱的原因不能脱离档案工作这个主要方面

当前社会档案意识比较薄弱，不能很好地适应档案工作，特别是不能适应档案事业发展的需要，究其原因，无外乎以下几个方面：

首先，从档案工作的社会环境看，我国是一个经济和科学文化不发达的国家，有两亿多文盲，还有不少半文盲，社会精神文明意识、竞争意识、价值意识都还比较差，管理水平也很落后，这些因素制约着档案工作的发展，也直接影响着人们对文件材料的保存和对档案的开发利用。同时，档案又多产生于各机关、团体、企事业单位，与档案发生联系的多为公职人员，他们只占全体公民的一小部分。由于与大多数人的生活相隔，不知档案为何物者大有人在。

其次，从档案工作的历史发展过程看，我国档案工作在过去一个较长时期里，一直处于封闭和半封闭状态，档案部门关起门来搞档案几乎导致了与社会的隔绝。档案工作真正走向社会是从 1980 年中共中央书记处提出开放历史档案的决定才开始的；1987 年以《中华人民共和国档案法》的颁布为标志，档案事业才初步成为一项具有国家规

模的事业。档案工作与社会接触的时间短,联系少,其影响自然也就不大。

再次,从档案工作的现实状况看,发展水平较低,还处于从经验管理向科学化管理转变的起步阶段。这种状况严重影响着档案部门为社会提供服务的能力。近年来,我们在开放档案方面举步维艰,困难重重,很大程度上是受到自身各种不利因素的制约。档案部门由于基础薄弱,条件较差,还不能适应国民经济和社会发展的需要。档案工作走向社会的进程,也没有达到人们所企望的目标。

由上可知,存在决定意识,没有档案,或虽有档案而不开展档案工作,就谈不上档案意识。同样道理,档案工作自身发展水平较低,也就不会出现较强的超越自身发展水平的社会档案意识。只强调造成社会档案意识薄弱的社会环境,只希望社会档案意识单兵独进,是不符合实际的。

三

档案意识依据不同的标准划分为不同的类型:个人档案意识和社会档案意识;职业档案意识和社会档案意识。为了便于档案学研究和档案工作的开展,我们认为,把档案意识划分为三种类型更为恰当。

1. 个人档案意识

即每个人所具有的档案意识。它是构成各类档案意识的基本单元。

2. 组织档案意识

即按照行政建制和人员编制所形成的各个机关、团体、企、事业单位所具有的档案意识。它是组织内部各成员档案意识的总和,具有明显的本位性,并表现为条块分布。

3. 社会档案意识

它是一个国家各类档案意识的有机组合,是以个人档案意识为单元,以组织档案意识为条块而形成的全社会档案意识的整体,是一个国家档案意识的综合反映。

随着档案事业的不断发展，档案意识如何同步增强，采取什么方法，从哪些方面入手，这是大家议论较多的问题。我们认为找出这些问题的答案，应该围绕档案意识的三个层次加以探讨。

（一）个人档案意识

为了便于探讨，根据档案工作服务的主体和客体，我们把个人档案意识这一层次又区分为两部分——档案工作人员的档案意识（或称职业档案意识）和利用者（或称用户）的档案意识。

档案工作人员的档案意识（即职业档案意识）的强弱是影响档案工作开展的重要因素。不论现在，还是将来，档案工作人员都存在着不断增强自身档案意识的问题。因为档案工作每发展一步，都会首先对档案工作人员的档案意识提出新的要求。一个档案意识模糊、专业知识贫乏和服务技能低下的档案工作人员是很难进行高质量和高效率的档案服务工作的。

档案工作人员的档案意识突出表现在两个方面：一要站得高，看得远，有强烈的紧迫感和超前意识，有推动档案事业发展的愿望和高度自我完善以适应形势要求的自觉性。二要注重自身素质的提高，包括知识面的拓宽、理论水平的提高、观念的转变和工作方法的更新。这就要求档案工作人员不断更新知识结构，努力掌握现代科学技术，从传统的经验管理中走出来，自觉地向管理科学化和现代化的方向发展。以自己的表率作用和档案工作的成就增强社会其他成员的档案意识。

在需要增强档案意识的人群中，首先应该把领导放在特殊地位加以研究，因为领导也是档案的利用者，他们的档案意识是影响档案工作开展的主要因素。众所周知，领导是政策的制定者，政策能够引导大众的目标追求，而大众又习惯于从党和国家政策中形成价值趋向。领导档案意识强，就会支持档案工作，重视发挥档案的社会效益和经济效益；就会产生相应的政策，解决档案工作所需要的人、财、物等方面的具体问题。同时，各级领导，尤其是高级领导在舆论评价中往往占有“以一当百”的分量，对人们的观念形成具有重要的引导作用。他们可以影响到周围的人群，也可以影响到一个组织、一个地区乃至一个国家。由此可见,在档案事业发展过程中不断增强各级领导的档案意识就具有特殊重要的意义。

增强领导档案意识,一靠工作实效。档案工作者必须埋头苦干,努力进取,把工作落到实处,抓出实效,特别要积极主动地为领导决策服务,让领导亲身感受到档案工作的重要和档案工作人员的作用。二靠宣传。既要利用一切宣传工具进行间接宣传,也要利用开会、汇报工作等一切机会直接向领导宣传。宣传档案的特点和作用;宣传档案工作的性质和功能;宣传档案工作的服务内容、形式和方法。宣传的目的在于使领导了解档案和档案工作,增强他们的档案意识,进而争取他们在政策上和舆论上给档案工作以支持。这方面的工作如果做得好,往往会起到事半功倍的效果。

其次,广大利用者的档案意识也直接影响到档案工作的发展,因为他们是档案工作的主要服务对象。增强广大利用者档案意识的首要方面,是帮助他们树立起较强的价值意识、竞争意识和精神文明意识,提高他们对档案的重视和需求程度。另一方面,要使档案利用者的需求得以实现,还必须使其掌握获得档案的能力和手段,包括了解馆藏的能力和检索档案的能力。

为此,档案部门要搞好档案工作常识的普及工作,并通过建立档案咨询台,印发卷宗指南和档案馆指南,建立档案目录中心等方法介绍档案内容及其检索方法,辅导利用者查询档案资料。

(二)组织档案意识

与档案形成、管理和利用有关的社会成员大都处于一定的组织之中,他们的档案意识受到组织内部有关规章制度、科学管理意识和传统习惯的影响和制约,反过来又影响乃至决定着组织的档案意识。因为组织内部各成员档案意识的有机组合便构成组织档案意识,同时,个人档案意识也往往通过组织档案意识表现出来。

组织档案意识的形成和发展受到外部和内部两种因素的制约。外部因素主要有党和国家有关档案工作的方针、政策,上级主管部门的重视程度及其指导作用等。内部因素主要有组织内部领导的重视程度、科学管理水平、规章制度和传统习惯等。就一个特定的组织而言，增强其档案意识的主要着眼点应放在消除内部不利因素方面，而外部因素往往是单个组织所难以改变的。

为此，在一个组织内部制定相应的规章制度是至关重要的。组织的规章制度很多，档案工作的规章制度应与其他规章制度互相衔接，彼此配套。从管理的角度讲，档案管理是组织管理工作的一部分，是提高整个组织管理水平的一个重要环节。组织总体管理水平的高低决定着对档案管理水平的相应要求。凡是管理科学化水平较高的组织，无不重视对档案的管理。因此，在组织内部应建立和健全文书处理制度、归档制度，把档案工作纳入各部、处（科）、室（车间）工作范围，纳入各级领导和工作人员的岗位责任制，纳入生产管理、技术管理和科研管理的各个方面。通过建立相应的监督和考核机制，奖励先进，鞭策落后，从而促进组织管理的科学化，提高组织工作效率。

（三）社会档案意识

如果我们把个人档案意识和组织档案意识作为微观观察对象的话，那么社会档案意识就自然成为宏观观察的对象。社会档案意识是个人或组织档案意识的有机组合，而不是简单相加。它们之间存在着一定的相互效应，既可以互相激发和促进，也可以互相消磨和致钝。所以，仅从个人或组织的角度采取相应的措施是不够的，还应从整个国家或社会的角度制定相应的对策。这是保证社会档案意识不断增强所必需的。

一是国家应根据我国社会发展状况，适时制定出各个时期正确的档案工作方针政策，完善档案法规，不断健全档案工作机构，使各级档案部门能够依法有效地进行监督、指导，从而确立档案工作在各个历史发展时期应有的地位，这是档案工作与国家其他各项工作同步协调发展的基本保证。国家重视档案和档案工作，社会档案意识就会强烈；社会档案意识的不断增强，又会促进国家更加重视档案和档案工作。有了这种良好的外部环境和条件，档案事业就会随着国家的进步而不断得到发展。二是档案部门和社会各界要通过多种形式和途径经常宣传档案和档案工作，包括举办档案展览，创办专业刊物和利用广播、电视、报刊等大众化宣传工具，向社会不断传递档案和档案工作方面的信息。这既是档案工作走向社会的重要途径，也是挖掘潜在档案用户的重要手段。三是档案部门要通过自己的劳动成果，为社会各界提供高效优质的服务，充分发挥档案的社会效益和经济效益，使人们在利用档案过程中，自觉地增强档案意识。

从我国目前档案事业发展现状看，要保持社会档案意识与档案事业同步增长，重点或突破口应放在增强组织档案意识上。如前所述，增强个人档案意识往往要从一定的组织入手，在组织内部培养和加强成员的档案意识是我国长期以来行之有效的方法。泛泛而谈增强个人档案意识，往往会使人们只注重微观因素的作用，从而忽视宏观因素——组织的作用。近年来，国家陆续制定了档案法规和一系列实现档案工作规范化、科学化和现代化方面的政策和措施，这既是档案事业发展的强大动力，也是保证档案事业与国家各项事业同步协调发展的必要步骤。可以说，来自国家的影响档案事业发展的大气候基本上是良好的，而落实国家有关档案和档案工作的法律规定及各项政策就成为各个地区、各个系统，特别是各级组织今后一个时期的重要任务。所以，增强组织档案意识就成为进一步增强社会档案意识的关键所在。

本文发表在《郑州大学学报(哲学社会科学版)》1990 年第 3 期第 116—120 页。

档案著录标引问题试探

档案著录标引工作是实现档案管理自动化，建立档案机读目录数据库的必要前提，通常称之为计算机存贮的前处理工作。随着档案管理现代化的进展，这一工作已在全国范围内逐步展开。它是一项全新的工作，需要大胆实践、及时总结和全面研究。本文拟就著录标引工作的条件、有关原则和方法谈几点粗浅认识。

一

档案著录是在编制档案目录时，对档案文件的内容特征和形式特征进行分析、选择和记录的过程。著录包括著和录两个方面。著，即标引。标引是在档案文献的加工、存贮和检索过程中，将其内容主题的自然语言转换成规范化的检索语言。标引是针对档案的内容特征而言的录，即抄录。抄录是将档案文献形式特征，例如责任者、时间、文件编号、载体形态等照录在著录条目上。标引使用的是人工语言，而抄录则使用的是档案文献本身固有的自然语言。标引是著录的核心部分，通过标引使档案文献的内容信息形成检索标识，使档案检索系统具有检索功能。①

在档案学教学、理论研究和档案工作实践中，为了突出标引的核心地位，常将其与著录相提并论。著录则被描述为抄录部分，这是一

① 孙纲：《档案著录与标引手册》，红旗出版社 1986 年版，第 5 页。

种相对的或习惯性的表述方法。在不同的著述或语言环境中，上述两种称呼各有不同的含义。本文主要采用后一种表述方法。开展档案著录标引工作需要具备几个基本的条件：一是要具备合适的著录规则和检索词典；二是要制定科学的标引工作细则；三是要培养合格的著录标引人员。

（一）档案著录规则与档案检索词典

国家标准《档案著录规则》已于1985年发布〔GB3792.5—85〕①。它对著录项目、标识符号、著录格式和方法等都作了详细的规定，是各类档案著录的依据，也是国家制定的有关档案工作方面的主要标准之一。由于现在的档案著录工作是按照国家标准进行的，所以，有些地区也称之为标准化著录工作。

与《档案著录规则》相配套的是档案检索词典。它分为两种：档案分类检索词典和档案主题检索词典。前者叫《中国档案分类法》②，后者叫《中国档案主题词表》③。这两部词典都具有通用性，主要适用于各级综合档案馆和综合档案室，是进行一般档案分类标引和主题标引的依据。由于通用性强，对各专业档案标引的适用性就较差，这就需要各专业主管部门根据上述两种检索词典编制的指导思想、基本原则、体系结构等来编制本专业适用的档案检索词典，以解决专业档案的主题标引和分类标引问题。这一工作实质上是对《中国档案分类法》和《中国档案主题词表》的细分和扩充，是这两部检索词典在各专业领域应用的具体表现。由于各专业档案检索词典主要用来进行专业档案的标引，专业外的其他档案，尤其是党务政务类档案仍然需要通用的检索词典来进行标引。所以，不应把专业的档案检索词典和通用的检索词典截然区分开来，应将二者视为一个整体，互为配合，彼此为用，以解决本单位、本部门所有档案的标引问题。

---

① 全国文献工作标准化技术委员会：《文献工作国家标准汇编之一》，中国标准出版社1986年版，第81—88页。

② 中国档案分类法编辑委员会编，档案出版社，1987年出版。

③ 中国档案主题词表编委员编，档案出版社，1988年出版。

（二）档案标引工作细则

衡量档案标引工作质量的因素主要有三个方面，即标引的专指性、全面性和一致性。为了达到上述三项要求，就必须有一个为大家所共同遵守的标引规定，这就是档案标引工作规则。规则按其详细程度分两种：一是总则，它比较简略，只对标引有关问题作出原则性的规定；二是细则，它是根据总则制定的，比较详细，对有关标引的各方面问题作出具体的规定。由国家标准局发布的《文献主题标引规则》〔GB3860—83〕是目前档案主题标引的总的规则（《档案主题标引规则》已由国家档案局列入计划并在加紧制定之中）；由中国档案分类法编辑委员会制定的《档案分类标引规则》是进行档案分类标引的总的规则。细则一般由各地区、各单位根据总则规定，结合档案实际情况、检索需要及人力、物力状况来确定。细则除对总则中的一般规定具体化外，尤其要规定合适的标引方式、增（靠）词、增（靠）类的原则和方法，主标目词的标识等，这是保证标引工作质量必不可少的环节。

（三）档案著录标引人员

完成档案著录标引工作的关键，是培养和造就一大批合格的和高水平的著录标引人才。这些人才应具备以下几个方面的素质：

（1）熟练地掌握检索语言，对馆藏法、分类法、主题法等检索语言的原理有较多的了解，并具有计算机检索一般知识。

（2）熟悉档案分类法和主题词表，对其内容、体系结构和使用规则有全面的了解，并能熟练地进行操作。

（3）掌握所标引的专业学科知识，并具有一定程度的语文知识和逻辑思维能力。

由此看来，要成为一个合格的著录标引人员必须具有较高的素质，从这一点来说，并不是每一个档案工作者一开始就能够胜任的。培养著录标引人员主要有两个途径：一是进行专业培训，即通过举办档案著录培训班等方式来普及有关知识；二是靠实践锻炼，靠传、帮、带。没有长期的实践锻炼，没有经验丰富的专家的指导，没有同事之间的切磋和定期交流，就没有合格的和高水平的档案著录标引人员。所以，专业培训是起点，实践锻炼是熔炉。从这个意义上讲，每一个档案工作者都有可能成为合格的著录标引人员。

当然，从未来发展的眼光看，档案部门还是应当选定文化程度高，比较年轻，又具有一定专业知识的人员来从事这项工作，这对于提高著录标引工作的质量和效率，保持标引的一致性和造就高水平的专业人才都具有深刻的意义。

二

档案著录标引工作是一项系统性极强的工作，在当前手工标引的条件下，标引工作的组织管理、标引人员的业务水平、主题词表和分类法（表）的质量直接影响着标引工作的质量。为了高效优质地开展档案著录标引工作，加速档案管理现代化的步伐，可以在实际工作中参照下述原则和方法：

（一）在著录级次上，以简为主，简详结合

著录项目分为必要项目和选择项目两类，只采用必要项目的著录条目为简要级次，除采用必要项目外，还采用部分或全部选择项目的著录条目为详细级次。以简要级次为主，是由档案量大和著录标引人员少这对矛盾决定的，也可以说是由效率和效益决定的。简，工作效率较高，但条目存贮信息量相对较小；详，工作效率较低，而条目存贮的信息量相对较大。简，要有个"度"。《档案著录规则》规定了七个必要项目，即必须使用的项目。有些地区或专业系统又适当加入 2—3 个项目，使必要项目增至 9—10 个。详，也应有"度"，选择项目用多少，用什么，都应有所研究和规定。这要与本地区、本专业、本部门的具体实际相结合。如果不分对象，一味追求信息量，过分讲求项目的齐全，就会降低工作效率，甚至会造成不必要的人力浪费。如在综合档案馆和大型档案室，文本、载体类型标识，尤其是提要项，著录的必要性就不大。著录提要项对标引人员的要求相当高，它的难度不亚于标引主题词或分类号。一些不十分必要的项目一经著录，必然要多占计算机的存贮空间，造成计算机资源的浪费。著录工作量更是值得考虑的问题，项目过多，劳动量大，效率低，直接制约着计算机的应用。

"目前,著录标引工作已经成为实现计算机管理档案的瓶颈问题。"① 如中国第一历史档案馆编目组五人从事著录标引工作,采用文件级条目著录格式,每人每天以 40 个条目计,一年 230 个工作日,仅使用频率最高的 90 万件奏折,就要五人著录 25 年,而 90 万件奏折还不到馆藏总数的 10%。如果把 1000 万件档案全部著录完毕,其时间之长是可想而知的。② 由此可见,必须高度重视档案著录的速度问题,而减少不必要的著录项目,采用简要级次,是解决上述问题的一个主要途径。当然,以简为主,并非一简到底,对一些重要档案、重点全宗,可以也有必要采用详细级次,但这些档案在馆(室)藏档案总量中所占的比例毕竟很小。

(二)在标引深度上,以浅为主,浅深结合

标引按其深度分为浅标引和深标引。标引深度是指对一份文件或案卷所给予的全部检索标识(分类号和主题词)的数量,即对该文件或案卷中具有检索意义的内容特征和形式特征,进行描述所达到的深度。采用浅标引方式,分类号一般标 1—2 个,主题词为 3—8 个;采用深标引方式,分类号一般标出 3—5 个,主题词为十几至几十个。标引深度根据档案文献内容主题的详略和重要程度而定。确定标引深度的原则是以最少的检索标识来表达最复杂的档案内容主题,宜深则深,宜浅则浅。如果不分对象,全部采用浅标引或深标引,必然造成一部分档案标引不足或标引过度。在标引工作实践中,一般文件或案卷采用浅标引方式,具有重要价值的文件或案卷采用深标引方式,如综合性的计划和总结,重要的法规性、政策性文件,重要的人事任免或奖惩材料,重要会议的记录或纪要等。对于一个单位或一个全宗来说,大部分文件是一般性的,且内容比较单一,完全也有必要采取浅标引方式,而具有重要价值的文件或案卷毕竟是少数的。所以,在标引工作细则中,确定标引方式和具体对象是异常重要的。这也是加快著录

① 毕嘉瑞:《做好档案的著录标引工作是实现计算机管理档案的关键——第二届计算机管理档案学术讨论会综述》,《档案学研究》1988 年第 3 期。

② 中国档案学会自动化技术委员会:《档案文件与情报资料的自动化管理》,档案出版社 1987 年版,第 208 页。

标引工作速度的关键环节。

（三）在著录对象上，以点带面，点面结合

一个单位要开展著录标引工作，遇到的问题之一，就是以哪类档案或哪些全宗作为工作对象或突破口，这也需要具体问题具体分析，不能搞一刀切。一般来讲，大型档案馆保存的历史档案比较多，开放目录的任务比较紧迫，可以选择历史档案中利用频率较高的部分首先作为工作对象。而中小型档案馆保存的历史档案较少，利用频率较低，可以选择市（县）委、市（县）人民政府的档案作为工作对象。这类档案利用频率较高，开发价值很大。档案室则应把专业档案作为突破口。在步骤上，最好由近及远，逐步深入。首先，为了适应社会利用的需要，可以做到边著录边输入，边发挥作用。其次，这些档案在档案馆（室）都具有代表性，把这些档案的问题解决了，其他档案也就迎刃而解了。所以，选择著录对象时应坚持两个原则：一是社会急需；二是具有代表性。不少的档案馆选择党委和政府档案全宗为工作对象，并且在著录格式上确定重要全宗采用文件级，一般全宗采用案卷级，这是很有道理的。

（四）在人员使用上，适当分工，保持稳定

在中央级、省级档案馆，应把进行前处理工作的人员分为两类，即标准化研究人员和标引人员。标准化研究人员主要从事《档案主题词表》和《档案分类法》的编制及管理工作，负责起草制定有关的技术标准，从事档案著录标引理论和方法的研究。另一部分则从事具体的标引工作。在地、县档案馆也可分为两类：一类是业务指导人员，负责对著录标引工作的实际指导和对著录标引人员进行技术培训等，另一部分则从事具体的标引工作。

著录标引人员的作用是不可低估的。假设档案管理计算机系统的价值为100%，计算机的价值占20%左右，而著录标引人员所创造的价值占80%左右。那种认为有了计算机就有了自动化的观点是极为肤浅的。培养一个合格的，尤其是高水平的著录标引人员需要花费很大的气力，需要长期的实践锻炼，所以保持著录标引人员的稳定性，就具有战略意义。它是保证档案著录标引工作质量的基本条件之一。

当然,著录标引人员的劳动强度比较大,应当在奖金和其他待遇上给予适当照顾,以避免“机器吃不饱,著录标引没人搞”的局面的发生。

（五）在组织管理上,定量求质,严格审校

凡开展著录标引工作的单位,在经过一段时间的工作之后,要对著录标引工作的效率做出统计,制定出数量和质量标准,并采取奖勤罚懒、奖优罚劣措施,把工作效益同个人的经济利益结合起来。这是不断提高著录标引工作效率和工作质量的重要措施。由于著录标引的质量直接关系到自动化检索系统的功效,所以必须建立起严格的审校检查和质量奖惩措施,防止错标、漏标和滥标现象的发生。同时,把著录标引质量作为工作人员业务水平考核的主要内容之一,在评定业务技术职称时,将其作为评审的参考条件,以调动著录标引人员的积极性。

（六）在馆室分工上,以室为主,室馆结合

档案著录标引工作已在档案馆工作中全面展开。要完成现有馆藏档案的著录标引往往要以十几年、几十年,乃至几百年计,况且档案量仍在不断增加。这就自然地提出了著录标引工作的分工问题。目前看来,实现著录标引工作的重心前移是解决这一问题的基本途径。在现在和将来的一个时期,应重点培训档案室工作人员,把前处理工作纳入档案室工作范围,使档案在进馆之前就完成著录标引工作。因为档案室工作人员对本单位的职能和产生的档案比较熟悉,由他们进行分类标引和主题标引比较适宜。同时档案室保存的档案数量较少,著录标引工作量不大,加之经济力量比较雄厚,更有条件建立档案管理自动化系统。这样安排可以使档案馆集中力量从事著录标准化的研究工作和开展对积存档案的著录标引工作。最终,应将著录标引工作纳入文书处理部门,使著录标引工作与文件生成和处理同步进行,变一家单干为三家合干,以实现对文件、档案信息的一体化管理和共同分享。

档案著录标引工作重心前移要解决许多问题:人员培训、建立制度、统一规划、组织协调、业务指导以及办公自动化的进展等都不是短期内可以解决的。所以,重心前移需要时间,需要循序渐进。当然,必须清楚地认识到,这是全面实现档案管理自动化的必由之路,是保证档案馆著录标引工作顺利开展的基本措施。档案业务指导部门应当适时地、逐步地实现这种转移,使档案二次文献的开发成为档案馆和档案室的共同任务。这对开发档案信息资源,实现资源共享和提高档案馆、室的科研能力与业务水平都具有直接的现实意义。

本文发表在《郑州大学学报(哲学社会科学版)》1992 年第 4 期,第 33—37 页。

世纪之交档案事业发展若干问题的思考

新世纪,新科技和新经济的浪潮一浪高过一浪,以信息高速公路为序幕的信息革命方兴未艾,知识经济又以接替工业经济的一种新的社会经济形态扑面而来。档案事业既获得了发展机遇,又面临着严峻的挑战。如何迎接挑战是每一个档案工作者必须认真思考的问题。

一、科教兴档是档案事业发展的战略选择

科教兴档是指全面落实科学技术是第一生产力的思想,坚持教育为本,把教育和科技摆在档案事业发展的重要位置,增加档案工作的科技含量和向现实应用转化的能力,提高档案工作者的科学文化素质,把档案事业发展转移到依靠科技进步和提高劳动者素质的轨道上来,加速实现档案事业的现代化。

在档案科技领域,专业研究与群众性学术研究相结合,档案学理论与档案技术研究取得丰硕成果。自 1987 年首次实施档案科技进步奖励制度以来,至今已有 8 项档案科技成果荣获国家科技进步奖和发明奖,275 项成果获国家档案局科技进步奖,档案管理现代化水平进一步提高。但是,对照现代科技的迅速发展,档案科技研究工作显得比较薄弱。全国各省区市设立档案科研机构的仅占 23%,已经建立科研机构的省区市,能很好开展档案保护技术科研工作的大约只占一半。在从事科技工作的 2035 人中,有研究能力称得上保护技术专家的不

到50%。[①] 档案科研带头人极为缺乏、科研机制不健全、科研经费不足等现实情况说明，面对知识经济，档案科研的形势不容乐观，档案科研改革势在必行。

（一）要形成统分结合的科研机制

加强国家档案局科研所的龙头和中心地位的作用，把全国科研机构联系起来，把科研人员组织起来，化零为整，发挥整体优势。

（二）要明确主攻方向

全国9个档案科研所除了做档案工作必需的知识普及和技术推广工作外，都应根据自己的实力等基础条件确定各自的研究目标、主攻方向。国家科研所可以综合一些，各省的科研所应该专业一些。比如，陕西可主攻字迹保护，江西可主攻虫害防治等。国家档案局可以从全国档案科技需要和各省的实际情况出发，商定一个全国档案科技网点布局，明确各个科研所的主攻方向。各个科研所按照各自的主攻方向进行队伍、设备、仪器建设，开展科学研究。这样，既可以集中优势兵力攻坚，又可以避免大而全、小而全的低层次重复建设。

（三）要普及与提高相结合，重在普及

比如当前计算机的应用及维护技术，破损档案修裱、去酸、加固技术，除尘、防治虫害技术等，档案保管人员必须熟练掌握，否则，管好档案就是一句空话。

（四）要推广与研究并重

这些年我们做了大量的推广工作，但力度还不够。已获奖的270多项科研成果，推广的不是很多。这里不仅有推广不力的问题，也有成果本身科技含量不高或实用性不强的问题。在这一点上，要组织好对优秀成果，包括计算机软件、温湿度计、防治病虫害的药剂等进行筛选，然后组织力量进行针对性的推广，使档案科研成果转化为生产力更加直接和富有成效。

（五）要面向社会招标，提高科研效益

应拓宽视野，充分利用社会力量，实现档案科研的高起点、高效益

---

① 刘国能：《档案科研改革思考》，《中国档案报》1998年12月。

和低投入。

在档案专业教育领域,以培养档案管理、档案学研究和教学等高级人才为主的我国档案高等教育,已经有了以中国人民大学档案学院为代表的近30所高等院校的档案学专业,形成了博士研究生、硕士研究生、本科生、专科生四个层次。我国的档案高等教育以博士、硕士研究生培养为先导,以本科生培养为主体,在近20年里为国家培养了数千名专业人才,改善了档案干部队伍的专业结构,提高了档案干部队伍的科学文化水平,推动了档案事业的发展。档案学专业在我国新颁布的研究生专业目录和本科专业目录中均以一级学科同列在管理学门类之下,充分显示了档案学专业的发展水平和时代特征。

在改革开放中发展起来的档案高等教育也同样面临着改革。首先,在专业培养目标上要体现造就基础厚实和一专多能的复合型人才。其次,课程体系改革,在保证档案专业主要课程的前提下,突出外语、自动化管理和写作方面的内容。再次,专业理论水平和教学水平的提高,这需要调整和优化师资队伍结构,提高教师的科研水平,改革教学手段和教学方法,加强实践环节教学,体现档案学专业应用文科的特色。

二、重视人才资本,提高劳动者素质是发展档案事业的核心要素

人是事业之本。档案事业的发展客观上需要建设一支高素质的档案干部队伍。据统计,截止到1997年,在各级档案行政管理部门,各级国家档案馆,省以上机关人民团体,民主党派档案室(处、科),大型企业,省部属文化事业单位,地、市级以上科技事业单位档案室(处、科)共有档案专职人员91596人。从文化程度上看,具有大学以上文化程度者(含研究生、双学士、大学本科)占11.5%,大专文化程度占38.1%,中专、高中占42.1%,初中以下占8.3%;从档案专业程度看,大学本科以上占3.2%,专科占14%,中专占4.4%,在职培训教育占37.4%,此外还有40.9%的人未受过档案专业教育;从档案专业技术职务结构看,在档案专业技术人员中,具有副研究馆员以上职称者占

5.2%，馆员占34.9%，助理馆员占42.1%，管理员占17.8%；从年龄结构看，50岁以上者占14.2%，35—50岁者占48.2%，35岁以下者占37.7%①。

从上面的数字可以看出，中青年已成为档案干部队伍的绝对力量，将成为影响档案事业发展的关键因素。档案干部队伍整体上呈现“三低一高”现象，即文化水平偏低、专业程度偏低、高级职称人员所占比例偏低和兼职人员比例偏高。从统计数字上看，在档案室（处、科）系统中，兼职档案人员占该系统人员总数的74.4%，兼职档案干部队伍比例如此之高，直接影响到档案工作的发展。

若进行一下横向对比，结果更令人吃惊。在美国档案专业系统中，具有博士学位的男性为26%，女性为8%；具有硕士学位的男性为62%，女性为69%；未受过大学教育的男性为2%，女性为5%②。差距即是压力，我国档案事业要适应21世纪社会发展的需要，抓档案教育，抓人才培养就成为永恒的主题。

在档案系统内应大力提倡再学习，多种途径提高劳动者的素质：一是在全系统营造一种终身学习的环境和氛围，树立终身学习的观念；二是搞好学校教育，改变目前的应试教育模式，逐步向素质教育和创造性教育模式转变，培养出高素质的具有创造力的人才；三是完善职业教育、成人教育和继续教育，鼓励自学成才，创造出一种“教育+培训”的新的人才培养体系；四是积极引进人才，尤其是理工、管理方面的高级专门人才；五是注重实绩，唯才是举，广开培养和造就跨世纪的档案人才的门路。只有这样，档案知识创新体系才能获得智力的支持和保障。

---

① 倪丽娟：《从统计数字看档案继续教育》，《档案学研究》1998年第4期。

② 张岚：《二十年来我国档案教育的成就》，《中国档案报》1998年12月。

三、积极开发档案信息资源为现代化建设服务是档案事业发展的根本方向

档案的原始记录性及其所具有的查考、凭证、教育等功能，决定了档案工作的重要意义在于不断积累人类认识自然规律和社会规律的档案资料，并积极开发这些档案信息资源，为我国社会主义现代化建设的伟大实践服务。

截至 1998 年，各级国家综合档案馆已开放档案 3300 多万卷、件，自 1983 年至 1997 年，累计接待利用者 4139 万人次，提供档案 15746 万卷(件)次。① 1981 年全国各级各类档案馆主编与合编的档案文献出版物只有 20 种 40 册，约 1339 万字，到 1990 年，各级各类档案馆公开出版的档案文献出版物 425 种，约计 27861 万字。从 1980 年至 1990 年，各级各类档案馆公开编辑出版的档案文献出版物达 1871 种，约计 98685 万字。② 1991 年至今虽然未见准确统计数字，但从实际来看，出版档案史料的数量亦相当可观。

但也应当看到，档案信息资源的开发仍然存在一些问题：其一，重管轻用。由于档案部门长期封闭、半封闭造成的思维定式，对档案信息的性质、开发方式和规律的认识不清，导致对档案信息开发工作与基础工作以及其他各项工作的关系摇摆不定，档案信息资源开发的根本方向地位没有得到确立和贯彻，在一定程度上影响了档案信息资源开发的深度和广度。其二，重量轻质。即只满足于数量，讲求利用的人数、卷次，编辑出版档案史料的种数、字数，而对如何提高档案信息开发的质量，扩大档案信息成果的流通范围，提高档案信息利用效果则不太注意。这种重开发轻流通、重数量轻质量的"粗放式经营"，影响了档案信息资源的合理开发与有效利用。其三，重经济效益轻社会效益。20 世纪 80 年代以来，由于市场经济大潮的冲击和强调为经济

---

① 王刚：《改革开放是档案事业的发展之路》，《中国档案报》1998 年 12 月。

② 曹喜琛：《历史档案开放与档案史料编研》，《档案学通讯》1998 年第 6 期。

建设服务，在档案信息开发中出现不分具体单位和馆、室藏内容，片面强调经济效益、忽视社会效益的现象，产生了一些消极影响。一些省、市设立的开发档案信息奖，以经济效益作为评奖的主要条件，使许多档案馆及机关档案室无所适从。这不仅削弱了开发的力度，而且阻碍了档案信息的充分利用，使档案信息开发之路越来越窄。①

为改变上述状况，一是档案部门要致力于增强社会档案意识。激发社会需求，改善档案信息的开发环境，同时增强档案部门自身的社会意识，强化开发意识，使两种意识产生互动，协调统一，平衡供需关系。二是实现基础工作与利用工作的统一。在用好的前提下管好，在管好的基础上用好。三是实现由“粗放型”开发向“集约型”开发转化，从而达到数量与质量的统一，使开发出的档案信息得到有效利用。四是不能简单以经济效益或社会效益来衡量一个单位开发档案信息的效益。不同机构、不同馆室应有所侧重，充分挖掘档案信息的各种功能，提高开发档案信息资源的总体效益。五是建立网络。即在地区性和系统性网络中心的基础上，进行更高层次的联网，建立全国网络中心，进行全面开发，形成整体效应和规模效应，发挥网络的辐射作用，扩大档案信息交流渠道，从而达到充分开发，有效利用。为此，应加大标准化建设和通用性软件开发研制的力度，从而推进档案信息网络的建立和档案信息资源的综合开发。

四、大量采用先进设备和技术，加速档案管理现代化是档案事业迎接挑战的必由之路

改革开放既是档案工作引进和采用先进科学技术的先决条件，也是强大动力。目前，全国按照《档案馆建筑设计规范》新建、扩建的基本符合档案保管要求的档案馆库面积200余万平方米，约占全部档案库房面积的60%。各级各类档案馆的空调、除湿、缩微、复印等设备已2万多台(套)，配有各种计算机、工作站等5000多台(套)，建立机读

① 林真:《档案信息开发政策评析》,《档案学通讯》1998年第3期。

目录数据几千万条。一些有条件的档案馆、室采用了计算机、缩微、光盘、多媒体等技术。在标准化领域,现已制定档案工作方面的国家标准7项,行业标准17项。截至1997年,各级各类档案馆、室共编制案卷目录114万多本,全引目录75万多本,专题卡片8000多万张。全国建立了革命历史资料、明清档案资料、民国档案资料三大目录中心,基本完成了全宗级目录的收集工作,为进一步提高档案现代化管理水平做了更加充分的准备。①

在看到成就的同时,我们还必须清醒地认识到,与发达国家相比,我们的档案设备和技术整体水平还较低,管理现代化尚处在初级阶段。我们的档案目录比较单一,检索工具体系也不完备,计算机的应用基本上处于三单(单机、单馆、单项)阶段,建立档案馆计算机网络集成系统尚需时日,与国家互联网的连接更未提到议事日程。在应用电子计算机的单位,已建立的数据库规模较小,利用率低;绝大多数的中小型档案馆尚与计算机无缘;缩微和光盘实用系统的建立还有不少困难,社会化服务基本上没有开展。

档案管理现代化面临挑战。在世纪交替之际,档案工作应加大发展步伐,全面革新。

(一)转变观念,树立面向未来的紧迫感、责任感和使命感

档案工作者特别是领导者要紧贴时代的脉搏,对时代的发展、社会的变革、新事物的出现要有远见、远谋,树立与之相联系、相结合的观念,摒弃“与我无关”不闻不问的消极思想和态度。我们在计算机技术的开发、应用和信息高速公路建设热潮中曾经消极观望,犹豫徘徊,导致工作被动,发展落伍,这个教训是极其深刻的。因此,站在历史和全局的高度,档案工作者对社会的变革和档案工作的革新应有紧迫感、责任感和使命感,主动迎战,做改革的倡导者和先行者。

(二)选好主攻方向,统筹规划,稳步实施

当前,档案工作现代化方面最紧迫的任务有两个:一是电子文件管理问题。要维护好电子文件,维护其作为档案的原始性、凭证作用

① 王刚:《改革开放是档案事业的发展之路》,《中国档案报》1998年12月。

和法律效力，最大限度地延长电子文件和电子档案的寿命。为此，要统一标准，保证电子文件的兼容性、通用性。在把握好电子文件和电子档案特性的基础上，制定出相应的管理办法。二是开通信息高速公路，及早使档案信息上“网”上“路”，最大限度地实现档案信息资源共享。与之相适应，要制定相匹配的一系列改革目标，在一个地区、一个系统乃至全国统一规划，有步骤地实施。

（三）突出重点，兼顾一般

在我国，各地区经济和社会发展极不平衡，各级各类档案馆也千差万别，实现档案管理现代化只能因地制宜，根据客观需要和实际可能，有先有后，逐步发展。目前，档案管理现代化的重点是省级以上档案管理部门以及中央国家机关、大中型企业和重点科研、设计及教学单位。这些单位的档案管理水平是衡量我国档案管理现代化水平的主要标志。同时，还应看到，现代化管理与手工管理会长期并存下去，因此，以点带面、突出重点，才能集中力量抓出成效，做到事半功倍。

本文发表在《档案》1999 年第 6 期第 16—19 页。

欧美现代社会档案观及启示

加拿大档案学者T.库克在《1898年荷兰手册出版以来档案理论与实践的相互影响》一文中指出，回顾20世纪的档案思想，最引人注目的要数根据国家档案概念建立起的以司法—行政管理为基础的档案工作向建立在更广泛的公共政策和利用基础上的社会—文化档案的变化。欧美国家档案工作者和理论工作者认为档案应当反映产生它们的社会，即从一个国家的理论发展到一种全社会的理论。

一

从荷兰学者时代到詹金逊、卡萨诺瓦时代，直至美国注重政府文件管理的时代，档案事业在传统上是由一个国家建立，为这个国家服务，作为该国统治结构和机构文件的组成部分。档案理论因此在国家理论模式和概念中建立了合法地位。现在情况不同了。20世纪末期公众对档案的认识，尤其对用纳税资金建立起来的档案馆的认识已发生了根本变化，用亚伯拉罕·林肯的名言表示，档案现在是"民治、民有、民享"。我们的"记忆宫殿"是为人民而不是为国王服务的。在普通公民看来，档案不仅要涉及政府的职责和保护公民的个人权益，而且还应更多地为他们提供根源感、身份感、地方感和集体记忆。① 档案

① T.库克:《1898年荷兰手册出版以来档案理论与实践的相互影响》，中国档案出版社1997年版，第152页。

人员应当认识到这一变化,在论述档案原则与实践时也应当实现从"国家模式"向"社会模式"的转变。

转变之一:随着档案概念基础的变化,档案工作重点也发生了戏剧性的变化,由保管记录活动的证据变为确保这种证据的确实产生,进而确保上述活动本身有可信证据作为证明。档案人员也因此由消极的文献记录保存者变为档案遗产的积极塑造者,从仅仅继承文件公正的、不带偏见的保管者变为在档案形成过程中明确历史责任感的积极干预者。

转变之二:社会应确定其自身价值,档案文件必须如实地反映这些价值。档案价值不应该取决于詹金逊所说的行政官员,也不应该取决于谢伦伯格所说的历史学家,而是取决于人民大众。社会价值最好不是直接通过对社会动力和公共舆论的研究来确定,而应间接地通过了解那些为实现社会需求和愿望的重要文件形成者的职能来判断。也就是说,要以文件形成者职能来体现社会价值。

转变之三:档案进一步开放与信息的自动检索。过去许多国家的档案机构只注重为执政党和国家机器服务,忽略了民间组织和公民。第二次世界大战以后,世界各国普遍确定了开放档案的原则,档案的封闭期日益缩短,档案开放的范围日益扩大。各国档案一方面向国内社会和公众开放,提供利用;另一方面有条件地向国外利用者部分开放,提供利用。其实质是确认、保障社会和公民有利用档案的权利,以及档案部门有为社会和公民提供档案利用,为档案用户服务的义务。随着信息化时代的到来,档案信息的网络传输、自动检索也已悄然而至。

二

社会档案观使档案工作者的视野更加开阔,服务的对象更加广泛,档案工作者的身份也由此发生一些微妙变化。

(一)档案工作者是文件档案连续统一体的审计员

在电子环境中,如果档案人员不积极介入文件的形成和保管过程，文件将很可能不存在或至少不可能被鉴定、保存、编目或提供利用。档案人员不可避免地会在上述活动中注入自己的价值观。在资源有限的情况下，他们会根据自己对那些形成者、系统、职能、业务、著录和传播手段的选择，给予充分的、部分的或是根本没有的档案以业务关注。正如戴维·比尔曼所说，通过把档案工作人员的工作重点由对档案馆中文件进行实体保管转变成对所有政府计算机网络系统中的文件进行远距离控制，就会导致全面地“重新创造档案”。在这种即将到来的世界里，档案人员更多关心的是对机构保护“记录”的行为进行集中管理，而不仅是对传统的文件实体进行保管。因此，档案人员在信息化时代不再被视为消极的文件保管者，而是被看成是文件积极主动的参与者，甚至是文件档案连续统一体的“审计员”。澳大利亚档案工作者格伦达·阿卡兰说，档案人员必须因此开始管理文件而非“残遗物”。[①] 档案馆也从作为一个希望与文件形成机关合作的“恳求”机构转变为一个监督形成者维护和保管在其管理下的档案文件活动的审计机构。[②]

（二）档案价值鉴定的着眼点将从档案内容向文件形成者职能转移

传统的档案价值鉴定主要采用内容鉴定法，即以学者特别是历史学家的实际利用或预期利用，作为鉴定什么是档案和档案价值大小的最重要标准。美国是这种方法的主要代表。采用这种方法，档案人员将成为试图预测未来研究趋势的“先知”，而不是试图反映文件形成者职能、计划和活动的分析人员。美国档案学者杰拉尔德·汉姆指出，“利用决定档案鉴定论”实际上破坏了文件在其形成者业务活动中形成的自然联系，完全忽视了形成者的延续机构记忆的需要。这样做的结果是产生一种不可靠、分裂的档案文件，它们不能反映“人类生活的方方面面”[③]。

---

① 格伦达·阿卡兰：《文件管理而非遗物》，《档案与手稿》，第57—63页。

② T.库克：《1898年荷兰手册出版以来档案理论与实践的相互影响》，中国档案出版社1997年版，第163页。

③ T.库克：《1898年荷兰手册出版以来档案理论与实践的相互影响》，中国档案出版社1997年版，第152页。

T.库克在回顾了1898年荷兰手册出版以来的理论与实践发展轨迹之后，提出了档案专业面临的几个问题或挑战，在谈到第四个挑战时指出，作为档案价值鉴定的核心——鉴别具有永久保存价值文件的过程需要改变，这是因为文件的传统概念和物质形态不复存在，需要鉴定的文件数量过大，而这种鉴定往往必须在一份文件产生之前在计算机系统设计阶段完成。鉴定将因此侧重于职能、业务和风险分析，而非文件及其潜在价值。① 档案事业关注的焦点将很快从文件实体转向文件的形成过程；从分析个别文件的性质和特征转向更好地了解导致文件产生的业务职能、活动、任务、事务处理和工作流程；从根据文件内在价值或研究价值进行鉴定转向宏观鉴定形成者的主要职能、计划和活动并挑选出反映它们的最精练文件永久保存；从文件实体的整理、编目和保管转向了解信息系统和形成者的相关文献之间的有机联系。② 这种社会发展态势将传统理论对实体保管对象——实态文件的关注，转变成对文件、文件形成者及其形成过程的有机联系、目的、意图、相互关系职能和可靠性的关注。从以等级结构中原始文件产生部门为中心的实际来源转变为以变动、临时，甚至“虚拟”的机构中文件形成者的职能和业务活动为重点的概念来源。简言之，从由此产生的文件或产品转向文件背后的创造活动或创作意图。这种保管模式被称作“后保管”模式。

（三）档案机构与社会其他机构共同保存具有永久保存价值的档案

档案文件的有效形成和管理是一个信息丰富的社会的前提，是政府和非政府组织可靠性的基础，是信息自由和隐私立法的基础，也是公民权利的保障，更是由永久价值文件组成的“档案遗产”的质量保证。加拿大国家档案馆馆长、国际档案理事会前任主席让·皮埃尔·瓦洛写道：我们正在“为我们当代的历史建立一个活记忆”，档案馆是“记忆的保存场所”。但是，档案机构本身作为所有具有永久保存价值

① T.库克：《1898年荷兰手册出版以来档案理论与实践的相互影响》，中国档案出版社1997年版，第162页。

② T.库克：《1898年荷兰手册出版以来档案理论与实践的相互影响》，中国档案出版社1997年版，第163页。

的非现行文件保管基地的概念将发生变化，因为一些电子文件，如天气、行星和环境数据，显然具有重要的档案价值，但却不能接收进馆。因为维护这些文件需要数万亿美元，它们必须存贮在价值数百万美元的大功效计算机里，又只能通过昂贵的、专利性和复杂的软件系统才能阅读。这些文件只能由其形成者通过与档案机构的合作关系加以保存。因此，档案建筑从作为文件保管基地将转变为一个便于公众利用数百个由形成者控制的系统内各种文件的中央信息中心。

（四）利用档案和提供档案不是单纯的业务行为，它们与公民的权利与义务紧密相关，与科技发展紧密相关

科技的发展使档案工作者卷入了整个信息管理领域，档案管理和信息管理已成为其中不可分割的组成部分。档案人员也已同其他信息服务行业一样，正在失去对档案利用和查找方法的绝对控制，因为电子档案的用户可以自己选择在哪儿、用什么方法找到自己所需要的档案。档案工作者的地位从利用者及其所需信息间的中介变为坐在利用者旁边帮助他们“找到分散的、种类繁多的、贮存有价值信息的计算机的位置”的指导者、培训者和专家。①

新技术不仅对档案工作提供了帮助，而且还证明它有利于改进和扩大对公众的服务。有两种因素促成此事：一是技术进步使处理和传播的可能性延伸到了文字和影像；二是精神状态的演变使人们乐于接受这些新事物。随着办公自动化和远程信息处理技术的发展，熟悉信息技术工具的新一代研究人员希望利用这些方便条件，尽快、尽可能舒适地查阅档案。在阅览室的咨询处提供自动检索工具正是对这种期待的最常见的回答。研究人员可以自行调用内部资料、图书目录或参考材料的数据库。光识别符和数值计算机可通过数据转化，把这类服务延伸到传统的检索工具。

前景远大的下一阶段将是通过电子出版物或网络系统实现远距离提供信息。埃里克·凯特拉于 1988 年就提出了建立没有读者的阅

---

① 布古霍斯特：《做好并展示出来》，《开放》1994 年第 26 期。

览室的设想,尚待条件成熟后方可实施。①

三

欧美国家现代社会档案观已逐步确立,对此,我们可以从以下几个方面借鉴和把握。

(一)档案人员应从“幕后工作者”进入信息管理领域前沿

信息管理技术的变革一方面给档案工作带来新的问题,另一方面又给档案工作注入新的活力。科技造就了掌握信息技术的新一代利用者,他们希望得到方便、快捷的“即时信息”。知识经济的发展同样造就了这种信息利用新理念。同时,档案学建设成为整个信息学领域中的一个独立的学科,已经跨越了仅仅是历史学辅助学科的从属地位。在有密切联系的信息管理和机读档案领域,档案人员发现同其他相邻学科同样从事利用、著录和保护技术的专业人员之间存在着竞争。商业信息传播学和信息学都侵入了同一领域。这就要求档案工作必须跟上科技发展的步伐,提供更快、在线的信息存取和检索方式,给全球更大范围内的用户提供最大限度的档案利用服务。不言自明的是,改变公众看法的最好方法莫过于改变档案工作者自身的工作态度和行为方法。

(二)馆藏既要体现党和国家的历史真实面貌,更要反映社会生活的方方面面

我国馆藏档案利用水平偏低是一个不容争辩的事实。影响档案馆开展利用工作的因素主要有三个方面,即档案自身因素、档案管理因素和社会档案意识因素。档案自身的因素限制了利用者群体的大众化;社会档案意识因素导致档案管理工作发展动力不足,无形中又限制了馆藏结构的改变与水平的提高;管理方面的因素在一定程度上又抑制了公众对档案信息的需求。②

---

① C.诺加雷:《信息技术对档案和档案工作的影响》,中国档案出版社1997年版,第225页。

② 宗培岭:《对档案馆利用工作现状的思考》,《浙江档案》2000年第9期。

改变这一局面要合理丰富馆藏，强化管理和大力提高档案馆人员的素质。在丰富馆藏方面要实现从国家档案观向社会档案观的转变，从内容上拉近档案与社会、档案与公众的距离。为此，现有进馆范围应作调整，要适当压缩机关档案进馆量，扩大收集面，把触角伸到反映社会整体面貌上。

（三）档案价值不取决于档案内容和利用需求，而主要取决于其形成者的社会活动

档案来源于社会活动，是人类历史的原始记录。据此可以推论：档案价值的大小，主要取决于其形成者的社会活动，而档案内容和利用需求，则是档案价值的体现和实现形式。根据档案形成者的社会地位、内外关系和职能活动，分析判断其形成档案的保存价值，应是最客观、最直接和最有效的方法。

来源原则告诉我们，形成决定保存，保存维护形成，这是档案工作存在和发展的客观规律。运用职能鉴定方法，把鉴定工作重点从文件内容和利用需求转向文件形成者和形成过程。针对不同立档单位的特点，全面分析其职能划分和工作运转情况，从而对其形成的档案进行宏观鉴定——一改逐份审阅文件内容为依据文件与其形成者的有机联系，系统、客观地判定档案的保存价值。具体操作上，文书档案可按机构—职能—活动的顺序分层鉴定，科技档案则按项目—阶段—活动的层次进行。①

（四）档案进入人们的休闲生活

以“档案与休闲”为主报告题目之一的第十四届国际档案大会已于2000年9月在西班牙召开，这是新千年的第一次盛会，该主报告预示了人们在新世纪所应关注的焦点。

随着信息时代的到来，休闲社会也接踵而至，失去政治神秘色彩的档案也开始面临着又一次丧失史学典籍的神圣光环。如何使档案在时空的双向维度中真正成为休闲活动的主角，从而使档案在新世纪重新找到自己的社会价值和角色定位，这就成为我们目前所面临的任

① 任宝兴：《论来源原则与档案鉴定》，《档案学研究》1998年第3期。

务。

在这种社会背景下，档案馆正逐步走出石室金柜，进而走上大众的、社会的、科学的道路。在信息共享的休闲社会，人们不仅可以参与到社会的民主化管理，也可以借助档案维护自身的权利以及实现自主的权利救济。可以说，档案作为一种资源丰富的信息源只有在面向社会最广大的利益群体时，才具有最现实的使用价值。在西方发达国家借助于网络和计算机向不发达国家进行文化渗透和殖民时，档案虽具有普遍的人类文明意义，但更多的是记录着一个民族的记忆，凭借档案我们能够追溯自己民族成长的历程，能够记住属于我们自己的存在方式，正如德里达所说："档案带给我们的是对自己的自信和对我们民族的自豪。"①

本文发表在《上海档案》2001 年第 4 期第 46—48 页。

① 谢凌奕:《档案与休闲》,《档案学通讯》2000 年第 5 期。

档案本质属性与档案属概念的对应关系

——对档案本质属性的思考

档案概念是档案学概念体系的“元概念”,其他的概念都由它生成。探讨档案本质属性最重要的意义就是试图准确地把握档案概念的内涵和外延,明确档案学的研究对象究竟是什么。[①] 问题是,学者们认识档案本质属性往往从档案概念出发,将它与档案定义的属概念联系起来分析、归纳并得出相应结论。可以说,有什么样的档案本质属性,就有什么样的档案属概念;反之,有什么样的档案属概念,就有什么样的档案本质属性。

一、档案本质属性与档案属概念的几种代表性对应关系

(一)原始记录性与档案属概念“文献”

用文献作为档案定义的属概念在档案界具有一定的代表性。伍振华、贾燕华认为,文献属于具有价值的人工信息记录物,其外延包括各种形态的文件、档案、图书报刊、情报资料等。用文献作档案的属概念具有明显的综合优势:词性简短;有权威性定义;词义较为单一,可能产生的歧义较小;与档案是由其他各种文献转化而来的情况相符,

① 桑毓域:《如何认识原始记录性——关于档案本质属性的探讨》,《档案管理》2008 年第 3 期。

有助于揭示档案与文献之间的关系;许多权威性文献均将档案纳入文献的范畴,全社会和档案学界也普遍地将档案视为一种文献;文献属常用词,其悠久的适用历史和很高的认知度有利于使档案定义简洁明了,从而便于记忆、使用和提高全社会的档案意识①。桑毓域认为,如果将档案定义成一种特殊的文献,即文献作为档案的属概念,而且将档案和文件视为同一事物不同阶段的存在状态,原始记录性作为档案的本质属性是合理的。将档案与文件作为一种事物相对其他文献而言,原始记录性确实可以认为是与其他文献的最根本的区别,反映档案的特性。档案的原始记录性决定了档案内容与内容所对应的社会活动具有了同一性,也就是说,档案的内容反映的就是形成该档案的社会活动自身,其他文献(如图书、期刊等)都不具备这一特性②。

(二)备以查考性与档案属概念"文件"

用文件作为档案定义的属概念在我国持续时间最长,从 20 世纪二三十年代一直沿用到 80 年代。进入 90 年代以后,对原始记录性是档案本质属性观点的质疑声不断。档案的一些基本属性实际上是对文件属性的一种"继承"。③ 一些学者指出,原始记录性是文件与档案共有的属性,不能用以区分文件和档案。④ 刘东斌甚至提出档案形成在前,文件是档案复制件的观点,并以此为依据撰写了七论档案形成在前的系列论文。⑤

伍振华指出,人类普遍将档案与文件作为两个概念进行分别界定和分别使用——事实上,档案和文件至少在很多重要场合都是作为两个不同事物同时存在——档案本质属性的揭示应当反映档案与文件的区别。不应僵化地界定、诠释、理解或使用档案的原始记录性。在谈到王英玮和张贵华主张的档案本质属性是"原始的历史记录性"时,

---

① 伍振华、贾燕华:《再论"备以查考性"是档案的本质属性》,《档案管理》2008 年第 3 期。

② 桑毓域:《如何认识原始记录性——关于档案本质属性的探讨》,《档案管理》2008 年第 3 期。

③ 史习人、何嘉荪:《凡是具有原始记录性的文献都是文件》,《浙江档案》2003 年第 3 期。

④ 胡鸿杰:《论档案学的逻辑起点》,《档案学通讯》2001 年第 3 期。

⑤ 刘东斌:《论档案形成在前》,《档案管理》2007 年第 2 期。

伍教授提出反对意见。他认为,“原始的历史记录性”不是档案的本质属性,其根本依据是,并非具有“原始的历史记录性”的事物都是档案。换言之,其他的一些事物也具有“原始的历史记录性”。如果按照何嘉荪、王英玮等的主张,人为地规定所有具有“原始的历史记录性”的事物都是文件或档案,其必然的结果:所有的“记录有知识和信息的一切载体”意义上的文献都属于文件或档案。这种规定只适用于档案与文件、图书、资料等界限尚不清晰的时代,不可能得到当今社会的普遍接受。① 因此,“典型档案”的本质属性应是“备以查考性”。无论是什么载体,“备以查考性”都可以充当判定档案实际生成或存在的依据,而仅用原始记录性则不灵,如对于数字档案,以传统原始记录性释义为基础的原件一般只是作为过程而短暂存在——人们直接识读的是复制件。即使保管对象具有原始记录性,但因缺少有效的“备”等原因根本无法识读,讲它是档案也没有任何实际意义。我国档案学界比较公认的首次档案释义(杨宾:《柳边纪略》卷三记载)和《荷兰手册》中都包含着“备以查考性”的要素。2006 年国家档案局发布的对归档范围的规定便采用“具有查考价值的”来概括所有归档文件材料的共同价值特征。谢伦伯格指出,档案定义的“第一实质性的要素,与产生和积累材料的原因有关”;“第二种实质性的要素,同材料的保存价值有关”;“第三个要素同保管问题有关”。因此,“备以查考性”是古今中外对档案本质特性主流共识的反映——“备以”与转化说对应;查考价值是转化的内在依据。②

(三)潜在有用性与档案属概念“历史记录”

20 世纪 90 年代以来,档案界普遍将档案定义属概念界定为历史记录。中华人民共和国档案行业标准《档案工作基本术语》将档案定义为,“国家机构、社会组织或个人在社会活动中直接形成的有价值的各种形式的历史记录”。《中华人民共和国档案法》对本法所指档案也作了类似的表述,只是将有价值进一步限定在国家和社会意义层

① 伍振华:《关于档案本质属性几个论点的浅析》,《图书情报知识》2005 年第 5 期。

② 伍振华、贾燕华:《再论“备以查考性”是档案的本质属性》,《档案管理》2008 年第 3 期。

面。冯惠玲、张辑哲主编的《档案学概论》在此基础上进一步表述为："档案是社会组织或个人在社会实践活动中直接形成的具有清晰、确定的原始记录作用的固化信息。"①人们习惯将其简化为"档案是原始的历史记录"。这类表述成为主流的档案概念或档案定义。从这些定义中概括出的档案本质属性依然是"原始记录性"。由于世界范围内普遍认为当代档案事业理论和实践正在从国家档案观向社会档案观转变，而社会档案观在西方档案界语境下把话语对象界定为社会组织和个人，也就是我们所说的非国有组织和公民。因此，对档案概念的界定就必须具有广泛的社会基础。档案定义应大众化，要有普适性，要为普通民众理解和接受。传统的文件转化为档案的三个条件受到挑战和质疑。原始记录性材料由谁形成、形成什么、是何形式、保存在哪里、如何保管、怎样处置，这些在计划经济时代不是问题的问题，在市场经济发展、市民社会建设和社会转型过程中，档案界和档案学理论都必须给予回答。将档案概念区分为普通概念和国家监管档案概念与非国家监管档案概念实属必然和必要。在价值多元化时代，人们的选择性日益增多，对选择什么作为档案也变得复杂起来，经典档案概念受到冲击。刘东斌就是从传统档案定义和文件转化为档案的三个条件入手，推导出档案形成在前，文件形成在后，文件是档案复制件的结论，试图颠覆传统档案学理论基础。因此，档案是原始的历史记录，原始记录性是档案本质属性的结论应当受到反思和讨论。原始记录性是历史记录或固化信息成为档案的客观基础，离开这一点来谈档案就如坠云雾，但撇开价值性和人们的选择性而言档案无疑自成靶子，任人攻击。各类历史记录或固化信息成为档案有其客观基础，又有人为因素，是客观事物特性与人们主观选择的结果。

作为国家、组织和公民可以从不同层面对原始记录类事物进行价值判断和选择，只要认为有价值即可。所谓价值判断，无非是根据过去经验和现实需要作出的评估和预测。就整体和一定时态而言，这种

① 冯惠玲、张辑哲:《档案学概论》,中国人民大学出版社 2001 年版。

评估和预测更多针对的是历史记录或固化信息的潜在有用性。①

二、档案本质属性针对档案属概念的相对性

冯惠玲教授认为,原始记录性是档案的本质特性。对这一共识,尽管档案学界有不同观点,但这些不同观点至少从目前看,尚不能动摇这一共识的正确性。② 由于档案界引入文件生命周期理论和文件连续体理论,近20年来出现了大文件概念、大文件观、大文件观念、大文件理论、文件论等提法,形成一个重要的学术热点。不论提法是否准确、科学,但大家普遍认为应当抛弃狭义文件概念,采用大文件或广义文件概念。各种版本的教材和行业标准将档案属概念界定为历史记录、原始记录、固化信息和文献,也从一定意义上扩大了档案的外延,但众多的定义解释中仍然或多或少地保留了文件向档案转化关系及其限定条件。有鉴于此,档案本质属性的多种性表述就显得合理和自然。相对于文件,尤其是传统或狭义文件,备以查考性或潜在有用性是其本质属性。因为文件与档案的关系就像一个不解的谜团困扰着档案界几十年。档案基本属性,包括本质属性相对于文件是"继承"关系,还是"自我生成"关系,档案学界见仁见智。从主流观点看,更多的学者还是肯定二者的"继承"关系。原始记录性是文件和档案的共有属性,不能作为档案区别文件的特性。相对于传统文献,尤其是图书、资料而言,原始记录性是档案的本质属性,无论过去还是现在,这一界定和解释都是充分成立和被人们普遍接受的。试图找到一个高度概括并区别于所有相关事物的档案本质属性是我们孜孜以求的目标。

三、高度概括档案本质属性的尝试

郭东升和张杰认为,档案的本质属性是直接历史记录性和事后有

---

① 陈忠海、孟祥喜:《对档案学逻辑起点的认识——兼论档案本质属性》,《档案管理》2008年第4期。

② 冯惠玲、张辑哲:《档案学概论》,中国人民大学出版社2001年版。

用性。郭东升指出:“档案的本质属性是直接历史记录性或曰原始记录性的传统认识不够科学。……直接历史记录性把档案与资料区分开来,其事后有用性把档案和当事记录物区别开来。……文件不是档案的唯一原始转化物。”①张杰认为:“档案是具有原始记录性的非现行价值的文件。”②二者都试图将档案与相关事物,尤其是与文件区分开来,其探索精神难能可贵。王恩汉认为:“档案其实是人们留下来的历史,它是一种可以再现的记忆,人们通过它可以认识历史上曾发生过什么。这就是‘可追溯性’的性质。这样的解释,应当是最为接近档案的本质属性的表达。……从历史上看,档案显然是人们出于某种需要记忆的想法,或考虑到日后可能有益的作用保存起来的。这种保存起来的目的是复杂的,然而无论怎样去分析档案形成的过程,有一点是明确的,档案是‘过去式’,它与文件是相互区别的。”③伍振华近 10 年撰写了数篇文章,在评论其他学者观点的同时,力主“备以查考性”是档案的本质属性。认为这既能体现档案的价值性,又能区分档案记录物与非档案记录物。此外,邹吉辉提出“历史再现性”是档案的本质属性。④ 在李福君提出“具有历史联系逻辑排列的文献实体结构是档案的本质属性”观点之后,刘劲萍、肖英对此进行了相似表述和内涵揭示。⑤

笔者和孟祥喜在《对档案学逻辑起点的认识——兼论档案本质属性》一文中认为,档案学的逻辑起点是原始记录性材料内容的有用性。档案本质属性应蕴含在逻辑起点之中,原始记录性材料内容的潜在有用性是档案的本质属性。⑥

---

① 郭东升:《档案本质属性诤议》,《中国档案》2001 年第 5 期。

② 张杰:《档案与文件》,《泰山乡镇企业职工大学学报》2002 年第 2 期。

③ 王恩汉:《档案本质属性诠释》,《档案学研究》2002 年第 6 期。

④ 邹吉辉:《档案本质属性研究》,《四川档案》2001 年第 3 期。

⑤ 肖英:《档案本质属性质疑》,《档案》2001 年第 3 期。

⑥ 陈忠海、孟祥喜:《对档案学逻辑起点的认识——兼论档案本质属性》,《档案管理》2008 年第 4 期。

四、对界定档案本质属性的几点思考

(一)对档案本质属性的认识和概括是一个历史过程

现代档案学最初的主要研究对象是文书档案。20世纪50至80年代档案界将档案定义为“档案是……文件材料(包括文字、图表、声像等)”。将档案的本质属性概括为“原始记录性”。这一结论长期为业内熟知和接受,少有质疑和反对之声。之后,档案门类增多,文书档案之外的其他档案数量激增,尤其是伴随着信息化时代的到来,电子文件和电子档案的生成、流转、采集、存贮和提供服务,给档案部门和档案工作者带来前所未有的困惑和挑战。非国有组织及其档案的剧增,公民档案权利的觉醒,民生档案的凸显,使得建立在国家全部档案和国家监管基础上的档案定义失去了应有的概括和表达能力。于是,扩大档案的外延并在此基础上重新揭示档案的本质属性就显得十分迫切和必要。这也是档案本质属性研究成为学术热点的根本原因。

(二)档案本质属性有双重性表述和综合性表述之分

原始记录性是多数档案的本质属性,这是许多档案具有凭证性的基础。但也有一些档案不具有原始记录性,如电子档案(外国只称之为电子文件)、实物档案,还有近来大家热议的收文,以及所谓补入档案的地方史志等。但这并不影响对档案总体作出具有原始记录性的判断。备以查考性、潜在有用性等是所有档案的属性,这对满足组织和个人的现实需要和长远需要来说具有直接作用和历史意义,是组织和个人将非档案记录物转化为档案记录物的持久动力。若只将原始记录性作为档案的本质属性,就会造成非档案记录物和档案记录物价值的缺失;若只将备以查考性或潜在有用性作为档案的本质属性,就会造成选择对象的混乱,使非档案记录物向档案记录物转化缺乏应有的物质基础。

可以设想的办法有两种:一是将档案的本质属性作双重性表述,即原始记录性和备以查考性,或原始记录性和潜在有用性;二是将形成档案的基础——原始记录性和价值性——备以查考性或潜在有用性作综合性表述,即原始记录性材料内容的潜在有用性。可以这么说,档案是人们对具有潜在有用性的原始记录性材料选择的结果。这样就能很好地理解,为什么在不同的国家对档案概念和事物有不同的界定,不同的国家留存档案占文件(外国习惯称文件)的比例如此悬殊。为什么2006年国家档案局制定的文件材料归档与不归档的范围和档案保管期限表与1987年及其以前的相关规定如此不同,角度如此迥异。

(三)档案本质属性蕴含在档案学的逻辑起点之中

桑毓域指出,界定档案本质属性的目的是要准确地把握档案概念的内涵和外延,明确档案学的研究对象究竟是什么。档案学研究对象曾被表述为档案、档案和档案工作、档案现象。目前档案学界对此的认识比较统一,即档案学是研究档案现象及其本质和规律的学科,它的研究对象是档案现象。在档案学研究对象已经明确的基础上,下一步要着力解决的就是如何准确地把握档案概念的内涵和外延问题,这就需要尽可能科学地界定档案的本质属性。界定的依据是什么呢?笔者认为,档案的本质属性蕴含在档案学的逻辑起点之中,它们的逻辑关系:档案学逻辑起点——档案本质属性——档案概念——档案学研究对象。

对档案学逻辑起点的观点大致有以下几种:文件、文件的归宿、档案、管理、档案物质实体的双重构成、文件运动的规律性、原始记录性材料内容的有用性。以不同的逻辑起点为依据,得出的档案本质属性不同,定义的档案概念,特别是属概念自然迥异。因此,要科学合理地揭示档案的本质属性就必须加强对档案学逻辑起点的研究,在达成基本共识的基础上才能更好地界定档案本质属性和准确地把握档案概念的内涵与外延。

本文发表在《档案学研究》2009年第2期第3—6页。

档案学跨学科研究的状况与趋势

——基于1984—2014年《档案学通讯》《档案学研究》所载文献的统计分析

跨学科研究是一种经由团队或个人整合来自两个或多个学科(专业知识领域)的信息、材料、技巧、工具、视角、概念或理论来加强对那些超越单一学科界限或学科实践范围的问题的基础性理解,或是为它们寻求解决之道。[①] 跨学科研究存在于档案学的教育和实践领域,对档案学科的研究视角、理论发展、研究方法与策略等产生着重要的影响。[②] 本文以1984—2014年《档案学通讯》《档案学研究》所载文献为样本,通过对我国档案学跨学科研究相关文献的分布、跨学科研究的广度、跨学科研究的深度以及跨学科研究存在的问题等四个维度的具体分析,来考察我国档案学跨学科研究的状况,在此基础上,概括出档案学跨学科研究的趋势,以期促进我国档案学跨学科研究的进一步发展。

一、档案学跨学科研究的界定与数据检索说明

(一)档案学跨学科研究的界定

以北京大学图书馆和北京高校图书馆期刊工作研究会主持编订

① 全国哲学社会科学规划办公室:《跨学科研究系列调查报告选登之一,跨学科研究:理论与实践的发展》,http://www.npopss-cn.gov.cn/GB/220182/227704/15318717.html。

② 宋魏巍:《档案学跨学科研究评析》,《档案学通讯》2011年第4期。

的《中文核心期刊目录(2012版)》《学科分类目录》《中华人民共和国学科分类与代码国家标准》作为学科划分的依据,将档案学跨学科研究界定为借鉴或利用其他学科的方法、技术、视角、概念或理论来分析或研究档案工作、档案意识、档案事业、档案教育、档案来源等档案现象,从而拓展我们对档案现象的认知以及对档案现象的形成、演变加以综合理解的研究。

(二)档案学跨学科研究数据检索说明

以"中国知网"作为文献检索平台,将文献检索的类型设定为"期刊",以"刊名"为检索项,分别以"档案学通讯"和"档案学研究"为检索词,共检索到8745条文献。其中《档案学通讯》载文量为5286条,时间跨度为1984年到2014年8月;《档案学研究》载文量为3459条,时间跨度为1988年到2014年8月。

本文将档案法律法规、档案工作、档案教育、档案信息传播、档案信息的数字化存储、档案信息服务、档案事业管理体制等档案应用理论和少量的档案基础理论方面(介绍性或缺乏实际跨学科意义的文章除外)的文献作为跨学科研究统计分析的对象。因档案应用技术研究具有鲜明的应用性,档案史学研究具有学科的本源性,文章不再将关于档案保护技术、档案缩微复制技术、档案计算机管理技术和档案史学研究的文献作为档案学跨学科研究统计分析的对象。

二、档案学跨学科研究的状况

(一)档案学跨学科研究相关文献分布分析

对档案学跨学科研究相关文献分布的分析,能够反映出该领域研究的历史脉络、所处的发展阶段以及发展的状态。

数据显示,档案学跨学科研究的较早文献是1984年吴宝康教授和辽宁省档案科学技术研究所分别发表在《档案学通讯》的《科技档案与经济效益》和《关于科技档案经济效益评价方法的探讨》两篇文章。经过30余年的文献积累,截至2014年8月两种期刊共载有838篇跨学科研究的文献,占总载文量的9.58%。其年度发文量,如本文

表1所示。

表1　档案学跨学科研究年度发文量统计表

年度	1984	1985	1986	1987	1988	1989	1990	1991	1992	1993	1994
发文量	2	4	1	1	13	6	7	10	9	13	18
年度	1995	1996	1997	1998	1999	2000	2001	2002	2003	2004	2005
发文量	24	27	27	17	19	37	35	32	21	39	30
年度	2006	2007	2008	2009	2010	2011	2012	2013	2014		
发文量	43	50	49	58	58	62	51	51	24		

从表1年度发文量统计结果看，档案学跨学科研究大致经历了三个阶段：1984年到1994年的缓慢增长阶段、1995年到2005年的迅速增长阶段和2006年到2014年的高位稳定发展阶段。这与档案学学科的不断发展、档案学师资数量的增加和质量的提升、档案学研究向纵深方向的发展有着密切的关系。

（二）档案学跨学科研究广度分析

档案学跨学科研究的广度主要体现在档案学与其他学科门类交叉的数量上。当前档案学在跨学科研究过程中实现了与7个一级学科门类的交叉，占13个一级学科门类的54%，考虑到与历史学有交叉关系的档案史学研究等并未列入统计数据内，以及军事学、医学、农学、艺术学、工学等学科与档案学研究的关联性较弱，实际上档案学跨学科研究已经实现了与相关学科在学科层面的全面交叉。但从统计数据来看，档案学与其他学科的交叉程度存在明显的不均衡性。这种不均衡性表现在两个方面，即与不同学科大类交叉程度的不均衡性和与学科大类内部二级学科交叉程度的不均衡性。在学科大类中，档案学跨学科研究与法学交叉程度最高，其次是教育学，与哲学交叉程度最低；在学科大类内部，档案学跨学科研究与二级学科法学的交叉程度最高，其次是教育学，与统计学的交叉程度最低。档案学跨学科类别及比例，如本文表2所示。

表 2 档案学跨学科类别及占比统计表

学科名称		文献数量	占文献总量百分比	合计
A:法学	A1:法 学	199	23.747%	256 篇 30.549%
	A2:政治学	36	4.296%	
	A3:社会学	21	2.506%	
B:教育学	B1:教育学	143	17.064%	160 篇 19.093%
	B2:心理学	17	2.029%	
C:文学	C1:新闻传播学	26	3.103%	71 篇 8.473%
	C2:文化理论	45	5.370%	
D:管理学	D1:图书情报学(含知识管理方向)	80	9.546%	122 篇 14.558%
	D2:公共管理	2	0.239%	
	D3:管理科学与工程	40	4.773%	
E:理学	E1:系统科学	2	0.239%	124 篇 14.797%
	E2:统计学	1	0.119%	
	E3:数 学	9	1.074%	
	E4:生态学	2	0.239%	
	E5:计算机科学与技术	110	13.126%	
F:经济学	F1:基础经济学	41	4.893%	72 篇 8.592%
	F2:应用经济学	31	3.699%	
G:哲学	G1:哲学类	21	2.506%	33 篇 3.938%
	G2:逻辑学	3	0.358%	
	G3:伦理学	9	1.074%	

分类说明:本文将置于法学视角下考察的档案立法、档案立法定位、档案法立法伦理与技术、档案法修改、档案行政执法、依法治档、知识产权保护等方面的论文计入与法学交叉的范围;将置于社会学视角下考察的档案职业发展、弱势群体档案利用权利、档案服务社会化等方面的论文计入与社会学交叉的范围;将档案用户权利、义务,档案事业管理体制改革等方面的论文计入与政治学交叉的范围;将置于教育学视角下考察的档案教育、档案课程体系设置等方面的论文计入与教

育学交叉的范围;将用户信息行为、信息需求等方面的论文计入与心理学交叉的范围;将档案编辑出版、档案信息传播等方面的论文计入与新闻传播学交叉的范围;将档案文化、文化档案、档案的文化功能、档案馆馆风建设等方面的论文计入与文化理论交叉的范围;将知识管理、知识组织、信息效率、信息效度、信息服务、数据分析等方面的论文计入与图书情报学(含知识管理方向)交叉的范围;将档案网站规划、网站设计、网站建设、档案信息存储、数据库建设、新媒介在档案领域的应用等方面的论文计入与计算机科学与技术交叉的范围;将运用现代管理理念与技术对档案馆馆员、档案工作等进行管理与评价的论文计入与管理科学与技术交叉的范围;将档案工作效益、档案经济效益评价、置于市场经济或知识经济条件下考察的档案工作革新、设备与技术性价比等方面的论文计入与经济学交叉的范围;将置于辩证法、认识论视角下考察的包括关于信息本体、信息客体及其相互关系等方面的论文计入与哲学类交叉的范围。

(三)档案学跨学科研究深度分析

通过对档案学跨学科研究的系统性、与相关学科知识交流的规模和研究视角的层次等三个方面的分析,来考察档案学跨学科研究的深度。

1. 档案学跨学科研究系统性分析

经统计,838 篇档案学跨学科研究文献的作者共有 870 名,平均每人发文约 0.96 篇。从人均发文量来看,档案学跨学科研究的系统性并不强,但并不排除某一作者或作者群对某一主题进行持续性的研究并取得系统性成果。为了全面、清晰地展示档案学跨学科研究的系统性,我们从作者发文和主题研究两个角度进行分析。

(1)作者发文分析。作者对某一主题进行系统的研究会形成一系列相应的研究成果,如果作者仅发表 1 篇跨学科研究的论文,其跨学科研究的系统性相对来讲就较差。统计数据显示,仅发表 1 篇论文的作者人数为 713 人,约占全部作者人数的 82%;发表 2 篇及以上的作者人数为 157 人,占全部作者人数的 18%。这一数据表明,系统地进行档案学跨学科研究的作者人数较少。具体发文篇数和作者人数,如本文表3所示。

表3　档案学跨学科研究作者发文数量统计表

发文篇数	1篇	2篇	3篇	4篇	5篇	6篇	7篇	8篇	9篇	11篇
人　数	713	83	31	17	6	5	7	2	5	1

为进一步分析跨学科研究的系统性特征，有必要对核心作者的发文情况作深入考察。社科领域内的卢梭定律认为，在规模为N的人群总体中，内含杰出的精英为N0.5。① 档案学跨学科研究的核心作者群的人数应为8700.5人，约等于29.4人，取整数为29人。发表5篇及以上论文的作者人数为26人，接近29人的经验值，确定发表5篇及以上论文数的作者为该研究领域的核心作者。数据表明，陈忠海、杨立人、蒋卫荣等学者就档案学与法学进行了深入系统的跨学科研究；李泽锋、梁孟华等学者就档案学与计算机科学与技术、图书情报学进行了深入系统的跨学科研究；孟世恩等学者就档案学与教育学进行了深入系统的跨学科研究；张辑哲在信息哲学方面进行了深入系统的研究；徐拥军在企业档案知识管理方面进行了深入系统的研究；其他核心作者跨学科研究的系统性相对较弱。从研究成果的人均跨学科数量来看，为人均3.2个学科，相较于人均7篇研究成果的数量，达到平均每2篇文献涉及1个跨学科领域，档案学跨学科研究的系统性相对不足。将核心作者跨学科研究成果及涉及的学科进行统计，结果如本文表4所示。

表4　档案学跨学科研究核心作者成果及学科数量统计表

作者及发文量	陈忠海11篇	孟世恩9篇	张照余9篇	徐绍敏9篇	倪丽娟9篇	杨立人9篇	梁孟华8篇	薛四新8篇	张辑哲7篇
涉及学科数目及类别	5：A1、A3、B1、C2、E5	3：B1、E5、F1	5：A1、B1、D3、E5、F2	2：B2、A1	6：A1、A3、B1、C2、D2、D3	1:A1	4：D1、D3、E5、F2	2：D3、E5	1:G1

① 邱均平:《信息计量学》,武汉大学出版社2007年版,第195页。

续表

作者及发文量	徐拥军 7篇	蒋卫荣 7篇	任　越 7篇	丁华东 7篇	张东华 7篇	肖文建 7篇	吴建华 6篇	黄新荣 6篇	李泽锋 6篇
涉及学科数目及类别	2：B1、D1	1:A1	4：B1、C2、D1、G1	5：A2、A3、B1、C2、G1	4：A1、A2、C2、D1	4：A1、D1、E5、F2	4：B1、D3、E5、F1	3：B1、D1、E5	4：A1、A2、D1、E5
作者及发文量	卞昭玲 6篇	赵淑梅 6篇	潘玉民 5篇	张世林 5篇	马仁杰 5篇	樊如霞 5篇	金　波 5篇	连志英 5篇	
涉及学科数目及类别	2：B1、E5	2：B1、E5	3：A1、B1、C2	1:A1	3：A1、C2、G3	4：C1、C2、D1、E5	2：B1、E5	5：A1、A2、A3、B1、C1	

(2)研究主题分析。表2与表4的统计数据表明，档案学与法学、教育学、图书情报学(含知识管理方向)、计算机科学与技术等学科的跨学科研究的系统性相较于其他学科要强，与文化理论、管理科学与工程、社会学、新闻传播学、基础经济学、应用经济学等学科的跨学科研究的系统性稍弱，与逻辑学、伦理学、系统科学、心理学、哲学、公共管理学等学科的跨学科研究的系统性最弱。

总体来讲，档案学跨学科研究的系统性较弱，并呈现出不均衡的特征，即档案学与法学、教育学和管理学的跨学科研究的系统性较强，与其他学科的跨学科研究的系统性较弱。

2. 档案学跨学科研究与相关学科知识交流规模分析

科学文献之间不是孤立的存在，而是相互联系的，引文分析正是客观反映学科之间知识流动的一种定量分析方法。它通过统计分析大量的引用与被引用情况，模拟学科知识流动的过程，从而揭示出学科研究方向、学科间的知识转换。

与知识关联以及学科的知识结构①。通过对档案学跨学科研究过程中引用其他学科研究成果情况的统计分析，可以定量地观察档案学跨学科研究的深度。

① 丁子涵、王芹、蒋卫荣：《从引文分析看档案学与图书馆学、情报学的学科融合》，《档案学通讯》2012年第2期。

为保证统计样本的有效性及代表性，文章抽取核心作者跨学科研究的论文共181篇作为统计对象进行分析，并将其参考文献所涉及的学科分为档案学和其他学科两类。据统计，抽取的181篇文献中共有1026条参考文献，其中档案学领域参考文献为482条，约占全部参考文献数量的47%，其中期刊论文等前沿性研究成果的数量为278条，占其他学科类参考文献数量的比重为57.7%。数据表明，档案学在跨学科研究过程中与相关学科之间存在着广泛的知识交流，但从比例上来看，仍然以档案学领域的研究成果为主要参考对象，这说明档案学界的研究视角仍然需要进一步拓展。

3. 档案学跨学科研究视角层次分析

根据科学研究视角的不同可概要地分为方法交叉、理论借鉴、问题拉动、文化交融四个大的层次。① 研究视角的层次越高，学科间的融合程度也就越高，也就越有助于应用不同学科的研究成果解决本学科中存在的问题，因此，学科研究视角层次的高低与档案学跨学科研究的深度成正相关关系。统计数据显示，档案学在跨学科研究过程中主要是通过方法交叉和理论借鉴的形式与其他学科发生联系，其中又以方法交叉为主；问题拉动的形式在档案学与法学、教育学、传播学的跨学科研究中较为突出，但比例偏低，并且研究的视野相对较窄，即不能综合地应用一系列相关学科的方法、技术、原理来解释或解决档案学研究过程中遇到的问题，导致研究成果对于问题的认识缺乏相应的高度。整体来讲，档案学跨学科研究尚未达到文化交融这一层次。档案学跨学科研究视角所处的层次，量化结果如本文表5所示。

表5　档案学跨学科研究视角所处层次量化统计表

跨学科研究视角层次	方法交叉	理论借鉴	问题拉动	文化交融
文献量	497	226	115	0
占全部文献量比例	59.308%	26.969%	13.723%	0%

（四）档案学跨学科研究存在问题分析

档案学跨学科研究作为我国档案学学术研究的热点之一，处在高

① 百度百科. 跨学科研究，http://baike.so.com/doc/7073268.html。

位稳定发展阶段,已经实现了与其他学科在学科层面的全面交叉,取得了大量的成果,这对完善档案学学科体系、推动档案学发展产生了积极作用,但也存在一定的问题。

跨学科研究存在的问题主要表现为:一是研究以面向学科为主,面向问题的研究较少。面向问题的跨学科研究主要体现在与法学、计算机科学与技术等学科相结合的研究中,共有309篇文献,占总文献量的36.87%。二是研究的广度与研究的深度不相一致,与不同学科结合的程度呈现出不均衡性。三是跨学科研究的方式以方法交叉、概念借鉴为主,缺乏相应的深度。四是研究的实用化、浅层次化倾向明显,对档案学的逻辑起点和档案信息伦理等基础理论进行研究的论文仅占全部文献量的1.4%,不利于档案学学科的长远发展。

出现以上问题的原因是多方面的,如跨学科研究缺乏综合性项目作支撑,不能通过问题拉动的形式融合一系列相关的理论和技术,从而推动跨学科研究向纵深发展;档案学跨学科研究者所接受的分科教育导致知识结构不合理,缺乏其他学科的知识储备;跨学科研究以档案高等教育领域的研究人员为主,研究或解决问题的思路、方式相对单一;档案学学科突出的实践性导致基础理论研究受制于相对滞后的实践发展水平,对档案学应用理论研究的指导作用较弱,致使档案学应用理论研究缺乏系统性和深度,在跨学科研究中表现为实用化、浅层次化倾向明显。

档案学跨学科研究存在各种问题的最主要原因是专业划分导致的学科之间的隔阂。在完善知识结构方面,从实际条件来看,可以从三个方面来解决:一是加强自身的学习,完善知识结构;二是以问题为导向、以项目为支撑,以团队合作的形式吸收各学科、各专业的人员共同研究;三是招收、培养具有不同学科背景的研究生,扩大跨学科研究的人才基础。从研究的方法来讲,不仅要注重定性分析,还要适当地使用定量分析的方法;从研究的角度来讲,不仅要注重技术、方法、概念的引用,还要注重基础理论的借鉴与融合。

三、档案学跨学科研究的趋势

基于上述的分析,我们认为,档案学跨学科研究的趋势可以概括为四个方面。

第一,档案学与法学、教育学相结合的跨学科研究仍是档案学界研究的重点。

2004—2014 年间,相关研究论文占该期间全部跨学科研究论文总数的 45.9%。与 1984—1993 年和 1994—2003 年两个时间区间所占 63.6% 和 53.1% 相比,虽有所降低但仍是跨学科研究的重点领域,并且研究正沿着深入化、系统化的方向发展。该方向的研究涉及档案立法伦理、档案立法技术、档案法修改、档案行政执法、档案行政指导制度、知识产权保护、隐私权保护、所有权划分、档案学本科教育、档案学研究生教育、档案学专业学生心理素质分析、档案从业者再教育、档案课程体系改革、档案教师素质提升等众多领域。

第二,档案学与经济学相结合的跨学科研究日益淡出学者的视线,档案学与新闻传播学相结合的跨学科研究正在引起学者们的重视。

1984—1993 年、1994—2003 年、2004—2014 年三个时间区间,档案学与经济学相结合的跨学科研究分别发文 9 篇、47 篇和 16 篇;同时,与新闻传播学相结合的跨学科研究正引起研究者的重视,1984—1993 年、1994—2003 年、2004—2014 年三个时间区间分别发文 2 篇、6 篇和 18 篇。与经济学相结合的跨学科研究主要探讨档案的商品属性及其经济价值,这与 90 年代我国由计划经济向市场经济转型的时代背景有着密切的关系。随着社会的加速转型,各级政府正在加强公共服务体系建设和强化公共服务职能,档案学界也将研究的视线转向档案信息服务领域,注重研究如何利用新闻传播学的相关理论用以指导档案信息服务活动。

第三,档案学与计算机科学相结合的跨学科研究由注重利用其技术构建信息存储空间、建设网站门户转变为注重利用其技术与知识组织模式以提高档案信息服务的质量。

第四,档案学开始运用数学、统计学或哲学、逻辑学、伦理学等学科的方法、理论对档案学领域的现象进行定量的分析或形而上的解释,这将为我们进一步认识档案现象提供一种新的视角。

本文发表在《档案学通讯》2015 年第 1 期第 4—8 页。

作者:陈忠海、常大伟　作者单位:郑州大学信息管理学院

论国家治理视域下的档案治理

一、引　言

中共中央办公厅、国务院办公厅联合印发的《关于加强和改进新形势下档案工作的意见》(以下简称《意见》),是档案事业发展的重要文件。《意见》明确提出档案治理的概念,指出档案治理是国家治理的组成部分。《〈中华人民共和国档案法〉修订草案(送审稿)起草说明》与《意见》的建议有异曲同工之处,即都强调我国档案事业应从"管理模式"向"治理模式"转变。

治理(govemance)范式的兴起对于我国公共服务领域的改革和创新产生了广泛而深刻的影响,它强调政府主导、社会组织和公民参与,更多地与权力、义务、责任和利益的协调相关联。因此,档案治理可以定义为:"档案部门、社会组织和公民等多个主体协同合作,基于一定的行动规则,共同对档案事务进行科学、规范管理,实现档案领域善治的活动和过程。"①在一定程度上,这是对档案部门,特别是档案行政管理部门自身核心价值属性的延伸,是对其服务性、公共性和合法性的拓展。

档案治理的本质就是明确档案事业中的各种利益关系,界定相关利益主体的权力和责任,并满足其利益诉求。相较于国家治理的理论建构而言,档案治理的理论研究较为滞后,急需扩大研究的外延,深化

---

① 晏秦:《论档案治理的内涵、特征与功能》,《档案管理》2017年第4期。

研究的内涵。因此，本文将从档案治理的主要特征、价值取向、实现路径三个方面展开论述。

二、档案治理的主要特征

随着国家治理的提出，我们需要站在新的时代背景下重新审视档案事业管理模式的可持续性。时至今日，档案工作不再仅仅局限于单纯的档案“收、管、用”等基础的业务性工作，其外延在不断深化与拓展。档案事业也从传统的档案行政管理工作、档案馆工作、档案室工作等向不同行业的各类专业工作、不同所有制组织的业务工作以及基层社会组织的管理工作领域渗透和延伸。从档案工作到档案事业体系的发展，客观上要求我们跳出档案工作仅仅是机关、企事业单位和社会组织内部工作的狭小视野，应当站在全局的高度、历史的角度重新审视档案事业的发展和变革。相较于单一的档案行政管理主体，并仅仅依靠档案行政管理手段推动档案工作的传统管理方式，档案事业实行多元主体共管共治，亦即所谓的档案治理就有其无可替代的优势。档案治理已经和将会产生的优越性契合了时代发展和档案事业管理变革的需要，这也是档案治理兴起的逻辑起点。

档案治理以政府机关主导、多元主体参与为显著标志，治理主体不仅包括政府机关，还包括社会组织、公民和市场等。相对于传统的档案事业管理模式，档案治理与其不同之处主要表现在：一是主体转变。从档案治理的主体来看，由一元转变为多元，由过去单纯的政府机关管理，转变为政府机关、社会组织、公民和市场的共同治理。二是权源区别。传统的政府机关管理，运用的是国家的公权力，而档案治理是一种上下互动的关系，更加具有平等性和多元性。三是方式不同。转变政府职能，改变传统的政府机关管理方式是档案治理的关键所在。这在一定程度上增强了社会的活力，形成了由政府、社会组织、公民和市场共同参与治理的档案事业新秩序，推动了档案事业的发展，有助于推动国家治理现代化。[①]

从管理模式到治理模式，不仅是理念、制度的创新，更是对传统档案事业管理方式的超越。档案治理致力于一方引领、多方合作、消除对立和推诿，有助于克服一元管理主体带来的弊端。因此，不能认为档案治理就是对传统档案事业管理方式的简单替代，而应将二者看作是一种继承和发展的关系。档案治理具有显著的多元主体协同性特征，这也是档案治理区别于传统档案事业管理的主要标志。

三、档案治理的价值取向

明确档案治理的价值取向所具有的良好引导、规范作用，能够有效解决在转型过程中涌现出的诸多新问题，由“管理”到“治理”是在一定价值取向指引下的创新性转型。档案治理的根本价值目标是协调档案事务中的各种利益关系，解决当前档案管理体制和运行机制中存在的与社会发展不适应的矛盾和问题，形成治理高效、公平法治的档案事业管理与发展新格局。档案治理价值取向包括两个方面，即档案治理高效化和公平性、档案治理多元化和法治化。

（一）档案治理注重高效化和公平性

当今社会，信息化发展迅猛。档案行政管理部门需要适应电子和网络环境，在技术和文件管理体制上正在成为前端控制的实施者，这将极大地提高档案治理的效率，但也带来了档案行政管理部门主要职责的转变，其职责将由“管理和服务”共同构成。[②] 档案治理的公平性应以“社会责任感”和“公共服务”为要件，发挥档案治理在实现社会公平正义方面的基础性作用。档案事业的发展战略、目标和任务要贴近现实，切实服务社会组织和公民。档案管理部门既要成为国家、民族、社会乃至人民群众的记忆宫殿，又要成为人民群众获取信息和知

---

① 江必新：《推进国家治理体系和治理能力现代化》，《光明日报》2013 年 11 月 15 日。

② 黄存勋、张丽：《对中国档案事业的全新双元审视——读覃兆刿著〈双元价值观的视野：中国档案事业的传统与现代化——兼论过渡时期的档案思想〉札记》，《档案学研究》2004 年第 2 期。

识的重要场所，真正做到为人民服务。

档案治理以提高档案治理效率，实现公平正义为根本价值目标，在增强档案社会责任感和切实服务社会、公民方面发挥好应有的作用，可以为国家治理现代化提供有力的支撑。

（二）档案治理注重多元化和法治化

这是实现档案治理的现实切入点。档案治理的基本依据和规则是规范档案事业发展的各项制度，包括法律制度。档案治理重在健全档案法律制度和档案工作制度及其运行机制，有效运用法治化思维和方式，加强档案立法能力、依法行政能力、公正司法能力和有效监督能力建设，推进档案治理方式的法治化转型，进而全面提升档案治理的水平。与传统的管理方式相比，档案治理的目标不仅仅是停留在消除矛盾和解决问题的层次，而且是要以更加积极主动的姿态开创档案事业变革的新格局、建立符合时代发展要求的档案事业管理运行的新秩序。

四、实现档案治理的现实路径选择

提升档案治理能力，实现档案治理目标，有赖于选择有效实现档案治理的现实路径。档案治理不同于一元化的管理，它涉及管理的多元主体、多个层级、多项环节、多种因素。多元主体包含档案管理部门、社会组织、企业、公民等；多个层级包括各级政府、国家档案行政管理部门、地方各级档案行政管理部门等；多项环节包括计划、组织、指挥、协调、控制等；多种因素包括档案规划、档案管理、经费筹措、人员使用等。总之，档案治理是一项复杂的系统工程，其关键是由谁来治理，治理的对象是谁，或者说，是参与治理的多元主体之间权力和责任界限的界定，以及治理什么、如何治理、治理到什么程度的问题。

（一）档案治理的本质是档案治理主体间权责关系的调整

除了档案行政管理部门之外还有其他主体要参与到档案治理中来，这就意味着档案行政管理部门必须分权。档案治理中的分权包括：高级档案行政管理部门向低级档案行政管理部门和档案馆的分权;档案行政管理部门向社会组织、公民和市场的分权。前者的分权以明确各级档案局、馆职能和转变行政管理职能为主要形式;后者的分权以权力的转移为主要形式。在我国,档案治理的分权以后者为主。概而言之,档案治理的分权指的是档案行政管理部门将权力适当地分给参与共同治理的多元主体,即向档案馆、社会组织、公民和市场转移权力,这也意味着档案行政管理体制的转变。(1)档案行政管理部门与档案馆政事分开,解决档案局馆合一存在的权责不清问题,重新对档案局馆的权责进行清晰的界定。档案行政管理部门要依法行政,明确自身的行政权力和行政责任。档案馆作为事业单位应当具有一定的自主性,能够根据实际情况对业务工作作出灵活的调整和安排,彰显自身业务工作的自主性、专业性和服务工作的社会化。(2)档案行政管理部门向各类社会组织转移权力,可以有效弥补档案行政管理部门人员和经费不足与管理幅度过大等方面存在的突出矛盾。《意见》第一部分第五条提出,要规范并支持社会力量参与档案事务。提倡社会力量发展档案事业,根据不同情况制定相关政策,采取切实有效的措施鼓励社会各方面的力量去承担档案机构无力管理的档案事务。主要包含三个方面的内容:一是“充分发挥协会、学会等社会组织的作用”;二是“引入竞争机制,通过合同、委托等方式向社会购买”;三是“支持档案中介机构、专业机构等参与档案事务,并制定相应的制度对其进行规范”①。(3)档案部门向市场放权。例如,档案数字化加工、档案寄存等就是对市场机制的引入,效果显著。

(二)档案治理主体由单一转变为多元,并不意味着档案行政管理部门权力的弱化

在档案治理中,档案行政管理部门仍占主导地位,它一方面需要分权,另一方面又需要制定相应的制度并实施有效的监管。目前,档案行政管理部门需要协调并制定多元治理主体的行为准则,解决当前治理中存在的各种问题。中央政府和国家档案局应加快统筹档案事

① 林勤:《发挥学会优势适应档案工作新常态——学习〈关于加强和改进新形势下档案工作的意见〉体会》,《档案学研究》2015 年第 5 期。

业发展和改革的步伐,站在全国档案治理的高度,前瞻性地制定档案事业发展规划、法律法规、行政规章和方针政策等,做好档案行政执法检查、全国档案业务工作的协调、指导和监督。省级档案局应促进省域内档案事务的协调发展,促进档案信息资源开发和共享,积极统筹推进档案业务区域协作,提高档案的社会化服务水平。同时,要清晰界定档案行政管理部门和档案馆室的权责,加大档案行政管理部门统筹档案事业发展的决策权力和协调能力,实现档案工作组织、编制、职能、工作程序的制度化和社会档案管理与档案公共服务的有序化和高效化。具体来讲,档案治理的现实路径主要有以下四个方面。

1. 档案治理应以实现公共服务功能为核心

主要体现在两个方面:一是档案治理应注重档案公共政策制定能力的提升。档案行政管理部门应以三个体系建设为目标,注重涉及全社会各种利益关系的档案法律法规规章的起草、报送工作,做好国家档案事业发展、变革与服务民生工作相衔接的各种政策的顶层设计。二是档案馆公共服务功能的实现。档案馆应以档案工作为立足点,引入社会和市场的力量,形成以档案馆为主导,多主体参与档案信息资源开发利用,不断满足人民群众需求,最大限度实现档案价值的开放服务新格局。

2. 档案治理应以合作治理为主要方式

回顾人类社会治理的历程,依据权力的治理是一种封闭性的治理,而依法治理则是走向开放的治理,但它依然具有一定的局限性。因为它仅仅是在对治理的单一主体——档案行政管理部门职权和职责作出明确界定的条件下展开的,而这种界定决定了其开放性的不足。档案治理应以法治建设为根基,坚持档案治理的开放性原则,因此,合作治理是其必然的发展方向。合作治理是开放性的治理方式,虽然政府机关在治理的过程中发挥着主导作用,但是参与治理的各个治理主体都可以平等地在治理过程中发挥其应有的作用,从而使治理的过程处于与整个社会的互动之中,能够把一切对治理有益的因素吸纳到治理过程中来,有助于提高效率,实现社会的公平正义。① 因此,档案治理应以合作治理为主要方式,建立档案工作的社会协作机制,支持并规范社会力量参与档案事务,进而实现社会档案事务管理的全覆盖。

3. 政府主导

档案行政管理部门是档案事业管理的行政主体,在档案治理中发挥着主导作用。适应档案事业发展的新常态,档案行政管理部门应当变传统的行政管理为依法治理,厘清档案行政管理部门的行政权力清单和公共服务责任清单,保证权责清晰。例如,福建省档案局进行了权力清单的清理及明确,共保留 5 项行政权力、6 项公共服务,其内容涵盖行政处罚、行政监督等方面。②

4. 多元主体,社会参与

我国社会各个领域都在全面深化改革,随着社会力量的发展,还政于民,还权于社会,是国家治理与社会治理的趋势,是不可逆转的改革进程。《意见》的第一部分第五条明确提出,规范并支持社会力量参与档案事务。这在之前的档案工作文件中从未有过,体现了档案事业发展变革的新常态。档案治理强调政府主导、多元主体、社会参与,这是推进档案治理现代化的关键所在,而其本质就是处理好档案行政管理部门与社会的关系。一方面要支持和鼓励社会组织和公民参与整合和开发公共档案资源和社会档案资源,同时不可忽视档案学会在档案治理中的积极作用;另一方面,还应建立相关的法律和规章制度以规范社会档案行为,推动多元主体在多种层次和各个领域的档案治理中持续发挥积极的作用。

(三)档案治理应以法治建设为根基

在建设法治中国的背景下,档案治理的各个领域、各个环节都应当遵循法律的规定或法制的精神,在法治的框架下开展工作。“法治体系是国家治理体系的根基与主要途径,所谓法治体系是法治运

① 张康之:《合作治理是社会治理变革的归宿》,《社会科学研究》2012 年第 3 期。

② 林勤:《发挥学会优势适应档案工作新常态——学习〈关于加强和改进新形势下档案工作的意见〉体会》,《档案学研究》2015 年第 5 期。

行和操作规范化、有序化的程度。”①档案治理应以档案法治建设为根基，以体系化的方式系统推动档案治理体系的建设和档案治理能力的提升。因此，档案治理应当在法治的轨道上运行，系统地推进档案科学立法、档案严格执法和档案公正司法三者的一体化建设，这是实现档案治理的重要路径之一。为了进一步推动档案法治建设的进程，奠定档案治理的根基，应当注意处理好以下几个方面的问题。

1. 应注重立法引领和司法保障，保证行政权的合理运行

自1987年《档案法》颁布以来，无论是依法治档，还是依法行政，都取得了丰富的理论成果和实践经验，但是依然存在诸多不足和薄弱之处，因此，在档案法治建设过程中，应注重立法引领，跟上政府转型、社会转型和时代变革的步伐，运用法治的思维、法治的方式，服务于民，使公民享受到应有的档案服务，使档案治理的理念在新的《档案法》修改中予以体现并有效施行。同时，在档案治理建设进程中，保证行政权的合理运行尤为重要。档案治理的根本目的是为了保障档案利益相关者的利益，实现公平正义，这些都应当在档案法治建设中予以全面考虑和具体实现，必须把立法工作、执法工作、司法工作融合在一起，系统地推进档案事业在法治化的轨道上顺利运行和持续进步。

2. 应注重档案法律体系的构建

档案法治是一项系统性的工作，法律自身的完善与法律体系的健全是建设档案法治体系的必要条件。档案法治建设不仅要依据档案法律法规，还要依据宪法、民法、行政法等相关的法律法规，所以，在完善以《档案法》为核心的档案法规体系的同时，构建科学合理的档案法律体系十分必要。在修改《档案法》时，建议将《宪法》《刑法》《保密法》《政府信息公开条例》等与档案相关的法律法规作为附录，以增强《档案法》的完整性、可读性和可操作性。

总之，我国的政治体制决定了国家档案治理是覆盖全国档案事业

① 张文显：《建设中国特色社会主义法治体系》，《法学研究》2014年第6期。

的治理，既要覆盖各级档案局馆，也要覆盖不同专业部门，更要覆盖所有机关、团体、企事业单位、社会组织和公民。也就是说，应当将全国和各地档案行政管理部门的改革置于全面深化改革的大背景下，统筹规划，点面结合，整体推进。

（四）档案治理应以理论研究为要义

档案是重要的国家信息资源和社会信息资源，档案工作是国家和社会管理的基础性工作，档案治理作为国家治理的重要组成部分，亟待纳入国家治理体系建设之中，从而激发治理各方合作协商、齐抓共管的工作热情，激活档案潜在的社会价值，发挥档案工作应有的保障功能。因此，在新的时代背景下，档案治理理论研究亟待加强，不仅需要从制度层面进行梳理和探索，而且需要从理论层面进行跨学科研究与协同创新。一是要用历史的视角研究档案治理。对不同时期档案事业发展的时代背景和发展历程进行梳理，总结一般规律，注重对档案事业管理与档案治理的对比性研究等。二是要用开放的眼光看待档案治理。认真研究并积极借鉴国家治理领域的理论、制度和实践，积极探索与档案治理相适应的理论、制度和实践，寻求档案治理特有的途径、方式与方法，进而为推动国家档案治理工作的深入发展和全国档案事业的持续进步提供理论支撑。

五、结　语

改变传统行政化管理制度，开创档案多元化主体治理格局，需要加强档案治理路径、治理模式、治理结构、治理机制、制度环境等方面的研究，这也是当下档案治理研究的前沿课题。从制度逻辑的视角对档案治理进行深入研究，是打开档案事业管理体制创新之门的钥匙，这将为档案事业的发展注入新的活力。制度转型和社会转型是我国当前最重要的转变，从长远的发展趋势来看，档案治理范式形成的标志是建立健全法律认可的档案制度安排，完善运行机制与现行体制的衔接，逐步形成有章可循、有法可依的制度环境。因此，从封闭治理走向开放治理，从行政管理走向依法治理，从单一治理主体走向多元治理主体,这应是档案治理发展的必然之路。

本文为2017年度国家社科基金重点项目《法律规制视域下中国档案工作规范体系建设研究》(项目编号:17ATQ012)的阶段成果,发表在《档案管理》2017年第6期第21—24页。

作者:陈忠海、宋晶晶　作者单位:郑州大学信息管理学院

档案治理:理论根基、现实依据与研究难点

一、引　言

在全面推进国家治理现代化的时代背景下,我国各个领域、各个方面都在全面深化改革,相关的理论研究不断得以深化,成果纷呈。档案治理作为国家治理的重要组成部分,相应的理论研究也需及时跟进。通过对中国知网(截至 2017 年 10 月)的检索发现,以治理理论与档案、治理理论与档案工作、治理理论与档案管理、治理理论与档案事业为主题的研究成果比较少。虽已有学者意识到档案事业管理体制改革创新的必要性,并以国家治理为视角研究档案资源建设、《档案法》修改、档案法规建设等问题;也有学者针对档案治理的定义、模式等进行了系统的分析,并在一定程度上充实了档案治理理论,但缺乏以档案治理为本位的持续性研究。由于档案治理的理论与现实依据、档案治理与档案事业关系分析等方面的研究成果极少,以至于我们在谈论档案治理时,既感到已有的研究成果自身缺乏强有力的理论支撑,又感到其对现实问题的解释力存在着明显的不足。

当前,以问题为导向的档案治理理论需要回答以下问题:档案工作中需要怎样的治理理论?在推动档案事业现代化的过程中,多元化主体之间的关系是什么?在档案治理发展的过程中,需要什么样的外在环境和内在条件?在档案工作领域,档案事业管理与档案治理理论如何实现衔接?这些问题都有待于我们深入思考和具体研究。

在档案治理理论研究中,我们必须着眼于探讨治理理论根基,促进理论与实践的融合。如果忽视治理理论的基础,就会显得肤浅;如果忽视治理理论有效适用档案事业的条件,就显得有些生搬硬套。因此,笔者以理论与实践融合为视角,从探讨档案治理的理论根基和现实依据入手,进而剖析档案治理研究的难点,提出相应的对策,以期推动档案治理研究的深入开展。

二、档案治理的理论根基与现实依据

(一)理论根基

档案事业自身的发展与外部环境的动态变化迫使我们重新审视档案治理的理论依据。为此,我们有必要将档案事业看作一个完整的生态环境,引入利益相关者理论来探讨档案工作多元主体的理论落脚点,同时从制度经济学的角度探索档案治理的本质。在此基础上,探讨在外部环境动态变化的条件下,什么样的档案事业制度安排可以充分地释放社会活力,更有利于提高管理效率,进而为档案治理现代化提供稳定的制度保障。

1. 以利益相关者理论为基础

档案治理的本质就是明确档案事业治理各种主体之间的利益和权责关系,并满足其利益诉求。为此,需要引入经济学中的“利益相关者理论”,并以此为档案治理提供理论支撑。我们可以从三个方面进行探究:第一,以“谁是利益相关者”为依据界定档案治理主体。治理涉及诸多利益相关者,利益相关者不仅局限于档案部门内部,还有档案部门以外的其他主体。对档案治理的主体进行清晰的界定,明确“谁可以参与治理”,在档案治理中的角色和定位是什么,是提升档案治理能力的前提。第二,以“利益相关者的关系如何”为原则进行档案治理制度建设。档案行政管理部门应当本着“有可为有可不为”的原则,培育社会组织和公民个人参与档案治理,激发社会的活力和人民群众的积极性。如果要创新治理结构以实现多元主体参与档案治理的目标,设计科学合理的档案治理制度就成了不可回避的课题。第三，以“利益相关者的参与治理效率”为参考建设档案治理评估体系。建立科学的治理评估体系对引入利益相关者前后的治理效率进行评估，以检验治理主体界定的科学合理性和有效性。①

2. 以制度经济学理论为保障

档案治理重在制度安排。良好的制度安排可以提高治理效能，并能实现公共利益的最大化。一般而言，对制度这个概念最通俗的理解就是“要求大家共同遵守的办事规程或行动准则，是实现某种功能和特定目标的社会组织乃至整个社会的一系列规范体系”②。为了更为准确地回答该问题，笔者引入制度经济学理论。制度经济学认为，经济体制不是运行在一个真空的封闭世界中，同样档案事务也并非运行在一个封闭的空间世界中，它有与自身变革对应的时代背景和社会环境。威廉·詹姆森认为：制度经济学所讲求的是更为微观分析的层面，在于治理制度层面；而制度环境与治理制度之间的第一个突出区别在于前者主要定义了后者的环境。③ 制度经济学突出了制度因素在治理运行中的作用，更加微观和具体。档案治理为包括档案工作在内的社会各管理领域相关法规、制度变革提供了重要的契机，无论是满足档案事业自身发展的诉求、档案工作服务社会以及国家对档案信息资源的需求，还是通过档案治理实践的开展来提高档案工作发展的活力、效能，都要求对现有档案工作法规、制度进行相应的完善，适应国家治理对档案工作发展提出的要求。④

当前我国档案事业和档案机构正处于改革与发展的关键时期，亟须调整和创新档案行政管理部门、社会组织和公民在档案事务中的角色定位和实践规则。究竟是什么样的机制能够有效降低组织成本，促进档案信息资源开发，提升档案公共服务能力。除了制度内部因素，还需要考量制度环境因素，并将其纳入研究框架中来，即档案治理通

---

① 李维安、王世权：《利益相关者治理理论研究脉络及其进展探析》，《外国经济与管理》2007 年第 4 期。

② 360 百科·制度，https://baike.so.com/doc/3100265-3267739.html。

③ [美]奥利弗，威廉·詹姆森著，石烁译：《治理机制》，机械工业出版社 2016 年版，第 3 页。

④ 陈辉：《治理视域下的档案工作发展对策探究》，《档案学研究》2017 年第 4 期。

过何种内在机制，而这些机制在适当的外部环境制度支持下又是如何推动档案治理体系和治理能力现代化的。与此同时，“档案行政管理部门应当集中精力研究国家档案事务与社会档案事务管理方面的宏观性、根本性问题，构建与档案治理工作相适应的档案法规与制度体系建设、档案事业发展标准体系建设等；当前，国家档案行政管理部门应整合全国档案界力量，充分利用新《中华人民共和国档案法》修改这一契机，研究比较成熟的档案治理成果并以法律的形式落实下来，为全面推进档案治理体系建设提供法律和制度保障”①。

（二）现实依据

档案治理并非一个静态性的结果，而是处于动态变化的过程之中。因此，档案治理是从传统的基于静态观点的考量，转向以问题为导向的研究，并以全面科学的视角来解答治理理论与档案事业的有效适用性问题。我们不仅要关注档案事业的内部环境，同时要剖析档案事业外部环境的动态变化，将档案治理置于国家治理的大背景下，从国家与社会的时代背景、制度保障、价值观念、档案事业自身发展规律等多方面来探索治理理论的有效适用性。

1. 国家治理与社会治理的实践是推动档案治理发展的根本因素

在全面推进国家治理现代化的时代背景下，国家与社会都处于全面深化改革之中，治理理论与实践取得了丰硕的成果与经验，这为档案治理的发展奠定了一定的理论与实践基础。由“管制”到“治理”的转变，虽只有一词之差，但却预示着国家治理方式的根本转变，即由过去“自上而下”的管制转变为“自下而上”的治理，社会组织甚至公民个人也成为治理主体，这将充分地释放社会活力，有助于更好地实现社会公平正义，进而推动国家和社会现代化建设。档案和档案工作是国家治理和社会治理的重要组成部分，全方位、立体化地贯穿于人们生活的各个领域和各个方面，并以各种方式和形式影响着我国经济的发展、社会的进步和人民群众生活质量的提升。因此，国家治理、政府治理、社会治理的实践是推动档案治理发展的根本因素，档案事业由

① 陈辉：《治理视域下的档案工作发展对策探究》，《档案学研究》2017 年第 4 期。

“管制”走向“治理”，既是自身创新与发展的必然，也是对所处外部环境的积极回应。

2. 档案法治化建设为档案治理的发展提供了制度保障

档案治理的关键是多元主体建立起良性的互动关系，以实现公共利益的最大化。档案法治化建设将各相关利益主体的诉求及其权责以法律的形式予以清晰界定，并通过档案立法、行政执法和公正司法机制予以实现。档案法律法规是实施治理的制度保障，档案治理必须依据相应的法律法规，在法治化的轨道上运行。国家治理视域下的档案治理理论研究应该更加注重法治化，必须以档案法律法规作为依据展开论述。

3. 公民权利义务意识的觉醒为档案治理的发展提供了价值理念基础

中共中央办公厅、国务院办公厅印发的《关于加强和改进新形势下档案工作的意见》（以下简称两办《意见》）指出：“档案作为党和国家各项工作和人民群众各方面情况的真实记录，是促进我国各项事业科学发展、维护党和国家及人民群众根本利益的重要依据。”①这是一项新的提法，明确指出档案不仅仅是党和国家各项工作的真实记录，更是人民群众各方面情况的真实记录；不仅是我国各项事业发展的重要依据，更是维护国家和人民群众利益的依据。换而言之，就是对档案价值重新进行了更加准确清晰的定位和表述，指出了档案和人民群众的关系，并突出了档案对人民群众的重要作用。社会的快速发展和民主程度的提高，带来了公民权利义务意识的觉醒，大家意识到获取公共服务，包括档案馆服务是公民不可剥夺的权利，这有助于清楚地界定和实现公民的民主权利。公民在获取档案信息资源服务的同时，将会促进各相关利益主体展开积极的交流与合作，共同开发档案信息资源，提升档案服务水平，进而推动档案事业发展；反之，如果公民对获取档案信息资源服务的权利缺乏认知，将导致档案信息资源服务缺

① 《中共中央办公厅国务院办公厅印发〈关于加强和改进新形势下档案工作的意见〉》，《中国档案》2014 年第 5 期。

乏足够的支持与反馈，其提供的服务就犹如“空中楼阁”，缺乏一定的科学性和合理性。同时，政府主导、公众参与、公共服务也是档案治理的价值理念基础。

4. 档案治理是档案事业自身发展的必然结果

在档案事业现代化的进程中，档案领域中涌现出一些新的经济形式和社会组织，档案工作的环境、内容和对象都随之发生了变化，档案工作应当转变服务方式，充分开发档案信息资源，满足人们日益增长的档案信息需求，承担起档案社会责任，更好地服务于国家治理体系和治理能力现代化建设。① 基于这种趋势，档案工作将由国家模式逐步走向社会模式，“档案机构将与其他社会机构共同管理档案，因而档案机构和档案工作者将会由单一的管理主体变为重要的专业参与合作伙伴，档案部门的主要职能也将由管理和服务共同构成”②。随着市场经济的发展和社会力量的参与，我国一些地方的档案部门已经存在社会组织和公民参与档案事务的实践，政府许可和主导的公民参与行为可以为档案服务工作带来很大的帮助。从本质上来讲，档案治理与档案事业现代化发展有本质上的相通之处，即都要求以国家为站位，强调档案工作由国家模式走向社会模式，实现档案工作多方位、立体化地覆盖社会各个领域和各个方面，进而促进社会的进步和档案事业的可持续发展。

就目前而言，其他社会主体在档案治理过程中表现出对档案行政管理部门极大的依赖性，这就更加需要档案行政管理部门注重协调处理与其他档案治理主体之间的关系，以立法和制定行为规则等方式为新的经济形式、社会组织和公民参与档案事务提供必要的制度规范。

（三）档案治理与档案事业现代化的互进关系

档案治理与档案事业现代化是相辅相成的关系。两办《意见》明确指出：“要建立健全覆盖人民群众的档案资源体系和方便人民群众

① 《〈中华人民共和国档案法〉修订草案（送审稿）起草说明》，《中国档案》2016年第7期。

② 黄存勋、张丽：《对中国档案事业的全新双元审视——读覃兆刿著〈双元价值观的视野：中国档案事业的传统与现代化——兼论过渡时期的档案思想〉札记》，《档案学研究》2004年第2期。

的档案利用体系，创新服务形式、强化服务功能，加大开发力度，规范并支持社会力量参与档案事务，充分发挥档案学会等社会组织的作用。”①这意味着档案和档案工作已经成为国家治理和社会治理的重要组成部分，档案作为重要的信息资源和社会资源，亟待融入为国家发展和社会服务之中。换而言之，国家、社会和公民对档案服务的需求将倒逼档案事业走向创新发展，并积极寻求变革和突破之道。在此背景下，档案学界对档案范式、档案信息资源开发，乃至对档案基本属性、基本价值等进行了重新的审视与思考。社会转型与档案事业转型也对档案学传统理论与实践带来了巨大的影响，这些问题的解决都有待档案学理论跨学科协同创新与发展。转变政府职能，要求政府部门以宏观管理为主，减少对微观领域的干预。同时，国家治理和社会治理的发展，市场对资源配置能力的不断加强，不断地释放着社会的活力。我国档案事业将通过档案行政管理部门、社会组织、市场和公民之间的多元关系调整，提升公共管理水平和公共服务能力，拓宽服务范围，最大限度地开发覆盖人民群众的档案信息资源，不断满足社会各方面和公民的需求，进而推动档案事业的长期可持续发展，实现档案事业的现代化。

从目前实际看，档案领域普遍存在社会力量发展不足的情况，档案行政管理部门放权不多，社会力量发展不足的情况普遍存在。档案行政管理部门应以宏观管理为主，将直接管理转变为间接管理，发挥档案学会、协会等社会组织和市场的作用。例如，档案行政管理部门可以将档案业务指导、培训等部分职能交给协作组或者档案学会，自己则致力于做好档案工作的法律法规、方针政策、行政规章等的制定，健全档案法律法规体系，加强档案行政执法检查，履行依法治档的职责，切实发挥其应有的职能，逐步实现档案行政管理的法治化和科学化。

档案事业由“管理型”向“治理型”创新发展，既要考虑档案事业

① 《中共中央办公厅国务院办公厅印发〈关于加强和改进新形势下档案工作的意见〉》，《中国档案》2014 年第 5 期。

发展的创新性,也要考虑到实施的合理性。档案治理与档案事业具有一体两面的同构关系,将二者有机结合,有助于实现档案事业发展和档案治理体系现代化的相互促进。

三、档案治理研究的难点与对策

(一)难点

档案治理研究的难点表现:

1. 把档案治理作为一种思维方式或是价值观念

这在一定程度上转移了我们对档案治理过程的动态关注,从而忽视了对理论层面、制度建设层面和实践操作层面的关联性研究。

2. 档案治理主体界定及权责不清晰,存在规范化和制度化建设研究不足的问题

如果缺乏相关的制度规定,或者有关规定过于模糊和笼统,必然会导致档案治理在实际工作中缺乏一定的可操作性和可执行性。例如,治理主体是谁?治理所涵盖的范围是什么?边界在哪里?治理主体间的关系如何协同?这些问题的研究至今还停留在观念、原则层面,具有一定的模糊性,导致基础理论缺乏可操作性。档案治理的核心在于治理主体协同关系的构建,因此,明确谁是主体以及主体之间的关系如何是研究的核心要义。因此,我们应该深入地研究如何构建档案治理理论框架,探讨档案治理中的利益相关者,即多元主体参与档案治理的必备条件或门槛,明确权力和责任边界,注重规范化和制度化建设的研究。

3. 档案治理的制度建设落后

档案治理要求我们不能仅仅停留在方式方法层面的策略导向研究,更要求我们站在理论高度探讨制度建设方面的战略导向研究。档案治理表现形式具有多样化,既包括横向的政府部门和社会组织的合作,也包括纵向的各级档案行政管理部门之间的合作,还包括网络环境下的网民、微民的合作。因此,我们应当因地因时制宜,有针对性地建立档案治理的运行机制。

4. 档案治理效果评估难以预测

目前,学者们发表的研究成果以定性研究为主,定量分析研究比较稀缺,建立科学的治理评估体系更显得遥不可及。这需要学者们深入开展理论探索,更需要档案部门的同志对实践经验进行升华,以理论研究成果与实践经验总结为基础,建立起科学的档案治理效果评估体系并实际运用,以便为促进档案治理现代化提供依据。

目前,档案治理研究还停留在概念化、观念化层面,未能形成规范化的理论体系。不可否认的是,治理理念已经开始融入档案学理论研究和档案事业实践之中,正潜移默化地影响着档案学者和档案工作者的思想、观念和行动。

(二)对策

为解决当前的困境,必须充分正视和理解当前档案事业发展的实际。我们下一步的研究重点是学理性研究和实证性研究并重,同时将档案治理本体研究和档案制度构建研究有机结合。具体来讲,有以下几个方面的建议:

第一,在理论研究层面,首先需要档案学者们注重档案治理基础理论的研究,从思维意识、价值观念层面上升到基础理论研究层面,构建起档案治理基础理论研究框架,进而系统化地推进相关理论研究。其次需要对档案治理的研究现状进行文献梳理,定性研究与定量分析相结合,填补研究的空白点。再次需要从治理理论与档案工作的适用性、理论依据、治理概念、治理主体等多个方面、多个角度进行跨学科研究,适当借鉴法学、政治学和公共行政学等有关治理方面的理论成果,深化档案治理基础理论研究,逐步形成与档案事业发展相适应的规范化、科学化理论体系。

第二,在实践总结层面,需要档案部门的同志们对档案治理实际工作进行总结,将实践经验升华为理论成果。这就需要大家展开实证性研究,将档案治理实际工作中的经验和规律上升到理论的高度,将具体的工作经验理论化、制度化,避免经验化和笼统性,保证相关理论的可操作性和可执行性,为建立档案工作规范体系提供方案,为实现档案治理提供具体的思路、路径和方法,逐步推动档案善治。

第三,在制度建设层面,由于档案治理是一个长期的动态化过程。档案治理不仅需要转变观念和理论建设,更需要建立制度、落实制度和不断地完善制度。应当注重档案治理的法治化研究,推动建立档案治理的制度保障体系,从制度、规范、法理等方面清晰界定权责和义务,使档案各个领域、各个方面的工作都有章可循、有法可依,行走在法治的轨道上。档案治理的核心问题是多元化主体之间利益关系的调整和权责机制的构建,因此,建立平衡利益的机制和权力与责任对等的制度体系就显得十分必要。实现国家档案行政管理部门提出的提供档案公共服务有效性、高效性的目标,同时构建档案治理危机应急系统,切实保障档案的机密和安全,努力平衡二者的关系,也是制度建设研究的题中应有之义。

第四,在综合研究层面,要注重理论层面、实践层面和制度层面的关联性研究,以理论研究为基础,以实践研究为辅助,以制度研究为保障,全面推动档案治理研究,最终构建起档案治理理论体系,进而为档案治理实践的开展提供一定的理论依据和政策支持。

四、结　语

两办《意见》指出了档案事业发展的新业态。档案事业发展中出现的新情况、新问题,给档案学理论研究提出了新任务、新要求,其中之一就是与具有中国特色档案事业发展相适应的档案治理理论应该如何构建与发展。目前,我们正处于社会转型和档案事业转型期,传统的一元化管理体制已经无法适应档案事业发展的需要,档案治理范式的发展正在和将在档案事业发展和档案工作实践中扮演必不可少的角色。档案治理理论研究的兴起不仅是对档案事业未来发展的前瞻,更是对现实档案工作面临挑战的回应。我们要在发展中实践,在实践中探索,也要在档案治理适用、主体关系构建、制度建设等方面不断拓展研究的范围,深化研究的内涵,力争构建起科学合理的档案治理理论框架,进而不断为推进我国档案治理现代化提供有益的思路和可资借鉴的参考。

本文为2017年度国家社科基金重点项目《法律规制视域下中国档案工作规范体系建设研究》(项目编号:17ATQ012)的阶段成果,发表在《档案学研究》2018年第2期第28—32页。

作者:陈忠海、宋晶晶　作者单位:郑州大学信息管理学院

第二编
档案鉴定

档案鉴定中的几个误区

一、期满档案的鉴定不必开展和必须立即开展

认为期满档案鉴定不必要开展，理由有三：首先，目前我国各级档案馆所藏档案同国外档案馆相比，数量较少，许多档案还散存在各单位和个人手中，就大多数档案馆保存的档案来看，收集档案仍是各级档案馆目前亟待加强的一项工作，鉴定工作可暂缓执行。其次，搞鉴定工作责任大，缺乏经验。不少档案馆工作人员还从未做过鉴定工作，对馆藏档案状况和立档单位的职能了解甚少，开展鉴定工作有一定难度，一旦错销了档案，后果不堪设想，故而不主张开展鉴定工作。再次，鉴定期满档案需要花费相当的人力、物力，会影响已经建立的整个档案检索工具体系，档案馆现有的条件难以支持。①

认为必须立即开展期满档案鉴定工作，主要理由有二：首先，档案

① 武汉市档案馆整理编目部：《期满档案鉴定中的几个问题》，《档案工作》1992 年第 3 期。

鉴定工作作为档案馆的业务工作之一，不管在什么情况下都应该正常进行，过去由于种种原因，没有正常开展这项工作，已使目前的工作处于被动。现在有了较完整的档案法规作指导和依据，鉴定工作理所当然应该正常开展。[①] 其次，目前馆藏数量急剧增加，大量重复，不少定期档案已经到期等，都影响到馆藏的优化、档案信息资源的开发和档案管理现代化的实现，档案馆开展馆藏档案的鉴定工作已迫在眉睫。[②]

众所周知，我国档案鉴定工作基本上停留在立档单位的初步鉴定范围内，档案馆始终没有把鉴定工作作为一个独立环节开展起来。其根本原因是新中国成立后，档案工作起点低，时间短，水平不高以及要着重解决丰富馆藏、整理编目、库房建筑与保护设施、机构设置与队伍建设、建立和完善有关规章制度、建立检索工具体系等基本矛盾和问题，无暇顾及档案鉴定工作。此外，档案工作中的某些政策，导致档案部门偏重档案数量，忽视档案质量，加之档案人员素质较差，造成档案玉石不分。鉴定档案的法规不健全，不利于鉴定工作的具体实施。经济因素也是一个重要方面，由于库房没有房租和鉴定档案要花费一定的财力，我们不自觉地走上了靠扩大档案库房而不是靠鉴定销毁部分档案增容的道路。从技术上看，缺乏对馆藏档案质量实施有效控制的技术手段，如对不同价值的档案没有量的控制，永久档案所占比重过高。各类期限的划分标准笼统、模糊，界限不明确等。此外，实践的匮乏，一方面使各档案馆缺乏参照，影响了鉴定工作的普及；另一方面也使档案鉴定理论研究失去了源泉，造成鉴定理论对鉴定实践指导乏力。

正因为档案馆事业在发展过程中所面临的基本问题没有得到根本解决，也由于各种相关因素造成的问题的解决不可能一蹴而就，因此，目前仓促开展大规模的档案鉴定工作，既与当前整个档案事业的发展形势不相适应，也不利于对档案资源的开发和对档案遗产的保

① 武汉市档案馆整理编目部：《期满档案鉴定中的几个问题》，《档案工作》1992 年第 3 期。

② 于路生、林华荣：《论县档案馆开展档案鉴定工作的必要性》，《档案学研究》1995 年第 4 期。

护。正确的做法是由国家档案行政管理部门主持,中央专业主管部门和省(自治区、直辖市)档案行政管理部门参与,在全国范围内选择各级各类档案馆若干,先行试点,然后制定相应的技术标准,修改和完善有关法规,制定详细的鉴定工作细则,最后进行推广和普及,最终把档案鉴定纳入档案馆的日常业务工作,实现档案鉴定工作的制度化、科学化、规范化和标准化。这一过程从现在开始到下个世纪上半叶,要持续很长一段时间。所以,档案馆不开展期满档案鉴定工作会自我窒息,仓促开展这一工作也缺乏应有的环境和条件,会造成混乱和流于形式。

二、档案鉴定就是对馆藏档案进行一次全面鉴定

有人认为,搞鉴定就是要提高整个馆藏档案的质量,因而主张将馆藏永久、长期、短期档案一起鉴定。其理由:第一,由于受不同历史环境和档案学理论与实践发展水平的影响,特别是新中国成立初期,由于没有档案保管期限表作依据,馆藏永久、长期卷的划分并不太准确,致使三种保管期限的档案中交叉重复的文件较多,因而主张永久、长期、短期一起鉴定。第二,随着时间的推移,历史的发展和实践的检验,有相当一部分档案的保管期限和保存价值发生了变化。一些在当时历史条件下确实有必要保存的,时隔多年,特别是随着工作重点的转移,就显得没有多少保存价值了。另一些档案本身是短期保存的,现在已超过了原定的保管期限,大部分可以销毁,少量还有必要上升保管期限。第三,有不少档案馆对民国档案几乎没有做过认真的鉴定。民国档案中也充杂着不少无保存价值的档案,可以剔除 15% 以上。第四,不少档案馆馆藏编目排列比较混乱,珍贵档案、重要档案和一般性档案混杂在一起,同等待遇,不便于对珍贵档案和重要档案的保护。第五,馆藏中有些类型相同的档案,其数量很大,没有必要全部

保存却全部保存,浪费了大量的人力、物力、财力。①

对馆藏档案是否要进行一次比较全面系统的再鉴定不可一概而论。综合性档案馆馆藏量都较大,少则几万卷,多则几十万、几百万卷,永久、长期、短期档案一起鉴定,数量太大,在目前各级档案馆人员紧张,各项基础业务工作又要正常开展的情况下,短期内将馆藏档案来一次彻底鉴定,必定是人力不够,如果强行鉴定,也只能是走一走过场,草草了事。因此,现阶段和今后一个时期大部分档案馆鉴定的重点只能是期满档案。至于少数馆藏量不大的档案馆,若人力、物力、财力允许,将永久、长期、短期档案进行一次全面系统鉴定,也是可行的。

三、档案馆对档案的鉴定是保证馆藏档案质量的基本措施

我们谈对馆藏档案的鉴定更多的是为了解决历史遗留问题,如各级档案馆都保存了不同期限的档案,各种期限的档案之间互相交叉等等。其实,档案鉴定并不只是档案馆的工作,它贯穿在档案管理的全过程中。档案鉴定工作应该在档案文件运动周期的各个阶段进行,使文件从产生到最后归宿形成一个精炼、优化过程。这一运动周期分如下三个阶段:

1. 文件归档立卷的鉴定,这是第一次鉴定,是馆外超前控制阶段,是保证进馆档案质量的基础和首要措施

在这一阶段,要严格按归档范围立卷,防止"有文必档"。严格执行档案保管期限表,杜绝普遍存在的划分保管期限就高不就低的思想和随意提高保管期限的现象。为此,应当由国家和省(自治区、直辖市)档案行政管理部门提出永久保存档案所占比例的参考意见,以便各立档单位参照执行。

2. 机关档案室的鉴定,也就是进馆控制阶段,这是第二次鉴定

机关档案室在向档案馆移交档案时,应按进馆要求对档案质量进

① 任樟祥:《关于馆藏价值的再鉴定》,《档案工作》1992 年第 3 期。

行鉴定,重点是把好短期或长期档案不进馆的关。这是保证进馆档案质量的关键。

3. 档案馆的鉴定,即馆内滞后控制阶段,这是第三次鉴定

根据馆藏动态性原则,档案馆还要对馆藏档案进行定期鉴定,它包括:围绕开放档案进行鉴定;对已到期的短期和长期档案进行鉴定;对重复档案文件进行鉴定。

由此可见,整个档案鉴定工作的重点是机关档案室档案的鉴定,把好机关档案室鉴定(进馆控制鉴定)关是优化馆藏结构,提高馆藏档案质量的基本措施。

四、档案经过鉴定后,对部分档案“判处销毁,暂缓执行”,鉴定工作即告结束

20 世纪五六十年代,我国进行过两次大规模的档案鉴定工作,销毁了部分档案,但也有相当数量该销毁的档案保留了下来。1973 年部分档案馆确定销毁的档案也保留了下来。过去由于种种原因只鉴定不销毁,使鉴定后需销毁的档案长期占据库房、柜具,成为馆内包袱。据对潍坊市档案馆调查,60 年代曾对馆藏档案进行过鉴定,剔除失去保存价值的档案 6208 卷,零散文件 175827 份待销,至今已 30 多年了也未销毁,仍在库房倒来倒去。[①] 鉴定后的档案能否及时销毁,成为人们普遍关注的一个问题。这里既有法规、制度方面的问题,也有档案部门的认识问题,后者往往起决定作用。因此,档案部门要消除“判处销毁,暂缓执行”鉴定工作即告结束的旧观念,树立档案不销毁,鉴定工作不结束和等于没有开展鉴定工作的新观念。档案部门要主动向有关部门和主管领导请示汇报,取得他们的支持和批准。彻底改变那种开展档案鉴定工作难,而销毁更难,甚至鉴而不定、定而不销的局面,为切实增强档案工作人员的积极性和优化馆藏打下坚实的基础。

---

① 张良瑞:《从馆藏数量看档案鉴定》,《档案工作》1992 年第 3 期。

五、保存保险，鉴定危险

档案鉴定开展艰难，恐怕同档案界早已存在的“从宽保险”的思想有关。中国公职人员的政治敏感性是很强的，在档案工作制度中虽然没有规定鉴定和销毁档案应承担什么责任，但档案价值的鉴定毕竟是涉及档案“命运”的大事，“从宽处理”总比“从严处理”承担的风险要小一些，至少还有甄别的余地，不然为什么一些早已到期的档案迟迟没人敢批准销毁呢？所以，多保存一些无所谓，而鉴定，特别是销毁档案总让人顾虑重重。加上馆藏鉴定，牵一发而动全身，一提起档案鉴定人们往往“谈虎色变”。因此，要顺利开展鉴定工作，首先要解决一个决心问题，要把它上升到解放思想的高度来认识。随着社会主义市场经济体制的建立和完善，档案部门必须树立效益意识，要以最少的投入来保存最大信息量的档案资源，鉴定工作的逐步开展就势在必行。世界上没有任何一个国家是靠无限扩充库房来保存档案的，因此，主动适应新的形势和未来社会变革的需要，必须消除那种“得过且过”、“多一事不如少一事”等消极畏难思想。要面对现实，知难而进，通过开展鉴定工作使馆藏适应社会各方面对档案利用的需要，从而为整个档案工作，乃至档案事业的发展创造良好的内外部条件。

本文发表在《档案学通讯》1999 年第 1 期第 11—13 页。

档案鉴定若干关系刍议

一、客观与主观的关系

近年,不少学者和档案工作者围绕档案鉴定工作开展艰难的原因进行了分析,归纳起来,无非有客观原因和主观原因两个方面:客观方面是鉴定工作面临的任务非常艰巨,具体表现:①工作量大。由于鉴定工作没有正常开展,目前许多档案馆保存了大量的短期卷和待销卷。这些短期卷都是1980年以前进的馆,现已超过了保管期限,而新中国成立初期的长期卷也即将到期,其中有相当一部分因当时保管期限划分偏高而早已无继续保存的必要。档案鉴定是一项牵一发而动全身的大工程,工作量相当大。②难度大。档案价值的鉴定是对档案潜在价值的预测而不是实测,加之档案价值具有多元性、条件性、潜在性、滞后性的特点,很难作出正确的判定,特别是对历史档案的鉴定更是一个异常严肃且难度相当大的事情。③对人员专业素质要求高。鉴定人员必须具有综合分析和准确判断的能力,必须具备丰富的历史知识和长期的实践经验才能胜任这项工作。④承担的责任大。档案是孤本,鉴定中稍有差错,就会造成不可挽回的损失。为此,不少档案馆下不了决心。主观方面主要体现在认识上:①我国档案馆的馆藏量与历史大国的地位不相称。旧中国战乱已久,新中国的诞生才半个世纪,我国档案馆的馆藏量与国外同类型的档案馆相比差距甚远,馆藏量的相对贫乏与大国悠久的历史不相称总是档案工作者的一块心病。

因此,在现有政策的负面影响下(如馆藏量与人员配置、经费数量挂钩),极易出现收集档案饥不择食,致使档案馆、室档案数量增长过快,造成鱼目混珠。至于鉴定销毁失去保存价值的档案无人问津就更在情理之中了。②为战备而鉴定和“文化大革命”中的错销使人心有余悸。1964 年以来开展的全国性战备鉴定工作,在“少而精”的指导思想下,致使确定应销毁和暂存的档案比例过大。“文化大革命”中搞所谓战备转移和“清档”运动,对档案大砍大杀,以致演变成新中国空前的档案浩劫。这在档案工作者的心目中留下了深深的创伤,至今心有余悸;③对“丰富馆(室)藏”的片面理解和贪大求多的心理。“文化大革命”结束后,馆、室藏不丰富的确是各档案馆、室普遍存在的问题,这也是鉴定工作没有提到议事日程的客观原因之一。急于改变贫乏现状的心态和只着眼于数量的观念促使某些档案馆接收、征集档案过多、过滥。在与同行对比竞争中表现出的“贪大求多”的心理更加剧了馆、室藏数量的过快增长。

以上分析主要是站在档案部门和档案工作者的角度进行的,它抛开了诸如政策、法规、经济、技术、理论和实践等因素。上述客观和主观两种原因是有密切联系的,相对而言,主观因素起着决定作用。因此,档案鉴定理论研究首先需要鉴定工作实践的支撑,而实践工作的开展又首先需要转变观念,不打破这一长期禁锢档案部门的观念,要开展档案鉴定工作是十分困难,甚至是不可能的。其次,开展档案鉴定工作是档案部门适应社会主义市场经济体制建立和完善的需要。市场经济的法制观念,效率、效益和竞争原则要求我们抛弃只讲投入、不讲产出,只重数量、不重质量,只讲权利、不讲义务以及畏难退缩,不思进取的陈腐观念和思想意识,敢于和善于冲破档案鉴定中的思想禁区,大胆、认真、慎重、细致地开展档案鉴定工作。第三,档案鉴定工作中出现失误是难免的,应允许出现差错,要在档案界乃至社会上形成共识,这是开展档案鉴定工作和发展档案鉴定理论不可缺少的外部环境。第四,应清醒地认识到档案鉴定已逐步由一种手段最终要成为所有档案工作的核心,影响和制约着档案管理的其他方面。必须尽快吸收国外先进思想,将消极、静止地把档案鉴定看成是剔除和销毁档案的认识迅速转变为动态管理的过程，研究和解决该过程中所存在的一系列问题。可以说，我国档案鉴定工作正处在向这一过程迈进的时期。

二、实践与理论的关系

档案鉴定工作作为一项基本的业务环节与其他业务环节相比，目前处于停滞和半停滞的状态。一些新建档案馆对惊人的档案增长量充满忧虑。造成档案馆、室普遍存在的藏量增长过快的成因很多，党和政府及企事业单位各项工作全面发展是主要的原因。但是，档案部门鉴定工作的停滞和半停滞也是重要的症结之一。

鉴定理论不够完善，难以有效地指导实践。多年来，我们在鉴定理论的研究上侧重于对鉴定的原则、一般分析方法、保管期限和保管期限表以及鉴定工作组织的研究，而对鉴定中的一些基本理论和应用技术研究得不够。对基本理论研究的不足，造成“档案价值”概念模糊，鉴定的理论框架构建不起来；对应用技术研究的不足，造成具体的操作技术、标准、鉴定质量的检查与控制的方法空白或残缺，现有的理论有待发展和完善。

不少人当谈到档案鉴定工作滞后的原因时，常常对档案鉴定理论提出责难。其实，档案鉴定理论薄弱正是档案鉴定实践薄弱的结果和表现。目前档案部门抱怨鉴定理论落后，可操作性不强，而大力倡导加强鉴定实践的呼声却并不高，这是一种极不正常的现象。我们不可能脱离鉴定实践而人为地总结出一套所谓新的鉴定理论，更不可企图等待鉴定理论完善以后才去着手进行鉴定工作。推动档案鉴定工作和发展档案鉴定理论要自上而下，全方位进行。档案行政管理部门应将档案鉴定工作纳入当前档案馆升级评比工作之中，把档案鉴定工作提到应有的位置上来。中央和省级档案馆应率先垂范，带头试点，创造经验，开展研究工作，充分发挥中心馆的核心和辐射作用。档案科研所应就档案鉴定标准进行立项，着手开展档案鉴定标准化的研究。中国档案学会和各高等院校应着力开展档案鉴定实践的调研工作，重点展开经验总结、业务研究和理论探讨。

三、继承与借鉴的关系

我国比较系统的档案鉴定理论形成于新中国成立之后，主要是在学习苏联档案学理论的基础上结合中国档案工作实践，并且吸收了民国时期档案学有关档案鉴定理论而逐步形成的。进入 80 年代以后，在档案被广泛利用的过程中，档案部门和档案工作者开始关注档案的价值和鉴定。近几年，在中国档案学会召开的研讨会以及全国档案学研讨班上，都有学者就档案价值、鉴定工作的现状及成因、档案保管期限的划分等问题进行分析和论证。在借鉴国外有关理论方面，打破了五六十年代仅介绍苏联有关理论和方法的局限，中国档案出版社先后出版了欧美学者的一些权威性论著。

民国时期的档案界提出的鉴定标准均重视档案的历史价值和行政价值，但仅仅停留在机关范围内的一般的行政价值和历史价值的认识上，且没有得到有效实行。可以说苏联的档案鉴定理论对我国的影响最为深刻和久远。

我们应该充分肯定现有的理论、政策对档案鉴定工作的开展和政策深化的基础性作用，但更应该看到现实急需的是与我们这个时代更加贴切的智力支持。欧美同行更接近对鉴定工作规律的把握。许多国外档案专家能提出文件转化为档案的比例便是例证。因此，在社会主义市场经济体制建立和完善的过程中，档案界对欧美国家先进的档案鉴定理论和方法进行批判性的吸收和借鉴不仅有益和必要，而且十分迫切。

借鉴和吸收什么呢？首先要认识到档案鉴定已逐步由一种手段成为所有档案工作的核心，正影响和制约着档案管理的其他方面。欧美国家的这一经历已在我国档案工作中初显端倪。随着国家、企事业单位社会职能范围扩大，社会活动的广泛以及科技的发展，档案文件每年以几何级数递增。接收入馆的档案数量问题、质量问题、馆藏能力问题与标准化、现代化的矛盾会逐年自下而上地上升。档案工作者应把档案鉴定视为一个复杂多变的过程，这个过程与档案的收集、整理、保管与保护、著录、编研和利用密不可分，并且在这个“最具挑战性的领域”着手自己的工作。其次，鉴定标准应多元化。从1794年法国颁布的《穑月7日档案法令》算起，欧美档案鉴定标准从形成到发展完善经历了整整两个世纪。不论是迈斯奈尔的“年龄鉴定论”，还是卡林斯基等人的“职能鉴定论”、谢伦伯格的“双重价值鉴定论”、布姆斯的“机构职能分析”和塞穆尔斯的“文献战略”都是通过不断探索而呈多元化的，因此就更具科学性和全面性。而我国的档案鉴定标准是《机关文书档案保管期限表》，它存在着科学论证不足、尺度单一、涵盖面小等局限性，实践期待着更加科学的鉴定标准。再次，档案鉴定工作应逐步程序化、科学化、系统化。完善档案鉴定标准，使之适用于档案周期的各个阶段，逐步将档案鉴定置于档案管理的核心位置，从而保证档案管理现代化的实现。

本文发表在《档案管理》1999年第4期第10—11页。

档案鉴定滞后的原因分析与对策研究

一、我国档案鉴定工作现状

我国档案鉴定工作总体上来说处于停滞与半停滞的状态，具体表现：

（一）馆藏档案、资料数量急剧增长

据统计，1983 年全国档案馆馆藏档案 5477 万卷（不含零散文件），1990 年突破 1 亿卷大关，1993 年底达到 10458 万卷，10 年平均年增长 9.1%。照此速度，再过 10 年，我国档案馆馆藏档案还会在 1990 年数量的基础上再翻一番，达到 2 亿卷。实际上，截至 1997 年我国拥有各级各类档案馆已达 3706 个，馆藏档案已经突破 2 亿（册、件）。1983 年我国各级各类档案馆馆藏资料 1119.27 万册，1993 年达到 3085.889 万册，10 年平均增长 17.6%。馆藏档案、资料增长迅速，一方面说明我们在收集工作上取得了很大成绩，使馆藏不断丰富，馆藏量成倍增加；另一个方面也说明我们对档案鉴定工作重视不够，研究不足，片面追求馆藏数量，造成玉石不分，馆藏庞杂臃肿，使本就有限的移案保管条件更趋紧张。

（二）存而不鉴，鉴而不毁

由于多种原因，我国档案鉴定工作长期停滞。一些档案馆、室过去也曾进行过档案鉴定，但对应该销毁的档案长期不予稍毁。20 世纪六七十年代，四川省档案馆曾组织人员对所存档案进行鉴定，共区分出新中国成立后短期档案资料 10.65 万卷（册），备销档案资料 4.9 万余卷(册)。这些档案资料至今仍占据着整整一个楼层面积达800平方米的库房,其浪费程度是惊人的。有些厂矿已失去价值的科技档案占总藏量的1/2,有的甚至高达2/3。在一些基层档案室内,常常会看到许多过期档案堆集存放,占据着有限的保管库房,耗费着有限的人力、物力和财力。

档案资料数量激增,鉴定工作的延滞给档案工作造成不良后果。第一,不利于档案法规的贯彻实施。国家档案局于1983年颁布的《档案馆工作通则》和《机关档案工作条例》对于馆内档案和即将进馆档案有鉴定的规定,档案鉴定工作的延滞,使这些法规条文形同虚设。第二,增加档案重复,影响馆藏质量。有的档案馆档案重复量20%~30%,有的全宗高60%以上。重复档案的普遍存在和数量的增多,大大降低了馆藏档案的信息含量。第三,影响着档案工作各环节业务的顺利开展。由于进馆档案玉石不分,档案馆不得不投入大量的人力、物力和时间长期陷入拆卷、调卷、整理、编目等本属机关档案室业务范围的重复、无效劳动之中。基础工作的重复性和无效性,又制约着档案著录、计算机存贮与检索等现代化管理工作的开展。档案的庞杂,使真正有价值的档案淹没在价值不大的"故纸堆"中,不仅增加了查找利用的困难,降低了查全率和查准率,而且还使档案馆不可能腾出更多的人力、精力用于档案信息资源的开发与利用的研究,加剧了利用滑坡及其持续的时间。珍贵档案淹没在无价值的档案之中,不利于加强对重点档案的保护,一旦发生突发事件,极有可能造成玉石俱焚的严重后果。第四,导致了人力、物力和财力的浪费,加剧了各级档案馆普遍存在的经费不足、设备短缺、库房紧张、人员不足等困难。第五,制约着档案工作的效益和档案工作社会地位的提高。档案工作中存在的大量重复劳动和无效劳动,增加了物耗,制约着档案工作效益的产出,使档案工作成为一种低效的工作。在市场经济条件下,社会是不会对低效益的档案工作以更多投入的,这将使档案工作陷入恶性循环之中。

二、影响档案鉴定工作正常开展的原因

(一)根本原因

我国档案工作起点低、时间短、水平不高、管理落后,这是影响档案鉴定工作开展的主要原因。20世纪五六十年代,我国档案工作处于建立、完善和发展阶段,档案工作中要解决的主要问题是收集、整理、保管和提供利用,由于档案数量不多,档案鉴定同其他工作环节之间的矛盾尚不突出。进入80年代以后,如何改变我国档案管理的落后状况,又成为档案工作的重点。档案鉴定工作始终没有正式、全面列入档案工作的议事日程。

(二)相关原因,也就是由主要原因派生出来或与之关联的一些因素。它又分为主观原因和客观原因两个方面

1.主观原因主要是认识问题

(1)对丰富馆藏的片面理解。20世纪80年代,馆藏建设的理论研究十分活跃,丰富馆藏是馆藏建设的主导思想。最具代表性的观点认为:"目前我国馆藏档案总数量已8000多万卷,从绝对数量来看比较大,但以这个数字与我国是一个有5000年历史的文明古国衡量,是极不相称的。再与我国是一个10亿人口的大国相比(人均只有0.08卷)更是微不足道。如果与外国馆藏数量相比则显得很少。""尽管我国馆藏数量近几年增长较快,但数量(包括绝对数和平均数)仍然较少,还是不够丰富的。"由此得出"丰富馆藏仍然是今后的一个长期任务"的结论,至于对档案质量的控制问题则极少有人提及。由于对"丰富馆藏"的片面理解,致使各级综合档案馆重数量轻质量。在这种背景下,根本无法谈及档案鉴定。

(2)为战备而鉴定和"文化大革命"中的错销使人心有余悸。1964年以来开展的全国性战备鉴定工作,在"少而精"的指导思想下,致使确定销毁和暂存的档案比例过大。"文化大革命"中搞所谓战备转移和"清档"运动,对档案大砍大杀,以致演变成新中国空前的档案浩劫。这在档案工作者的心目中留下了深深的创伤。因担心历史悲

剧重演，人们至今对档案鉴定心有余悸。

(3)国人贪大求多心理的影响。从与同行的对比竞争中取得动力是我国档案馆、室保持蓬勃生机的一个很重要的原因。馆室与馆室之间可对比的地方很多，单就收藏档案而言，价值珍贵的程度不太好比，而数量之比确较直观。加上国人贪大求多的心理，似乎10万卷总比5万卷好听，100万卷要比50万卷更能获得同行羡慕的目光。在这种心理支配下，馆、室藏量的过快增长便不可避免。

(4)畏难退缩、维持现状心态普遍存在。首先是认为难度大。一方面，档案馆尤其是地县级档案馆人员少，任务重，业务经费严重不足，已开展的工作就够忙了，不愿再开展新的业务。另一方面，对馆藏档案的反复折腾，不仅损伤了档案工作人员的积极性，而且也程度不同地损坏了档案。再进行档案鉴定，就会使先前的整理成果付诸东流，尤其是使检索工具失去使用价值，还必然会影响档案缩微、著录和计算机存贮的成果。其次是认为劳而无功。档案鉴定销毁工作难度大、用时多、耗资大、工期长，其结果必然导致馆藏档案数量的减少，再加上上级无明确的要求，虽然从实际出发是急需开展的一项工作，也很容易使人产生劳而无功的思想。再次是怕负责任。销毁档案有可能伤及有价值的文件，于是使人瞻前顾后，宁可留一万无用之档案，也不冒万一错销之风险。因此，为了不增加业务工作负担和避免承担责任，档案馆产生了畏难退缩、维持现状的心态，不愿花费人力、物力和财力进行档案鉴定工作。

(5)历史档案，尤其是民国档案“片纸只字不得销毁”的禁令长期束缚着人们的手脚。应当肯定，50年代国家有关部门制定的历史档案“片纸只字不得销毁”的规定，在较长时期内对保护历史档案作出过贡献。但随着时间的推移，党和国家工作重心的转移，再坚持这样的做法就未免机械和有失偏颇。

2. 客观原因，也就是客观条件和客观环境对档案鉴定造成的障碍

(1)政策导向的偏差。档案工作的某些政策导致档案部门偏重档案数量，忽视档案质量，造成玉石不分，给档案的鉴定留下隐患。1985年2月，劳动人事部、国家档案局颁发的《地方各级档案馆人员编制标

准》规定:“档案馆工作人员列入国家事业编制。编制人数随馆藏档案(包括具有档案价值的资料)数量的增减而相应增减。”这些政策规定极大地刺激了档案馆扩大接收范围,追求馆藏数量的热情,自觉或不自觉地造成有意识延滞档案鉴定与销毁的思想和行为。

(2)法规不健全。鉴定档案的法规不健全、不完善,不利于档案鉴定工作的具体实施。有《档案馆工作通则》《机关档案工作条例》《科学技术档案工作条例》《机关文件材料归档与不归档的范围》《关于机关档案保管期限的规定》等规章制度和工作规范,为开展档案鉴定工作奠定了一定的基础,但也存在一些问题:一是缺乏刚性和约束力;二是内容原则性强,缺乏可操作性;三是销毁档案的责任不明,使得领导机关(包括领导人)不敢承担批准销毁的责任。

(3)无经济压力。我国档案部门的库房是由国家拨款建设或统一调配的,人员的工资、福利也是国家承担的,不存在房租、工资成本等经济压力问题。所以,保存档案的多少从经济上讲与档案部门和档案工作人员没有什么关系,相反,鉴定和销毁档案倒要花费相当的时间和一定的人力、财力,两者相权取其轻。

(4)技术手段缺失。对档案鉴定质量实施有效控制是解决和缓解档案数量增长同收集、整理和利用之间矛盾,确保进馆档案质量的有效手段。目前,我们在这一方面存在四个问题:一是对不同价值的档案的比例没有量的控制,与欧美国家相比,我国进馆档案比例过高。进馆的永久卷占全部档案的50%,至少也达到30%,这与美国的5%,欧洲国家的10%—15%的文件进馆比例形成强烈反差。二是永久、长期、短期三个档次的划分标准笼统、模糊。为保险起见,档案部门在鉴定时,往往就高不就低,致使大批不该进馆的档案堆进馆内。三是长期档案进馆,增大了鉴定工作的难度。长期档案是“在较长时间内对本机关有查考利用价值的文件材料”,它的主要利用者是本机关,对整个社会无多大利用价值。大量长期档案充斥库房,造成馆藏档案重复、臃肿,增大了档案鉴定工作的压力和难度。四是档案价值鉴定标准有一定的局限性:其一,国家档案局1987年颁布的《关于机关档案保管期限的规定》主要适用于党政机关文书档案的鉴定,而不能涵盖各机关企事业单位所有的档案。其二,它从单个全宗的角度规定了档案文件的保管期限,不适宜作为档案馆挑选档案的依据。其三,在一个表中将国家需要和一个立档单位的需要同等考虑,一表二职难以两全。其四,长期与短期间的时间跨度较大,弹性较大,容易造成档案馆对这部分档案鉴定的惰性和依赖性。其五,内容范畴小,条款少,不适应社会主义市场经济条件下企事业单位管理体制多元化的需要。其六,一些专业和专门档案保管期限表也存在上述问题。

(5)实践匮乏。我国在五六十年代开展的两次档案鉴定工作虽然也提供了一些经验,但毕竟是在特定环境下进行的,且距今久远,可供利用部分并不太多。70 年代至今,也有些档案馆、室不同程度地开展了期满档案的鉴定工作,但多是鉴而不定,定而不销,且缺乏系统的总结。实践的贫乏,一方面使档案部门缺乏坐标和参照,影响了鉴定工作的推广和普及;另一方面也使档案鉴定理论研究失去了源泉,造成鉴定理论对鉴定实践指导乏力。

(6)理论苍白。档案鉴定理论研究滞后除了实践匮乏因素外,也有自身的一些问题。譬如,侧重于对一般的档案鉴定原则、原理、标准、程序和组织的研究,缺乏对鉴定中的基本理论和应用技术的研究。对基本理论研究的不足,造成"档案价值"概念模糊,鉴定的理论框架构建不完善。对应用技术研究的不足,造成具体的操作技术、标准、鉴定质量控制的方法空白或残缺,现有的理论不能有效地指导鉴定实践。

三、如何开展档案鉴定工作

档案鉴定工作是一项系统工程,从试点总结、修订有关法规、制定业务标准和工作程序到推广普及都需要严密组织、科学论证和精心操作,需要相应的精力、资金的投入,需要时间,更需要科学的理论。因此,从全国档案事业发展来看,可以分阶段逐步实施和普及档案鉴定工作。

(一)试点。这是第一阶段的工作,也是目前即可开展的工作

由国家档案局主持,中央专业主管部各级档案馆若干,先行试点。

档案室鉴定工作的重点是文件立卷过程中保管期限的划分，档案馆鉴定的重点是期满档案，尤其是对短期卷进行甄别和剔除，从中摸索经验，总结规律，为制定各项业务工作程序和鉴定标准提供依据，为研究提供素材。

（二）制定相应的技术标准，修改和完善有关法规，这是第二阶段的工作

（1）对不同价值的档案实施量的控制，把我国需要永久保存的档案控制在归档文件量的20%以内。

（2）改永久、长期、短期的三分法为标时法，即把档案保管期限划分为永久、50年、40年、30年、15年、5年，使其既便于划分期限时操作，又便于日后期满鉴定工作的开展，从而避免“有期无限”和“拔高”档案价值的现象。

（3）细化档案保管期限表的条款。

一方面国家档案局制定的《文书档案保管期限表》的条款要在现有的63款的基础上有所增加，达到100款；另一方面，国家档案局应授权各中央专业主管部门和省级档案行政管理部门分别制定各系统和各地区的各种门类和各种层次的档案保管期限表，并将档案馆接收档案范围表与机关档案保管期限表有机衔接起来，避免一表两职，杜绝重复进馆。这些档案保管期限表的条款应更加具体，款目数应在120—150个。

（4）长期保存的档案不进馆。

（5）修改和完善有关法规。

具体方法有两种可供选择：一是将现行的有关档案法规中涉及档案鉴定工作的内容具体化，增强其刚性和可操作性；二是另外制定一部单行的档案鉴定工作规章。至于法规中有关规定的科学性和合理性，亦应在试点中验证、修订和完善。

（三）制定详细的鉴定工作细则、工作程序和质量检验标准，这是第三阶段的工作

试点工作结束后，各中央专业主管部门和省级档案行政管理部门应依据国家有关规定，把试点工作中成功的经验和共有普遍性的好的

做法理论化和条文化，形成档案鉴定工作细则、鉴定工作程序、鉴定质量检验标准，以便为档案鉴定工作的普及提供条件。

（四）推广与普及，这是最后阶段的工作

这是最后一个阶段，也是最为成熟的一个阶段。各地区、各系统根据形势的发展和自身的条件，树立典型，搞好示范，加强业务培训和指导，逐步将档案鉴定工作在各级档案馆、室推广开来。在此基础上将档案鉴定工作纳入档案馆、室的日常业务工作，设置专门的鉴定机构，配备专业人员，定期进行档案鉴定，真正实现档案鉴定工作的制度化、科学化、规范化和标准化，使档案事业在未来社会发展中更具活力和适应性，最大限度地实现档案工作的社会效益和经济效益，同时，为开发信息资源和实现档案管理现代化创造良好条件。从总体上看，这一阶段要在21世纪上半期持续很长一段时间。

本文发表在《档案》1999年第5期第12—15页。

论建立档案鉴定学

档案鉴定学是研究档案价值及其鉴别方法的一门科学，是档案学的一门重要分支学科。由于我国档案鉴定工作实践的匮乏和理论研究的不足，档案鉴定学仍处在起步阶段，尚不具备形成一门成熟学科的条件。因此，档案鉴定学期待着档案鉴定工作实践的全面开展和鉴定理论研究的深入和系统，期待着对外国先进的档案鉴定工作理论和实践的研究与借鉴，更期待着档案界同仁的充分关注和着力建设。

一、建立档案鉴定学的紧迫性

唐宋时期，我国档案工作者在实践中已经创造出粗犷而朴素的档案鉴定理论。到了近代，我国档案鉴定理论与实践都较落后，不尽如人意，其表现：

（一）简单粗犷的鉴定方法长期未改

因为我国长期受封建统治，人们的思想受到了遇事凭古训或按前人案例办理的束缚，前人未做过的，后人不敢妄动。这不仅阻碍了自然科学的发展，也妨碍了档案鉴定理论和技术的进步。直到清末，四川巴县衙门的书吏还沿用着唐代“三年一捡简”的古老办法鉴定档案。凡事办毕，机关工作不再使用的文件，全入篾箩，储之阁楼，年复一年，堆积如山。此种现象甚至延续到民国时期。

由于档案鉴定工作滞后，致使档案玉石不分，管理困难，查找不便，利用效益低下。因而有为腾房子烧毁档案的，有因为经济拮据卖档案的，也有让其自存自灭。乾隆二十年（1758 年）一场大火吞没了巴县全部档案，造成了无可挽回的损失。民国 31 年（1942 年），射洪县政府为筹集疏散经费而卖档案 3410 千克，所有档案化为纸浆。1932 年，成都发生巷战。四川省政府档案遭到了兰艾同焚的命运。

（二）鉴定迟滞造成严重浪费

新中国成立后，档案受到高度重视。但因鉴定理论与实践处于落后状态，大批无保存价值的档案滞留库房，保管与整理工作如牛负重，困难至极。某省档案馆收藏有未经鉴定的历史档案 50 多万卷，还收藏有新中国成立后已鉴定出来的短期、备毁档案 20 多万卷，现仍未销毁。两项相加，该馆共存有 30 多万卷无保存价值的档案。国家每年拨给该馆事业费 100 多万元，按卷量平均计算，其中 30 多万元被无保存价值的档案白白浪费了。① 全国各级各类档案馆和各级档案室又保存了多少无保存价值的档案，所造成的损失又有多大，对档案工作效益的产出和社会地位提高的影响又是多么广泛和深刻，在此不难想象。由此可见，加强鉴定理论研究和开展档案鉴定工作是多么迫切和重要。这是档案管理现代化基础的基础，是档案工作在 21 世纪保持与国民经济和社会发展同步协调的必由之路。

（三）档案理论研究差距甚大

我国档案鉴定理论的研究同档案工作其他业务环节相比，差距惊人。“八五”期间，全国先后出版了《档案馆学》《档案分类学》《档案目录学》《档案统计学》《档案法学》《档案社会学》《档案经济学》《档案文献学》《档案利用学》《档案论衡》等 10 大专著②，开辟了许多新的研究领域，有不少新的突破。然而，档案鉴定学却迟迟未能问世，这对我们开展档案鉴定工作极为不利。

---

① 戴光喜：《档案鉴定理论与实践中的问题和对策》，《档案学研究》1998 年第 4 期。

② 孙刚：《回顾“八五”之三——理论的发展》，《中国档案》1996 年第 3 期。

二、建立档案鉴定学的客观基础

建立档案鉴定学之所以被提到议事日程上来，是因为档案鉴定工作实践、鉴定理论研究及其系统化已经具备了初步的基础。

（一）档案鉴定工作实践开始纳入部分档案馆、室的工作日程

1990 年，胶州市档案馆对全市 80 个有移交任务单位的档案进行了进馆前的鉴定工作，共鉴定档案 20516 卷，其中 15613 卷移交档案馆，共投工近 1 万个，投资约 3 万元，原计划用两年的时间，实际上只用了一年多的时间就完成了。① 进馆案卷质量有了明显提高，许多单位还对未移交的案卷也进行了鉴定。1996 年前后，甘肃白银公司第三冶炼厂对本厂保存的科技档案进行了鉴定。② 1994—1997 年，乌鲁木齐市档案馆用了 4 年的时间，对馆藏 7000 卷保管期已满的短期档案进行了鉴定，占馆藏档案总量的 38%，其中 1200 余卷档案延长了保管期限，占鉴定总数的 18.5%，近 5800 卷被剔除，占鉴定总数的 81.5%。③ 自 1997 年起，四川省宜宾市档案馆对占馆藏档案 50% 的民国诉讼档案 59402 卷进行了鉴定，初步确定留存 3263 卷，占全部诉讼档案的 5.5%，其中民事档案 970 卷，占全部民事档案的 4%，刑事档案 2293 卷，占全部刑事档案的 6.8%。其余 94.5% 的诉讼档案正在办理销毁报批工作。④ 这些单位不仅认真、细致、慎重、科学地开展了档案鉴定工作，而且还做了系统的工作总结，为其他单位开展鉴定工作提供了借鉴，为鉴定理论研究提供了素材。随着档案工作改革的进一步深化，越来越多的档案部门开展档案鉴定工作，这将为档案鉴定学的建立和发展奠定深厚的实践基础。

（二）档案鉴定理论研究成果已经初步具备了系统化的条件

自 20 世纪 80 年代后期以来，档案界就开展了档案鉴定的理论研

---

① 孙常贵：《做好档案进馆前的鉴定工作》，《档案工作》1991 年第 9 期。
② 何正才：《我们在科技档案鉴定工作中的尝试》，《档案学研究》1997 年第 2 期。
③ 米娜娃 · 克依木：《鉴定保管期满档案的体会》，《中国档案》1997 年第 12 期。
④ 《我馆民国诉讼档案鉴定工作的做法》，《四川档案》1999 年第 1 期。

究。90 年代后期形成研究热潮，档案鉴定的研究遂成为档案学研究的热点之一。据笔者初步计算，在这一领域，档案界发表文章 60 篇以上。这些文章涉及档案价值、档案鉴定标准、档案鉴定的认识论和方法论、档案鉴定工作的现状、鉴定工作滞后的成因分析和对策、档案鉴定的原则和方法、文书档案、科技档案、民国档案和部分档案价值的鉴定、外国档案鉴定的理论与实践以及中外档案鉴定工作的比较研究诸方面，可以说涵盖了档案鉴定学研究的各个方面。对这些研究成果进行系统化是档案鉴定研究发展到一定阶段的必然结果，也是档案鉴定学得以建立的理论和知识基础。

（三）档案界对进行档案鉴定已经形成共识

这是档案鉴定学建立的认识基础。在众多的文章中，大家就档案鉴定工作滞后的成因、开展档案鉴定工作的必要性和迫切性达成了共识。随着社会主义市场经济体制的建立和完善，档案鉴定已经成为档案工作改革的关键环节之一。现在讨论的已不是要不要搞档案鉴定，而是讨论如何开展档案鉴定工作的问题。1999 年 6 月在北京召开的中国档案学会第五次档案学术讨论会拟定的 12 个论文选题，《档案鉴定工作当前存在的问题与对策》研究就是其中一项。《中国档案学会 2000—2004 年学术活动计划要点》所列学术活动九项主要内容中，《档案鉴定的理论与实践》研究又被突出表现出来。在当代社会环境下，档案工作者对档案价值的认识有了前所未有的飞跃，对社会主义市场经济条件下档案工作的效率和效益也有了更加深刻的认识。大家关注自己的生存状态和生存环境，关注自己存在的价值和意义，自然也就关注自己工作对象的价值和意义。从本质上看，二者是统一的，也可以说，关心档案价值，对无保存价值的档案进行剔除和销毁，既是对单位和国家负责的表现，也是对自己的关心和爱护。它体现着档案工作者的职业道德、社会存在价值和自我角色的认定。从这个意义上讲，对档案进行鉴定在认识上的统一，充分体现了档案工作者的新观念、新思维和新的工作姿态。这对档案鉴定学的建立具有决定性的意义。

三、档案鉴定学的对象、任务、方法、性质和意义

档案价值及其鉴别方法是档案鉴定学的研究对象。档案鉴定学是揭示档案价值本质、特点、构成要素、运动周期和运动规律、实现途径,研究档案价值鉴别的理论、原则和方法的一门学科。

档案鉴定学的基本任务:在研究档案价值的生成、表现形态、特点和运动周期的基础上,在总结历史和现实的档案鉴定实践经验的基础上,发现档案价值运动规律,提出档案价值鉴定的科学理论、原则和方法,指导档案鉴定工作实践,提高档案管理的工作效率和效益,更好地为社会实践服务。档案价值及其鉴别方法是随着时代的发展不断变化和发展的。不同时代和不同时期,人们对档案价值的认识和采用的鉴别理论、原则和方法就具有明显的时代或阶段特征,因此,档案鉴定学的研究必须与档案价值和档案鉴定工作实践的发展相适应。只明确档案鉴定学的基本任务是不够的,还必须进一步明确在特定时期的档案鉴定学的具体研究任务。当前,档案鉴定学的具体任务是对档案鉴定研究成果进行系统的总结和概括,初步形成自己的学科体系,完成学科的初建工作。之后,随着档案鉴定工作实践的全面、深入开展,要不断地研究档案鉴定工作领域中出现的新情况、新问题,总结新经验,探索新规律。

档案鉴定学的研究方法和整个档案学一样,首先以辩证唯物主义和历史唯物主义为最高层次的方法,其次是系统论、信息论、控制论的方法,再次是社会科学中普遍采用的调查和统计方法、观察和实验方法、横向与纵向比较方法、定性和定量结合方法、分析和综合的方法,最后是来源原则、全宗理论等档案专业的一般方法。

按传统的档案学学科体系划分,档案鉴定学属于档案学的三级学科。若按照现代档案学学科分化和重组的现实和趋势来看,档案鉴定学将与档案目录学、档案利用学、档案统计学等学科一起最终成为档案学的二级学科。

组建档案鉴定学和利用档案鉴定学的研究成果,具有以下几方面

的意义：

第一，对办好档案专业教育，尤其是档案专业技术人员的继续教育和研究生教育，提高档案工作者的档案鉴定专业知识水平具有直接意义。因为在现阶段，对研究生和接受继续教育的档案专业技术人员传播系统的档案鉴定的理论和方法显得最为迫切。同时，档案专业教材中有关档案鉴定的理论水平的高低，也直接取决于档案鉴定学的研究水平。

第二，对档案鉴定工作实践具有理论指导意义。档案鉴定被公认为是档案管理中最复杂、难度最大的一项业务工作，如果没有档案鉴定理论的指导，只凭经验办事，就会影响到立档单位和国家档案财富的正常积累，会造成档案鉴定工作的无序化，会出现普遍的错鉴、误销现象。

第三，对提高档案管理的科学水平和管理效益，有效地进行馆藏建设和开发档案信息资源，及时、准确、广泛地传播档案信息，经济、合理、充分地满足社会各方面对档案信息的需要，具有理论和实践上的指导意义。现在各种门类档案大量增加，如不进行科学的鉴别和合理的选择，必将造成馆、室藏的庞杂和臃肿，使有价值的档案淹没在大量没有价值或价值极小的档案之中，从而造成管理困难，效益低下。从历史角度看，各级各类档案馆和各级档案室也保存了大量丧失保存价值的档案，亟待鉴定和销毁。没有档案鉴定的科学理论作指导，对这些档案的处置也必将陷入盲目和混乱之中。

四、档案鉴定学的范围和体系结构

（一）档案鉴定学研究的范围可以大致划分为四个部分

（1）档案鉴定基础理论的研究。它包括：档案价值的含义、特点、构成要素、运动周期、运动规律以及实现途径的研究；档案鉴定标准，即档案保管期限和档案保管期限表的研究；档案价值认识论和方法论的研究。

（2）档案鉴定一般原则、鉴定方法和鉴定工作制度与组织的研究。

(3)各个时期、各种门类档案价值特点和具体鉴定方法的研究。

(4)中外档案鉴定工作理论与实践的比较研究。

(二)档案鉴定学的体系结构可以考虑如下安排

(1)档案鉴定学的对象、性质、任务、方法和意义。

(2)档案鉴定工作的历史沿革。

(3)档案价值。

(4)档案保管期限和档案保管期限表。

(5)档案鉴定工作的原则和标准。

(6)档案鉴定工作的组织与制度。

(7)档案鉴定的认识论和方法论。

(8)新中国成立后各种门类档案价值的鉴定。

(9)民国档案的鉴定。

(10)外国档案鉴定工作。

(11)中外档案鉴定工作的比较。

任何一门学科的建立和完善都需要一代甚至几代人的辛勤耕耘和不懈努力,档案鉴定学也不例外。现在我们所能做到的,是把学科框架构建起来,并尽力使之血肉丰满。它的科学性、指导性还要经过实践的检验,并在这一过程中逐步完善和提高,这是一个无穷无尽的过程。每一时代的每一位档案工作者和理论工作者都应为档案鉴定学的不断发展添砖加瓦,尽心尽力。

本文发表在《档案学研究》1999 年第 4 期第 3—6 页。

从鉴定体系看档案价值和档案鉴定概念

档案价值概念,是档案价值理论的元概念,是构建档案价值理论体系的基石。档案鉴定概念是对建立在这一基石之上的人们主体行为——价值鉴定过程的抽象和理论概括。明确这两个概念是建立档案价值理论体系的首要问题和关键所在。

一

我国现行的档案价值鉴定体系由三个层次的鉴定过程构成。

1. 第一个层次是在文件立卷归档之时,由文书部门或业务部门进行

可以说,这是整个文件生命历程中最主要和最重要的一次鉴定,整个档案价值鉴定的基础就是在此时奠定的。因为此时既要对无保存价值的文件"判处死刑",又要为准备留存归档的文件区分价值(划分保管期限)并据此分别立卷。

2. 第二个层次是当案卷保存期满,尤其是行将移交档案馆之前,在机关(企业)档案室内进行

主要内容是对立卷归档时确定的保管期限进行检查,适当调整部分档案的保管期限并决定哪些档案应移交档案馆,对确定无继续保存价值的档案造册登记并销毁。

3. 第三个层次是在档案馆中进行的,一般属于定期审查性质,对

保存期不当的档案进行调整以至销毁

由于地(市)、县级档案馆还同时接收立档单位长期保存的档案,不少档案馆还接收了一些撤销机关档案,其中的多数不需永久保存,所以档案馆还要对这部分档案进行价值再鉴定或全面鉴定。这两个层次的鉴定实际上只是对第一层次的鉴定起着修正和补充作用。

这种鉴定体系的优点是通过层层把关,档案馆最终收藏的档案一般比较精练。它的致命弱点是没有把文件第一价值和第二价值鉴定的责任分解开来,交给不同的部门去承担,而是在每一鉴定层次,同时赋予鉴定第一价值和第二价值的两种责任,同时给予决定文件取舍的生杀大权。

将文件第一价值的鉴定权赋予文书或业务部门和档案室,有利于准确确定文件的行政管理价值、法律价值、财务价值和科研价值。但将文件第二价值的鉴定权也同时赋予上述部门,必将造成一些不利后果:一是站在现行机关(企业)具体业务部门的立场上去作判断,很容易将文件的第一价值和第二价值混为一谈,致使许多不具有历史价值的文件入馆保存;二是受视野和知识的限制,极难从未来整个社会的需要出发来准确权衡和把握档案价值,极有可能使相当一批具有历史价值的文件在归档时就被送进了废纸堆。

因此,有些学者指出,有必要对我国现行的档案价值鉴定体系进行改革。档案鉴定是一种主体性行为,鉴定结果是“为我”倾向的外在表现。要突破“个人之我”“小集体之我”,达到“国家之我”“社会之我”,这需要“个人”和“社会”力量既有分工,又有协作。所以,应考虑将文件第二价值的鉴定权,从不太有条件去突破“个人之我”“小集体之我”的机关文书、业务部门和档案室人员手中收回来,交给档案馆的专职档案人员去做。①

无论改革与否,归档时鉴定工作的关键性和基础性作用都不会受到动摇。也就是说,对文件保存价值的鉴定对整个档案鉴定工作具有

---

① 何嘉荪、傅荣校:《文件运动规律研究:从新角度审视档案学基础理论》,中国档案出版社 1999 年版,第 262 页。

决定性的意义。

二

档案是保存备查的文件,文件唯有具备保存价值才会转化为档案,这是档案工作常识。凡是转化为档案的文件都是有价值的,因此档案都是有价值的,这也是常理。在我们目前所见到的档案价值定义中,往往会出现档案价值是指“档案对什么具有的意义、有益性”式的表述。如“所谓档案价值,指的是档案材料这一客体存在物对于人们所具有的实用性和有益性”①,“档案价值是档案这一客体对从事社会实践活动的主体所具有的凭证和参考意义”②。前者说明档案是有用的,后者说明档案具有两种形式的作用。不难看出,这些定义仅仅把对象界定为档案,因此,就难以跳出档案价值是指“档案具有作用”这种常识性的小圈子。

档案都是有价值的,无非价值有大有小,表现形式多种多样,作用的发挥有先有后。因此,界定档案价值时还须从根源上寻求着眼点。

档案是原始的历史记录,它由文件转化而来,凡没能转化为档案的文件都不具有保存备查的意义,也就是不具备档案价值;凡转化为档案的文件都具有满足人们当前和长远利用的意义,也都具备了档案价值。因此,档案价值定义界定的对象不仅指档案,还应包括文件。

档案价值简单地说就是文件对形成或收到机关的原始价值(第一价值)及其向社会延伸的价值(第二价值)之和。

之所以如此界定档案价值,一是由于初始鉴定,即文件向档案的转化是在机关进行的,因而,鉴定的对象首先是文件,是对文件是否具有证据价值和情报价值的判定,也就是对文件是否具有档案价值的判定。从这个意义上,我们称之为档案的鉴定,而不称之为文件的鉴定。二是文件具有多种价值形式,但它们的外在表现和内在涵义,又都需

① 傅华:《浅论档案价值的形成》,《档案学研究》1988 年第 4 期。
② 张斌:《论档案价值概念》,《档案》2000 年第 2 期。

要通过人们的主体行为——鉴定来最终加以确定。鉴定是对文件运动中多重价值关系的权衡和把握。从文件到档案,从档案室保存到档案馆保存,从定期保存到永久性保存都是文件价值存在和变化的多种形式和状态。我们不能在进行理论概括时仅仅看到后两种形式和状态,而忽略带有战略性影响的第一种形式和状态。这样做,只能使我们囿于一个窄小的圈子,从而造成档案价值概念不能充分反映鲜活的档案工作现实和复杂的变革课题。因此,面对电子文件时代的来到和文档一体化管理模式,我们有必要从文件生命的全过程来观察我们的管理对象,并充分揭示对象反映信息的来龙去脉,以确保档案的证据和情报价值得到真正发挥。三是档案价值概念应该确切简明,不应复杂抽象。不少论著在论及档案价值概念时,表述最多的就是"档案对社会的有用性,它体现的是人类的需要对档案自身属性的肯定关系"①。这类概念是站在哲学高度,从主客体关系上对档案价值下定义,但它回避了实际存在的各种概念关系。这种定义仅仅是一种哲学价值理念的简单照搬,搬用的结果只能是让档案价值这一基本概念解释空泛,内容阐述抽象,远离档案工作实践。② 因此,档案价值概念的表述应根据我国档案工作实际,采用类似美国著名档案学家谢伦伯格"文件双重价值论"式的表述更为确切和简明。

三

档案鉴定工作的实质就是采用一定的理论和方法对文件的现实、史料和文化价值进行预测,从而确定该文件是否值得保存和保存多长时间。根据我国现行档案鉴定体系,档案鉴定工作分为初始鉴定、复审鉴定和后续鉴定三个部分。初始鉴定主要由文书或业务部门完成,复审鉴定主要由机关档案室完成,后续鉴定则主要由档案馆完成。

初始鉴定是指文件立卷归档时的鉴定,这属于馆外超前控制阶

---

① 马绪超:《从档案价值周期谈档案分级鉴定》,《秘书之友》2000 年第 2 期。

② 傅荣校:《关于档案价值研究》,《中国档案》1996 年第 9 期。

段，是保证进馆档案质量的基础和首要工序。这一阶段实际上是文书处理部门或业务部门确定档案的完整性和划分其保管期限的阶段。

档案的复审鉴定属于文件进馆前的控制阶段。首先，档案室在接收文书或业务部门归档文件时，要严格按归档范围和质量标准对文件进行鉴定，着重剔除不归档文件，调整档案保管期限。其次，档案室在对档案保存一定时间（如 10 年或 20 年）后，要进行重新鉴定和处置，将失去保存价值的予以销毁，把具有永久保存价值的移交档案馆。

档案馆的后续鉴定属馆内控制阶段，它处在档案鉴定体系的末梢。首先，档案馆在接收档案进馆时，要做好再审鉴定工作，把"糟粕"拒之馆外。其次，根据馆藏档案管理的动态性原则，档案馆还应对馆藏档案定期进行鉴定，内容包括拟开放档案的鉴定；对已到期档案的鉴定；对重复档案的鉴定；对案卷质量的鉴定；对永久性档案的再鉴定。

从上述档案鉴定过程的分析中可以看出，初始鉴定是基础性、决定性的，复审鉴定和后续鉴定是辅助性、被动性的，三者共同构成档案鉴定工作的内容。由于前端控制的极端重要性，从大文件概念出发，着眼于档案鉴定工作实质，我们可以将档案鉴定概念表述为档案鉴定就是对文件是否具有档案价值和具有何种价值的一种判定和甄别。

本文发表在《中国档案》2000 年第 10 期第 44—45 页。

对档案鉴定重点和方法的探讨

档案鉴定就是对文件是否具有档案价值和具有何种价值的一种判定和甄别。它已逐步由一种手段成为所有档案工作的核心,影响和制约着档案管理的其他方面。对此,要进行全面的认识和把握。

一、价值鉴定是文件转化为档案的唯一途径和标志

近年来,我国传统档案学关于文件向档案转化的三个条件,即处理完毕、具有查考价值、集中保存起来的观点受到了质疑。或者说,"归档"作为文件向档案转化的一般程序和条件,作为文件转化为档案的一般标志和界限受到挑战。

首先,是来自电子文件的挑战。电子文件与传统纸质文件在归档载体上是相异的,尤其在网络环境下,电子文件的归档包括"网络归档"和"介质归档"两种程序,归档的标志无从界定。其次,在"文档一体化"管理的模式下,文件工作与档案工作是同步进行的。任何文件一旦正式形成或收到就被自动鉴定,在确定文件有保存价值并标引档号、分类号、主题词之后直接通过网络到档案室归档,处于档案室的全面监控之下。处理完毕已不再是文件向档案转化的限定要素。再次,由于网络归档在文件形成或收到的同时就可以进行,"介质归档"就显得不那么重要。许多档案馆、室受保管条件的限制,一般磁性材料或纸质文件可以不归档,由各形成部门自己分散保管,只有一些留作证

据查考的纸质和胶质文件才是必须自己保存的。①

究竟如何认识归档呢?归档确实是文件划归档案部门或人员监督管理的行为或过程。它实质上是人们正式承认文件的档案价值,开始对其施行更进一步科学管理的行为。人们正是通过归档承认了文件所具有的各种或大或小的价值,从而对其施加更加严密的控制,使之有可能转变为整个社会的宝贵财富和信息资源。通过归档,文件就从法律上受到保护并被赋予了更权威的事后凭证作用。所以,归档不仅是文件的转手和移交,而且是一种具有重大意义的法律性、历史性行动。

正因为如此,归档本身所具有的意义,特别是法律意义,与文件本体的运动,与是否办理完毕和集中保存并无直接联系。它主要是人们主体行为的结果,是统治阶级意志力的表现,或者说是由这种意志力的存在而被特别赋予的。② 也正因为如此,世界各国在设置文件向档案转化的"关口"(时间)上就表现各异。有的将其设在文件生命周期③的第二阶段的开端(如法国);有的设在文件生命周期的第三阶段的开端(如中国);有的则设在文件生命周期的第四阶段的开端(如美国)。

文件从形成到发挥现行效用,再到暂时保存,最后进入历史阶段的运动周期是一种客观规律,它不依人的主观意志为转移。不管人的主体行为如何,也不管文件是否被归档,文件价值一旦转化为档案价值时,它自身就已实现了向档案的转化。归档虽然改变了现行文件的存放地点和管理方式,并不能改变文件的属性。把"归档"作为转化标志,实际上是用人们主观行为掩盖了档案价值变化的客观规律,把实际工作中划分文书工作与档案工作和划分文书与档案的标准等同起来了。

因此,文件不必办理完毕,也无须集中保存,只要被确定具有一定

---

① 吴江华:《论文件向档案转化的条件和标志》,《档案》1999 年第 4 期。

② 何嘉荪:《"文档一体化"路在何方?》,《档案学通讯》1996 年第 6 期。

③ 文件生命周期理论将文件运动分为 4 个阶段:形成阶段、现行阶段、暂存阶段、历史阶段。

的保存价值就可以转化为档案了，而这种价值确定的过程就是鉴定。由此可见，具有保存价值是文件向档案转化的唯一条件，价值鉴定是文件向档案转化的标志和界限。

二、对文件保存价值的鉴定具有决定性意义

美国著名的档案学家T. R. 谢伦伯格认为，公共文件具有两种价值，即对原机关的原始价值和对其他机关及非政府方面使用者的从属价值。原始价值又称第一价值，是指文件对其形成部门工作事务的有用性，也就是英国著名档案学家詹金逊所说的“形成者（行政官员）对其文件的利用”，它包括行政管理价值、法律价值、财务价值和科研价值。从属价值又称档案价值或第二价值，分为证据价值和情报价值两个方面。前者体现了文件对其形成者的重要作用，后者是文件对后来研究者的价值。谢伦伯格认为，“档案”只是档案人员从大量原始文件整体中选出的适宜保存的极小部分。文件是文件管理人员和形成机关关心的事物，档案则是档案人员和档案机构关心的事物。文件的原始价值由文件形成者负责鉴定，证据价值和情报价值则由档案人员负责判断和决定。尽管这两个专业和文件生命周期有着密切联系，但谢伦伯格对文件和档案的划分试图强调的是两者的差异而非相似性。加拿大档案学者T. 库克尖锐指出：“在今天电子文件需要‘预先’档案干预的计算机时代，谢伦伯格的这种观点给档案人员带来了重要的战略问题。”①

这样，时代发展和客观形势迫使我们不得不将文件的第一价值与第二价值联系起来加以统一认识。方荣在分析了文件与档案的关系以及档案实现价值的过程之后得出结论：任何具体的档案文件都有3种价值：过去价值（也就是文件的原始价值或第一价值）、现实价值和未来价值（也就是文件的从属价值或第二价值）。三者的关系：档案的

① T. 库克：《1898年荷兰手册出版以来档案理论与实践的相互影响》，中国档案出版社1997年版，第150页。

过去价值决定档案的现实价值和未来价值；档案的现实价值与未来价值之和等于档案价值。因此，档案的过去价值，也就是文件的第一价值决定文件的第二价值，或者说，文件的原始价值决定从属价值。

方荣进一步将档案价值分为3种状态：过去价值状态、现实价值状态和未来价值状态。并指出，档案的过去价值状态有4个特点：

（1）表现的充分性。文件是人们在当时条件下为达到一定目的而使用的办事工具，因而总要积极地推动其充分发挥作用，力求较完全地实现文件的价值。其次，为推动文件充分发挥作用，一方面要了解文件实行的反馈情况，形成若干反馈材料；另一方面又要根据反馈情况制作形成若干宣传、强制、调整有关行动的相关文件等。这样，文件究竟真正发挥了多大作用，就通过文件本身及其相关文件材料较充分地表现出来。

（2）显形性。文件发挥了作用不仅要留下文件作用的客观事实，而且要留下数量不等、形式不同的有关文件作用的记载，使文件的价值状态鲜明地表现出来，易于认识和把握。

（3）终结性。文件转化为档案后，它的价值状态的发展即告终结，并沉淀凝固下来。这就使文件的价值状态变得相对单纯，为“盖棺定论”，作出准确判断创造了条件。

（4）确定性。一方面，由于文件的目的性明确，范围清楚，使文件的价值取向和实现范围都很确定，界限分明；另一方面，由于它的价值状态表现充分，显现鲜明，具有终结性，因而不难确定。

档案的现实价值状态的特点则有所不同：一是表现的保守性；二是模糊性；三是不确定性；至于档案的未来价值状态，首先是它的潜在性和隐蔽性；其次是它的不可知性。因此，在档案的3种价值状态中，只有档案的过去价值能被我们准确、充分认识，以它作为分析鉴定档案价值的基础，才具有操作上的可能性。[①]

由此不难看出，档案的价值是由档案的过去价值决定的，换句话说，文件的第二价值是由文件的第一价值决定的。至于档案的现实价

① 方荣：《说档案价值分析鉴定的基础》，《档案》1999年第4期。

值和未来价值,都包含在档案的过去价值之中,无须再作专门的衡量和预测,事实上也无法衡量和预测。因此,对文件保存价值的鉴定就具有决定性意义,这是档案鉴定的重点所在。

三、构建起以社会分析和职能鉴定论为核心的鉴定理论和方法体系

我国比较系统的档案鉴定理论形成于新中国成立之后,主要是在学习苏联档案学理论的基础上结合中国档案工作实践,并且吸收了民国时期档案学有关档案鉴定理论而逐步形成的。现有的档案鉴定的理论和方法,可以概括为 1 个原则,即从国家和人民的整体利益出发;3 个观点,即全面的观点、历史的观点和发展的观点;以档案内容为核心的 9 个看,即看"文件内容、文件作者、文件产生时间、文件名称、文件稿本、文件的有效性、文件的外形特点、立档单位的地位以及全宗和全宗群内档案的完整程度"。有的同志列举了运用上述理论和方法进行档案价值鉴定出现的各种问题,指出:"档案的价值尺度犹如孙悟空的金箍棒,小如粒,大无边,难以把握。同一份档案文件,不要说不同的人有不同的鉴定结果,就是同一个人在不同的时间也会作出不同的判定,档案价值鉴定的一致率低得有点邪乎。"①

我国的档案鉴定工作实践总体上处于停滞和半停滞状态②。建立在贫乏实践基础上的档案鉴定理论很不完备,需要花大力气探索和完善。③ 欧美国家先行了一步,档案学家对档案鉴定理论不断进行摸索与探讨,并在实践中反复验证,目前已产生很多有价值的研究成果和较为系统的理论认识。从 20 世纪 80 年代至今,欧美各国的档案研究人员在继承前人优秀成果的基础上,更加坚信档案应当反映产生的社会。档案理论的思想基础发生了一个根本的变化,即从一个国家的理

① 方荣:《说档案价值分析鉴定的基础》,《档案》1999 年第 4 期。
② 陈忠海:《档案鉴定滞后的原因分析与对策研究》,《档案》1999 年第 5 期。
③ 邓绍兴:《中国没有档案鉴定理论吗?》,《档案》1999 年第 3 期。

论发展到一种全社会的理论。这就促使档案鉴定理论的发展视野更加广泛。“社会分析和职能鉴定论”得以全面发展和论证,德国、美国、加拿大表现尤为突出。

德国档案鉴定专家汉斯·布姆斯明确提出“用文件形成者职能来体现社会价值”①,即档案价值取决于社会结构,通过社会职能体现出来。1989年以后,加拿大国家档案馆也开始实行“新宏观鉴定接收战略”,对档案鉴定采用了一种“职能结构研究模式”。将档案馆的鉴定方法置于一种以文件前后关系为基础,以来源为中心的框架之中,而不是置于以内容为基础的历史文献框架之中。与此同时,美国的海伦·塞穆尔斯提出“文献战略”概念,对上述理论起到补充作用。

加拿大档案学家T.库克在1996年北京召开的第13届国际档案大会的主报告中,对社会分析与职能鉴定论作了说明和阐述。他指出:“作为档案鉴定的核心——鉴别具有永久保存价值文件的过程需要改变,这是因为文件的传统概念和物质形态不复存在,需要鉴定的文件数量过大,而这种鉴定往往必须在一份文件产生之前在计算机系统设计阶段完成。鉴定将因此侧重职能、业务和风险分析,而非文件及其潜在价值。”②“档案事业的关注焦点将很快从文件实体转向文件的形成过程;从分析个别文件的性质和特征转向更好地了解导致文件产生的业务职能、活动、任务、事务处理和工作流程;从根据文件内容价值或研究价值进行鉴定转向宏观鉴定形成者的主要职能、计划和活动并挑选出反映它们的最精练文件永久保存……”③鉴定工作的对象和重点,由文件、档案转向其形成者和形成过程。社会分析和职能鉴定论彻底抛弃了根据当前和未来社会需要来确定和预测文件价值的观点,而根据文件在机关(企业)职能活动和任务中的作用来鉴定其情报价值。这种经过实践检验并得到国际档案界认可的理论对我国档

① 汉斯·布姆斯:《社会与文化遗产的形成》,《档案》1987年第2期。

② T.库克:《1898年荷兰手册出版以来档案理论与实践的相互影响》,中国档案出版社1997年版,第162页。

③ T.库克:《1898年荷兰手册出版以来档案理论与实践的相互影响》,中国档案出版社1997年版,第163页。

案鉴定理论体系的构建应当是适用的。

从纵的方面来讲,对历史档案我们要采取年龄鉴定论,尽快确定我国的档案禁销期和禁销对象;对中华人民共和国档案,应采用社会分析和职能鉴定论,全面分析文件与立档单位职能、业务和活动的关系。

从横的方面来讲,应以社会分析和职能鉴定论为核心,即从"来源鉴定"理论出发,从分析档案内容与本单位职能活动的关系入手,分别确定记述本单位主要职能活动的文件,记述本单位辅助职能活动的文件,记述本单位历史、人事变迁情况的文件和不记述本单位活动文件的保存价值。记述本单位主要职能和历史、人事变迁的文件价值最高,记述辅助职能活动的文件次之,不记述本单位活动的文件价值最低或没有保存价值。

对具有文物收藏性质的文件除看内容以外,还应看文件的外形特点。文件的被保存程度应纳入"弹性"处理方法之中。

从鉴定的层次上看:对档案文件的鉴定应首先站在立档单位的角度分析和判断,因为文件对立档单位的使用价值是档案最基本的价值,档案在社会上的使用价值是这一价值的延伸,二者是统一的。一般地说,只要正确确定文件在立档单位的使用价值,也会兼顾到社会的使用价值。其次才是站在社会的角度来决定档案馆接收哪些立档单位的什么档案以及区分馆藏重要全宗和次要全宗。在这一点上,波兰档案学家卡林斯基的职能鉴定论(文件价值取决于其产生机关职能的重要性,即在政府机构体系中等级或地位的高低)和后来的档案优化理论具有决定性意义。

上述的理论探讨是基于学习借鉴外国先进的鉴定理论与实践和检讨我国档案鉴定理论而提出的一些设想和建议。它的科学性和合理性有赖于实践的检验,更有赖于档案界同仁的相互切磋和深思熟虑。在新世纪来临之际,我们有责任,也有信心在这个最富挑战性的领域取得丰硕成果。

本文发表在《档案学研究》2000 年第 3 期第 3—6 页。

档案鉴定研究的走向探讨

自1992年以来,档案鉴定的研究成为我国档案学研究的热点之一,并在档案鉴定工作现状、开展档案鉴定工作的必要性和影响档案鉴定工作开展的原因等方面取得了共识,就如何开展档案鉴定工作既有相同或相似的看法,也有一些不同的观点。下面就今后档案鉴定研究的走向谈几点认识。

一、应避开取得共识的诸方面的探讨,重点突出两个方面:一是档案价值的研究;二是档案鉴定工作对策的研究

档案价值的研究既是档案鉴定理论的核心问题,也是档案学基础理论研究应用解决的主要问题之一。在档案价值探讨中,存在着基本概念不明、关系不清的现象,这是档案在解释档案、划分档案与文件时,没有研究其内在价值变化的结果。在实际工作中,我们忽视了文件向档案转化过程中文件内在价值的变化,特别是对现行价值、继续发挥现行作用的档案,与现行文件呈何关系,一直都避而不谈。于是就导致了理论研究者在探讨档案价值时,无统一的基础可言,无逻辑规则可循。我们既不能像法国人那样,把文件和档案等同起来谈论档案价值,又不能像美国人那样,把档案的价值明确成为文件的第二价值,也不能像国际档案理事会那样,把档案价值放在非现行文件基础上进行定义。这样,我们对档案价值的认识就陷入一种悖论之中。档

案价值既不能说是文件的第二价值,又不能说是文件价值,也不能说就是非现行价值。档案价值既存在第一价值,又存在第二价值,但它与文件的第一价值和第二价值又不是同一回事。我们的档案价值中明确凭证价值和参考价值,但又不能像谢伦伯格那样建立起一个具有明确逻辑关系、层次分明的概念体系。其根本原因在于我国文件向档案的转化、档案的内涵与外延以及档案工作的组织诸方面均与西方国家有较大差异。上述种种矛盾因素,反过来也影响了档案价值的定义,即我们无法对归档后的各种价值形式的文件集合体进行有针对的价值定义。于是,所能做的就是站在哲学高度,从主客体关系上对档案价值下定义,以回避实际中存在的各种概念关系。这种定义仅仅是一种哲学价值理论的简单搬用,搬用的结果只能是让档案价值这一基本概念解释空泛,内容阐述抽象,远离档案鉴定实践。据此,有的学者提出,应首先解决档案定义中忽视内在价值研究的问题,要把档案定义与其价值变化联系起来,使档案的实际定位脱离"归档"这种行为模式,这可能才是我们统一档案价值定义,明确价值形式内在关系的真正出路。①

开展档案鉴定工作对策的研究就是从不同层次和不同角度探讨开展档案鉴定工作的途径、方式和方法,为档案行政管理部门决策提供依据,为档案鉴定理论体系的建立积累素材。当前对档案鉴定工作对策研究的最大缺陷是没有层次性和时间上的递进性。多数人提出的建议无非是提高认识、加强研究、学习借鉴外国经验、设立专门机构、修订有关法规和鉴定标准、用缩微品和复制件替代销毁档案原件等,至于从何处入手,如何具体操作则很少涉及。实际上,和任何复杂的社会工作一样,档案鉴定工作作为一项系统工程和档案工作改革的关键环节之一,已经开始列入档案部门的议事日程。它的运作也只能从试点开始,从中摸索经验、总结规律,为制定各项业务工作程序和鉴定标准提供依据,为理论研究提供素材。若用"摸着石头过河"来形容这个阶段也是恰当的。在此基础上,制定相应的技术标准、鉴定工作

① 傅荣校:《关于档案价值研究》,《中国档案》1996年第9期。

细则、工作程序和质量检验标准,修改和完善有关法规,最后进行推广和普及,把档案鉴定工作纳入档案馆、室的日常业务工作之中,设置专门的鉴定机构或配备专职的鉴定人员,定期进行档案鉴定,真正实现档案鉴定工作的制度化、科学化、规范化和标准化。从总体上看,从试点到推广普及将会在21世纪上半叶持续很长一段时间。[①] 建立档案鉴定的时空观和系统观,对于我们客观地认识我国档案鉴定的历史、现状和未来,有针对性地提出解决问题的思路和方法是至关重要的。

二、开展档案鉴定"个案"的分析研究

依据具体事例对有关问题进行分析研究,从中找出带有普遍性、规律性的东西,是应用性学科有效的研究方法之一。近几年档案界已着手对鉴定工作实践经验进行总结。米娜娃·克依木在《中国档案》1997年第12期发表的《鉴定保管期满档案的体会》和宜宾市档案馆在《四川档案》1999年第1—2期发表的《我馆对民国诉讼档案鉴定的做法》即是一例。但是,这项工作还缺乏系统性、普遍性和理论概括性,是亟待加强的一个领域。事实上,从同类型单位档案鉴定的准备工作,具体鉴定的原则、步骤,鉴定标准的执行和灵活运用,以及留存档案的处理方法等方面的分析研究和理论概括中,普遍性和规律性的东西就会表现出来,这是鉴定理论研究的深厚土壤,也是国家、地方和专业系统档案行政管理部门修订法规、制定新的符合时代需要的鉴定标准、鉴定程序和技术规范的实践依据。没有大量"个案"分析的"细胞",档案鉴定的宏观政策、法规和理论就不会血肉丰满和充满活力。因此,档案鉴定的推广和普及既以相当数量的"个案"为基础,又以大量的"个案"的出现为其终极结果。

① 陈忠海:《论档案鉴定工作》,《档案管理》1998年第2期。

三、系统地开展对欧美国家档案鉴定理论和实践，尤其是鉴定标准、鉴定程序和具体操作方法的研究，以便科学地选择，合理地借鉴

我国的档案鉴定理论深受苏联的影响，在几代档案工作者的努力下，已经形成了具有一定特色的档案鉴定的理论框架。随着社会主义市场经济体制的建立和完善，多变的社会环境和复杂的鉴定对象呼唤着更加符合时代要求的档案鉴定理论，档案界自然地将目光转向了档案鉴定工作发达的欧美国家。有的学者近年已经开始了这方面的探索。针对我国档案鉴定标准尺度单一、涵盖面小、科学论证不足等问题，有人主张向欧美国家学习，从以下几个方面加以借鉴：一是鉴定标准要多元化；二是鉴定标准要重视效益；三是鉴定标准应尊重高龄档案；四是鉴定标准应从我国集中统一管理原则出发。[①] 现在的问题是从事这方面研究的只是个别专家，缺乏群体优势。这从一个方面反映出档案界高级专门人才的匮乏。从研究内容上看，涉及面比较小，领域还比较窄，研究的问题尚欠精细，与中国档案鉴定工作实践如何结合缺乏切入点。从文章数量看，尚未形成较强的阵容和气势，对档案学术界的影响不够广泛和深入。为此，建议各个档案科研所能有更多的同志加入这一研究领域，更希望各个高等院校的硕士生和博士生们能关注这一问题。从事这一课题研究的同志也应进一步深入，将研究内容系统化，实现横向拓宽，纵向深化，切实把欧美各国好的经验借鉴过来，较好地运用到我国档案鉴定的实践中去。

四、搞好分工和协作

根据我国档案界的现实情况，笔者建议，档案科研所的同志可否把重点放在鉴定的标准化研究上，中国档案学会和省（直辖市、自治

---

① 于力：《论档案鉴定标准的选择与借鉴》，《档案学研究》1998 年第 1 期。

区）档案学会可否把重点放在经验总结和“个案”的分析研究上，高校的教师们可否把重点放在鉴定的基础理论研究上。当然，这是相对而言的。各个方面各有所长，也应各有侧重，这样可避免撞车，提高研究的效率和效益。各级档案行政管理部门和档案学会应组织专题研讨和开展档案鉴定方面的科研立项工作，积极推动我国档案鉴定科研工作的深入开展。

本文发表在《档案与建设》2000 年第 3 期第 8—9 页。

欧美现代档案鉴定理论的历史发展及启示

欧美国家档案学界对档案鉴定理论不断进行摸索与探讨,并在实践中反复验证,目前已产生很多有价值的研究成果和较为系统的理论认识。对这些研究成果和理论认识进行总结概括,将为我们当前的档案鉴定理论研究提供诸多启示和有益的参考。

一、欧美现代档案鉴定理论的历史发展

一百年前,荷兰三位档案学者萨穆·缪勒、约翰·斐斯和罗伯特·福罗英出版了著名的《档案整理与编目手册》。他们在手册中阐述的思想已成为20世纪档案理论与实践的基础。但是,手册只着重论述了档案的整理与编目,几乎没有涉及我们现在所说的术语——鉴定与选择。这个任务由后来的档案学家承担下来并陆续完成。从历史进程上看,欧美现代档案鉴定理论的形成和发展主要经历了三个阶段:

(一)行政官员决定论

英国档案学家希拉里·詹金逊于1922年出版了档案理论与实践的一部重要著作《档案管理手册》。詹金逊接受、拓展并普及了荷兰手册的主要思想,他提出的档案作为公正证据的道德捍卫,档案人员是证据保护者的观点,已成为档案专业"嘹亮的号角声"。

詹金逊认为,文件是行政管理无意识的副产品,是行政活动和事

务处理的原始证据，它不能被后来加工整理者人为干预，否则文件的原始证据就会受损害。自然，他认为由档案人员鉴定文件是不适宜的。詹金逊坚持认为，档案是由文件形成者产生的一个文件有机整体，从该整体中抽取任何一份文件都违背了档案基本原则。档案人员在鉴定中必然运用的“个人判断”，不仅将玷污档案作为证据的神圣性，而且会妨碍实现保存档案的目的——满足历史学家或其他研究者对档案的实际或预期利用。档案人员的职责是保管，而非制造档案。据此，档案人员在英国被称为“保管者”。

由于社会活动中产生了数量庞大的文件，鉴定工作不得不开展的时候，詹金逊作出了某些让步，但他对档案人员参加鉴定和挑选文件仍深为不满。他建议由文件形成者从事减少大量堆积文件这项不受欢迎的工作，声称“让行政官员成为选留和销毁其文件的唯一代理人……”档案人员负责保管残留的中世纪和早期现代文件，档案馆无须销毁它们。虽然詹金逊担心行政官员或许销毁文件过少，或许销毁过多，甚至为历史研究和提供活动证据而刻意编制文件，但他无法找到满意的解决办法。①

美国档案学者杰拉尔德·汉姆最近指出：“允许文件形成者自行决定哪些文件将成为档案是通过忽视问题的方法来解决当代文件的复杂性、非永久性和数量膨胀等问题。”②根据詹金逊的方法产生的公共文件或许更多地体现了现代文件管理的缺点，而不是有关任何其他机构活动的证据。如果根据他的观点，像美国总统理查德·尼克松或乔治·布什这样的文件形成者就可以通过销毁或剔除那些有关任职期间不利证据文件来自行确定其档案遗产。詹金逊的观点走入极端，会导致按照行政意志和国家意志塑造档案。

（二）利用决定论

这一观点来自美国，以 T. R. 谢伦伯格及其继承者的著作为代表。

美国先驱档案作家、伊利诺伊州档案馆馆长玛格丽特·克罗

① 希拉里·詹金逊：《档案管理手册》，1968 年伦敦版，第 149—155 页。

② 杰拉尔德·哈姆：《档案与手稿的挑选与鉴定》，1993 年芝加哥版，第 8—9 页。

斯·诺顿1944年面对文件剧增的现实时说："很显然，任何机关不再可能保存其活动中产生的全部文件。档案工作的重点已由保管文件转变为挑选适合保管的文件。"①可见，她的观点与詹金逊截然相反。美国国家档案馆的一位重要思想家菲利普·布鲁克斯也直率地批评了詹金逊关于档案人员可以不承担参与机关文件管理的义务这一观点。他认为这种观点会导致"为数众多的文件在档案人员接手保管之前，得不到良好处理，甚至发生丢失现象"②。这就是美国"生命周期"概念的起源。但如何进行鉴定，最终是由谢伦伯格根据其同行的著作加以概括，写出了两本里程碑之作——《现代档案——原则与技术》(1956年)和《档案管理》(1965年)。

谢伦伯格对档案专业的重要贡献就在于他提出了鉴定标准，并因此成为"美国档案鉴定理论之父"。他认为公共文件具有两种价值，即对原机关的原始价值和对其他机关及非政府方面使用者的从属价值。原始价值又称第一价值，也就是詹金逊所说的"形成者(行政官员)对其文件的利用"，它包括行政管理价值、法律价值、财务价值和科研价值。从属价值又称档案价值或第二价值，分为证据价值和情报价值两个方面。前者体现了文件对其形成者的重要作用，后者是文件对后来研究者的价值。谢伦伯格主张机关官员要对鉴定文件的原始价值负主要责任，证据价值则由档案人员来决定，而非由詹金逊所说的"行政官员"来决定。情报价值也由档案人员来判断。为尽可能涉及更广泛的研究领域，档案人员需要凭借其作为历史学家所接受的教育培训，并与"问题专家"进行协商，从而确定文件情报内容的重要性。③ 谢伦伯格认为，在上述价值中，揭示文件在广泛记录美国生活中所具作用的情报价值是"最重要的"。④ 谢伦伯格促使档案人员把关注的焦点从文件转移到其潜在用途上，特别是文件对于历史学家的用处，强调

① 玛格丽特·C.诺顿：《文件处置》和《档案人员与文件管理》，转引自桑顿·W.米切尔：《诺顿论档案——玛格丽特·诺顿关于档案与文件管理的著作》，1975年芝加哥版，第232页。

② 菲利浦·布鲁克斯：《为保存而进行的文件挑选》，《美国档案工作者》1940年第3期。

③ T.R.谢伦伯格：《现代档案——原则与技术》，档案出版社1983年版，第40页。

④ T.R.谢伦伯格：《现代档案——原则与技术》，档案出版社1983年版，第40页。

通过文件来反映美国生活的方方面面。

谢伦伯格之后的一些美国档案人员强调,学者特别是历史学家的实际利用或预期利用,是鉴定什么是档案的最重要标准。20 世纪六七十年代的美国国家档案与文件署的重要鉴定思想家米耶·菲斯本曾就鉴定提出的建议:“编史工作的最新趋势是判断文件价值的首要标准。”①梅纳德·布里奇弗特在 1977 年出版的美国档案工作者协会鉴定手册中指出:“他们(档案人员)既要考虑文献资源的长远利用,又要考虑学者的潜在需求。”②其他档案人员近年来走得更远,他们大力呼吁通过更加关注利用者的需要更好地为各种利用者服务来提高公众对档案工作的支持。他们甚至越过警戒线,提倡决定档案根本性质的应当是从属价值。“利用决定论”的代表人物埃尔西·弗里曼·芬奇把传统档案理论贬低为“顺序和实践的规则(有时称为‘原则’)”。她还认定说:“了解用户为什么和怎样接近档案,将为我们提供鉴定文件的新标准。”用她的话来说,“利用决定论”将把档案实践“颠倒过来”。

杰拉尔德·汉姆争论道,这种从利用的角度为档案下的定义已导致鉴定过程带有“一种任意性、分裂性、不协调性和非本质性”。档案人员如果“与学术市场联系过于紧密”,其最终结果是“档案馆藏只限于满足狭隘的研究需要,无法广泛地反映人类生活的方方面面”。“如果我们不克服上述阻碍,档案人员只不过是随编史工作风向变化而改变的风向标。”③。汉姆进一步指出,“利用决定档案鉴定论”实际上破坏了文件在其形成者业务活动中形成的自然联系,完全忽视了形成者的延续机构记忆的需要。它强加在鉴定和编目上的标准脱离了文件本身,从而削弱了文件内部的业务职能,即文件的来源,损害了文件在文化记忆中的作用。

① 迈耶·H. 菲斯拜因:《国家文件鉴定观》,《美国档案工作者》1970 年第 33 期。

② 梅纳德·J. 布里奇弗特:《档案与手稿——鉴定与接收》,1977 年芝加哥版,第 13 页。

③ 杰拉尔德·哈姆:《档案边缘》,转引自丹尼斯和沃尔克:《现代档案读本》,第 328—329 页。

（三）社会分析与职能鉴定论

奠定档案鉴定哲学基础的最重要思想家是德国的汉斯·布姆斯。他认为，社会应确定其自身价值，档案文件必须如实地反映这些价值。档案价值不应该取决于詹金逊所说的行政官员，也不应取决于谢伦伯格所说的历史学家，而是取决于人民大众。1991 年，布姆斯指出，选为档案的文件应该体现文件产生时期的社会价值。社会价值最好不是直接通过对社会动力和公共舆论的研究来确定，而应间接地通过了解那些为实现社会需求和愿望的重要文件形成者的职能来判断。他指出："档案人员需要对文件形成者职能进行有效分析，以便将利用需求与文件自身联系起来。"按照这种方法，就会出现一种"迅速转变"，即从复杂的社会价值、问题或趋势转变为由文件形成者职能显示出的文件来源。布姆斯认为，"这就是为什么来源必须是档案鉴定永恒的基本原则的原因所在"①。

布姆斯的"以文件形成者职能体现社会价值"的观点与加拿大国家档案馆 1989 年后实行的"新宏观鉴定接收战略"相吻合。在布姆斯 1991 年提出的观点和加拿大的做法中，过去档案人员对文件内容的关注，对文件内容能否直接反映公共舆论、用户需求或历史趋势的关注，已转变为对文件通过其形成者职能、计划、活动和业务等所表现的"宏观联系"的关注。档案应体现文件形成的相互联系，它的价值取决于社会结构，通过社会职能体现出来。

加拿大国家档案馆的鉴定方法是置于以文件前后关系为基础，以来源为中心的框架之中，而不是置于以内容为基础的历史文献框架之中。正是来源而不是某些外部标准使文件形成的前后关系再度成为档案人员整个活动领域的中心。为此，首先要关注的是机构活动的有机联系，其次是分析和鉴定政府职能、计划、活动和业务的重要性。因此，鉴定的着眼点不是集中在文件或单份文件上，而是集中在生成文

① 汉斯·布姆斯：《社会与文献遗产的形成——档案资源鉴定中的问题》，《档案》1987 年第 24 期。

件的政府职能、任务或活动上。① 加拿大的做法反映了更广泛的档案观,即让社会认可档案,让档案充分反映社会活动,而不是根据用户或形成者势力集团的利益来发展。

美国的海伦·塞穆尔斯以她的"文献战略"概念提出了另一种用文件记载更广泛社会活动的现代方法。这种方法最适合鉴定个人手稿和非法人文件,而不是政府或机构文件,或者只是作为对后者的补充。

二、几点启示

回顾欧美现代档案鉴定理论的历史发展,我们可以获得如下几点启示:

(一)社会分析和职能鉴定论是我们鉴定档案价值的主要理论和方法

档案价值是可知的吗?我们通常讲鉴定要坚持发展的观点,重要内容之一就是要人们分析、预测、判断、把握档案在人类未来实践中可能有的价值。把握的准则有两条:一是档案自身的特点;二是社会利用的需要。② 但是,档案价值有个特点,就是它要随着人类社会的科学、文化、技术的发展而逐步显现和实现。因此,当社会进步和科学技术的发展未达到一定程度时,不要说相应的价值不能显露出来,甚至根本就不存在分析预测它所必需的迹象和条件。于是,我们总是在层出不穷的档案价值显现的事实面前感到惊诧。由此,档案价值不可知论便像幽灵一样困扰着档案工作者。③

加拿大档案学者 T. 库克在第十三届国际档案大会主报告中,列出了档案专业发展面临的 12 个问题或挑战。在谈到第四个挑战时认为,"作为档案鉴定的核心——鉴定具有永久保存价值文件的过程需

① T. 库克:《1898 年荷兰手册出版以来档案理论与实践的相互影响》,中国档案出版社 1997 年版,第 154 页。

② 陈兆祦、和宝荣:《档案管理学基础》,中国人民大学出版社 1986 年版,第 165 页。

③ 方荣:《说档案价值分析鉴定的基础》,《档案》1999 年第 4 期。

要改变，这是因为文件的传统概念和物质形态不复存在，需要鉴定的文件数量过大，而这种鉴定往往必须在一份文件产生之前在计算机系统设计阶段完成。鉴定将因此侧重职能、业务和风险分析，而非文件及其潜在价值"①。因此，"档案事业的关注焦点将很快从文件实体转向文件的形成过程；从分析个别文件的性质和特征转向更好地了解导致文件产生的业务职能、活动、任务、事务处理和工作流程；从根据文件内在价值或研究价值进行鉴定转向宏观鉴定形成者的主要职能、计划和活动并挑选出反映它们的最精练文件永久保存"②。鉴定工作的对象和重点，由文件、档案转向其形成者和形成过程。社会分析和职能鉴定论彻底抛弃了根据当前和未来社会需要来确定和预测文件价值的观点，而根据文件在机关（企业）职能活动和任务中的作用来鉴定其情报价值。这种理论和方法是客观的、实际的，当然，档案工作者操作起来也是切实可行的。

（二）文件的第一价值决定第二价值

谢伦伯格和他的美国同行除了对研究和利用者给予充分关注外，还给档案思想带来了其他重要变化。荷兰作者关于一个行政机构产生和收到的所有材料都是"档案"的观点被抛弃。谢伦伯格认为"档案"只是档案人员从大量原始文件整体中选出的适宜保存的极小部分。文件是文件管理人员和形成机关关心的事物，档案则是档案人员和档案机构关心的事物。尽管这两个专业和文件生命周期有着密切联系，但谢伦伯格对文件与档案的划分试图强调的是两者的差异而非相似性。T. 库克尖锐指出："在今天电子文件需要'预先'档案干预的计算机时代，谢伦伯格的这种观点给档案人员带来了重要的战略问题。"③

① T. 库克：《1898 年荷兰手册出版以来档案理论与实践的相互影响》，中国档案出版社 1997 年版，第 162 页。

② T. 库克：《1898 年荷兰手册出版以来档案理论与实践的相互影响》，中国档案出版社 1997 年版，第 163 页。

③ T. 库克：《1898 年荷兰手册出版以来档案理论与实践的相互影响》，中国档案出版社 1997 年版，第 150 页。

这样说来,对文件第一价值的鉴定和对第二价值的鉴定应当是统一的。由于对第一价值的鉴定在前,所以,对文件第一价值的鉴定就具有决定性的意义。布鲁克斯指出:“只有全面了解一个机关文件形成中的相互联系,才能最有效地履行鉴定职能。”①

因此,我们可以这样认为,不同内容的档案在立档单位里有不同的使用价值;不同立档单位的档案在社会上有不同的使用价值。在鉴定档案价值时,除了对具有文物收藏性质的档案鉴定比较特殊之外,都要立足于立档单位来确定档案的保管期限。这是因为:立档单位的使用价值是档案最基本的价值,档案只要在立档单位里有使用价值就要保管;对于立档单位具有史料价值的话就要永久保管。档案在社会上的使用价值是其在立档单位中的使用价值的延伸,两个层次的价值鉴定不是隔绝的而是有联系的。一般来说,只要正确确定档案在立档单位中的使用价值,也会兼顾到社会的使用价值。档案鉴定工作是以立档单位为单元开展的,只有立足于立档单位,才能概括出可供各个立档单位共同遵守的档案保管期限表或划分档案保管期限的标准。而且,每个立档单位的档案在社会上的不同的使用价值,又会在档案馆里通过区分重要全宗和次要全宗来解决。

档案工作者首先要对文件第一价值的确定进行必要干预,这种干预的基本途径就是制定文件归档范围和档案保管期限表,并监督文件管理人员具体实施。

本文发表在《档案学通讯》2000 年第 2 期第 10—13 页。

① 菲利浦·布鲁克斯:《为保存而进行的文件挑选》,《美国档案工作者》1940 年第 3 期。

档案鉴定理论应实现两个转变

一、从国家档案观向社会档案观的转变

20世纪80年代以来,欧美各国的档案研究人员逐步坚信档案应反映其产生的社会,档案理论的思想基础发生了一个根本转变,即从一个国家的理论发展到一种全社会的理论。这就促使档案鉴定理论的发展空间更加广阔。

从100年前荷兰学者萨穆·缪勒、约翰·斐斯和罗伯特·福罗英所处时代到詹金逊、卡萨诺瓦时代,再到美国注重政府文件管理的时代,档案事业在传统上是由一个国家建立,为这个国家服务,作为该国统治结构和机构文件的组成部分。档案理论因此在国家理论、模式和概念中建立了合法地位。20世纪末期,发达国家的公民对档案的认识,尤其对用纳税资金建立起来的档案馆的认识已发生了根本变化,即档案现在是"属于人民、为人民服务,甚至通常由人民管理"①。档案馆这座"记忆宫殿"是为人民而不是为国王服务的。在普通公民看来,档案不仅要涉及政府的职责和保护公民的个人权益,而且更多地还应为大众提供根源感、身份感、地方感和集体记忆。但是,档案管理人员通常较迟地认识到这一变化,在论述档案原则与实践时也较慢地认识到从"国家模式"转变到"社会模式"。因此,20世纪八九十年代

① 凯特拉:《档案属于人民、由人民管理和为人民服务》,《南非档案杂志》1992年第34期。

的激烈的档案学术争议大多表现为传统的国家范例与更新的社会范例之间的冲突。

德国的档案学者汉斯·布姆斯是最早赞同档案的"新社会范例"的学者之一,也是奠定档案鉴定哲学基础的最重要思想家。布姆斯认为,档案价值不应取决于詹金逊所说的行政官员,也不应取决于谢伦伯格所说的历史学家,而是取决于人民大众。布姆斯写道:"如果确定存在一种有资格赋予档案鉴定合法性权力的人或事物,那就是社会本身,是社会所表达的公共舆论——当然是在能自由表达的情况下。公众和公共舆论认可了公共行为,从本质上形成了社会——政治规程,并使政治权力合法化。因此,公共舆论不是也可以为档案鉴定提供基本的准则吗?"为此,他主张档案人员在详细研究关于当代文件鉴定公共舆论趋向的基础上,制定一个完善的文献计划。选为档案的文件应该体现文件产生时期的社会价值。档案人员通过历史地研究公共舆论来发现这种价值,并将这种价值用于文件鉴定。①

时隔20年后,布姆斯批评了自己的计划,承认它不切实际。认为公共舆论是一项太复杂的任务,获得公众对文件鉴定结果的认可也不大可能。然而,布姆斯的主要观点还是适用的。如决定文件有无档案价值的是社会,而非历史学家和文件形成者;这种价值确定了文件的重要性,从而决定了档案的意义和档案的保存。又如档案人员必须根据与文件同时代人的价值观来决定鉴定方针,因为文件是为满足其需要而产生的。到1991年,布姆斯认为,社会价值最好不是直接通过对社会动力和公共舆论的研究来确定,而是间接地通过了解那些为实现社会需求和愿望的重要文件形成者的职能来判断。他指出:"档案人员需要对文件形成者职能进行有效分析,以便将利用需求与文件自身联系起来。"按照这种方法,就会出现一种"迅速转变",即从复杂的社会价值、问题或趋势转变为由文件形成者职能显示出的文件来源。布姆斯强调:"这就是为什么来源必须是档案鉴定永恒的基本原则的原

---

① 汉斯·布姆斯:《社会与文献遗产的形成——档案资源鉴定中的问题》,(加)《档案》1987年第24期。

因所在。”①

在1991年加拿大档案工作者协会召开的年会上，布姆斯的思想发生了重大的变化。他将自己的观点修正为以文件形成者职能来体现社会价值。这一思想与加拿大国家档案馆1989年后实行的“新宏观鉴定接收战略”相吻合，也与加拿大著名档案学者T.库克的观点不谋而合。在布姆斯1991年提出的观点和加拿大的做法中，过去档案人员对文件内容的关注，对文件内容能否直接反映公共舆论、用户需求或历史趋势的关注，已转变为对文件通过其形成者职能、计划、活动和业务等所表现的“宏观联系”的关注。按照这种观点，来源应从历史文献学者的传统下解放出来，恢复到它应处的档案地位——即体现文件形成的相互联系。加拿大国家档案馆已采用了一种“职能结构研究模式”。它注重文件形成者，其设想依据是文件形成者和那些与文件形成者相互作用的人，事实上代表了集体职能和社会职能。也就是布姆斯所说的从复杂社会职能到体现机关职能来源的“迅速转变”。因此，加拿大国家档案馆将鉴定方法置于一种以文件前后关系为基础，以来源为中心的框架之中，而不是置于以内容为基础的历史文献框架之中。②

加拿大对来源的解释使得来源原则更概念化和抽象化，这在电子文件时代是适宜的。这种新来源也更加职能化，这在机构稳定性日趋削弱的今天也是适宜的。T.库克认为，正是来源而不是某些外部标准使文件形成的前后关系再度成为档案人员整个活动领域的中心。加拿大的做法在于把记载信息与作为政府或业务活动一部分的文件形成有机联系连接起来。这种活动的有机联系不再通过阅读亿万份纸质文件来确定，更不再通过阅读那些令人难以捉摸的电子文件来确定。为此，首先要关注的是机构活动的有机联系，其次是分析和鉴定政府职能、计划和业务的重要性。这样得出的鉴定结论在最终确定之前必须经过检验。但这种检验只有在宏观层次上的职能鉴定完成之

---

① 汉斯·布姆斯：《社会与文献遗产的形成——档案资源鉴定中的问题》，（加）《档案》1987年第24期。

② T.库克：《对含有个人信息的文件的档案鉴定》，1991年。

后，通过有选择地注释“阅读”实际文件“文本”才能进行。①

荷兰国家档案馆也采用了加拿大相同的鉴定方法。对于荷兰和加拿大档案人员来说，鉴定首先并不是集中在文件或单份文件上，而是集中在生成文件的政府职能、任务或活动上。

美国的海伦·塞穆尔斯以她的“文献战略”概念提出了另一种用文件记载更广泛社会活动的现代方法。她设想的“文献战略”是一种多机构的、以研究为基础的分析，即通过将众多档案馆的鉴定活动结合在一起，使档案文件反映社会的主要论题、问题、活动或职能。文献战略的可贵之处在于它将分析官方政府和其他机构的文件与分析私人手稿、特殊制图资料和信息出版物合为一体。它的注意力首先不是来源，而是某一主题。这种方法除非在非常狭小和局部的范围内实施，否则这一战略将面临主职能大量重叠的威胁，从而将可能造成档案人员的研究工作和文件接收工作重复。此外，主题或问题的选定总是会引起争议的，因此，文献战略最适宜于个人手稿和非法人文件，而不是政府或机构文件，或者只是作为对后者的补充。

早在20世纪70年代初，加拿大提出的“总体档案”概念，实际上预先考虑到了塞穆尔斯寻求正式机构或法人档案与私人手稿档案之间的联系的做法。加拿大国家档案馆将接收包括官方文件和私人文件的“总体档案”作为其使命的一部分，把各种记录载体的“总体文件”（包括胶片、影片、图片、照片、录音带——许多国家将这些材料分散保存在若干文化机构）接收进馆，重点放在通过建立一个国家档案馆网络来反映“人类事业”和“总体”范围，强调在从文件产生到销毁或作为档案永久保存的“整体”生命中档案管理机构的积极参与。加拿大之所以形成这种传统，首先是因为历史学家对国家档案工作的发展有着重要影响，他们渴望享有更广泛的研究资源；其次是因为联邦结构内因长期缺乏国家图书馆和博物馆而出现的空白要求由“总体档案”来填补。加拿大的“总体档案”传统不仅强调了档案馆作为其资助者业务活动记录证据的守护者这种“官方角色”，而且突出了档案作

① T. 库克：《一种鉴定方法学——档案鉴定工作准则》，1991年。

为国家记忆和历史特征的保管者这种"文化作用"。同布姆斯和塞穆尔斯一样,加拿大的做法反映了更广泛的档案观,即让社会认可档案,让档案充分反映社会活动,而不是根据用户或形成者势力集团的利益来发展。加拿大档案学者安·威尔逊总结说,档案馆更多注重的应是"管理文件"而不是管理"政府文件"。管理包括公民与国家的相互作用、国家对社会的影响、社会职能和社会管理机构。档案工作的任务是保管政府管理的记录证据,而不是保管政府文件。①

二、从不确定、不统一的鉴定原则和标准向切实可行的鉴定标准体系的转变

众所周知,我国现有档案价值鉴定的理论和方法是"说起来清楚,干起来糊涂"。从档案价值鉴定的原则,到分析档案价值应坚持的"4个观点",再到以档案内容为核心的"9个看",似乎天衣无缝。但从实践后的思索再到思索后的实践,人们逐步认识到问题的关键在于分析档案价值的前提和标准不确定、不统一。从档案价值鉴定的理论构筑者来说,要求以档案的"全面"状况作为分析基础,既要分析档案在其前身作为文件时的作用,又要分析档案已经发挥的作用和状况,还要分析预测档案未来可能发生的作用,同时还应遵循效益原则。因而在分析档案价值时,不仅要坚持"4个观点",而且在操作上要不断地扩大视点,为此,就产生了操作方法上的"9个看"。其实,"9个看"仍然远远不够,原因在于"全面"分析基础本身就是一个界限不清、状态不确定的未知数。例如,谁能充分了解档案已发挥的作用?又有谁能真正"全面""完整""确切"地预见档案在未来社会实践中的作用呢?因此,"这种'全面分析'基础,最多只是一种主观的理论,形式上很'全面',实际上是浮光掠影、蜻蜓点水、支离破碎的分析研究。最后是以偏概全,抓住什么就算什么了"②。有的仅仅看档案的内容,以自己对

---

① 安·E. 威尔逊:《档案方法和战略的反映》,《美国档案工作者协会分发报告》1994年。

② 方荣:《说档案价值分析鉴定的基础》,《档案》1999年第4期。

当时社会形势的感觉为尺度来衡量和确定档案价值。有的单位以档案的利用状况作为分析档案价值的基础,采用“今天有人用,将来就有用;今天利用率高,价值大,明天利用率也会高,价值也大”的逻辑规则,编成电子计算机程序,以档案利用统计曲线图相配合,使用电子计算机“鉴定”档案的“价值”,把档案价值鉴定变成简单的档案文件利用次数统计曲线的编制过程。至于尚未被利用的档案,价值当然极小或根本没有价值。实践的混乱一方面反映出档案鉴定工作者个体素质的差异性,另一方面也反映出我国的价值鉴定理论和方法存在问题和不足。

分析档案价值的前提或基础究竟是什么呢?方荣先生在分析了文件和档案的关系以及档案发挥作用的过程后,将具体档案文件的价值界定为过去价值、现实价值和未来价值。三者的关系是档案的过去价值决定档案的现实价值和未来价值;档案的现实价值与未来价值之和等于档案价值。因此,是档案的过去价值决定了档案的价值。他指出:“如果要坚持唯物主义的认识论,遵循档案价值产生、形成、表现、实现的客观规律去认识档案的价值,做到准确、客观地鉴定档案的价值,就必须彻底抛弃过去那种看起来‘全面’,实则掺杂大量主观认定成分的档案价值鉴定方法。以档案的过去价值状态作为分析研究档案价值的基础,解剖麻雀,才能真正全面、科学地鉴定档案的价值。”①

那么,档案的过去价值,亦即文件价值又是什么决定的呢?它是由产生文件的业务职能、活动、任务、事务处理和工作流程决定的。从这些方面入手确定文件的价值和挑选反映它们的最精练文件永久保存才具有现实性、科学性和普遍性。反映这种鉴定思想的理论叫做职能鉴定法。

从社会的整体利益出发,这是档案鉴定工作总的原则,它包含了维护党和国家利益,也包含了维护各种社会组织和公民的利益。同时,它也体现了档案鉴定的历史观、整体观和发展观。

具体的鉴定标准体系分为两个层次:宏观层次和微观层次。宏观

---

① 方荣:《说档案价值分析鉴定的基础》,《档案》1999 年第 4 期。

层次上确定以20世纪90年代欧美国家普遍采用的职能鉴定法(已另撰文论述)为首要标准。微观层次上再采用时间、来源、内容、效益等标准。这些标准是与国外档案界同行达成共识,并在实践中证明是行之有效的方法。这些具体标准分支在第一层次职能标准之下共同构成一个金字塔形的鉴定标准的网络体系。

本文发表在《档案管理》2001年第4期第17—19页。

从内容鉴定法向职能鉴定法的发展

目前国际档案界对档案鉴定的方法主要有两种：一种是美国国家档案馆的内容鉴定法；另一种是加拿大、荷兰、澳大利亚、德国的职能鉴定法。从理论到实践上看，国际档案界有从终点向起点回归的趋向，即从内容鉴定法向职能鉴定法发展。

一、对内容鉴定法的评析

美国之所以选择内容鉴定法，其理由是档案馆保管文件的主要目的是为了使之能够为研究者所用，在这种情况下，文件中的信息内容就具有更大的重要性。美国的做法反映了美国档案界和史学界的历史联系，以及档案价值对于学者的潜在性。

回顾美国档案鉴定理论的历史发展，自"美国档案鉴定理论之父"谢伦伯格开始，就十分强调文件情报内容对史学工作者的意义。谢伦伯格指出："为尽可能涉及更广泛的研究领域，档案人员需要凭借其作为历史学家所接受的教育培训，并与'问题专家'进行协商，从而确定文件情报内容的重要性。"①谢伦伯格促使档案人员关注的焦点从文件转移到其潜在用途上，特别是文件对于历史学家的用处，通过文件来反映美国生活的方方面面。

---

① 杰拉尔德·哈姆：《档案与手稿的挑选与鉴定》，《美国档案工作者协会档案系列丛书之一》1993年第8页。

谢伦伯格之后的一些美国档案人员强调,学者特别是历史学家的实际利用或预期利用,是鉴定什么是档案的最重要标准。20 世纪六七十年代的美国国家档案与文件署的重要鉴定思想家米耶·菲斯本曾就鉴定提出建议:"编史工作的最新趋势是判断文件价值的首要标准。"①梅纳德·布里奇弗特在 1977 年出版的《美国档案工作者协会鉴定手册》中指出:"成功的鉴定与档案人员作为研究团体一分子的重要作用直接相关。鉴定者应接触文件……(通过)评价来决定过去、现在和未来的研究用途的要求时……他们既要考虑文献资源的长远需要,又要考虑学者们的潜在需求。"②其他档案人员近年来走得更远。他们大力呼吁通过更加关注利用者的需要更好地为各种利用者服务来提高公众对档案工作的支持。他们甚至越过警戒线,提倡决定档案根本性质的应当是从属价值。1988 年,劳伦斯·道勒争论说:"通过研究信息利用和提供利用方式之间的关系,就能确定文件及其所含信息的价值和档案实践的含义。"③埃尔西·弗里曼·芬奇认定说:"了解用户为什么和怎样接近档案,将为我们提供鉴定文件的新标准。根据学者的需要来确定档案内容的重要性,将把档案实践'颠倒过来'。"④

杰拉尔德·哈姆指出:"这样做,档案人员将成为试图预测未来研究趋势的'先知',而不是试图反映文件形成者职能、计划和活动的分析人员。'利用决定档案鉴定论'实际上破坏了文件在其形成者业务活动中形成的自然联系,完全忽视了形成者延续机构记忆的需要。它强加在鉴定和编目上的标准脱离了文件本身,从而削弱了文件内部的业务职能,即文件的来源,损坏了文件在文化记忆中的作用。"⑤哈姆

① 迈耶·H. 菲什拜因:《国家文件鉴定观》,《美国档案工作者》1970 年第 33 期。

② 梅纳德·布里奇弗特:《档案与手稿——鉴定和接收》,1977 年第 13 页。

③ 劳伦斯·道勒:《利用在确定档案实践和原则中的作用——文件有效性和用途的研究议题》,《美国档案工作者》1988 年第 51 期。

④ 埃尔西·弗里曼·芬奇:《观众眼中:从利用者角度看档案管理》,《美国档案工作者》1984 年第 47 期。

⑤ T. 库克:《颠倒看世界——公众档案活动理论基础的反映》,(加拿大)《档案》1990 年第 31 期。

警告说，档案人员如果“与学术市场联系过于紧密”，其最终结果是“档案馆藏只限于满足狭隘的研究需要，无法广泛地反映人类生活的方方面面”。“如果我们不能克服上述阻碍，档案人员只不过是随编史工作风向变化而改变的‘风向标’。”①

由于“‘利用决定档案鉴定论’使档案人员的鉴定重点和档案价值的定义都与文件形成过程及形成者相脱离，因此，档案理论只不过是一些补充档案人员知识主体的实际规则，这些知识包括文件的历史内容、编史工作的发展趋势以及利用者的期望和希望等”②。

二、对职能鉴定法的评析

北美鉴定文件、处置文件的方法在电子文件时代已经行不通了，在接收进馆后再对文件进行鉴定，对电子文件来说是不适宜的。有人提出，鉴定档案，特别是电子文件时应该对事务职能及过程进行分析，而不是对个别文件、案卷或系列进行分析。加拿大、荷兰、澳大利亚、德国对档案鉴定方法进行了改革，采用的方法就是“职能鉴定法”。

“职能鉴定法”就是采用从上到下的方法，先对政府重要职能进行鉴定，然后再对这些职能产生的文件的行政和文献联系进行分析，最后对最能满足证据要求的文件进行选择。

德国联邦档案馆前任馆长、国际档案理事会前任主席布姆斯教授首先提出了职能鉴定概念。布姆斯指出，社会而非历史学家或文件形成者决定了档案的价值，因而决定了档案的重要性和档案的保管期限。这要求档案工作者鉴定文件时必须从社会角度进行考虑。布姆斯1991年指出，档案社会价值的鉴定最好不要通过研究社会基础活动、公众意见来直接进行，而应通过了解主要文件形成机构的职能来间接进行。档案工作者应当对文件形成部门的职能进行有效的分析，

① 杰拉尔德·哈姆：《档案边缘》，转引自丹尼斯和沃尔克《现代档案读本》第328—329页。

② 约翰·罗伯茨：《档案理论——费尽心力排列档案》，《美国档案工作者》1987年第50期。

从而把文件需要和文件本身联系起来。

1989年加拿大国家档案馆决定采用新宏观鉴定接收战略:以前档案鉴定重点着眼于文件的内容,着眼于反映公众意向、用户需求和历史研究趋势,现在着眼于更加广泛或宏观的文件的背景联系。这种联系通过文件形成机构的职能、计划、活动、办理情况表现出来。布姆斯的理论与加拿大国家档案馆的做法不谋而合,这坚定了他们采用上述方法的信心和决心。

加拿大档案工作者T.库克对这种新方法的理论和哲学背景进行了分析。他认为,加拿大国家档案馆采用了组织职能研究模式,鉴定的重点在于文件的形成者,因为文件的形成者和与之联系的机构反映了组织间的综合职能和社会活动。T.库克指出,国家档案的鉴定应以背景联系为基础、以来源为中心,而不应以内容为基础、以历史文献工作者为中心。

德国档案工作者协会1957年的年会指出,由于行政管理职能的扩大,档案工作者不能再按老办法来鉴定文件,而应该根据职能的重要性来鉴定、保管文件。以此会议为标志,德国档案界形成了"按文件产生者划分级别原则",鉴定已不再是只对文件本身进行鉴定。

荷兰有一个鉴定和移交500千米文件的工程。荷兰档案工作者豪斯曼指出,这个工程的鉴定方法是建立在对机构研究的基础上,而不是建立在对文件的分析上。

澳大利亚移民和民族事务部也采用了职能鉴定法。实践证明,从宏观角度看待机关和职能,可以通过机关独特的核心职能对机关全部文件进行鉴定,而不必考虑其形式。

T.库克先生在1996年北京召开的第十三届国际档案大会上,作了《1898年荷兰手册出版以来档案理论与实践的相互影响》的主报告。在谈到档案事业发展面临的问题与挑战时指出:"为档案鉴定的核心——鉴别具有永久保存价值文件的过程需要改变,这是因为文件的传统概念和物质形态不复存在,需要鉴定的文件数量过大,而这种鉴定往往必须在一份文件产生之前在计算机系统设计阶段完成。鉴定将因此侧重于职能、业务和风险分析,而非文件及其潜在价值。"因此,"档案事业的关注焦点将很快从文件实体转向文件的形成过程;从分析个别文件的性质和特征转向更好地了解导致文件产生的业务职能、活动、任务、事务处理和工作流程;从根本文件内在价值或研究价值进行鉴定转向宏观鉴定形成者的主要职能、计划和活动并挑选出反映它们的最精练文件永久保存"①。这种警示和忠告代表了国际档案界的普遍呼声和发展走向。

三、结　　语

我国档案鉴定理论认为:"决定档案保存价值的因素有两个方面:一方面,档案自身的特点和状况是决定档案保存价值的基础。档案的内容、来源、形式以及其他各种情况,影响着档案是否有保存价值,有什么样的保存价值。另一方面,社会利用需要是档案发挥作用的必要条件,是决定档案保存价值的社会因素。各种档案是否需要利用,怎样利用,都直接影响着各种档案是否具有保存价值,有什么样的保存价值。"②在此基础上,分析文件的内容就成为鉴定档案价值的最重要的一个方面,来源、时间、形式、名称、外形特点、可靠程度、有效性和完整程度等均是辅助参考因素。不难看出,我们的档案鉴定方法总体上属于内容鉴定法。它要求从档案的利用实践中总结出区分档案重要性的规律,作为预测同类档案今后可能需要利用的依据。问题在于,我们的社会在不断地发生着急剧的变化,社会的利用需求常常变幻莫测。于是,我们在层出不穷的新的利用需求面前,常为无档可用和价值判断失当而手足无措。由于飘忽不定和复杂多样的利用标准缺乏可操作性,档案工作者不得不作为"先知"仅凭直观和指尖的感受来决定文件和档案的取舍,档案鉴定理论的科学性顿失。

实践引导着我们把目光从利用的结果转向文件的形成者和形成

---

① T. 库克:《1898 年荷兰手册出版以来档案理论与实践的相互影响》,中国档案出版社 1997 年版,第 162—163 页。

② 陈兆祦、和宝荣:《档案管理学基础》,中国人民大学出版社 1986 年版,第 165—167 页。

过程。鉴定首先不是集中在文件或单份文件上，而是集中在生成文件的政府职能、任务或活动上。主要职能活动和机构、人事变迁中形成的文件价值最大，辅助职能活动形成的文件价值次之，不体现职能活动的文件价值最小或没有价值。这种从根源上确立的标准主要体现的是来源联系。尽管以此确定的文件的保管期限而非十全十美，但它比一种捉摸不定的标准要客观和实际。这就是所谓的职能鉴定法，这就是我们作出上述评述的目的和结论。

本文发表在《档案管理》2001 年第 1 期第 8—9 页。

试析社会分析与职能鉴定论

社会分析与职能鉴定论是20世纪90年代以后由德国档案学家汉斯·布姆斯提出，为加拿大、德国、荷兰和澳大利亚等国所采取的一种新的档案鉴定理论和方法。它不仅应用于普通纸质档案的鉴定，而且更适用于电子文件内容的鉴定。这是一种受到当今很多档案学者推崇的档案鉴定方法。

一、从档案鉴定体系的历史发展看社会分析与职能鉴定论

最早的档案鉴定体系，是德国普鲁士机密档案馆馆长迈斯奈尔于20世纪初叶提出的。这个系统相对复杂，但其中的两条标准被我们沿用至今：一是他提出了“高龄案卷应该受到尊重”的思想，主张每一个国家应设置一个禁销档案的“界限年份”；二是他认为不能把案卷当作零碎的材料孤立地分别单独评价，而应该以它们固有的行政关系为具体背景进行鉴定，即在进行鉴定时，应该考虑各行政单位在政府结构中所处的地位，其活动性质，以及这种活动与上下级行政单位活动的关系。由此看来，迈斯奈尔的第二条标准是以来源原则为基础的，它对建立正确的鉴定理论的贡献尤其重大。

20世纪二三十年代，波兰档案学者卡林斯基在研究继承迈斯奈尔鉴定理论的基础上，提出了自己的鉴定理论和标准，即职能鉴定论。卡林斯基提出文件的价值取决于其产生机关职能的重要性，即在政府

机构体系中等级或地位的高低。按照这一理论,高级机关和职能重要的机关形成的文件价值大于低级机关或职能不重要的机关形成的文件。前者的存留数量高于后者。各国档案鉴定的实践证明了这一理论的普遍适用性。

不过迈斯奈尔和卡林斯基对文件自身价值的描述是粗线条的,没有看到运动中文件的价值是多种形态的。这个问题在美国档案学家谢伦伯格那里才初次得到了解决。

谢伦伯格在其著作《现代档案——原则与技术》(1956 年)中提出,公共文件具有两种不同的价值,即第一价值和第二价值。第一价值是指文件对其形成机关的原始价值,它包括行政管理价值、法律价值、财务价值和科研价值。第二价值是指文件对其他机关和私人利用者的从属价值,又称档案价值,它包括证据价值和情报价值。与此同时,美国、德国等西方国家的一些档案学者在研究文件双重价值时还指出,应当考虑文件的保管费用,即在一定的时间内保存一定数量文件的花费。他们认为,如果保管费用远远大于文件的利用次数,则应当考虑这类文件是否值得继续保存。从目前看来,效益标准已经作为一种非文件价值因素的鉴定标准被各种鉴定体系广泛采用,甚至我国许多论著中也采用了这一标准。

20 世纪 90 年代,西方各国要求档案广泛反映人类社会生活方方面面,而不仅仅是国家机器运转情况的思潮进一步得到发展。在西方发达国家普通公民看来,由纳税人资金建立起来的档案馆应该是属于全社会的,所以,“档案不仅要涉及政府的职责和保护公民的个人权益,而且更多的还应该为他们提供根源感、身份感、地方感和集体记忆”①。于是在档案界,原来注重为国家(机器)服务的理论也就发展成了为全社会服务的理论。这种理论的代表人物是德国的汉斯·布姆斯。

经过长期思考和研究,1991 年布姆斯提出了“文件的社会价值最

① T. 库克:《1898 年荷兰手册出版以来档案理论与实践的相互影响》,中国档案出版社 1997 年版,第 152 页。

好不是直接通过对社会动力和公众舆论的研究确定，而应间接地通过了解那些为实现社会需求和愿望的重要文件形成者的职能来判断”的思想。档案工作者应当对文件形成部门的职能进行有效的分析，从而把文件需要和文件本身联系起来。这就是社会分析与职能鉴定论。按照这种方法，鉴定标准就从复杂的社会价值、问题或趋势转变为由文件形成者职能活动显示出的文件来源。当然，这是一种广义的文件来源。

布姆斯的观点，与加拿大国家档案馆1989年后实行的“新宏观鉴定接收战略”相吻合。加拿大档案学者T. 库克从20世纪80年代末以来进行的研究与此也不谋而合。他一直主张档案鉴定方法应“置于一种以文件前后关系为基础，以来源为中心的框架之中，而不是置于以内容为基础的历史文献框架之中”①。在分析了档案事业面临的挑战后，T. 库克指出：“作为档案鉴定的核心——鉴定具有永久保存价值文件的过程需要改变，这是因为文件的传统概念和物质形态不复存在，需要鉴定的文件数量过大，而这种鉴定往往必须在一份文件产生之前在计算机系统设计阶段完成。鉴定将因此侧重职能、业务和风险分析，而非文件及其潜在价值。”②因此，“档案事业的关注焦点将很快从文件实体转向文件的形成过程；从分析个别文件的性质和特征转向更好地了解导致文件产生的业务职能、活动、任务、事务处理和工作流程；从根据文件内容价值或研究价值进行鉴定转向宏观鉴定形成者的主要职能、计划、活动并挑选出反映它们的最精练文件永久保存”③。社会分析与职能鉴定论抛弃了根据当前和未来社会需要来确定和预测文件价值的观点，而根据文件在机关（企业）职能活动和任务中的作用来鉴定其证据和情报价值。

---

① T. 库克：《1898年荷兰手册出版以来档案理论与实践的相互影响》，中国档案出版社1997年版，第153页。

② T. 库克：《1898年荷兰手册出版以来档案理论与实践的相互影响》，中国档案出版社1997年版，第162页。

③ T. 库克：《1898年荷兰手册出版以来档案理论与实践的相互影响》，中国档案出版社1997年版，第163页。

从20世纪初至今的档案鉴定体系的变化趋势说明,人们更倾向于从文件运动的全过程,全方位地研究整个社会的全面主体需求与文件客体属性之间的矛盾关系,并且将之归结为形成文件的职能活动,并以此作为鉴定文件价值的标准。

二、对社会分析与职能鉴定论的认识与实践

社会分析与职能鉴定论被国际档案理事会电子文件委员会概括为职能鉴定法。为了有别于卡林斯基的职能鉴定论,我们谓之新职能鉴定法。

如前所述,德国联邦档案馆前任馆长、国际档案理事会前任主席汉斯·布姆斯奠定了新职能鉴定法的哲学思想基础。加拿大档案学家T.库克根据布姆斯的理论阐述了他的哲学思想和战略方法。T.库克提出,国家档案的鉴定应以背景联系为基础,以来源为中心,而不应以内容为基础,以历史文献工作者为中心。

德国档案工作者协会1957年的年会指出,由于行政管理职能的扩大,档案工作不能再按老办法来鉴定文件,而应该根据职能的重要性来鉴定、保管文件。由于文件越来越多,档案工作者担心自己会成为纯粹的行政管理者,从事历史研究会成为他们的专业职责。因此,人们希望从历史研究的角度来决定文件形成机构重要性,通过处置所有不怎么重要机构的文件来减少大量的纸质文件。以此次会议为标志,德国档案界形成了“按文件产生者划分级别原则”,鉴定已不再是只对文件本身进行鉴定。对此,德国马尔堡档案学院院长安杰莉卡·门内—哈里茨教授认为,职能鉴定理论并不是一个新的理论。她强调档案工作者不要把文件鉴定局限在评价已经产生的文件上,而应该把重点放在确保重要的职能活动都用文件记录下来。面对挑战,档案工作者必须积极参与文件的产生、分析和鉴定工作中,要成为胜任职责的档案工作者就必须对形成文件的机构及其文件性质进行全面的了解。和T.库克一样,门内—哈里茨的结论是职能鉴定不能完全取代传统的来源原则。她指出,职能鉴定法是不同于以来源原则为基础的

鉴定方法，但二者保持着密切联系。文件反映了其形成者履行职能的社会活动，而不同的文件产生者对社会变化的影响不同，因而对文件产生者职能的评价实际上也就是对相应的文件作出的评价。我们需要来源原则作为一种工具，以共同的职能来源为基础来分析、反映主要社会活动。在新的历史条件下，档案工作者的角色已经发生了根本性的变化。门内—哈里茨认为，档案工作者只不过是掌握了某种理论或方法工具，能够揭示信息的来龙去脉，因而可以使档案的证据作用得到发挥的专业人员。①

电子文件对传统档案工作模式带来的最大冲击，可能就在文件价值鉴定领域。电子文件的鉴定包括两个方面——技术分析和内容分析。内容分析与纸质文件的程序区别不大，鉴定标准和方法也不比纸质文件更为复杂。因此，鉴定电子文件没有必要建立全新的鉴定理论，只需在实践中对传统理论加以恰当运用。② 鉴于电子文件的特性，对文件价值的初步鉴定应该提前到电子文件生命周期的最初阶段，即在电子信息系统设计和电子文件形成时进行。

澳大利亚档案工作者格里格·奥谢依认为，为了能够对档案文件进行保护，需要在文件生命周期开始之前进行干预，对于电子文件来说，干预的时机最好在系统开发阶段。强调干预以确保有价值的电子文件不被丢失，不仅仅是一个鉴定文件的战略方法，而且也是整个档案工作的战略方法。与文件智能控制、保管、利用和保护相关的传统思想和做法都需要重新进行全面检讨。

澳大利亚国家档案馆的斯蒂芬·爱丽丝和斯蒂夫·斯塔基说，所有政府活动及与之相关的文件都必须进行鉴定。鉴定不是对文件本身进行评估，反映职能活动的文件保管系统是鉴定的间接对象。

荷兰国家档案馆对这种鉴定方法表示赞成，即根据文件在政府活动中所起的作用来确定其保管期限并对其价值进行评估。在鉴定电

① 许茵：《电子文件的鉴定》，《中国档案》2000 年第 5 期。

② 黄霄羽、申琰：《波及档案实践，但不会颠覆档案理论——电子文件带给档案理论的冲击和影响》，《档案与建设》2000 年第 5 期。

子档案时首先要决定,对于其履行的职责和任务来说什么过程是至关重要的。然后,选择、记录和鉴定出来的信息就要努力去反映该职责和任务的实质。一般说来,再现机关重要职能所需要的信息就是需要保存的文件。

荷兰王国档案馆馆长汉斯·霍夫曼在有关电子文件的一个会议上也赞成按照职能鉴定文件的理论。在档案鉴定领域,一个首要的问题就是向职能鉴定方法的转移。理想的状况是档案馆从电子文件产生时就介入,或者更早一点在信息系统策划和开发时就已经介入。这就意味着鉴定的重点是政府机关的职能和活动,而不是电子文件本身。电子文件的性质和数量使得鉴定工作有必要向更高更抽象的方向发展。换句话说,我们关注的不是文件的本身,而是产生文件的背景联系。

荷兰有一个鉴定和移交 500 千米文件的工程。霍夫曼的同事彼得·豪斯曼在对这个工程进行总结时说,如果某项职能没有对一个活动产生影响,那么由它产生的文件就没有保存价值。文件的证据价值是由职能价值派生的。豪斯曼说,这个工程的鉴定方法是建立在对机构研究的基础上,而不是建立在对文件的分析上。

澳大利亚档案馆接受了这个新观念,认为按照职能对文件进行鉴定是鉴定电子文件的非常重要的方法。澳大利亚移民和民族事务部采用了新职能鉴定法。该部用于管理电子文件的计算机系统被分成职能和行政管理两个系统。文件鉴定被限定在该部的职能系统内。把职能作为挑选文件标准,并对文件进行著录,从而确定其保管期限。从广义上来看,职能比管理文件的系统更加稳定和可靠。从宏观角度看待机关和职能,可以通过机关的核心职能对机关全部文件进行鉴定,而不必考虑其形式。

概括地说,新职能鉴定法采用从上到下的方法,先对政府重要职能进行鉴定,然后再对这些职能产生的文件的行政和文献联系进行分析,最后对最能满足证据要求的文件进行选择。

格里格·奥谢依说,澳大利亚、加拿大、荷兰档案工作者共同发展了这种理论,称之为“职能/逻辑鉴定法”。

新职能鉴定法是对卡林斯基的职能鉴定论的继承和发展。谓之继承,从宏观上看,着眼于社会,新职能鉴定法要求档案工作者鉴定文件时必须从社会角度进行考虑,鉴定的重点在于文件的形成者,因为文件的形成者和与之联系的机构反映了组织间的综合职能和社会活动。因此,高级机关和职能重要的机关文件的价值受到高度重视。谓之发展,从微观层面上看,着眼于机关,新职能鉴定法关注的不再是单份文件自身,而是形成文件的职能活动,也就是文件广义的来源。其分析的重点将是文件形成者的职能、计划,所参与进行的活动及活动中的有机联系和业务的重要性。具体说来,哪些职能活动,哪些工作更重要,从而将在其中产生的,或与之相关的文件都保存下来,而不再逐份阅读文件本身。因而,这是一种根据广义文件来源进行的"批处理"式的鉴定法。某些重要职能活动中形成的某种类型的文件,都将予以保存。也只有这样,鉴定程序才可能在文件形成之前进行。

三、社会分析与职能鉴定论是主体需求与客观属性相容的方法

有的学者在论及档案价值概念时将社会分析与职能鉴定论归入"客体价值说"或"内在价值说"范畴,即档案价值是档案自身属性的客观表现,与主体需求无关。① 这种概括是缺乏理论与实践根据的。事实上,新职能鉴定法依然是根据文件客体自身属性和人们对文件的主体需求两种要素之间的矛盾运动作出的价值判断。②

首先,文件客体属性是社会职能活动赋予的。文件是在特定的社会职能活动过程中形成的,文件自身的客体属性,无论是其内容、形成者来源,还是时间、形式等特征,基本上是由这种职能活动赋予的,或是由这种活动造成的。透过形成文件的职能活动,就能反映或者体现

---

① 张斌:《论档案价值概念》,《档案》2000年第5期。

② 何嘉荪、傅荣校:《文件运动规律研究:从新角度审视档案学基础理论》,中国档案出版社1999年版,第256页。

文件的客体属性。

其次,人们的主体需求塑造了社会职能活动。人们的社会主体需求和愿望是通过特定的社会职能活动实现的,因而通过分析各种社会职能活动就可以间接地体现人们的主体需求和愿望。这样,就不难理解,贮存备查的文件之所以会对日后各种类型和不同需求的利用者有用,就是因为文件之中记录了特定的人类社会职能活动。这种职能活动是与各种事物相联系的,所以后来的利用者才会从这一职能活动与自己查考的事物相关的角度实施对某些文件的利用。实质上,人们从不同角度和不同方面对某一文件的利用需求,是文件所反映的人类社会职能活动造成或诱发的。因而,只要文件能完整地反映特定的社会职能活动,就能满足特定的、与这些职能活动相关的社会主体的利用需要。

综上所述,通过分析文件形成者的社会职能活动,就能对文件的客体属性和人们的主体需求及两者之间矛盾运动的具体体现——文件价值作出基本上客观的判定。这也正是新职能鉴定法在当今电子文件时代能大放异彩的重要原因。

本文发表在《档案学研究》2001 年第 1 期第 12—15 页。

第三编
档案法规标准

档案立法技术的一般理论、问题与解决途径

档案立法技术与档案立法原理、档案立法制度同为档案立法体系的三大要素。档案立法技术的应用能力和研究水平直接关系到档案立法的质量和效率。在推进我国档案法制化进程中,档案法学理论工作者和档案立法实际工作者应当着力开展对档案立法技术的研究。

一、档案立法技术研究概述

截至2010年初,在近20年时间里,共有75位作者在79篇与档案法制建设有关研究文章中涉及这一法学术语,占到同期与“档案法”相关研究文章1643篇的4.8%。2003年潘玉民将档案法立法研究的内容概括为档案立法的概念;档案立法的指导思想;档案法的立法原则;档案立法的体制机制;档案立法目的、条件、环境;档案立法技术、程序;档案立法的评价;档案立法的预测与展望;档案法规的修改、补充、

清理、废除;档案法规的编纂;档案法规的撰制等11个方面。[①] 首次将“档案立法技术”列入档案法学研究体系。至此,“档案立法技术”作为档案立法研究的内容进入档案理论工作者研究的视野。在此后的几年中,陆续有15篇与档案立法技术相关的研究文章在档案学期刊上发表。如2003年王俊英发表在《山西档案》上的《对档案立法技术的探讨》是档案学界第一篇专门以档案立法技术为研究内容的论文。2005年李泽锋在《档案学通讯》上发表《试论档案立法技术》,认为档案立法技术是关系档案立法质量的重要内容,也是依法治档的核心问题之一。文章从档案法规的内容是否具体、规范并具有可操作性等方面对立法技术进行了探讨。[②] 同年底,李伯富在《档案学研究》上发表《论我国档案法规体系的完善》一文,将立法技术问题列为我国档案法规体系存在的三大主要问题之一。[③] 2007年曹丽萍在《云南档案》上发表《中国档案立法探析》,强调档案立法必须重视档案立法技术,讲究立法策略。[④] 2009年周林兴在《浙江档案》上发表《基于政府信息公开的〈档案法〉修改目标取向》,指出立法技术上存在的缺陷不仅影响着《档案法》的质量,也影响着《档案法》的执法效果。文章对我国《档案法》在立法技术上存在的缺陷进行了分析。[⑤]

我国档案立法技术的研究虽然起步较晚,研究人员不多,但仍然取得了一些成果。从已有的文献看,主要表现在三个方面:一是将档案立法技术写进了档案法学教材。除潘玉民之外,朱玉媛在其《档案法规学新论》(武汉大学出版社2004年11月出版)一书中的《中国档案立法及体系》一章中也专门论述了档案立法技术。二是有限的档案立法技术论文大多发表在档案学核心期刊上。2003年至2009年间发表的15篇与档案立法技术相关的研究文章中,有10篇发表在档案学核心期刊上,其中,《档案学通讯》3篇,《档案学研究》《档案管理》《四

① 潘玉民:《论档案法学的研究体系》,《上海档案》2003年第2期。

② 李泽锋:《试论档案立法技术》,《档案学通讯》2005年第5期。

③ 李伯富:《论我国档案法规体系的完善》,《档案学研究》2005年第6期。

④ 曹丽萍:《中国档案立法探析》,《云南档案》2007年第1期。

⑤ 周林兴:《基于政府信息公开的〈档案法〉修改目标取向》,《浙江档案》2009年第10期。

川档案》《山西档案》《北京档案》《浙江档案》《档案与建设》各1篇。三是档案立法技术已经成为新一代档案学者关注的研究内容。2005、2006、2007、2009年，硕士研究生王玮（四川大学）、张丽（四川大学）、马从敏（苏州大学）、陶丽霞（四川大学）、陈琛（黑龙江大学）、陈楠楠（苏州大学）、王芹（苏州大学），分别在其硕士论文《政府信息公开与档案工作》《论综合档案馆向公共档案馆的转型之路》《私有档案管理研究》《我国档案开放利用的法制建设研究》《我国私人档案立法研究》《〈中华人民共和国档案法〉修改问题研究》和《民国时期档案法规研究》中都涉及档案立法技术的内容。

二、档案立法技术概念、内容和特征

研究档案立法技术与方法，首先需要理解立法技术与立法方法的概念，厘清两者的异同。我国法学界对立法技术与立法方法二者的关系有着不同的认识，有不同说、相同说，还有包含说。笔者持包含说的观点，即立法方法包含在立法技术之中，研究档案立法技术，包括对档案立法方法的研究。

（一）立法技术界定

"立法技术"一词在我国不是立法术语，而仅仅是一个法学术语。① 多数法学家认为，对立法技术这一概念可以有狭义和广义两种理解。狭义（微观）的立法技术是指法律文本的起草技术，即法律文本的内部结构的形式，法律的文体，法律的语言等方面的规则。广义（宏观）的立法技术是指与立法活动有关的一切规则。也有学者认为，对立法技术从其范围的狭与广程度上可以有三种理解：第一种是法案文本的起草技术，其研究对象主要是法案文本的结构、文体、词语使用规则等，这是对立法技术的最狭义的理解；第二种是法案的准备技术，其研究对象主要是法案的提出、起草法案前的调查研究、对法案中所拟政策措施的成本分析、法案文体的起草技术等；第三种是法律（包括其

① 吴大英、曹叠云：《立法技术论纲》，《中国法学》1990年第4期。

他的法律规范性文件）的制定技术，其研究对象除法案的准备技术之外，还包括立法权的划分、立法者的组成形式、立法的辅助机构和辅助人员、法案的讨论、修正和通过、发布程序等内容。①

对立法技术作狭义（微观）和广义（宏观）两种理解也存在一些弊病。作广义的理解会把立法技术的范围划得过大，连立法程序规则、立法机关组织规则也当作立法技术，混淆了立法技术与立法制度尤其是与立法规则的界限；作狭义的理解则把立法技术的范围看得过小，否定立法活动过程中除营造法的结构技术之外的其他方法和操作技巧属于立法技术范畴。② 基于上述认识，周旺生认为，立法技术可以分为纵向立法技术和横向立法技术。纵向立法技术是将立法技术看作一个活动过程，是在这个过程的各个阶段和具体步骤上立法所遵循的方法和技巧，如立法准备阶段的立法技术、从法案到法的阶段的立法技术以及立法完善阶段的立法技术。横向立法技术是从平面的角度观察立法，其主要内容包括立法的一般方法、法的体系构造技术、法的形式设定技术以及法的结构营造技术和法的语言表达技术。立法技术定义可以表述为立法技术是立法活动中所遵循的用以促使立法臻于科学化的方法和操作技巧的总和。③

笔者认为，对立法技术的界定与一国、一地的立法活动规范化进程相关。在立法活动的初期，由于立法活动尚不规范，立法技术当取广义（宏观）的理解；当立法活动已经有了相当长的实践，各种立法规范已经相当完备，立法技术就可取狭义（微观）的理解；当立法活动处于有了一定的实践基础，但各种立法规范尚不完备的阶段，立法技术就可取介于广义（宏观）和狭义（微观）之间。

（二）档案立法技术概念和内容

对档案立法技术的概念，我国档案界只有王俊英、朱玉媛给出了相近的定义。王俊英认为，档案立法技术是在一定的档案立法实践中

---

① 项冶平：《立法技术要论》，《政府法制研究报告》1997 年第 1 期。
② 周旺生：《立法学教程》，北京大学出版社 2006 年版，第 404—405 页。
③ 周旺生：《立法学教程》，北京大学出版社 2006 年版，第 403 页。

历史地形成的、合理地制定和正确地表述档案法律规定和条文，以达到最完美的表达形式的总和，包括档案立法项目的选择、立法的条件、标题的拟定、法律规范的表述等。① 朱玉媛认为，档案立法技术是指合理地制定和正确地表述档案法律规定和条文，以达到最完美的表达形式的总和，包括档案立法项目的选择与项目题目的拟定，立法内容的表述，与其他法律的协调，档案立法文件的结构形式等。② 二人对于档案立法技术定义的差异主要表现在对档案立法技术内容的表述上，但从对档案立法技术内容的表述上看，都属于从广义上定义档案立法技术。与两位学者持大致相同观点的还有郭嗣平、李伯富两位学者。郭嗣平、李伯富从行政法规起草的角度对档案立法技术的内容作出了界定：行政立法的技术是指有关行政立法的程序、步骤，立法文件的结构、形式和立法文件的语言、文字的规则等。③ 由此可见，我国档案学者对档案立法技术大都是从广义上理解的，这与我国档案立法活动规范化的进程相关。

从档案立法活动规范化的进程看，目前我国档案立法还比较落后。因此，有必要从广义（宏观）上来研究档案法立法技术。这对提高我国的档案立法水平、立法质量和效率，彰显档案立法活动的民主性和科学性，进而推进我国档案法制建设进程将起到积极的作用。从这个意义上讲，我们认为，档案立法技术就是在档案立法活动中所遵循的用以促使档案立法臻于科学化的方法和操作技巧的总和。

由于业内人士对档案立法技术缺乏针对性和系统性的研究，所以对其内涵的揭示不够深刻，对其外延的界定也比较粗犷。我们认为，为构建档案立法技术理论框架，应当在进一步揭示其内涵的同时，扩大其研究的外延。

档案立法技术研究的内容应当包括：档案立法技术基础理论（概念、性质、特征、地位、作用、学说、思想）研究；档案立法技术制度和法

---

① 王俊英：《对档案立法技术的探讨》，《山西档案》2003 年第 4 期。

② 朱玉媛：《档案法规学新论》，武汉大学出版社 2004 年版，第 94 页。

③ 郭嗣平、李伯富：《论档案法规体系及其建设》，《档案学通讯》1992 年第 1 期。

规研究；档案立法技术纵向和横向比较研究；档案立法技术案例研究；地方档案立法技术研究；部门档案立法技术研究；中外档案立法技术比较研究；档案法规内部和外部结构研究；档案法律规范与法律条文研究；档案立法模式（档案法规文本模式、总则模式、档案法律制裁模式、附则模式、配套性法规模式）研究；档案立法瑕疵、漏洞及其补救研究；档案立法技术评价；档案法规编纂；档案立法预测与立法规划；其他专门档案立法技术研究；等等。在此基础上逐步构建档案立法技术学。

（三）档案立法技术的特征

与档案立法原理、档案立法制度相比，档案立法技术具有如下特征：首先，立法技术不是立法，它是人们在立法实践和立法研究中所产生的一种智力成果，取静态形式。作为一种方法，它和立法制度不同，不是实体性准则，而取观念形态。作为一种操作技巧，它和立法原理有别，不是观念性准则，而是实体性准则。其次，立法技术产生于立法实践又为立法实践服务。立法技术相对于立法实践具有更大的独立性。立法技术尤其是先进的立法技术一经产生，它就是人类的共同财富，可以跨越国界对立法实践发挥作用。再次，立法技术对立法的科学化程度作用更大。所谓立法的科学化，就是指尽可能达到既使立法者或执政者满意，又能符合或在相当大的程度上符合立法的客观规律。立法技术的目的和功能就是促使立法臻于科学化。

三、我国档案立法技术存在的问题

档案立法技术研究始于20世纪90年代初期。在此之后的近20年时间里，实际工作领域与理论研究领域的学者们逐渐认识到，我国档案事业法规体系初具规模，但这一体系依然存在着诸多问题，如缺乏科学性和计划性、立法结构不明、逻辑不强、立法技术差等方面的问题，甚至还有重复、互相抵触的现象。① 存在立法技术相对落后，档案

① 杨霞：《档案执法监督中存在的问题及其对策》，《山西档案》1996年第4期。

法规和规章清理比较滞后等问题。[①] 正是由于对立法规划、立法周期、立法技术等具体工作还没有统一明确的规定，在一定程度上影响了立法质量和立法工作的开展。[②] 要提高档案立法质量，在档案立法实践中，就要注重立法技术，使法律客观、准确地反映客观实际。[③] 在修改《档案法》时应当保持一个整体性的认识，避免《档案法》与其配套法规可能出现的对接不良以及修改过程中的重复劳动和立法技术上的败笔，以使规范档案事业的法律、法规和规章成为一个协调统一的有机整体，使修正工作收到事半功倍之效。[④]

（一）在档案立法项目的选择上，学者们认为，现行《档案法》调整范围的部分空白状态及执法中的疲软乏力等诸问题，应该通过立法修正加以解决

比如电子文件问题、政府信息公开问题、档案开放时限与运行机制问题、档案中介机构问题、非国有档案管理问题等。

（二）在档案法律之间的协调上，我们还存在越权立法、档案法律之间不协调和档案法规不完善等问题

如许多地方档案立法活动没有遵守国家立法的有关规定，所制定的档案规范性文件不同程度地与上位法冲突或抵触，主要表现在省级立法与国家立法冲突、两市（副省级市、国务院批准的较大的市）立法与省级立法冲突、没有立法权的市制定的政府规章以外的规范性文件与档案法律法规冲突。[⑤] 某些档案立法权限设定不合理，如城建档案馆作为实质性档案管理机构也具有制定档案工作规章制度的职权，导致城建部门与档案部门标准不一，档案工作受到多头管理。……许多需要和有关法规相衔接的实施办法、细则等规范性文件亟待出台。以电子档案保密工作方面的法规为例，尽管国家档案局出台了《电子文件归档管理规范》等行业标准，某些地方和部门也制定了相应制度，但

① 马素萍：《论加强档案法制建设的必要性与迫切性》，《北京档案》2001 年第 6 期。
② 刘胜华：《关于地方档案立法理论和实践问题的探讨》，《档案学通讯》2000 年第 5 期。
③ 谌许业：《略论档案法律的实施》，《湖南档案》2002 年第 8 期。
④ 朱卫国：《关于修改“档案法”的几点认识》，《中国档案》1995 年第 2 期。
⑤ 张立君、武剑侠：《论档案立法存在的问题与对策》，《山东档案》2003 年第 5 期。

这些文件对电子档案保密工作只作了原则性规定，且仅限于档案部门，内容也明显地带有传统档案保密工作的痕迹，这对于信息与载体分离、生命过程涉及多个部门的电子档案显然是远远不够的。①

（三）在档案立法文件的结构形式上，已有的档案法规、规章无论是在形式上，还是在内容上都存在着一定问题

从形式上看，有些法规、规章还只是一种政策性的文件，缺乏法律文件的基本特征；有的法规、规章结构混乱，缺乏严谨的内在联系；有的则语言文字混淆不清，缺乏明确的规范性。从内容上看，有些规章对所要解决的问题并不明确，对相关的职责也未划清，致使规章难以施行。②

（四）在立法文件用语及文字规则上，现行《档案法》在立法用语上不够规范

如《档案法》第一条中有“为了加强对档案管理和收集、整理工作”一语，从字面上理解，档案管理包括档案收集、整理工作，将二者并列显得重复，从《档案法》内容中也看不出《档案法》与档案“整理工作”有内在联系。在《档案法实施办法》第 27 条中关于“违反国家规定擅自扩大或缩小档案接收范围”的提法也需要进一步细化，可以指明是什么原因引起或属何性质的“擅自扩大或缩小档案接收范围”应受到处罚。③ 又如《档案法》《档案法实施办法》先后多次使用“组织”和“单位”等词语，但“组织”和“单位”的定义如何，内涵和外延多大，两者有无区别，人们不得而知。④

四、解决档案立法技术问题的途径

通过对档案立法技术现状的分析可以看出，档案立法技术无论是

---

① 刘莅：《我国档案立法中存在的问题及对策》，《北京档案》2005 年第 2 期。

② 郭嗣平、李伯富：《论档案法规体系及其建设》，《档案学通讯》1992 年第 1 期。

③ 宗培岭：《“工欲善其事，必先利其器”——〈档案法〉修订视角》，《浙江档案》2007 年第 8 期。

④ 李泽锋：《试论档案立法技术》，《档案学通讯》2005 年第 5 期。

实践,还是理论研究都还处于初级阶段,很不成熟。一方面,我们应当加强对档案立法技术的理论研究,构建理论体系,形成系统认识;另一方面,着力解决制约档案立法技术的现实问题。这是主要方面,也是当务之急。

(一)改变档案立法人员结构,建立专门的档案立法机构

目前我们的档案立法职能,主要由各级档案行政管理部门负责人与档案行政管理部门中法制机构的工作人员担任,这就难免使制定的档案法规更多地带有档案行政管理部门利益色彩。应探索建立按照适当比例确定代表各方面利益的由专职与兼职人员共同组成的档案立法机构。

(二)为各级档案行政管理部门中的法制机构配置法律专业人员

各级档案行政管理部门中的法制机构,既是档案法规的执行机构,也是档案立法的辅助机构,有必要为其配置专业档案法律人员或对现有人员进行档案立法技术方面的培训。

(三)重视档案立法前期准备工作

重视档案立法起草前期准备工作,首先要完善立法起草的操作规范,明确立法宗旨和目的,谋划实现立法目的所采取的措施、途径和方法。同时对拟采取的措施需要增加的执法人力、财力以及预计带来的社会效益进行分析。其次要组织起草班子,落实经费设施,收集相关信息资料,进行调研论证,并对上述主要环节和过程予以规范化、固定化。

(四)规范档案立法起草工作

针对目前存在的不足,应当规范立法起草的过程、方法和步骤。一是制订起草工作计划,明确计划的基本内容和要求。二是扩大公众的参与,明确档案法律法规草案必须经过适当的形式征询、听取公众意见。除常规性的座谈、研讨之外,可以选择适当时机,在专业网站上公开修正草案,广泛征询业内人士和其他公众意见和建议。三是引入档案立法和修法听证制度。

(五)提高档案立法表述的规范化、标准化水平

由国家档案局启动档案立法起草文本表述规范化、标准化的技术

项目，开展相关研究。从档案法律规范性文件草案的标题、条文结构排列、草案体例、词语使用、起草说明和审查报告的格式和要求等各个方面，提出标准化、规范化的表述技术，予以推广应用。

（六）突出信息技术在档案立法中的应用

由国家档案局组织开发与档案立法起草工作相关的计算机软件，将档案立法起草表述规范化、标准化技术的研究成果，采用计算机技术手段和网络媒体加以应用和传播，从而提高档案立法起草的质量和效率。

本文为2007年度国家社科基金项目《档案法立法思想与立法原则研究》（项目编号：07BTQ027）的阶段成果，发表在《档案学通讯》2010年第3期第36—40页。

作者：陈忠海、吴雁平　作者单位：陈忠海，郑州大学信息管理系；吴雁平，开封市档案局

依法治档所依之“法”是什么?

——是《档案法》还是与档案、档案工作有关的一切法律、法规和规章

早在1996年,胡锡明在《浙江档案》第11期上发表的《关于依法治档的若干思考》一文中,指出实施依法治档过程中存在的问题之一,是对依法治档的认识不够,思路不开阔,无论在广度上和深度上都限定在一个很狭小的范围。表现:其一,是对依法治档四个字包含的极为丰富的内容认识不足。在常人眼中仅仅是指《档案法》,而没有将其作为档案工作的法规体系来认识。其二,是对依法治档的长期性和艰巨性认识不足。15年过去了,至今,档案学界和档案工作者依然对此研究不足,认识不统一。本文对依法治档中的“法”进行探讨,相应地提出“依法治档”的概念。

一、依法治档概念中的“法”

(一)狭义之“法”

舒国雄认为,“依法治档”这一概念,是1989年3月国家档案局与国务院法制局联合发出的《通知》中正式提出,其含义概括地说,是要在党和政府领导下依照《中华人民共和国档案法》及有关法规对档案事业进行管理。具体可以理解为四个方面的内容:一是将党中央和国务院有关档案工作的主张、决议,经过法定程序变成国家意志,通过档案行政管理部门严格遵照执行,带动社会各界实现党和政府关于档案

工作的方针、政策。二是在各级党委和政府领导下，档案行政管理部门行使档案行政执法权，档案馆、室等部门依法对档案进行管理和利用。三是依靠各级人大和有关部门以及广大人民群众，建立起档案法律监督体系，促进档案法律、法规的正确实施。四是依照档案法律、法规，不断完善各种管理制度，在全社会建立起档案法律意识和秩序，形成法律环境，以保障和促进档案事业不断发展，为社会主义现代化建设提供有效服务。依法治档是治理档案事业的根本方法，它与行政方法、经济方法、文化教育方法相互配合、相辅相成，形成统一的、和谐的管理机制。①

何炳荣认为，依法治档是依据《中华人民共和国档案法》及有关法规、规章，国家机构、社会组织以及以公职身份出现的个人依法实施行政管理，保证政令畅通的前提下，强化档案意识，加强管理档案事业发展力度，实现档案管理规范化、标准化、科学化，便于为社会各方面的优化服务与利用提供翔实的依据。②

胡鸣放认为，依法治档就是严格按照《档案法》《档案法实施办法》等法律法规来规范档案工作。③

狭义的“法”，在这里，就是指档案工作的法律、法规和规章。

（二）广义之“法”

陈作明认为，依法治档就是运用法律、法规治理档案事业。其中的“法”，起码应当包含三个层次：法律、行政法规和规章、地方法规。而且，在每一层次中，不能仅指档案法和档案工作法规，还应包括有关的政治、经济、科技等一切法律法规。所谓“治档”，则应包括档案的收集、管理和开发利用，以及对档案工作机构及其职责和权力的确认和保障。一句话，“依法治档”应当是在一切档案工作领域中依据和运用一切有关的法律和法规。④

胡锡明认为，依法治档就是依照《宪法》《档案法》和其他法律及

---

① 舒国雄：《关于依法治档的几个认识问题》，《特区理论与实践》1998 年第 8 期。
② 何炳荣：《浅议依法行政与依法治档》，《档案学研究》1999 年第 1 期。
③ 胡鸣放：《依法治档，开创开发区档案工作新局面》，《档案与建设》2004 年第 8 期。
④ 陈作明：《“依法治档”的内涵》，《档案工作》1993 年第 6 期。

国家有关档案工作法规对国家和社会、个人的各项档案事务进行管理的活动,它是我国实现依法治国战略的主要内容和实践。①

陈希周认为,依法治档,是指运用一切有关的法律和法规来治理档案事业,使档案的形成、积累、收集、整理、保管、利用以及档案机构的设置、人员配备等档案事务,受到法律法规的规范约束。②

邓涛认为,依法治档,是指国家各级档案行政管理机关及其工作人员依据宪法和法律赋予的职责权限,在法律规定的职权范围内,依照法定的程序,对国家各项档案事务依法进行有效管理;同时,对自身行政行为的后果,必须依法承担相应的责任。此处的法律是指广义的法律,包括全国人民代表大会及其常务委员会制定的法律、国务院制定的行政法规,具有立法权的地方人民代表大会及其常务委员会制定的地方性法规、自治条例、单行条例和国务院部门制定的或者具有立法权的地方人民政府制定的规章。③ 广义的“法”,在这里,就是指与档案、档案工作有关的一切法律、法规和规章。

(三)模糊之“法”

高福祥认为,所谓“依法治档”,就是档案工作要依法办事,要纳入国家法制轨道,用法律规范档案工作的言论、行为,用法律来保障档案工作的顺利进行,用法律来提高档案工作的社会地位,促进档案事业的发展。④

李洪波认为,依法治档就是国家立法机关在国家基本法律的基础上,从档案、档案工作的特点和发展规律出发,本着为社会服务的原则,制定相应的法律、法规来规范社会及个人在档案事务中的权利和义务,并由法律机关和档案行政管理部门共同保证其实施的过程。⑤

模糊的“法”,在这里,既不特指档案工作的法律、法规和规章,也不特指与档案、档案工作有关的法律、法规和规章,表述得不够清晰、

---

① 胡锡明:《关于依法治档的若干思考》,《浙江档案》1996 年第 11 期。

② 陈希周:《依法治档刍议》,《四川档案》1998 年第 2 期。

③ 邓涛:《依法治档的内涵与重点》,《中国档案》2010 年第 3 期。

④ 高福祥:《依法治档刍议》,《黑龙江档案》1998 年第 2 期。

⑤ 李洪波:《试论依法治档》,《云南档案》1999 年第 6 期。

明了。

上述三类“法”的作者均未对“法”本身的内涵进行深入的剖析和全面的论证。

二、依法治档的基础是什么

李洪波认为，实现依法治档应具备一定的条件。首先，要有完备的社会主义档案法律体系，这个体系应是科学的、严谨的、完备的。我国的档案法律体系主要由《档案法》及其实施办法、地方性档案法规，党和国家有关档案工作的政策、规定组成。这个体系已基本建成，但还不够完善、科学，还有待进一步加强。①

矫云霞、曲淑君也认为，建立以《档案法》为核心的科学、合理、配套的档案法规体系是依法治档的基础。档案法规体系是以《档案法》为核心，由若干档案行政法规、规章构成的相互联系、相互协调的统一体。建立由不同法律效力层次构成的，以《档案法》为核心的档案法规体系，不仅是档案立法的目标，也是依法治档的基础工程。②

有法可依是依法治档的基础或前提应该说是常识。法又不是孤立的，需要形成一个相互配套的体系。上述作者提供了两个体系：档案法律体系和档案法规体系。从内容的表述看来，大家是把两者作为同一概念的。事实上，两者有着本质的区别。这也是对依法治档的概念产生不同解读的主要原因之一。

1992 年 3 月 30 日，国家档案局发布了《档案法规体系方案》。方案规定，我国档案法规体系的建立要依据宪法等法律、法规，坚持法制统一的原则，以《档案法》为核心，以现行档案法规、规章为基础，以近期立法为重点，建立符合我国国情并适应档案事业发展的科学、合理、配套的档案法规体系。该方案也规定了我国档案法规体系的构成。按照这个规定，我国档案法规体系由档案法律、档案行政法规、中央档

① 李洪波：《试论依法治档》，《云南档案》1999 年第 6 期。

② 矫云霞、曲淑君：《谈依法治档》，《黑龙江档案》1994 年第 5 期。

案行政规章、地方档案法规、地方档案规章五个部分构成。

2009年,《中国档案》在"小普说法"栏目中,发表了小普所写《档案法规体系的构成》一文。文中对档案法规体系作了重新界定。档案法规体系是指以《中华人民共和国档案法》为核心,由符合《中华人民共和国立法法》规定的若干有关档案工作的法律、行政法规、地方性法规和规章所构成的相互联系、相互协调的统一体。档案法规体系的基本框架共分为四个层次,分别为档案法律、档案行政法规、地方性档案法规和档案规章。

比较而言,这一划分,只是将1992年国家档案局《档案法规体系方案》中的中央档案行政规章和地方档案行政规章实行了合并而已。最有意思的是文中对四个部分的解读。

档案法律,包括《档案法》和其他法律中涉及档案的规定。如《刑法》第329条;《会计法》第23条;《野生动物保护法》第15条;《矿产资源法》第14条;《森林法》第14条。档案行政法规,包括《档案法实施办法》《机关档案工作条例》《科学技术档案工作条例》等。散见在其他行政法规中的有关档案法律关系的条款也属于档案行政法规的范畴,如《婚姻登记条例》第四章;《建设工程质量管理条例》第17条和第59条等。

关于地方性档案法规,目前,全国有30个省、自治区、直辖市颁布了地方性档案法规。长春、沈阳、青岛、宁波、武汉、济南、深圳等17个较大的城市也颁布了地方性档案法规20件。

档案规章,包括国务院部门档案规章和地方政府档案规章。目前,国家档案局单独或以国家档案局为主与有关部委联合制发的现行有效的规章有20件;35个(省、自治区、直辖市以及国务院批准的较大的市和经济特区)地方政府颁布的档案规章有59件。另据不完全统计,国务院其他部门制定有专门档案管理方面的规章(含规范性文件)50余件。

以上这些档案法律、法规和规章是档案行政管理部门的主要执法依据。①

看到上述解释,着实令人费解。很难想象,《刑法》《会计法》《野生动物保护法》《矿产资源法》《森林法》因为有档案、档案管理以及违反《档案法》需要依法惩处的条款,就此将其称为"档案法律"。是什么法本来一目了然,这样一解释,反倒使人如坠云雾。上述法律大多有相应的地方性法规或规章,也会涉及档案、档案管理的内容,但在上面的地方性档案法规和档案规章解释部分却难觅踪影。不知作者是如何划分的,标准是什么。

将涉及档案、档案管理等内容的《婚姻登记条例》《建设工程质量管理条例》等列入档案行政法规,同样让人难以认同。

问题出在哪儿?是我们将"档案法规体系"与"档案法律体系"搞混了,或者说,我们将形式与内容混淆了。

三、我们需要一种内容分类体系——档案法体系或档案法律体系

档案法体系也称为档案法律体系,是根据一定的原则和标准划分的调整档案关系的各种法律规范所组成的有机联系的统一整体。它是以档案法所调整的档案法律关系为标准进行划分而形成的。② 这是从内容上的一种分类形式。

档案法的形式或渊源,是指法定的国家机关制定的不同法律地位和效力的档案法的表现形式,包括档案法律、行政法规、地方性法规、行政规章和地方规章等形式。③ 法的形式是由立法主体的地位决定的。由于各部门法的立法主体基本相同,所以,各部门法的形式也基本相同,例如,行政法、民法、刑法、经济法、劳动法等部门法都由法律、行政法规、地方性法规、行政规章和地方规章等形式构成。由此可见,

---

① 小普:《档案法规体系的构成》,《中国档案》2009 年第 2 期。
② 沈宗灵主编:《法理学》,北京大学出版社 2000 年版,第 426 页。
③ 沈宗灵主编:《法理学》,北京大学出版社 2000 年版,第 398 页。

法的这种形式是各部门法所共有的。对法的形式分类虽然有助于判别法的位阶和效力,但无法揭示每个部门法互不相同的内在结构。因此,各部门法及其所属的下位法除了按立法主体对法的形式进行分类外,还都重视从法所调整的法律关系来进行分类。例如,金融法体系划分为银行法、货币法、证券法、票据法、信托法、保险法等部分,每个部分下面再分为更小的类目。如银行法下面又分为中央银行法、普通银行法、非银行金融机构法等部分。

我国档案界习惯从形式上对档案法律、法规和规章进行分类,比如,1992 年国家档案局《档案法规体系方案》中的“五部类划分”、小普《档案法规体系的构成》一文中的“四部类划分”。这种以立法主体为划分标准的档案规范性文件的分类,与法学界所称的“法”的形式或渊源分类相吻合,因而,可以将档案法规体系理解为档案法的形式,其名称不宜采用“档案法规体系”。因为法学界不提倡用“法规”一词来概括各种规范性法文件。例如,周旺生主编的《立法学》指出,为保证法的范畴表现形式实现科学化,让“法规”一词专司表现行政法规、地方法规、自治法规以及它们的总称,而将表现法律、行政法规、地方性法规和其他规范性文件总称的任务,留给“法”这个词来承担。[①] 从法学界实际使用的名称来看,各部门法及其下位法都把以立法主体为标准进行分类所产生的规范性法文件的形式称为“某某法的形式”,例如,民法的形式、刑法的形式、金融法的形式、行政法的形式等,而不称为“某某法规的形式”或“某某法规体系”。因此,将档案法的形式称为档案法规体系与其他部门法的惯例不符合。为了与其他部门法相协调,将档案法规体系改称为“档案法的形式”或“渊源”会更合适一些。[②] 档案法体系(档案法律体系)与档案法规体系比较而言,主要区别在于:一是划分的标准不同。档案法体系主要是以档案法所调整的档案关系为划分标准,形成档案法律规范内容的划分;档案法规体系是以立法主体的地位为划分标准,形成档案规范性法文件形式的分

---

① 周旺生主编:《立法学》,法律出版社 1998 年版,第 74 页。

② 杨立人:《档案法体系的特点和分类原则》,《档案学研究》2003 年第 3 期。

类。二是构成体系的基本单位不同。档案法体系(档案法律体系)是档案法律规范的有机整体,以档案法律规范为基本细胞。档案法规体系是各种形式的档案规范性法文件的有机整体,它的基本单位是规范性法文件。从两种基本单位的大小来说,规范性法文件大于法律规范。一件规范性法文件可能包含数十个法律规范,规范性法文件通常是若干个法律规范的集合体。一个法律规范的大小约相当于规范性法文件中的一个条款。以档案法律规范作为基本单位可以使档案法体系类分得较细。从两种基本单位之间的关系看,它们属于内涵与外在的关系。规范性法文件和条款是法律规范的表现形式,法律规范是法的内容和主体。形式表现内容,内容依靠形式来表现。三是两种体系的外延不同。档案法体系(档案法律体系)不但包括档案规范性法文件中的法律规范,也包括其他部门法中的法律规范,如刑法、民法、行政法中的法律规范,因为这些法律规范是关于档案工作的,譬如《刑法》第 329 条中的规定。档案法规体系是以规范性法文件为基本单位,所以,它只包括档案工作规范性法文件。刑法、民法、行政法等虽有个别法律规范是关于档案工作的,但不能因此将这些文件列为档案工作规范性法文件。如《刑法》第 329 条对档案刑事责任作了规定,但不能就此将《刑法》列为档案工作规范性法文件。四是二者的作用不同。档案法体系(档案法律体系)是以档案法所调整的档案关系为划分标准的,能较好地揭示档案法体系的内在联系,展现出与其他部门法体系截然不同的内涵;档案法规体系以立法主体的地位为标准,能分清档案规范性法文件的形式、位阶和法律效力。从两种体系在档案法系统化方面的作用看,档案法体系适用于档案法典的编纂,档案法规体系适用于档案法的汇编。①

---

① 杨立人:《档案法体系的特点和分类原则》,《档案学研究》2003 年第 3 期。

四、基本结论

这么说来,我们就明白了,档案法规体系就是法学界所说的对档案法形式或档案法渊源分类的统一整体,档案法体系或档案法律体系就是对档案法内容分类的统一整体。过去,我们只注重了形式划分,忽略了内容划分,或者干脆将形式划分与内容划分混为一谈。小普在《档案法规体系的构成》一文中的解释即是例证。为了与其他部门法对法的内容划分相协调和清晰,建议将"档案法规体系"概念改称"档案法形式"或"档案法渊源",同时,启用"档案法体系"或"档案法律体系"概念。

档案法规体系是以立法主体为标准将档案规范性文件划分为档案法律、行政法规、地方性法规和档案规章等形式,操作起来有规可循。档案法体系是以档案法所调整的档案关系为标准对档案法律规范进行划分,包含有一定的主观因素,操作起来较为复杂。考虑到档案法现有存量的实际,兼顾档案法未来的增量,可以将其分为以下六个类别:机关档案法律规范、档案馆工作法律规范、档案行政管理法律规范、科技档案法律规范、专门档案法律规范、私人档案法律规范。各个部分还可以作进一步的细分,如"档案馆工作法律规范"可划分为:档案收集法律规范、档案整理法律规范、档案鉴定法律规范、档案保管法律规范、档案利用公布法律规范等。"专门档案法律规范"可以划分为:人事档案法律规范、会计档案法律规范、诉讼档案法律规范、地名档案法律规范、艺术档案法律规范、电子档案法律规范以及声像档案法律规范等。当然,也可以根据档案工作的不同内容,将档案法体系分为:档案管理法律规范、档案利用和公布法律规范、档案机构和人员法律规范、档案责任法律规范等类目。① 据此,可以认为,依法治档所依之"法"就是档案法体系或档案法律体系所提供的一切规范,即档案法律规范。通俗地说,也就是与档案、档案工作有关的一切法律、法规

① 杨立人:《档案法体系的特点和分类原则》,《档案学研究》2003年第3期。

和规章。

依法治档可以表述为以档案法律规范为依据,科学地管理档案事务,合理地调整档案社会关系,推动档案事业进步,促进经济和社会发展的过程。

本文为2007年度国家社科基金项目《档案法立法思想与立法原则研究》(项目编号:07BTQ027)的阶段成果,发表在《档案管理》2011年第3期第10—14页。

依法治档中“治档”应作何理解？

——谁来治、治什么、如何治

在档案界，大家在论及“依法治档”概念时，对“治档”中的“治”字通常用“治理”“规范”“管理”等词汇来表述。对“档”字，通常用“档案事业”“档案工作”等词汇来表述。治理常与对杂乱事务的处理相联系；规范往往与提高事务的条理性相关联；“管理”则多与程序、方式、方法发生关系。因此，用“管理”一词来注解“治”字相对恰当一些。档案事业虽然涵盖面很宽，但像档案高等教育和非国有组织与个人的档案及其管理则不属于自身的范畴。狭义的“档案工作”是指管理档案和提供档案信息为本单位和社会服务的工作，包括档案室工作和档案馆工作，它排除了档案行政管理工作等内容。同时，广义的“档案工作”与“档案事业”概念往往通用，二者都缺乏严格的专指性。档案事务是指与档案相关的事务，与档案社会关系联系紧密，相对来说比较适中。因此，笔者将“治档”界定为“管理档案事务的活动”。

一、谁　来　治

邓涛认为，“依法治档”是指国家各级档案行政管理机关及其工作人员依据宪法和法律赋予的职责权限，在法律规定的职权范围内，依照法定的程序，对国家各项档案事务依法进行有效管理；同时，对自身行政行为的后果,必须依法承担相应的责任。① 显然,这里明确管理的主体是国家各级档案行政管理机关及其工作人员。管先海认为,近年来,伴随着各级档案局相继设立政策法规科(处)或执法监督科(处),在档案界流行着一种"依法治档是档案局的事,与各级档案馆、档案室无关"的观念。他按照《档案法》第7条和第8条的规定,明确了档案馆和档案室各自的五条法定职责。提起依法治档,人们往往认为,那是各级档案部门的事,与各级权力机关、行政机关、司法机关及各级领导无关。恰恰相反,依法治档需要各级权力机关、行政机关、司法机关及各级领导的支持、配合和协助,否则,单靠档案部门,依法治档很难顺利推进。②管先海认为依法治档的主体是档案部门,包括各级档案局、档案馆和档案室,强调了相关机关和各级领导要给予支持、配合和协助。

档案界同行多数持上述观点。如舒国雄认为,依法治档的内涵之一是在各级党委和政府的领导下,档案行政管理部门行使档案行政执法权,档案馆、室等部门依法对档案进行管理和提供利用。内涵之二,是依靠各级人大和有关部门以及广大人民群众,建立起档案法律监督体系,促进档案法律、法规的正确实施。内涵之三,是依靠档案法律、法规,不断完善各项管理制度,在全社会建立起档案法律意识和秩序,形成法律环境,以保障和促进档案事业不断发展,为社会主义现代化事业提供有效服务。③

早在1988年,《档案工作》杂志以"评论员文章"的形式,以《建立依法治档的新秩序》为题,对《档案法》颁布一年来在全国的实施情况进行了总结。指出,档案部门应"依法办事",更强调"依法治档"是全社会的事。"依法治档是档案部门的事,还是全社会的事?"这既是一个认识问题,更是一个实践问题。舒国雄认为,依法治国,即广大人民群众在党的领导下,依照宪法和法律规定,通过各种途径和形式管理国家事务,管理经济文化事务,管理社会事务,促进国家各项工作都依法进行。社会主

① 邓涛:《依法治档的内涵与重点》,《中国档案》2010年第3期。
② 管先海:《对依法治档的理性思考》,《北京档案》2005年第4期。
③ 舒国雄:《关于依法治档的几个认识问题》,《特区理论与实践》1998年第8期。

义档案事业管理方式必须在档案事业的宏观和微观管理中,面向社会,立足社会和人民,充分体现人民在档案事业管理中当家做主的权利。[1]舒国雄提出了档案事业的宏观管理和微观管理问题。其实,档案事业存在宏观、中观和微观三个层面的管理问题。各级党委和政府对档案事务的管理属宏观层面,档案行政管理部门和相关部门对档案事务的管理属中观层面,档案馆(室)、相关机构(如文件中心,未建立档案机构的办公室、业务处室等)及其工作人员和公民对档案事务的管理属于微观层面。与之相适应,管理档案事务的主体也应分为三个层次:宏观层次是各级党委和政府,中观层次是各级档案行政管理部门和相关部门,微观层次是档案馆(室)、相关机构及其工作人员和公民。

各级党委和政府管理档案事务的方式是为档案事务的存在和发展提供条件和提出要求。依据《档案法》和《档案法实施办法》,各级党委和政府要把档案事务的相关内容列入各级国民经济和社会发展计划,确立档案事业的发展方向和具体路线,为档案事业的发展提供人财物,包括适宜的档案库房等基础条件。并对不同时期和各个阶段档案事业的发展目标及其成效提出要求,确保档案部门定位合理,管理有力,服务有效。各级档案行政管理部门是中观层面管理档案事务的核心主体,作为各级人民政府管理档案事业的职能机构,有权依法开展监督检查活动,查处违法案件。有关部门,包括各级权力机关、行政机关、司法机关以及各级领导是中观层面管理档案事务的辅助主体,要通过档案执法监督检查,审判档案违法案件、审理行政争议、加强档案普法教育,带头执法、将档案工作列入日常议事日程、加强对档案执法工作的领导等方式实施对档案事务的有效管理和监督。档案馆(室)、相关机构及其工作人员和公民管理档案事务的方式是建章立制,收齐、管好、用活档案,向档案馆移交档案,对本单位和下级单位的档案工作进行监督、指导;保护对国家和社会有价值的档案,合理地利用档案,对各级组织的档案行政行为,特别是执法行为和公民履行档案法律义务的行为实施监督。

---

① 舒国雄:《关于依法治档的几个认识问题》,《特区理论与实践》1998 年第 8 期。

二、治　什　么

从各级党委和政府层面讲,“十一五”期间,普遍将档案事务纳入了国民经济和社会发展规划,科学地指明了档案事业的发展方向,提供了相应的保障措施。各级档案部门对党委和政府提出的管理有力、服务有效的目标,落实程度不尽相同,还有一定的差距。

档案行政执法应该是档案行政管理部门大量的和经常性的管理活动,是依法治国的一项重要内容,也是推进依法行政、建设法治政府的重要环节。我国档案行政执法活动开展得极不活跃,全国可查到的执法案例屈指可数。档案行政管理部门普遍不愿执法,不敢执法,不会执法。档案行政管理部门与相关部门在协作的过程中,常常将联合“监督检查”与“联合执法”混为一谈。甚至在本部门内部,也将业务指导与监督检查和具体的行政执法行为合为一体,不分界限,不分主次,说到底,就是依然故我地坚持计划经济时代的以行政手段为主的管理方式和方法。因为不愿执法,向司法机关提交档案民事和刑事诉讼的案件就极为罕见。由于与权力机关、司法机关沟通和协调不够,很难将档案法律、法规和规章纳入各个“五年”普法计划。未树立起“有为就有位”的意识,“等靠要”思想严重,也就难以取得各级领导的理解和支持,制约档案事业的各种“瓶颈”问题就长期得不到解决。

档案馆(室)、相关机构及其工作人员和公民在管理档案事务中的任务各不相同。

档案馆在履行职责过程中,存在以下主要问题:一是在接收档案过程中有极端化倾向。要么到期应进馆档案长期不予接收,要么提前接收。例如,有的地市档案馆将形成期 5 年的档案就接收进馆,名曰“丰富馆藏,加强档案资源建设”。这与现行《档案法》规定的形成期满 10 年有很大的差距。至于新修订的《档案法》可能规定县市级机关将形成的保管期满 5 年的档案移交档案馆,但这是后话,毕竟,现行《档案法》依然发生着法律效力。二是应开放的档案大量不予开放,又不向社会各界说明理由。三是对《政府信息公开条例》中赋予档案馆的职责履行不力。已公开现行文件中心提供的公开文件既不齐全,也不完整;既不能提供网络链接,更不能提供网络全文检索。传统档案利用手续依然烦琐,“门难进,脸难看,事难办”的局面没有得到根本改变。

国有单位档案室工作存在一定问题:归档率和完整率多数达不到满意的结果;人员素质差状况未有多大改观;利用手段落后;有违法事件隐瞒不报;等等。未建立档案机构的国有单位,档案长期分散保存的状况依然存在,档案丢失、损坏、泄密的问题时有发生。公民的档案意识普遍薄弱,档案法制观念更是淡薄。义务和权利思想双双缺失,亟待启蒙和强化。非国有组织和公民形成的对国家和社会有保存价值档案的界定是省级档案行政管理部门的职责。目前,全国只有个别省份划定了范围,大多数省、自治区、直辖市迟迟不行动。所以依法监管这部分档案也就无从谈起。

三、如 何 治

依法治档的本质是用法律的手段规范、约束档案行政权力的行使,既要保证档案工作正常有效开展,又要保障公民、法人和其他组织在档案事务中的合法权利不受侵犯。依法治档的基本内涵:推动档案行政管理部门职能的转变,提高制度建设的质量,建立科学、民主的决策机制,理顺档案行政执法体制,规范档案行政执法行为,完善档案行政监督制度和机制,提高档案行政管理部门工作人员依法行政的观念和能力,健全档案工作中预防和化解社会矛盾与纠纷的工作机制。① 市场经济的发展和完善,社会各项事业的全面进步,政府执政理念和职能的转变要求实现档案工作管理方式的变革。

这种变革体现在:一是由以前主要从直接的、具体的管理转为间接的、宏观的、原则的管理;二是由以前主要依靠行政手段转变为主要依靠法律手段。②

---

① 邓涛:《依法治档的内涵与重点》,《中国档案》2010 年第 3 期。

② 舒国雄:《关于依法治档的几个认识问题》,《特区理论与实践》1998 年第 8 期。

为实现这一转变，首先，要加强档案行政执法，确保与档案、档案工作有关的一切法律、法规和规章能够得到有效实施。主要依靠法律手段并非排除行政手段，而是将法律手段置于首要的位置。它与行政手段、经济手段等相互配合，相辅相成，形成一个统一的、和谐的管理机制。为有效地依法行政，应做到：一是各级档案部门及其工作人员在履行法律赋予的职责和权限时，做到不越权、不滥用权力；工作不懈怠，更不能不作为。坚持按照法律程序办事，树立“程序即法”的理念。二是建立健全档案行政执法体制，明确权责，实施有效的监督，规范档案执法行为。三是实行档案行政执法考核制度和执法过错责任追究制度。四是加强档案执法队伍建设。五是以各级档案行政管理部门的政策法规机构为重点，在全系统兴起“以学习和研究档案法律、法规和规章为重点”的热潮，就转变档案行政管理方式达成共识。第六，大胆尝试，敢于执法。国家档案局可选择部分省、自治区、直辖市和专业系统作为试点单位，省、自治区、直辖市可选择一些市县和专业系统作为试点单位，让其从执法实践中总结经验和规律，探索适合本地、本系统的执法方式和方法，并推广开来。经过若干年的努力，在各级权力部门、司法部门和档案行政管理部门领导的支持和帮助下，逐步形成“乐于执法、敢于执法、善于执法”的档案行政工作新局面，使档案执法跟上国家依法行政的快速发展步伐。

其次，实现权力制衡，建立监督和制约机制。没有监督的权力就会产生腐败。在推行依法行政，特别是具体实施行政执法的过程中，加强监督和实现权力制衡是必不可少的一个环节。一是实现内部监督和权力制衡。建立并有效地实施行政决策监督和责任追究、行政执法责任、行政复议等制度。二是确立外部监督和权力制衡。包括人大监督、政协监督、司法监督、舆论监督、审计监督和群众监督。真正实现“阳光下的档案依法行政”和“阳光下的档案行政执法”。

再次，转变档案行政管理职能，提高管理效能。政府执政理念和行政职能的转变，相应地要求档案行政管理部门转变行政理念和管理职能。一要加快由微观管理向宏观管理转变的步伐，切实搞好由以业务指导为主向依法监管为主转变的各项工作。这需要上下达成共识，需要实际行动，探索前行和不断总结。应找到突破口，制定路线图。上述“治什么”中所列举的各种问题，不是一朝一夕能解决的，从中寻找若干问题作为突破口，采取实际行动，循序渐进，积累经验。其他问题也应排好顺序将来逐一解决。二要坚决执行新的行政审批制度，坚决不介入行政机关不应介入的领域，不搞自由化。第三，实现具体管理职能的转变。将档案工作的重点由以安全保管为主，转移到保管与利用并重上来。“解放思想、更新观念”，树立“开放是原则，不开放是例外”的理念，通过体制和机制创新，加快开放档案的步伐，最大限度地缩小不予开放档案的范围，利用一切可利用的方式为用户提供方便，做好政府信息公开的相关工作。切实做到服务场所便利，服务设施齐全；同级党政群团工青妇各部门的公开信息应收尽收，应用尽用。

最后，加强宣传教育，提高全社会尤其是档案行政管理部门及其工作人员的档案法治意识。依法治档是项长期性、艰巨性和复杂性的系统工程，也是我们现在要尽快破解的一道难题。宣传教育工作显得尤为重要。当务之急是进行内部宣传，一是让主要领导率先接受教育，思想先行一步。二是举办档案行政执法座谈会，解决各级档案行政管理部门分管领导和政策与法规部门领导的认识问题。三是举办档案行政执法培训班，向专司档案政策与法规的工作人员普及依法治档的理论、法律知识和进行执法案例分析。四是通过档案人员继续教育的途径，向全体档案工作者开展全面的档案法治教育。并通过档案期刊和其他大众媒体，尤其是网络媒体向与档案工作有关的组织和人员传播相关的信息和知识。

依法治档时代的真正来临，顺应时代的发展，跟上社会进步的步伐，档案工作者责无旁贷。

本文为2007年度国家社科基金项目《档案法立法思想与立法原则研究》（后改名为《档案法立法研究》，项目编号：07BTQ027）的阶段成果，发表在《档案管理》2011年第4期第12—14页。

论档案行政执法司法化

档案行政执法是档案行政管理中最为常用的行政行为,也是对档案行政管理相对人权益造成影响最为直接的行政行为。

一、档案行政执法概念的界定

档案学界与档案实务界对档案行政执法的内涵尚未达成共识,因而对档案行政执法的表述也就多种多样。档案行政执法可以分为狭义说(国家档案行政机关)和广义说(国家机关)两种。而依据对档案行政执法含义界定的宽窄,亦可以细分为最狭义说、狭义说、一般说、广义说和最广义说五种。为了提高研究对象的专指性,有必要对这五种表述的含义与特征进行梳理,进而明确本文对档案行政执法含义的界定。

(一)最狭义说

最狭义的档案行政执法仅指档案行政监督检查。档案行政监督检查,简称为档案行政检查,是指具有档案行政监督检查职能的档案行政主体,依据法定的监督检查职权,对其行政管辖范围内的行政相对人是否遵守法律、法规和规章,以及是否执行有关行政决定、命令等情况,进行能够影响相对人权益的监督检查行为。

赵连裕认为,档案行政执法是指国家档案行政管理部门依照职权和档案法律、法规的规定,对被管理人的档案权利义务的行使和履行情况,直接实施监督检查的行政行为。① 理论研究上持这种观点的人很少。

《南京市档案行政执法检查和专项监督检查实施意见》第二条规定:“本意见所称档案行政执法监督检查,是指市档案局依据法定职责和程序对全市法人、其他组织贯彻落实档案法律法规情况进行全面了解、查询、纠正和处理的活动。”档案实务界使用这一表述的也很少。档案行政监督检查具有主体主动性,具有不考虑相对人意愿的特征。它是保障档案行政目的实现的重要行政手段,也是档案行政执法主体作出正确的行政强制和行政处罚的前提和基础。

(二)狭义说

狭义的档案行政执法是指档案行政处罚和档案行政强制。理论研究上持此观点的人比较少。潘玉民认为,档案行政处罚是指享有档案行政处罚权的档案行政法主体,根据档案法律规范,依照法定的程序,对公民、法人或者其他组织的档案违法行为实施的行政制裁。② 依据国家档案局 2000 年 5 月 10 日发布的《档案行政处罚程序暂行规定》第 11 条的规定,档案行政处罚的种类包括:警告、罚款和没收违法所得三种。

对于行政强制,2011 年颁布的《行政强制法》第 2 条规定:“本法所称行政强制,包括行政强制措施和行政强制执行。行政强制措施,是指行政机关在行政管理过程中,为制止违法行为、防止证据损毁、避免危害发生、控制危险扩大等情形,依法对公民的人身自由实施暂时性限制,或者对公民、法人或者其他组织的财物实施暂时性控制的行为。行政强制执行,是指行政机关或者行政机关申请人民法院,对不履行行政决定的公民、法人或者其他组织,依法强制履行义务的行为。”而对档案行政强制,国家档案局尚未作出明确说明。有学者认为,档案行政强制执行是指组织和公民个人不履行档案法律、法规、规

---

① 赵连裕:《浅议档案行政诉讼应诉中的处理》,《北京档案》1991 年第 6 期。

② 潘玉民:《论档案行政执法主体的依法执法》,《北京档案》2002 年第 12 期。

章规定的义务，档案行政管理部门依法强制其履行义务的行政行为。①

档案行政处罚、档案行政强制与档案行政监督检查有相同的特征，也有不同的特点。相同之处是都具有主体主动性，并不考虑相对人的意愿，都是保障档案行政目的实现的重要行政手段；所不同的是，档案行政处罚和档案行政强制具有更强的权力性与强制性。

（三）一般说

从理论研究上讲，持一般档案行政执法观点的人比较多。例如，张燕燕、徐广虎认为，档案行政执法是指国家档案行政管理部门依照档案法律、法规、规章所规定的职权和程序，通过行政监督检查、行政处罚、行政许可、行政复议等具体行政行为实施《档案法》等国家法律的活动。②

从实务界来看，使用这类表述的最多。1992 年 3 月 30 日，国家档案局发布的《档案执法监督检查工作暂行规定》第 2 条："本规定所称档案执法监督检查，是指各级档案行政管理部门对贯彻实施档案法规的监督检查以及依法对违反档案法规行为的查处。"2007 年 12 月，《杭州市档案行政执法责任制考核办法》第 3 条："本办法所称档案行政执法，是指档案行政管理部门在工作中依据档案法律、法规和规章，行使行政检查、行政许可、行政处罚和行政监管措施等管理职权的行政行为。"2011 年，《菏泽市行政执法档案管理办法》第 3 条："本办法所称行政执法档案，是指行政执法单位在实施行政许可、行政处罚、行政强制、行政征收、行政检查等行政执法活动中形成的各种执法文书、图表、声像和电子载体等历史记录。"其中，将档案行政执法界定为行政执法单位实施的行政许可、行政处罚、行政强制、行政征收、行政检查等行政执法活动。

这个意义上的档案行政执法，是与档案行政立法、档案行政司法相对应的具体行政行为。档案行政执法具有主体（档案行政部门）特定，对象（人或事）特定，以落实档案法律规范为目的特征。不仅包括

① 胡元潮：《〈档案法〉及其实施办法讲座——第十一讲档案行政执法》，《浙江档案》1991 年第 11 期。

② 张燕燕、徐广虎：《对档案行政执法工作的再认识》，《档案与建设》2008 年第 7 期。

了档案行政监督检查、档案行政处罚、档案行政强制等最狭义和狭义的档案执法行为，还包括了档案行政许可、档案行政复议、档案行政听证、档案行政奖励、档案行政确认、档案行政裁决等直接影响相对人权利义务的行政行为。

（四）广义说

广义的档案行政执法，是指档案行政管理部门按照法定职责、权限和程序执行、适用档案法律法规的行政行为。[①] 这一表述得到了大多数研究者的认同，使用频率最高。

从实务界看，使用这一表述的相对较多。例如，《广东省档案行政执法责任制实施办法》规定："档案行政执法是指档案行政执法主体及其行政执法人员依据法律、法规和规章，行使行政职权、履行行政职责的行为。"[②]

这类表述包括了档案行政部门的全部行政行为，即档案行政决策、档案行政立法（制定档案行政规章、规定、办法和其他规范性文件）、档案行政司法和其他档案行政管理行为。

（五）最广义说

最广义的档案行政执法，是指档案法律法规的执行，它不仅包括档案行政管理部门组织实施档案法律法规的活动，而且也包括非档案行政管理部门的组织机构和个人组织实施档案法律法规的活动。[③] 也就是说，国家有关机关对妨害档案管理活动，导致行政违法或刑事犯罪行为具体适用法律的活动也是其内容之一。持这一理论观点的学者较少，在实务界尚未应用与引用。

在上述的五种表述中，最狭义说、狭义说和最广义说在理论研究上认同者少，实务界没有应用或者应用很少，不适合作为本文的概念使用。一般说和广义说在理论研究与实际应用中较多，相对而言，理论界认同广义说多于一般说，实务界认同一般说则多于广义说。

---

① 许建华：《论档案行政执法》，《档案学通讯》2000 年第 4 期。

② 《广东省档案行政执法责任制实施办法》，《广东档案》2006 年第 4 期。

③ 管先海：《对依法治档的理性思考》，《北京档案》2005 年第 4 期。

档案行政执法司法化既是一个理论问题,更是一个实践性问题,选择实践中认同最多的一般说有利于引起实务界的共鸣,其研究成果也更易于得到实务界的认可。因此,我们同意这种说法,即档案行政执法是指县级以上人民政府档案行政管理部门依照档案法律、法规、规章的规定,对行政相对人采取的影响其权利义务,以及对行政相对人行使档案权利、履行档案义务进行监督检查的行政行为。①

二、档案行政执法司法化

运用相对成熟的司法程序对档案行政执法程序,包括档案行政监督检查、档案行政处罚、档案行政强制、档案行政裁决、档案行政许可、档案行政复议、档案行政听证、档案行政奖励、档案行政确认等直接影响相对人权利义务的行政行为加以规范,是今后一个时期档案行政执法的发展方向。

(一)档案行政执法程序司法化

档案行政执法程序是指除档案行政听证之外的档案行政监督检查、档案行政处罚、档案行政强制、档案行政裁决、档案行政许可等行政行为过程。限于篇幅,这里仅以档案行政处罚程序为例进行论述。

以司法化的程序代替传统的行政处罚程序,使行政处罚更加公正、透明,更好地保护行政相对人的权益,已成为行政处罚程序发展的共同趋势。② 为了规范档案行政处罚程序,国家档案局早在 2000 年 5 月 10 日就发布了《档案行政处罚程序暂行规定》。但我国档案行政处罚工作的历史不长,加之受“重实体,轻程序”传统思想的影响,在档案行政处罚结果与过程之间,往往偏重对结果的关注,忽视了对过程的关注。具体表现:有的未按照《行政处罚程序规定》填写立案审批表,予以立案;在向行政相对人下达行政处罚决定书之前,未下达行政处罚意见告知书;下达处罚决定时,不能保障行政相对人享有的陈述权、

---

① 小普:《小普说法(6)档案行政执法的基本要求》,《中国档案》2009 年第 6 期。

② 葛炜:《我国行政处罚程序司法化研究》,《玉溪师范学院学报》2006 年第 1 期。

申辩权、重大处罚的听证权,同时在处罚决定书中未告知行政相对人有关权利救济的途径,等等。行政处罚程序是使行政处罚顺利进行的重要保障,行政处罚应当严格按照我国《行政处罚法》《行政处罚程序规定》《档案行政处罚程序暂行规定》确定的程序进行,以保证行政处罚决定的合法、有效、正确和适当。法院在审理行政案件时,首先审查的就是行政机关在作出原行政处罚时程序是否合法。如果程序违法,法院不再对事实是否违法进行审理,而直接裁决撤销原行政行为。档案行政管理部门在实施行政处罚时,有任何程序上的违法,就将面临在法庭上当被告并承担败诉的法律责任的风险。①

行政执法司法化趋势的内涵包括审理机构的独立性、程序的公开性、参与性、当事人地位的平等性、对抗性等,这些司法化的程序性制度是在长期的纠纷解决实践中经反复适用而最终形成的。司法化程序的根本特征就是公正与对抗,只有地位上的平等,才会有行政相对人真正的对抗,只有公开和当事人的参与,才会有透明的公正,只有裁判者的独立,才会真正实现公正的程序和公正的结果。② 其中,是否有与档案行政相对人平等的理念最为关键。而在这种平等理念没有真正普遍形成的情况下,认真执行档案行政处罚程序在档案行政执法过程中就显得尤其重要。

档案行政处罚程序司法化,涉及告知、调查、检查、取证、文件审核、处罚、决定送达、处理等全部档案执法程序。只有建立司法化的档案行政执法程序,才能从程序上保证档案行政执法的公正性、权威性,才能提高档案行政执法的执行力。实现处罚程序的司法化是行政处罚程序进一步发展的必然方向,这也是行政处罚行为的性质和特点决定的。③ 随着档案行政权力运行的法治化进程,档案行政执法行为程序的严谨规制将越来越明显,档案行政执法将越来越注重程序和关注过程。

---

① 李爱芝:《档案行政处罚中存在的问题与对策》,《四川档案》2010 年第 4 期。

② 葛炜:《我国行政处罚程序司法化研究》,《玉溪师范学院学报》2006 年第 1 期。

③ 徐璐艳:《行政处罚程序司法化研究》,扬州大学,2012 年,第 5 页。

（二）档案行政执法听证程序司法化

在所有档案执法行为中，档案行政执法听证的司法化倾向最为明显。听证程序的性质是为保障行政处罚公正、公平实施的一种司法救济手段，适用范围一般是指给予较重的行政处罚的案件，即罚款数额较大的案件。条件是在行政处罚中，根据当事人的请求进行。《行政许可法》实施后，随着行政执法实践的发展，听证程序在两个方面发生了很大变化。一是适用范围不断丰富。听证程序源于《行政处罚法》，本限于行政处罚案件，后延伸到行政执法中，现更是拓展到行政许可、行政审批项目以及行政管理行为和行政决策中，有关部门都要举行听证程序。二是原来由当事人提出申请、行政机关组织的方式，变化为凡关系群众利益的、社会影响较大的事件，行政机关主动组织一定范围内的听证会。它在行政执法过程中架起了一座行政管理人同行政相对人沟通的桥梁，充分体现了行政机关践行“三个代表”，加强执政能力，关心群众利益，完善自身形象的根本出发点。这是听证程序不断发展的方向和理论基础，也应当是我们研究和讨论听证程序的立足点。①

档案行政处罚听证的核心是质证和申辩。听证是为了使行政处罚公正合理的一种制度，听证应体现出公平和公正。公平地解决问题的方式有时比公正的处理结果更重要。②

虽然《档案行政处罚程序暂行规定》明确了档案行政处罚听证范围，对于保护档案行政管理相对人（即当事人）的合法权益，防止和减少档案行政处罚错误起到了积极的作用。③ 但就整个档案行政处罚听证制度来说，在调整对象、主体、程序、效果方面还存在着一些缺陷。比如，听证范围过于狭小，行政损害的事前自卫严重受到限制；听证主持人员和案件调查人员利益趋同，极大地影响了当事人听证权利的充分行使；听证程序缺少关键环节，保护功能难以体现出来；听证要求与

① 乔明香：《论档案听证程序的适用》，《山西档案》2005 年第 1 期。

② 黄志勇：《档案行政处罚听证程序若干问题探析》，《档案时空》2003 年第 10 期。

③ 黄志勇：《试论档案行政处罚听证制度的缺陷与完善》，《档案管理》2004 年第 6 期。

听证双方的听证素质反差太大，听证制度没有发挥应有的作用等等。①

要克服上述缺陷，完善档案行政执法听证制度，就必须使档案行政执法听证司法化。这是因为，听证程序起源于司法制度，其理论根源是英国法中的自然正义原则。公正性、公开性和权利性问题是听证制度的理念和功能，但不是听证制度特有的理念，不滥用自由裁量权，一事不再罚等原则也有关公正性；政府信息公开，法无明文规定不处罚等原则也有关公开性；不得非法使用强制措施，保护商业秘密和个人隐私等原则也有关权利性。听证制度的首要特征应是其程序性。听证程序派生于司法，还须植根于司法，因此，行政的司法化应是听证程序的基础。② 而档案行政执法听证的司法化则是档案行政执法司法化的重要组成部分。

（三）档案行政执法记录文件材料形成司法化

档案行政执法记录文件材料是档案行政执法行为的重要书面材料，在不同的档案行政执法行为中会形成不同的记录文件材料。这里，我们只讨论档案行政执法案件调查时形成的记录文件材料和档案行政执法处罚通知文件材料。

1. 档案行政执法案件记录文件材料形成司法化

档案行政执法案件记录文件材料司法化是指以司法文书的要求来规制档案行政执法案件记录文件材料的形成。虽然《档案执法监督检查工作暂行规定》第 15 条："查处违反《档案法》案件，必须以事实为根据，以法律为准绳，做到事实清楚，证据确凿，定性准确，处理恰当，手续完备"，但对具体的档案行政执法案件的记录文件材料如何写，格式是什么，要求是什么，并没有详细的规定。《档案行政处罚程序暂行规定》有了进一步的细化。《档案行政处罚程序暂行规定》第 15 条："档案行政执法人员在调查处理档案行政处罚案件时，应当依法搜集证据。证据包括物证、书证、证人证言、视听资料、当事人陈述、调查笔录、勘验笔录和鉴定结论及其他依法可作为证据的。"第 16 条

---

① 黄志勇：《试论档案行政处罚听证制度的缺陷与完善》，《档案管理》2004 年第 6 期。

② 匡科：《司法化是行政处罚听证程序的基础——兼论行政处罚听证程序的改进》，《中国工商管理研究》2003 年第 10 期。

规定:“档案行政执法人员在调查处理档案行政处罚案件时,应当询问当事人或者其他知情人,并制作档案行政处罚询问笔录。询问笔录应当由被询问人签名或者盖章。”但这对于没有经过系统训练的普通档案行政执法人员来讲,还是显得原则与笼统,在具体执法实践时往往还是不知如何撰写这些记录文件材料,或者是撰写时不得要领,导致记录文件材料存在认定事实简单、证据分析模糊、定性不够严谨、适用法律法理说明不清、结论缺乏推导等这样或那样的缺陷,因此影响到档案行政执法行为的效力。

解决上述问题,就非常有必要借鉴司法文书的写法要求,规制档案行政执法案件记录文件材料的形成。“司法化”的档案行政执法案件调查记录文件材料,应当包括五个方面的内容:一是案件概况,二是调查经过及证据,三是违法事实,四是定性分析,五是处罚依据及建议。① 同时,在上述内容中还必须体现作出行政行为的依据、调查取证的描述性说明、适用法律的依据三个方面的要求。所谓作出行政行为的依据就是要在档案行政执法案件调查记录文件材料中写明已查清的违法事实和证据,包括时间、地点、经过、手段、情节、证物、违法所得及违法行为造成的后果。调查取证的描述性说明就是要准确说明调查经过,包括调查人员、调查时间、范围、方法、步骤,有无协作办案单位,是否采取行政强制措施以及有无扣留涉案物品,有无移送司法机关及其他部门处理情况等。适用法律的依据就是要全面完整详细地展示法律依据,说明选择适用某项法律的理由,要有说明推理过程。这样做,客观上使案件调查文件材料更加严谨、更加接近于司法文书。这样的文件材料不仅使档案行政执法的当事人比较容易接受档案行政处罚,而且在行政复议或行政处罚听证中易于得到裁决机关和听证代表的认同。

2. 档案行政执法处罚通知文件材料形成司法化

档案行政执法处罚通知文件材料司法化是指在行政处罚案件形

① 吴琪明:《推行案件调查终结报告“司法化”促进行政执法公正化》,《工商行政管理》2006年第21期。

成行政处罚文书时更多地注重说理，力戒简单武断。

1992 年，国家档案局颁布的《档案执法监督检查工作暂行规定》第 10 条："《档案执法监督检查通知书》应写明被监督检查单位或个人所违反的具体档案法规条款和违法事实以及改进要求。"2000 年，国家档案局颁布的《档案行政处罚程序暂行规定》第 17 条："档案行政管理部门在作出行政处罚决定之前，应当告知当事人作出处罚的事实、理由和依据以及当事人依法享有的权利。"但这都是笼统的原则性要求，对于基层档案行政执法人员很难起到具体的指导与示范作用。因此，我们有必要借鉴工商行政管理部门推行的"说理式"行政处罚文书的经验，使档案行政执法处罚通知文件材料司法化。

档案行政处罚决定书是送达给当事人的，因此，档案行政处罚决定书如何"说理"，应该站在当事人的角度来评析。既然是"说理式"处罚决定书，就应该在"说"和"理"上下功夫。因此，处罚决定书"说理"，应当着重通过改进语言文字表述方法，阐明调查证据与判定事实之间的逻辑必然，表明执法机关的立场态度，并对处罚定性、定量作出法律解释和事理论证，进一步增强行政处罚决定书的说服力和公信力。①

一份好的"说理式"处罚决定书，应当具备制作细致、分析周密、论证严谨、说理透彻等明显特点，应当能够体现执法者的公正立场，对当事人什么是对的、什么是错的；法律支持什么、反对什么以及为什么支持、为什么反对，都应有清楚的表述，言之有物、言之有据、言之有理。有"五种理"需要说透：即认定事实的事理、适用法律的法理、行使自由裁量的情理、逻辑思维的哲理和答复当事人陈述、申辩的道理。②

司法化的档案执法案件调查文件材料可以客观真实地记录整个档案行政执法的过程，能够使我们更为理性地实施档案行政执法，进而保障档案行政执法行为的客观公正。这样做，一方面提高了档案工

① 江苏省镇江工商局：《推行说理式文书促进执法规范化》，《工商行政管理》2009 年第 3 期。

② 江苏省镇江工商局：《推行说理式文书促进执法规范化》，《工商行政管理》2009 年第 3 期。

作依法行政的效率,另一方面也提高了依法治档的水平。这就要求档案执法人员必须具备扎实的法律知识功底,提高自身对立法本意、法律条文的全面把握和深刻理解;不仅要不断提高拟制处罚决定书的文字水平,还要有严谨的逻辑思维能力和高超的法律运用技术水平,从程序和实体两方面严格落实依法治档、依法行政的要求。

(四)档案行政执法机关内部运行机制司法化

政府行政行为可分为内部行政行为与外部行政行为。内部行政行为虽然仅在行政机关内部产生效力,对外不具有法律效力,但由于它对行政决策、执行以及公务员行为起着极为重要的作用,也就必然影响机关行政效率和外部行政行为,因此,推进依法行政,同样要使内部行政行为法治化,要建立社会化、法治化的内部行政行为决策、救济体系。① 只有在档案行政司法化理念的指导下,实现档案行政执法机构在内部运行机制上的司法化,才能保证档案行政执法从内容到形式上都更加严谨、公开、公平。

档案行政机关内部行政运行机制需要司法化,即程序化和规范化。档案行政机关内部运行的程序规定能够有效地防止档案行政机构内部人员滥用职权、提高档案行政执法工作效率、加强执法人员之间的相互监督,也有助于档案行政机构内部的责任追究。同时,档案行政机构内部程序的规范化、制度化、体系化也是加强档案行政机构内部行政管理的有效方法之一。但是,我国传统行政观念从特别权力关系理论出发,认为行政程序法只是调整、规范外部行政行为的程序,而不调整、规范内部行政行为的程序。这导致我国目前内部行政程序很不完善,内部程序的规定比较混乱,有法律规定的,有行政规章或地方法规规定的,也有政府机关内部自行规定的。② 因此,约束档案行政管理机关及其行政执法工作人员的行为,提高档案行政管理机关和其工作人员的行政管理水平,除了对他们有实体法方面的要求外,很重要的就是对他们的行政行为还要有程序法方面的要求,将内部行政行

① 郭华:《内部行政行为法治化的构建》,《闽江学院学报》2007 年第 3 期。
② 郭华:《内部行政行为法治化的构建》,《闽江学院学报》2007 年第 3 期。

为法治化,真正实现档案执法机构内部运行机制的司法化。

三、结　　语

作为一种法观念的倡导,档案行政执法司法化的研究在档案学界才刚刚开始。档案界,尤其是档案行政执法系统对此还未予以应有的重视。我们可以借鉴法学界和工商管理界的研究成果和实践经验,一方面积极拓展该领域的研究方向,另一方面注重对该领域实践经验的总结,进而达到逐步丰富依法治档理论和实践内容的目的。

本文为2013年度国家社科基金项目《依法治档研究》(项目编号:13BTQ068)的阶段成果,发表在《档案学通讯》2014年第1期第80—85页。

作者:陈忠海、吴雁平　作者单位:陈忠海,郑州大学信息管理学院;吴雁平,开封市档案局

论档案行政执法与刑事司法的衔接

行政执法与刑事司法衔接是一个源于行政执法实践的现实问题。十几年来,这一问题越来越多地引起行政执法机关、司法机关和社会各界的共同关注,理论界的研究相对落后于实践层面的需求和行动。当今行政执法与刑事司法衔接工作机制的建立是实践需求与理论研究相互作用的结果。

一、行政执法与刑事司法衔接的表述

从时间节点上看,学者们在研究行政执法与刑事司法衔接时先后探讨了两个问题:一是行政执法与刑事司法的衔接机制,二是行政执法与刑事司法的衔接。二者其实是同一个问题。

2007 年 9 月 11 日,《法制日报》发表蔡岩红撰写的《上千海洋违法案无一受刑事处罚》一文。作者认为,行政执法与刑事司法衔接机制是指具有法定行政管理权限的机关或组织,在行政执法过程中将涉嫌构成犯罪的行为从行政执法过程中分离出来,自然过渡和转移到刑事司法程序中,进而进行侦查、追诉并最终汇入刑事审判的机制。

也有一些作者对行政执法与刑事司法衔接机制给出了不同的表述。朱小岗、樊霄鹰认为,行政执法与刑事司法衔接机制,是指在查处涉嫌犯罪的行政违法案件过程中,各有关部门在各司其职、各负其责的前提下,相互配合、相互制约,确保依法追究涉嫌犯罪人员的刑事责任的办案协作制度。①

对行政执法与刑事司法衔接的表述要晚于行政执法与刑事司法衔接机制。

赵素江认为,行政执法与刑事司法的衔接,就是行政机关在行政执法过程中发现涉嫌犯罪的案件需要刑事处理时,案件从行政执法程序向刑事司法程序流转的过程。②

2012 年 3 月 12 日,《检察日报》发表的《高检院工作报告词解》解释,行政执法与刑事司法衔接指行政执法机关、公安机关、检察机关在信息共享、案件移送、协调配合、监督制约等方面建立工作制度,保证涉嫌犯罪案件依法及时进入司法程序。这应当是官方最权威的表述。

二、行政执法与刑事司法衔接工作与理论研究的演进

从实践上看,2001 年 4 月 27 日,《国务院关于整顿和规范市场经济秩序的决定》第 13 条:"……加强行政执法与刑事执法的衔接,建立信息共享、沟通便捷、防范有力、查处及时地打击经济犯罪的协作机制,对破坏市场经济秩序构成犯罪行为的,及时移送司法机关处理。"文件是将行政执法与刑事司法的衔接作为政府履行职责的制度提出的,并在之后的整顿和规范市场经济秩序活动中付诸实践。

从理论研究上看,2004 年 2 月 3 日,《检察日报》刊发杜树生的《行政执法与刑事司法衔接乃强化法律监督的新实践》一文。文章虽然不到 600 字,但却是第一篇关于行政执法与刑事司法衔接的论证文献。2005 年,上海浦东新区人民检察院的徐燕平撰文,重点阐述了以信息共享机制、案件移送机制、联席会议机制、协同工作机制"四项机制"和备案审查权、提前介入权、调卷审查权、移送通知权、违法纠正权、专项检查权"六项监督权"构成的行政执法与刑事司法相衔接工作

① 朱小岗、樊霄鹰:《机制保障有效衔接——对完善烟草行政执法与刑事司法有效衔接的实践与思考》,《上海商业》2010 年第 12 期。

② 赵素江:《如何规制"以罚代刑"》,《医药经济报》2012 年 9 月 7 日。

机制的基本架构。这个架构也成为日后行政执法与刑事司法相衔接研究的框架。① 2008 年,东南大学法学院周佑勇、刘艳红撰文,首次提出了程序机制是行政执法与刑事司法衔接的核心的观点。认为,行政执法与刑事司法的衔接问题一直是困扰我国法律实践的难题。要从根本上解决这一问题,必须着眼于两者相衔接的程序机制,即建立和完善涉嫌犯罪案件的移送、受理与处理机制,证据收集与转换制度以及相配套的信息交流机制、联席会议机制和提前介入制度。② 2006 年,北京市平谷区人民检察院的张彩荣、母光栋撰文,首次讨论了行政执法与刑事司法衔接中的证据转换问题。③ 2009 年北京市人民检察院的郭华撰文,进一步论述了行政执法机关移送案件的证据转化的程序问题。④ 2011 年,时任最高人民检察院侦查监督厅副厅长的元明先生第三次就行政执法与刑事司法相衔接撰文,提出了行政执法与刑事司法衔接工作的发展设想:一是进一步完善相关法律法规和规定,提高行政执法与刑事司法衔接工作的效率和水平;二是严格依法办案,认真解决衔接工作中的问题;三是加强立案监督和行政监察,为移送工作提供保障;四是推动各地搭建数据平台,实现案件信息共享;五是狠抓一批大案要案,并查办不移交案件背后的职务犯罪,推动行政执法与刑事司法衔接工作深入开展。⑤

在上述的研究中,有两个明显的特点:一是行政执法与刑事司法衔接研究的实践性非常强,来自司法工作一线的检察官在研究中有着不可替代的重要作用。行政执法与刑事司法衔接的三个核心问题,即程序衔接、证据转化和立法中有两个源于行政执法与刑事司法实践工

---

① 徐燕平:《行政执法与刑事司法相衔接工作机制研究——兼谈检察机关对行政执法机关移送涉嫌犯罪案件的监督》,《犯罪研究》2005 年第 2 期。

② 周佑勇、刘艳红:《行政执法与刑事司法相衔接的程序机制研究》,《东南大学学报(哲学社会科学版)》2008 年第 1 期。

③ 张彩荣、母光栋:《浅析行政执法与刑事司法衔接中的证据转换》,《中国检察官》2006 年第 12 期。

④ 郭华:《行政执法与刑事司法衔接机制的立法问题研究——以公安机关的经济犯罪侦查为中心》,《犯罪研究》2009 年第 1 期。

⑤ 元明:《行政执法与刑事司法相衔接的理论与实践》,《人民检察》2011 年第 12 期。

作,这也说明实践性问题的解决离不开实践工作者的思考和探索。二是行政执法与刑事司法衔接研究从司法(检察)领域向其他专业领域扩展,从文献看,涉及的领域有著作权、知识产权、烟草专卖、工商、草原、法律监督、医疗卫生、食品药品、农业、社会管理、税务、质量监督、公安、国土资源、网吧、医疗美容、证券、渎职侵权、林业、动物防疫、证券等众多行业和领域。

三、档案行政执法与刑事司法衔接的法律依据与现实需求

(一)档案行政执法与刑事司法衔接的法律依据

首先,《档案法》在第五章法律责任中明确规定了档案行政违法的法律责任,处罚标准及与刑事司法的衔接。第24条规定:有下列行为之一的,由县级以上人民政府档案行政管理部门、有关主管部门对直接负责的主管人员或者其他直接责任人员依法给予行政处分;构成犯罪的,依法追究刑事责任:

(1)损毁、丢失属于国家所有的档案的;

(2)擅自提供、抄录、公布、销毁属于国家所有的档案的;

(3)涂改、伪造档案的;

(4)违反本法第16条、第17条规定,擅自出卖或者转让档案的;

(5)倒卖档案牟利或者将档案卖给、赠送给外国人的;

(6)违反本法第10条、第11条规定,不按规定归档或者不按期移交档案的;

(7)明知所保存的档案面临危险而不采取措施,造成档案损失的;

(8)档案工作人员玩忽职守,造成档案损失的。

在利用档案馆的档案中,有前款第1项、第2项、第3项违法行为的,由县级以上人民政府档案行政管理部门给予警告,可以并处罚款;造成损失的,责令赔偿损失。

企业事业组织或者个人有第1款第4项、第5项违法行为的,由县级以上人民政府档案行政管理部门给予警告,可以并处罚款;有违

法所得的，没收违法所得；并可以依照本法第 16 条的规定征购所出卖或者赠送的档案。

第 25 条规定：携运禁止出境的档案或者其复制件出境的，由海关予以没收，可以并处罚款；并将没收的档案或者其复制件移交档案行政管理部门；构成犯罪的，依法追究刑事责任。第 24 条、第 25 条两次使用了“构成犯罪的，依法追究刑事责任”。这句话的含义是当档案行政执法机关发现某种档案行政违法行为已经超出《档案法》规定的处罚限度，触及《刑法》中与档案相关的条款，构成犯罪时，需交由司法机关处置。这是档案行政执法与刑事司法相衔接的法律依据之一。

其次，《刑法》第 329 条规定，抢夺、窃取国家所有档案的，处五年以下有期徒刑或者拘役。

违反《档案法》的规定，擅自出卖、转让国家所有档案，情节严重的，处三年以下有期徒刑或者拘役。

有前两款行为，同时又构成本法规定的其他犯罪的，依照处罚较重的规定定罪处罚，亦是档案行政执法与刑事司法相衔接的法律依据之一。

此外，《刑法》第 91 条第 3 款规定：“在国家机关、国有公司、企业、集体企业和人民团体管理、使用或者运输中的私人财产，以公共财产论。”该规定将在国家档案馆寄存的所有权并不属于国家的档案也视为公共财产，明确地列入了法律保护的范围。“以……论”在刑法理论中属于一种“拟制规定”，这种规定使原来不符合某种规定的行为也按该规定处理，也即将不同者在法律上视为等同。①

《刑法》第 91 条第 3 款就是这种“拟制规定”。正因为这种规定，才将本来属于私人财产的物品按照公共财产论处，也使得集体或个人所有的由国家代为保管的档案同样也拟制成国有档案，理应受到法律

① 王莹、李雅柳：《〈刑法〉对档案保护的新进展——从维护国有档案到保障个人信息》，《档案与建设》2010 年第 10 期。

的保护。[①] 另外《刑法》修正案中增设的隐匿、故意销毁会计凭证、会计账簿、财务会计报告罪；窃取、收买、非法提供信用卡信息资料罪；非法提供个人信息罪和非法获取个人信息罪。上述几个罪名的法律条款中并没有出现“档案”一词，但是在相关的司法解释及最高人民法院给出的典型案例中，这些罪名所侵犯的对象恰恰又是《档案法》第2条所确定的“档案”二字。[②] 这在事实上将《档案法》与《刑法》联系在一起，为档案行政执法与刑事司法衔接提供了法律依据。

再次，《刑事诉讼法》第52条第2款“行政机关在行政执法和查办案件过程中收集的物证、书证、视听资料、电子数据等证据材料，在刑事诉讼中可以作为证据使用”的规定，为档案行政执法证据进入刑事司法诉讼提供了法律依据，从而奠定了档案行政执法与刑事司法衔接的法律基础。

（二）档案行政执法与刑事司法衔接的现实需要

《档案法》《刑法》《刑事诉讼法》的相关条款，为档案行政执法与刑事司法的衔接提供了法律依据，奠定了法律基础。但如何实现档案行政执法与刑事司法的有效衔接，档案行政管理机关及其执法人员在理论和实践两个方面都很欠缺。

在我国现行的档案执法实践中，档案执法机关对违反《档案法》的行为，主要是通过行政处罚予以制裁。从理论上讲，当某种档案行政违法行为超出《档案法》规定的处罚限度时，档案行政执法机关应当将其移送刑事司法机关，由司法机关依照司法程序进行处置；或者由司法机关主动介入，根据《刑法》的相关规定，对属于情节严重或者后果比较严重等情形而构成犯罪的行为进行刑罚处置。

在现实中，一方面，由于档案行政执法机关与刑事司法机关还没有建立起一套相对成熟的档案行政执法与刑事司法衔接机制，档案行政执法机关更乐意自行对档案违法行为行使行政处罚，管得了就罚，

---

① 王莹、李雅柳：《〈刑法〉对档案保护的新进展——从维护国有档案到保障个人信息》，《档案与建设》2010年第10期。

② 王莹、李雅柳：《〈刑法〉对档案保护的新进展——从维护国有档案到保障个人信息》，《档案与建设》2010年第10期。

管不了就不了了之。另一方面,由于许多人对档案法律法规并不熟悉,从事档案管理和研究工作的人对《刑法》也并不了解,最终导致很多公民甚至是档案管理人员都无法将《档案法》与《刑法》相联系,来抵制档案犯罪。① 这也是我们将《档案法》视为软法的缘由之一。此外,档案行政管理机关仍然青睐于手把手的业务指导,没有将依法治档、查处档案违法行为当作档案行政管理的核心工作,导致实践经验匮乏,案例稀少。

依法治档就是要努力营造有法可依、有法必依、执法必严、违法必究的档案工作法制化氛围。这四项原则是一个相互关联的有机整体,缺一不可,不可偏废。而档案行政执法与刑事司法衔接机制的建立正是档案工作法制化的重要内容,是新形势下依法治档工作的重要抓手。

四、档案行政执法与刑事司法衔接的主要方面

笔者认为,档案行政执法与刑事司法的衔接主要包括证据衔接、程序衔接两个方面。

(一)证据衔接

行政证据是指行政执法主体依法定程序收集的、用来证明案件真实情况的一切事实;刑事诉讼证据是指司法机关依法定程序收集的、用来证明案件真实情况的一切事实。② 我国在刑事、行政、民事司法中使用的证据,是分别由《刑事诉讼法》《行政诉讼法》《民事诉讼法》规定的。《刑事诉讼法》第48条规定证据包括:物证;书证;证人证言;被害人陈述;犯罪嫌疑人、被告人供述和辩解;鉴定意见;勘验、检查、辨认、侦查实验等笔录;视听资料、电子数据。《行政诉讼法》第31条规定证据包括:书证;物证;视听资料;证人证言;当事人的陈述;鉴定结

① 王莹、李雅柳:《〈刑法〉对档案保护的新进展——从维护国有档案到保障个人信息》,《档案与建设》2010年第10期。

② 谢治东:《行政执法与刑事司法衔接机制中若干问题理论探究》,《浙江社会科学》2011年第4期。

论;勘验笔录、现场笔录。《民事诉讼法》第63条规定证据包括:当事人的陈述;书证;物证;视听资料;电子数据;证人证言;鉴定意见;勘验笔录。

所有证据都必须具有真实性、合法性和关联性三个基本属性。

因此,行政证据本身只要没有重大的瑕疵或者没有严重违反法定的程序,其作为可接受的刑事诉讼证据加以使用,不会影响刑事案件的审判质量。

按照《行政处罚法》和国务院2001年7月颁布施行的《行政执法机关移送涉嫌犯罪案件的规定》的要求,行政执法机关在行政执法过程中应当将涉嫌犯罪案件移送公安机关,公安机关必须受理。但在当时《刑事诉讼法》和《行政执法机关移送涉嫌犯罪案件的规定》都没有规定当案件进入刑事诉讼程序后,原行政执法机关所收集的材料能否作为刑事侦查、起诉和审判的证据使用。2012年新修订的《刑事诉讼法》第52条规定:"行政机关在行政执法和查办案件过程中收集的物证、书证、视听资料、电子数据等证据材料,在刑事诉讼中可以作为证据使用。"该条款允许行政执法证据可以在刑事诉讼中使用,为行政执法证据与刑事司法证据的衔接提供了法律依据,也为档案行政执法与刑事司法的证据衔接提供了法律依据。

(二)程序衔接

程序衔接,即档案行政执法机关如何将涉嫌档案犯罪的案件进行移送、刑事司法机关如何受理并对案件进行处理。虽然对于案件移送在《行政执法机关移送涉嫌犯罪案件的规定》中已有较为详细的规定,但"行政执法与刑事司法相衔接的核心是程序问题"①。对档案行政执法与刑事司法的衔接程序进行研究,有助于推动档案行政执法机关将涉嫌构成档案犯罪的案件依法移送给刑事司法机关处置,避免出现以档案行政处罚代替刑事处置,减少有罪不究现象的发生。行政执法程序与刑事司法程序衔接包括三个方面的内容:档案行政执法机关移

---

① 周佑勇、刘艳红:《行政执法与刑事司法相衔接的程序机制研究》,《东南大学学报(哲学社会科学版)》2008年第1期。

送的程序，司法机关对档案执法机关移送档案案件的受理及处理程序，档案行政执法与刑事司法衔接程序中的证据收集与转化。尽管案件的移送、受理及处理是行政执法与刑事司法相衔接的关键程序问题，但是这些程序性的设计还必须有合适的配套制度来加以有效地保障。①

案件移送，即行政执法机关在查处行政违法案件过程中，将涉嫌行政犯罪的案件及时、主动地移送有管辖权的司法机关依法按刑事司法程序先行处理。这是“刑事先理”原则的基本要求，也是行政执法与刑事司法相衔接的首要环节。我国《行政处罚法》第 22 条明确规定：“违法行为构成犯罪的，行政机关必须将案件移送司法机关，依法追究刑事责任。”《刑事诉讼法》的相关条文也规定了检察机关对公安机关的立案监督制度。

司法机关对移送案件的受理及处理程序，与行政执法机关对案件的移送程序相衔接的另一重要程序机制，是司法机关对案件的接受程序。② 对此，有关规定基本上明确了公安机关和人民检察院接受和处理移送案件的程序。在现实中，由于某种原因，追究行政违法责任的行政执法程序有时会发生在追究刑事责任的刑事诉讼程序之先。这主要有三种情况：一是行政执法机关无法判断违法行为是否构成犯罪，但又需要及时对行为人追究行政责任，而先行适用了行政执法程序；二是行政执法机关定性错误，将行政犯罪案件作为一般行政违法案件而对行为人先行追究了行政责任；三是行政机关明知行政违法行为已经构成了犯罪而故意作为一般行政违法行为对行为人先行予以了处理。

行政执法程序因上述原因先于刑事诉讼程序时，主要应分别不同情况处理好案件移送与刑事案件立案时的衔接关系。对于上述第一种情况，行政机关先行追究了行政责任之后，如果发现该行为已经构

---

① 周佑勇、刘艳红：《行政执法与刑事司法相衔接的程序机制研究》，《东南大学学报（哲学社会科学版）》2008 年第 1 期。

② 周佑勇、刘艳红：《行政执法与刑事司法相衔接的程序机制研究》，《东南大学学报（哲学社会科学版）》2008 年第 1 期。

成行政犯罪，应该立即移送有管辖权的司法机关立案再处理。对于上述第二种情况，由于是行政机关主观认识上的错误所导致的，行政机关往往不会主动移送司法机关立案。但违法行为是否构成犯罪只能由司法机关依法以刑事诉讼程序才能最终认定，所以司法机关一旦发现行政机关定性确系有错误，罚不足以治罪，虽予以行政制裁但还须追究行为人的刑事责任时，有权要求行政机关将案件移送作为刑事案件予以立案或者自行决定立案处理。对于上述第三种情况，由于是行政机关故意不移交司法机关立案造成的，对此，应当根据有关规定，由本级或者上级人民政府，或者实行垂直管理的上级行政执法机关，责令限期移送，并对其正职负责人或者主持工作的负责人、直接负责的主管人员和其他直接责任人员根据情节轻重，分别给予相应的行政处分；构成犯罪的，依法追究刑事责任，以保证行政执法机关严格将查处行政违法活动中发现的犯罪案件及时移送司法机关。[①]

通过完善行政执法机关内部的衔接，在其内部实现调查、处理相分离，建立健全错案追究制度；通过完善刑事司法机关内部的衔接，在其内部建立起对行政执法机关移送案件统一处理的工作流程，进而完善档案行政执法机关与刑事司法机关之间的衔接。

五、结　　语

行政执法与刑事司法相衔接工作机制是检察机关会同公安机关和有关行政执法机关探索实行的旨在防止以罚代刑、有罪不究，形成执法司法合力的工作机制，其核心是规范行政执法机关向公安机关等刑事司法机关移送涉嫌犯罪案件及其他相关工作的一系列制度设计和程序安排。[②] 这对于档案行政管理机关和档案行政执法者来讲，既是一个新的实际问题，也是一个新的理论问题，需要我们在实践中不

---

① 周佑勇、刘艳红：《行政执法与刑事司法相衔接的程序机制研究》，《东南大学学报（哲学社会科学版）》2008 年第 1 期。

② 元明：《行政执法与刑事司法相衔接的理论与实践》，《人民检察》2011 年第 12 期。

断探索,更需要我们针对性地开展研究。

本文为2013年度国家社科基金项目《依法治档研究》(项目编号:13BTQ068)的阶段成果,发表在《档案学研究》2014年第2期第18—22页。

作者:陈忠海、刘东斌　作者单位:陈忠海,郑州大学信息管理学院;刘东斌,濮阳市档案局

论依法治档

一、依法治档的基本含义

依法治档有广义和狭义之分。广义的依法治档是以档案法律体系所提供的规范为依据，科学地管理档案事务，合理地调整档案社会关系，推动档案事业进步，促进经济和社会发展的过程。① 各级党委和政府，档案行政管理部门和相关部门，档案馆(室)、相关机构及其工作人员和公民是“治档”的主体。② 它的主要内容有四个方面：一是依法行政，指档案行政管理机关依法行使档案行政管理权，依法管理档案事务；二是依法管档，指档案馆、档案室等档案管理部门依法对档案进行管理；三是依法用档，指国家机关、社会组织和公民依法利用档案；四是依法监督，指依靠各级人大和有关部门以及广大人民群众，建立起档案法律监督体系，促进档案法律、法规的正确实施。

狭义的依法治档是指各级档案行政管理机关及其工作人员依据宪法和法律赋予的职权，在法律规定职责范围内，按照法定程序，对国家和社会各项档案事务实施管理，并对自身做出的档案行政行为后果依法承担相应责任的活动，即档案依法行政。本文论述的依法治档便

---

① 陈忠海：《依法治档所依之“法”是什么？——是〈档案法〉还是与档案、档案工作有关的一切法律、法规和规章》，《档案管理》2011 年第 3 期。

② 陈忠海：《依法治档中的“治档”应作何理解？——谁来治、治什么、如何治》，《档案管理》2011 年第 4 期。

是从这一层面理解的。

"现在我国依法行政的'法',从广义上理解则既包括宪法、法律、法规、规章中一切有关公共行政管理的规定",还"应包括一些基本的法理(包括立法的精神、一般法律原则及人们对法现象所形成的其他普遍共识)",在特殊条件下还包括那些尚未上升为法律规范的国家政策。[①] 以此为根据,本文对档案依法行政依据之"法"作广义理解。依据广义的"法"实施档案行政,既积极有效,又能对传统依法行政原则予以必要补充,可以克服传统依法行政观念的缺点和不足,在一定程度上更符合现代法制原则。

二、依法治档的基本内容

(一)档案立法

档案立法,就是要不断完善档案法规体系和实现科学立法。完善的档案法规体系是由档案法律、档案行政法规、地方性档案法规、档案行政规章和政策类规范性文件 5 个方面组成。实现科学立法,对档案行业来说,当务之急是要细化立法内容,使档案法律法规"落地",即档案行政管理机关适时制定与《档案法》和《档案法实施办法》相配套、具有针对性和可操作性的各类档案规章和政策类规范性文件,以适应对国家、社会以及不同行业和地区具体档案事务管理的需要。

(二)档案执法

档案执法,狭义上是指档案行政管理机关履行档案行政执法职能的活动。广义上是指档案行政管理机关依法行政。本文的档案执法是指后者。档案执法,要求全面执法,做到执法必严。档案行政管理机关必须严格按照法定的程序实施档案执法,所有的档案执法行政行为都必须遵循宪法和法律法规的规定。严格执法,要求在管理国家档案事务中,档案行政管理机关不得出现任何超越法律法规规定的档案

---

① 莫于川:《法治视野中的行政指导行为——论我国行政指导的合法性问题与法治化路径》,《现代法学》2004 年第 3 期。

行政行为,即不能"越位"。同时,对执法对象不留空白,不留死角,即不能"缺位"。

(三)档案司法

档案司法,是指档案行政管理机关依照准司法程序,受理和裁决档案法律规定的特定的档案行政争议或档案民事纠纷的活动。档案行政司法的方式主要有档案行政调解、档案行政裁决、档案行政听证、档案行政复议等。此外,档案行政司法还包括档案行政执法司法化。

(四)档案守法

守法是实现依法治档的根本要求和重要内容,要求档案行政管理机关依照法定职能和法定程序进行档案行政管理,不能滥用国家权力。档案行政管理机关实施的所有档案行政行为,包括行政执法、行政指导等都应当在宪法、法律和法规规定的范围内活动,严格依法决策,依法行使档案行政管理职权,一切超越法律规定的档案行政权力和档案行政行为都是非法的和无效的。

三、依法治档的核心:档案依法行政

依法治国的核心是依法行政,档案行政管理是国家行政管理的一部分,因此,依法治档的核心就是档案依法行政。

对于依法行政,国务院在《全面推进依法行政实施纲要》中提出了行政机关及其工作人员必须严格遵循的 6 条基本行为准则,即合法行政、合理行政、程序正当、高效便民、诚实守信和权责统一。档案行政管理机关及其工作人员也必须严格遵循上述 6 条基本行为准则。

(一)合法行政

合法不仅指符合实体法,也指符合程序法,凡没有法律、法规和规章的规定,档案行政管理机关不得作出影响档案行政相对人权利或者增加档案行政相对人义务的决定。合法行政的内容主要包括档案行政主体合法、档案行政职权合法、档案行政内容合法和档案行政程序合法 4 个方面。档案行政管理机关在行使档案行政管理权时,必须依据法律、符合法律,不得与法律相抵触。

(二)合理行政

合理行政主要适用于实施自由裁量权领域。为了防止滥用自由裁量权,一方面,通过法律对档案行政管理机关自由裁量权的行使进行必要的监督、约束和控制;另一方面,档案行政管理机关要自觉约束自己的档案自由裁量行政行为,使之合法、合理。合理行政要求档案行政管理机关在实施档案行政管理时,应当遵循公平、公正的原则,平等对待档案行政管理相对人,不偏私不歧视。

(三)程序正当

程序正当的核心是要通过合适的程序安排根除和避免那些可能导致不公正结果的因素。档案行政管理机关在实施档案行政管理时,除法定保密的外,具体内容应当公开,注意听取档案行政相对人的意见;严格遵守法定程序,依法保护档案行政相对人、利害关系人的知情权、参与权和救济权;档案行政管理人员履行职责时,如果与档案行政相对人存在利害关系,应当回避。

(四)高效便民

高效是衡量档案行政管理机关工作质量的重要标准,也是决定档案行政管理机关真正落实服务于民宗旨的重要环节。档案行政管理机关在实施档案行政管理时,只有积极履行法定职责,提高办事效率,才能方便公民、法人和其他组织。

(五)诚实守信

诚实守信是档案行政管理机关行使职权时必须遵循的原则,是依法行政对档案行政管理机关及其行政活动的必然要求,也是档案行政管理机关及其工作人员的法律义务与责任。

(六)权责统一

权责统一要求实现权力和责任的统一。档案行政管理机关依照法律规定的职权、职责行政,行使相应的权力,承担应有的责任。档案行政管理机关应当做到执法有保障,有权必有责,用权受监督,违法受追究,侵权要赔偿。

四、实现依法治档的途径

全面推进依法治国就是要全面推进科学立法、严格执法、公正司法、全民守法，坚持法律面前人人平等，保证有法可依、有法必依、执法必严、违法必究。这也是实现依法治档的必然途径。

(一)履行立法责任，完善细化档案行政法规，落实有法可依

档案行政管理是专业管理。按照我国现行的行政体制，档案行政管理机关包括国家、省(自治区、直辖市)、市(州、盟)、县(区)各级人民政府所属的档案行政管理部门。由于各级档案行政管理机关的层级不同，所承担的立法责任也有所不同。

1. 国家档案行政管理机关的立法职责及立法事项

国家档案局2011年6月14日发布《国家档案法规体系方案》，其中的立法项目多是应由国家档案局制定的档案规章。总体来说，该方案比较全面，但仍然存在一些疏漏，包括《档案法实施办法》明文规定需要制定的一些规章没有列入。我们认为，国家档案局重点关注的立法项目主要有：一是制定《档案法》《档案法实施办法》中明文规定的规章，如《各级国家档案馆开放档案办法》《档案鉴定办法》等；二是制定档案馆规章；三是制定各种专业档案管理规章。国家档案局提出建设“两个体系”重要方针并于2011年印发了两批《国家基本专业档案目录》，要将其落到实处，就应当制定各种专业档案的管理办法，以利于操作执行。

2. 省级档案行政管理机关的立法职责及立法事项

省级档案行政管理机关立法职责的重点主要有五个方面：一是履行好档案法规授权，起草具体规章，如尽快制定《非国有档案管理办法》。二是做好地方档案法规规章废、改、立的基础性工作。三是做好对国家档案法规规章的细化工作。其一是补充细化，如制定《档案行政执法档案管理办法》；其二是分类细化，如制定不同的企业档案管理规定；其三，具体细化，如制定《企业会计档案整理细则》《行政机关会计档案整理细则》等。四是实现档案技术标准的入规，即将标准的内

容与要求融入各省、自治区、直辖市制定的档案法规规章或政策类规范性文件之中。“从现代行政法体系看，技术规则渗入行政法规范中已经成为一个不可逆转的事实。”①因此，技术标准的入规是省级档案行政管理机关的“立法之责”。档案技术标准入规的内容包括两部分，即制定实施细则，如制定各省的《〈归档文件整理规则〉实施细则》，将技术标准纳入相关政策类规范性文件之中，如在制定《档案馆质量管理办法》《档案室质量管理办法》时，应将《全宗卷规范》《档案馆指南编制规范》等相关的标准纳入其中。五是制定推广经验型政策类规范性文件。在许多新领域和某些传统领域还没有行政法规规章时，多数情况下需要市县先行探索，取得经验后再制定省级政策类规范性文件加以推广，待条件成熟时，再将其上升为档案行政法规规章。

3. 市级档案行政管理机关的立法职责及立法事项

由于大多数市没有地方行政立法权，而市又没有县区接触基层的面广，所以市级档案行政管理机关的立法职责既没有省级大，也没有县级广。其主要立法职责：一是做好档案法规规章的细化工作；二是制定体现地域化特点的政策类规范性文件；三是制定探索经验型政策类规范文件。

4. 县级档案行政管理机关的立法职责及立法事项

县级档案行政管理机关的立法职责主要有三方面：

(1)做好档案法规规章的细化工作。其一，分类细化。例如国家档案局制定了《乡镇档案工作试行办法》，省市也细化制定了《乡镇档案管理细则》，但仍然不细，还可以进一步分类细化，即可以分为《乡档案管理实施细则》《镇档案管理实施细则》等。其二，具体细化。如将《乡镇档案工作试行办法》进一步细化为《乡级机关档案工作细则》《乡级机关会计档案整理细则》等等。其三，层级细化，如根据上级规定，具体制定《县级机关档案工作细则》《县级机关文件材料归档范围和保管期限》等。

(2)制定体现地域化特点的政策类规范性文件。由于不同的县所

---

① 张淑芳：《论技术规则对行政法规范的渗入》，《湖北警官学院学报》2005 年第 4 期。

处地域不同,它们产生的档案种类和开展的档案工作内容存在差异,这就需要根据其地域特点制定相应的政策类规范性文件来贯彻国家、省市的档案法规规章。

(3)制定探索经验型政策类规范性文件。处在工作实践的第一线的县级档案行政管理机关,负有具体探索新经验的任务。在其取得经验后,县区应先制定政策类规范性文件加以调整,同时为国家、省市提供典型和案例。

(二)树立正确理念,实施全面档案行政执法,落实执法必严

档案行政执法不仅仅是实施档案行政处罚、档案行政监督检查等。所谓实施全面档案执法,就是将档案法律法规所规定的义务与权利,通过各种档案行政执法方式、方法和途径转化为公民、法人及档案行政执法者的行为规范,保障档案行政相对人的权益,维护档案行为秩序。

实施全面档案行政执法的途径有以下几个方面:

(1)制定政策类规范性文件。也就是将档案法律以及相关法律中有关档案事务的原则性条款具体化,使其在档案工作中能够得到具体贯彻落实。

(2)解释档案法律。在档案行政执法的过程中,面对的是大量的不同单位、不同主客观情况、不同环境以及不同事由的个案,因而,档案法律法规不可能全部“对号入座”。多数情况下,档案行政管理机关则是以口头或书面的方式,向档案行政相对人说明档案行政执法行为的理由。这种由口头或书面说明理由的形式就是针对某个个案的对档案法律的解释。一般来说,口头方式多用于档案行政监督检查等执法行为,书面方式多用于档案行政强制、档案行政许可以及档案行政处罚等执法行为。

(3)调整档案法律关系,保障档案行政相对人的权益。档案行政执法可调整各种档案法律关系,以保障档案行政相对人的权益,其形式主要有档案行政确认、档案行政许可以及档案行政裁决。

(4)查处违法现象,保障档案法律实施。查处档案违法现象就是为了保障档案法律的实现而设定的机制。查处档案违法现象的形式

主要有档案行政强制、档案行政监督检查以及档案行政处罚等。

目前,档案行政执法大多停留在宏观和浅表层面,档案行政执法并未完全“落地”。为此,将档案行政执法具体化,才能真正实现档案行政执法。首先,档案行政执法应由宏观转向微观,由笼统转向具体。档案行政执法的具体化,不仅可以使档案法律法规规定的内容落到实处,也能增强档案行政执法的严密性。其次,档案行政执法具体化的关键是贯彻国家档案标准和档案行业标准,这是由档案行政执法对象的特殊性和标准的法规性质决定的。

(三)正确理解司法,走档案行政司法化之路,落实公正司法

司法不仅仅是司法机关的职责,也是行政机关的职责,它的差异只是在于管辖范围、程序繁简以及法律效力的不同上。

1. 档案行政执法司法化

档案行政执法司法化的主要内容:档案行政执法程序的司法化、档案行政执法听证的司法化、档案行政执法记录文件材料形成司法化和档案行政执法机关内部运行机制的司法化等。① 如何实现档案行政执法司法化,既是一个理论问题,更是一个实践问题。

2. 档案行政司法行为规范化

档案行政司法行为是指档案行政管理机关依照相关法律,遵照准司法的程序审理与裁决有关档案或者档案事务的争议与纠纷,进而对当事人之间的义务、权利关系产生影响的具有法律效力的行政行为。档案行政司法行为主要有:档案行政调解行为、档案行政裁决行为、档案行政听证行为和档案行政复议行为等。规范上述档案行政行为是各级档案行政管理机关依法行政的关键环节之一。

3. 有效实现档案行政执法与刑事司法的衔接

《档案法》与《刑法》的相关条款,为档案行政执法与刑事司法的衔接提供了法律依据,奠定了法律基础。档案行政执法与刑事司法的衔接主要包括证据衔接和程序衔接两个方面。② 建立档案行政执法与

---

① 陈忠海、吴雁平:《论档案行政执法司法化》,《档案学通讯》2014 年第 1 期。

② 陈忠海、刘东斌:《论档案行政执法与刑事司法的衔接》,《档案学研究》2014 年第 2 期。

刑事司法衔接的机制是档案行政执法机关向公安机关、检察机关等刑事司法机关移交涉嫌档案犯罪案件及其相关工作的一系列制度设计和程序安排,是档案行政执法机关查处涉嫌档案犯罪案件的最后一个环节的工作规定。这是档案行政管理机关的制度安排和执法实践的薄弱之处,急需加强研究和进一步展开实践探索。

(四)转变守法观念,积极构建档案守法环境,落实守法之责

档案守法的主体是档案行政管理机关,还是档案行政管理相对人,人们对此的认识不尽相同。“通过档案法制的宣传,使广大公民、法人和其他组织充分认识到《档案法》在管理国家档案事业中的重要意义和作用……是全体公民、法人和其他组织都必须遵守的法律依据,不依法办事就要受到法律制裁。”①“通过档案普法,增强全社会的档案法制观念,使人人都知法、遵法、守法,从而达到依法治档的要求。”“将档案法规定的档案权利和义务,变成国家机关、社会组织、企业事业单位和广大公民在处理档案事务中共同遵守的行为规范。”②这好像已成为一种惯性认识,即档案守法的主体是档案行政相对人,但却掩盖或忽视了法律对象上的另一个更重要的方面:国家档案行政管理机关是政府的组成部分,也是档案行政守法主体。“如果一个社会可以二元为民众与政府,或权利与权力;那么,就守法而言,准确的法律表述是守法应当是政府而非民众的事,此正如权力必须守法,权利则无须守法,只要不违法即可。”③这就是说,档案守法的主体应当是档案行政管理主体而不是档案行政相对人。

这一认识可从宪法层面上得到支持。“政府由人民的需要和意志产生,政府受到人民制定的法律限制。”“就政府的权力来说,人民权利是政府权力的基础,人民是权力的唯一合法源泉。”④我国《宪法》明确

---

① 齐晶:《试论档案行政执法工作中存在的问题与对策》,《经济研究导刊》2010 年第 23 期。

② 潘玉民:《论档案行政执法与档案普法的关系》,《档案学通讯》2003 年第 3 期。

③ 邵建:《守法的对象是政府而非民众》,《南方都市报》2012 年 4 月 11 日。

④ 杨建华:《政府守法的宪政学理论基础——一切权力属于人民》,《太原理工大学学报(社会科学版)》2002 年第 2 期。

规定:“中华人民共和国一切权力属于人民”。“防止政府权力失控的有效途径是,要求政府行使权力时应当遵守法律的规定。”①或者说,政府守法是实现一切权力属于人民的重要保障。政府守法不仅是践行了《宪法》明确规定的一切权力属于人民的庄严宣告,并且可以构建良好的社会守法环境,以减少公众的违法行为,节约社会管理成本。

档案守法环境中的守法是广义的守法,即指在档案行政管理主体守法的基础上,构建档案行政管理主体积极守法、档案行政相对人维护法律的环境。档案守法不仅是依法治档的重要内容,也是实现档案法治的根本要求。为实现这一要求,“必须建立一个良好的、健全的、有利于全社会守法的制度环境、政策环境、舆论环境及其他相关的设施,使得每个主体在行为之前都用法律来衡量自己的行为,并使得人们不能、不敢亦不愿违法”②。

构建良好的档案守法环境,主要取决于档案行政管理主体的守法,而并不取决于档案行政相对人的不违法。因为档案行政相对人法治观念的培养与形成,不能依靠空洞的说教,也不能强制和命令,必须靠他们对现实档案法治状态的实际体验,而这主要取决于档案行政管理主体对法律的尊重、遵守与服从;对档案行政相对人而言,守法不取决于档案法律规定了什么,而取决于档案法律在档案行政管理主体那里被尊重、服从及执行的情况。所以,构建良好的档案守法环境是档案行政管理主体的重要职责与任务。

档案行政管理主体在构建良好档案守法环境中的职责:第一,完善档案行政法规。主要是按照档案法律法规赋予的权力补充和细化档案行政法规,填补档案立法中的空白。同时,使档案行政相对人明白哪些是自己的义务,清楚知道哪些情况做了便是违法。第二,严格档案行政执法。档案行政执法的核心就是坚持依法行政,做到公正文明严格规范执法,坚持依法管理档案事务,严格按照法定程序行政,维

---

① 杨建华:《政府守法的宪政学理论基础——一切权力属于人民》,《太原理工大学学报(社会科学版)》2002 年第 2 期。

② 李洁萍:《论法治进程中的守法因素》,《华南农业大学学报(社会科学版)》2005 年第 3 期。

护档案行政相对人的合法权益。第三,公正司法。要公正严肃地查处档案违法案件,杜绝违法不究的现象,引导档案行政相对人自觉护法不违法。

本文为2013年度国家社科基金项目《依法治档研究》(项目编号:13BTQ068)的阶段成果,发表在《档案学研究》2015年第4期第41—45页。

作者:陈忠海、刘东斌 作者单位:陈忠海,郑州大学信息管理学院;刘东斌,濮阳市档案局

档案行政诉讼若干理论问题探讨

一、引　言

截至2014年，在知网文献数据库中以篇名为检索项，以“档案”+“行政诉讼”为检索词，共检索到文献26篇。除去10篇与档案行政诉讼案例介绍、分析的文献和2篇报道性文献外，以档案行政诉讼为研究对象的文献只有14篇。14篇文献涉及档案行政诉讼的概念、特征、范围、程序、法律适用、代理人、第三人的举证责任和档案行政诉讼中的辩论技巧等诸多问题。总体看来，研究主题众多，但针对各个主题的深入持续研究不足。本文仅就档案行政诉讼的概念、特征和范围等三个基本问题研究的成果作出总结，展开讨论。

二、对档案行政诉讼三个理论问题的总结与讨论

（一）档案行政诉讼的概念

现有文献中有关档案行政诉讼的概念主要有四种，基本上由1989年颁布、1990年施行的《中华人民共和国行政诉讼法》（以下简称《行政诉讼法》）第二条“公民、法人或者其他组织认为行政机关和行政机关工作人员的具体行政行为侵犯其合法权益，有权依照本法向人民法院提起诉讼”演化而来。这些概念的表述与《行政诉讼法》第二条没有冲突，可以说是中规中矩，但与2014年颁布、2015年施行的《行政诉讼法》和法学界近年来的研究成果相比较，就有一些值得研究与商讨

的地方。

第一种是肖阳1990年在《档案》上发表的《档案行政诉讼》一文中的表述:"档案行政诉讼是由于档案行政机关的具体行政行为侵权所引起的诉讼活动。它有两个必要条件:第一,必须是档案行政行为中有侵权行为的发生;第二,这种行为所侵害的对象必须是受到法律保护的档案法律关系。这两个必要条件区别于一般行政诉讼。"①这一定义存在两点不足:一是将侵权主体只界定为档案行政机关,过于狭窄。档案行政机关工作人员,档案"行政机关以外的授权性行政主体没有被纳入定义"②。二是"该定义将法院的审查和裁判对象只界定为具体行政行为,显得偏窄,它忽略了法院对原告一方的审查,例如,对原告起诉条件和诉讼主张的审查"③。

第二种是王小红、王良钧1998年在《档案管理》上发表的《档案行政诉讼的特点及应诉对策》一文中的表述:"档案行政诉讼是人民法院根据公民、法人、其他组织的申请,依法对档案行政机关的具体行政行为是否合法进行审查,并作出裁判的活动。"④这一定义存在三点缺陷:一是同第一种定义一样,它仍然将侵权主体界定为行政机关,行政机关以外的授权性行政主体没有被纳入定义。二是此定义"只将法院的审查对象和范围局限于具体行政行为的合法性"⑤。比第一个定义更为狭义。三是该定义使用了"公民、法人、其他组织"的表达方式,"该表达方式的问题在于'公民'的使用不妥,因为,同法人对应的概念是自然人而非公民。从理论上说,公民权存在着受到限制或剥夺的可能,它不能涵盖所有的自然人。从实践来看,外国人和无国籍人并非是中华人民共和国公民,但是,他们依据《行政诉讼法》也可以提起行政诉讼。所以,将'公民'换成'自然人'来表达比较贴切,也能体现WTO规则框架中的非歧视原则,这种替换已在法院的民事审判工作

① 肖阳:《档案行政诉讼》,《档案》1990年第6期。

② 杨寅:《行政诉讼概念重解》,《中国法学》2002年第4期。

③ 杨寅:《行政诉讼概念重解》,《中国法学》2002年第4期。

④ 王小红、王良钧:《档案行政诉讼的特点及应诉对策》,《档案管理》1998年第5期。

⑤ 杨寅:《行政诉讼概念重解》,《中国法学》2002年第4期。

中得以确认”①。

第三种是陈伟斌2004年在《山西档案》上发表的《档案行政诉讼中法律适用和法律冲突》一文中的表述:“档案行政诉讼,是指国家审判机关即人民法院依法审理和解决机关、团体、企业事业单位和其他组织以及公民个人不服档案行政管理部门处理的行政案件的活动。”②这一概念有四点问题:一是同第一种定义一样,它仍然将侵权主体界定为行政机关。二是“机关、团体、企业事业单位和其他组织以及公民个人”的表述不够贴切。三是概念中没有涉及诉讼的表示。档案行政诉讼不是法院主动审理和解决机关、团体、企业事业单位和其他组织以及公民个人不服档案行政管理部门处理的行政案件的活动;而是人民法院依行政相对人申请提起诉讼,依法定程序审查行政主体行政行为的合法性,并判断相对人的主张是否妥当,进而作出裁判的一种活动。法院不会在没有机关、团体、企业事业单位和其他组织以及公民个人对档案行政机关提起诉讼的情况下,主动审查档案行政主体行政行为的合法性。四是将档案行政机关的行政行为限定为“档案行政管理部门处理的行政案件”过于狭窄,因为档案行政行为的范围远远大于档案行政案件的范围。

第四种是小普2010年在《中国档案》“小普说法”系列文章《档案行政诉讼的应诉》一文中的表述:“档案行政诉讼,是指行政管理相对人不服档案行政管理部门作出的涉档具体行政行为,以该档案行政管理部门为被告提起的诉讼。”③这一概念除存在上述第三种概念存在的四个缺点外,还有一个最主要的缺点,就是缺少了行政诉讼法律关系中与诉讼双方没有利害关系的参与者——人民法院。“行政诉讼是人民法院通过审判方式进行的一种司法活动。称之为司法活动,是因为解决行政争议的方式和途径不止司法一种,有行政复议机关的复议活动,也有行政申诉处理活动,还有权力机关的监督处理活动。行政

---

① 杨寅:《行政诉讼概念重解》,《中国法学》2002年第4期。

② 陈伟斌:《档案行政诉讼中法律适用和法律冲突》,《山西档案》2004年第5期。

③ 小普:《小普说法(12)档案行政诉讼的应诉》,《中国档案》2010年第1期。

诉讼专指法院运用诉讼程序解决行政争议的活动。”①法院是通过审判方式解决行政争议的唯一机关。

此外,潘玉民教授在其2002年出版的《档案法学基础》一书中,亦对档案行政诉讼进行了定义。他认为:“档案行政诉讼,是指公民、法人或其他组织认为档案行政管理部门的具体行政行为侵犯其合法权益时,依法向人民法院提起诉讼,由人民法院进行审理并作出裁判的活动。”②这一定义同样存在三点不足,首先,有关“公民、法人或其他组织”的表述存在问题,这一点在第二种定义中已经阐述。其次,如同第一种定义一样将法院的审理和裁判的对象只限定为“具体行政行为”。再次,只是笼统地表述了由“人民法院进行审理并作出裁判”,没有提及人民法院在审理中应当依程序审查行政主体行政行为的合法性,并判断相对人的主张是否妥当这些必要要素。

对于行政诉讼的定义,笔者比较认同姜明安教授2011年在《行政法与行政诉讼法》(第五版)中关于行政诉讼概念的表述。他认为:“行政诉讼是指行政相对人与行政主体在行政法律关系领域发生纠纷后,依法向人民法院提起诉讼,人民法院依法定程序审查行政主体行政行为的合法性,并判断相对人的主张是否妥当,以作出裁判的一种活动。”③基于这种表述,笔者认为,档案行政诉讼的概念可以表述为:档案行政诉讼是指档案行政相对人与档案行政主体在档案行政法律关系领域发生纠纷后,依法向人民法院提起诉讼,人民法院依法定程序审查档案行政主体行政行为的合法性,并判断档案行政相对人的主张是否妥当,以作出裁判的一种活动。

(二)档案行政诉讼的特征

行政诉讼的特征指的是行政诉讼区别于民事诉讼、刑事诉讼的不同点或特殊性。同样,档案行政诉讼的特征指的是档案行政诉讼区别于档案民事诉讼、档案刑事诉讼的不同点或特殊性;同时也是指档案行政诉讼区别于一般行政诉讼的不同点或特殊性。要了解档案行政

---

① 姜明安、余凌云:《行政法》,科学出版社2010年版,第638页。

② 潘玉民:《档案法学基础》,辽宁大学出版社2002年版,第312页。

③ 姜明安:《行政法与行政诉讼法(第五版)》,北京大学出版社2011年版,第102页。

诉讼的特征,首先要了解行政诉讼的特征。对行政诉讼的特征,法学界也存在不同看法。

胡园认为,行政诉讼具有的特征:“行政诉讼的目的主要是保护作为一方当事人的行政管理相对人的合法权益;行政诉讼的内容是解决行政争议;行政诉讼的当事人是特定的,其诉讼地位是不能互换的,原告只能是行政管理相对人,被告只能是行政机关及其工作人员,二者的诉讼地位不能互换;行政诉讼适用行政诉讼程序,同时补充适用民事诉讼程序;行政诉讼的结果主要是对行政行为的合法性和适当性作出评价,从而作出相应的判决。”①

罗薇认为,行政诉讼具有以下特征:行政诉讼是由法院主持解决行政争议,属于司法监督范畴。行政诉讼原则上只审查具体行政行为的合法性,只有在‘行政处罚显失公正’时才可以变更。法院受案范围较窄,申请采用书面形式,审查采用庭审形式,较为烦琐。行政诉讼采取两审终审制。行政诉讼必须缴纳一定数额的诉讼费。②

朱冀认为:“我国的行政诉讼具有以下几个特征:行政诉讼是解决行政纠纷的一种诉讼活动,是发生纠纷的相对人一方或多方,请求与纠纷各方没有利害关系的国家司法机关,按照能确保公正的程序解决纠纷的一种活动。行政诉讼的原告只能是相对人,即认为行政机关的具体行政行为侵犯了自己合法权益的公民,法人和其他组织。行政诉讼的被告只能是作出具体行政行为的行政机关或法律、法规授权的组织。”③

姜明安教授则将行政诉讼的特征概括为行政诉讼是法院通过审判方式进行的一种司法活动。是通过审查行政行为合法性的方式解决行政争议的活动。行政诉讼是解决特定范围内行政争议的活动。按照行政诉讼法的规定,法院是解决行政机关实施具体行政行为时与公民、法人或者其他组织发生的争议。《行政诉讼法》第 12 条规定的

---

① 胡园:《律师怎样接受行政诉讼代理委托》,《现代法学》1990 年第 6 期。

② 罗薇:《行政相对人你无须沉默——试析行政相对人法律救济的实现形式》,《党政干部学刊》2000 年第 9 期。

③ 朱冀:《论行政诉讼的举证责任》,《法制与社会》2007 年第 9 期。

排除范围内的行政争议不属于行政诉讼的解决的争议，由另外的救济途径解决。如因国务院以下的行政机关颁布的规范性文件引发的行政争议可以通过行政复议程序来解决；因行政法规和行政规章引发的争议通过立法法规定的规范审查程序解决。行政诉讼当事人地位具有特殊性。一方面行政诉讼的原告恒定为作为行政管理相对一方的公民、法人或者其他组织；行政诉讼的被告恒定为作为行政主体的行政机关和法律、法规授权的组织。另一方面，行政诉讼当事人的权利义务具有恒定性。行政诉讼原告享有起诉权、撤诉权，而被告不享有起诉权和反诉权，同时对具体行政行为合法性承担举证责任。①

综上有关行政诉讼的特征的表述，不同年代有不同的认识，但核心内容没有发生根本性的变化。

在档案学界，王小红、王良钧认为："档案行政诉讼的原告是作为档案行政执法活动中的被管理者的公民、法人、其他组织。档案行政诉讼的被告是档案行政管理部门。档案行政诉讼是人民法院对档案行政管理部门的具体行政行为是否合法进行审查的活动。只要公民、法人、其他组织主观上认为档案行政管理部门侵犯了其合法权益就可以提起诉讼。"②

蒋锦萍认为："行政诉讼具有原被告恒定性、诉讼客体（具体行政行为）特定性等特征。"③

对照前面法学界对行政诉讼特征的阐述，笔者认为，档案学界对于档案行政诉讼特征的认识存在一定的偏差。

首先，将"档案行政诉讼的原告是作为档案行政执法活动中的被管理者的公民、法人、其他组织"视为档案行政诉讼的特征有两点不妥：一是档案行政执法活动不是档案行政行为的全部，因此，将档案行政诉讼的原告限定是作为档案行政执法活动中的被管理者的公民、法人、其他组织不妥。二是将作为档案行政诉讼原告的公民、法人、其他

---

① 姜明安、余凌云：《行政法》，科学出版社 2010 年版，第 638—639 页。

② 王小红、王良钧：《档案行政诉讼的特点及应诉对策》，《档案管理》1998 年第 5 期。

③ 蒋锦萍：《初、中级档案职称考试教材解读〈档案事业概论〉（三）》，《浙江档案》2010 年第 3 期。

组织，当作“被管理者”，有悖行政诉讼的平等原则，表达有误。

其次，将“档案行政诉讼的被告是档案行政管理部门”视为档案行政诉讼的特征亦有不妥。因为档案行政机关以外的法律、法规授权的档案行政主体没有被纳入档案行政诉讼的被告。再次，蒋锦萍关于“行政诉讼具有原被告恒定性、诉讼客体（具体行政行为）特定性等特征”并无不妥，但过于笼统。

笔者认为，除上述特征外，档案行政诉讼另一特点是档案行政诉讼的原告更多的是一般公民、法人、其他组织以外的其他行政管理机关或法律、法规授权的行政主体。将这一点作为档案行政诉讼的特征，是由目前档案行政管理活动的对象多为政府机关和国有企事业单位决定的。“当行政机关与法律、法规授权的组织不是作为行政主体，而是作为管理相对人时，也可以成为行政诉讼的原告。”①

潘玉民教授将档案行政诉讼的特征：人民法院独立行使档案行政争议的审判权；以档案行政管理部门为被告；以档案行政复议为前置程序；必须依照《行政诉讼法》规定程序进行。② 对“人民法院独立行使档案行政争议的审判权”和“必须依照《行政诉讼法》规定程序进行”两条作为档案行政诉讼的特征笔者没有异议。对“以档案行政管理部门为被告”的不同观点在前面已有阐述，不再重复。

对于“档案行政诉讼以档案行政复议为前置程序”，笔者认为潘玉民教授的理解可能有误。我国《行政诉讼法》（1990 年版第 37 条，2015 年版第 44 条）规定：“对属于人民法院受案范围的行政案件，公民、法人或者其他组织可以先向行政机关申请复议，对复议决定不服的，再向人民法院提起诉讼；也可以直接向人民法院提起诉讼。法律、法规规定应当先向行政机关申请复议，对复议决定不服再向人民法院提起诉讼的，依照法律、法规的规定。”

根据这一规定，我们的理解是，如果法律、法规规定在提起行政诉讼之前，必须先申请行政复议的，公民、法人或者其他组织必须依照法

---

① 姜明安、余凌云：《行政法》，科学出版社 2010 年版，第 639 页。
② 潘玉民：《档案法学基础》，辽宁大学出版社 2002 年版，第 312—313 页。

律、法规的规定，先进行行政复议；如果法律、法规没有特别的规定，在向人民法院提起行政诉讼之前，是申请行政复议，还是直接提起行政诉讼，由公民、法人或者其他组织自己决定。行政复议不是行政诉讼的前置程序，档案行政复议也不是档案行政诉讼的前置程序。

这一点在《行政诉讼法》的相关条款中都给予了肯定。比如，1990年版第38条规定："公民、法人或者其他组织向行政机关申请复议的，复议机关应当在收到申请书之日起两个月内作出决定，法律、法规另有规定的除外。申请人不服复议决定的，可以在收到复议决定书之日起十五日内向人民法院提起诉讼，复议机关逾期不作决定的，申请人可以在复议期满之日起十五日内向人民法院提起诉讼。法律另有规定的除外。"2015年版第45条规定："公民、法人或者其他组织不服复议决定的，可以在收到复议决定书之日起十五日内向人民法院提起诉讼。复议机关逾期不作决定的，申请人可以在复议期满之日起十五日内向人民法院提起诉讼。法律另有规定的除外。"再如，1990年版第39条规定："公民、法人或者其他组织直接向人民法院提起诉讼的，应当在知道作出具体行政行为之日起三个月内提出，法律另有规定的除外。"2015年版第46条规定："公民、法人或者其他组织直接向人民法院提起诉讼的，应当自知道或者应当知道作出行政行为之日起六个月内提出。法律另有规定的除外。"上述条款的存在，已经明确了行政复议不是行政诉讼的前置程序。除《行政诉讼法》的这些规定外，现有的档案行政管理法规规章中也没有将档案行政复议作为档案行政诉讼前置程序的规定。

因此，我们认为，档案行政复议并不是档案行政诉讼的前置程序，自然，档案行政复议作为档案行政诉讼前置程序也就不能成为档案行政诉讼的特征之一了。

（三）档案行政诉讼的范围

行政诉讼范围是一个动态的系统性概念，也是一个有着多重维度的概念。"就当事人角度而言，行政诉讼的范围系指公民、法人或者其他组织针对行政主体的哪些行政行为不服，可以向人民法院提起行政诉讼以求法律救济的范围；就司法机关角度而言，行政诉讼的范围是指人民法院可以受理哪些行政案件,或者称人民法院主管的范围。就这两个视角而言,行政诉讼的范围都是指‘行政行为的可诉性’范围。”①因此,行政诉讼范围就是“行政诉讼受案范围,也称行政审判权范围,或称可诉行为范围,它是指人民法院受理行政争议案件的范围”②。行政诉讼范围,规定了各级人民法院对行政行为监督的范围和其所能调整的行政法律关系的范围,同时也规定了公民、法人和其他组织权益受到行政主体侵害时所拥有诉权的范围。从这个意义上讲“行政诉讼范围,是指当事人提起行政诉讼的范围和法院受理行政案件范围的统一”③。

关于我国行政诉讼范围的变化,胡建淼教授2005年在《中国行政诉讼范围的演变与趋向——划定·限制·恢复·拓展》一文中有过这样的总结:“中国行政诉讼的范围于1989年由行政诉讼法作统一划定,但1991年最高人民法院《关于贯彻执行〈中华人民共和国行政诉讼法〉若干问题的意见(试行)》越权缩小了行政诉讼的范围,2000年最高人民法院公布的《关于执行〈中华人民共和国行政诉讼法〉若干问题的解释》恢复了行政诉讼法所规定的原本范围,与此同时,中国行政诉讼的范围在四个方面得到扩张,即教育权、抽象行政行为、不作为与教育行政案件。”④2014年11月1日第十二届全国人民代表大会常务委员会第十一次会议通过的《全国人民代表大会常务委员会关于修改〈中华人民共和国行政诉讼法〉的决定》对行政诉讼的受案范围再次进行了调整,将原来的第十一条改为第十二条,并由原来的8款修改增加为12款。“这是行政诉讼法自1989年制定后作出的首次修改。修改的最大亮点,是扩大了行政诉讼的受案范围,表现在:一是具体列举了除人身权、财产权以外的其他一些社会权利,比如社会保障权、公

① 胡建淼:《中国行政诉讼范围的演变与趋向——划定·限制·恢复·拓展》,《政法论坛》2005年第5期。

② 费鸣:《关于重构我国行政诉讼受案范围的设想》,华东政法学院,2004年。

③ 李荣荣:《紧急状态下公民权利的保障——基于公法救济之行政诉讼的视角》,《甘肃行政学院学报》2008年第6期。

④ 胡建淼:《中国行政诉讼范围的演变与趋向——划定·限制·恢复·拓展》,《政法论坛》2005年第5期。

平竞争权等；二是把部分行政合同也纳入受案范围；三是把‘具体行政行为’修改为‘行政行为’，更加便利了立案难问题的解决。此外，对于规章以下的规范性文件，也就是俗称的红头文件，《决定》规定可以在提起具体诉求时提出审查请求。”①再如，将行政机关滥用行政权力排除或者限制竞争的，违法集资、摊派费用的，没有依法支付最低生活保障待遇或者社会保险待遇的等行政行为纳入了受案范围。对公民权利的保护已经不仅仅限于人身权和财产权，权利范围在单行法中不断扩大。

档案学界论及“档案行政诉讼范围”或“档案行政诉讼受案范围”的文章有3篇。

第一篇是肖阳于1990年发表在《档案》上的《档案行政诉讼》一文。肖阳认为：档案行政诉讼的范围，是指在档案行政诉讼中，根据有关法规依照行政诉讼程序应依法保障档案行政行为的合法权益。档案管理引起的档案行政诉讼：随意变更或解密国家所有档案的；损毁、丢失或者擅自销毁属于国家所有的档案的；擅自提供、抄录、散布属于国家所有档案的；涂改、伪造档案的；出卖属于国家所有档案的；倒卖档案牟利或者私自将档案卖给外国人的；携运禁止出境的档案及其复制件出境的；档案工作人员玩忽职守造成档案损失的。② 这是1990年《行政诉讼法》颁布实施后，目前在公开发表的文献中所能看到的最早一篇专门论述档案行政诉讼的文献。当然，从现行《行政诉讼法》的规定及行政诉讼研究的最新成果看，肖阳有关档案行政诉讼范围的表述存在下述问题：一是行政诉讼保护的是公民、法人和其他机构的合法权益不受行政行为的侵害，即保障的是公民、法人和其他机构的合法权益，而非行政行为的合法权益。推而论之，档案行政诉讼保护的是公民、法人和其他机构的合法档案权益不受档案行政行为的侵害，即保障的是公民、法人和其他机构的合法档案权益，而非档案行政行为的合法权益。二是作者所列8种行为，是《档案法》第24条所规定的

① 张先明：《行政诉讼法制定25年后首次大修》，《人民法院报》2014年11月2日。
② 肖阳：《档案行政诉讼》，《档案》1990年第6期。

由县级以上人民政府档案行政管理部门、有关主管部门对直接负责的主管人员或者其他直接责任人员依法给予行政处分的行为；如果构成犯罪，依法追究刑事责任的行为，而不是《行政诉讼法》所规定的行政诉讼范围，亦称行政诉讼受案范围。三是档案行政诉讼的对象是档案行政主体的行政行为，而作者所列 8 种行为却是档案行政管理相对人可能的行为。四是如果档案行政管理行政相对人认为，档案行政管理主体基于上述行为对其实施的行政行为，侵害了其合法权益，是可以进行档案行政诉讼的，但档案行政诉讼的范围却不仅仅只限于档案行政管理主体基于上述行为所实施的行政行为。五是并不是所有的档案管理活动都会引起档案行政诉讼，只有那些被作为档案行政管理相对人的公民、法人和其他组织，认为侵害了其合法权益，诉诸人民法院，并为人民法院接受的档案行政行为才会引起档案行政诉讼。

第二篇是潘玉民 2003 年发表在《上海档案》上的《论档案法系》一文。文中，潘玉民只提及了“档案行政诉讼的受案范围”，没有对这一概念进行任何阐述。但在其 2002 年出版的《档案法学基础》一书有专门阐述。他认为：“档案行政诉讼的受案范围，是指人民法院受理档案行政案件的范围。它确定人民法院依法受理哪些档案行政案件，也就是说哪些档案行政案件由人民法院受理并负责解决。”①将档案行政诉讼的受案范围归纳为：不服档案行政处罚的案件；不服档案行政强制措施的案件；认为档案部门不履行义务的案件；认为档案行政管理部门侵犯档案财产所有权的案件；认为档案部门超越职权侵犯合法权益的案件。书中以已公开的案例对档案行政诉讼案件的受案范围进行了佐证。

第三篇是孙德成于 2000 年发表在《中国档案》的《如何减少档案执法中的行政争议和行政诉讼》一文。他认为：“《行政诉讼法》规定的人民法院受案范围的八项内容，有四项与档案行政管理部门的职能、职权等有关，易引起争议的有三个方面：档案行政管理机关执行没收（违法）、罚款时；档案行政管理机关不履行保护有关人员人身权

① 潘玉民：《档案法学基础》，辽宁大学出版社 2002 年版，第 313—315 页。

（如肖像权、名誉权）时；档案行政管理机关违法要求履行义务时。……易引起争议的关键是档案行政管理机关自身的因素，即档案执法活动的合法性问题。”①

上述表述是依据旧《行政诉讼法》的第 11 条的八款规定，结合档案工作实践作出的概括，但缺少新《行政诉讼法》第 2 条、第 12 条和第 53 条的相关内容。例如，新法第 2 条将行政机关和行政机关工作人员侵犯公民、法人或者其他组织合法权益的“具体行政行为”改为“行政行为”。第 53 条将规章以下的规范性文件，即俗称的红头文件纳入了附带性审查范围，档案行政管理机关的一些“抽象行政行为”也被纳入其中。新法第 12 条可诉行政行为中的“行政征收和征用行为”，“行政机关滥用行政权力排除或限制竞争的行为，行政机关不依法履行、未按照约定履行或违法变更、解除有关协议的行为”，涉及档案的征集、征购，与档案部门有关的档案中介服务机构的协调与监督，档案代管和外包服务协议的履行等事项。在权利保护范围上，新法第 12 条对农村土地承包经营权、农村土地经营权的保护，以及将权利保护范围扩大到公民、法人和其他组织的各项合法权益，涉及农村土地经营权档案的管理与利用，公民、法人和其他组织利用开放的档案和政府已公开的现行文件等事项。这些都需要我们作出新的总结和概括。

综上所述，档案学界对档案行政诉讼范围或档案行政诉讼受案范围的研究成果大多出现在 2002 年之前，数量十分有限，根据新修改的《行政诉讼法》的精神和内容界定档案行政受案范围的成果还未见到。同时，档案学者认为，档案行政诉讼的范围是指在档案行政诉讼中，根据有关法规依照行政诉讼程序应依法保障档案行政行为的合法权益的认识，与法学界认为的就当事人角度而言，行政诉讼的范围系指公民、法人或者其他组织针对行政主体的哪些行政行为不服，可以向人民法院提起行政诉讼以求法律救济的认识相距甚远。因此，我们应当对照新《行政诉讼法》第 2 条、第 12 条和第 53 条之规定，认真梳理档案行政管理工作中的各种行政行为，系统研究这些行政行为后果的可

① 孙德成：《如何减少档案执法中的行政争议和行政诉讼》，《中国档案》2000 年第 7 期。

诉性与不可诉性。根据档案行政管理工作的内部事务性与管理对象多为行政事业单位的特点，档案学界在关注外部行政行为可诉性的同时，需要特别关注和展开对内部行政行为可诉性与不可诉性的研究。

三、结　　语

档案行政诉讼实践的开展和新《行政诉讼法》的颁布，要求档案学界从理论到实践两个方面做出回应。当务之急，是从理论上厘清档案行政诉讼的基本理论问题，澄清认识，达成共识。在此基础上，对档案行政诉讼的实践展开研究，总结经验，进而不断规范档案行政行为，以适应社会变革和档案事业治理体系和治理能力现代化的需要。

本文为2013年度国家社科基金项目《依法治档研究》（项目编号：13BTQ068）的阶段成果，发表在《档案学研究》2016年第1期第32—37页。

作者：陈忠海、吴雁平　作者单位：陈忠海，郑州大学信息管理学院；吴雁平，开封市档案局

论国家治理现代化视角下的档案守法

中国共产党十八届四中全会《关于全面推进依法治国若干重大问题的决定》研究了全面推进依法治国若干重大问题，明确了全面推进依法治国的重大任务，提出了全面推进依法治国的总目标是建设中国特色社会主义法治体系和建设社会主义法治国家，通过建设社会主义法治体系来促进国家治理体系和治理能力现代化。为尽快实现与国家治理体系和治理能力现代化的顺利接轨，各级档案部门就需要建立、健全和实际运用档案法治体系去管理档案事业，大力推进依法治档。

依法治档主要包括档案立法、档案执法、档案司法和档案守法等4个方面[①]，其中档案立法是前提，档案执法是核心，档案司法是基础，档案守法是目标。档案立法、执法和司法，都是为了更好地实现档案守法；要实现全民档案守法这一最终的目标，需要档案学界为国家档案治理体系和治理能力现代化建设提供理论支撑，更需要档案行政管理机关和档案行政管理相对人努力践行档案法律法规，丰富依法治档的实践。

---

① 陈忠海、刘东斌：《论依法治档》，《档案学研究》2015年第4期。

一、对国家治理现代化与档案守法的基本认识

（一）国家治理现代化的内涵

国家治理现代化，指的是国家治理体系和治理能力现代化。中国共产党十八届三中、四中全会都提到了“国家治理体系和治理能力现代化”这一概念。中国共产党十八届三中全会公报提出：“全面深化改革的总目标是完善和发展中国特色社会主义制度，推进国家治理体系和治理能力现代化。”①中国共产党十八届四中全会公报指出：“依法治国，是坚持和发展中国特色社会主义的本质要求和重要保障，是实现国家治理体系和治理能力现代化的必然要求”；“我们党必须清醒看到，同党和国家事业发展要求相比，同人民群众期待相比，同推进国家治理体系和治理能力现代化目标相比，法治建设还存在许多不适应、不符合的问题”；“全面推进依法治国，总目标是建设中国特色社会主义法治体系，建设社会主义法治国家。这就是，在中国共产党领导下，坚持中国特色社会主义制度，贯彻中国特色社会主义法治理论，形成完备的法律规范体系、高效的法治实施体系、严密的法治监督体系、有力的法治保障体系，形成完善的党内法规体系，坚持依法治国、依法执政、依法行政共同推进，坚持法治国家、法治政府、法治社会一体建设，实现科学立法、严格执法、公正司法、全民守法，促进国家治理体系和治理能力现代化”②。

上述论述表明，国家治理现代化实质上就是中国共产党在对国家进行治理的过程中，采用符合现阶段发展的方式、方法来建立一整套紧密相连、相互协调的有中国特色的、现代化的治理体系，然后借助这一整套治理体系作用于治理能力现代化的提升；治理体系和治理能力是一个相辅相成、彼此作用的有机整体，有了好的治理体系才能提高

---

① 中央政府门户网站：《中共中央关于全面推进深化改革若干重大问题的决定》，http://www.gov.cn/jrzg/2013-11/15/content_2528179.htm。

② 中央政府门户网站：《中共中央关于全面推进深化改革若干重大问题的决定》，http://www.gov.cn/jrzg/2013-11/15/content_2528179.htm。

治理能力,提高治理能力后才能充分发挥治理体系的效能。国家治理现代化的最终目标是为了实现好、维护好、发展好最广大人民群众的根本利益。

(二)档案守法的基本内容

档案守法是依法治档的重要组成部分,是关系到依法治档能否实现的关键因素。它包含两个方面的基本内容:一方面是档案行政管理机关的守法。这里的守法指的是各级档案行政管理机关不能滥用权力,在法律规定的职权范围内依照法定程序开展档案行政管理活动。档案行政管理机关是政府不可分割的组成部分,代表政府的形象,在开展档案行政管理过程中必须守法,这不仅能有效地引导档案行政管理相对人守法,而且对依法治档有着重要的意义和积极的作用。另一方面是档案行政管理相对人的守法。作为档案行政管理相对人的公民、机构法人和社会团体依照档案法律法规的规定行使权利并履行相关义务。每个公民、机构法人和社会团体等都应主动了解法律法规的内容,认真遵守各项规定,为创造良好的档案守法环境贡献自己的力量。

(三)国家治理现代化视角下档案守法的实质

习近平指出:"国家治理体系和治理能力是一个国家制度和制度执行能力的集中体现;两者相辅相成,单靠哪一个治理国家都不行。"①由此可见,国家治理体系侧重于制度上的安排统筹,而国家治理能力则着眼于制度的执行能力。推进国家治理体系和治理能力现代化建设,最紧迫、最重要的任务应该是坚持依法治国。

国家治理现代化视角下的档案守法,其实质是各级档案行政管理机关以中国共产党十八届三中、四中全会精神和中共中央办公厅、国务院办公厅《关于加强和改进新形势下档案工作的意见》为指导,建立健全符合现阶段档案工作发展实际的法治体系,以完备的法治体系为基础提升档案行政管理的能力与水平。在档案行政管理相对人方面,则要求其提升自身的法律素养,对档案法律法规做到知道、懂得和遵守。

① 李林:《依法治国与推进国家治理现代化》,《法学研究》2014 年第 9 期。

二、对我国档案守法现状的分析

(一)档案守法之困惑:无“法”可守

我国有关档案方面的法律只有《中华人民共和国档案法》(以下简称《档案法》),行政法规有《中华人民共和国档案法实施办法》(以下简称《档案法实施办法》)和30余部地方性档案法规和规章。在文本内容方面,《档案法》共有6章27条,《档案法实施办法》共有6章31条,内容涵盖的范围较小,可操作性不强;地方行政法规和规章大同小异、地方特色不突出,未能很好地达到细化《档案法》《档案法实施办法》的目标。

档案行政管理机关所遵守的法律法规是《档案法》《档案法实施办法》和相应的地方性法规与规章。随着新形势的不断发展和新情况的不断涌现,档案管理工作也随之变得复杂起来,现行档案法律法规的缺陷和不足早已无法为解决这些新情况、新问题提供可靠的法律依据,无“法”可守的困惑自然而然地出现了。

档案行政管理相对人面临无“法”可守的矛盾更加突出。由于档案事业并不直接服务和作用于我国经济建设大局,这就导致了大多数行政管理相对人档案意识、档案观念非常淡薄,连档案是什么都说不清楚,更别提自觉遵守档案法律法规的有关规定了。

(二)档案守法之尴尬:定位模糊,功能不清

我国现行《档案法》是在1987年9月5日由第六届全国人民代表大会常委会审议通过,距今已有30年;1996年进行了第一次修改,距今也过去了20年。我国法律法规的立改废释是为了更好地同社会主义市场经济体制和社会治理体制与机制运行接轨,并提供与之适应的法律制度保障。现行《档案法》带有明显的20世纪八九十年代的烙印,20年以前的法律定位和功能划分显然无法满足今天社会档案事务管理的需要,更无法协调纷繁复杂的各种档案利益关系,出现诸多方面的不适应。

例如,《档案法》第6、第7、第8条对档案机构的职责做了相应的

规定，指出各级人民政府的档案行政管理部门主管本行政区域和分管范围内的档案事业，并对本行政区域内机关、团体、企业事业单位和其他组织的档案工作实行监督和指导。而实际情况却是，现阶段我国仍以经济建设为中心，那些与经济建设大局有直接关系的政府部门、企业事业单位、社会组织等往往能得到各级政府与社会各界的青睐和重视，而作为间接服务于经济建设的各级档案行政管理部门则很难得到各级政府与社会各界应有的关注和理解，这就导致各级档案行政档案管理部门开展行政管理工作，特别是档案执法工作时举步维艰、困难重重。当然，这里也存在个别档案行政管理部门不主动作为和不敢执法、不会执法的问题。不良的执法环境和自身努力的不足最终导致一些档案行政管理部门不主动行使《档案法》赋予的职责，不少档案部门和业界人士对《档案法》的强制性产生了动摇，《档案法》的法律定位、功能作用被广泛质疑。

《档案法》属于行政法类型是毋庸置疑的，揆诸《档案法》结构、内容不难发现，其规范的是档案行政管理部门的行为、维护的是档案部门的利益，作为行政法的基本作用则很少被显现出来。如《档案法》第九条“在档案的收集、整理、保护和提供利用等方面成绩显著的单位或者个人，由各级人民政府给予奖励。”“忠于职守，乐于奉献”是每个公务人员最基本的职业道德。《中华人民共和国公务员法》明确规定了国家公务人员应当履行的义务有“按照规定的权限和程序认真履行职责，努力提高工作效率；忠于职守，勤勉尽责；遵守纪律，恪守职业道德，模范遵守社会公德”等①，而《档案法》却有对单位、个人进行奖励的条文规定，维护部门利益的特征可见一斑。

（三）档案守法之障碍：可操作性差，执行困难

现行《档案法》相当多的法律条文存在不适应目前档案工作的实际情况，内容陈旧，可操作性差的问题十分突出。《档案法》第13条：“各级各类档案馆，机关、团体、企业事业单位和其他组织的档案机构，

① 国家公务员局门户网站：《中华人民共和国公务员法》，http://www.scs.gov.cn/zcfg/201409/t20140902_370.html。

应当建立科学的管理制度,便于对档案的利用……”档案馆和档案机构应当建立科学的管理制度,言外之意是不是也可以不建立管理制度。“科学的管理制度”指的是什么样的制度?档案行政管理机关判断行政管理相对人的管理制度是“科学的”抑或是“不科学的”,依据是什么?第25条规定:“携运禁止出境的档案或者其复制件出境的,由海关予以没收,可以并处罚款……”档案复制件的范围是什么?对纸质档案进行拍照形成图像或其他形式的电子记录数据,属不属于档案复制件?通过不被监管的私人电子邮件将上述电子记录数据发送到境外电子邮箱的行为又该怎样定性呢?……

《档案法》已经施行30年了,仅在1996年进行过一次修改,与国家治理现代化的不适应性日益凸显。涵盖面小、调整档案社会关系能力弱和可操作性差,使其失去了为档案守法提供保障的能力,在一定意义上成为档案治理体系和治理能力建设的障碍。

(四)档案守法之不足:衔接协调能力弱

任何一部法律法规不管它是多么健全完善,也不论它是多么具有前瞻性,它都不可能不留死角地调节所有的社会关系,即便是协调本专业领域内的利益关系也无法做到面面俱到。随着专业分工的不断细化,各专业领域的法律法规不断健全,这些领域的法律法规在规范各自专业领域的同时,也在很多地方涉及与该专业有关的档案和档案工作。因此,档案法律在贯彻与落实的过程中,必不可少地会与这些专业领域的法律及其他规范等发生关系。①

作为一部专业领域的法律,《档案法》的内容只有6章27条,用来调整全国范围内的档案关系远远不够,这就需要加强与其他法律法规的衔接协调,而《档案法》在这方面做得远远不够。在《档案法》第14条和第25条有“必须按照国家有关保密的法律和行政法规的规定办理”“构成犯罪的,依法追究刑事责任”等诸如此类的模糊描述,几乎起不到加强法律法规之间相互衔接协调的作用。在新一轮《档案法》

① 陈忠海、刘东斌、周林兴等:《档案法立法研究》,上海世界图书出版公司2013年版,第132页。

修改工作中亟须加强《档案法》与《宪法》《刑法》《文物保护法》《环境保护法》《物权法》《政府信息公开条例》等法律法规的衔接协调，为《档案法》提供更加有益的补充，使档案守法拥有更多的依据和可靠的保障。

三、国家治理现代化视角下实现档案守法的途径

（一）档案立法是前提

国家治理现代化视角下档案守法实现的途径有很多种，其中最具有现实意义的实现途径之一就是完善档案法律法规，早日形成现代化的档案法治体系。加快《档案法》的修订速度，增删条文内容，出台配套的行政法规是最重要的环节。

2015 年 10 月新修订的《食品安全法》由原来《食品卫生法》的 45 条增加到 154 条，增加了 2.4 倍多；《文物保护法》也由原来的 33 条修改为 80 条，增加了 47 条之多；《行政诉讼法》由原来的 75 条修改为 103 条，同时做了 61 条修改意见；《环境保护法》也增加了 37 条。[①] 在国家治理现代化这一新的战略机遇期，其他领域一刻都没停下完善法律法规的脚步。国家档案局在 2016 年 5 月发布《档案法》修订草案，公开征求社会意见，使《档案法》修改迈开了实质性一步，接下来还有更加重要的工作要做。

1. 将修订草案提交全国人大常委会审议，争取新的《档案法》尽早生效

新的《档案法》没被公布实施前，现行《档案法》依然具备法律效力，这也就意味着前文中提到的档案守法的各种矛盾和风险还不会解决与消失。国家有关部门应“急国家之所急、想群众之所想”，早日将一部具有现代化意义的、高水平、高质量的新《档案法》呈现给国家、社会和民众。

---

① 王岚：《国家治理视角下〈档案法〉修改的思路与思考》，《档案学研究》2015 年第 1 期。

2. 建立健全法规规章，为档案法治体系提供强有力的补充

法律在社会中起兜底的作用，是规范社会和公民行为的最后一道防线，它的有效实施离不开行政法规、部门规章的支撑。国家档案局应在新的《档案法》生效后迅速响应，制定《档案法实施办法》及其他部门规章，如《档案鉴定办法》《各级国家档案馆开放档案办法》等。行政法规和部门规章是对《档案法》最直观的说明和细化，是建立健全国家档案法治体系的主要内容，不仅可以为档案法治体系的形成提供必要的补充，而且也为档案守法打下了坚实的基础。

3. 做好档案法律法规的解释和政策类规范性文件的运用

档案守法所指的“法”，不仅仅包括直接成文的法律法规、部门规章和地方性法规，还应该包括对这些法律法规的解释和政策类规范性文件。通俗地说，也就是与档案、档案工作有关的一切法律、法规和规章。① 档案法律法规针对的是大量的不同单位、不同主客观情况、不同环境以及不同事由的个案，不可能全部“对号入座”②，这就需要对档案法律法规进行解释，进行通俗易懂的说明，以便档案行政相对人能够更好地理解与遵守。政策类规范性文件是档案法律法规和地方性法规规章得以具体实施的基本工具，具有操作性强、调控及时、上传下达等优点，能够确保档案法律法规和地方性法规规章在基层不打折扣地被执行，是确保档案守法的重要手段。档案法律法规的解释和政策类规范性文件的运用，不仅符合国务院法制办对立法的精细化要求，而且有效提升了档案法律法规的可操作性、前瞻性，也为档案守法提供了具体的依据。

（二）明确定位是条件

这里的“定位”不仅仅包括档案法律法规的定位，而且还应包括档案机构特别是档案行政管理部门的定位。档案法律法规的定位会对档案守法的实现产生直接的影响。

---

① 陈忠海：《依法治档所依之“法”是什么？——是〈档案法〉还是与档案、档案工作有关的一切法律、法规和规章》，《档案管理》2011 年第 3 期。

② 陈忠海、刘东斌：《论依法治档》，《档案学研究》2015 年第 4 期。

档案法律法规的“定位”，包含档案法律法规的性质是什么，调节哪些利益关系，在国家法治体系中起什么作用等内容。前文提到的档案守法存在的诸多问题，也正是档案法律法规所面临的不足；加之在现实中，大部分档案行政管理部门也拿不出应用档案法律法规的经典案例，对“定位”问题的回应软弱无力。正因为如此，档案法律法规常被档案工作者视为“软法”“无用法”，在这种错误观念的影响下，档案守法根本无从谈起。因此，为档案法律法规正名、明确档案法律法规的定位非常必要。

我国法律体系除根本大法《宪法》外，其他的法律可分为刑法、民法、经济法和行政法四大法系，其中，行政法功能之一是对行政职能部门在各自专业领域的管理活动进行规范，同时规定行政管理相对人的行为。档案法律法规完全符合这一功能，对《档案法》的定位应当清晰明确——《档案法》是不折不扣的行政法，是以规范社会档案管理和保护行为，保障公民利用档案权利，促进国家和社会发展为宗旨的母法。它是由国家制定的、具有强制约束力的档案领域最高法律，是国家法治体系不可或缺的一个部分。明确档案法律法规的定位，可以为档案守法提供方向性的指引，避免档案守法走弯路、走错路。

（三）具体执行是关键

2014 年 5 月，中共中央办公厅、国务院办公厅印发了《关于加强和改进新形势下档案工作的意见》，对档案法律法规的具体执行提出精细化要求：指出各级档案行政管理部门要切实提高依法履职能力，提高执法监督指导能力；依法管理各单位的档案事务，严肃查处各类档案违法案件。①

面对新形势下档案守法的各种困境，推动档案法律法规的具体执行就成了实现档案守法的重要抓手。首先，各级档案行政管理部门应彻底摒弃“被边缘化”的错误观念，要敢于执法、主动执法，按照档案法

① 中国档案资讯网：《关于加强和改进新形势下档案工作的意见》，http://www.zgdazxw.com.cn/news/2014-05/05/content_45061.htm。

律法规的规定不折不扣地管理国家和社会档案事务;其次,多部门联动已成为当前行政管理中的常态化执法模式,档案行政管理部门理应加强与有关部门的交流合作,开展多样化、深层次的联合执法活动。另外,档案行政管理部门还需不断创新工作方式、探索新的工作经验以适应日益复杂的档案事务,真正将档案法律法规的具体执行落到实处。

(四)人才培养是支撑

任何一个国家、任何发展时期,各行各业都需要大量的专门人才。国家治理现代化需要什么样的人才呢?一方面,需要具有现代化思维意识和较强执行力的人才。中国共产党十八届三中全会吹响了深化改革的号角,开启了国家治理现代化的序幕,这就需要一批跟得上时代的、具有现代化思维的人才去蹚“改革的深水区”。“档案守法深水区”在于制度建设和具体执行,而法律条文不完善、执法困难重重、司法力量薄弱等问题的存在,要求培养具有现代化思维意识和较强执行力的档案专门人才。另一方面,需要专业面广、知识面全的高素质人才。在改革开放不断深入和国家治理现代化逐步推进的今天,我国经济社会发展呈现出精细化、专业化、全面化的趋势,培养和造就一大批专业面广、知识面全的高素质档案人才就显得极为迫切。例如,培养出既了解档案管理又精通法律法规的新型专业人才,对推进档案治理体系和治理能力现代化的作用是显而易见的。

同时,提升公民素质也是关键因素之一。国家治理现代化,最理想的状态就是实现全体公民素质的现代化。不只是档案守法这一领域,条条块块的现代化治理都需要公民素质的现代化。公民素质的现代化没有捷径可走,只有期望国家努力提高各级教育的质量与水平、创造良好的法治环境与氛围和加强在岗人员,特别是档案行政管理人员的培训而逐步予以实现。

作为一名普通的中国公民,我们能做到的首先就是努力提升自身各方面的素质,特别是法律素养,做学法、知法、懂法、守法的合格公民。档案守法作为国家治理现代化的一部分,将会在国民素质现代化的过程中得到升华和实现。

本文为2013年度国家社科基金项目《依法治档研究》(项目编号:13BTQ068)的阶段成果,发表在《档案学通讯》2017年第1期第4—8页。

作者:陈忠海、袁永　作者单位:郑州大学信息管理学院

对《档案法》修订草案中几个问题的认识

——兼与徐拥军、李晶伟、蔡美波先生商榷

《档案学通讯》2016年第6期发表了徐拥军、李晶伟、蔡美波撰写的《对〈档案法〉修订草案的几点意见》(以下简称“徐文”)一文,文中对《中国档案》2016年第7期公布的《〈中华人民共和国档案法〉修订草案(送审稿)》[①]提出了修改建议。“徐文”中的许多意见都很中肯,对《中华人民共和国档案法》(以下简称《档案法》)的进一步修改有着积极的意义。但是,其中有些意见值得商榷,比如对《档案法》法定定义的认识问题、《档案法》与其他法规的不协调问题以及如何理解以人为本的立法理念问题等等。

一、关于档案定义的问题

《档案法》修订草案第3条将档案定义:“本法所称的档案,是指机关、团体、企业、事业单位、其他组织和个人在各项工作和活动中形成的,对国家、社会和单位、个人具有利用价值、应当归档保存的各种形式和载体的文件、记录和数据。”

“徐文”认为:其“语言比较粗糙,文字表述存在较多欠缺”。“首

---

① 《〈中华人民共和国档案法〉修订草案(送审稿)》,《中国档案》2016年第7期。

先,将'文件、记录和数据'作为属概念并列十分不妥,因为三者的概念外延互有交叉,不如现行《档案法》中的'历史记录'概括、深刻。

其次,下定义时经常采取'种差+属'方法,档案的本质属性应在档案定义中有所体现,而修订草案中的定义明显缺失对档案本质属性的抽象概括。然后,'归档'字义上是指'归入档案',而整句话本身是给'档案'下定义,即'档案是指归入档案的某物',这样理解就有循环定义之嫌。

再次,将对'个人有利用价值'的档案纳入本法调整的范围是否适合,值得商榷。因为《档案法》的调整对象应该是属于国家所有的档案,以及虽不属于国家所有但对国家和社会有保存价值的档案,至于属于个人所有、仅对个人具有利用价值的档案,不宜列入《档案法》调整的范围。

最后,此定义删除了现行《档案法》中的'直接'二字,难以体现档案原始记录的本质属性;而将'保存价值'改为'利用价值'是否合理,也值得再仔细琢磨。"①《档案法》修订草案中关于档案定义的表述的确有些粗糙,不太精准。当然,对于法定档案定义的目的和表达方式,还是应当具体情况具体分析。

(一)法定档案定义不应等同于学理档案定义

在我国,法定档案的范围通常被理解为法理层面上的档案定义。所谓法理层面上的档案定义,就是法律规定的档案定义,具体体现为《档案法》中的"本法所称档案,是指……"。"法理层面上的档案定义具有以下特点:①明确性。法理层面上的档案定义,必须具有明确的含义和范围。其含义对于哪些是法律调整范围的档案必须明确规定,否则就会给执法带来困难,就会使执法者无所适从。②强制性。强制性要求所有在《档案法》调整范围内的档案部门(包括档案局、档案馆和档案室等)必须整理、保管好法定档案,并按规定提供利用。明确性与强制性是相辅相成的,明确性是前提,只有明确了前提,强制性才可

---

① 徐拥军、李晶伟、蔡美波:《对〈档案法〉修订草案的几点意见》,《档案学通讯》2016 年第 6 期。

能有的放矢。所谓学理层面上的档案定义，就是档案学术上探讨研究的档案定义。学理层面上的档案定义具有以下特点：①严谨性。学理层面上的档案定义必须是严谨的，包括限定词、属概念和逻辑关系。尽量能自圆其说，尽量减少漏洞，避免顾此失彼。②系统性。学理层面上的档案定义的系统性是与严谨性紧密相连的。系统性要求档案定义在定义本身严谨性的条件下，其在档案学基础理论系统中也是严谨的，不能只管档案定义本身的严谨而不顾其在理论系统中的严谨。学理层面上的档案定义应当与档案学的基础理论和基本概念相吻合。”①

从学理、法理两个层面上看，二者的关系：学理档案定义大于法理档案定义。“法理档案定义是用来确定档案部门管理档案的范围的，法理档案定义不能超出学理档案定义的范围，法理档案定义与学理档案定义是同心圆的关系，而不是交叉圆的关系。法理档案定义研究的重点是在学理档案定义的框架下，为档案管理部门确定一个具体的需要调节和管理档案的范围，为各个单位组织履行保管档案的义务、为档案行政管理部门依法管理档案事务进行档案执法监督，提供具体可操作的依据。而学理档案定义研究的重点是科学地界定哪些是档案，学理档案定义要与档案学的基础理论和基本概念相吻合，应尽量没有漏洞或少有漏洞。”②也就是说，对于法理档案与学理档案不能用一个标准或模式来定义，也不能用学理档案定义代替法理档案定义。确定法理档案定义时不宜采用对学理档案定义时采取的“种差+属”方法对其进行抽象概括，而需要的是明确的概念、明确的含义和明确的范围。“文件、记录和数据”作为法定档案定义的属概念具有明确的含义和范围，因而并无不妥。尽管三者概念的外延互有交叉，但这并不影响人们对法定档案定义的理解，也不妨碍依法治档和档案依法行政。如果将三者作为学理档案定义的属概念并列就显不妥，因为三者概念

① 一束草根：《草根手记(9)法理、学理、俗理三个层面上的档案定义——档案定义乱谈之三》，档案界论坛，http://www.danganj.net/bbs/viewthread.php? tid=14946。

② 一束草根：《草根手记(9)法理、学理、俗理三个层面上的档案定义——档案定义乱谈之三》，档案界论坛，http://www.danganj.net/bbs/viewthread.php? tid=14946。

的外延互有交叉而不严谨。如何找到一个能够概括三者共性的概念则是学理档案定义应当研究的问题,不是法定档案定义需要解决的问题,因而不是法定档案定义的缺陷。法定档案定义并非严格意义上的"档案定义",它只是对《档案法》调整范围内档案的某种限定。

(二)"归档"字义上不是指"归入档案"

"归档"从字义上讲并不一定是指"归入档案"。对于"归档"的研究,就有产生档案说、形成条件说、刻意保存行为说、主体行为说、移交说等观点。前四种观点可以归为一类,也就是归档产生档案的意思,其区别不过是角度不同、阐述的复杂程度不同而已。对于"移交"说,基本上说明了归档的性质,归档实质上被看作一项档案移交工作。"'归档'这一档案学专门的术语,从其产生之初就有档案工作的含义,而且,随着时代的发展,虽然其含义有所变化,内容有不断丰富的趋势,但是,其档案工作的基本和主要含义并没有太大的改变。"①

最早解释"归档"一词的是1932年世界书局出版的邹炽昌编《公文处理法》一书。书中这样解释:"什么是归档呢?因为一件案件发生,必不止一件便了,大概都有继续办理的。所以每一次公文发出后,来文与稿件,必须逐件黏联,编做一起。或积累多了,便要编做若干卷,存在框柜的同一个格段内:这就叫做归档。"②这段对"归档"的解释,其意思就是整理档案的意思。

1994年出版的《档案学词典》对"归档"的解释:"文书、业务部门将工作活动中处理完毕,将有保存价值的文件材料,按规定制度整理组卷后,定期向档案室移交集中的过程,是文书处理工作的最后环节,档案工作的起点。"③中心意思就是"按规定制度整理"后"定期向档案室移交"档案。主要内容是整理档案、移交档案。这里的"归档"是指"档案工作的起点",而不是"档案的起点"。

任汉中、王茂跃认为:"文件在归档前就是档案了。""正因为是档

① 刘东斌:《档案直接形成论》,河南大学出版社2016年版,第330—334页。

② 邹炽昌:《公文处理法》,世界书局1932年版,第123页。

③ 吴宝康、冯子直:《档案学词典》,上海辞书出版社1994年版,第149页。

案才需要归档,但不能反过来说,只有归档后才是档案,没有归档就不是档案。”[①]“归档仅仅是一种改变档案保管权的行为,是档案保管机构获取档案的必经手段,仅此而已。只要是档案,无论是否经过归档,都是档案;我们承认存档与归档是文书工作的术语,实际上证实了这样一点:先有档案,然后才有档案的归档,即存档在前,归档在后,并不是文件归档以后才转化为档案。这样就无异于否定了归档是文件转化为档案的一般条件和标志的传统结论。”[②]刘新安、李可意认为:“根据归档的实践我们可以看到,在这一过程中,既不对档案实体的载体,也不对档案的内容进行任何的加工,案卷没有发生任何形式的变化。”[③]也就是说归档并没有产生档案,档案依旧是档案,档案(案卷)没有因为归档而发生任何改变。很显然,“归档”是归入档案或者产生档案的观点,在理论和实际工作方面都是讲不通的。

因此,对于《档案法》修订草案对档案的定义并不存在“档案是指归入档案的某物”的意思,也没有循环定义的嫌疑。退一步说,“归档”就是指“归入档案”的意思,这对于《档案法》来说,或者说对于法定档案定义来说,也无不妥。法定档案定义需要严谨,但它更需要明确。《档案法》调整的档案范围就是应当“归档”的“文件、记录和数据”,或者已经“归档”的“文件、记录和数据”,其他的都不是《档案法》调整的档案范围,非常明确清晰。

(三)《档案法》的调整对象是以档案的价值来界定的

“徐文”认为:“将对‘个人有利用价值’的档案纳入本法调整的范围是否适合,值得商榷。因为《档案法》的调整对象应该是属于国家所有的档案,以及虽不属于国家所有但对国家和社会有保存价值的档案,至于属于个人所有、仅对个人具有利用价值的档案,不宜列入《档案法》调整的范围。”“徐文”的观点有正确的一面,也有需要补充的一面。

---

① 任汉中、王茂跃:《“归档”理论内涵和意义》,《档案管理》2010年第3期。

② 王茂跃:《存档与归档术语刍议》,《档案管理》2006年第5期。

③ 刘新安、李可意:《论归档工作》,《档案学研究》2001年第4期。

《档案法》的调整对象是以档案的价值来界定的。《档案法》调整对象的一部分是国家所有的档案,另一部分是其他不属于国家所有和属于个人所有的档案,而且只是其中的一部分。将对“个人有利用价值”的档案纳入《档案法》调整的范围是适合的。国家档案机构不仅保存对国家和社会有利用价值的档案,更要为每一个纳税人保存和提供利用对“个人有利用价值”的档案,这是国家档案机构应尽的义务。近年来,各级国家综合档案馆在保存和提供利用对“个人有利用价值”档案方面做了大量工作,产生了积极而有效的作用。例如,据上海浦东新区档案馆统计,“2013 年以来,民生档案利用仍然是档案利用的主体,产证档案和婚姻档案两项合计利用占比超过 55%,社员建房、独生子女、土地档案、知青子女回沪等民生档案利用率随利用总数增长而稳定增加,这六类档案利用占比达到 85%”①。据南京市鼓楼区档案馆统计,“在近十年档案利用中,非公务的公民个人利用占 70% 之多”,“公民个人为解决财产继承、经济纠纷、婚姻关系、学历资历证明、工作调动、劳动保险、身份确定等问题查阅档案的越来越多”②。从这些档案利用统计分析中可以看出,对“个人有利用价值”的档案对服务民生的贡献有多大,同时,也可以看出对“个人有利用价值”档案的工作量占国家综合档案馆工作量的比重有多大。如果不将对“个人有利用价值”的档案纳入《档案法》调整的范围,会使国家综合档案馆依法管档、依法用档失去法律依据,有可能使国家综合档案馆的民生档案丧失来源,进而阻碍档案部门服务民生工作的健康发展。

“至于属于个人所有、仅对个人具有利用价值的档案,不宜列入《档案法》调整的范围”的问题,也应当具体分析。《档案法》修订草案中的表述没有将“属于个人所有、仅对个人具有利用价值的档案”列入《档案法》调整范围的意思。根据《档案法》修订草案法定范围的表述,如果只看“本法所称的档案,是指……个人在各项工作……对……

---

① 丁红勇:《浦东新区档案馆 2013 年档案利用分析》,《中国档案》2014 年第 5 期。

② 徐梅:《对区县级档案馆档案开放工作的思考——以南京市鼓楼区档案馆为例》,《档案与建设》2010 年第 7 期。

个人具有利用价值”,似乎有将“属于个人所有、仅对个人具有利用价值的档案”列入《档案法》调整的范围的意思。但其后又有了“应当归档保存”的限定,就不一定是将“属于个人所有、仅对个人具有利用价值的档案”列入《档案法》的调整范围。如果将“归档”理解为“归入档案”,那么这句话还似乎有将“属于个人所有、仅对个人具有利用价值的档案”列入《档案法》调整范围的意思。而如果将“归档”理解为移交档案的工作或移交给档案室档案的工作,那么,这句话就没有将“属于个人所有、仅对个人具有利用价值的档案”列入《档案法》调整范围的意思。为此,希望《档案法》修订草案或者《档案法实施办法》修订案能对“归档”一词作出界定,以便消除歧义和误解。

二、关于与其他法规不协调的问题

“徐文”认为,《档案法》修订草案与《中华人民共和国政府信息公开条例》(以下简称《条例》)不协调。修订草案第 46 条提出:“国家行政机关涉及公共利益和政务公开需求的档案,除涉及国家秘密、安全、个人隐私外,可依申请公开。”但是,《条例》提出政府信息有主动公开和依申请公开两种方式,并在第 16 条:“行政机关应当及时向国家档案馆、公共图书馆提供主动公开的政府信息”;而修订草案只提到依申请公开一种,由于《档案法》中有档案封闭期的限制,这意味着《条例》中依法应主动公开的信息在成为档案后可能被封闭保存,需退回到依申请公开的程度。①

“徐文”指出的《档案法》修订草案与《条例》不协调的问题,有些概念与关系需要辨析。

其一,《档案法》与《条例》是上下位法的关系,《档案法》是上位法,《条例》是下位法,上位法不能围绕着下位法修改,上位法也不应照搬下位法的具体条款去修改,上位法的修改可以原则性地采纳下位法

① 徐拥军、李晶伟、蔡美波:《对〈档案法〉修订草案的几点意见》,《档案学通讯》2016 年第 6 期。

的某些规定，并根据新情况、新环境和新成果做出新的规定。至于下位法的某些看似合理正确的规定，如果不符合立法精神，也不符合上位专业法立法原则，或者下位法规定的某些看似属于专业法调整规范范围的规定，而实际上并不属于专业法调整规范范围的内容，上位专业法就不需要修改。

其二，对于《条例》提出政府信息有主动公开和依申请公开两种方式，而《档案法》修订草案只提到依申请公开一种方式的问题，第一，《档案法》与《条例》调整规范范围不一样。《条例》调整规范的是政府行政机关的政府信息，因此，《条例》可以规定“行政机关应当及时向国家档案馆、公共图书馆提供主动公开的政府信息”。而《档案法》是专业法，其调整规范的是档案，因而不能直接过多过深地调整规范政府行政机关的内部事务。《条例》可以要求政府行政机关主动公开政府信息，但《档案法》修订草案就不宜要求政府行政机关主动公开档案，只能根据一般行政立法原则和行政法原则，做出“机关、企业、事业单位档案利用应当以保障单位管理、运行为主。国家行政机关涉及公共利益和政务公开需求的档案，除涉及国家秘密、安全、个人隐私外，可依申请公开”的规定。第二，《条例》调整规范的是政府行政机关的政府信息，而《档案法》调整规范的是档案，但政府信息并不等于档案。

其三，对于“《档案法》中有档案封闭期的限制，这意味着《条例》中依法应主动公开的信息在成为档案后可能被封闭保存，需退回到依申请公开的程度”的问题。《条例》的实施，引发了档案界对档案法律法规中档案开放规定的重新认识，不少学者认为应当修改档案法规，缩短档案封闭期限，使政府信息公开与档案信息开放相一致。当然，也有不同的观点，理明先生认为：“档案设置30年的封闭期与政府信息公开并不矛盾”，《条例》不仅不与《档案法》冲突，反而是对当前实行的档案封闭制度的有效补充和最佳保障。①

“记载政府公开信息的文件，绝大部分在法定归档期内将转化为档案，因此，档案包含经归档处理的政府公开信息，相互之间存在一定

① 理明：《政府信息公开≠档案信息公开》，《浙江档案》2008年第1期。

的前后演变关系，具有同源性的特点。因此，可以说，档案开放就是政府信息公开的一部分。”①而理明先生认为：政府信息公开不等于档案信息公开，承载政府公开信息的文件与其内容相同的档案“二者既有联系，又有区别”。“所谓区别者，文件转化为档案是有条件的”，“文件归档有法定的范围，尤其要强调归档文件的原始性，即不具有原始记录性的文件，不能随意转化为档案。就拿现行文件来说吧，一份已公开的现行文件，人们能够识读到其中的内容信息，而当该份文件归档的时候，档案人员还要收集这份文件形成过程中产生的背景信息，如文件的起草人信息、修改经办人与修改经办信息、签发人与签发信息等。这些背景信息与正式颁发的文件一起，构成了该份文件的档案。也正是这些背景信息，保持了该份文件的原始记录性，使得该文件具有了档案的本质特征。一份重要的文件，正式发布时只有短短的几页纸，但当它归档时，要形成数十甚至数百页档案，道理就在这里。所以，从信息量来讲，一份已公开现行文件与其归档的档案是无法画等号的。”②事实上，从形式、组成到内容，文件和档案都不一样，也就是说政府信息不等于档案。政府信息公开也不等于档案公开。那些认为修改《档案法》，使政府信息公开与档案信息开放相一致的观点，其实都是把政府信息等同于档案信息了。③ 所以，根本不存在“《档案法》中有档案封闭期的限制，这意味着《条例》中依法应主动公开的信息在成为档案后可能被封闭保存，需退回到依申请公开的程度”的问题。

“徐文”认为：《档案法》“修订草案第 77 条对伪造档案和故意销毁档案行为的惩罚与《中华人民共和国会计法》第 43 条对伪造会计凭证、第 44 条对故意销毁会计凭证的惩罚力度不一致”④，存在不协调的

① 何欢欢：《政府信息公开与档案开放——兼论档案开放制度改革》，《档案管理》2009 年第 4 期。

② 理明：《政府信息公开≠档案信息公开》，《浙江档案》2008 年第 1 期。

③ 陈忠海、刘东斌：《从政府信息公开看〈档案法〉的修改》，《档案学研究》2010 年第 3 期。

④ 徐拥军、李晶伟、蔡美波：《对〈档案法〉修订草案的几点意见》，《档案学通讯》2016 年第 6 期。

问题。对这一问题也需要具体分析。

其一，一般情况下，涉及相同的专业问题时，其他法向专业法靠拢。如果是其他法形成在前，由于没有相应的专业法，则不必向专业法靠拢，如果后来有了专业法，那么，形成在前的其他法在修订时，就应当向专业法靠拢。而比专业法形成在后的其他法，则应当向专业法靠拢。也就是说，在制定或修订专业法时，其他法涉及相同的专业问题，只是参考依据，而不是靠拢的依据。因为，有可能涉及相同的专业问题会涉及许多其他法，不管是依据最大公约数还是最小公约数都不合适，只能根据本专业的特点，参考其他法涉及相同的专业情况，再作出适合本专业特点的相应规定。以《会计法》为例，如果涉及档案的问题，《会计法》应向《档案法》靠拢。现行的《会计法》是 1985 年颁布实施、1999 年修订的。1999 年修订的有关档案方面的问题就应当向 1988 年实施的《档案法》靠拢。而 2016 年的《档案法》修订草案没有必要向 1999 年修订的《会计法》靠拢，最多只能将其列为参考之一。

其二，《会计法》中说的会计凭证不一定是《档案法》规范的档案。《会计法》第 23 条规定："各单位对会计凭证、会计账簿、财务会计报告和其他会计资料应当建立档案，妥善保管。"也就是说，会计凭证在没有"建立档案"之前，并不是档案。而《档案法》修订草案第 3 条规定，归档保存的各种形式和载体的文件、记录和数据才是档案。按照"徐文"理解的"归档"是"归入档案"，只有"归档"的才是档案的话，会计凭证如果没有"归档"，或者说没有移交到档案室就不是档案。在这里不能用学理档案定义去理解《档案法》和《会计法》中的档案，也不能轻易认为会计凭证就是档案。而应当根据《档案法》和《会计法》的有关规定去认识会计凭证到底是不是《档案法》和《会计法》所指的档案。

其三，《会计法》中第 43 条"伪造、变造会计凭证、会计账簿，编制虚假财务会计报告，构成犯罪的，依法追究刑事责任"，以及第 44 条"隐匿或者故意销毁依法应当保存的会计凭证、会计账簿、财务会计报告，构成犯罪的，依法追究刑事责任"规定中的"会计凭证"，并没有指明是否是"建立档案"的"会计凭证"，也没有指明是否是已经"归档保存”的“会计凭证”,因此,不能认定这两条中的“会计凭证”就是档案。所以,故意销毁会计凭证并不等于故意销毁档案。因而,《档案法》修订草案与《会计法》不存在对同一行为“惩罚力度不一致”的现象。

三、关于以人为本立法理念的问题

“徐文”认为:“《档案法》修订应体现‘以人为本’的立法理念,应该从公民的档案利用需求出发,保障公民权利,实现公民权利与义务的对等。但是,修订草案第一条提到立法目的,主要强调‘服务和促进国家治理体系和治理能力现代化建设’,虽然修订草案第4条增加了‘并享有合法利用档案的权利’的表述,但实现‘以人为本’还需要相应的行政救济和司法救济制度作为保障。”①“徐文”认为“服务和促进国家治理体系和治理能力现代化建设”的《档案法》立法目的没有体现“以人为本”的立法理念,显然是对“国家治理体系和治理能力现代化建设”的理解有些偏差。

2013年,中国共产党十八届三中全会提出:“全面深化改革的总目标是完善和发展中国特色社会主义制度,推进国家治理体系和治理能力现代化。”什么是国家治理体系?习近平总书记指出:“国家治理体系就是在党领导下管理国家的制度体系,包括经济、政治、文化、社会、生态文明和党的建设等各领域体制机制、法律法规安排,是一整套紧密相连、相互协调的国家制度。”什么是国家治理能力?习近平总书记指出:“国家治理能力就是运用国家制度管理社会各方面事务的能力,包括改革发展稳定、内政外交国防、治党治国治军等各个方面。”

对于治理能力现代化,“首先,从治理主体角度讲,有效的治理,突出强调社会公共事务的多方合作治理。”“其二,从权力运行角度讲,有效的政府治理,必须合理定位政府职能。”“其三,从组织结构角度讲,有效的治理,必须以科学合理的政府组织结构为基础。”“从治理目标

① 徐拥军、李晶伟、蔡美波:《对〈档案法〉修订草案的几点意见》,《档案学通讯》2016年第6期。

来看，就是要实现国家治理体系现代化。一是规范化，无论政府治理、市场治理和社会治理，都应该有完善的制度安排和规范的公共秩序；二是法治化，任何主体的治理行为必须充分尊重法律的权威，不允许任何组织和个人有超越法律的权力，真正‘把权力关进制度的笼子里’；三是民主化，即各项政策要从根本上体现人民的意志和人民的主体地位，各项制度安排都应当充分保障人民当家做主；四是效率化，国家治理体系应当有效维护社会稳定和社会秩序，有利于提高经济效益和行政效率；五是协调性，从中央到地方各个层级，从政府治理到社会治理，各种制度安排作为一个统一的整体相互协调、密不可分。”①一句话概括，“国家治理体系和治理能力现代化建设”就是要以人为本管理国家。虽然《档案法》修订草案主要强调“服务和促进国家治理体系和治理能力现代化建设”看起来是间接“以人为本”，但实际上档案行政管理就是“国家治理体系和治理能力现代化建设”的一部分，作为行政法之一的《档案法》规定的条款，就是直接在“以人为本”的立法理念下确立的。至于《档案法》修订草案没有设置相应的行政救济和司法救济制度，可以进一步修改完善，也可以通过《档案法实施办法》的修订加以具体规定。

本文为2013年度国家社科基金项目《依法治档研究》（项目编号：13BTQ068）的阶段成果，发表在《档案学通讯》2017年第2期第9—14页。

① 张燕玲：《如何准确理解国家治理体系和治理能力现代化》，《理论导报》2014年第4期。

对《档案法》修改草案时代背景的认识及修改建议

《中国档案》2016年第7期正式公布了《〈中华人民共和国档案法〉修订草案(送审稿)》①。“修订草案在现行《档案法》6章27条的基础上,新增加3章62条,删除1条,修订幅度很大。立法者试图将近几年档案工作中出现的新问题,全部在修订草案中予以体现。”“作为一部部门基本法,《档案法》修改事关档案事业的全局,可谓牵一发而动全身,必须慎重行事。”“否则,将直接影响《档案法》的权威性、严肃性与稳定性。”②《档案法》的修改是时代发展、社会进步和档案事业变革的产物,但其修订草案中的立法宗旨、规范的范围、档案工作体制和档案工作原则等涉及全局,应当坚持慎重修改的原则。

一、对《档案法》修改时代背景的认识

现行《档案法》1988年生效,1996年第一次修订,距今已经20余年。在这20余年间,《档案法》的立法环境、法律适用环境和档案执法环境都发生了巨大的变化,《档案法》的修改显得十分迫切。

(一)档案立法环境发生了变化

《中华人民共和国宪法》(以下简称《宪法》)是国家的根本大法。

① 《〈中华人民共和国档案法〉修订草案(送审稿)》,《中国档案》2016年第7期。

② 徐拥军、李晶伟、蔡美波:《对〈档案法〉修订草案的几点意见》,《档案学通讯》2016年第6期。

在档案立法的过程中,立法者必须认识到"《宪法》是《档案法》立法的基础和依据"①,"《宪法》的规定,是制定档案法律、法规和规章的根本依据"②。《档案法》的立法与修改必须服从于《宪法》,并"严格依据《宪法》的规定,对《档案法》调整范围进行全面认真的梳理"③。

现行《宪法》为 1982 年宪法,并历经 1988 年、1993 年、1999 年、2004 年四次修订。1988 年修订了两条,即《宪法》第 11 条增加规定:"国家允许私营经济在法律规定的范围内存在和发展。私营经济是社会主义公有制经济的补充。国家保护私营经济的合法的权利和利益,对私营经济实行引导、监督和管理。"《宪法》第 10 条第 4 款:"任何组织或者个人不得侵占、买卖、出租或者以其他形式非法转让土地。"修改为:"任何组织或者个人不得侵占、买卖或者以其他形式非法转让土地。土地的使用权可以依照法律的规定转让。"1993 年《宪法》修订了 9 条,其中 4 条都与《档案法》有关,最主要的一条是确立社会主义市场经济体制。《宪法》第 15 条:"国家在社会主义公有制基础上实行计划经济。国家通过经济计划的综合平衡和市场调节的辅助作用,保证国民经济按比例地协调发展。""禁止任何组织或者个人扰乱社会经济秩序,破坏国家经济计划。"修改为:"国家实行社会主义市场经济。""国家加强经济立法,完善宏观调控。""国家依法禁止任何组织或者个人扰乱社会经济秩序。"1999 年《宪法》修订了 6 条,其中 4 条与《档案法》有关,最主要的两条是依法治国与非公有制经济。《宪法》第 5 条增加 1 款,作为第 1 款,规定:"中华人民共和国实行依法治国,建设社会主义法治国家。"《宪法》第 11 条:"在法律规定范围内的城乡劳动者个体经济,是社会主义公有制经济的补充。国家保护个体经济的合法的权利和利益。""国家通过行政管理,指导、帮助和监督个体经济。""国家允许私营经济在法律规定的范围内存在和发展。私营经济是社会主义公有制经济的补充。国家保护私营经济的合法的权利和

① 廉毓、刘宗国:《以邓小平法制思想推动依法治档》,《兰台世界》1998 年第 7 期。
② 潘玉民:《论档案法规体系》,《北京档案》1999 年第 11 期。
③ 王岚:《国家治理视角下〈档案法〉修改的思路与思考》,《档案学研究》2015 年第 1 期。

利益,对私营经济实行引导、监督和管理”修改为:“在法律规定范围内的个体经济、私营经济等非公有制经济,是社会主义市场经济的重要组成部分。”“国家保护个体经济、私营经济的合法的权利和利益。国家对个体经济、私营经济实行引导、监督和管理。”2004 年《宪法》修订了 14 条,其中 4 条与《档案法》有关,最主要的一条是《宪法》第 11 条第 2 款“国家保护个体经济、私营经济的合法的权利和利益。国家对个体经济、私营经济实行引导、监督和管理。”修改为:“国家保护个体经济、私营经济等非公有制经济的合法的权利和利益。国家鼓励、支持和引导非公有制经济的发展,并对非公有制经济依法实行监督和管理。”

现行《宪法》已经修订了 4 次,其中每次修订的内容中都有与《档案法》相关的条款。但是,《档案法》除了 1996 年做了小幅修改后就再也没有修改过。“1982 年《宪法》自施行 32 年来,在确定我国由计划经济体制向市场经济体制转变,国家实行公有制为主体、多种所有制经济共同发展的基本经济制度,国家保护公民合法私有财产不受侵犯等 4 次重大修改后,已与《档案法》制定时的背景有较大的改变。因此,《档案法》修改首先就应依据《宪法》的规定进行调整,特别是在涉及档案所有权及处置上,必须要依据《宪法》精神,既不能与《宪法》相违背,又必须依据 1982 年《宪法》2004 年修订后的精神作出相应的规定。”“《档案法》从大方面必须依据《宪法》,对调整档案事务的方面不能有遗漏,要覆盖各个方面(方面不能少、内容不能漏);也不能违背《宪法》,即不能规定与《宪法》不同的要求。特别是 2004 年《宪法》关于‘国家在社会主义初级阶段,坚持公有制为主体、多种所有制经济共同发展的基本经济制度’和‘公民的合法的私有财产不受侵犯’的规定,《档案法》违背之处必须加以修改。”①“在《宪法》对非公有制经济先后进行 4 次重大修改的情况下,《档案法》至今没有修改,其档案法律定义仍然‘禁锢’在‘国有档案’范畴,从这一点来看,《档案法》明显

① 王岚:《国家治理视角下〈档案法〉修改的思路与思考》,《档案学研究》2015 年第 1 期。

滞后于《宪法》。"[①]很显然，《档案法》的修改势在必行。

（二）法律适用环境发生了变化

现行《档案法》1987年颁布，同年，中国共产党第十三次全国代表大会提出了"社会主义有计划商品经济的体制应该是计划与市场内在统一的体制"的观点，这也是我国社会主义市场经济体制的探索时期提出的社会主义市场经济体制的雏形。虽然在1987年提出了"社会主义有计划商品经济的体制应该是计划与市场内在统一的体制"的观点，但对1987年颁布的《档案法》并没有太大的影响，1987年颁布的《档案法》基本上还是计划经济的产物。"现行《档案法》还带有明显的计划经济特征。"[②]

1993—2002年为我国社会主义市场经济体制建立时期。1992年中国共产党第十四次全国代表大会正式确立"我国经济体制改革的目标是建立社会主义市场经济体制"。1993年11月，中国共产党十四届三中全会通过的《中共中央关于建立社会主义市场经济体制若干问题的决定》，勾画出社会主义市场经济体制的基本框架。在这种情况下，1996年《档案法》进行了第一次修改，此时离1987年颁布《档案法》仅仅过了不到10年。对于1996年的《档案法》修改，全国人大法工委副主任乔晓阳讲道："这次修改主要针对三个方面的问题：一是为适应社会主义市场经济条件下档案管理出现的新情况，增加了必要的规定，如国有企业在转制过程中档案的转让问题，集体或者个人所有的档案出卖问题等。这类问题的实施主要由国家档案局制定具体的规定及办法。二是强调了档案的利用，虽然利用这一方面修改的文字并不多，但是表明国家对档案的利用问题是非常重视的，突出了档案馆在开放档案中的职责。三是强化了档案行政部门的管理手段，赋予了档案行政管理部门行政处罚权。"乔晓阳还强调："应当说明的一点是，这次《档案法》的修改，只是对当前非改不可的问题作了修正，并不是说通过这次修改现在档案管理中的一切问题都解决了，有些问题希望同

---

① 曲正阳：《〈档案法〉中档案法律定义之缺陷及其修改》，《档案学研究》2004年第5期。

② 《〈中华人民共和国档案法〉修订草案（送审稿）起草说明》，《中国档案》2016年第7期。

志们在工作中继续加强研究。"①

2003年至今为我国社会主义市场经济体制完善时期。2002年10月中国共产党第十六次全国代表大会宣告,我国社会主义市场经济体制初步建立。2003年召开的中国共产党十六届三中全会,通过了《中共中央关于完善社会主义市场经济体制若干问题的决定》,标志着中国经济体制改革进入完善社会主义市场经济体制的新时期。中国共产党十八届三中全会指出"使市场在资源配置中起决定性作用和更好发挥政府作用",非常清晰地阐明了在新的历史起点上完善我国社会主义市场经济体制的总体思路。这时离现行《档案法》颁布已经30年了,离《档案法》的第一次修改也已经20年了。从《档案法》的修改历程与我国社会发展的历程中,可以看出,《档案法》颁布这30年正是我国由社会主义计划经济体制向社会主义市场经济体制转变的时期,尤其是在后20年我国社会主义市场经济体制完善时期,我国各个方面和领域都发生了翻天覆地的变化,《档案法》适用的环境也发生了翻天覆地的变化,"社会主义市场经济的充分发展,极大地改变了社会生活的面貌,档案工作的对象、领域和环境发生了深刻变化,一些新的经济形式和社会组织进入档案领域,现行《档案法》缺少相应的管理措施"②。《档案法》已经不能适应社会主义市场经济体制环境,《档案法》的修改是顺势而为。

(三)档案执法环境发生了变化

社会主义市场经济是法制经济,不仅需要健全的法制体系,需要适应社会主义市场经济体制的法律,更需要维护社会主义市场经济体制并能有效执行的法律。社会主义市场经济体制要求行政管理部门要依法行政,也就是通过依法行政来维护社会主义市场经济体制稳定和健康发展。当然,要做到依法行政,更需要与依法行政相适应的法律,使依法行政有法可依。

1999年修订的《宪法》第5条增加了一款,规定:"中华人民共和

① 《依法行政促进档案的管理和利用——全国人大法工委副主任乔晓阳在第二次全国档案法制工作会议上的讲话》,《中国档案》1996年第9期。

② 《〈中华人民共和国档案法〉修订草案(送审稿)起草说明》,《中国档案》2016年第7期。

国实行依法治国，建设社会主义法治国家。”2004 年国务院发布了《全面推进依法行政实施纲要》，提出：“行政机关实施行政管理，应当依照法律、法规、规章的规定进行；没有法律、法规、规章的规定，行政机关不得作出影响公民、法人和其他组织合法权益或者增加公民、法人和其他组织义务的决定。”依法行政是约束政府工作人员避免出现违法行政，以免对社会和人民群众造成严重后果，同时也是在公平、公正、公开的情况下保护广大人民群众的根本利益。一方面，各级政府机构以法律为依据管理各种事务，要求公民、法人或其他组织依法享受权利、履行义务，对那些不能够正当行使权力和不能够很好履行义务的人追究法律责任。另一方面，政府机构工作人员也必须依法管理各项事务，在行使行政权力时，必须以法律为准绳，以事实为依据，必须用法律这把尺子衡量是非对错，而不是由行政管理者的主观意识所决定。行政权力必须在法律允许的范围内使用，绝对不能够越权或者违法施政。法律约束被管理的公民，同时也约束行使行政管理的国家公务人员。依法行政是行政管理为人民服务的切实保障。

1978 年，中国共产党第十一届三中全会确立“有法可依、有法必依、执法必严、违法必究”的十六字方针。中国共产党第十八届四中全会通过的《中共中央关于全面推进依法治国若干重大问题的决定》提出“科学立法、严格执法、公正司法、全民守法”新十六字方针。“有法可依”就是要建立统一、完备、科学的法律体系和制度，即立法能够适应不断发展的经济、政治、文化和社会生活的需要，及时对各种社会关系进行规范。法律规范应当明确、肯定、具体，具有可操作性。“所谓科学立法，是指立法过程中必须以符合法律所调整事态的客观规律作为价值判断，并使法律规范严格地与其规制的事项保持最大限度的和谐，法律的制定过程尽可能满足法律赖以存在的内外在条件。”①

中国共产党第十八届三中全会提出：推行地方各级政府及其工作部门权力清单制度，依法公开权力运行流程。中国共产党第十八届四中全会又提出了“权责法定”的要求，即各级政府必须坚持在党的领导

① 360 百科科学立法，http://baike.so.com/doc/9328416-9664737.html。

下、在法治轨道上开展工作，加快建设职能科学、权责法定、执法严明、公开公正、廉洁高效、守法诚信的法治政府。依法全面履行政府职能，完善行政组织和行政程序的法律制度，推进机构、职能、权限、程序、责任法定化。中国共产党第十八届四中全会还提出行政机关不得法外设定权力，没有法律法规依据不得作出减损公民、法人和其他组织合法权益或者增加其义务的决定。推行权力清单制度，体现了法治政府对行政主体行使权力的要求。

不论是社会主义市场经济体制的完善需要健全的法制体系，还是《宪法》规定要求依法治国，抑或是中国共产党强调要依法行政、推行权力清单制度，都说明档案行政管理部门行使行政管理的环境变化了，也就是档案行政执法的环境变化了，这就要求档案行政管理部门要依法行政、依法行使档案行政管理权。这在客观上也就需要一部适应社会主义市场经济体制、规范档案行政权力、保证档案行政权责相当的《档案法》。显然，现行《档案法》是不能适应这一要求，不能承担这一任务的一部法律。《档案法》的修改恰逢其时。

二、关于《档案法》修订草案中几个主要问题的修改建议

（一）立法宗旨

“行政法泛指有关国家行政管理的法律、法规。行政法有一般行政法和特别行政法之分。”“一般行政法：指具有以下内容的法律法规：规定国家行政管理的基本原则、方针、政策；国家机关及其负责人的地位、职权和职责；国家机关工作人员的任免、考核、奖惩；有关行政体制改革和提高行政机关的工作效率；等等。特别行政法：指规范各专门行政职能部门如教育、民政、卫生、统计、邮政、财政、海关、人事、土地、交通等方面的管理活动的法律、法规。”“行政法与刑法、民法一样，是现代法律体系中的三大基本法律部门之一，在我国社会主义法律体系中具有极其重要的地位。行政法的作用概括起来主要表现在以下三个方面：①维护社会秩序和公共利益；②监督行政主体，防止行政权力

的违法和滥用;③保护公民、法人或其他组织的合法权益。”①

《档案法》属于行政法中的特别行政法,也称部门行政法,应当彰显或突出行政法的基本作用。《档案法》修订草案(送审稿)第一章总则第一条“为了加强档案的形成、管理、保护和利用,服务和促进国家治理体系和治理能力现代化,根据宪法,制定本法”,其中“加强”一词是规范性文件的目的表述,不是规范的法律语言。建议修改为:“为了规范档案的形成、管理和保护行为,保障公民利用档案的权利,促进国家和社会发展,根据宪法,制定本法。”在这里,用“规范档案的形成、管理和保护行为”的表述,体现了法律的基本功能;用“保障公民利用档案的权利”的表述,则彰显了时代精神和特征,同时有利于促进利用服务工作的开展;用“促进国家和社会发展”的表述,涵盖国家和社会,显然要比“服务和促进国家治理体系和治理能力现代化”的表述全面,内涵也更加丰富。这些都充分显示了《档案法》应有的立法宗旨,体现行政法处理政府与社会关系的基本职能,更能使《档案法》成为制定其他相关法律法规依据的母法。当然,《档案法》需要规范档案的形成、管理和保护行为,更应当是规范档案行政管理行为,约束档案行政权力的基本准则。但是,由于历史的原因,现行《档案法》更像一部档案馆法,而不是一部完全意义上的行政法。现行《档案法》中的 27 条条款,直接涉及档案馆行为的就有 12 条之多,而直接涉及档案行政管理部门行政管理行为的只有 7 条。显然,现行《档案法》难以达到行政法的要求,也难以起到规范档案行政权力的作用。时代的发展,需要我们对现行《档案法》进行科学的修改,以适应变化了的档案行政执法环境,进而保障档案行政管理部门真正能够做到有法可依、依法行政。

(二)法定档案范围

《档案法》修订草案第一章总则第三条:“本法所称的档案,是指机关、团体、企业、事业单位,其他组织和个人在各项工作和活动中形成的,对国家、社会和单位、个人具有利用价值,应当归档保存的各种形式和载体的文件、记录和数据。”“应当归档保存的各种形式和载体

---

① 360 百科行政法,http://baike.so.com/doc/4857124-5074496.html。

的文件、记录和数据”中的“应当归档保存”更多是指即刻或将要发生的一种应然状态和实际，对已经发生的状态和实际缺乏概括，建议将其修改为“已经归档和应当归档保存的各种形式和载体的文件、记录和数据”。

（三）档案工作体制和原则

《档案法》修订草案（送审稿）第一章总则第六条“档案工作实行统一领导，分级管理的体制”，建议修改为“档案工作实行统一领导，分级、分专业管理的体制”。分级、分专业管理是不少行业，包括档案行业长期行之有效的管理体制，我们谓之“条块结合”的管理体制。这种客观存在需要我们予以明确，以便使档案工作体制的表述和《档案法》修订草案（送审稿）第二章档案机构及其职责第十一条“国家行业或者专业主管部门，根据档案法律法规的要求，在其职权范围内负责本系统或者本专业的档案工作的管理”相衔接。

《档案法》修订草案（送审稿）第一章总则第六条“档案管理以维护档案的真实、完整、准确、安全，便于社会各方面利用为原则”中的“便于社会各方面利用为原则”，建议修改为“便于社会各方面和公民利用为原则”。增加“公民”一词，一是与《档案法》修订草案（送审稿）第一章总则第一条中的“保障公民利用档案的权利”相一致，同时彰显“以人为本”“为民服务”的立法思想和立法理念。

如果对上述三条作出修改，《档案法》修订草案中的相关内容也会得到相应的修改。这对完善《档案法》修订草案来说，应当是一种进步的做法。

本文为2013年度国家社科基金项目《依法治档研究》（项目编号：13BTQ068）的阶段成果，发表在《档案管理》2017年第3期第37—40页。

论国家治理视域下的档案行政执法体制改革

新一轮档案法律法规修订的研究和档案法治建设的实践，极大地推动了档案工作的法治化步伐，同时也向档案行政管理部门和其他专业主管部门的执法工作提出了更高的要求，而如何做好国家治理背景下的档案行政执法体制改革就成为亟待研究的课题。档案行政执法体制改革是推进国家档案治理体系和档案治理能力现代化的重要组成部分。中国共产党十八届四中全会《关于全面推进依法治国若干重大问题的决定》（以下简称《决定》）明确指出要“整合执法主体，相对集中执法权，推进综合执法，着力解决权责交叉、多头执法问题，建立权责统一、权威高效的行政执法体制”①，明确了档案行政执法体制改革的主要方向和任务。在统筹与协调国家治理现代化的背景下，提升档案治理能力、推进依法治档、理顺档案行政管理体制、提升档案行政监管能力的重要抓手就是加强档案行政执法体制改革的力度。在实现国家治理现代化的进程中，档案行政执法体制改革不仅包括优化档案行政权力、理顺档案行政管理体制，还包括对档案行政管理权责关系的梳理、档案执法机制的优化，其本质就是重构档案行政执法体系，建立权责统一、科学高效的档案行政执法体制。

---

① 国务院法制办公室：《关于全面推进依法治国若干重大问题的决定》，http://www.chinalaw.gov.cn/art12014/10/29/art_2_82878.html。

一、推进档案行政执法体制改革是国家治理体系和治理能力现代化建设的现实需要

(一)传统行政执法体制的弊端

档案行政管理部门与其他专业主管部门就档案工作管理存在着交叉重叠的部分,因此档案行政执法权不仅存在于档案行政管理部门,也存在于其他专业主管部门,这导致档案行政执法中普遍存在条块分割、职能交叉、重复执法等状况,简单地依赖技术性的措施已经无法从根本上解决档案执法中存在的问题。因此,只有从制度、规范层面变革和创新才能从根本上摆脱档案行政执法工作中出现的治标不治本的困境。

从横向来看,档案行政执法主体权力分散,同一层级的执法职能交叉,造成执法队伍臃肿,影响档案行政执法效率;从纵向上看,档案行政权力缺乏分权,计划经济时代的不同层级的行政权力"上下一般粗",往往造成多层执法、重复执法的状况。[①] 由于行政执法体系条块之间缺乏联动,故呈现出决策、执行与监督一体化的执法格局,换而言之,就是档案行政管理部门和其他专业主管部门各自不仅享有决策权,还享有执行权和监督权,实际上充当着双重角色,造成自我约束和外部监督机制都存在严重的缺陷与不足。这容易导致职能交叉重叠和部门利益至上,难以保障执法权的有效行使,甚至会造成执法空白和执法盲区。

随着我国档案事业的发展,基层档案工作的重要性不断凸显,工作任务不断增加,但是县级以下档案行政管理部门和其他专业主管部门却存在着执法力量薄弱的现实,甚至没有执法队伍,导致执法主体缺失,加之县级以上行政执法力量延伸的局限性,常常导致无法及时发现基层档案违法行为,或者常常导致基层档案执法工作被动、滞后。同时,档案行政执法工作普遍停留在表面,运动式执法、突击执法成为

---

① 刘恒、邱新:《行政执法与政府规制》,北京大学出版社 2017 年版,第 12—19 页。

当前行政管理中的常态化执法方式,尽管可以取得一时成效,但整治过后又往往恢复成了原样。

因此,当前探索立足于拥有法律法规依据的档案行政执法方式,推进档案行政执法体制改革,就具有重要意义。一方面,科技发展为档案综合行政执法提供了技术保障,另一方面,相关政策、法律法规的出台为档案行政执法体制改革提供了法律依据。而档案行政执法体制的改革有利于转变执法方式,提升执法能力,进而解决档案工作中普遍存在的执法难题。

(二)推进档案行政执法体制改革的意义

《决定》确定了当前和今后一个时期内对于行政执法体制改革的原则和目标,这也预示着档案行政执法体制改革将走向注重系统性、持续性的新阶段。档案行政执法体制改革是否切实可行,能否解决档案行政执法方面的难点与痛点问题,达到预期的目的,就需要对档案行政执法体制改革进行反思与探索,对档案行政执法的合法性予以充分论证。笔者认为,档案行政执法体制改革不仅是档案执法工作现实的需要,更具有十分重要的历史意义。

推进档案行政执法体制改革是实现国家治理现代化的重要途径。行政执法体制是行政体制的重要内容,在国家治理现代化的背景下,推动档案行政执法体制改革是档案法治体系建设的题中应有之义。这有利于改变档案执法薄弱、效率不高、多头执法、重复执法等现状,有利于优化档案行政执法职能,有利于建设实现衔接有序与协同配套推进的档案行政执法体制,进而推动国家档案治理体系和档案治理能力现代化的建设与发展。

推进档案行政执法体制改革符合政府职能转变的发展趋势,有利于落实精简、统一、高效的要求。《中华人民共和国宪法》第27条规定:一切国家机关实行精简的原则,实行工作责任制,实行工作人员的培训和考核制度,不断提高工作质量和工作效率。① 档案行政执法体

① 国务院法制办公室:《宪法》,http://www.chinalaw.gov.cn/art/2004/3/16/art_2_85926.html。

制改革，目的是通过明确档案行政执法主体，整合档案行政执法资源，通过科学合理的设置，以形成权责一致、执行合法、监督有力的行政执法体制，将分散在不同部门的档案执法权集中在一起，从而减少档案行政执法部门与其他专业主管部门之间的内耗、降低执法成本，同时可以避免不同执法主体对执法标准把握不一等问题，提升执法效能，保证公正执法。

二、国家治理视域下档案行政执法体制改革的内涵

目前，我国档案行政执法体制改革进入了全新的轨道，相关政策以及法律法规的出台为行政执法体制改革指明了方向。但是从档案行政执法的现状来看，执法难的现象依然普遍存在；从档案行政执法的相关理论成果来看，研究水平不高，前瞻性不够，还未跟上国家行政执法体制改革的步伐。所谓实施档案行政执法，就是将档案法律法规所规定的义务与权利，通过各种档案行政执法方式、方法和途径转化为公民、法人及档案行政执法者的行为规范，保障档案行政相对人的权益。[①] 随着档案事业的发展，一些新的社会组织和工作形式开始进入档案领域，国家治理视域下的档案行政执法将被赋予新的内涵。

档案执法主体的多元化。在国家治理的语境下，档案治理的主体不仅包括档案行政管理部门，还包括社会组织甚至公民个人，公私部门之间相互渗透，关系更加密切，单一的行政执法主体将无法满足档案工作的需要，必将通过委托执法、综合执法等执法形式授权其他主体参与到档案执法的过程中来，并逐步走向档案行政执法主体的多元化之路。

档案执法方式的多样化。在国家治理的背景下，为了更好地完成治理的目标，多部门联动已成为当前行政管理中的常态化执法模式。档案行政管理部门应当加强与有关专业主管部门的协作，开展多样化、深层次的联合执法活动。另外，档案行政管理部门还需不断创新

---

① 陈忠海、刘东斌：《论依法治档》，《档案学研究》2015 年第 4 期。

工作方式、探索新的工作经验以适应日益复杂的档案事务，真正将档案法律法规的具体执行落到实处。① 同时，在行政许可、行政处罚、行政强制等传统的行政执法方式之外，还出现了激励性规制等新型的行政执法方式，这应当引起我们的关注。

档案执法理念的开放性。在国家治理的宗旨下，应当以维护和保障公民利益为出发点，树立全新的执法理念：第一，公正正义。档案行政执法要从部门利益中走出来，转而关注保障公民的合法权益，注重社会的公平。第二，责任与效率。档案行政执法要注重权责关系的调整，以公民的利益作为出发点，注重执法的成本与效率。第三，民主与开放。档案行政执法要注重公民的参与，通过公民的监督，规范档案行政执法权力，保证档案行政执法整个过程的透明公开，为建设服务型政府、阳光政府贡献自己的力量。

三、档案行政执法体制改革的措施

（一）构建权责清晰、协调配合的档案行政执法体系

构建档案行政执法体系要秉承权责一致的原则。理顺档案行政执法不同部门之间的权责关系，明确权责边界，统筹推进档案行政执法权力清单、责任清单，在完成权力清单梳理的基础上，结合协同责任的梳理，健全监督机制，完成执法程序设计，探索规范执法模式，明确执法流程，建立科学的档案行政执法体系，确保不同行政部门和各级行政部门之间的无缝衔接，实现档案行政执法的规范化、制度化。

加强档案行政执法部门与其他业务主管部门在执法中的协调配合。健全档案行政执法协调配合机制，坚持规范化和制度化，避免重复执法、标准不一、相互扯皮的现象。规范档案行政执法权力运行，档案行政执法部门和相关业务主管部门应当建立健全信息共享机制，理顺内部机制、加强外部协作，实行信息实时共享；做好行政执法与刑事司法的无缝衔接；强化问责机制和责任追究制度，综合运用法治思维、

① 陈忠海、袁永：《论国家治理现代化视角下的档案守法》，《档案学通讯》2017 年第 1 期。

法治方式，创新监管方式，强化社会监督，形成有序监管的协同治理机制，科学地推进档案行政执法体制改革。

（二）推进档案执法重心下移，实现档案行政执法的合法性

要把握档案行政执法的合法性原则。在理论层面，《档案联合执法问题大辩论》[①]一文中针对当前档案联合执法中存在的问题进行了理论辨析。在实践层面，联合执法的合法性尚存质疑，这必然会在一定程度上影响档案行政执法的公信力。因此，档案联合执法检查也只能是档案领域中存在的一种暂时性的执法方式，需要寻求立法帮助，或者探索拥有法律依据的执法方式，因此，探索合法化、规范化的档案行政执法方式任重而道远。合法性是推进档案行政执法的前提，从根本上来看，主要是完善档案行政执法的相关法律法规和执法程序，档案行政执法的主体设立要有法律依据，执法程序、执法权责的确定要具有合法性，执法权要在其权限范围内依法行使，建立和完善档案行政执法法律体系，形成“系统科学、执行有力、监督有效、全面创新”的档案行政执法体制，加强对现行档案法律法规的清理，尽量消除法律规范相互冲突的现象，把依法行政落到实处。

随着档案治理工作的推进，基层档案工作变得更加复杂，但是传统档案行政执法对于基层档案工作难以覆盖，造成了执法缺位的现象。在推进档案行政执法体制改革的过程中，应注重形成档案行政执法的全面覆盖，推动执法重心下移，避免留下执法空白与执法死角，力争形成基层执法网罩，将档案违法问题消除于萌芽之中。同时，在执法的过程中，要保持横向联动、上下衔接，提高档案行政执法的能力；通过档案行政管理部门内部、跨部门、跨区域执法三个类别循序渐进地推进档案行政执法结构重组，整合档案行政执法资源，打破档案执法、监督一体化的局面，强化与监管部门的衔接与配合，构建档案行政执法基层治理结构，破解执法主体缺位、基层执法力量薄弱的现实不利局面。

---

① 沧海一粟：《档案联合执法问题大辩论》，《档案管理》2012 年第 6 期。

（三）完善档案行政执法有效监管体系

完善档案行政执法有效监管体系要秉持有序监督的原则。深化行政执法体制改革，规范档案行政执法行为，就必须破除档案行政执法决策权、执行权和监督权一体化的局面，实现决策权、执行权与监督权之间的相互制约，建立并不断完善档案行政执法监督机制，落实档案权力清单和责任清单规定的权责，公开档案行政执法部门和其他专业主管部门的执法职责、执法依据、运行流程等，促进规范执法。具体来讲，就是要建立行政执法公示制、行政执法责任制、过错责任追究制等监督制约机制。档案治理主体的多元化，要求完善档案行政执法配套改革，注重培育社会组织和市场参与档案治理的能力。推动档案学会、档案社会服务机构等按机制运作，为构建档案行政执法监督体系提供组织支撑。加强各类社会组织和公众对档案行政执法的监督，营造良好的监督环境，形成社会监督、公众参与的综合监管体系。

（四）建设高素质的档案行政执法队伍

建设档案行政执法队伍要坚持专业化的原则。建立档案行政执法队伍管理制度，培养既拥有专业知识，又知法懂法的档案行政执法工作人员，加强学习与培训，提高执法人员的综合素质。同时，为了保证档案行政执法队伍的稳定性，既要提供充足的执法经费保障，又要打通档案行政执法人员的晋升通道，构建专业、高效、公正的档案行政执法队伍。档案执法机构内部应以重塑文明执法、规范执法的形象为着力点，自觉接受社会和行政相对人的监督，以自己的实际行动打造人民满意的档案行政执法机关和档案行政执法队伍的新形象。

本文为2017年度国家社科基金重点项目《法律规制视域下中国档案工作规范体系建设研究》（项目编号：17ATQ012）的阶段成果，发表在《档案管理》2018年第2期第4—6页。

作者：陈忠海、宋晶晶　作者单位：郑州大学信息管理学院

第四编
档案利用服务

浅谈档案利用者及需求特点

对档案利用者的调查和研究是近几年档案工作发展，特别是开放历史档案的新形势给档案利用工作带来的一个新课题。对这一课题的探讨还未引起各级档案工作者应有的重视。本文仅就档案利用者的需求特点谈几点粗浅认识。

一、档案利用者的类型

档案利用者是指在工作、科研、生产、技术和其他各项活动中需要利用档案的单位和个人。档案需求是利用者以各种方式表达的为获得系统、准确的档案信息的需求。由于档案利用者的职业因素是影响其档案需求的主要因素，据此，我们把档案利用者大体上分为三种类型。

一是机关工作者；二是史学工作者；三是科研和工程技术人员。这样的划分未免十分粗略，但从目前各级档案馆的利用者构成分析，上述三种类型的人员要占据绝大多数，这也是我们作出上述划分的依据之一。

二、各类档案利用者的需求特点

1. 机关工作者的档案需求

无论是过去,还是现在,这都是一支稳定的利用队伍。他们到档案馆的主要目的是进行工作查考,即获得机关工作决策的依据或处理具体问题的凭证。机关工作的性质决定了他们档案需求的特点:

(1)在一定时期内,机关工作者查考问题具有相对的集中性。这是由一定时期的政策和工作中心所决定的。近年围绕落实干部和知识分子政策、离退休人员待遇以及房地产权问题查考有关档案资料相对突出。据对河南省档案馆1987年7—11月利用情况的调查,查考上述问题的利用者占机关工作者查考问题的80%以上。因此,某个时期某些档案材料就可能成为机关工作查考的重点。

(2)机关工作者在利用档案时,问题提得明确、单一、具体。他们往往从自己单位查出目录,然后到档案馆提出要求。即使是外地的利用者也常常到形成文件的单位获得线索,进而到档案馆借阅档案资料。例如要求查找某年某卷或某件文件,某年某人的审查结论等。因此,他们最关心的是尽快获得准确的档案信息,对档案资料的查准率有着较高要求。

2. 史学工作者的档案要求

这是近几年档案馆的一支长盛不衰的利用大军。据对1987年9月份到河南省档案馆查阅档案的207名史学工作者利用需求的分析和实地观察,他们的特点如下:

(1)研究内容的专题性强。大多是编写大事记、组织机构沿革、名人传略、地方史志以及各专业史志等。

(2)所需档案材料时间的跨度大。少则两年,多则几年数十年。比如,河南省体委为写专业志要求省档案馆提供1953—1971年间省体委党组形成的文件及会议记录。

(3)调卷次数多。少者三五卷,多者十几卷、几十卷。

(4)史学工作者由于专题或课题研究的需要,利用档案史料具有连续性。有的几乎每天必到档案馆,直到材料收集完毕为止。

(5)史学工作者提出的某些要求,可能与其研究课题并无直接联系,这主要是出于广泛收集史料的需要。还有的利用者在查阅档案时,对涉及其他方面的档案史料也给予关心,甚至进行摘抄,这往往是想获得这些史料,并为进行这方面的研究而做准备工作的表现。由于史学工作者有上述特点,因此,他们更多的要求是能够获得广泛、系统的档案史料。所以,他们对检全率有着特殊的要求。

3. 科研和工程技术人员的档案需求

(1)科研和工程技术人员档案需求的阶段性。科研工作大致可以划分为计划阶段、实施阶段和鉴定阶段。在不同的阶段,科研人员要利用不同的档案材料。比如在计划阶段,科研人员要收集与课题有关的档案材料,以确定完成课题的最佳方案。从事设计制造工作的工程技术人员的档案需求也呈现出明显的阶段性。比如工程设计的准备阶段,主要是收集整理地质、水文、气象、经济等方面的基础材料,为设计寻求依据。

(2)科研和工程技术人员档案需求的可靠性和准确性。工程技术人员所面临的技术问题,大都是研制工作和生产实践中需要尽快解决的新问题,因而他们特别强调档案内容的可靠性、准确性和新颖性,以便提高工作效率,尽快获得经济效益。因此,对档案部门的检索系统来说,既要有较高的检全率,又要求一定的查准率。

(3)科研人员档案需求的连续性。由于科学研究的继承性和累积性,使得科学家在所研究的科学范围内对档案的利用具有连续性。例如,最近一位科技工作者提出我国气象周期为250年。在进行这一课题研究中参阅了大量的文献资料,既有现代的,也有古代的。而工程技术人员则有些不同,他们所创造的新产品是为了取代旧产品,其档案需求就不十分强调知识内容的连续性和累积性。

三、对档案部门的要求

调查和研究档案利用者的需求特点,其目的是为了更好地了解利用者的需求,更好地开展档案的利用工作。为达到这一目的,档案部门应该做到以下几点:

1. 根据一定时期的政治和经济形势,党和国家的有关政策,本地区、本单位各个时期的工作任务来安排自己的工作

社会需求是变化的,档案部门要预测这种变化,适应这种变化,并把各项工作做在每次变化的前面。也就是说要保持提供利用与社会需求的一致性。否则,档案利用工作就难以适应社会的需求,从而出现"滞后"现象。

2. 区别不同服务对象,有针对性地开展利用工作

档案部门在把握不同类型利用者的需求特点之后,就要根据具体对象,分别采取不同的工作方式,满足不同利用者的档案需求。这样,就可以减少利用工作中出现的障碍,造就一个良好的工作气氛和工作环境。

3. 建立齐全配套的检索体系

无论从不同利用者需求的角度看,还是从自身的建设看,档案部门都必须提高自己的工作效率,尽量缩短调卷时间。为此,就必须改变检索工具"一本账"(案卷目录和卷内文件目录)的状况,集中力量做好检索工具的配套工作,使之适应多角度查找的需要,尽可能地提高检全率和查准率,从而把检索速度提高到一个新的水平。

4. 了解利用者的研究课题或利用目的,控制不必要的调卷

一些学者常抱着"找找看"的思想,提出一些粗略的要求。造成这种现象的主要原因,是部分学者对馆藏档案不熟悉,心中无数。档案工作者在了解利用者目的基础上,就可以结合馆(室)藏档案情况对利用者的需求加以引导,使其需求明确化或具体化,从而避免不必要的调卷。

本文发表在《档案管理》1988 年第 2 期第 21—22 页。

档案编研学若干问题的思考

档案编研学是研究档案编研工作及其规律的科学。它以档案编研实践为研究对象，内容涉及档案信息开发的诸多方面，是正待兴建的一门档案学分支学科。本文拟就档案编研工作与档案编纂工作的关系，建立档案编研学的必要性以及档案编研学的范围和体系结构谈几点认识。

一、档案文献编纂工作不是档案编研工作

这个问题不单是个概念问题，而且涉及档案文献编纂学与档案编研学的研究对象及二者的关系，是具体探讨档案编研学之前必须首先解决的一个理论问题。

据有的学者考证，档案文献编纂学中的“编纂”一词，含有编撰、编写的意思。在档案科学研究中，通常把档案史料的编纂工作局限在单纯的史料的整理、修改、加工、出版等编辑工作范围之内，而把对史料的编写和编撰工作的内容排除在档案史料编纂工作之外。“编辑”一词仅指对资料、稿件进行整理、编选、加工等工作，其外延是比较狭小的。据此，有的学者认为，档案文献编纂工作就是档案编研工作，它的含义是以档案文献为主要研究对象，按照一定的题目，对档案文献进行编辑、出版或根据档案文献进行编撰、编写文章和著作等，以此向社

会提供档案信息,满足社会利用的一项工作。[①]

档案编研的概念、内容范围应包括编纂档案、编写档案参考资料和利用档案参加科学研究编史修志等三个方面。通常所说的档案编纂,仅是档案编研工作的一个组成部分,它与档案编研不是同等概念。另一方面档案编纂与编研又有密切联系,档案编纂是编研内容中的主体,档案编研以编纂为主导,既能促进带动编写和研究两方面内容的开展,又是主动为社会提供档案服务,更好地开发档案信息资源的有效途径,所以档案编纂在档案编研工作中占有重要地位。[②]

笔者同意后者的观点,档案文献编纂工作不等同于档案编研工作。二者是从属关系。

1. 由档案文献编纂学的研究对象和内容决定的

档案文献编纂学是研究档案文献编纂工作及其规律的科学。它的研究对象是档案编纂实践活动,它的内涵大致包括两个方面:一方面包括档案编纂活动的总体研究,即在宏观上考察研究档案编纂实践的各个方面,论证其结构功能,评价其效益;另一方面是在微观上讨论一部档案汇编的编纂活动各个环节开展的依据、内容、方法和要求的研究。作为档案学学科体系之下的档案文献编纂学,既不能仅把它局限在微观的档案编纂活动方面,也不能把它扩大为研究档案编研活动的各个方面,否则,档案文献编纂学就失去了特定的研究对象。

2. 档案文献编纂学的历史发展及学科分工的结果

档案文献编纂学产生于20世纪50年代,从那时起一直到80年代,它的研究领域一直局限于微观档案编纂活动的研究,所以,档案文献编纂学被表述为“研究档案文献编辑出版工作的原则与方法”的科学。[③] 尽管近几年档案文献编纂学研究的领域向文献编纂活动的总体研究扩展,但微观的档案文献编纂活动依然成为研究的重点和核心。无论是宏观的研究,还是微观的研究,档案文献编纂学中的“编纂”的

---

① 李志善、夏忠义:《对档案文献编纂学中几个问题的探讨——兼与丁永奎、曹喜深二位老师商榷》,《档案与社会》1994 年第 2 期。

② 潘玉民:《论档案编纂学的研究对象》,《上海档案工作》1994 年第 2 期。

③ 吴宝康:《档案学概论》,中国人民大学出版社 1988 年版,第 239 页。

含义就是对档案文献进行汇编和编辑。所以,档案文献编纂工作被表述为"是按一定的题目对档案文献进行查选、考订、加工、编排和评价,以出版的方式(包括公开或内部),提供档案信息的工作"①。长期以来,编写参考资料和参考工具一直作为档案管理学的研究内容,如果抽出同现行的档案编纂内容合并的话,会涉及整个档案学体系中各学科研究范围的调整问题,因此,有的学者依然主张维持档案文献编纂学现有的对象、体系和研究内容。②

3. 尽管档案学界的几本《档案文献编纂学》专著未对"编纂"一词作出具体而明确的界定,但它所包含的汇编和编辑的意义却早为众人所接受

有的学者说,目前的档案文献编纂学实质上就是档案史料编辑学。③ 对此,笔者没有异议。但是,把利用档案编写参考工具、参考资料和参与编史修志、撰写文章和著作纳入档案文献编纂工作的范围,进而把档案文献编纂工作表述为实质上的档案编研工作,也是不科学的。这不仅因为"编纂"一词的外延无法完全包容上述两个部分,而且也与档案界的普遍认识相悖。《当代中国的档案事业》一书把档案馆的编研工作分为汇编和公布档案文献、编写参考资料、利用档案编写各种工具书和参与历史研究等各个部分。《中国大百科全书·档案卷》《档案学词典》等权威性工具书都有类似的表述。

因为档案编纂工作不等同于档案编研工作,所以,档案文献编纂学也就不等同于档案编研学。

二、应当建立档案编研学

由于历史的原因,档案编研工作的内容在档案学中被分割为两个部分:它的核心——汇编现行机关档案文集和编纂档案史料成为档案

---

① 曹喜琛:《档案文献编纂学》,中国人民大学出版社 1990 年版,第 44 页。

② 潘玉民:《论档案编纂学的研究对象》,《上海档案工作》1994 年第 2 期。

③ 李志善、夏忠义:《对档案文献编纂学中几个问题的探讨——兼与丁永奎、曹喜深二位老师商榷》,《档案与社会》1994 年第 2 期。

文献编纂学的基本内容；编写各种档案参考工具和参考资料则成为档案管理学的研究范围。合二为一，建立档案编研学，既是档案工作发展的需要也是学科分化的必然结果。

（一）建立档案编研学是档案工作发展的需要

档案馆（室）的编研工作是以馆（室）藏档案为主要对象，以满足社会利用档案为主要目的，在研究档案内容的基础上，汇编和出版档案史料，编制参考资料，参加编史修志以及撰写文章和著作，为四化建设和科学研究服务的工作。它的具体内容可以由低到高划分为 3 个不同阶段：①编写，指编制一定的检索工具和参考资料，这是一种较简单的初步的研究，侧重如实反映，就事论事；②编纂，指按一定专题对档案史料进行选材编辑，它是对档案内容的高级整理工作，需要对档案内容进行鉴别、加工，要求编者有较广博的知识；③研究，即利用档案史料研究历史，是对档案内容最高层次的探讨，要求揭示事物内部发展变化的规律。[①] 档案编研工作的三个不同阶段，亦即三个不同的层次，是由不同的档案工作部门分别完成的。档案室编研工作的内容主要是编写，地（市）、县档案馆主要是编写结合进行编纂，省以上档案馆主要是编纂结合研究。经过十余年的发展，特别是最近几年来，不但中央、省、地级等大中型档案馆的文献编研成果累累，而且县级档案馆以及企事业单位档案馆、室，省以上机关档案室的档案文献编纂成绩也很可观。事实说明，机关、企事业单位档案室已经比较普遍地开展了档案文献编纂工作，机关、企事业单位档案室已成为档案文献编研中的一支新崛起的有生力量。[②] 从总体上看，我国大量的基层档案工作部门从事的档案编研工作内容，主要是编写参考工具和参考资料，而这些内容在最近几年出版的《档案管理学》著作中所占的篇幅越来越少。而《档案文献编纂学》反映在成人高等教育和档案工作人员岗位培训中，缺乏针对性。当前，档案编研工作成为开发档案信息资

① 叶自明：《略论地县级档案馆、室编研工作的内容》，《档案学通讯》1991 年第 1 期。

② 中国档案学会档案文献编纂学术委员会：《我国档案文献编纂实践及理论研究进展》，《档案学研究》1994 年第 3 期。

源的最基本、最有效的途径。新的形势迫使人们考虑把档案编研工作作为一个有机整体进行系统研究和科学概括,以便通盘协调,全面发展,以提高理论对实际工作的指导能力,建立档案编研学就势在必行。

(二)建立档案编研学是学科分化的必然结果

学科的分化和重组是科学发展的自然规律。随着档案工作实践的发展和档案学理论研究的深化,一批新的档案学分支学科陆续建立起来。刘国能同志最近预测,未来档案学学科建设的发展趋势,大致表现在两个方面:一是档案事业管理学科的形成和分化,主要表现在4个方面:档案事业管理;档案法制建设与法律监督;档案馆工作;机关、企事业单位档案工作。二是档案管理学的分解和档案工作业务环节学科的形成。可以考虑在原有学科的基础上,在以下几方面形成系列专著,建立一些新的分支学科:档案分类与编目;档案鉴定工作;档案资源的开发利用;档案管理现代化。① 其中,档案资源的开发利用包括熟悉馆、室藏检索工具的编制,文献编纂,史料公布出版等。从这个方向看,目前已经有了比较像样的《档案目录学》,唯一缺乏的就是档案编研学了。

目前档案学学科建设面临着横向拓宽和纵向深化两方面的课题,而纵向深化又是当务之急。档案学各纵向分支学科的建立,可以拓宽档案学研究方向,提高研究的集约能力,增加研究的深度和效益。至于学科分化与课程设置问题,早年已有学者提出,应把学科建设与专业课程设置分别开来,首先应建立各分支学科,待其成熟和教学需要时,可列入教学课程。若不需要,亦可不列入。档案编研学的建立,必然要求对档案管理学的内容作相应调整,把涉及档案信息向外报道的内容纳入档案编研学中集中解决。档案管理学则集中研究档案实体本身的整理、管理和在馆、室内的服务问题。不应将这种正常的学科分化与专业课程的设置截然对立起来。就像已经建立起来的几个新学科(如档案馆学、档案法学、档案目录学等)没有作为大学课程设置

---

① 刘国能:《建树档案学的第四座丰碑——兼谈档案学与档案馆学的关系》,《中国档案》1994年第5期。

一样，档案编研学在近阶段亦可不纳入大学专业课程范围。

（三）建立档案编研学也是档案文献编纂学发展的需要

在学科建设上，有人主张充实、完善档案编纂学以适应形势需要，笔者更主张重新构建档案编研学。早在1989年，韩宝华同志就提出划分广义和狭义的档案文献编纂学的观点。以内容丰富、形式多样的各类档案编研活动为研究对象的档案文献编纂学，可谓之广义的档案文献编纂学；以公布档案文献原文的档案编研活动为研究对象的档案文献编纂学，可谓之狭义的档案文献编纂学。① 这里的广义档案文献编纂学就是档案编研学。一方面，这是由学科研究对象决定的；另一方面，档案文献编纂的概念无论如何也容纳不了全部档案编研工作的内容。狭义的称为档案文献编纂学，而广义的又称为什么呢？显然不能再叫档案文献编纂学，谓之档案编研学应该说是恰如其分的。韩宝华同志进一步指出，狭义的档案文献编纂学以历史档案专业和历史学专业的本科生为教学对象。广义的档案文献编纂学的教学对象则是将来主要在基层档案馆、室工作的本科、大专学生，或参加岗位培训的一般的档案工作者。在这里，韩宝华同志明显地揭示了狭义档案文献编纂学的局限性，预示了建立档案编研学的客观必然性。档案编研学尽管要研究一、二、三次档案文献的加工、处理，但仍应以档案文献编纂学的内容为主体，可以说是对档案文献编纂学的借鉴、继承和发展，是新时期档案文献编纂学的一次飞跃。

从学科建设的实际来看，档案文献编纂学进入90年代，它的发展触角已经开始深入到档案编研的各个领域。1994年1月由曹喜琛主编的《档案编研概论》出版，该书在体系上较以往的档案文献编纂学有较大变化，容纳了文献编纂及档案文摘、全宗介绍、专题介绍、档案馆介绍、大事记、组织沿革、统计数字汇集、年鉴的编写等内容。1993年4月出版的葛荷英编著的《档案编研的理论与方法》是在体系及内容上有不少突破的专著，其对档案编研含义、档案编研工作的性质、理论

---

① 韩宝华：《论档案文献编纂学学科体系的建构原则——兼与赵爱国、卢思君同志商榷》，《档案学通讯》1989年第4期。

基础等方面的论述都有新意，其内容涉及文书档案、科技档案、专门档案30余种编研成果的编制方法。1990年8月出版的高永祥编著的《档案文献编研学概论》按编纂型、编写型、论著型来区分编研成果，并有专章探讨科技档案编研工作、档案编研人员的素质等问题。[①] 可以说，档案编研学已初具雏形。因此，正确认识档案文献编纂学与档案编研学的关系，自觉加强档案编研学的建设，是档案学学科建设面临的重要课题之一。

三、档案编研学的范围及体系结构

档案编研学的对象和任务决定了它的研究范围。

1. 按照一定的题目和科学的编辑方法，将重要的档案史料汇编和出版成书，提供给社会查阅利用

这部分工作正是传统的档案文献编纂学的研究内容。相对而言，无论研究的深度和广度都比较深厚和扎实，应成为档案编研学的主体或核心。

2. 研究档案内容，按照一定的题目，编写各种参考工具、参考资料等

如大事记、组织沿革、专题概要、基础数字汇集以及全宗指南、专题指南、档案馆指南、档案文摘、档案利用效果选编、年鉴等。这部分内容一部分在档案管理学中进行研究和阐述，而另一部分则不隶属于任何学科，被排除在档案学的研究范围之外。就档案管理学而言，近几年的研究重心逐渐转向档案的编目与检索和专门档案的管理，上述部分在档案管理学中不仅没有得到加强，反而有弱化的趋势。正因如此，在档案编研学中，该部分应作为现阶段研究的重点。

3. 根据大量的档案史料进行编史修志，撰写文章和著作

过去这一部分内容无论档案文献编纂学，还是档案管理学均未涉

---

① 中国档案学会档案文献编纂学术委员会：《我国档案文献编纂实践及理论研究进展》，《档案学研究》1994年第3期。

及。在大学专业课程中,主要通过《方志学》来讲述有关的理论和方法。现在看来完全有必要将其纳入档案编研学的范围,使档案编研学的知识体系更加完整和系统。只不过对这一部分的研究和阐述应当从略,以便与档案编研工作的客观实践活动相一致。也就是说,这部分内容在档案编研学中处于辅助的地位。

档案编研学的体系结构应主要按信息的加工层次综合概括各种档案文献编研成果为宜。它的内容包括五个部分:一是关于档案编研的一般理论原则的研究,其中包括档案编研工作的含义、对象、内容、性质、原则、原理、意义、类型、理论基础、发展规律、历史演变、管理现代化以及档案工作人员的素质等内容。二是关于一次档案文献汇编和公布的研究。这部分内容除了简述档案史料公布问题外,应更多地侧重现行机关档案、科技档案中的原文编纂问题。三是关于二次档案文献编写的研究,主要包括档案文摘、档案利用效果选编、档案目录解题、全宗介绍、专题介绍、档案馆介绍的编写等内容。四是关于三次档案文献的加工和编制的研究,主要包括大事记、组织沿革、专题概要、基础数字汇集、年鉴、手册的编制等内容。五是关于参与编史修志,撰写论著的研究。概略地介绍史、志的含义、体例、结构、功能和编写的原则与方法,档案部门和档案工作人员参与编史修志的途径和方式等。由于科技档案文献的编研极少采用原文汇编的形式,其内容最好归入档案编研学之中。当然,若实际需要,也可以建立科技档案编研学。

建立档案编研学是新时期档案编研工作实践在档案学学科建设中的集中反映。适应新的形势,档案工作者应当全面展开对档案编研学的研究,在现有成果的基础上,丰富其内容,完善其体系,力争使之早日成为档案学中的一门独立学科。

本文发表在《档案学研究》1995 年第 3 期第 12—15 页。

档案馆信息资源开发的含义和形式

开发档案信息资源,服务于四化建设是做好档案馆工作的一个重要指导思想,也是各级各类档案馆的基本职能之一。在新的历史条件下,这一职能逐步得到强化。档案工作实践的迅速发展以及人们认识的不断深化,要求对档案信息资源开发问题进行深入的探讨。

一、档案信息资源开发的含义

目前代表性的表述主要有两种:

第一种观点认为"所谓档案信息资源的开发,指尽可能地挖掘潜在的档案信息,以满足利用需求的劳动过程"①。这一劳动过程"主要由收集、整理、鉴定、编目、编研等工作环节组成"②,作者把档案工作内容区分为提供利用(简称"利用")和档案信息开发(简称"开发")两个部分。"开发"是提高"利用"水平的基础和条件,而"利用"则是促进"开发"的动力,是衡量"开发"程度的标志。

第二种观点认为,所谓"档案信息开发,是对档案承载的信息进行采集、加工、存贮和输出的整个过程;是把档案承载的信息由静态转化为动态,为用户所接收的过程;是实现档案的价值,充分发挥档案的作

① 徐元清:《试探档案信息的开发及其与利用的关系》,《档案学研究》1991 年第 2 期。
② 徐元清:《试探档案信息的开发及其与利用的关系》,《档案学研究》1991 年第 2 期。

用,为社会各项实践活动服务的关键性工作系统”①。为了说明档案信息开发的地位,作者把档案工作内容划分为三个部分,即档案实体管理、档案信息开发和档案工作反馈信息处理。② 其中,实体管理(收集、整理、鉴定、保管)是档案信息开发和反馈信息处理的基础和前提,档案信息开发(编目、编研和提供利用)是档案工作系统中最关键性的、最有活力的子系统,而反馈信息处理(统计、用户调研)则是控制和调节实体管理与信息开发的不可缺少的手段,是档案工作的重要组成部分。上述两个定义各有不同的侧重点,在第一个定义中,作者站在“利用”的角度,从“开发”一词的本义出发,强调其全面性和主动性。在第二个定义中,作者放眼整个档案工作系统,以系统论和信息论为依据,强调档案信息开发的高层次和主体地位。笔者以为,前者表述出来的档案信息开发的主动性和探索性是积极的、可贵的。但是,这一概念的外延过于宽泛,实质上将档案信息开发与传统的基础工作等同起来,人们无法从中领会到“开发”的高层次性和特殊性,当然,也就无法获得具体的指导思想和做法。第二个定义所表述的概念的内涵相对丰富得多,“开发”的高层次性和特殊性清晰可见。但从科学定义的角度看,这一定义不够凝练,给人以冗杂之嫌。

笔者认为,这一概念可以表述如下:档案信息资源的开发,就是将静态的档案信息资源经过采集、加工、存贮,进而转换成动态的信息,最快和最大限度地为用户所利用的过程。这一概念可以从以下几个方面理解:

第一,它的开发对象是馆藏档案中隐含的信息。这里的馆藏档案是集中了的,经过加工整序的,也就是经过系统加工,科学挑选和鉴别,处在日常保管状态中的档案。这需要档案实体管理提供相应的保障。当然,这也是档案信息资源开发区别于其他开发的根本标志。

第二,它的任务是对静态的档案资源进行加工、处理和相应的信息输出,直接满足利用需要。馆藏档案作为一种资源,是固化的、静止

---

① 吴宝康:《档案学概论》,中国人民大学出版社1988年版,第90—91页。

② 吴宝康:《档案学概论》,中国人民大学出版社1988年版,第88页。

的,不用它就是死的,久而久之就有可能被毁掉。只有不断经过加工、处理,才能激活其中隐含的信息;只有不断进行信息输出,才能发挥档案应有的作用。因此,档案信息资源开发比档案提供利用概念的内涵要丰富得多,它本身就包含了提供利用的各种因素和成分。

第三,它是一种高层次的劳动过程。它把一次档案文献加工成为二次文献和三次文献,并通过新的载体形式存贮信息,使档案信息浓缩化和优质化,以实现档案信息的可分享性,广泛满足档案用户的利用需要。与此同时,通过相应的信息传输渠道和媒介,将档案信息传递给利用者。这种高层次劳动的特点可以归纳为:一是加工过程水平高、难度大;二是加工方法具有主动性和探索性;三是信息输出渠道的全方位和多角度。

第四,档案信息开发系统的整体功能是,缩短档案信息的传递时间,广泛、迅速、准确地将档案信息传递给用户,从而最大限度地发挥档案的经济效益和社会效益。

二、档案信息资源开发的形式

(一)服务型开发

即以开放搞活为指导思想,以快速、准确地满足广大用户的利用需求为目的而进行的常规性的开发信息资源的工作,它是各级各类档案馆最基本的初级水平的开发工作。其形式主要有以下几种:①一次文献的开发,包括在阅览服务、外借服务、制发档案证明、举办档案展览中提供利用各种档案原件和复制件,这是满足实际利用和普遍利用的最有效的方式;②开展咨询服务,帮助用户克服语言障碍,为用户提供代查代译服务,解答用户提出的一般性问题;③进行用户培训,使用户了解档案馆及所藏档案文献,掌握档案检索的基本方法。

(二)智能型开发

这是指档案馆对档案实体加工整理后所进行的高层次和具有深度的开发利用信息资源的工作。其形式主要有以下几种:①二次文献的开发,即编制各种目录、索引和指南,建立检索工具体系,为用户利用档案信息提供检索手段；②二次文献的开发，即通过汇编档案文献，编写档案参考资料等形式，为用户提供比较系统的信息；③撰写与馆藏档案内容有关的文章和著作，直接为社会提供系统知识；④为各级领导和决策部门提供定题参考服务，为科学化决策提供依据。

（三）技术型开发

主要是指有计划、有步骤地运用各种现代化设备来开发档案信息资源：①电子计算机、光盘技术及通信技术的应用，将改变档案馆传统的操作技术，并极大地提高档案信息的传递效率；②复印技术、声像技术、缩微技术的应用，将大大方便用户，提高档案信息的利用率；③计算机联网检索服务，实现档案信息资源共享。

档案信息资源的开发是当前档案馆的中心工作，而开发的程度，又决定了档案馆对社会贡献的大小。由于各个档案馆的类型、级别、馆藏、人才、技术和设备等条件各不相同，也就决定了各自不同的开发途径、方法和策略。但是，各级各类档案馆在性质、面临的主要任务和基本指导思想上的一致性，又规定了它们在信息资源开发中的相同的战略思想。

三、档案信息资源开发的基本指导思想

（一）以服务型开发为基础

服务型开发实质上是一种被动性的信息资源开发方式。馆藏档案信息资源的庞杂性和社会需求的多样性决定了这种开发形式在档案信息资源开发工作中的基础性地位。首先，档案馆不可能全面掌握社会需求，而用户也不可能详细了解馆藏档案信息资源状况，因此，档案馆与用户的联系大多只能在服务型开发中实现，你查我调就成为一种最基本的服务方式。其次，服务型开发是档案馆了解社会需求，总结利用规律，搞好公共关系的窗口，它能为智能型和技术型开发提供重要的导向，影响甚至决定着二者的开发程度。再次，从社会利用的目的来看，解决实际问题利用多，学术研究利用少。档案馆特别是地方档案馆提供社会利用的主体是为解决社会的政治、经济和其他活动

的实际问题，学术研究利用不可能在较短时期内占较大比例。[①] 实际利用强调实用性，所利用的大多是与具体问题有直接关系的比较单一的信息，而服务型开发正是解决这一需求的最佳方式。最后，目前馆藏结构不合理，开发人员素质差，技术手段落后也决定了服务型开发在当前和今后一个较长时期仍然是档案馆信息资源开发的主要方式。强调服务型开发的基础性是为了确立其在档案馆信息资源整体开发中的应有地位，避免各种轻视服务型开发的错误倾向的发生。

（二）以智能型开发为重点

从本质上讲，智能型开发是服务型开发的延伸和发展。如果说服务型开发输出的是原始信息，那么智能型开发输出的则是经过加工的比较系统、精练的信息。智能型开发是当前和今后一个时期开发工作的重点所在。首先，智能型开发的程度虽然受到服务型开发的影响，但智能型开发对服务型开发也具有制约作用。二次文献揭示档案内容的深度，档案检索工具体系的科学性和合理性，直接影响着服务型开发的质量和效率。服务型开发水平愈高，对二次文献依赖程度就愈高。在当前社会利用比较频繁，检索工具单一，服务效率不高的情况下，这种依赖程度就显得尤为明显，此其一。服务型开发所能满足的社会档案信息需求面虽然较广，但这种需求层次相对较低。高层次和系统性的社会需求就需要智能型开发来承担，而这种开发形式难度大，要求高，需要档案馆在整体开发安排上进行相应的政策倾斜，以期达到多层次多角度充分满足社会需求的目的，此其二。其次，智能型开发是当前档案馆普遍存在的一个薄弱环节，一是起步晚，二是水平低，三是针对性不强，效益差，它已经成为档案馆信息资源开发中的主要难题。不足则补，势所必然。再次，智能型开发属于主动性开发方式，它在满足社会需求方面具有更强的适应性和灵活性。新中国档案馆事业经过40余年的发展，各个方面都具有了相当的基础，把工作重心适时地向智能型开发转移，积极主动地开拓服务领域，是提高档案馆自身的科研能力和学术水平，体现其科学文化性质的需要，是树立

① 李士智：《社会利用规律与档案资源开发》，《档案学通讯》1989年第3期。

档案馆良好的社会形象和提高其社会地位的需要。

（三）以技术型开发为手段

技术型开发的成果往往是在服务型开发和智能型开发中得以体现的，如利用电子计算机检索和编目，联网传递一次文献和二次文献，提供利用复制件，包括光盘、静电复印件和缩微复制品等。这些都可以纳入服务型开发和智能型开发的内容之中。从这个意义上说，技术型开发是为服务型开发和智能型开发提供服务的，它在档案馆信息资源整体开发中只是一种技术手段而已。它部分地代替了人工劳动，是人脑和手的延伸。从事技术型开发需要本着两个原则：一是技术型开发要与馆藏及其开发任务和能力相适应。馆藏量愈多，开发任务就愈大，对开发能力的要求就愈高，现代化技术与设备的适用性就愈强；反之，馆藏量少，开发任务小，现有的开发能力已经能够满足需要，技术型开发就失去了必要性。二是技术型开发的投资要与产生的经济效益和社会效益（包括当前和长远的效益）成正比。应充分考虑现代化设备的性能价格比，避免盲目性，减少浪费。在我国现有的经济技术条件下，档案馆的技术型开发是有计划、有步骤地进行的，并不是所有的档案馆必须同时开展这项工作。在今后一个较长的时期内，这一开发形式主要适用于大型档案馆和部分的中型档案馆。这就意味着大部分档案馆，尤其是小型档案馆今后仍然要以手工开发为主要手段。当然，这并不排斥中小型档案馆进行部分的技术型开发的实验和个别设备的使用。

总之，明确档案馆信息资源开发的含义、形式及其战略思想，对于科学、合理地组织开发工作，最大限度地发挥档案信息资源的作用，不断满足社会日益增长的档案信息需求，都具有十分重要的现实意义。

本文发表在《档案学研究》1992 年第 4 期第 25—27 页。

关于档案馆网问题的几点思考

档案馆网的规划和建设是我国档案馆事业的重要组成部分，也是档案馆学研究的重要课题。近几年来，随着档案馆主体地位的确立，人们对档案馆网问题的研究也日渐深入。本文拟就档案馆网的含义及所研究和建设的重点谈几点粗浅认识，并以此就教于同仁。

一

所谓档案馆网，是“指纵横交织，布局合理，既有分工又有协作的档案馆群体结构”①。所谓档案馆网络体系，“就是科学地、有计划地把各种类型的档案馆组成为一个统一的整体”②。从上面有代表性的定义及其阐述中不难看出，二者都是从组织网络的角度来进行观察和研究的。这也是对我国目前档案馆形式及其布局的一个概括或总结。我们认为，应当把档案馆网络区分为两个部分，即组织网络和资源网络。“网络是一种组织或机构，而网络资源是指计算机系统、数据库及通信设备。”③从组织网络的角度规划和建设档案馆，偏重网“目”的编织（即注重了档案馆的个体设置），忽视档案馆综合开发档案资源能力的建设，这是我国档案馆网建设中的一个十分突出的问题。它使我国

① 吴宝康：《档案学概论》，中国人民大学出版社，第 196 页。
② 李培清：《档案馆学》，档案出版社，第 27 页。
③ 〔美〕S. K. 马丁：《图书馆网络》，北京书目文献出版社 1983 年版。

档案馆网“基本上处于每个档案馆的个体在局部发挥作用的状态，馆际之间还没有形成有机的联系”①。

从纵向角度来看，我国档案馆网的建设以20世纪80年代中期为分界线，明显地呈现出两个不同的阶段。以前为组织网络化阶段，它以大规模创建档案馆和进行局部调整为主要内容；以后则为资源网络化阶段，它以大量从事计算机前处理工作、计算机和其他现代化设备与技术的应用为主要内容，并且开始出现计算机局部联网的新趋势。可以说，档案馆网络组成要素、新质特征和总体功能与过去相比都发生了质的变化。因此，仅从组织网络化的角度进行概括是不够的，还应当站在资源网络的角度，对档案馆网进行新的观察和研究，并从理论上作出新的概括和阐述。

在新技术革命迅猛发展和信息社会化日益增长的社会条件下，我们应该对档案馆网络内涵赋予控制论和系统论的属性。档案馆网络作为一种控制系统，它是由众多子系统——要素档案馆应用现代通信技术和计算机“三位一体”紧密结合而构成的。所以，我们对现代档案馆网络赋予如下定义：档案馆网络是由众多的档案馆应用现代通信技术和计算机网络结构，按照网络协议，实现馆际之间资源共享的结合体。这一概念具有以下四个紧密联系、不可分割的特征：

(1)档案馆网络作为一种组织是由众多的成员馆构成的，这是组织网络化的内容，也是建立现代档案馆网络的基础。

(2)档案馆网络作为整个社会文献信息系统的组成部分，必须应用计算机网络拓扑结构建立相应类型的数据库，这是构成档案馆网络的主要网络资源。

(3)档案馆网络必须具有通信网络的功能，哪里不需要通信网络时，哪里就没有网络，这是构成网络的必要条件。

(4)实现档案信息资源乃至整个文献信息资源的共享和档案馆之间其他业务合作与协作，这是组成网络的目的。

---

① 段东升：《试论加强档案馆馆际联系在我国档案馆事业发展中的战略地位与作用》，《档案学研究》1988年第2期。

长期以来,我们对档案馆网的研究总是囿于组织网络化,认为3100多个档案馆在全国的分布已经形成了一个网络,要着重解决的是专门档案馆和综合档案馆的合理布局问题,从而不同程度地忽视了资源网络的研究和建设。现在一些发达国家相继建立起了各种类型的档案馆网络,实现了相应的档案信息资源共享。我国这一工作尚处于刚刚起步阶段,还没有形成实际有效的档案馆网络。这就要求我们要适时地把档案馆网络研究和建设的重点从组织网络化转向资源网络化上面来,具体探讨建立档案馆网络的步骤、方法和措施,从而推动我国档案馆网络化建设的开展。

二

档案馆组织网络化的任务还有许多,还有待于进一步探讨和研究,它仍然是档案馆网建设中的一个重要方面。但是,从目前社会发展和档案馆工作现代化的实际出发,加强对档案馆资源网络化的研究并推动这项工作的开展已经刻不容缓。在我国,实现档案馆资源网络化大致要经过两个阶段:第一阶段,实现档案二次文献(目录)的集中和馆际交流。纵向的二次档案文献的集中前几年已由国家档案事业管理部门规划并提出了,即在全国建立所谓的“三大目录中心”:以中央档案馆为主建立全国革命历史档案目录中心,以中国第一历史档案馆为主建立全国明清档案目录中心,以中国第二历史档案馆为主建立全国民国档案目录中心。问题在于,没有区域性目录中心的集中,就难以实现全国性目录的集中。从目前情况看,各级各类档案馆还只处在实现馆内目录标准化(即按照国家有关规则、规范或标准重新进行目录的积累和组织)阶段,也可以说是初级阶段。《中华人民共和国档案法》的颁布和各种规范的实施,对这一阶段工作的进展起了巨大的推动作用。档案事业管理部门的重要任务是加速这一进程,使其尽早进入下一步骤,即实现区域性目录的集中。

第一个集中的层次应该是地(市)级,其次是省级。整个纵向的集中应本着由下到上,边组织边发挥作用的原则进行。这既符合档案产生和发挥作用的规律,也有利于对整个工作的组织。

区域性目录中心的建立可以某一或某几个档案馆为主,也可以设立独立的目录中心,负责向外输送有关情报,开展档案咨询活动。从经济的原则看,还是以某一或某几个档案馆为主建立目录中心为宜。不论如何,建立起来的目录中心必须是开放式的,必须承担开发这一信息资源的任务,并且真正成为保存和输出档案二次文献信息的中心。

横向的馆际交流的内容应包括有关档案副本(包括缩微件)和目录的交换,联合汇编档案文件汇集,组织共同攻关项目,定期或不定期的人员交往,建立区域协作组织,互通工作信息和组织对有关问题的研讨等等。这种馆际之间的联系与协作,可以由档案事业管理部门组织,在不同级别、不同层次或相同性质的档案馆之间分别展开。至于跨层次的馆际之间的交流亦可在这一过程中同时进行。系统内部的相互开放既是档案馆事业发展的必然结果,也是整个档案系统向社会开放的必要条件。它可以弥补目录中心的局限性,有利于档案馆之间相互学习和借鉴,容易形成竞争环境和气氛,这是其他形式所不能替代的。

总之,这一阶段总体上仍属于基础工作性质,尽管横向的交流对深化档案馆工作具有一定的实际意义,但更主要的还是为实现档案管理现代化准备必要的数据和技术条件。不言而喻,这些工作需要档案事业管理部门进行相应的组织和协调,需要制定规划和建立相应的制度。

第二阶段,建立档案文献数据库,实现馆际之间的联机检索,也就是使电子计算机与现代通信技术相结合,形成档案信息传递网络化。它使许多档案馆的终端设备,通过通信线路与中心电子计算机相连接,经检索而获得档案原件或档案二次文献。

由于我国经济和科学技术还不发达,计算机尚未普及,现代通信技术也很落后,档案馆自动化尚处于起步阶段,这就决定着实现第二阶段的目标将是长期而艰难的。即使在国外,还没有哪一个国家能够把全国各级各类档案馆都“网”起来而成为全国性的名副其实的档案馆网络。从我国档案馆事业未来发展方向上看,应把这一阶段的重点放在建立地区性多元网络上,即根据各地区的不同情况,可以建立多类型档案馆的地区综合性网络,也可以建立同一类档案馆的单一性质的地区网络,其中以建立地区性多类型档案馆的综合性网络为最佳组织形式。因此地区性的多类型档案馆网络组织在资源共享和相互合作方面更容易实现。

实现档案馆资源网络化并不排斥第一阶段和第二阶段并举。实际工作中二者也会有所交叉,绝对将二者区分开来是困难的,也是不必要的。我们目前的任务是,在抓好第一阶段工作的同时,为进入第二阶段进行充分的理论、技术和数据的准备。

三

实现档案馆资源网络化是档案工作现代化的重要内容,也是我国档案馆事业发展的必由之路。实现这一目标,还要做许多工作。就目前而言,应该着重研究和解决以下问题:

第一,要从思想上扭转档案馆网即组织网络化的旧观念,清醒地认识到实现档案馆资源网络化对档案馆事业发展所产生的深刻影响,真正把实现这一目标置于档案馆事业发展的战略地位。

第二,实现档案馆资源网络化要有侧重点,不能一哄而起。由于各级各类档案馆的性质、馆藏档案内容和社会地位各不相同,因而在资源网络化的步骤、方式和方法上自然也有所区别。一般说来,较高层次或级别的档案馆之间的信息交流比基层档案馆之间的交流显得迫切,综合档案馆之间的信息交流也比专门档案馆之间的交流显得重要。从档案馆工作现代化上讲,一般也是从大型档案馆逐步扩展到中小型档案馆。所以,应当以综合性或专门性大型档案馆为龙头来建立多类型档案馆的地区综合网络或同一类型档案馆的单一性质的地区网络,以便使网络建设更富有成效,最快和最大限度地满足社会的需要。

第三,要正确处理好组织网络化和资源网络化之间的关系。我们正处在档案馆组织网络化和资源网络化的转折点上，前者尚未结束，后者刚刚开始。为了加速档案馆资源网络化的进程，不论建立新的档案馆，还是进行档案馆布局的调整，都要考虑到对档案馆资源网络化的影响，要以资源网络化为总体目标来进行组织网络化建设，力争使档案馆布局更加合理，档案信息存贮和输出功能更加完备。

本文发表在《档案管理》1990 年第 3 期第 21—23 页。

综合档案馆馆藏档案存在的问题及对策

一、各级综合档案馆馆藏档案的现状

党的十一届三中全会以来，各级档案馆狠抓了档案、资料的收集工作，使馆藏不断丰富，馆藏量成倍增长。据统计，1980 年全国档案馆馆藏档案 3000 万卷，1984 年翻番达到 6000 万卷，到 1990 年突破 1 亿卷，1993 年底达到 10458 万卷，10 年平均增长 9.1%。按此速度，再过 10 年，我国档案馆馆藏档案还会在 1990 年基础上再翻一番，达到 2 亿卷。这反映档案收集工作取得了巨大成绩，但馆藏档案存在的一些问题亦不容忽视。

（一）馆藏档案的单一性

各级综合档案馆是集中统一保管各种门类、各种载体档案的文化事业机构，馆藏档案内容、门类、载体的综合性，是区别于专业档案馆和部门档案馆的特色。但是，目前各级综合档案馆馆藏档案普遍呈现出单一性特征。

（1）门类单一。馆藏多是文书档案，科技档案和专门档案极少，许多综合档案馆竟没有科技档案和会计档案。

（2）层次结构单一。各级综合档案馆接收的主要是同级党政机关、群众团体的档案，极少有企事业单位全宗，二级机构的档案基本上没有进馆。

（3）内容结构单一。馆藏档案的内容基本上只反映党群工作、行政管理工作、人事劳动工作、机关内部管理,反映工农业生产、基本建设、科学研究、地方经济状况,特别是当前经济热点的档案极少。

(4)载体结构单一。馆藏档案绝大部分为纸质档案,各级综合档案馆所藏录音、录像和照片等载体的档案仅占馆藏总量的0.62%,不少综合档案馆声像档案还是空白。

(5)空间结构单一。综合档案馆保管的上级单位形成的档案较齐全,而反映地方特色的档案极少。

(二)馆藏全宗的完整率低

由于各种原因,一些单位入馆全宗残缺不全,完整率低。例如,某县档案馆所藏县政府档案,是馆藏档案中最完整的一个全宗,可是县政府直接管理的四五百套公房的基建档案却下落不明;县林业委员会档案中,没有林业资源调查、营林、伐区设计、山林归属等档案;财政局档案中缺财政预(决)算、会计管理等档案;农业局档案中没有植物保护、土壤普查、良种推广、畜牧业管理等档案。①

(三)馆藏档案重复率高

大量重复档案进馆已成为困扰综合档案馆发展的一个突出矛盾。据对四川省达县地区某县档案馆所存县委组织部、县计委、县商业局、县五金公司、城郊区公所、城西乡政府6个全宗1980年文书档案情况调查,1980年共进馆档案128卷,卷内文件4335份,其中永久65卷,有文件2506份;长期63卷,有文件1829份。6个全宗重复进馆文件共1465份,占当年文件总数的33.7%,平均每卷重复进馆文件达11.4份,其中永久卷重复进馆文件1053份,占42%;长期卷重复进馆文件412份,占22.5%。② 大量重复进馆主要是各类统计报表与名册、干部任免、职工录用调动、转正定级、调资升级、专业技术职务评聘、表彰先进等。一文多人多单位多方归档,有甚者多达数百份。③

(四)馆藏档案玉石不分

我国档案鉴定工作长期停滞在档案室范围内,不能正常开展期满

① 罗昌俊:《改革潮头看馆藏》,《山西档案》1994年第6期。

② 赵本章、江正荣:《如何避免重复文件进馆》,《档案工作》1991年第11期。

③ 张克聪:《消除过量重复 优化县馆馆藏》,《档案工作》1991年第11期。

档案的鉴定工作,许多过期档案堆积存放,占据着库房的不少面积。使馆藏档案增长速度高于档案库房面积增长速度的矛盾更为突出,不少地方已经出现了“胀库”现象。由于鉴定不准,一些无价值的档案进馆。如湖北省某县档案馆接收的县委、组织部、县妇联、县档案局 4 个全宗 1985 年的档案,永久保存档案可降为长期保存的分别为 175 份、249 份、18 份、28 份,各占其当年档案总数的 30%、25%、15%、15%;永久保存档案可降为短期或不立卷的文件(即可不进馆的档案)数分别为 172 份、242 份、27 份、31 份,占各全宗档案总数的 29%、24%、22%、16%。①

这些问题,严重影响了馆藏档案信息的开发利用。福建省三明市 10 个县(市)1991 年、1992 年利用档案取得较明显经济效益的实例有 57 个,其中仅有一例是利用馆藏档案而取得的;永安市档案学会收集的 1993 年本市利用档案创千元以上经济效益的实例中,竟没有一例是利用馆藏档案取得的。②

二、优化馆藏档案的对策

(一)扩大接收和征集档案的范围

根据档案馆职能的要求,综合档案馆不仅要接收各全宗构成者到期应移交的文书档案,还应接收科技档案和经济档案,在馆藏档案中,使文书档案、科技档案、专门档案形成合理比例,达到5∶2∶3。笔者认为应从三方面开展工作:1. 各立档单位,都要按规定把文书档案、科技档案、会计档案、声像档案和其他档案一并向档案馆移交,保证全宗档案的完整性。2. 档案馆除了做好党政机关档案的接收外,还应注意接收国有企业、三资企业、乡镇企业、事业单位的档案,对二级以下单位采取“选样接收”的办法,将其控制在馆藏档案量的 10% 左右。认真做好破产企业、撤并单位、突发性事件档案的收集工作,同时接收一些

---

① 毛惕凡:《关于优化馆藏的辩证思考》,《中国档案》1994 年第 9 期。

② 罗昌俊:《改革潮头看馆藏》,《山西档案》1994 年第 6 期。

具有地方特色的档案,如族谱、家谱、旅游资源档案等,积极接受社会各界的捐赠,欢迎著名人士到档案馆寄存个人档案。3. 为了保障各级综合档案馆能够接收到各种门类和载体的档案。国家应采取强制性的法律和经济手段,对拒绝向档案馆移交档案的单位予以制裁,使馆藏建设走上法治的轨道。

(二)把好入馆档案的检查验收关

目前国家已制定了档案保管期限表,但有的立档单位没有结合本单位的情况,制定本单位的档案保管期限表,使档案保管期限标准比较笼统,加上有的档案人员素质较低,对档案保管期限的划分掌握不准,把有些应定为短期或长期的定为永久,把应定为永久的却定为了长期或短期。还有个别单位,为了本单位使用便利,有意将永久保存的档案定为短期或长期,而将短期或长期保存的档案定为永久,给档案接收工作造成了困难。对此,档案馆在接收档案时,应予高度重视,既要接收永久保管的档案,也要接收误定为短期或长期而实为永久的档案,还要拒绝接收那些内容不具有长久保存价值却定为永久的档案。当档案短缺时,还要接收一些反映该单位历史面貌和主要职能活动的有关资料,坚决杜绝立档单位交什么就收什么以及来者不拒等现象。

(三)调整接收范围,消除过量重复

要从制度上减少重复文件进馆,尽快制定出中央、省级与市(地)、县级两类不同级别的有关文书档案归档范围的规定。做到各立档单位侧重保存上级业务部门和自身形成的文件。凡涉及同级领导机关以及同级有关职能部门针对本机关的人和事的文件,本机关只组织短期卷保存,不向档案馆移交。也就是说,在一个档案馆接收档案的范围内,凡涉及人事任免、劳动工资福利、专业技术职务聘任、表彰先进、统计报表、各类名册等容易造成大量重复的文件材料,均由发文或统计汇总单位作永久或长期档案保管,移交给档案馆;其余立档单位均作短期档案,不再向档案馆移交。为保持一个全宗内档案内容的完整性,收文机关应在同类问题的永久或长期卷的备考表内注明。若干年本机关保存的短期卷销毁后,要查阅某份文件时,可按永久或长期卷备考表中所揭示的文件号,在馆藏有关全宗中找到某份文件。也可通过检索工具予以弥补,将涉及本单位重要而又作短期保管的文件,全部建立起综合文件目录和文件级著录卡片。这样,既保持了全宗内档案的历史联系,又有效地解决了重复档案进馆。

(四)及时开展馆藏期满档案的鉴定销毁工作

各级综合档案馆都保存有定期档案,地、县两级档案馆最多,有的已达馆藏档案的50%左右。这些档案大多属于时过境迁的事务性、备案性、审复性、资料性的档案,没有多少使用价值。对这些档案及时进行鉴定、销毁,是当前档案事业发展的需要,势在必行。第一,国家要制定有关法规和标准,把档案鉴定工作纳入法治的轨道,保证这项工作经常化、规范化和科学化进行。第二,各级综合档案馆应加强组织领导,把这项工作列入议事日程,切实加以重视,给予人、财、物的支持。第三,搞好档案鉴定的试点工作,认真总结经验,然后逐步推广开来。第四,加强鉴定理论和鉴定技术操作方面的研究工作,提高鉴定质量和鉴定效率。第五,建立一支素质较高的专业和业余的档案鉴定销毁队伍。真正使档案存贮优质化,以有限的档案库房空间保存最大数量和最有价值的档案信息资源。

本文发表在《档案学研究》1998 年第 1 期第 39—41 页。

关于档案信息化建设的几点思考

一、突出系统规划思想

首先，树立“全国一盘棋”思想。以邓小平理论和“三个代表”重要思想为指导，适应国家信息化建设和档案事业发展的要求，把档案信息化纳入国家信息化建设的总格局，有效避免发生网络环境下的“档案信息孤岛现象”。其次，坚持整体观念，将全国档案信息化建设视作一个整体工程，以档案网络为基础，以档案信息资源建设为核心，以扩大档案信息资源开发利用为目标，加快推进档案资源数字化、信息管理标准化、信息服务网络化的进程，促进全国档案事业持续健康发展，为改革开放和现代化建设服务。应该思路清晰，目标明确，重点突出，保障有力。再次，注意全国档案信息化建设的计划性。“十五”期间，全国档案信息化建设的目标和首要任务是：本着统筹规划、统一标准、分级建设、安全保密的原则，加快档案信息化基础设施建设，加强电子文件归档和电子档案的规范化管理，推动馆藏档案的数字化和数据库建设，在部分中心城市建立示范性数字档案馆，开展公众网上查询档案信息服务，加快推进档案信息化标准体系、安全保障体系和人才队伍建设。到“十五”末，各省、自治区、直辖市档案部门要努力建设并投入使用一批内部局域网，基本实现档案管理现代化和办公自动化；依托当地电子政务建设工程，建立为各级党政机关服务的档案目录中心，为逐步构建中国档案文献数据库创造条件；依托公众信息网，建立面向社会、服务公众的档案网站,逐步构建全国档案工作信息网。一方面要立足现实,所设目标切合客观需要和实际能力。另一方面,要起点高、方向准,在划分发展阶段和设定阶段目标时,坚持将远景规划放在首位,立足总体目标,贯彻由总到分的系统思想和组织逻辑。

二、网络化、数字化不等于信息化

过去不少人认为档案信息化就是网络化和数字化。实际上,档案信息化建设具有广泛的内容,它包括档案信息资源的有序整理、档案信息数据库建设、档案信息网络的建设、档案信息资源的开发利用、档案信息化人才队伍的建设以及促进档案信息资源开发利用的政策法规、标准的制定等等。因此,不能简单地把档案文献的数字化、档案信息网站和数字档案馆的建立等同于档案信息化建设,而应从多方面入手理解和促进信息化建设。

三、档案信息化要兼顾党政机关和普通用户的实际需求

"信息化"不是使档案部门富有现代气息,而是建设一种新型的更加适应广大用户需求的档案部门。所以,档案信息化建设既考虑了为党政机关服务的目标,也兼顾了普通公民或个人利用者的需要。对个人来说,由于受必要的上网设备、费用、知识、操作系统以及对信息的需求等因素的制约,档案信息化离他们还有一段距离。因此,档案信息化建设在考虑为党政机关服务的同时,也充分照顾普通用户的利用需求,这既是"三个代表"重要思想的体现,也是档案信息化建设的初衷之一。

四、文档一体化的绝好契机

多年的实践证明,机关的档案信息化建设必须以文档一体化为前提。必须把档案工作信息化纳入机关办公自动化的总格局之中,与办

公自动化融为一体,同步进行、协调发展。突出强调机关档案管理与办公自动化同步发展的必要性和紧迫性。档案部门应积极主动地参与机关办公自动化系统的设计,对机关办公自动化系统的规划和建设提出档案管理方面的要求和建议。

五、电子文件与纸质文件将长期并存

电子文件归档和电子档案管理是当前档案工作中的一个热点问题。相关管理制度和办法的制订工作已经提到了议事日程。鉴于解决这个问题的复杂性,可以预计在较长的时间内,纸质文件和电子文件会继续并存。当前各机关凡具有重要保存价值的电子文件,必须有相应的纸质文件一并归档。这也是目前档案信息化建设中应坚持的原则之一。

六、档案管理部门都是网络信息资源的建设者

在信息化建设进程中,可以说是三分信息技术,七分信息设备,十二分的信息资源,充分高质量的信息资源是信息化的基础。由于大多数档案具有唯一性,一份档案只可能存于一个档案机构,围绕该份档案开发的信息资源只能由该机构在网络中发布。对于电子档案,虽然在档案机构加以管理之前已经存在于网络之中,但只是形成机构的内部文件,只有经过档案机构的管理、认证、公布之后才能成为公众可利用的信息资源。因此,对于网络信息资源的获得,档案机构可以说是建设型,必须完全依赖本机构自身来建设。那种希望于完全从网络上获得信息资源的想法是不切实际的,每个档案机构都应成为网络信息资源的积极建设者和信息发布者,然后才是网络信息资源的利用者。

本文发表在《档案管理》2003 年第 4 期第 26—27 页。

档案馆在档案信息资源开发中的主体地位质疑

——兼论用户在档案信息资源开发中的主体地位

一、引　言

传统理论认为,档案信息资源开发就是档案部门根据社会需要采用专业方法和现代化技术,发掘、采集、加工存储、传输所收集档案中的有用信息,方便利用者利用,以实现档案的价值与作用,并认为档案信息资源开发的主体为档案管理部门及其工作人员。① 在此基础上,档案学界提出了以档案馆为档案信息资源开发主体的开发理念和开发模式,以求实现档案信息资源的价值和作用。但有一个问题始终困扰着档案学界,即如何实现档案信息资源开发与档案信息需求的有效匹配,能否解决这一问题,决定了档案信息资源开发成果价值的大小和档案信息资源开发工作成效的高低。虽然有学者提出了基于用户需求的档案信息资源开发理念和模式,但由于档案信息需求的多样性、偶然性和时效性特征,以及档案馆人力资源、智力资源、技术资源和资金供给等方面的有限性,这个问题并没有从根本上得到解决。

为解决档案信息资源开发与档案信息需求的有效匹配,首先应当明确的一个问题是,由谁作为档案信息资源开发的主体更有助于档案

① 陈智为、邓绍兴、刘越男:《档案管理学》,中国人民大学出版社 2008 年版,第 253 页。

馆档案价值的实现，因为档案信息资源开发的模式、路径等具体问题都是围绕着档案信息资源开发主体展开的。本文将档案信息资源开发定义：是指在保证档案信息资源的可获得性和获取便利性的基础上，因用户利用需求和利用行为而引发的对档案信息资源的获取、组织、加工和利用等行为，以及由此导致的新信息、新知识或新理论生产的一种过程。据此，可以认为：①档案信息资源的有序化工作，如编制档案检索工具、编辑出版档案史料和档案参考资料等，不能等同于档案信息资源开发工作，而应将其理解为档案信息资源开发的准备工作；②档案信息资源开发有别于档案馆传统意义上的提供利用工作，它强调社会需求和用户的实际利用动机与利用行为对运用档案馆档案信息资源的作用；③档案信息资源开发既包括对档案信息的获取、组织、加工和利用等一般形式，也包括利用档案信息生产新信息、新知识或新理论等高级形式；④档案信息资源开发不仅是档案价值实现的条件，而且是档案价值实现的一种形式；⑤档案信息资源开发的主体应是档案价值实现的主体。以上述五点认识为基础，本文通过对比分析，从理论推导、范式分析、模型论证等三个方面对档案馆是档案信息资源开发主体的观点提出质疑，同时论证用户是档案信息资源开发主体的观点。

二、用户在档案信息资源开发中主体地位定位的依据

（一）基于档案价值实现的档案信息资源开发主体的定位

档案价值是指档案对国家、社会组织或个人的有用性。它是主体（档案利用者及其利用需求）与客体（各不同时代的各种类型、载体、内容的档案）之间的关系范畴。档案价值作为一种关系，是主体需要与客体属性的统一和结合。主体的需要是构成档案价值的前提条件，而客体的属性是构成档案价值的客观基础。[①] 本文以此作为定位档案信息资源开发主体的理论基础，通过分析档案馆与用户在档案价值实

---

① 冯惠玲、张辑哲：《档案学概论》，中国人民大学出版社2006年版，第47页。

现过程中分别扮演的角色，来确定档案信息资源开发的主体。

档案馆作为收集、整理、鉴定、保管、编目与检索、编研和统计档案信息资源的机构，在档案价值实现过程中更多扮演的是一种档案信息与档案价值转递平台，即便是开展的档案编研工作也是为了提供档案信息服务，其本身并不构成档案价值实现的需求部分，也就是说，档案馆的管理工作本身不能实现档案价值。在此基础上，衍生出来两个基本问题：(1)档案馆在档案信息资源开发过程中如何实现与档案信息需求的有效对接；(2)假如档案馆可以实现档案信息资源开发与档案信息需求的有效对接，又如何保证档案信息资源开发能够满足不同用户的多样化档案信息需求。从档案工作实践以及现实的档案信息服务能力出发，我们认为，以档案馆的条件解决上述两个基本问题是值得怀疑的，同时，档案馆在档案信息资源开发中的主体地位也是值得商榷的。但这并不否认档案馆在档案价值实现过程中的积极作用，即档案馆的管理工作为档案价值的实现奠定了基础，提供了条件。

档案价值的实现是以用户档案信息需求得到满足为标志的，用户实际利用档案信息便意味着档案价值关系的形成，因而，用户在档案价值实现的过程中代表着档案信息的主体需要。如果将档案信息资源开发理解为一种新信息、新知识或新理论的生产过程，那么档案信息资源开发本身就是档案价值实现的一种形式。在这一过程中，一方面，档案馆将馆藏档案信息进行有序化处理并予以公布，提供档案信息资源开发的基础；另一方面，用户以相应的档案信息需求为动力，实际进行档案信息资源的开发工作。但也有一个基本问题需要解决，即用户档案信息需求的差异性及其所具备知识、智力、技术和经济资源的分散性，能否承担得起档案信息资源开发的重任。这也是传统理论认为档案馆以其高度的组织性能够作为档案信息资源开发主体的依据之一。随着信息技术的发展、各种网络平台的构建以及由此带来的新理论和新技术，为解决这一问题提供了可能。其中，长尾理论认为，由于成本和效率的因素，当商品储存流通展示的场地和渠道足够宽广，商品生产成本急剧下降以至于个人都可以进行生产，并且商品的销售成本急剧降低时，几乎任何以前看似需求极低的产品，只要有卖，都会有人买。这些需求和销量不高的产品所占据的共同市场份额，可以和主流产品的市场份额相比，甚至更大。① 将长尾理论应用到档案信息资源开发领域，档案信息用户可以通过搭建档案信息资源开发平台就将小众化的档案信息需求转变为大众化的档案信息需求，将分散化的档案信息开发资源聚合为具有规模效应的档案信息开发资源，从而解决由于用户档案信息需求的差异性及其所具备资源的分散性不能承担起档案信息资源开发重任的问题。

基于上述分析，我们认为，从档案馆和用户分别在档案价值实现过程中所发挥的作用来看，档案馆在档案信息资源开发过程中可以利用馆藏资源做好档案信息资源开发的基础性工作，但不适宜作为档案信息资源开发的主体；而用户因其具备的档案信息需求动力和档案信息资源开发条件，在档案馆提供有序化档案信息资源的前提下，是可以承担起档案信息资源开发主体责任的。

（二）基于档案信息资源开发范式的档案信息资源开发主体的定位

范式是研究问题、观察问题、解决问题所使用的一套概念、方法及原则的总称。② 档案信息资源开发范式是在对档案信息资源开发主体认知一致性的基础上，在档案信息资源开发的实践中提炼出来的档案信息资源开发思想与开发模式的集合，以及由此衍生的不同档案信息资源开发手段与开发路径的总称，其中对档案信息资源开发主体认知的一致性是档案信息资源开发范式的根据所在。根据对档案信息资源开发主体认知的不同，档案信息资源开发范式可以分为两种：一种是以档案馆为档案信息资源开发主体的开发范式，另一种是以用户为档案信息资源开发主体的开发范式。以档案价值的实现为依据，对基于不同主体的档案信息资源开发范式进行对比分析，从中可以看出，由用户作为档案信息资源开发主体的合理性及其在促进档案价值实

① 朱孔涛：《长尾理论》，http://baike. baidu. com/subview/327983/5047777. htm? fr = aladdin。

② 托马斯·库恩：《科学革命的结构》，北京大学出版社 2012 年版，第 36—43 页。

现中的优越性。

档案学界对以档案馆为主体的档案信息资源开发范式进行了持续深入的探讨,在此基础上形成了两种不同导向的档案信息资源开发模式:一种是以档案馆馆藏为导向的开发模式,另一种是以用户需求为导向的开发模式。以档案馆馆藏为导向的开发模式将档案馆馆藏作为档案信息资源开发的出发点,强调有效地利用馆藏优势,实现档案信息资源的有序化,大力开发档案编研成果,为档案价值的实现提供便利。① 但这种开发模式没有实现档案信息资源与用户需求的有效衔接,致使档案信息资源开发成效不显著,造成档案馆资源的闲置和浪费。针对这种情况,档案学界又提出了以用户需求为导向的开发模式,以求实现档案信息资源开发与用户需求的统一。② 需要指出的是,以用户需求为导向的开发模式在理论上相较于以档案馆馆藏为导向的模式在满足用户需求和促进档案价值实现方面具有天然的优势,但因用户需求的多样性、偶然性和时效性,以及档案馆缺乏有效的用户需求预测机制和满足用户需求所必需的档案信息资源开发的条件和手段,这种开发模式在实践上效果反而不如以档案馆馆藏为导向的开发模式。以档案馆为主体的两种档案信息资源开发模式之所以具有这种根本性矛盾,从本源上来讲是因为以档案馆为档案信息资源开发主体的开发范式是一种需求预测型开发范式。档案馆不能有效地预测用户需求也就决定了这种开发范式只能是一种档案价值实现的间接范式,也必然是一种低效的开发范式。

相较而言,以用户为档案信息资源开发主体的开发范式是一种资源需求型开发范式。在这种开发范式中,用户以其需求为动力、以自身资源为基础来开发档案信息资源,对档案信息资源呈现出一种社会需求,从而为档案价值的实现提供了主体需要,构成了档案价值实现的前提条件。当用户以需求为导向、以利用为目的来开发档案信息资

---

① 杜建中:《谈谈档案信息资源开发的途径与措施》,《档案学通讯》1989 年第 3 期。

② 王娟、黄存勋:《谈档案馆普通用户需求的特点与满足需求的途径》,《北京档案》2010 年第 10 期。

源时，意味着档案信息资源与用户需求实现了统一，也就是说档案信息资源开发本身成为档案价值实现的一种手段而非一种条件。可以说，以用户为档案信息资源开发主体的开发范式是一种档案价值实现的直接范式，也必然是一种高效的开发范式。

综合对两种不同主体开发范式的分析，我们认为，以用户为主体的档案信息资源开发范式相较于以档案馆为主体的档案信息资源开发范式更有助于档案价值的实现，因此，从范式分析的角度来讲，以用户作为档案信息资源开发的主体是成立的。

（三）基于 SWOT 分析模型的档案信息资源开发主体的定位

SWOT 分析法，又称“态势分析法”或“优劣势分析法”，即基于内外部竞争环境和竞争条件下的态势分析，就是将与研究对象密切相关的各种主要内部优势（strengths）、劣势（weakness）和外部的机会（opportunity）和威胁（threats）等，通过调查列举出来，并依照矩阵形式排列，然后用系统分析的思想，把各种因素相互匹配起来加以分析，如 SO 分析（一种发展内部优势与利用外部机会的策略）、WO 分析（利用外部机会来弥补内部弱点，改劣势而获取优势的策略）、ST 分析（利用自身优势，回避或减轻外部威胁所造成影响的策略）、WT 分析（一种旨在减少内部弱点，回避外部环境威胁的防御性策略），从中得出一系列相应的结论。① 通过构建以档案馆为主体的档案信息资源开发范式的 SWOT 分析模型，并对模型给出的应对策略进行分析，可以探明档案馆在档案信息资源开发中实际所处的地位。现将以档案馆为档案信息资源开发主体的开发范式的 SWOT 分析模型作如下描述：

1. 以档案馆为档案信息资源开发主体的开发范式的内部优势与劣势分析

内部优势主要包括：馆藏资源丰富，利用档案资源方便。档案馆作平台，一方面可利用国家提供的人员、资金、技术等资源，另一方面不同档案馆之间的档案信息资源流动相对方便；具有资源开发的团队和经验。内部劣势主要包括：相对封闭，与用户沟通不畅；难以有效预

① Larrygao：《SWOT 分析法》，http://baike.baidu.com/view/3892.htm? fr=aladdin。

测用户需求,对需求变化的灵敏度较低;缺乏开发档案信息的动力;不具备满足用户不同档案信息需求的能力。

2.以档案馆为档案信息资源开发主体的开发范式的外部机会与威胁分析

外部机会主要包括:国民素质提高,用户信息意识增强,对档案信息的需求增加。网络技术、信息技术的发展,为档案信息传播提供了条件;互联网环境下用户参与档案信息开发的意识和能力增强。外部威胁主要包括:网络平台为用户获取信息提供了各种途径,档案馆作为信息源的重要性进一步降低;用户对获取信息的速度和质量要求越来越高,处于碎片化状态的档案信息难以满足用户需求。

3.以档案馆为档案信息资源开发主体的开发范式的应对策略分析

优势—机会(SO)策略主要包括:充分利用馆藏优势,开发符合用户需求的档案信息资源成品;对档案信息资源进行有序化加工并适时予以公布,扩大档案馆影响力;构建网络开发平台,吸引用户参与档案信息资源开发。弱点—机会(WO)策略主要包括:利用大数据技术预测用户需求,提高对用户需求变化的感知能力;将档案信息资源上传至云端,扩大档案信息资源的容量,为用户参与开发提供基础。优势—威胁(ST)策略主要包括:转变服务理念,了解用户需求,由被动服务转变为主动服务;利用网络技术进行档案信息推送;开展个性化服务;加大档案信息资源整合的力度,利用网络平台提供优质的档案信息服务。弱点—威胁(WT)策略主要包括:通过机制创新,应用互联网思维探索档案信息资源开发的新模式、新路径;积极利用社会力量,扩大档案信息资源开发队伍,将档案信息资源开发的部分任务转交给用户。

以档案馆为主体的开发范式的SWOT分析模型应对策略可以概括为两种:一种是档案馆利用各种手段预测用户需求以开发出符合用户需要的档案信息成品;另一种是在充分做好档案信息资源整序的基础上吸引用户参与档案信息资源的开发。正如上文所述,档案馆在预测用户需求方面存在一定的难度,所以档案馆采取的第一种应对策略不能从根本上解决档案价值与用户需求的匹配问题;而档案馆的第二种应对策略从本质上来讲是变相地将档案信息资源开发的权利转交给用户,也就是说档案馆开始不自觉地扮演起一种发挥基础性作用的角色。

如果利用同样的分析模型对用户在档案信息资源开发中的策略进行分析,可以推断出用户为了满足档案信息需求,将应对策略的重点放在了档案信息资源的获取上。在档案馆充分提供档案信息资源获取途径的前提下,用户可以直接实现档案信息资源需求与档案信息资源供给的有效匹配,即用户作为档案信息资源开发的主体无须经过其他环节就可以直接实现档案信息资源的价值。

通过 SWOT 分析模型的论证,可以发现,档案馆在档案信息资源开发中所发挥的是档案价值转递平台的作用,而用户是档案信息资源开发与档案价值实现的统一体。从这一点来讲,档案馆在档案信息资源开发中居于基础地位,用户在档案信息资源开发中居于主体地位。

三、结　　论

以对档案信息资源开发新的理解为基础,通过理论推导、范式分析和模型论证,我们得出两点结论:第一,由于档案馆在档案价值关系中处在档案客体和档案需求之间,其对档案信息资源的开发并不能够直接实现档案价值,而只是为用户利用档案信息资源实现档案价值提供基础和条件,因而档案馆在档案信息资源开发中发挥的主要是基础性作用;第二,由于用户是作为档案价值关系的需求方存在的,用户对档案信息资源的开发可以保证档案价值的直接实现,因而用户在档案信息资源开发中发挥的是主体作用。

在以用户为档案信息资源开发主体的理念指导下,为了实现档案价值,应积极发挥档案馆的基础性作用和用户的主体作用。档案馆一方面应充分收集和有效保管档案信息资源,保证档案信息资源的可获得性,另一方面应对所收集和保管的档案信息资源进行整序并通过各种渠道适时予以公布，保证档案信息资源获取的便利性。用户应通过搭建档案信息需求表达平台，完善档案信息需求表达方式，在充分聚合档案信息需求和档案信息开发资源的基础上，创新档案信息资源开发与共享的模式，充分利用档案信息资源以有效实现档案的价值。

本文发表在《档案管理》2015 年第 2 期第 4—7 页。
作者：陈忠海、常大伟　作者单位：郑州大学信息管理学院

再谈档案馆与用户在档案信息资源开发中的地位、作用及相互关系

——答严永官先生

严永官通过《论“档案信息资源开发中的主体”——与陈忠海、常大伟商榷》(下文简称《商榷》)一文,对《档案馆在档案信息资源开发中的主体地位质疑——兼论用户在档案信息资源开发中的主体地位》(下文简称《质疑》)一文中“用户在档案信息资源开发中居于主体地位”的观点进行了商榷,并从哲学、实践、相关法律法规等角度论证了该观点并不成立。为厘清档案馆及其工作人员和用户在档案信息资源开发中的各自地位、作用及其相互关系,以促进各开发主体作用的充分发挥,从而更好地实现档案信息资源的价值,有必要对档案信息资源开发各主体的地位问题作出进一步的说明和分析。同时,借助此文对《商榷》一文提出的有关疑问进行解释。

一、用户、档案信息资源、档案信息资源开发与档案信息资源开发主体

在对用户的认识上,我们认为既可作广义的理解,也可作狭义的理解。广义的用户概念,指包括档案馆及其工作人员和社会组织或个人的整体概念;狭义的用户概念,指除档案馆及其工作人员以外的社会组织或个人。而《商榷》一文认为档案馆及其工作人员与用户是完全对立的两种存在,这种理解相对狭隘,也是导致其否定用户在档案

信息资源开发中居于主体地位的关键所在。相对来讲,我们更赞同将用户作广义的理解。而《质疑》一文之所以采用狭义的用户概念,主要是为了更清晰地认识档案馆及其工作人员与用户之间的关系,为两者的相互协作提供理论基础。这也是《质疑》一文的立意所在。

在对档案信息资源的认识上,《商榷》一文指出:“就档案这个概念的整体而言,其保管单位只能是各级各类国家档案馆,即只有进入各级各类国家档案馆保存的档案,才是真正意义上进入整个社会意识的档案,也才会得到《档案法》等法律、法规的保障。”①我们认为,这种观点人为地缩小了档案的范围。其实,并不是只有进入各级各类国家档案馆保存的档案,才是真正意义上进入整个社会意识的档案,只要能够清晰、确定地反映社会组织或个人以往的社会实践活动的原始固化信息,都应纳入档案的范围。如果按照《商榷》一文对档案范围的理解,档案信息资源开发必然限制在以各级各类国家档案馆为平台的框架内,但这与现实并不相符。随着信息技术的发展和用户信息意识的增强,存档行为不仅仅是一种档案机构行为,也表现为一种个人行为,档案信息资源开发平台也逐渐呈现出社会化趋向。

在对档案信息资源开发的理解上,我们仍然认为:“档案信息资源开发是指在保证档案信息资源的可获得性和获取便利性的基础上,因用户利用需求和利用行为而引发的对档案信息资源的获取、组织、加工和利用等行为,以及由此导致的新信息、新知识或新理论生产的一种过程。”②《商榷》一文对此提出质疑,指出“用户的‘自身资源’如何来,或说来自何处?不管是馆藏档案实体,还是网上查到的已经开放档案的电子版,就目前政策或档案开放的实际来看,用户通常直接查找利用的档案还只能是我国档案中的极小一个部分,而恰恰又是公民个人所需要的那部分档案则因受到个人隐私的保护而不能公开上网”,并指出:“‘新信息、新知识或新理论产生’等,则主要是依靠‘档

① 严永官:《论“档案信息资源开发中的主体”——与陈忠海、常大伟商榷》,《档案管理》2015 年第 6 期。

② 陈忠海、常大伟:《档案馆在档案信息资源开发中的主体地位质疑——兼论用户在档案信息资源开发中的主体地位》,《档案管理》2015 年第 2 期。

案管理部门及其工作人员'来实施的。"[①]一是我们所认为的"自身资源"不仅指个人存档积累的档案信息资源,还指个人的知识积累、技术储备等智力资源,而非《商榷》一文认为的馆藏档案实体或开放档案的电子版;二是"新信息、新知识或新理论产生"不但由档案管理部门及其工作人员的具体工作来实现,也由用户利用档案信息资源来实现,如黄仁宇利用明代档案信息资源书写的《万历十五年》提出了"大历史观"的观点、冯友兰在梳理中国传统文献的基础上系统地分析和阐述中国哲学思想并形成了新的认识。三是对档案信息资源开发作一般开发形式和高级开发形式的划分[②],并不意味着档案信息资源开发的高级形式就一定比档案信息资源开发的一般形式重要,只是两者的侧重点有所区别。而两者体现更多的是一种相互支撑而非相互竞争的关系。此外,在对"档案信息资源开发"与"档案利用"关系的认识上,《商榷》一文简单地将"档案信息资源开发"与"档案利用"划分为前后相继的两个部分,认为用户只是档案馆及其工作人员档案信息资源开发成果的纯粹受益者。我们认为,"档案利用"形式是多样的,在一定情况下也有"档案信息资源开发"的内容,即用户在已有开发工具、手段和成果不能满足自身需求的情况下,会根据其自身需要对档案信息资源进行再开发和个性化利用。

在对档案信息资源开发主体的认识上,我们认为档案信息资源开发的主体是多元的,既包括档案管理部门及其工作人员,也包括档案用户,只是他们所处的地位有所不同。可以认为,档案馆及其工作人员进行的是基本服务性开发工作,而用户,特别是高级用户进行的则是深度挖掘性和高级利用性开发工作。但这并不否定档案管理部门及其工作人员在档案信息资源开发中的重要作用,也不存在对档案管理部门及其工作人员有微词的想法。与此相反,对档案信息资源开发各主体地位的界定,不但肯定了档案管理部门及其工作人员的基础性

---

① 严永官:《论"档案信息资源开发中的主体"——与陈忠海、常大伟商榷》,《档案管理》2015 年第 6 期。

② 陈忠海、常大伟:《档案馆在档案信息资源开发中的主体地位质疑——兼论用户在档案信息资源开发中的主体地位》,《档案管理》2015 年第 2 期。

工作，而且有助于减少社会和档案界对档案管理部门及其工作人员创造新信息、新知识或新理论的额外期望。

二、档案馆在档案信息资源开发中的地位与作用

档案馆在档案信息资源开发中有着重要的地位和作用，这是无可置疑的。正如《质疑》一文中指出："档案馆在档案信息资源开发中发挥的是档案价值转递平台的作用，档案馆在档案信息资源开发中处于基础性地位。"[①]《商榷》一文提到的例证："上海等地开展的方便人民大众利用方法的创新，按照'就近查阅、就地出证，馆际联网、全市通办'的目标，建设市与区县档案馆、档案馆与档案室、档案馆与社区事务受理服务中心'三联动'的档案远程利用服务体系。逐步推行在各社区事务受理服务中心的便民服务中增加民生档案查询和出证项目，最终实现档案远程利用服务横向连通市和区县档案馆市级机关档案室，纵向覆盖各街镇社区档案查阅点"[②]，也从实践层面证明，档案馆及其工作人员在档案信息资源开发中发挥的是基于档案信息资源开发一般形式上的利用服务工作。

当然，档案馆及其工作人员在档案信息资源开发过程中也进行高级形式的档案信息资源开发，如档案编研工作等。但从《档案法》和《档案法实施办法》对档案机构（主要是指各级各类档案馆）的职能定位来看，主要是强调档案机构的管理职能和服务职能，如《档案法》第八条指出，中央和县级以上地方各级各类档案馆，是集中管理档案的文化事业机构，负责接收、收集、整理、保管和提供利用各分管范围内的档案；《档案法实施办法》第十条指出，中央和地方各级国家档案馆，是集中保存、管理档案的文化事业机构，依照《档案法》第八条的规定，承担下列工作任务：（一）收集和接收本馆管理范围内对国家和社会有

---

① 陈忠海、常大伟：《档案馆在档案信息资源开发中的主体地位质疑——兼论用户在档案信息资源开发中的主体地位》，《档案管理》2015 年第 2 期。

② 严永官：《论"档案信息资源开发中的主体"——与陈忠海、常大伟商榷》，《档案管理》2015 年第 6 期。

保存价值的档案;(二)对所保存的档案严格按照规定整理和保管;(三)采取各种形式开发档案信息资源,为社会利用档案资源提供服务。① 所以,从法律层面来讲,过于强调档案馆及其工作人员在档案信息资源开发中的主体地位难免有些牵强。而从档案馆及其工作人员在档案信息资源开发中处于基础性地位的角度进行理解,更有助于档案馆管理职能的履行和服务职能的实现。

《商榷》一文在对用户不能在档案信息资源开发中发挥主体地位的观点进行论证时指出,“因为他们(原文指用户)还是需要接待点的档案兼职管理人员通过网络查询,检索到所需要的档案内容后向保管该档案的档案馆索取,随后出具打印文件并盖上印章才能作为办事的凭据”②。通过对该论述进行分析可以看到,档案馆及其工作人员其实是在整理、保管档案信息资源基础上进行的利用服务工作。这也正是对《质疑》一文认为的档案馆提供基础性服务、担任档案价值转递平台的印证。

三、用户在档案信息资源开发中的地位与作用

关于用户在档案信息资源开发中的主体地位及其作用,我们已经在《质疑》一文中从理论推导、范式分析、模型论证等三个方面进行了论证。现在主要针对《商榷》一文指出的,“对‘档案信息资源开发的主体是档案管理部门及其工作人员’这一传统观点的颠覆,且这种颠覆在目前阶段并无实践基础”和“由此看来,‘长尾理论’其实并不适用于档案信息资源开发领域的,即在档案信息资源开发领域不可能出现‘星星之火,可以燎原’的现象”③,进行辩证。

---

① 《中华人民共和国档案法》,《中华人民共和国档案法实施办法》,http://www.saac.gov.cn/xxgk/node_1605.htm。

② 严永官:《论“档案信息资源开发中的主体”——与陈忠海、常大伟商榷》,《档案管理》2015年第6期。

③ 严永官:《论“档案信息资源开发中的主体”——与陈忠海、常大伟商榷》,《档案管理》2015年第6期。

关于第一个观点，我们认为“目前并无实践基础”并不代表在实践基础具备的情况下，用户不能够发挥主体地位的作用，更不能将“目前并无实践基础”作为否定理论探讨的依据。导致“目前并无实践基础”的原因是多方面的，如档案开放利用制度和相关政策的限制、档案信息资源组织程度和呈现形式的滞后等。正如《商榷》一文指出的，“从档案信息资源的拥有量上来看，只有档案管理部门及其工作人员手中才能掌握大量、系统和源源不断的档案信息资源”①。拥有资源和多角度、多层次开发利用资源不是同一问题，沈志华从俄罗斯大量收集、翻译、整理和使用解密档案，取得了丰富的研究成果就是一个很好的例证。② 随着《中华人民共和国政府信息公开条例》的实施，用户获取相关档案信息资源的方式逐渐多样化，这将有助于用户在档案信息资源开发中主体地位的实现。

关于第二个观点，我们认为《商榷》一文的观点过于武断。“长尾理论”在信息生产领域同样适用，如维基百科条目的创立便是基于愿意为这部百科全书作出任何贡献的任何人，以各自的认识和需求为基础共同编辑修改的结果，条目的质量也在不断争论与完善中逐渐提高，而维基百科运作的基础也不外乎维基平台、用户参与和信息资源三个基本要素，并没有一个统一的信息生产管理机构。③ 自由、开放的在线百科全书也是知识社会条件下用户参与、大众创新、开放创新、协同创新的生动诠释。④ 档案信息资源作为信息资源的重要组成部分，档案用户参照维基百科的有益经验，在完善的档案信息资源开发平台和充足的档案信息资源支撑下，在档案信息资源开发中发挥主体地位也并非不可能。考虑到档案信息资源开发利用的特殊性，固然不能完全否认《商榷》一文认为的“档案信息资源开发领域不可能出现‘星星

---

① 严永官：《论“档案信息资源开发中的主体”——与陈忠海、常大伟商榷》，《档案管理》2015 年第 6 期。

② 沈志华：《俄罗斯解密档案，解了多少中苏之谜?》，http://www.danganj.net/bbs/redirect.php? tid=61079&goto=lastpost#lastpost。

③ 维基百科，https://zh.wikipedia.org/。

④ 百度百科．维基百科，http://baike.baidu.com/view/1245.htm。

之火,可以燎原’的现象”,但不能以此为依据消极地对待社会发展给档案馆带来的机遇,更不能据此确定在条件具备的情况下用户会对馆藏档案蕴含的巨大信息财富无动于衷。

四、档案馆与用户在档案信息资源开发中的相互关系

档案馆及其工作人员与用户从事的档案信息资源开发活动,均是围绕档案信息资源展开的。而档案馆及其工作人员与用户在档案信息资源开发中的关系也表现为相互协作、相互促进的关系。

《档案法》第 8 条和《档案法实施办法》第 10 条内容的落脚点均是为社会利用档案资源提供服务。在档案信息资源开发过程中,档案馆及其工作人员所处的基础性地位和进行的一般形式的档案信息资源开发,为用户利用档案信息资源和进行高级形式的档案信息资源开发提供了前提条件和资源基础。同时,用户通过对档案信息资源的开发利用,直接体现出现实的社会需求,实现和扩大了档案信息资源的价值,也以此种形式肯定了档案馆及其工作人员的社会价值。

特别需要指出的是,将档案馆及其工作人员和用户在档案信息资源开发中的地位划分为基础性地位和主体性地位,既不是为了区分谁在档案信息资源开发中更重要,也不是为了对档案馆及其工作人员的默默付出进行否定,而是为了理清档案信息资源开发各主体发挥作用的侧重点,从而形成合力共同促进档案价值的实现和档案馆及其工作人员倾注感情的档案事业的发展。

五、总　　结

根据当前我国档案信息资源开发实践中存在的问题,结合社会发展提供的机遇,我们认为,为进一步强化档案馆及其工作人员在档案信息资源开发中的基础性地位,突出用户在档案信息资源开发中的主体地位,应从以下几方面加以改善。

1. 树立档案馆及其工作人员与用户是档案信息资源开发共同体的观念

档案信息资源价值的实现是档案馆及其工作人员和用户共同努力的结果,没有档案馆及其工作人员的基础性工作也就难以实现档案信息资源的聚合和优化,缺少用户的开发利用和在一定范围与不同形式的价值实现,更难以将档案馆及其工作人员的劳动成果转化为社会效益和经济效益。

2. 结合《中华人民共和国政府信息公开条例》,健全开放档案的利用管理制度

做到开放档案利用管理制度与相关法律法规的有效衔接,防止出现在政府部门已经公开的信息在档案部门不予开放利用的情况,从而满足用户对档案信息资源利用的实效性要求。

3. 档案信息资源的建设要坚持以社会需求为导向,为社会利用提供便利

这里的档案信息资源建设主要指非数字化档案信息资源的数字化工作和数字化档案信息资源的收集、整理、鉴定和开放利用。在非数字化档案信息资源的数字化过程中,应考虑到当前用户的应用习惯和主流的信息检索技术,方便用户检索利用;在数字化档案信息资源的收集、整理、鉴定和开放利用过程中,应综合考虑信息集合的丰饶度和关联度。

4. 注重档案信息资源开发平台的规模化、体系化、便利化建设

针对当前不同省区、不同类型档案馆在档案信息资源服务平台建设中存在的相互独立、各自建设的状况,可先通过网站链接的形式将不同的信息服务平台关联起来,并逐渐向不同档案馆共同建设档案信息资源服务平台的方向发展。

本文发表在《档案管理》2016 年第 3 期第 4—7 页。

作者:陈忠海、常大伟　作者单位:郑州大学信息管理学院

第五编
研究述评

档案馆职能和功能定位与建设研究述评

经济发展、社会转型和政府管理体制改革的强力推进带来档案事业的变革和进步。作为档案事业主要载体的档案馆也迎来前所未有的机遇和挑战。在新的历史时期,档案馆职能和功能如何定位与建设并有效实现其建设目标成为档案行政主管部门和档案工作者思考的重要问题,也成为档案学术界研究的热点之一。笔者对近几年档案馆职能和功能定位与建设的研究成果进行总结和评价。

一、档案馆职能研究

(一)档案馆基本职能与核心职能

宗培岭认为,档案馆的职能与功能是有区别的。档案馆职能是指其在社会分工中的职责,一般是相对稳定的;而档案馆的功能是指其功效与作用。它既不是人们主观想象的,也不是外部强加的,是档案馆通过自己特有活动而实际起到的作用,它一般是动态的。《中华人民共和国档案法实施办法》第十条规定:“中央和地方各级国家档案馆,是集中保存、管理档案的文化事业机构,依据《档案法》第八条规定,承担下列工作任务:(一)收集和接收本馆保存范围内对国家和社会有保存价值的档案;(二)对所保存的档案严格按照规定整理和保存;(三)采取各种形式开发档案资源,为社会利用档案资源提供服务。”由此可以看出法规赋予档案馆三项职能,即收集和接收职能、整理和保存职能、提供服务职能。档案馆作为一个文化事业机构或业务单位,在工作中不可避免地会有一系列档案理论与实践问题值得研究,档案研究应是档案馆本职工作范围内的事情。因此,档案馆的职能定位应是收集接收、整理保管、提供利用和档案研究四个方面。① 在后来的研究中,宗培岭又将档案馆的职能概括为三个方面,即档案保存、利用服务与档案研究三大职能,其中档案研究是为更好从事档案保存与利用服务而衍生的职能;而档案保存职能,即保存历史或社会记忆则是档案馆的核心职能。档案馆的主要职责则是保存国家历史,积累和保存档案就是保存了历史文化遗产。从历史的观点看,国家之所以设立档案馆,其核心职能应是保存国家历史或社会记忆。没有“藏”就没有“用”,“用”必须以“藏”为基础,“藏”的重要性是居第一位的。任何国家设立档案馆的主要目的都是保存好国家的历史,在此基础上再开展利用服务,不能把两者的顺序倒置。②

潘玉民认为,档案馆在履行保存、利用服务与研究的诸种职能中,如果说核心职能的话,那么应该是利用服务这个职能,而档案的保存职能只是档案馆最基本的职能之一。基本职能与核心职能在程度上不同,基本职能即根本职能,是指一个机构应当承担的任务和职责;而核心职能则是指中心职能而言,它能指导和带动其他职能。就档案馆而言,其核心职能只能是利用服务职能。当然,档案馆的核心职能是随着社会的发展而不断发展变化的,保存档案是档案馆早期的核心职

---

① 宗培岭:《新时期应当强化档案馆的研究职能——兼谈档案馆的职能与功能》,《档案学研究》2003 年第 4 期。

② 宗培岭、潘玉民:《存史乎？利用乎？——档案馆核心职能论》,《档案管理》2007 年第 2 期。

能。现代意义档案馆出现后,档案馆应突破传统的保存职能,全面实现档案馆社会价值与社会地位。档案馆发展需要存史职能,为后世积累并传承人类社会记忆,但更需要利用服务职能。档案利用服务是档案馆事业之本,是档案馆发展的强大推动力,是增强档案馆与图书馆、博物馆竞争力之所在。无论从理论上,还是从实践上,档案馆都不能以存史为核心职能,而应以利用服务为核心职能。①

管先海、刘伟、白桦对宗培岭和潘玉民的观点提出商榷。在分析了以存史为核心职能和以利用服务为核心职能的不足之处后,提出"集中管理档案"应当是档案馆的核心职能。他们认为,《档案法》第8条明确规定:"中央和县级以上各级档案馆,是集中管理档案的文化事业机构,负责接收、收集、整理、保管和提供利用各分管范围内的档案。"接收、收集、整理、保管和提供利用都是"集中管理档案"这一核心职能的核心内容。接收、收集、整理、保管档案都可以纳入馆藏资源建设即存史职能的范畴,而提供利用档案就是指利用职能。因此,无论从历史与长远角度看,还是从社会与现实角度看,"集中管理档案"这一核心职能似乎都应该是比"存史"或"利用"更为妥当,且容易为绝大多数档案界同仁所认可。②

随后,一些学者和档案学爱好者在《档案界》网站上围绕"你认为档案馆的核心职能是什么"进行了热烈讨论。主要观点有"一核心论",即认为存史、利用、法律凭证、集中管理档案分别是档案馆的核心职能。"多核心论",即认为存史、保管和宣传教育,收集、保护和利用,存史、利用和保管分别是档案馆的核心职能。③

张强就"一核心论"与"多核心论"进行了评析。他认为,"存史论"对于加强馆藏资源建设,保存国家和民族的历史记忆具有积极的意义,但是把档案馆的核心职能定位为静态的"存史职能"则有僵化之

① 宗培岭、潘玉民:《存史乎? 利用乎? ——档案馆核心职能论》,《档案管理》2007年第2期。

② 管先海、刘伟、白桦:《档案馆的核心职能是什么? ——兼与宗培岭、潘玉民先生商榷》,《档案管理》2008年第2期。

③ 沧海一粟:《你认为档案馆的核心职能是什么?》,http://dangan. Net/bbs/。

嫌。该观点强调档案利用需求的社会客观性，弱化了档案利用服务中的主观能动性，容易导致档案馆建设重回“重藏轻用”的老路。“利用论”能够看到档案馆职能的动态性、阶段性，对信息社会档案资源的利用服务将会产生积极的影响。和“存史论”存在偏颇一样，以此定位很容易走上“以利用为纲”的歧途。当一切以“利用是中心，利用是目的”的时候，档案馆的重要职能将弱化为与图书馆的职能无异，档案馆的利用服务也将成为无源之水。“多核心论”实质上是一种无核心论，把档案馆的所有职能囊括其中显然不能说是中心职能。“集中管理档案”的观点实质上也是一种“多核心论”。它把与档案业务有关的所有环节全包含进去，表面上更概括、更抽象，实质上是所有业务环节都成为核心职能。由此可知，单纯强调“存史”可能陷入“重藏轻用”的怪圈，单纯强调“利用”可能踏入“利用为纲”的歧途。档案馆核心职能的演变实质上是“存”与“用”博弈的结果。当前，二者的博弈进入了职能的“双核心”时代。忽视存史与利用服务任何一个职能都会导致档案馆的畸形发展。弱化两个核心职能中的任何一方，档案馆都难以承担起在新时期的责任与任务。现阶段档案馆的责任和任务已经是保存历史记忆和服务社会、服务人民并重，我国档案馆发展进入了“双核心”时代——存史与利用服务。

“双核心论”把档案馆的核心职能界定为“存”“用”并举，明确了档案馆建设与发展的方向，对档案馆建设具有重要的指导意义。它既强化了资源建设理念，又强化了开发利用的价值取向，在电子时代更具有现实意义。①

综上所述，学界对档案馆基本职能的认识比较一致。对档案馆核心职能的“一核心论”“多核心论”和“双核心论”的讨论可以看作是肇始于世纪年代初的档案馆“藏用关系”论争的延续。动态地看，“存”与“用”是辩证统一的关系，“存”为本，“用”为实。它的意义在于，明确档案馆的核心职能就是要坚持资源建设和开发利用“两手抓，两手

---

① 张强：《存史与利用的博弈——关于档案馆核心职能的辩证思考》，《档案管理》2008 年第 5 期。

都要硬”,无论何时都不能顾此失彼。档案馆在某个特定时期可能会突出“存”或“用”的某一方面,但不能就此将其作为长久或永远的唯一核心。

(二)档案馆职能的拓展

周毅认为,在国家档案馆已被法律赋予公共职能的前提下,档案馆开始主动参与现行文件开放实践,并逐步成为政府信息的公共查阅点和信息资源公益性开发的主体之一。公共档案馆的职能拓展已经成为一个基本趋势。职能拓展的可能路径:公共档案馆的收藏对象正从传统的档案史料(非现行文件)逐步拓展到包括处于不同运动阶段的文件和政府信息;公共档案馆现行文件服务中心可以为政府信息的申请者提供指导,这是一种信息引导服务;公共档案馆可以担当现行文件公开审查和针对性“建档”的职责;公共档案馆可以协助有关机关编制办事指南与信息登记簿,尝试开展现行文件和政府信息的深加工;公共档案馆不仅是档案史料的保管、展示与利用中心,而且也应该成为现行文件、政府信息和其他信息资源开发利用中心;公共档案馆可以成为服务政府信息管理的区域性电子文件中心。为此,公共档案馆要有明确的制度安排,要掌握好适当的边界,要进一步突出本馆“专家”的功能,要提升团队学习能力。[①]

在档案馆职能向现行文件领域拓展已得到法律认可的历史条件下,档案馆做什么,如何做,注意什么,周毅的观点为我们打开了一个思考的空间,提供了一个值得参照的技术路径。

二、档案馆功能研究

(一)对档案馆功能的基本认识

宗培岭认为,档案馆功能是通过收集接收、整理保管、提供利用和档案研究四大“特有活动而实际起到的作用”,可以将其归纳为基本功能和延伸功能两部分。其中,基本功能包括社会记忆功能和知识储备

① 周毅:《试论公共档案馆的职能拓展》,《档案学通讯》2006 年第 5 期。

功能,前者侧重指综合档案馆的存史作用,后者侧重指科技专业档案馆存储知识的作用。延伸功能包括资政决策功能、文化教育功能、市场服务功能。国家设置档案馆的基本目的之一是保存社会记忆和储备知识,保存好社会记忆和储备好知识以供备查,就是档案馆对社会的贡献。过分强调档案馆的现实作用并以之评价档案馆的功能是片面的。①

王向明认为,档案馆功能可以分为两个部分,即基本功能和社会功能。所谓档案馆的基本功能是指档案馆在人类社会中所起的最本质的初始功能,它是由人类社会对档案的利用需要决定的。这种功能往往是档案馆的一种首要的功能,是档案馆其他功能得以正常发挥的基础。档案馆的基本功能就是对一定范围内档案的收集功能和存贮功能。我国档案馆的社会功能应当进一步拓展,一般应具备:历史记忆功能;资政决策功能;社会教育功能;学术研究功能;信息传播功能;智力开发功能;公共消遣功能。②

张照余认为,档案馆的社会功能可以概括为“资治”“存史”和“文化传承”。三者之间存在“资治”为源、“存史”为本、“文化传承”为实的辩证关系。③

由此可见,学者们对档案馆基本功能的认识还不一致。档案收集、档案存贮、存史、社会(历史)记忆是基本职能还是基本功能大家见仁见智。笔者倾向于档案收集、档案存贮、存史是基本职能,社会(历史)记忆是基本功能的观点。至于社会功能或延伸功能,概括起来有资政决策功能、社会教育功能、学术研究功能、信息传播功能、智力开发功能、社会(市场)服务功能、公共消遣(休闲)功能等。

(二)网络环境下档案馆功能的转变与变革

谭必勇、朱玉媛认为,从宏观上看,信息技术的发展带来了档案馆

---

① 宗培岭、潘玉民:《存史乎? 利用乎? ——档案馆核心职能论》,《档案管理》2007 年第 2 期。

② 王向明:《论档案馆的功能》,《档案学通讯》2003 年第 6 期。

③ 张照余:《档案馆“资治”“存史”和“文化传承”功能辩证》,《档案学研究》2004 年第 5 期。

功能的巨大变化，档案馆新的功能将会不断增加。主要表现：社会化服务功能突出；知识文化研究功能深化；信息传播功能强化；休闲功能凸显。为此，应加快传统档案馆与数字档案馆的融合，建设好复合型档案馆。①

张卫东、王萍认为，在新时代，档案馆的工作重心从档案实体保管向信息资源的开发利用转移，投入从以文本资源为主体转向对非文本资源，特别是数字资源的开发为主体，从保守的被动服务向更加主动的开放服务转变，档案馆在功能定位的观念性问题上已经有了很大的改进。随着计算机技术在档案馆工作中的广泛应用，档案馆的功能出现了一些新内容：对数字资源的揭示是现代档案馆的主要特征；现代档案馆是档案信息管理和知识服务的中心；现代档案馆提供权威的、特色性和个性化的服务；档案馆服务的社会化增强。

档案馆新功能的实现平台是档案官方机构网站、数字档案馆、档案信息门户。② 四位作者对网络环境下档案馆功能转变或变革的论述是基于档案馆社会功能的展望或预期，提供了现在和未来的一些特征与图景，为我们对档案馆社会功能的认识开辟了一个新的视角。

(三)转型期档案馆功能定位与建设

姜钦芳认为，国家综合档案馆已经步入了一个由传统档案馆向公共档案馆的转型期。国家档案行政管理部门也先后提出国家综合档案馆“两个基地一个中心”“四位一体”的功能定位，功能转型的途径渐趋明朗。功能转型的方向主要表现：要把国家档案馆办成各级党委和政府决策的信息部门、青少年素质教育的第二课堂、市民接受终身教育的社会课堂、城市信息港的重要环节、开发智力资源的中心、中西文化交流的窗口和社会民众的精神殿堂。功能转型的具体方式：创新管理方式，强化档案馆自身机能；把树立贴近服务群众的理念作为功能转型的重要突破方式；建立爱国主义教育基地，强化社会教育功能；

---

① 谭必勇、朱玉媛：《网络环境下档案馆的功能与模式转换研究》，《图书情报知识》2004年第4期。

② 张卫东、王萍：《网络环境下档案馆功能的变革研究》，《情报科学》2004年第12期。

以服务形式多样化，拓宽公共服务范围；积极推进数字化档案馆建设，实现档案信息资源社会共享。①

刘有全、安聪娥、霍慧敏认为，国家档案行政管理部门对档案馆“两个中心，两个基地”“四位一体”的定位在实践中存在缺位现象：档案利用率低，利用范围狭窄；社会对档案馆的认知程度差；档案馆服务水平不高；档案管理人员素质不高，缺乏一支具有高技术文化素质、知识广博的复合型、开放型人才队伍。②

王英玮、尹美京认为，现代档案馆功能建设的指导思想是公平、公开、公正的服务思想，及时有效的服务思想，集成管理的系统思想，结果导向的目标控制思想。

实现档案馆功能建设新目标的策略和手段包括：

（1）档案馆应按照时代发展的要求，确立档案馆功能建设的总体目标。现代档案馆功能建设的总体目标，可以概括为资源丰富、公众满意、保障有力、制度规范、组织合理、技术先进的服务型档案馆。

（2）档案馆应按照构建和谐社会的要求，制定符合科学发展观要求的中长期发展规划，努力明确不同社会历史发展阶段档案馆功能建设的基本任务、主要目标和保障措施。

（3）档案馆应明确改革的基本思路和指导思想，按照《政府信息公开条例》和“两办”发布的《关于加强信息资源开发利用工作的若干意见》的精神，积极组织馆藏信息资源的开发利用工作，坚持“档案以公开为原则，不公开为例外”的基本原则，树立“资源闲置就是最大浪费”的新观念。

（4）档案馆应确立现代人才观念，努力吸收那些能力强、事业心强的优秀人才加入档案人员队伍，为现代档案馆的功能建设提供必要的人才保证。

（5）档案馆应重视自身的组织机构建设和制度建设，按照服务型

① 姜钦芳：《国家综合档案馆功能转型浅谈》，《陕西档案》2008 年第 4 期。

② 刘有全、安聪娥、霍慧敏：《档案馆四位一体功能定位与构建》，《陕西档案》2008 年第 1 期。

档案馆的总体建设目标,调整传统的组织管理模式和制度内容。

(6)档案馆应重视对现代信息技术的应用和推广,不断提升自身的数字化、网络化和信息化水平,为社会公众和政府各职能部门及有关社会组织提供现代化的档案信息资源服务。①

上述学者在国家确立的档案馆"四位一体"功能建设目标的基础上,全面提出了转型期档案馆功能定位的具体方向、依托条件、指导思想、存在问题、建设目标、策略与手段,揭示了新时期档案馆功能建设的内涵与外延,为我们进一步明确现代档案馆功能建设的内容和实质提供了有益的启示。

三、结 束 语

在社会信息化、政府治理法制化和民主化以及国家信息资源社会化共享的历史背景下,探讨档案馆的职能和功能定位与建设,无论对档案馆,还是对国家档案事业发展都具有深刻的现实意义和长远的历史意义。研究取得了一定的成果,达成了不少共识。应该看到,理论界对档案馆基本职能与功能的定位及表述,基本功能与社会功能的区分及表述还未取得一致。档案馆功能理论研究与国家档案馆"四位一体"的功能定位和各地正在建设的公共档案馆社会服务功能定位之间的关系还缺乏应有的揭示和阐述。不同级别和类型档案馆的社会作用和功能不尽相同,对其功能定位的差异性和互补性也缺乏必要的研究。这应是未来档案理论和实际工作者在该主题研究中要着力加强的领域和地方。

本文发表在《档案管理》2010 年第 1 期第 59—62 页。

① 王英玮、尹美京:《现代档案馆功能建设与完善的思考》,《北京档案》2008 年第 3 期。

公共档案馆理论研究评析

对公共档案馆的研究始于1980年，但当时未引起学术界的关注，直到2004年这一状况才有所改变。1980—2007年，国内发表公共档案馆研究论文共85篇，其中2004—2007年四年间发表论文57篇，占论文总量的67%。从2003年3月到2004年12月，以公共档案馆为主题的学术研讨会就召开了5次。这说明我国档案界已经认识到公共档案馆的重要性，开始深入探讨这一课题。①

一、公共档案馆要素及“公共性质”界定

宗培岭认为，公共档案馆是指馆藏档案作为社会的公共资源能全面、准确地反映社会的基本历史面貌，应该开放的信息能借助各种媒介畅通地传递，并能广泛为社会、公众利用的文化机构。② 李国庆认为，公共档案馆与其他档案馆的区别在于“公共”二字。“公共”的实质是为社会所共有，而不是归私家或某些团体、组织所有；是为公众服务，而并非仅为私家或某些团体、组织服务。从历史发展看，公共档案馆区别于政府机关档案馆、教会档案馆、大学档案馆、私人企业档案馆。公共档案馆的建馆宗旨是面向社会、面向公众；其收藏内容主要

---

① 徐云鹏：《我国公共档案馆理论研究分析》，《山西档案》2008年第2期。

② 宗培岭：《公共档案馆你从哪里来——写在上海市档案馆新馆开馆之际》，《浙江档案》2004年第1期。

是国家机构及相关组织在公务活动中形成的公务档案;其服务对象是全体公民。各国凡是由国家设立,主要收藏公共档案,为社会公众提供服务的档案馆,都可被称为公共档案馆。① 郭红解认为,公共档案馆应具备两个基本要素,即由国家和政府设立与管理,馆藏资源属于国家和社会全体公民所共有和共享。由此来解析,我国国家档案馆的性质应该属于公共档案馆性质。② 赵建功指出,一个档案馆是否划归公共档案馆要从服务对象的公共性、馆藏资源的公共性以及相关的法律保障等方面考虑。他认为,我国最有资格充任公共档案馆的还是综合档案馆。③ 杜长安认为,国外的档案馆是面向社会的公共档案馆,而我国档案馆主要的服务对象是党政机关,而不是社会大众,还不具备公共性质。④

也有人提出不同意见。刘金树认为,公共档案馆是从综合档案馆脱胎而来的,它的服务方向不应该也不可能标新立异,应当是传统综合档案馆的延伸和发展,即为地方党委、政府决策服务,为经济和社会发展服务(即为部门、单位、团体服务),为社会公众服务。其中,扩大和发展为社会公众服务的领域和内容,是公共档案馆对传统综合档案馆功能的放大。公共档案馆的本质属性是党政机关,它所承担的前两项任务是法律所赋予的,到什么时候都不能消失。如果在指导思想上只强调它的公用性、公益性特点,忽视它的机要性、保密性特点,那就与图书馆、博物馆性质相同了,这不但在实际工作中是有害的,也是广大档案工作者所不能接受的。

从国内外档案立法和各国国家档案馆工作实践来看,没有哪个国家的公共档案馆是单纯为公众服务,从而置为国家、政府决策服务和为经济社会发展服务而不顾的。就我国国家档案馆法律地位和发展状况而言,过分强调为党政机关和经济社会发展服务固然不合时宜,片面强调为公众服务也是超越时代发展和十分有害的。在构建和谐

---

① 李国庆:《对我国公共档案馆建设的理性思考》,《档案学研究》2007 年第 1 期。

② 郭红解:《析公共档案馆》,《中国档案》2007 年第 2 期。

③ 赵建功:《公共档案馆琐议》,《山西档案》2003 年第 4 期。

④ 杜长安:《打造真正的"公共档案馆"》,《上海档案》2001 年第 3 期。

社会的进程中,政府职能从单一的管理服务化转变,要求全面建立公共服务体系,完善公共服务机制。建立公共信息服务机制,扮演信息服务提供者的角色是政府职能转变的主要内容之一。档案馆作为社会主要信息特别是政府信息集聚的专门机构,是政府公共服务体系中不可或缺的一个部分,有义务向社会各界,特别是广大公众提供准确、及时、有效的档案信息服务。当前,国家档案馆馆藏资源的公共性基础已经具备,相关法律保障日趋完备,服务对象的公众化目标和任务日益彰显。“两个基地,三个中心”五位一体的建设方向确立了档案馆的社会属性和公共化价值取向。因此,现阶段突出“三服务”中的为社会公众提供服务是国家档案馆发展的题中之意。国家档案局局长杨冬权2007年就提出,档案工作要以人为本,转变重事轻人,重物轻人,重典型人物轻普通人物的传统观念和认识,重视所有涉及人的档案价值,建立覆盖人民群众的档案资源体系;转变档案工作中重机关团体利用,轻个人利用,重为机关团体服务的传统观念和认识,像重视为机关团体利用那样重视人民群众的利用,建立方便人民群众的档案利用体系。这既是对当前档案工作重点的概括,也是强化国家档案馆馆藏资源“公共性”和突出为社会公众提供服务的重要举措。可以说,我国国家档案馆已经初步开辟了一条具有中国特色的公共档案馆建设和发展道路。

二、公共档案馆来源和建设内容

我国大部分学者认为公共档案馆是由综合档案馆转型而来。刘金树认为,随着社会的发展,综合档案馆逐渐揭开神秘的面纱,开始面向公众服务并向公共档案馆转化,这是历史发展的必然趋势。① 姜钦芳认为,国家综合档案馆已经步入了由传统档案馆向公共档案馆的转型期。国家档案行政管理部门也先后提出国家综合档案馆“两个基地

① 刘金树:《关于公共档案馆服务方向的思考》,《中国档案报》2007年1月11日。

一个中心”“四位一体”的功能定位，功能转型的途径渐趋明朗。①

郭红解指出，有关文章认为档案馆正在由综合档案馆向公共档案馆转型，这不符合事实。他认为，首先，“综合”与“公共”适用的是两个不同的分类标准，“综合”相对“专门”，“公共”相对的是“非公共”，相互之间并无对应关系，何来“转型”之说？其次，“转型”这一说法否定了国家档案馆原本就有的“公共”性质，这在法理上说不通。1960年3月《县档案馆工作暂行通则》和《省档案馆工作暂行通则》首次规定国家档案馆为文化事业机构的性质，明确了公共档案馆的方向。1987年9月颁布的《档案法》则进一步从法律上明确了我国国家档案馆的公共档案馆性质。但法理上的公共档案馆向实际意义上的公共档案馆发展还有漫长的道路要走。因此，建设公共档案馆，与其说是从综合档案馆向公共档案馆转型，不如说是从法理意义上的公共档案馆向实际意义上的公共档案馆转型更为确切。②

档案馆事业始终与国家各项事业相生相伴，尤其与国家的政治、经济和社会发展紧密相连。新中国60年的发展变革，决定了国家档案馆的时代特征。在国家提出建设公共服务型政府之前，档案界不可能提出公共档案馆建设问题，即便提出，也只能是停留在理论探讨层面，对国家档案馆工作缺乏实际意义。应当看到，最近10年，公共服务型政府建设的提出和推进，以改善民生为重点的社会建设，以加强文化教育事业为重点的社会整体发展战略的实施，是公共档案馆建设从法理层面走向实践层面的前提和动力。建设公共档案馆是适应社会转型、推进民主政治和传播先进文化的客观要求，也是实现国家档案馆性质、拓展档案馆服务功能的内在需求。公共档案馆建设的基本内容及其相互关系，可以归纳为：档案资源建设是基石，馆舍建设是平台，信息技术应用是手段，档案人才培养是支撑。必须指出，公共档案馆建设是一个动态的过程，达到“准入”指标，完成“转型”只是公共档案馆建设的第一步。随着国家的发展和社会的进步，公共档案馆会不

① 姜钦芳：《国家综合档案馆功能转型浅谈》，《陕西档案》2008年第4期。

② 郭红解：《析公共档案馆》，《中国档案》2007年第2期。

断被注入新的内容,不断呈现出新的时代特征。

三、公共档案馆社会功能理论定位与实践定位

宗培岭认为,档案馆功能主要是收集接收、整理保管、提供利用和档案研究四大功能,可以将其归纳为基本功能和延伸功能两部分。其中,基本功能包括社会记忆功能和知识储备功能,前者侧重指综合档案馆的存史作用,后者侧重指科技专业档案馆存储知识的作用。延伸功能包括资政决策功能、文化教育功能、市场服务功能。①

王向明认为,档案馆功能可以分为两个部分,即基本功能和社会功能。档案馆的基本功能就是对一定范围内档案的收集功能和存贮功能。我国档案馆的社会功能应当进一步拓展,一般应具备:历史记忆功能;资政决策功能;社会教育功能;学术研究功能;信息传播功能;智力开发功能;公共消遣功能。②

由此可见,学者们对档案馆基本功能的认识还不一致。档案收集、档案存贮、存史、社会(历史)记忆是基本职能还是基本功能大家见仁见智。笔者倾向于档案收集、档案存贮、存史是基本职能,社会(历史)记忆是基本功能的观点。至于社会功能,概括起来有资政决策功能、社会教育功能、学术研究功能、信息传播功能、智力开发功能、社会(市场)服务功能、公共消遣(休闲)功能等。

近年来,不少省市开展了新一轮档案馆建设,已出现像广东省档案馆、上海市档案馆、深圳市档案馆、沈阳市档案馆等一批公共档案馆建设的典型。各地将新建档案馆普遍定位于“标志性、文化性、公共性”,为国家档案馆向实际意义上的公共档案馆转型提供了良好的机遇,创造了必要的条件。

国家档案局局长杨冬权2007年9月考察福建省档案工作时充分

---

① 宗培岭:《新时期应当强化档案馆的研究职能——兼谈档案馆的职能与功能》,《档案学研究》2003年第4期。

② 王向明:《论档案馆的功能》,《档案学通讯》2003年第6期。

肯定了福建省档案馆新馆“公共档案馆”的定位。建成后的省档案馆将是集政府公共信息服务窗口、社会教育基地、档案信息开发利用中心、档案安全保管基地、社会档案寄存中心、数字档案网络共享平台、机关电子文件备份和灾难恢复中心、学术交流研究和文化休闲场所8大社会服务功能为一体的新型公共档案馆。这是近年国家档案馆新馆定位和社会服务功能表述的一个缩影。

学者们提出的社会教育功能、学术研究功能、社会(市场)服务功能、公共消遣(休闲)功能已与实践对接,资政决策功能、智力开发功能还停留在理论层面。而实际工作中的政府公共信息服务、档案信息开发利用、档案安全保管、机关电子文件备份和灾难恢复等功能定位只被学者们概括为一项,即档案信息传播功能。政府公共信息服务与档案信息开发利用毕竟不是同一范畴,不能混为一谈。因此,增加“政府公共信息服务功能、档案安全保管功能和电子文件容灾功能”的理论概括和表述就具有十分重要的现实意义。这反映出档案学界对档案馆职能,尤其是档案馆功能研究的薄弱性和滞后性。能否将资政决策功能、智力开发功能纳入公共档案馆社会服务功能范围也是值得档案行政管理部门和档案馆工作者思考的问题。

本文发表在《档案学研究》2010 年第 1 期第 9—11 页。

中国传统档案文化研究述评

如果对文化概念作广义的理解,不仅档案本身是人类的一种文化成果,围绕着档案这一事物所进行的一切工作和物化成果都是一种文化现象,它们共同构成了档案文化。因此,档案文化是指一定历史时期形成的档案观念,以及在这种观念指导下有关档案的行为方式和物化成果。[①] 中国传统档案文化,主要是指我国封建社会时期围绕档案和档案工作所产生的一切文化现象的总和。[②] 中国档案传统文化研究成为近十年学术研究的一个重要领域,笔者对此进行述评。

一、中国传统档案文化的基本特征与特点

任汉中站在我国封建社会政治、文化的角度,结合封建社会时期档案工作实际和理论发展水平,将传统档案文化的基本特征概括为四个方面:

(一)档案文化是封建政治的附庸

在整个封建社会时期,档案和档案工作高度集中于封建政治统治之下。档案工作机构设置在封建官僚体制之中,由皇帝和各级官员直接掌管。档案集中收藏在官府建造的档案库房之中,档案工作人员由官府指派任用,档案利用是封建统治者的特权和专利。档案工作律法

① 任汉中:《中国档案文化概论》,中国档案出版社 2000 年版,第 7 页。

② 陈愚:《中国传统档案文化的特点》,《四川档案》2007 年第 1 期。

由皇帝及其官僚机构发出并监督执行，档案的编纂和国史的编修都在统治者的直接监控之下。由此，档案和档案工作成为封建政治和文化专制统治的重要工具之一。在封建社会中，为封建政治统治服务是档案工作的最高目标和最终目的。档案文化与封建政治具有十分密切的联系，其命运完全取决于封建王朝的兴衰存亡。这也是封建社会中档案和档案工作多次遭受灭顶之灾的重要原因。

（二）具有浓厚的儒家思想色彩

中国封建社会是以儒家思想为主导的社会。儒家学说重传统、重教化的思想传统，强化了封建统治者对档案的敬畏和珍视观念。为了不至于“离经叛道”“数典忘祖”，统治者对档案所采取的尊崇态度要远远胜过宗教教义。对于封建统治者来说，能否遵循“先王治世之道”，能否尊重祖先的言行记录成为区别明君与昏君和统治阶层评判其道德品质的重要标准，档案文化的发展也因此表现为继承多于创新。档案在成为资政重要工具的同时，也是人们修身养性、道德教化的教材。档案常常以文献编纂和国史编修等形式，由森严神秘的皇家档案库和地方档案机构向社会广泛传播。同时，在重义轻利、重农轻商、重整体轻个体、重正统排异己的思想指导下，我国封建社会政治和文化高度发达，而科学技术和商品经济却严重滞后。这也是科学研究、生产技术、商品经济和少数民族档案严重缺少的重要原因之一。

（三）具有强劲的再生功能

在两千多年的发展史中，档案文化始终与灾难和厄运相随。在世界档案史上，只有中国古代档案文化能以其特有的机制闯过一道道艰难险阻，一次次地从废墟中崛起，表现出了强劲的再生能力。

（四）理论缺失的文化体系

中国封建社会档案工作虽有两千多年的历史，积累了丰富的实践经验，却没有理论建树。在政治文化和史学文化两大光环笼罩之下，档案文化显得黯淡无光，未被作为一个独立对象纳入人们的研究视野。因此，在浩如烟海的古代文献中难以寻觅到有关档案和档案工作的专门著述。这与中国封建社会注重客观事实，注重历史经验，重视直觉顿悟和整体思维，满足于解决问题的实践观等传统思维方式和行为方式有着直接的关系。档案文化的传承始终是以典章制度和“口传身授”的方式来实现的,是不折不扣的“实验经验”系统。①

陈愚认为,中国传统档案文化的特点可以概括为:一是具有稳定的继承性。特殊的地理环境、中原文化的包容性和同化性使得传统档案文化能够稳定、连续地发展,并相对完整地保留了民族(主要是汉民族)的传统。二是具有强大的自我修复和再生能力。三是具有务实求是的工作作风。农耕民族具有的务实性格,贤哲们一贯倡导的务实之风影响到了档案领域。许多档案工作者都秉承了务实求是的文化心态,在档案领域兢兢业业地耕耘,出现了像司马迁、刘知几等杰出的代表。四是具有保守封闭性。受封建小农意识的影响和对自身利益的考量,统治者形成了自私、保守、封闭的档案价值观。档案以藏为主,秘而不宣,一旦政权不保,必定将档案付之一炬成为旧政权的陪葬品。为了维护阶级利益,篡改、伪造、歪曲档案史实的事件屡见不鲜。由于受生产力和文化水平低下的制约,社会没有形成保存档案的群体意识,更不会提出开放和利用档案的要求。②

档案文献编纂是中国档案文化的组成部分和典型体现。陈愚认为,从档案文献编纂的角度看,中国传统档案文化有以下特点:

1. 档案文献编纂的选题表明中国档案文化是种“官方文化”

我国历史上的档案文献编纂,大多是由国家权力机构控制的政治行为,因此档案文献编纂的选题具有明显的阶级特征和政治倾向。无论是纂圣训或奏议,立法典或刑律,还是修实录或方略,档案文献编纂成为贯穿整个封建社会主要的选题内容。

2. 档案文献编纂的从事主体表明中国档案文化是一种“精英文化”

档案文献编纂活动在我国历史上一开始就是一项以知识分子或者说是以传统士大夫为主体的历史文化活动。孔子、刘向、刘歆、司马迁、刘知几、司马光、章学诚,无一不是中国知识分子阶层的杰出代表。

---

① 任汉中:《中国传统档案文化问题研究》,《档案学研究》2001 年第 3 期。

② 陈愚:《中国传统档案文化的特点》,《四川档案》2007 年第 1 期。

这就决定了以档案文献编纂为代表的档案文化区别于一般的大众文化，成为一种精英文化。

3. 档案文献编纂的历史文化进程表明中国档案文化是一种有强劲再生能力的“元典文化”

冯天瑜认为，只有那些具有深刻而广阔的原创性意蕴，又在某一文明民族的历史上长期发挥精神支柱的书籍可称之为“元典”。中华文化系统中堪称“元典”的首推《易》《诗》《乐》《书》《礼》《春秋》六经。① 孔子编订六经是我国历史上有据可查的最早的档案文献编纂活动，其中流传下来的“五经”是中国儒家文化形成的重要基石，对中国传统文化发展的全过程产生了极其深刻的影响。从这个意义上说，早期档案文献编纂不但是我国最早的文化建设活动和历史文化发展的源头，而且作为其最重要成果的“五经”更是使档案文化具有了元典文化的性质。②

综上所述，可以认为，中国传统档案文化的特征应该是指宏观层面的概括和表述，特点应该是指建立在宏观基础上的中观和微观层面的概括和表述。任汉中和陈愚关于中国传统档案文化特征和特点的表述具有宏观性质，陈愚关于档案文献编纂特点的表述具有微观性质。由此可以将中国传统档案文化的基本特征概括为中国传统档案文化是封建政治和封建文化的一种载体和主要表现形式之一；中国传统档案文化具有稳定的继承性和强劲的再生功能；中国传统档案文化具有封闭性和保守性；中国传统档案文化具有务实求是的工作作风。至于微观表述，则可从不同的领域和方面分别进行总结和描述。

二、中国传统档案文化的结构及其特点

在对我国传统档案文化特征研究的基础上，任汉中将封建社会时

---

① 冯天瑜：《中华元典精神》，上海人民出版社 1994 年版，第 2 页。

② 陈愚：《从档案文献编纂看中国档案文化的若干特点》，《广西社会科学》2004 年第 4 期。

期档案文化结构概括为三个方面：

1. 封建档案意识

封建档案意识在古代档案文化体系中处于核心地位，对档案文化的其他结构层次发挥着决定作用。由于档案被纳入封建专制文化的轨道，封建统治者既是档案的形成者，又是档案的管理者和利用者，因此，封建统治者的档案意识表现在：①治政工具。各朝皇帝上台伊始，无不大力收集档案材料，大兴土木建造档案库房并组织人马利用前朝档案编纂实录、圣训，纂辑各类典章政令、则例，既作为本朝百官日常行政的稽考，又为后世留下所谓大经大法。②教化工具。各朝各代都十分重视档案文献的编纂工作，注重档案资料对统治阶层和民众的教化功能和作用。

2. 封建档案管理体制

中国封建社会档案管理机构一开始就是政权机构的组成部分，一直是政治体制建设的一个重要内容。各朝都将档案工作置于王朝最高行政机关和地方政府的管理范围之中，皇帝实际上是档案工作的最高领导者。档案集中于皇家和各级政权档案库，采用律法条文来规范和协调中央和地方的档案工作。封建社会时期集中统一的档案管理体制，是建立在封建社会高度统一的社会结构之上，并借助于封建王权、宗法、法律等强权势力而得以延续的。

3. 封建档案管理方式

(1)档案载体材料的演变。档案载体有竹简、木牍、缣帛、金属、石版、玉器纸张等。书写方法有刻写、铸造、墨书、印刷等。

(2)档案管理技术。①归档。春秋战国时期的《管子·立政》记载“太史既布宪，入籍入府”，汉朝“天下遗文古事靡不毕集于太史公”，唐朝制定了《诸司应送史馆事例》，宋朝在《庆元条法事类》中详细地规定了归档事宜。②整理方法。汉朝刘向、刘歆父子创制了分类目录《七略》，宋朝周湛发明了“千文架阁法”。③鉴定及销毁。宋朝实行了“检简”制度。④传播与利用。以编史修志、文献编纂为主要形式。

(3)档案保护技术。在纸张发明之前，就有对简牍的刮削整治、杀青防蠹，对缣帛的折叠和卷轴技术。纸张运用之后，就相应出现了造纸工艺、墨的选用、生物危害防治技术和修裱技术。在库房建设方面，汉初提出的"石室金匮"技术设想和实践，贯穿于整个封建社会的各个朝代，集中体现了防盗、防潮、防虫、防光、防高温、防火等诸多方面的档案保护要求。明代建造的"皇史宬"就是我国古代档案库房建筑和保护技术的一个典型范例。

(4)档案利用方式。在封建社会时期，除日常的行政查考以外，档案利用主要是通过文献编纂和史志编修来实现的。自汉代到清代，共修国史25部，使我国封建社会的历史浑然一体。为维护封建统治的正统地位，历代封建统治者都曾利用档案编修皇帝宗族世系谱牒。为便于日常行政查考，常将皇帝的言行及皇帝与大臣商议军国政事的记录加以整理，形成起居注、日历、时政记等。地方官府也常用地方收藏的档案资料，编撰地方志和编写教材，著书立说。①

在上述研究的基础上，笔者认为，封建社会时期档案文化结构的特点：突出档案对官方的工具价值；强化档案机构的内部性；注重管理技术和方法的实用性；通过文献编纂和史志编修将档案史料转化为系统知识的一贯性。

三、中国传统档案文化延续不断的成因分析

中国传统档案文化历久不断，对今天中国档案事业仍产生着巨大的影响。学者们对此进行了剖析。

黄夏基从我国传统文化高度统一性的角度揭示了封建社会档案事业发展的成因。他认为：文字的统一是我国封建社会档案事业发展之基；文化的高度统一为封建社会时期档案的集中管理提供了思想之根；传统文化的稳定结构成为封建社会档案事业相承之源；封建文化

① 任汉中：《中国传统档案文化问题研究》，《档案学研究》2001年第3期。

大一统的需要奠定封建社会档案事业的物质之本。①

任汉中从传统档案文化生存和发展的社会文化环境和自身的文化特质两方面作了分析。

（一）生存环境独特

（1）中国传统档案文化生存于相对封闭的环境之中。中国地理环境独特，相对封闭，周边国家不仅实力弱，而且文明程度总体上落后于中国，不可能对中国文明形成冲击和挑战。北方少数民族曾数次入主中原，但文化上的弱势，使其自觉或不自觉地接受了中原文化，最终融入中华民族的文化之中。中国传统文化的相对稳定和世代相沿，决定了传统档案文化的一脉相承。

（2）中国传统档案文化生存于农业文明之中。受农耕民族循环论思维方式的影响，封建统治者形成了一种思维定式：档案必须长久保存，档案管理体制不必常变，档案管理技术和方法也无须做大的改变。尽管朝代更迭频繁，档案屡遭灾难，但历朝开国之初，都在大力收集档案和精心建造库房的同时，借鉴前朝制度和经验，建立和完善档案管理体制。这就使得中国传统档案文化世代相袭，绵延不绝。

（3）中国传统档案文化生存于“家国同构”的政治结构之中。历代统治者无不对先祖先圣的遗训、典章极为尊崇，档案得到及时收集和妥善保管，并被置于密室禁地。这既是忠孝的具体体现，也是强化专制统治的现实需要。

（二）自身特质突出

1. 档案观念

“国之具”的传统档案观念，使历朝历代统治者无不把档案和档案工作作为一种统治手段继承下来。从萧何到清太宗，各个新朝的开国君臣无不是在建立全国政权之前，就极力收集前朝的档案为新政权服务，客观上使档案文化在新旧交替之时完成了过渡，不至于因前朝的覆灭而出现断层。

① 黄夏基：《论文化统一性对中国档案发展的作用》，《广西民族学院学报（哲学社会科学版）·院庆专辑》2002 年第 Z1 期。

2. 档案管理体制

尽管档案工作所依附政权的毁灭会给其带来重大损失，而后续的国家政权却能借助新建政权的力量迅速加以恢复。

3. 档案文字

中国传统档案文化是以久用不绝的汉字为载体而得以世代延续和发展的。

4. 档案利用方式

国史编修、文献编纂和典章纂修等文化传统使档案文化得以流传。虽然多数历史档案已经荡然无存，但后人可以从这些典籍中了解散佚档案的内容。这既能帮助开国皇帝迅速建立政治制度，也为档案管理制度的重建提供了模式。文化典籍在新旧王朝之间为档案文化的延续起到了桥梁作用。①

杨道玲认为，地理环境保证了传统档案文化相对稳定，使其从未出现过“断层”；封建农业经济成就了务实的档案工作作风；封建社会制度营造了传统档案文化生存发展的良好文化环境。②

归纳起来，中国传统档案文化延续不断的成因：封建文化的高度统一为档案的集中统一管理提供了思想基础；封建文化的稳定结构保证了档案文化的一脉相承；汉字的统一和持久使用提供了档案文化延续的技术手段；封建政治和文化大一统的需要奠定了封建社会档案事业的物质基础；高度发达的史学文化传统使档案工作秩序能够不断劫后重生。

四、基本结论

中国传统档案文化研究始于2000年之后，业界出版著作一部，发表论文10余篇。既可以将其看作对档案学研究领域的一种开拓之举，也可以将其看作对改革开放以来中国古代档案史研究成果宏观层

① 任汉中：《中国传统档案文化缘何“长寿”》，《档案学研究》2002年第1期。

② 杨道玲：《文化生态对中国传统档案文化的影响》，《上海档案》2003年第4期。

面的一种概括和总结。该主题研究的类似结论多于不同观点,几乎没有学术争鸣。对传统档案文化时代所指不统一,是指封建时期,还是主要指封建时期,抑或是指整个中国古代社会时期?概念不清,表述多有混乱。多数论文侧重于宏观研究,极少对微观事实进行揭示和论证。因此,加强该领域基础理论研究,构建学术研究平台和深入开展微观研究,增强研究内容的具体性、深刻性就具有同等重要的意义。

本文发表在《档案学通讯》2010 年第 6 期第 4—7 页。

档案学硕士研究生教育存在问题与对策研究述评

1982年,中国人民大学设立历史文献学(含档案学)硕士点,标志着我国档案学硕士研究生教育的开始。目前,全国获得档案学硕士学位授予权的院校有24个,占到开设档案学专业本科院校的70.6%。此外,山西大学、上海交通大学图书馆图书情报科学研究所和南京理工大学经济管理学院设有"图书情报与档案管理"一级学科硕士点,也招收硕士研究生,同时天津师范大学在情报学硕士点下招收档案学方向研究生。① 随着档案学硕士点的增多和招生规模的扩大,硕士研究生教育已经成为高校普通的一个办学层次。由于多数高校的硕士点是2002年之后才取得的,在各个方面都会面临不少的问题。这既是各个学校要破解的难题,也成为学术研究的热点。本文重点对近年学术界对档案学硕士研究生教育存在问题与对策的研究成果进行总结、分析和评价。

一、数据统计分析

本文以"中国知网"和"万方数据资源"中的《中国学术期刊网络出版总库》为数据源,以"主题"为检索项,以"档案学""硕士研究生"

① 杜雯、颜祥林、沈双洁等:《我国档案专业高等教育发展现状的初步调研》,《档案学通讯》2012年第2期。

为检索词,得到相关文献90篇。论文发表年度分布,如下表所示。

论文年度分布情况

年度	1992	1995	1997	1998	1999	2000	2002	2003	2005
篇数	1	1	3	1	1	2	6	4	5
年度	2006	2007	2008	2009	2010	2011	2012	2013	总计
篇数	7	17	5	9	10	9	8	1	90

1992年,王德俊在《档案学通讯》第5期发表《我国档案教育的现状和发展趋势》一文,在介绍档案高等教育时,首次涉及档案学硕士研究生教育,因此,本文选择1992年至今这个时间段进行文献统计。由上表可知,2000年之前涉及这一主题的研究较少,2002年起逐渐增多,2007年达到高峰。之后,研究成果一直保持在每年10篇左右,这与第八批、第九批和第十批档案学硕士学位授权点陆续布点有着直接的联系。

二、存在的主要问题

我国档案学硕士研究生教育取得了巨大成就,这是有目共睹的。就发展过程中存在的问题,学者们提出了不同的看法。

(一)宏观方面

李财富、童兰玲认为,档案学专业教育与档案职业相分离是我国档案学硕士研究生教育面临的突出问题:第一,档案职业缺乏国家统一的职业资格制度和入门标准;第二,教育的思想和观念跟不上时代发展的要求;第三,档案职业和档案学教育之间的宏观调控机制不健全。①

辛全民认为,档案事业系统与档案学硕士研究生教育存在不协调现象,具体表现在档案教育在管理体制上存在条块分割的问题;档案

① 李财富、童兰玲:《档案职业与档案学硕士研究生教育研究》,《浙江档案》2009年第3期。

教育与档案事业系统在认识上不统一。①

（二）中观方面

辛全民、张锡田认为，档案学硕士研究生教育面临着招生困难、培养目标定位混乱、课程设置缺乏统一尺度、多数毕业生没有投入到档案事业的主战场等问题。②

王成兴、潘红认为，在跨专业硕士研究生教育中存在以下问题：①学生自身缺乏档案学专业基础知识和档案工作实践能力；②培养目标脱离实际；③课程设置选择空间小；④导师制度不健全等。③

丁莉认为，从学生的学习状态来看，存在的问题是：①档案基础理论知识不够扎实；②档案专业学习兴趣不够浓厚；③档案专业学习氛围较淡薄；④理论与实践衔接较为松垮；⑤档案科研的创新能力比较缺乏。④

唐思慧从三个方面提出档案学研究生教育存在的问题。从发展方向来看，随着信息化建设的需要和电子政务、知识管理等研究方向的设置，档案学硕士研究生的培养目标应从培养研究型人才向培养研究型和应用型综合人才转变。从研究方向来看，存在设置较细或较粗两极趋势，两极趋势各有优缺点，因此，档案学研究方向的设置数量应视各院校的师资情况和研究特色而定。选择较为成熟的、科学研究基础较好的学术领域来设置研究方向应当是今后的主流。从硕士点地区分布来看，截至2006年，东部仍然是集中的地区，中部近年有所增加，西北地区仍未实现零的突破，这种地区分布的不均衡趋势仍在加剧。⑤

陈维认为，档案学硕士研究生的培养质量受培养年限时间长短的

① 辛全民：《谈我国档案事业与档案学硕士研究生教育的发展》，《档案学研究》2007年第4期。

② 辛全民、张锡田：《我国档案学硕士研究生教育的问题与对策》，《档案学通讯》2007年第3期。

③ 王成兴、潘红：《我国档案学硕士研究生教育的现状与思考——从跨专业生源的视角》，《档案学通讯》2013年第1期。

④ 丁莉：《档案学硕士研究生学习特点与能力培养分析》，《档案学通讯》2007年第5期。

⑤ 唐思慧：《档案学硕士研究生教育现状及发展趋势》，《档案学通讯》2006年第5期。

影响。针对两年制的研究生教育而言，大部分学生基本上都是第一年上课修满学分，暑假实习，第二年写论文找工作。速度和质量向来都是一对矛盾，在追求高速度的同时，质量可能会受到一定程度的影响。研究生教育时间的缩短，致使研究生学历贬值。①

（三）微观方面

冯湘君、张利认为，在硕士论文中存在的问题有二：第一，由于选题过程急功近利，或对前沿问题和实践热点莫名的“热情高涨”，造成论文选题有失规范；第二，由于研究方法的失范与理论研究的边缘化，或写作内容的模式化，造成论文写作有失规范。因此，硕士研究生面临的困境是学术积累与创新能力不足、知识结构不合理和缺乏问题意识。②

黄新荣、吴建华认为，通过教育部档案学学科教学指导委员会对各高校档案学课程设置的调查分析可知，在档案学研究方法教育中存在两个问题：第一，档案学专业对研究方法课程不重视；第二，至今没有一本专门探讨档案学研究方法的教材或著作，且探讨档案学研究方法的论文数量较少，这说明档案学研究中对研究方法问题缺少研究。③

高俊宽认为，高校存在着档案学研究生招生考试科目五花八门的现象，这反映出档案学研究的零散和不系统，说明档案学教育和研究存在不足，需要进一步加强。④

师宏睿认为，我国档案学硕士研究生教育研究方向存在一定问题，即档案保护技术、档案文献编撰、科技档案管理等传统研究方向呈弱化趋势，同时，电子文件等新型载体研究方向数量较少。⑤

档案高等教育，包括硕士研究生教育不是我国档案事业体系的组

① 陈维：《档案学硕士研究生培养方案比较研究》，《兰台世界》2008年第4期。

② 冯湘君、张利：《我国档案学硕士研究生教育的困境与出路（一）——从档案学硕士学位论文谈起》，《档案学通讯》2007年第4期。

③ 黄新荣、吴建华：《加强档案学研究生研究方法教育的思考》，《档案学通讯》2012年第2期。

④ 高俊宽：《长三角地区图书馆学情报学档案学硕士研究生教育现状分析》，《高校图书馆工作》2010年第1期。

⑤ 师宏睿：《我国档案学硕士研究生教育现状分析》，《信息工作研究》2009年第31期。

成部分,而是我国高等教育的组成部分。建立档案职业资格制度和入门标准与档案学硕士研究生教育并无直接的关系。近几年毕业的硕士研究生多数进入了事业单位,如高校、医院、科研设计单位和大型国企及其主管部门,个别通过公务员考试进入了各级档案局(馆)。这些单位最低要求本科毕业,多数要求研究生毕业并获得硕士学位,这说明社会上的职业资格和准入标准已经客观存在。档案系统有无这一制度和标准并不影响档案学毕业生的就业,更不影响档案学硕士研究生的培养。

档案学硕士研究生教育不是职业教育,不应过多地受到档案系统现实需求的影响,不能过多地强调课程内容与实际状况的对接。毕竟硕士研究生的定位是培养从事档案管理和档案科学研究的高级专门人才。这些人才要面向未来10年,乃至20年的社会需要。硕士研究生教育具有不少共性,但也具有很多个性。对于共性问题,比如目标定位、招生、基础课程平台等应当深入研究并达成共识,但对于个性问题,如学科方向的多少、导师队伍建设、教育思想和观念、学生就业、学风、学制、教学方法、社会实践等,要区别对待。这些问题涉及社会环境,如社会需求、教育部的规定和毕业生的选择等,这是高校无法轻易加以改变的。同时,受制于各个高校档案学学科自身的现实存在状况,最主要的是导师数量的多少、学术水平的高低和团队合作的精神。还受制于导师们的学识、学养和学品,更受制于他们的事业心和责任心。这些都不能一概而论,有必要进行个性化的研究。

经过调查,我国硕士论文选题普遍围绕着档案、档案管理、档案利用、企业档案、公共档案馆、数字档案馆、电子文件、比较研究和档案保护技术等方向展开研究,主题较为集中,未出现博士学位论文选题“泛化”现象。① 个别学生论文选题的不当不具有普遍性。硕士研究生的学术积累在2—3年的时间阶段内是十分有限的,关键在于他们在校期间能否树立起学术积累的意识、发现问题的意识和敢于表达的意

① 陈忠海、娄晶晶:《2008—2011年我国档案学硕士论文文献计量分析》,《档案学通讯》2013年第2期。

识。若能树立三种意识,这对他们来说是受益终生的。至于研究方法,10年以前档案学界就曾经探讨过档案学有无自己的研究方法问题,多数学者倾向于档案学无自己特有的研究方法。开设社会科学方法论课程也无不可,关键在于引导学生们学会在不同的研究中正确运用不同的研究方法。

三、改革的建议与对策

针对我国档案学硕士研究生教育存在的问题,学者们提出了相应的建议。

(一)宏观方面

李财富、童兰玲对档案学硕士研究生教育的模式进行了重构:①合理定位档案学硕士研究生的培养目标为复合型人才;②要将档案学硕士研究生的职业教育与通识教育有机地结合在一起;③推动教学过程由传统封闭型向现代开放型转变。[①]

辛全民认为,应采取相应措施促进档案事业系统与档案学硕士研究生教育的协调:①建立职业资格认证制度;②做到招生与就业相统一;③规划档案教育的办学模式、发展规划、培养目标、教学计划、课程结构、师资队伍等;④促进学校教育和在职教育的发展协调。[②]

刘家真认为,目前我国档案学科学研究基础并不牢固,理论研究风气不浓,有深厚的本学科理论基础和教学、科研实践经验的学科带头人不多,硕士点的膨胀会影响到教育质量。因此,建议国家学位管理部门控制档案学硕士点的增长速度。[③]

(二)中观方面

张垒提出了档案学硕士研究生教育发展的战略对策:①以课程设

---

① 李财富、童兰玲:《档案职业与档案学硕士研究生教育研究》,《浙江档案》2009年第3期。

② 辛全民:《谈我国档案事业与档案学硕士研究生教育的发展》,《档案学研究》2007年第4期。

③ 刘家真:《我国档案学教育的需求与诊断》,《武汉大学学报(社会科学版)》2003年第7期。

置为导向，改善培养模式；②加强师资队伍建设，开展合作教学；③加强学科的宣传，提高学科的知名度；④加大对档案学硕士教育的资金投入；⑤抓住社会发展的机遇，扩大研究内容，融入社会发展之中。①

冯湘君、张利认为，为提高档案学硕士研究生教育水平应做到：①加强问题意识的培养；②加强学术规范教育；③加强导师队伍建设；④实现培养模式的二元化；⑤健全科研成果评价机制。②

陈海静、薛鸣等通过亲身体会对档案学硕士研究生教育提出建议：①借鉴前端控制思想，鼓励学生早日确定论文研究方向；②从教学内容设计、教学方法设计和教学手段设计等方面提升研究生教育水平；③发挥导师效应，培养学生的独立思考能力、批判精神以及创新能力等；④鼓励研究生“走出去”，多参加社会实践活动，开阔视野。③

胡燕认为，应对跨专业档案学硕士研究生的培养方式作出调整：①通过入学后补习等方式补充档案基础知识；②根据跨专业学生专业背景的不同制定科学的培养方案，充分发挥他们多学科背景的优势；③改善课程设置及教学方法，允许学生跨专业、跨院系听课，实行导师精讲与学生讨论相结合的教学方式；④推行导师联合培养制度。④

王成兴、潘红也从跨专业档案学硕士研究生的培养方面提出建议，除上述4个方面外，他们还重点强调了三点：第一，研究生要学会自我定位，注重自我学习；第二，要结合本科专业背景进行毕业论文选题；第三，要积极参与社会实践。⑤

（三）微观方面

卞昭玲、刘亚娟等对我国档案学专业模块与课程进行了重新设计，分为基础必修课程和其他专业课程。其中，基础必修课程包括基

---

① 张垒：《我国档案学硕士研究生教育发展战略研究》，《档案学通讯》2011年第6期。

② 冯湘君、张利：《我国档案学硕士研究生教育的困境与出路（二）——从档案学硕士学位论文谈起》，《档案学通讯》2007年第5期。

③ 陈海静、薛鸣、程军等：《漫谈档案学研究生教育现状与改革建议》，《档案管理》2007年第2期。

④ 胡燕：《档案学跨专业硕士研究生培养方式探讨》，《北京档案》2009年第12期。

⑤ 王成兴、潘红：《我国档案学硕士研究生教育的现状与思考——从跨专业生源的视角》，《档案学通讯》2013年第1期。

础理论与方法研究、中外档案名著选读、档案法规与建设研究、档案管理计算机技术研究和信息分析与预测研究。其他专业课程可分为六个模块,分别是政府信息平台建设与电子文件管理、档案资源与文化艺术产业管理、档案鉴定与保护研究、企业档案信息服务研究、档案信息整合与服务研究、现行文件管理与文秘理论研究。①

上官小兰、陈海静通过分析美国档案学全日制硕士研究生的课程设置,提出三点启示:①课程数量要适当,内容结构要合理;②注重开设其他学科的精品核心课程;③重视实践学习。②

黄新荣、吴建华在加强档案学研究生研究方法教育上提出了三点建议:第一,可借鉴社会学与管理学界的做法,加强档案学研究方法的探讨与培训;第二,应构建档案学研究课程体系,课程内容包括管理研究方法、信息检索技术与方法、文献计量分析、社会调查方法和应用统计学;第三,应加强理论与实践的结合。③

针对如何做到理论与实践相结合,李萍提出三点建议:第一,深入学习理论,夯实专业功底。第二,适当比例地招收在职硕士研究生。第三,积极寻找灵活、有效的实践方式,如多做调查问卷,提高实践技能;重视课堂讨论和专题讲座,变间接经验为直接经验;参与导师的课题研究,使理论与实践相结合。④

李佳提出提高档案学硕士研究生信息素质的建议:①加大宣传力度,给予高度重视;②课内课外相结合,形成完整体系;③加强硬件设施,提供良好条件。⑤

张锐认为,在硕士研究生教育中导师应做到:第一,勤于更新。不断更新和开拓档案学硕士研究生教学的内容,不断更新和完善导师自

---

① 卞昭玲、刘亚娟、李肖军等:《我国档案学硕士研究生课程体系建设研究》,《档案学通讯》2010 年第 4 期。

② 上官小兰、陈海静:《美国档案学全日制硕士研究生课程设置初步研究》,《档案与建设》2012 年第 12 期。

③ 黄新荣、吴建华:《加强档案学研究生研究方法教育的思考》,《档案学通讯》2012 年第 2 期。

④ 李萍:《理论与实践兼备提高知识获取能力》,《兰台内外》2007 年第 3 期。

⑤ 李佳:《浅析档案学硕士研究生的信息素质》,《黑龙江档案》2006 年第 6 期。

身的知识结构,不断更新和调整教学方法。第二,乐于反思。乐于进行教育反思,具备教学反思的能力。勤于积累主观评价,收集评教信息,相互观摩交流。第三,善于互动。在课堂教学中形成互动,在日常接触中形成互动,在撰写论文或开展课题研究中形成互动,在课后评教活动中形成互动。①

经过30多年的改革开放和档案高等教育的实践,档案高等教育界认识到本科教育在于培养职业教育和通识教育有机结合的专业复合型人才。档案学硕士研究生教育无论是在教育部的研究生培养规定,还是在各个高校确定的培养目标的定位上,都被明确为培养管理型和研究型的高级专门人才。将档案学科学学位硕士研究生的培养目标降低到专业学位研究生甚至本科生的水平是错位的、无益的。目前,我国只有5所高校招收档案学博士研究生。档案学博士大多进入高校从事教学、科研和管理工作,至今不能满足档案高等教育发展的需要,这一状况还会持续很长的一段时间。这就意味着档案学博士进入档案系统的概率较低,档案学硕士研究生仍然是处于档案系统顶层的高级专门人才。档案学硕士研究生的培养既要立足于当前社会需要,包括满足档案系统的现实需求,更要着眼于未来,不能急功近利。相对于图书馆学、情报学硕士研究生的布点和招生规模而言,档案学硕士点仍然偏少、偏小。相信在第十二批全国硕士学位授予权和硕士学位点布局中,档案学硕士点会有所增加,这将是良好和有益的现象。建议拥有档案学硕士点的高校总结自招生以来取得的经验和存在的不足,采取一定的措施,如引入具有高级职称的档案局(馆)人员从事理论教学,特别是实践教学工作,强化学生实践能力的培养;根据学生的实际状况,实施分类指导等等。

档案学硕士研究生的培养有无一定的模式,目前很难断言。但通过课程的安排和教学内容的设计,借助于课程论文的布置和修改,可以培养学生的文献归纳和分析问题的能力、调查研究和数据处理的能

① 张锐:《勤于更新·乐于反思·善于互动——档案学硕士研究生培养中导师作用合理实现的"动态要素"探赜》,《档案学通讯》2006年第4期。

力、科研选题和谋篇布局的能力、文字表达和参考文献规范的能力。存在一定比例的跨专业档案学硕士研究生在地方高校是普遍现象，关键在于实施分类培养。对入学一年之后仍然不能入门者，应由导师重点帮助和引导。无论如何改革，对科学学位研究生有针对性地开展研究性教学和培养他们的科研能力是不应当动摇的。

研究生课程设计是各个学校极为关注的问题。它涉及三个方面：一是执行教育部的有关规定；二是根据学科所在院系的实际合理地提供选修课程，满足学生的多样化选择；三是根据本学科导师专长设置基础课程和方向课程。除第一条之外，其他均应该反映学科实际存在状况，应当体现多样化教育形式。本科阶段实现的是知识的多学科化和复合性，硕士研究生阶段应当实现的是知识的专门化和精深性。关于研究方法的教育，有条件的学校可以开出社会科学方法论课程，也可以引导学生自修相关内容。建议将方法教育融入课程内容之中，通过作业的形式加以实现，避免为方法而方法。如写综述会涉及资料分析法、归纳法；做调研报告要用到资料分析或实地调研法、实证分析法等等。

四、总　　结

自 2002 年起，我国档案学硕士研究生教育研究取得了不小的成绩，引起了广泛关注。

应当看到，研究中还存在一定的问题：一是定位错误。将档案学硕士研究生教育看作是档案事业体系的组成部分，过多地强调了与档案系统现实需求的对接，淡化了档案学硕士研究生教育的独立性和特殊性。同时，将专业学位研究生教育的培养目标视为科学学位研究生教育的培养目标也是不恰当的。二是孤立研究。未将档案学硕士研究生教育放在全国硕士研究生教育的整体中加以观察和分析，有自说自话之嫌。缺乏与相关学科，如图书馆学、情报学的比较研究，导致对学科的发展规模、速度和水平的判断根据缺失。同时，未将档案学硕士研究生教育与档案学本科教育，尤其是博士研究生教育作出关联性研究,导致观察问题和作出判断的局限性。三是泛泛而论。不少研究者将档案学硕士研究生教育中的共性问题与个性问题混为一谈。档案学硕士研究生教育的多元化和多样性是正常的、应当充分肯定的,希望全国各个高校在档案学硕士研究生教育上整齐划一是不切实际的、有害的。四是定量分析不足。多数研究成果局限于定性描述,少见定量分析,这影响到成果结论的科学性与合理性。五是缺乏对研究生的研究。研究生是教育的主体之一,是教育成功与否的不可或缺的因素,只有同时对教与学两个方面展开研究,才能获得切合实际的结论。六是过多地复述教育部的规定。如跨专业学生入校以后需要补习专业课程、修够规定的本科基础课程学分,推行导师联合培养制度等等。七是无经验人员的参与。档案学硕士研究生教育不是一个理论问题,而是一个现实问题,只有参与其中才能获得一些感性认识,才能具备作出理性判断的基础。一些毫无经验的人员参与到档案学硕士研究生教育研究之中,所谈问题如隔山喊话,不甚了了。建议档案学硕士研究生导师们关心此类话题,积极提出自己的看法和建议,为促进档案学硕士研究生教育的健康发展尽自己的一分应尽之力。

本文发表在《档案学通讯》2013 年第 4 期第 74—78 页。
作者:陈忠海、娄晶晶　作者单位:郑州大学信息管理学院

◆学术年谱

一、郑州大学历史系时期

1986 年

在《郑州大学学报(哲学社会科学版)》第5期发表《北洋时期的彰德兵变》,陈述兵变史实,分析原因,阐述其所造成的危害。

1990 年

1. 在《郑州大学学报(哲学社会科学版)》第3期发表《论档案意识》,界定档案意识的一般概念、阐述其内涵,提出从国家、组织和个人三个层面分别界定国家档案意识、组织档案意识和个人档案意识,以及增强不同层面档案意识的途径和方法。

2. 在《档案管理》第3期发表《关于档案馆网问题的几点思考》,提出对档案馆网内容建设的认识和具体的建设思路。

1991 年

在《档案管理》第4期发表《浅论档案信息资源的开发》,初步探讨了档案信息资源开发的概念、内容和形式。

1992 年

1. 在《档案学研究》第4期发表《档案馆信息资源开发的含义和形式》,对档案信息资源开发的概念、内涵和形式作出全面的阐释。

2. 在《郑州大学学报(哲学社会科学版)》第4期发表《档案著录标引问题初探》,就著录标引工作的条件、有关原则和方法作出探讨。

1994 年

与李兴利合作在《郑州大学学报(哲学社会科学版)》第3期发表《论文书档案信息一体化》,论述了一体化的必要性、可行性和文书与档案信息一体化衔接的具体接口。

二、郑州大学文博学院时期

1995 年

在《档案学研究》第3期发表《关于档案编研学若干问题的思

考》,就档案编研工作与档案编纂工作的关系、建立档案编研学的必要性以及档案编研学的基本内容作出探讨。

1996 年

在《郑州大学学报(哲学社会科学版)》第 4 期发表《我国亟须建立档案馆资源网络》,提出应当把档案馆网规划、建设和研究的重点从组织网络转移到资源网络上来,以综合性和专门性大型档案馆为龙头率先建立区域网络,从而带动整个档案馆资源网络化建设。

1997 年

参与主编《中外历史上的改革实践》,由河南人民出版社于 8 月出版,撰写《大化革新与日本封建制度的确立》。

1998 年

1. 在《档案学研究》第 1 期发表《综合档案馆馆藏档案存在的问题及对策》,分析造成综合档案馆馆藏资源贫乏、单一等的原因,提出改进建议。

2. 在《档案管理》第 2 期发表《论档案鉴定工作》,分析影响我国档案鉴定工作开展的根本原因和相关原因,提出先行试点,制定相应的技术标准,修改和完善有关法规,制定详尽的鉴定工作细则、工作流程和质量检验标准,推广和普及先进经验以推进鉴定工作全面开展的思路。

3. 首次参加在西北大学召开的教育部高等学校档案专业教学指导委员会年会暨档案系主任联席会议,就改进档案学教学内容和方法提出意见和建议。

1999 年

1. 在《档案学通讯》第 1 期发表《档案鉴定中的几个误区》,具体误区:一是期满鉴定不必开展和必须立即开展;二是档案鉴定就是对馆藏档案进行一次全面鉴定;三是档案馆对档案的鉴定是保证馆藏质量的基本措施;四是经过鉴定后,对部分档案"判处销毁,暂缓执行",鉴定工作即告结束;五是保存保险、鉴定危险等,在分析原因的基础上提出自己的主张。

2. 在《档案管理》第 4 期发表《档案鉴定若干关系刍议》,论述开展档案鉴定工作中的客观与主观、实践与理论、继承与借鉴等三个关系。

3. 在《档案学研究》第4期发表《论建立档案鉴定学》，对建立该学科的必要性、可行性以及学科的主要内容作出论证。

4. 著作《档案鉴定的理论与实践》于10月由中国档案出版社出版，该书获1998—2001年河南省社会科学优秀成果奖一等奖。

2000年

1. 在《档案学通讯》第2期发表《欧美现代档案鉴定理论的历史发展及启示》，在分析行政官员决定论、利用决定论和社会分析与职能鉴定论的基础上，提出两点启示：社会分析与职能鉴定论是我们鉴定档案价值的主要理论和方法；文件的第一价值决定第二价值。

2. 在《档案与建设》第3期发表《档案鉴定研究的走向探讨》，提出未来的走向：一是对档案价值和档案鉴定工作对策展开重点研究；二是开展档案鉴定"个案"的分析研究；三是系统开展对欧美国家鉴定标准、鉴定程序和具体操作方法的研究；四是做好分工和协作工作。

3. 在《档案学研究》第3期发表《对档案鉴定重点和方法的探讨》，指出价值鉴定是文件转化为档案的唯一途径，认为对文件保存价值的鉴定具有决定性意义，主张构建起以社会分析与职能鉴定论为核心的鉴定理论和方法体系。

4. 在《中国档案》第10期发表《从鉴定体系看档案价值和档案鉴定概念》，认为档案价值就是文件对形成和收到机关的原始价值（第一价值）及其向社会延伸的价值（第二价值）之和。档案鉴定就是对文件是否具有档案价值和具有何种价值的一种判断和甄别。

2001年

1. 在《档案学研究》第1期发表《试析社会分析与职能鉴定论》，对该理论的来源、合理性及对我国档案鉴定工作的适用性作出分析。

2. 在《档案管理》第1期发表《论从内容鉴定法向职能鉴定法的发展》，分析两种方法的利弊，回答了为什么要转变以及如何转变的问题。

3. 在《档案管理》第4期发表《档案鉴定理论应实现两个转变》，

即从国家档案观向社会档案观转变；从不确定、不统一的鉴定原则和标准向切实可行的鉴定标准体系转变。

4. 以大陆档案界代表的身份参加了在河南郑州召开的“2001 年海峡两岸档案学术交流会”，会上提交并宣读了《欧美现代社会档案观及启示》。文章着重介绍了 1996 年在中国北京举办的第十三届国际档案大会主报告中重点论述的社会档案观的内容及对我国档案界的启示。

5. 以课题组第二名身份参加的河南省普通高等学校教学改革成果《面向 21 世纪的档案学专业培养模式的探索与实践》，获河南省高等教育省级教学成果奖一等奖。

6. 首次被聘为教育部高等学校档案学专业教学指导委员会委员，聘期为 2001—2005 年。

三、郑州大学信息管理系时期

2003 年

在《档案管理》第 4 期发表《关于档案信息化建设的几点思考》，提出档案信息化建设应当突出系统规划思想，网络化、数字化不等于信息化，信息化要兼顾机关和普通用户的需求，档案管理部门都是网络信息资源的建设者等观点。

2004 年

与付素素合作在《档案管理》第 1 期发表《论曾三与档案史研究》，对曾三先生与中国档案史的历史关联和主要观点等作出阐述。

2005 年

1. 在《档案管理》第 2 期发表《档案馆应该保存什么样的社会记忆》，这是几位学者的笔谈，由我作出整理。其核心观点是档案馆馆藏不能都是官方记录，而是要点面结合，注重反映社会方方面面，努力实现保存官方记忆和社会记忆的平衡。

2. 与贺战冰合作在《档案管理》第 3 期发表《信息化中档案馆与图书馆的比较》，认为档案馆与图书馆都拥有丰富的信息资源，在信息化建设中图书馆依时发展,取得了很好的成绩,而档案馆门庭冷落、档案利用率低的状况之所以长期没有太大的改变,这是由档案价值实现的特点以及档案馆和图书馆二者面对的不同社会需求所决定的。

2006 年

1. 在《档案管理》第 2 期发表《打开档案学大门的钥匙——学习和研究档案学的体会》,着重介绍了治学体会,核心观点为学习在于积累,研究在于创新。

2. 第二次被聘为教育部高等学校档案学专业教学指导委员会委员,聘期为 2006—2010 年。

2007 年

被评为“河南省教育厅学术技术带头人”。

2008 年

1. 与孟祥喜合作在《档案管理》第 4 期发表《对档案学逻辑起点的认识——兼论档案本质属性》,认为原始记录性材料内容有用性是档案学的逻辑起点,原始记录性材料内容潜在的有用性是档案的本质属性。

2. 在《档案学通讯》第 3 期发表《论档案立法原则的伦理精神》,认为档案立法的基本原则包括宪法原则、法治原则、民主原则和科学原则。在立法原则中天然蕴含着伦理精神,其伦理基础是理性,伦理价值是正义和利益,伦理价值进程是异化与归同。

3. 在《档案管理》第 2 期发表《论我国传统档案立法理念及其更新》,认为新理念包括:以人为本的理念、立法平衡的理念、程序立法的理念、立法有限的理念、立法透明的理念和立法效益的理念。

2009 年

1. 在《档案管理》第 1 期发表《档案立法原则体系及其表述》,认为档案立法原则体系应当包括基本原则、专业原则和具体原则三个层面的内容。

2. 在《档案管理》第 2 期发表《对我国地方档案立法原则的探讨》,认为我国地方档案立法原则是不抵触原则和地方特色原则。

3. 在《档案学研究》第 2 期发表《档案本质属性与档案属概念的对

应关系——对档案本质属性的思考》，认为可以设想的办法有两种：一是将档案的本质属性作双重性表述，即原始记录性和备以查考性，或原始记录性和潜在有用性；二是将形成档案的基础——原始记录性和价值性——备以查考性或潜在有用性作综合性表述，即原始记录性材料内容的潜在有用性。

2010 年

1. 在《档案管理》第 1 期发表《档案馆职能和功能定位与建设研究述评》，对学术界关于档案馆职能和核心职能，档案馆基本功能和社会功能，档案馆“四位一体”的功能定位与建设的研究成果作出总结和评论。

2. 在《档案学通讯》第 1 期发表《〈二十五史〉和〈资治通鉴〉记载档案损毁事例统计分析》，辑录《二十五史》和《资治通鉴》中有关档案损毁记载事例，在此基础上对事例进行统计分析，对中国历史档案损毁状况作出实证研究。

3. 在《档案学研究》第 1 期发表《公共档案馆理论研究评析》，从公共档案馆要素及“公共性质”界定、公共档案馆来源和建设内容、公共档案馆社会功能理论定位与实践定位等三个方面对近年来的研究成果作出总结和评论。

4. 与吴雁平合作在《档案学通讯》第 3 期发表《档案立法技术的一般理论、问题与解决途径》，表述档案立法技术概念，界定档案立法技术的内容和特征，指出立法技术的界定与一国、一地的立法活动规范化进程相关，主张构建档案立法技术学，并结合国内档案立法技术存在的问题，提出相应的解决途径。

5. 与刘东斌合作在《档案学研究》第 3 期发表《从政府信息公开看〈档案法〉的修改》，认为政府信息公开不等于档案信息公开。《档案法》存在着档案概念不明、保密与封闭界定不清的问题，应从立法思想、立法原则等深层次多角度入手对其修改，并设置合理的保密与开放制度，设置与有关法律相衔接和相适应的档案保密期限。

6. 与吴雁平合作在《档案管理》第 5 期发表《对我国地方档案法规立法技术存在问题的分析》，从立法依据、立法渊源与法律效力、法规名称与适用范围、颁布时间和实施时间、形式结构、逻辑结构等六个方面，对我国地方档案法规立法技术存在的问题作出分析。

2011 年

1. 与陈洁合作在《档案学通讯》第 5 期发表《对以社会需求为导向的档案学专业教育教学改革的探索》，从社会需求的角度概括和总结国内档案学界就解决档案学专业毕业生就业存在问题所提出的宏观思路，探讨与社会需求相衔接的档案学专业教学内容（课程）、教学方法、教学态度的具体内涵，提出结合国情和借鉴外国档案学专业教育先进经验应当采取的改革措施。

2. 与陈洁、毋非非合作在《档案学研究》第 4 期发表《我国近代图书档案损毁史实及其成因》，系统地归纳了我国近代图书档案损毁史实，对近代图书档案损毁的原因作出分析。

3. 在《档案管理》第 3 期发表《依法治档所依之“法”是什么？——是〈档案法〉还是与档案、档案工作有关的一切法律、法规和规章》，认为依法治档所依之“法”就是档案法体系或档案法律体系所提供的一切规范，即档案法律规范。通俗地说，就是与档案、档案工作有关的一切法律、法规和规章。

4. 在《档案管理》第 4 期发表《依法治档中“治档”应作何理解？——谁来治、治什么、如何治》，认为依法治档中的“治档”就是管理档案事务的活动。各级党委和政府，档案行政管理部门和相关部门，档案馆（室）、相关机构及其工作人员和公民是“治档”的主体。三者各自承担着相应的管理责任（义务）和享受着相应的权力（权利）。当前，档案行政管理职能正在由微观管理向宏观管理转变，由业务指导为主向依法监管为主转变，依法治档时代已经来临。实施档案行政执法和建立相应的执法监督和权力制衡机制，建设一支过硬的档案行政执法队伍，加强档案法治教育已是当务之急。

5. 与韩双合作在《档案学研究》第 2 期发表《中韩政府信息公开立法的比较及其启示》，比较中韩两国政府信息公开制度在立法进程、义务主体和权利主体的界定、信息公开的内容、公开程序和救济途径等五个方面存在的异同，提出对我们的启示。

6. 在《档案学通讯》第 2 期发表《我国图书档案损毁研究学术思想的演变与发展》，认为可以将学者们的研究分为“历代图书档案损毁记录派”和“图书档案损毁研究派”两大派别。两派学者分别从微观和宏观层面对我国档案损毁的现象和规律进行了不懈的探讨，取得了超越前人的可喜成就。

7. 10 月，获郑州大学“优秀研究生导师”称号。

2012 年

1. 与牛尧尧、刘晓丹合作在《档案学通讯》第 1 期发表《试述我国古代书厄观的历史演变》，认为隋代的牛弘首次对我国历史上典籍的重大损毁事件进行了系统归纳和总结。两宋时期，学者们研究书厄的眼界已经拓展到政治、军事之外。明代是我国书厄研究发展中的又一个重要时期，产生了大量相关著作，丰富和细化了古代书厄的分类研究，进而推动了我国古代书厄理论的发展。

2. 与段湘冬、化燕楠合作在《档案学研究》第 1 期发表《我国当代档案损毁的原因及史实》，认为从数量上看，当代档案损毁数量明显少于古代和近代，但造成的损失依然不小，有些甚至无法挽回。造成当代社会档案损毁的原因主要有政治原因、管理不当、自然灾害等三个方面。

3. 与陈飞合作在《档案管理》第 1 期发表《中部六省市级档案网站评估指标体系的构建及评估结果分析》，依据现有研究成果和可比性原则，结合中部六省市级档案网站建设实际，构建市级档案网站评估指标体系，确定评估指标的权重。在此基础上对中部六省市级档案网站建设现状作出比较，总结各省市级档案网站的特点，指出存在的问题和不足。

4. 与陈洁合作在《北京档案》第 4 期发表《中美文件中心的比较》，对中美两国文件中心建立的背景、选址、性质、类型、职能以及发展特点等方面作出比较，提出可以借鉴的启示。

5. 与陈洁合作在《档案管理》第 5 期发表《民国时期我国档案工作变革的特征》，认为民国时期我国档案工作变革的特征主要体现在档案工作的传承性、依附性、滞后性和档案服务对象扩大化等四个方面。

四、郑州大学信息管理学院时期

2013 年

1. 与吴雁平、刘东斌合作在《档案管理》第 6 期发表《依法治档课题报告》,这是依据 2013 年国家社科基金项目《依法治档研究》申报书整理而成,指出依法治档的主要内容是档案行政执法、依法办理档案事务、依法科学管理档案。

2. 以第一作者身份与杨立人、周林兴、刘迎红、吴雁平、刘泾、刘东斌合著的 2007 年国家社科基金项目结项成果《档案法立法研究》于 4 月由上海世界图书出版公司出版,该著作获 2013 年度河南省社会科学优秀成果奖三等奖。

3. 第三次被聘为教育部高等学校档案学专业教学指导委员会委员,聘期为 2013—2017 年。

2014 年

1. 与吴雁平合作在《档案学通讯》第 1 期发表《论档案行政执法司法化》,认为运用相对成熟的司法程序对档案行政执法程序、档案行政执法听证程序、档案行政执法案件记录文件材料形成和档案行政执法机关内部运行机制进行丰富和改良,是一种更好的解决纠纷的程序制度选择。

2. 与吴雁平合作在《档案管理》第 2 期发表《论档案行政裁决》,认为档案行政裁决属于档案行政司法行为。了解档案行政裁决的特征、种类、原则,构建档案行政裁决的运行机制,既是档案工作法治建设的需要,也是依法治档的重要内容。

3. 与刘东斌合作在《档案学研究》第 2 期发表《论档案行政执法与刑事司法的衔接》,认为《档案法》与《刑法》的相关条款为档案行政执法与刑事司法的衔接提供了法律依据,奠定了法律基础。档案行政执法与刑事司法的衔接主要包括证据衔接和程序衔接两个方面。

4. 与常大伟合作在《浙江档案》第 7 期发表《档案馆网站公关的单向支配范式与双向均衡范式——基于中美国家档案馆网站的对比分

析》,认为美国国家档案馆网站公关运用的是双向均衡范式,我国国家档案(局)馆网站公关运用的是单向支配范式。我国档案馆网站公关还处于档案馆公关发展的初级阶段,需要向双向均衡范式转变。

5. 与常大伟合作在《档案学通讯》第6期发表《众筹模式在档案馆档案信息资源开发中的应用研究》,借鉴众筹模式在台湾地区"中央研究院"台湾史研究所档案馆档案信息资源开发和在中国大陆"众筹网"中书籍出版的应用实践,构建出基于众筹模式的档案馆档案信息资源开发模式,并对该模式的运作机制作出分析。

6. 博士论文《中国图书档案损毁史实的调查与书厄观研究》于12月由武汉大学出版社出版,该著作获2014年度河南省社会科学优秀成果奖三等奖。

7. 1月,被河南省档案局评为首批"河南省档案专业'十百千'档案领军人才"。

8. 4月,受邀参加国家档案局政策法规司在太原举办的《档案法》修改座谈会,对修改思路和整体框架作出陈述。

2015年

1. 与常大伟合作在《档案学通讯》第1期发表《档案学跨学科研究的状况与趋势——基于1984—2014年〈档案学通讯〉〈档案学研究〉所载文献的统计分析》,认为档案学跨学科研究作为我国档案学术研究的热点之一,在学科层面已经实现了与其他相关学科的全面交叉,但与不同学科的交叉程度具有不均衡性,并且档案学跨学科研究的深度不足。指出档案学者需要从完善知识结构、更新研究方法、调整研究角度等方面加以改进和提高。

2. 与常大伟合作在《档案管理》第2期发表《档案馆在档案信息资源开发中的主体地位质疑——兼论用户在档案信息资源开发中的主体地位》,认为档案馆在档案信息资源开发中发挥的主要是基础性作用,而用户在档案信息资源开发中发挥的则是主体性作用。

3. 与吴雁平合作在《档案学通讯》第4期发表《"依法管档"研究的主要内容、特征及问题分析》,对"依法治档""依法管档""依法用档"三个概念作出界定。

4. 与董一超合作在《档案学通讯》第 6 期发表《档案学研究方法应用的状况、问题及建议——基于 2010—2014 年〈档案学通讯〉〈档案学研究〉所载文献的统计分析》，分析档案学研究方法在实际应用中存在的问题和不足，提出相应建议。

5. 4 月，中国档案学会、浙江省档案学会在杭州合作举办“档案法治建设”学术研讨会，受邀在会上作题为《论依法治档》的学术报告。同年，与刘东斌合作在《档案学研究》第 4 期发表该文，认为依法治档主要包括档案立法、档案执法、档案司法和档案守法等四个方面，其核心就是全面依法行政、依法办事。

6. 5 月，受邀参加国家档案局在重庆举办的《档案法》修改座谈会，就立法宗旨与立法原则提出具体表述建议。

7. 12 月，受郑州航空工业管理学院信息科学学院邀请，在新校区对多位教师的国家社科基金申请书作出针对性指导。

2016 年

1. 与吴雁平合作在《档案学研究》第 1 期发表《档案行政诉讼若干理论问题探讨》，对档案行政诉讼的概念、特征和范围等三个基本问题的研究成果作出总结和评论。

2. 与常大伟合作在《档案与建设》第 3 期发表《档案学视角下的个人存档若干理论问题探讨》，就个人存档的概念与内涵、个人存档与档案机构存档的相互关系、个人存档的价值等三个理论问题展开探讨，提出进一步深入研究的建议。

3. 与董一超合作在《档案学通讯》第 2 期发表《定量研究方法在档案学研究中的应用状况、问题及建议——基于 2004—2015 年〈档案学通讯〉〈档案学研究〉所载文献的统计分析》，指出应当从加强档案学定量研究方法的教育和训练，尊重档案学定量研究方法的应用规范，重视定量研究方法与定性研究方法的协同应用，注意数据资料的积累，促进档案学定量研究的延续性等方面加以改进。

4. 与常大伟合作在《档案管理》第 3 期发表《再谈档案馆与用户在档案信息资源开发中的地位、作用及相互关系——答严永官先生》，对用户、档案信息资源、档案信息资源开发与档案信息资源开发主体等概念中存在的分歧作出说明，并以对比分析的形式，再次阐述对档案信息资源开发主体的认识。

5. 与高胜楠合作在《档案管理》第 4 期发表《论开放存取在档案网站信息资源建设中的应用》，针对形成档案的个人和收集档案的机构分别提出建立云存储的电子档案和实施开放存取仓储联盟的实现途径，指出应用的方法和注意事项。

6. 2 月，参加国务院法制办委托中国法学会召集的"《〈中华人民共和国档案法〉修订草案（送审稿）》"专家研讨会，在会上发表了自己的看法，提出了建设性意见。

2017 年

1. 与袁永合作在《档案学通讯》第 1 期发表《论国家治理现代化视角下的档案守法》，提出在修改《档案法》《档案法实施办法》时，进一步明确行政法定位，使之成为调整档案社会关系的基本规范；普遍开展档案行政执法，积极探索行之有效的工作方式方法，总结出有推广价值的工作经验；做好相关人才的培养工作，特别是档案行政管理人员的培训工作，为法治政府机关的建设注入新的活力。

2. 与杨欢欢合作在《档案学研究》第 1 期发表《比较法视域下的我国法定"公共档案"定义方法探析》，借鉴外国档案法律法规对"公共档案"定义的经验，从形成者与形成过程、价值、特点、属概念以及与其他法律法规协调等五个方面对定义我国"公共档案"的方法提出建议。

3. 在《档案学通讯》第 2 期发表《对〈档案法〉修订草案中几个问题的认识——兼与徐拥军、李晶伟、蔡美波先生商榷》，指出《档案法》修订草案中的法定档案定义的外延小于学理档案定义的外延，并以其明确性、强制性区别于学理定义的严谨性、系统性。"归档"是一项移交档案的工作，不是指"归入档案"。《档案法》的调整对象是以档案的价值来界定的，而非档案的所有权。政府信息公开不等于档案信息公开，《会计法》中的故意销毁会计凭证并不等于故意销毁档案。

4. 与董一超合作在《北京档案》第 3 期发表《统计分析法与文献计量法在档案学研究中的应用分析》，认为两者的方法体系既相互交叉，又不尽相同。统计分析法的研究对象、适用范围和应用覆盖面都更为